OEUVRES

DE

AUGUSTIN THIERRY

... The folc of Normandie,
Among us woneth yet, and schulleth ever mo. ...
Of the Normannes beth thys hey men, that beth of thys lond,
And the lowe men of Saxons. ...

   Robert of Gloucester's chronicle, vol. I, p. 3 et 363.

―――

« Les gens de Normandie habitent encore parmi nous, et y de-
« meureront à jamais... Des *Normands* descendent les *hommes de
« haut rang* qui sont en ce pays, et les hommes de basse condition
« sont fils des Saxons. »

   Chronique de Robert de Glocester.

HISTOIRE

DE LA

CONQUÊTE DE L'ANGLETERRE

PAR LES NORMANDS

DE SES CAUSES ET DE SES SUITES JUSQU'A NOS JOURS

EN ANGLETERRE, EN ÉCOSSE, EN IRLANDE ET SUR LE CONTINENT

PAR

AUGUSTIN THIERRY

NOUVELLE EDITION

REVUE AVEC LE PLUS GRAND SOIN

TOME PREMIER

PARIS

GARNIER FRÈRES, LIBRAIRES-ÉDITEURS

6, RUE DES SAINTS-PÈRES, ET PALAIS-ROYAL, 215

AVERTISSEMENT

POUR LA TROISIÈME ÉDITION

(1830)

Cet ouvrage, publié pour la première fois en 1825, a paru de nouveau en 1826, augmenté de pièces justificatives, mais sans que le texte eût reçu aucune amélioration importante. A cette époque, trop voisine de l'instant où j'avais mis la dernière main à mon travail, il ne m'était pas encore possible de le considérer d'un regard impartial, de me détacher des impressions et des idées sous l'influence desquelles j'avais poursuivi et achevé une si longue tâche. Mais, après un intervalle de quatre années, je me suis cru en état de juger avec liberté d'esprit ces pages écrites dans un temps déjà éloigné, et d'exercer envers moi-même toutes les sévérités de la critique. J'ai soumis à une révision lente et consciencieuse l'ensemble et les détails, la composition et le style. J'ai souvent ajouté, souvent retranché, et fait de nombreuses corrections, soit pour donner plus de relief aux circonstances du récit, soit pour rendre le langage plus net et plus coulant. Je me flatte d'avoir fait complétement disparaître ce qui tenait à des préoccupations de jeunesse, ce qu'il y avait, dans certains passages, d'un peu hasardé, quant aux vues, ou d'un peu acerbe, quant à l'expression.

Grâce à l'obligeance d'un Anglais, aussi distingué par ses lumières que zélé pour l'histoire de son pays, M. Wickham, membre du conseil privé de S. M. Britannique, j'ai pu consulter par moi-même le texte de différents manuscrits relatifs à la conquête normande, et donner ainsi plusieurs faits entièrement neufs. Tels sont les détails sur la mort du grand chef de partisans Hereward, extraits d'une histoire des Anglo-Saxons, en rimes françaises, du douzième siècle[1], et le récit de la capitulation de Londres, tiré d'un poëme latin récemment découvert dans la bibliothèque royale de Bruxelles[2]. Ce curieux document se compose de huit cent vingt vers élégiaques, ouvrage d'un contemporain, qui décrit, d'une manière quelquefois simple et quelquefois emphatique, la descente des Normands en Angleterre, la

---

1. Chroniques de Geoffroi Gaimard, mss. Arundel du Collége d'armes à Londres, n° XIV, et mss. royal du Musée britannique, n° 13, A, XXI.

2. Mss. des ducs de Bourgogne, n° 8758. — Ce poëme a été publié en 1840 par M. Francisque Michel dans le IIIe volume de ses *Chroniques anglo-normandes*. (Note de la 6e édition.)

bataille de Hastings et le couronnement de Guillaume le Conquérant. Dans sa narration de la bataille, l'auteur, tout dévoué qu'il se montre à la cause du duc de Normandie, rend témoignage de l'indomptable fierté du roi Harold et de la bravoure des Saxons; mais, sauf quelques circonstances de peu d'intérêt, les choses qu'il raconte se trouvent ailleurs. Il n'en est pas de même de la partie du poëme consacrée aux événements postérieurs : là se rencontre, pour la première fois, une peinture détaillée de l'état de Londres durant le blocus d'un mois que cette capitale eut à souffrir, et des circonstances qui hâtèrent sa soumission [1].

Le point le plus faiblement traité, dans les deux éditions précédentes, était la formation du comté ou duché de Normandie. J'ai retouché ce récit, en y ajoutant de nouveaux détails, empruntés, pour la plupart, à l'ouvrage de M. Depping sur les expéditions maritimes des Normands. Cet excellent livre est l'un des trois que je recommande aux personnes studieuses dont la curiosité voudrait épuiser les faits entre lesquels j'ai dû choisir : les autres sont l'*Histoire des Anglo-Saxons*, par le savant et respectable Turner, et l'*Histoire d'Angleterre* du docteur Lingard, qui se distingue de toutes les précédentes par des recherches approfondies et une rare intelligence du moyen âge. Mon but ne pouvait être de tout dire sur l'état politique, civil et intellectuel des Anglo-Saxons et des Gallo-Normands. Au contraire, il m'a fallu négliger beaucoup de questions intéressantes, afin de ne pas encombrer la scène où devaient agir ces deux peuples dans le grand drame de la conquête. C'est une règle dont je ne me suis point départi, en revoyant mon ouvrage avec l'attention la plus scrupuleuse; car, à mon avis, toute composition historique est un travail d'art autant que d'érudition : le soin de la forme et du style n'y est pas moins nécessaire que la recherche et la critique des faits.

Le long et laborieux examen auquel je viens de me livrer était pour moi une dette de reconnaissance envers le public; j'y ai consacré, pendant quinze mois, toutes les heures que je pouvais dérober aux tristes soins qu'exige l'état de souffrance et d'infirmité où je languis depuis bien longtemps. Ma tâche est terminée : me sera-t-il donné d'en accomplir une nouvelle, de faire un troisième pas dans cette série de travaux que j'aimais à rêver si longue? Je n'ose l'espérer; mais tant qu'il me restera quelque souffle de vie, jamais je ne me séparerai de ces études : elles furent ma passion la plus vive, dans des années de force et de jeunesse; elles me consolent maintenant, au milieu des ennuis d'une vieillesse anticipée.

Carqueiranne, près Hyères, le 3 février 1830.

[1]. Voyez tome II, Pièces justificatives, liv. IV, n° 2.

INTRODUCTION

Les principaux États de l'Europe moderne sont parvenus aujourd'hui à un très-haut degré d'unité territoriale, et l'habitude de vivre sous le même gouvernement et au sein de la même civilisation semble avoir introduit parmi les habitants de chaque État une entière communauté de mœurs, de langage et de patriotisme. Cependant il n'en est peut-être pas un seul qui ne présente encore des traces vivantes de la diversité des races d'hommes qui, à la longue, se sont agrégées sur son territoire. Cette variété de races se montre sous différents aspects. Tantôt une complète séparation d'idiomes, de traditions locales, de sentiments politiques, et une sorte d'hostilité instinctive, distinguent de la grande masse nationale la population de certains cantons peu étendus; tantôt une simple différence de dialecte, ou même d'accentuation, marque, quoique d'une manière plus faible, la limite des établissements fondés par des peuples d'origine diverse, et longtemps séparés par de profondes inimitiés. Plus on se reporte en arrière du temps où nous vivons, plus on trouve que ces variétés se prononcent; on aperçoit clairement l'existence de plusieurs peuples dans l'enceinte géographique qui porte le nom d'un seul : à la place des patois provinciaux, on rencontre des langues complètes et régulières; et ce qui semblait uniquement défaut de civilisation et résistance au progrès des lumières prend, dans le passé, l'aspect de mœurs originales et d'un attachement patriotique à d'anciennes institutions. Ainsi, des faits qui ne sont plus d'aucune importance sociale conservent encore une grande importance historique. C'est fausser l'histoire que d'y introduire le mépris philosophique pour tout ce qui s'éloigne de l'uniformité de la civilisation actuelle, et de regarder comme seuls dignes d'une mention honorable les peuples au nom desquels le hasard des événements a attaché l'idée et le sort de cette civilisation.

Les populations du continent européen et des îles qui l'avoisinent sont venues, en différents temps, se juxtaposer, et envahir, les unes sur les autres, des territoires déjà occupés, ne s'arrêtant qu'au point où des obstacles naturels ou bien une résistance plus forte, occasionnée par une plus grande concentration de la population vaincue, les obligeaient de faire halte. Ainsi les vaincus de diverses époques se sont trouvés, pour ainsi dire, rangés par couches de populations dans les différents sens où s'étaient dirigées les grandes migrations des peuples. Dans ce mouvement d'invasions successives, les races les plus anciennes, réduites à un petit nombre de familles, ont déserté les plaines et fui vers les montagnes, où elles se sont maintenues pauvres, mais indépendantes, tandis que les envahisseurs, envahis à leur tour, devenaient serfs de la glèbe dans les campagnes qu'ils occupaient, faute de rencontrer un asile vacant dans des lieux inexpugnables [1].

La conquête de l'Angleterre par Guillaume, duc de Normandie, en l'année 1066, est la dernière conquête territoriale qui se soit opérée dans la partie occidentale de l'Europe. Depuis lors, il n'y a plus eu que des conquêtes politiques, différentes de celles des barbares qui se transportaient en familles sur le territoire envahi, se le partageaient, et ne laissaient aux vaincus que la vie, sous la condition de travailler et de rester paisibles. Cette invasion ayant eu lieu dans un temps plus rapproché de nous que celles des populations qui, au cinquième siècle, démembrèrent l'empire romain, nous possédons, sur tous les faits qui s'y rapportent, des documents bien plus nombreux. Ils sont même assez complets pour donner une juste idée de ce qu'était la conquête au moyen âge; pour montrer comment elle s'exécutait et se maintenait, quel genre de spoliations et de souffrances elle faisait subir aux vaincus, et quels moyens employaient ceux-ci pour réagir contre leurs envahisseurs. Ce tableau, retracé dans tous ses détails et avec les couleurs qui lui sont propres, doit offrir un intérêt historique plus général que ne semblent le comporter les bornes de temps et de lieu où il est circonscrit; car presque tous les peuples de l'Europe ont, dans leur existence actuelle, quelque chose qui dérive des conquêtes du moyen âge. C'est à ces conquêtes que la plupart doivent leurs limites géographiques, le nom qu'ils portent, et, en grande partie, leur constitution intérieure, c'est-à-dire leur distribution en ordres et en classes.

Les classes supérieures et inférieures, qui aujourd'hui s'observent avec défiance ou luttent ensemble pour des systèmes d'idées et de gouvernement, ne sont autres, dans plusieurs pays, que les peuples conquérants et les peuples asservis d'une époque antérieure. Ainsi, l'épée de la conquête, en renouvelant la face de l'Europe et la

---

[1]. Les principaux mouvements de population, arrivés avant notre ère sur le continent occidental, sont exposés avec détail, et, à mon avis, avec une rare sagacité, dans l'*Histoire des Gaulois*, par mon frère Amédée Thierry.

distribution de ses habitants, a laissé sa vieille empreinte sur chaque nation, créée par le mélange de plusieurs races. La race des envahisseurs est restée une classe privilégiée, dès qu'elle a cessé d'être une nation à part. Elle a formé une noblesse guerrière, oisive et turbulente, qui, se recrutant par degrés dans les rangs inférieurs, a dominé sur la masse laborieuse et paisible, tant qu'a duré le gouvernement militaire dérivant de la conquête. La race envahie, dépouillée de la propriété du sol, du commandement et de la liberté, ne vivant pas des armes, mais du travail, n'habitant point des châteaux forts, mais des villes, a formé comme une société séparée, à côté de l'association militaire des conquérants. Soit qu'elle ait conservé, dans les murailles de ses villes, les restes de la civilisation romaine, soit qu'à l'aide de la faible part qu'elle en avait reçue, elle ait recommencé une civilisation nouvelle, cette classe s'est relevée, à mesure que s'est affaiblie l'organisation féodale de la noblesse issue des anciens conquérants, ou par descendance naturelle ou par filiation politique.

Jusqu'ici les historiens des peuples modernes, en racontant ces grands événements, ont transporté les idées, les mœurs et l'état politique de leur temps dans les temps passés. Les chroniqueurs de l'époque féodale ont placé les barons et la pairie de Philippe-Auguste dans la cour de Charlemagne, et ils ont confondu le gouvernement brutal et l'état violent de la conquête avec le régime plus régulier et les usages plus fixes de l'établissement féodal. Les historiens de l'ère monarchique, qui se sont exclusivement rendus les historiens du prince, ont eu des idées plus singulières et plus étroites encore. Ils ont modelé la royauté germanique des premiers conquérants de l'empire romain et la royauté féodale du douzième siècle, sur les vastes et puissantes royautés du dix-septième. Vivant dans un temps où il n'y avait qu'un seul prince et qu'une seule cour, ils ont commodément attribué cet ordre de choses aux époques précédentes. Pour ce qui concerne l'histoire de France, les diverses invasions des Gaules, les nombreuses populations différentes d'origine et de mœurs placées sur leur territoire, la division du sol en plusieurs pays, parce qu'il y a eu plusieurs peuples, enfin la réunion lente, opérée pendant six cents ans, de tous ces pays sous le même sceptre, sont des faits entièrement négligés par eux. Les historiens formés par le dix-huitième siècle ont été également trop préoccupés de la philosophie de leur temps. Témoins des progrès de la classe moyenne, et organes de ses besoins contre la législation et les croyances du moyen âge, ils n'ont point envisagé de sang-froid ni décrit avec exactitude les temps anciens où cette classe jouissait à peine de l'existence civile. Ils ont traité les faits avec le dédain du droit et de la raison : ce qui est très-bon pour opérer une révolution dans les esprits et dans l'État, mais l'est beaucoup moins pour écrire l'histoire. Du reste, il ne faut point que cela surprenne : on ne peut pas, quelque supériorité d'esprit que l'on ait, dépasser l'horizon de son siècle, et chaque nouvelle époque donne à l'histoire de nouveaux points de vue et une forme particulière.

Aujourd'hui il n'est plus permis de faire l'histoire au profit d'une seule idée. Notre siècle ne le veut point. Il demande qu'on lui apprenne tout, qu'on lui retrace et qu'on lui explique l'existence des nations aux diverses époques, et qu'on donne à chaque siècle passé sa véritable place, sa couleur et sa signification. C'est ce que j'ai tâché de faire pour le grand événement dont j'ai entrepris l'histoire. Je n'ai consulté que des documents et des textes originaux, soit pour détailler les diverses circonstances du récit, soit pour caractériser les personnages et les populations qui y figurent. J'ai puisé si largement dans ces textes, que je me flatte d'y avoir laissé peu de chose à prendre. Les traditions nationales des populations les moins connues, et les anciennes poésies populaires, m'ont fourni beaucoup d'indications sur le mode d'existence, les sentiments et les idées des hommes, dans les temps et les lieux divers où je transporte le lecteur.

Quant au récit, je me suis tenu aussi près qu'il m'a été possible du langage des anciens historiens, soit contemporains des faits, soit voisins de l'époque où ils ont eu lieu. Lorsque j'ai été obligé de suppléer à leur insuffisance par des considérations générales, j'ai cherché à les autoriser en reproduisant les traits originaux qui m'y avaient conduit par induction. Enfin, j'ai toujours conservé la forme narrative, pour que le lecteur ne passât pas brusquement d'un récit antique à un commentaire moderne, et que l'ouvrage ne présentât point les dissonances qu'offriraient des fragments de chroniques entremêlés de dissertations. J'ai cru d'ailleurs que, si je m'attachais plutôt à raconter qu'à disserter, même dans l'exposition des faits et des résultats généraux, je pourrais donner une sorte de vie historique aux masses d'hommes comme aux personnages individuels, et que, de cette manière, la destinée politique des nations offrirait quelque chose de cet intérêt humain qu'inspire involontairement le détail naïf des changements de fortune et des aventures d'un seul homme.

Je me propose donc de présenter dans le plus grand détail la lutte nationale qui suivit la conquête de l'Angleterre par les Normands établis en Gaule; de montrer, dans tout ce qu'en retrace l'histoire, les relations hostiles de deux peuples violemment réunis sur le même sol; de les suivre dans leurs longues guerres et leur séparation obstinée, jusqu'à ce que du mélange et des rapports de leurs races, de leurs mœurs, de leurs besoins, de leurs langues, il se soit formé une seule nation, une langue commune, une législation uniforme. Le théâtre de ce grand drame est l'île de Bretagne, l'Irlande, et aussi la France, à cause des relations nombreuses que les rois issus du conquérant de l'Angleterre ont eues, depuis l'invasion, avec cette partie du continent. En deçà comme au delà du détroit, leurs entreprises ont modifié l'existence politique et sociale de plusieurs populations dont l'histoire est presque ignorée. L'obscurité dans laquelle sont tombées ces populations ne vient point de ce qu'elles ne méritaient pas de trouver, comme les autres, des historiens ; la plupart même sont remarquables par une originalité de caractère qui les distingue profondément des grandes nations où elles se sont fondues. Pour résister à cette fusion opérée malgré elles, elles ont déployé une activité politique à laquelle se rattachent de grands événements, faussement attribués jusqu'ici, soit à l'ambition de certains hommes, soit à d'autres causes accidentelles. Ces nouvelles recherches peuvent contribuer à éclaircir le problème, encore indécis, des diverses variétés de l'espèce humaine en Europe, et des grandes races primitives auxquelles ces variétés se rattachent.

Sous ce point de vue philosophique, et à part l'intérêt pittoresque que je me suis efforcé d'obtenir, j'ai cru faire une chose véritablement utile au progrès de la science, en construisant, s'il m'est permis de parler ainsi, l'histoire des Gallois, des Irlandais de race pure, des Écossais, soit d'ancienne race, soit de race mélangée, des Bretons et des Normands du continent, et surtout de la nombreuse population qui habitait et habite encore la Gaule méridionale entre la Loire, le Rhône et les deux mers. Sans donner aux grands faits de l'histoire moins d'importance qu'ils n'en méritent, je me suis intéressé, je l'avoue, d'une affection toute particulière, aux événements locaux relatifs à ces populations négligées. Quoique forcé de raconter sommairement les révolutions qui leur sont propres, je l'ai fait avec une sorte de sympathie, avec ce sentiment de plaisir qu'on éprouve en réparant une injustice. En effet, l'établissement des grands États modernes a été surtout l'œuvre de la force ; les sociétés nouvelles se sont formées des débris des anciennes sociétés violemment détruites, et, dans ce travail de recomposition, de grandes masses d'hommes ont perdu, non sans souffrances, leur liberté et jusqu'à leur nom de peuple, remplacé par un nom étranger. Un pareil mouvement de destruction était inévitable, je le sais. Quelque violent et illégitime qu'il ait été dans son principe, il a pour résultat présent la civilisation européenne. Mais, en rendant à cette civilisation les hommages qui lui sont dus, en admirant les nobles destinées qu'elle prépare au genre humain, il est permis de ne pas voir sans quelques regrets la ruine d'autres civilisations qui auraient pu grandir aussi et fructifier un jour pour le monde, si la fortune avait été pour elles.

J'avais besoin de donner ces courtes explications pour qu'on ne fût pas surpris, en lisant ce livre, d'y trouver l'histoire d'une conquête, et même de plusieurs conquêtes, faite au rebours de la méthode employée jusqu'ici par les historiens modernes. Tous, suivant une route qui leur a semblé naturelle, vont des vainqueurs aux vaincus ; ils se transportent plus volontiers dans le camp où l'on triomphe que dans celui où l'on succombe, et présentent la conquête comme achevée aussitôt que le conquérant s'est proclamé souverain maître, faisant abstraction, comme lui, de toutes les résistances ultérieures dont s'est jouée sa politique. Voilà comment, pour tous ceux qui, avant ces derniers temps, ont traité l'histoire d'Angleterre, il n'y a plus de Saxons après la bataille de Hastings et le couronnement de Guillaume le Bâtard ; il a fallu qu'un romancier, homme de génie, vînt révéler au peuple anglais que ses aïeux du onzième siècle n'avaient pas tous été vaincus dans un seul jour.

Un grand peuple ne se subjugue pas aussi promptement que sembleraient le faire croire les actes officiels de ceux qui le gouvernent par le droit de la force. La résurrection de la nation grecque prouve que l'on s'abuse étrangement en prenant l'histoire des rois ou même des peuples conquérants pour celle de tout le pays sur lequel ils dominent. Le regret patriotique vit encore au fond des cœurs longtemps après qu'il n'y a plus d'espérance de relever l'ancienne patrie. Ce sentiment, quand il a perdu la puissance de créer des armées, crée encore des bandes de partisans, des brigands politiques dans les forêts ou sur les montagnes, et fait vénérer comme des martyrs ceux qui meurent sur le gibet. Voilà ce que des travaux récents nous ont appris pour la nation grecque [1], et ce que j'ai trouvé pour la race anglo-saxonne, en recueillant son histoire où personne ne l'avait cherchée, dans les légendes, les traditions et les poésies populaires. La ressemblance entre l'état des Grecs sous les Turks et celui des Anglais de race sous les Normands, non-seulement pour ce qu'il y a de matériel dans l'asservissement, mais pour la forme particulière que revêt l'esprit national au milieu des souffrances de l'oppression, pour les instincts moraux et les croyances superstitieuses qui en naissent, pour la manière de haïr ceux qu'on voudrait et qu'on ne peut vaincre, et d'aimer ceux qui luttent encore lorsque la masse courbe la tête, est un fait bien digne de remarque. De ce rapprochement peut sortir quelque lumière pour l'étude morale de l'homme.

Je dois dire, en finissant, quelques mots sur le plan et la composition de cet ouvrage. On y trouvera, ainsi que l'annonce le titre, un récit complet de tous les détails relatifs à la conquête normande, placé entre deux narrations plus sommaires, l'une des faits qui ont précédé et préparé cette conquête, l'autre de ceux qui en ont découlé comme conséquences. Avant de présenter et de mettre en action les personnages qui figurent dans le grand drame de la conquête, j'ai cherché à faire connaître le terrain sur lequel devaient avoir lieu ses différentes scènes. Pour cela, j'ai transporté le lecteur, tantôt dans la Grande-Bretagne, tantôt sur le continent. J'ai exposé l'origine, la situation intérieure et extérieure, les premières rela-

---

[1]. Voyez les excellentes Dissertations historiques insérées par M Fauriel dans son recueil des *Chants populaires de la Grèce moderne*.

tions mutuelles de la population de l'Angleterre et de celle du duché de Normandie, et par quelle sorte de hasards ces rapports se sont compliqués au point de devenir nécessairement hostiles, et d'amener un projet d'invasion de la part de la seconde de ces puissances. Le succès de l'invasion normande, couronnée par le gain de la bataille de Hastings, donne lieu à une conquête dont les progrès, l'établissement et les suites immédiates forment cinq époques bien marquées.

La première époque est celle de l'envahissement territorial : elle commence à la victoire de Hastings, le 14 octobre de l'année 1066, et embrasse les progrès successifs des conquérants, de l'est à l'ouest et du sud au nord ; elle se termine en 1070, lorsque tous les centres de résistance ont été détruits, lorsque tous les hommes puissants se sont soumis ou ont abandonné le pays. La seconde époque, celle de l'envahissement politique, commence où finit la première ; elle comprend la série d'efforts tentés par le conquérant pour désorganiser et dénationaliser, si l'on peut s'exprimer ainsi, la population vaincue. Elle se termine en 1076 par l'exécution à mort du dernier chef de race saxonne, et l'arrêt de dégradation du dernier évêque de cette même race. Dans la troisième époque, le conquérant soumet à un ordre régulier les résultats violents de la conquête, et transforme en propriété légale, sinon légitime, les prises de possession de ses soldats : cette époque se termine en 1086, par une grande revue de tous les conquérants possesseurs de terres qui, renouvelant ensemble au roi le serment d'hommage lige, figurent pour la première fois comme nation établie et non plus comme armée en campagne. La quatrième est remplie des querelles intestines de la nation conquérante et de ses guerres civiles, soit pour la possession du territoire conquis, soit pour le droit d'y commander. Cette période, plus longue que toutes les précédentes, ne se termine qu'en 1152, par l'extinction de tous les prétendants au trône d'Angleterre, à l'exception d'un seul, Henri, fils de Geoffroy, comte d'Anjou, et de l'impératrice Mathilde, nièce de Guillaume le Conquérant. Enfin, dans la cinquième époque, les Normands d'Angleterre et du continent, n'ayant plus à consumer en dissensions intestines leur activité et leurs forces, partent de leurs deux centres d'action pour conquérir et coloniser au dehors, ou étendre leur suprématie sans se déplacer. Henri II et son successeur, Richard Ier, sont les représentants de cette époque, remplie par des guerres sur le continent et par de nouvelles conquêtes territoriales ou politiques. Elle se termine, dans les premières années du treizième siècle, par une réaction contre la puissance anglo-normande, réaction tellement violente que la Normandie elle-même, patrie des rois, des seigneurs et de la chevalerie d'Angleterre, est séparée pour jamais de ce pays, auquel elle avait donné des conquérants.

A ces différentes époques correspondent des changements successifs dans la destinée de la nation anglo-saxonne ; elle perd d'abord la propriété du sol, ensuite son ancienne organisation politique et religieuse; puis, à la faveur des divisions de ses maîtres, et en s'attachant au parti des rois contre les vassaux en révolte, elle obtient des concessions qui lui donnent, pour quelques moments, l'espérance de redevenir un peuple; ou bien elle essaye encore, quoique inutilement, de s'affranchir par la force. Enfin, accablée par l'extinction des partis dans la population normande, elle cesse de jouer un rôle politique, perd son caractère national dans les actes publics et dans l'histoire, et descend à l'état de classe inférieure. Ses révoltes, devenues extrêmement rares, sont qualifiées simplement par les écrivains contemporains de querelles entre les pauvres et les riches, et c'est l'histoire d'une émeute de ce genre, arrivée à Londres en 1196, et conduite par un personnage évidemment Saxon de naissance, qui termine le récit détaillé des faits relatifs à la conquête.

Après avoir conduit jusqu'à ce point l'histoire de la conquête normande, j'ai continué, sous une forme plus sommaire, celle des populations de races diverses qui figurent dans le cours de l'ouvrage. La résistance qu'elles opposèrent aux nations plus puissantes, leur défaite, les établissements des vainqueurs au milieu d'elles, les révolutions qu'elles ont tentées ou accomplies, les événements, soit politiques, soit militaires, sur lesquels leur influence s'est exercée, la fusion des peuples, des langues, des mœurs, et son moment précis, voilà ce que j'ai essayé d'éclaircir et de montrer. Cette dernière partie de l'ouvrage, consacrant à chaque race d'hommes un article spécial, commence par les populations continentales, qui, depuis, sont devenues françaises. Celles qu'on appelle aujourd'hui anglaises viennent ensuite, chacune à son rang : les Gallois, dont l'esprit de nationalité est si vivace qu'il a survécu à une conquête territoriale; les Écossais, qui n'ont jamais subi de conquête de ce genre, et qui ont lutté avec une si grande énergie contre la conquête politique; les Irlandais, auxquels il aurait mieux valu devenir serfs, comme le Anglo-Saxons, que de conserver une liberté précaire, au prix de la paix de tous les jours, du bien-être de chaque famille et de la civilisation du pays; enfin la population de l'Angleterre, d'origine normande ou saxonne, chez laquelle ces différences nationales sont devenues une distinction de classes, affaiblie de plus en plus par le temps.

Je n'ai plus qu'à rendre compte d'une innovation historique, purement matérielle en quelque sorte, mais qui m'a paru aussi importante que toutes les autres. L'emploi de l'orthographe anglaise, pour les noms des familles conquérantes et de leur postérité, a contribué à rendre moins sensible, dans le récit des historiens, la distinction des races. J'ai restitué soigneusement à tous ces noms leur physionomie normande, afin d'obtenir par là un plus haut degré de cette couleur locale qui me semble une des conditions non-seulement de l'intérêt, mais encore de la vérité historique. J'ai également reproduit, avec leur véritable caractère, les noms qui appartiennent à la période saxonne de l'histoire d'Angleterre et à l'époque germanique de l'histoire de France. J'ai évité, par le même motif, d'appliquer à aucun temps le langage d'un autre, d'employer pour les faits et les distinctions politiques du moyen âge les formules du style moderne et des titres d'une date récente. Ainsi, faits principaux, détails de mœurs, formes, langage, noms propres, je me suis proposé de tout rétablir ; et, en restituant à chacune des périodes de temps embrassées par mon récit ses dehors particuliers, ses traits originaux, et, si je puis le dire, son entière réalité, j'ai essayé de porter, dans cette partie de l'histoire, quelque chose de la certitude scientifique.

HISTOIRE

DE LA

CONQUÊTE DE L'ANGLETERRE

PAR LES NORMANDS

LIVRE PREMIER

<small>Depuis l'établissement des Bretons jusqu'au neuvième siècle.</small>

Si l'on en croit d'anciennes traditions, la grande île qui porte aujourd'hui le nom de pays-uni d'Angleterre et d'Écosse fut nommée primitivement la contrée *aux Vertes collines*, ensuite l'île du *Miel*, et, en troisième lieu, l'île de *Bryt* ou de *Prydain*[1]; de ce dernier mot latinisé paraît s'être formé le nom de Bretagne. Dès la plus haute antiquité, l'île de Prydain, ou la Bretagne, a paru, à ceux qui la visitaient, divisée de l'est à l'ouest en deux grandes portions inégales, dont les fleuves de Forth et de Clyde formaient la limite commune. La partie du nord se nommait Alben[2], c'est-à-dire région des montagnes; la partie du sud portait, à l'occident, le nom de Kymru, et celui de Lloëgr à l'orient. Ces deux dénominations ne dérivaient point, comme la première, de la nature du sol, mais du nom de deux peuples distincts l'un de l'autre, qui habitaient conjointement presque toute l'étendue de la Bretagne méridionale. C'étaient le peuple

---

1. Trioedd ynys Prydain, n. 1; *the Myvyrian archaiology of Wales*, vol. II, p. 57. — Voir à la fin de l'ouvrage la liste des auteurs et des éditions consultés.

2. Alias Alban Albyn; en latin, *Albania*, Albanie.

des Kymrys et celui des Lloëgrys¹, ou, pour suivre l'orthographe latine, des Cambriens et des Logriens.

La nation des Cambriens se vantait d'être la plus ancienne ; elle était venue en masse des extrémités orientales de l'Europe, à travers l'Océan germanique. Une partie des émigrants avait abordé sur la côte des Gaules ; l'autre était descendue sur la rive opposée du détroit², et avait ainsi colonisé la Bretagne, encore sans habitants humains, peuplée seulement d'ours et de bœufs sauvages, disent les traditions cambriennes³, et où, par conséquent, les nouveaux colons s'établirent comme premiers occupants du sol, sans opposition, sans guerre et sans violence⁴. Cette honorable prétention ne peut guère se soutenir historiquement ; selon toute probabilité, les émigrés cambriens trouvèrent, dans l'île de Bretagne, des hommes d'une autre origine qu'eux, et d'un langage différent, sur lesquels ils envahirent le pays. Beaucoup de noms de lieux étrangers à la langue cambrienne l'attestent, ainsi que des ruines d'une époque inconnue, attribuées par la tradition vulgaire à une race éteinte de chasseurs qui dressaient, au lieu de chiens, les renards et les chats sauvages⁵. Cette population primitive de la Bretagne fut repoussée vers l'ouest et vers le nord par l'invasion graduelle des étrangers qui avaient abordé à l'orient.

Une partie des fugitifs passa la mer et gagna la grande île, que ses habitants appelaient Érin⁶, et les autres îles de l'ouest, peuplées, selon toute apparence, d'hommes de même race et de même langage que les aborigènes bretons. Ceux qui firent retraite au nord de la Bretagne trouvèrent un asile inexpugnable dans les hautes montagnes qui se prolongent depuis les bords de la Clyde jusqu'aux extrémités de l'île, et ils s'y maintinrent sous le nom de Gaels ou Galls⁷, qu'ils

---

1. Plus correctement : Lloëgrwys.
2. Fretum gallicum, fretum Morinorum.
3. Trioedd ynys Prydain, n. 1 ; *the Myvyrian archaiology of Wales*, vol. II, p. 57.
4. Ibid., n. 5 ; ibid., p. 58.
5. *Horæ britannicæ*, t. II, p. 31 et p. 327. — Ces ruines sont appelées ordinairement *Cyttiau y Gwyddelad*, maisons des Gaëls. — Voyez Edward Lhuyd, *Archæologia britannica*.
6. En latin, *Ierne, Inverna, Iernia, Hibernia*.
7. Plus correctement : Gadhels, Gwyddils.

portent encore. Les débris de cette race dépossédée, auxquels vinrent se joindre, dans différents temps, plusieurs bandes d'émigrés de l'île d'Érin, formèrent la population de l'Albanie ou du haut pays de l'île de Bretagne, population étrangère à celle des plaines du sud, et son ennemie naturelle, à cause des ressentiments héréditaires nés du souvenir de la conquête. L'époque où s'opérèrent ces mouvements de population est incertaine; et ce fut dans un temps postérieur, mais aussi difficile à fixer, que les hommes appelés Logriens vinrent, selon les annales bretonnes, débarquer au sud de l'île [1].

Ils émigrèrent, selon les mêmes annales, de la côte sud-ouest des Gaules, et ils tiraient leur origine de la race primitive des Cambriens, avec lesquels il leur était facile de communiquer par le langage [2]. Pour faire place à ces nouveaux venus, les premiers colons, soit volontairement, comme porte la vieille tradition, soit par force (ce qui semblerait plus croyable), se rangèrent le long des bords de la mer occidentale, qui prirent dès lors exclusivement le nom de Cambrie, pendant que les Logriens donnaient leur propre nom aux rivages du sud et de l'est, sur lesquels ils se répandirent. Après la fondation de cette seconde colonie, vint encore un troisième ban d'émigrés, issu de la même race primitive et parlant aussi le même langage ou un dialecte peu différent. Le lieu qu'ils habitaient antérieurement était la portion de la Gaule occidentale comprise entre la Seine et la Loire; et, de même que les Logriens, ils obtinrent des terres en Bretagne sans beaucoup de contestations. C'est à eux que les anciennes annales et les poëmes nationaux attribuent spécialement le nom de Brython ou Bretons, qui, dans les langues étrangères, servait à désigner d'une manière générale tous les habitants de l'île. On ignore le lieu précis de leur établissement; l'opinion la plus probable est qu'ils se fixèrent au nord des Cambriens et des Logriens, sur la frontière de la population gallique, entre le golfe du Forth et celui de Solway.

Ces nations de commune origine furent visitées en divers temps,

---

1. *Horæ britannicæ*, t. II, p. 292-300. — Trioedd ynys Prydain, n. 5, *the Myvyrian archaiology of Wales*, vol. II, p. 58.

2. Ibid.

soit pacifiquement, soit d'une manière hostile, par diverses peuplades étrangères. Des hommes partis du territoire gaulois, qu'on nomme aujourd'hui la Flandre, obligés d'abandonner sans retour leur pays natal, à cause d'une grande inondation, vinrent, sur des vaisseaux sans voiles, aborder dans la petite île de Wight et sur la côte voisine, premièrement comme hôtes de bonne grâce, et ensuite comme envahisseurs [1]. Les Coraniens [2], hommes de race teutonique, venus d'un pays que les annales bretonnes désignent par le nom de terre des marais [3], entrèrent dans le golfe formé par l'embouchure de l'Humber, et s'établirent le long des rives de ce fleuve, séparant ainsi en deux portions le territoire des Logriens. Enfin, des légions romaines, conduites par Jules César, descendirent à la pointe orientale du territoire qui, aujourd'hui, porte le nom de Kent. Elles furent accueillies, au débarquement, avec une résistance opiniâtre par les Bretons-Logriens, retranchés derrière leurs chariots de guerre; mais bientôt, grâce à la trahison des peuplades de race étrangère, et surtout des Coraniens, les Romains, pénétrant dans l'intérieur de l'île, achevèrent peu à peu la conquête des deux pays de Logrie et de Cambrie. Les annales bretonnes les appellent Césariens [4] et les comptent parmi les peuples envahisseurs qui ne firent en Bretagne qu'un séjour temporaire. « Après avoir opprimé l'île pendant quatre « cents ans, disent ces annales, et en avoir exigé par année le tribut « de trois mille livres d'argent, ils repartirent pour la terre de Rome, « afin de repousser l'invasion de la horde noire. Ils ne laissèrent à « leur départ que des femmes et des enfants en bas âge, qui tous « devinrent Cambriens [5]. »

Durant ce séjour de quatre siècles, les Romains étendirent leur conquête et leur domination sur tout le sud de l'île, jusqu'au pied des montagnes septentrionales qui avaient servi de rempart à la

---

1. Trioedd ynys Prydain. n. 6; *the Myvyrian archaiology of Wales*, vol. II, p. 58. — *Belgæ*. (Jul. Cæsar, *de Bello gallico*.)

2. *Corraniaid*. (Trioedd ynys Prydain, n. 6; *the Myvyrian archaiology of Wales*, vol. II, p. 58.) — En latin, *Coritani*.

3. Trioedd ynys Prydain, n. 7; ibid.

4. *Caisariaid*. (Trioedd ynys Prydain, n. 8; ibid.)

5. Trioedd ynys Prydain, n. 8; ibid.

population aborigène contre l'invasion des Cambriens. L'invasion romaine s'arrêta aux mêmes limites que l'invasion bretonne, et le peuple des Galls resta libre pendant que la domination étrangère pesait sur ses anciens conquérants. Il fit reculer plus d'une fois les aigles de l'empire, et son antique aversion pour les habitants du sud de la Bretagne s'accrut au milieu des guerres qu'il eut à soutenir contre les gouverneurs impériaux. Le pillage des colonies et des villes municipales, ornées de palais et de temples somptueux, redoubla, par un attrait nouveau, cette hostilité nationale. Chaque printemps, les hommes d'Alben ou de la Calédonie [1] passaient la Clyde dans des bateaux d'osier recouverts de cuir, et cherchaient à pénétrer sur le sol romain défendu contre eux, sur deux points de l'île, par d'immenses retranchements qui se prolongeaient d'une mer à l'autre [2]. Ces irruptions, sans cesse renouvelées, acquirent aux habitants de l'Albanie une célébrité terrible, sous les noms de *Scots* et de *Pictes*, seuls employés par les écrivains latins, qui paraissent ignorer le nom de Galls [3].

Le premier de ces deux noms appartenait de plus aux habitants de l'île d'Érin, qu'en langue romaine on appelait également *Hibernie* ou *Scotie*. La fraternité des montagnards bretons avec les hommes de l'Hibernie, et les fréquentes émigrations d'un peuple vers l'autre, amenèrent cette communauté de nom. On appelait Scots, en Bretagne, les habitants des côtes et du grand archipel du nord-ouest, et Pictes ceux qui demeuraient à l'orient, sur les bords de la mer germanique. Les territoires respectifs de ces deux peuples, ou de ces deux branches distinctes d'une même population, étaient séparés par la chaîne des monts Grampiens, au pied desquels Gallawg [4], le

---

1. Caledonia; en breton, *Calyddon*, le pays des forêts.
2. De l'embouchure de la Clyde à celle du Forth, *vallum Antonini,* et du golfe de Solway à l'embouchure de la Tyne, *vallum Severi*. Le retranchement de Sévère était une muraille garnie de tours. — Voyez Camden, *Britannia*, t. II, p. 648 et suiv.
3.   Venit et extremis legio prætenta Britannis,
    Quæ Scoto dat frena truci, ferroque notatas
    Perlegit exsangues Picto moriente figuras.
        (Claudiani *Opera, de Bello getico*, v. 416 et seq.)
4. *Galgacus* dans Tacite, *Vie d'Agricola*.

grand chef des forêts du nord [1], avait vaillamment combattu contre les légions de l'empire. Les Scots et les Pictes différaient par leur manière de vivre : les premiers, habitants des montagnes, étaient chasseurs ou bergers nomades ; les autres, sur un sol plus uni, avaient des établissements plus fixes, cultivaient la terre et bâtissaient des demeures solides, dont les ruines portent encore leur nom. Lorsqu'ils ne s'étaient point ligués pour une irruption vers le sud, la bonne intelligence cessait quelquefois de régner entre eux ; mais, à chaque occasion qui se présentait d'assaillir l'ennemi commun, leurs deux chefs, dont l'un résidait à l'embouchure du fleuve de Tay, et l'autre entre les lacs d'Argyle, devenaient frères et joignaient leurs drapeaux. Les Bretons du midi et les colons romains, dans leurs terreurs ou dans leur haine, ne séparèrent jamais les Scots des Pictes [2].

Après la retraite des légions rappelées pour défendre l'Italie et Rome elle-même contre l'invasion des Goths, les Bretons cessèrent de reconnaître le pouvoir des gouverneurs étrangers qui régissaient leurs provinces et leurs villes. Les formes, les offices, l'esprit et la langue de cette administration disparurent ; à sa place fut restaurée l'autorité traditionnelle des chefs de tribu, abolie autrefois par les Romains [3]. D'antiques généalogies, conservées soigneusement par les poëtes [4], servirent à désigner ceux qui pouvaient prétendre à la dignité de chefs de canton ou de famille ; car ces mots étaient synonymes dans la langue des anciens Bretons [5], et les liens de parenté formaient la base de leur état social. Les gens du plus bas étage, parmi ce peuple, notaient et retenaient de mémoire toute la ligne de leur descendance, avec un soin qui, chez les autres nations, fut le propre des riches et des grands [6]. Tout Breton, pauvre comme riche, avait besoin d'éta-

---

1. Calyddon.
2. Gildas, *de Excidio Britanniæ*, passim.
3. Zosimus, apud *Script. rer. gallic. et francic.*, t. I, p. 586.
4. En langue bretonne, *Beirdd*, Bardes.
5. « *Penteulu* is, literally, the head of the family. » (The Laws of Hywel Dda, *Cambrobriton*, vol. II, p. 298, à la note.)
6. Genealogiam quoque generis sui etiam de populo quilibet observat, et non solum avos, atavos, sed usque ad sextam vel septimam, et ultra procul generationem memoriter et prompte genus enarrat .. (Giraldi Cambrensis *Cambriæ descriptio*, cap. XVII; Camden,

blir sa généalogie, pour jouir pleinement de ses droits civils et faire valoir ses titres de propriété dans le canton où il avait pris naissance ; car chaque canton appartenait à une seule famille primitive, et nul ne possédait légitimement aucune portion du sol, s'il n'était membre de cette famille qui, en s'agrandissant, avait formé une tribu.

Au-dessus de cet ordre social, d'où résultait une fédération de petites souverainetés héréditaires, les Bretons, affranchis de l'autorité romaine, élevèrent, pour la première fois, une haute souveraineté nationale : ils créèrent un chef des chefs [1], un roi du pays, comme s'énoncent leurs vieilles annales, et ils le firent électif. Cette institution nouvelle, destinée à donner au peuple plus d'union et plus de force contre les attaques du dehors, devint pour lui, au contraire, une cause de divisions, de faiblesse et bientôt d'asservissement. Les deux grandes populations qui se partageaient le sud de l'île prétendirent chacune au droit exclusif de fournir des candidats pour la royauté du pays. Le siége de cette royauté centrale était sur le territoire logrien, dans l'ancienne ville municipale que les Bretons nommaient Lon-din [2], ou la ville des vaisseaux : il en résultait que les hommes de race logrienne parvenaient plus facilement que les autres à la dignité de chef des chefs.

Les Cambriens, jaloux de cet avantage, soutenaient que l'autorité royale appartenait légitimement à leur race, comme la plus antique, comme celle qui avait accueilli les autres sur le sol de la Bretagne. Pour justifier cette prétention, ils faisaient remonter l'origine du pouvoir qu'ils ambitionnaient bien au delà des conquêtes romaines, et ils en attribuaient l'institution à un certain Prydain, fils d'Aodd, Cambrien, qui autrefois, disaient-ils, avait réuni l'île entière sous un même gouvernement monarchique, et décrété que ce gouvernement serait à jamais possédé par sa nation [3]. On ne sait par quelles

---

Anglica, Normannica, Hibernica, Cambrica, a veteribus scripta, in-fol., 1603, Francfort, p. 890. C'est ce même ouvrage que nous citerons sous le nom de *Britannia*.)

1. Penteyrn.
2. Alias Llundain ; en latin, *Londinium*.
3. Trioedd ynys Prydain, n. 2 ; *the Myvyrian archaiology of Wales*, vol. II, p. 57.

410
à
413 fables les gens du sud et de l'est répliquèrent à ces fables ; mais la dispute s'envenima ; toute la Bretagne fut en guerre civile pour des rivalités d'amour-propre. L'intervention des peuplades d'origine étrangère, toujours hostiles contre les deux grandes branches de la population bretonne, alimenta les discordes de celle-ci et entretint la guerre intestine. Sous une succession de chefs intitulés nationaux, et toujours désavoués par une partie de la nation, nulle armée ne se leva, en remplacement des légions romaines, pour garder la frontière du pays contre les incursions des tribus galliques.

Au milieu de ce désordre, les Pictes et les Scots forcèrent le double rempart que les Romains avaient jadis élevé contre eux, et d'autres ennemis non moins redoutables fondirent sur les côtes maritimes. C'étaient des pirates venus des rivages et des îles de l'Océan germanique, pour piller et retourner chez eux chargés de butin. Lorsque la tempête faisait rentrer dans le port les grands vaisseaux de construction romaine, on les voyait naviguer à pleines voiles sur des barques légères [1], aborder et attaquer à l'improviste. Plusieurs tribus bretonnes firent séparément de grands efforts, et livrèrent quelques combats heureux contre leurs agresseurs, soit germains, soit de race gallique. Les habitants des côtes du sud, qui communiquaient fréquemment avec le continent, sollicitèrent des secours étrangers ;

443
à
449 une ou deux fois des troupes romaines, venues de la Gaule, combattirent pour les Bretons, et les aidèrent à réparer les grandes murailles construites par les empereurs Antonin et Sévère [2]. Mais le temps arriva bientôt où les Romains eux-mêmes furent poussés hors de la Gaule par trois invasions de barbares, au midi, à l'est et au nord, et par l'insurrection nationale des contrées maritimes de l'ouest [3]. Les

---

1.   Quin et aremoricus piratam saxona tractus
     Sperabat, cui pelle salum sulcare britannum
     Ludus, et assuto glaucum mare findere lembo.
           (Sidonii Apollinaris *Carmina*, apud *Script. rer. gallic. et francic.*, t. I, p. 807.)

2. Gildæ *Historia*, cap. XII, apud *Rer. anglic. Script.*, t. I, p. 4, ed. Gale.

3. Totus ille tractus armoricus... ejectis magistratibus romanis... (Zosimus, apud *Script. rer. gallic. et francic.*, t. I, p. 587.)

légions se replièrent sur l'Italie, et dès lors il n'y eut plus pour les Bretons aucun secours à espérer de l'empire [1].

Dans ce temps, la dignité de chef suprême de toute la Bretagne se trouvait aux mains d'un homme appelé Guorteyrn [2], de race logrienne. Plusieurs fois il assembla autour de lui tous les chefs des tribus bretonnes, afin de prendre, de concert avec eux, des mesures pour la défense du pays contre les invasions septentrionales. Il régnait peu d'union dans ces conseils, et, soit à raison, soit à tort, Guorteyrn avait beaucoup d'ennemis, surtout parmi les habitants de l'ouest, qui rarement consentaient à approuver ce que proposait le Logrien. Celui-ci, en vertu de sa prééminence royale, d'après l'avis de plusieurs tribus, mais sans l'aveu des Cambriens [3], prit tout à coup la résolution d'introduire en Bretagne une population de soldats étrangers, qui, moyennant des subsides d'argent et des concessions de terres, feraient, au service des Bretons, la guerre contre les Pictes et les Scots. Vers l'époque où fut prise cette décision que les opposants traitaient de lâche, le hasard amena sur la côte de Bretagne trois vaisseaux de corsaires germains, commandés par deux frères appelés Henghist et Horsa [4]; ils abordèrent à l'orient du pays de Kent, sur la même pointe de terre où jadis avaient débarqué les légions romaines.

Il paraît que les hommes des trois navires venaient cette fois en Bretagne comme marchands, et non comme pirates. Ils étaient de la nation des Jutes ou Iutes, nation affiliée à une grande ligue de peuples répandus sur la côte marécageuse de l'Océan, au nord de l'Elbe, et s'intitulant tous du nom de Saxons ou *d'hommes aux longs*

---

1. Gildæ *Historia*, cap. XVII, apud. *Rer. anglic. Script.*, t. I, p. 6, ed. Gale.

2. *Gwrthevyrn*, selon l'orthographe cambrienne. Les historiens anglo-saxons écrivent *Wyrtegern* ou *Wortigern*, ce qui devait produire le même son, d'après leur manière de prononcer.

3. Trioedd ynys Prydain, n. 9; *the Myvyrian archaiology of Wales*, vol. II, p. 59.

4. *Chronicon saxonicum*, ed. Gibson, p. 12. — L'orthographe saxonne est : *Hengist*. *Hengist* signifie un étalon, et *hors*, autrement *hros*, un cheval. Il est peu croyable que ces appellations fussent les noms propres des deux frères; c'étaient probablement de simples surnoms. — Comme le son du *g* est toujours dur dans la langue saxonne et dans les autres langues germaniques, cette lettre sera, comme ici, remplacée par *gh*, pour rendre exactement la prononciation des noms propres.

couteaux[1]. D'autres confédérations du même genre s'étaient déjà formées parmi les peuples teutoniques, soit pour mieux résister aux Romains, soit pour prendre contre eux l'offensive avec plus d'avantage. L'on avait ainsi vu paraître successivement la ligue des Alamans ou *hommes par excellence,* et celle des Franks ou *rudes aux combats*[2]. A leur arrivée sur la côte de Bretagne, les chefs saxons Henghist et Horsa reçurent du roi breton Guorteyrn un message et la proposition d'un enrôlement militaire pour eux et pour une armée de leur pays. Cette proposition n'avait rien d'étrange à leurs yeux, car la guerre était leur principale industrie. Ils promirent un corps de troupes considérable, en échange de la petite île de Thanet[3], formée sur le rivage de Kent, d'un côté par la mer et de l'autre par une rivière qui se sépare en deux bras.

Dix-sept navires amenèrent du nord la nouvelle colonie militaire; elle fit le partage de son île, et s'y organisa selon ses usages, sous le commandement des deux frères auteurs de l'entreprise. Elle recevait des Bretons, ses hôtes, toutes les choses nécessaires à la vie ; plusieurs fois elle combattit vaillamment et fidèlement pour eux, et leva contre les Pictes et les Scots son étendard où était peint un cheval blanc, sorte d'emblème qui répondait aux noms de ses deux chefs[4]; plusieurs fois des bandes de montagnards, fortes en nombre, mais mal armées de piques longues et fragiles, prirent la fuite devant les grandes haches qui étaient l'arme nationale de la confédération saxonne[5]. Ces exploits excitèrent en Bretagne beaucoup de joie et d'amitié pour les Saxons. « Après avoir défait nos ennemis, dit un « ancien poëte, ils célébraient avec nous les réjouissances de la vic- « toire ; nous fêtions à l'envi leur bienvenue : mais maudit soit le

---

1. *Sax, saex, seax, swx, sex, sahs ;* couteau, épée courte. *Handsax,* un poignard. (Gloss. Wachter.)

2. *All, eall,* tout, entièrement; *man, mann, mand,* homme. — *Frak, frek, frech, vrek, vrang,* rude, âpre, féroce. — Voyez les *Lettres sur l'histoire de France,* lettre VI.

3. En breton *Danet,* aujourd'hui *Thanet.*

4. Voyez la note 4 de la page précédente.

5. ... Cum illi pilis et lanceis pugnarent, isti vero securibus gladiisque longis... (Henrici Huntindoniensis *Historiarum* lib. II, apud *Rer anglic. Script.*, p. 309, in-fol., 1601, ed. Savile.)

« jour où nous les avons aimés! maudits soient les lâches dont « Guorteyrn suivit le conseil¹! »

En effet, la bonne intelligence ne fut pas de longue durée entre ceux qui faisaient la guerre et ceux pour qui la guerre se faisait; les premiers demandèrent bientôt plus de terres, de vivres et d'argent qu'il n'en avait été stipulé, et menacèrent de se payer eux-mêmes par le pillage et l'usurpation, si l'on refusait de les satisfaire². Pour rendre ces menaces plus effectives, ils appelèrent à eux spontanément de nouvelles bandes d'aventuriers, soit de leur propre nation, soit des autres peuples de la ligue saxonne. L'émigration continuant toujours, les terres assignées par les Bretons cessèrent d'être suffisantes, les limites convenues furent dépassées, et bientôt s'aggloméra sur la côte du pays de Kent une nombreuse population germanique. Les indigènes, qui avaient besoin de son secours et qui la craignaient, traitaient avec elle de nation à nation. Il y eut, de part et d'autre, de fréquents messages et de nouvelles conventions conclues et aussitôt violées³. Enfin les derniers liens se rompirent : les Saxons firent alliance avec les Pictes; ils les invitèrent par des messages à descendre en armes vers le sud, et eux-mêmes, à la faveur de cette diversion, s'avancèrent de l'est à l'ouest dans l'intérieur de la Bretagne, chassant devant eux la population bretonne, ou l'obligeant à se soumettre. Celle-ci ne leur ouvrit point facilement passage ; une fois même elle les repoussa jusqu'à la mer et les contraignit de se rembarquer ; mais ils revinrent plus acharnés et plus nombreux, conquirent l'étendue de plusieurs milles de pays sur la rive droite de la Tamise, et ne quittèrent plus leurs conquêtes. L'un des deux frères qui les commandaient fut tué en combattant⁴ ; l'autre, de simple chef

---

1. Chant national des Bretons. (*Arymes Prydein vawr*; Cambrian register for 1796, p. 554 et suiv.)

2. ... *Et nisi profusior eis munificentia cumularetur, testantur se cuncta insulæ, rupto fœdere, depopulaturos.* (Gildæ *Historia*, cap. XXIII, apud *Rer. anglic. Script.*, t. I, p. 8, ed. Gale.)

3. *Arymes Prydein vawr*; Cambrian register for 1796, p. 554 et suiv.

4. *Et ibi cecidit Horsa cum filio Guorthigirn, cujus nomen erat Catigirnus.* (Nennii *Hist. Briton.*, cap. XLVI, apud *Rer. anglic. Script.*, t. I, p. 110, ed. Gale.)

455
à
477
de guerre, devint roi d'une nation établie¹, et son territoire prit le nom de royaume des hommes de Kent, en langue saxonne, Kent-wara-rike².

477
à
495
Vingt-deux ans après le premier débarquement des Germains, un autre chef saxon, nommé Ælla, amena trois vaisseaux au midi du territoire de Kent, et, refoulant les Bretons vers le nord et vers l'ouest, il établit une seconde colonie qui reçut le nom de royaume

495
à
530
des Saxons du sud³. Dix-huit années après, un certain Kerdik⁴, suivi de la plus puissante armée qui eût encore passé l'Océan pour chercher des terres en Bretagne, débarqua sur la côte méridionale, à l'ouest des Saxons du sud, et fonda un troisième royaume, sous le

530
à
542
nom de Saxe occidentale⁵. Les chefs qui succédèrent à Kerdik étendirent par degrés leur conquête jusqu'au voisinage de la Saverne : c'est là qu'était l'ancienne frontière de la population cambrienne ; les envahisseurs ne trouvèrent pas cette population disposée à leur céder la place ; elle soutint contre eux une lutte opiniâtre, pendant laquelle d'autres émigrés, débarquant sur la côte de l'est, s'emparèrent de la rive gauche de la Tamise et de la grande cité de Londin ou de Londres. Ils intitulèrent Saxe orientale⁶ le territoire où ils s'établirent. Toutes ces conquêtes se firent aux dépens du seul pays de Logrie et de la race des Bretons-Logriens, qui avait invité les Saxons à venir habiter chez elle.

Du moment que la ville de Londres fut prise, et que les côtes de la Logrie devinrent saxonnes, les rois et les chefs choisis pour tenir tête aux conquérants furent tous de race cambrienne. Tel était le fameux Arthur. Il vainquit les Saxons dans plusieurs batailles ; mais,

---

1. Guth-cynig, wig-cyning, folces-cyning, theod-cyning, land-cyning. — Voyez le Glossaire saxon d'Edwar Lye.
2. La Chronique saxonne orthographie *Cant-wara-rice* ; le c saxon est un *k*. — Henrici Huntindoniensis *Historiarum* lib. II, apud *Rer. anglic. Script.*, p. 310 et 311, ed. Savile. — Bedæ presbyteri *Historia ecclesiastica*, lib. II, cap. XV.
3. *Suth-seaxna-rice.*
4. Pour maintenir la prononciation originale, le *k* sera invariablement substitué au *c* dans tous les noms propres germaniques.
5. *West-seaxna-rice*, plus brièvement *West-seax.* (*Chron. saxon.*, ed. Gibson, p. 18 à 30.)
6. *East-seaxna-rice, East-seax.* (*Chron. saxon.*, ed. Gibson, p. 12 à 30.)

malgré les services qu'il rendait aux siens, il eut des ennemis parmi eux, comme en avait eu Guorteyrn. Le titre de roi lui fit tirer l'épée contre les Bretons presque aussi souvent que contre l'étranger, et il fut blessé à mort dans un combat livré à son propre neveu. On le transporta dans une île formée par des rivières près d'Afallach[1], aujourd'hui Glastonbury, au sud du golfe où se jette la Saverne. Il y mourut de ses blessures ; mais, comme c'était le temps où les Saxons occidentaux envahirent ce territoire, dans le tumulte de l'invasion personne ne put dire exactement les circonstances de la mort d'Arthur, ni le lieu où il fut enseveli. Cette ignorance attira sur son nom une célébrité mystérieuse : il y avait déjà longtemps qu'il n'était plus, et on l'attendait encore ; le besoin qu'on avait du grand chef de guerre qui savait vaincre les Germains nourrissait la vaine espérance de le voir reparaître un jour. Cette espérance n'eut pas de fin ; et, durant plusieurs siècles, la nation qui avait aimé Arthur ne se découragea point d'attendre sa guérison et son retour[2].

L'émigration des habitants des marais de l'Elbe et des îles qui les avoisinent, inspira le désir d'émigrer de même à des peuples situés plus loin vers l'est, près des bords de la mer Baltique, et qu'on nommait alors Anghels ou Angles[3]. Après quelques descentes et un premier essai d'établissement sur la côte orientale de la Bretagne, les guerriers de la nation des Angles se réunirent tous ou presque tous, pour une grande expédition navale, sous un chef nommé Ida, qu'ils saluèrent du titre de roi. Leurs soixante vaisseaux abordèrent près de l'embouchure de la Tyne. Afin de se rendre plus formidables aux habitants de ces contrées, ils firent alliance avec les Pictes, ennemis

---

1. Insula avallonia.
2. Quem adhuc vere bruti Britones expectant venturum. (Guillielmi Neubrigensis *Hist.*, proœm., p. 13, ed. Hearn.) — Hic est Arthurus de quo Brittonum nugæ hodieque delirant. (Willelmi Malmesburiensis de *Gestis regum anglorum*, lib. I, cap. I, apud *Rer. anglic. Script.*, p. 9, ed. Savile.) — Credunt quidam de genere Britonum eum futurum vivere, et de servitute ad libertatem eos... reducere. (Joannis de Fordun *Scotichronicon*, lib. III, cap. XXV, p. 219, ed. Hearne.) — Nennii *Historia Britonum*, cap. LXII et LXIII, apud *Rer. anglic. Script.*, t. I, p. 114, ed Gale. — *Sketch of the early history of the Cymry*, by Roberts, p. 141 et suiv.
3. Engla, Anglen.

naturels des Bretons et toujours prêts à fondre sur eux du côté du nord. Les nouveaux conquérants germains, assurés par cette diversion, s'avancèrent rapidement de l'est à l'ouest, brûlant tout dans leur marche et frappant de terreur les indigènes, qui donnaient au roi des Angles le nom sinistre de *Porte-flamme*[1].

Malgré ses dévastations et sa bravoure, Ida fut arrêté au pied des montagnes d'où descend la Tyne, par une population qui lui barra le passage, pendant que les habitants de la plaine capitulaient et se rendaient à lui. « Le Porte-flamme est venu, dit un poëte breton « contemporain ; il a crié d'une voix forte : Nous seront-ils livrés nos « otages ; sont-ils prêts ? Owen répondit en tirant son épée : Ici on « ne livre point d'otages ; il n'y en a pas, il n'y en aura jamais de « prêts. Alors Urien, le chef du pays, s'écria : Hommes de ma tribu, « réunis autour de moi, levons notre étendard sur la montagne et « marchons contre les envahisseurs de la plaine, tournons nos lances « vers la tête des guerriers, allons chercher le Porte-flamme au « milieu de son armée, et tuons avec lui ses alliés[2]. »

Cet Urien, chef du pays de Reghed, aujourd'hui nommé Cumberland, remporta sur les Angles plusieurs victoires où brillèrent, à côté de lui, ses fils, dont Owen était le plus brave. Élu généralissime par toutes les tribus bretonnes du nord-ouest, il soutint, durant plus de vingt ans, une lutte opiniâtre contre les envahisseurs étrangers, arrêta leurs progrès, et, prenant contre eux l'offensive, les repoussa jusqu'au rivage de la mer. Mais sa mort, causée par un crime, fit tomber tout d'un coup le succès de la cause bretonne ; l'union des tribus se rompit, et les étrangers reconquirent le terrain qu'ils avaient perdu[3]. Bientôt de plus grands malheurs survinrent, et une terrible défaite, où périrent les fils d'Urien et l'élite des guerriers bretons, rendit les Angles maîtres de tout le pays au nord de la Tweed jusqu'aux frontières des Pictes et des Scots.

1. Flamddwyn.
2. Taliesin; *Poëmes des bardes bretons du sixième siècle*, traduits par M. de La Villemarqué, p. 400 et suiv.
3. *History of the Anglo-Saxons* by Sharon Turner, vol. I, p. 302 et suiv. — *Poëmes des bardes bretons du sixième siècle*, p. 31, 405 et 413.

Il y avait près de l'embouchure de la Clyde, sur le rempart élevé par les Romains entre ce fleuve et le détroit du Forth, un ancien château garni de tours, le reste le plus considérable de cette ligne de postes fortifiés; on le nommait la forteresse de Caltraeth. C'était pour les Bretons un point stratégique d'une grande importance, car de là ils pouvaient tenir en échec leurs ennemis des deux races, les Angles au sud et les populations galliques au nord. Ils résolurent d'y concentrer leurs principales forces. Les clans des montagnes de Reghed, des bords du golfe de Solway, du val de la Clyde et de la rive gauche du Forth se rendirent en armes à Caltraeth et s'établirent dans la forteresse, ou, autour d'elle, sur la ligne du retranchement romain. C'est là qu'au milieu des réjouissances d'une fête nationale, où plusieurs jours se passaient d'ordinaire en festins et en scènes d'ivresse, ils furent assaillis à l'improviste par une armée d'Angles, de Pictes, de Scots, et, chose triste à dire, de Bretons devenus vassaux des Angles[1]. Le combat fut atroce et continué durant sept jours au dehors puis au dedans de la forteresse, dont tous les défenseurs moururent à leur poste. Trois cent soixante-trois chefs, portant le collier d'or, marque du haut commandement chez les Bretons, avaient pris avec leurs hommes le chemin de Caltraeth; il n'en revint que trois, parmi lesquels était Aneurin, l'un des bardes les plus célèbres. Il fit sur ce grand désastre de sa nation un poëme qui s'est conservé jusqu'à nous[2].

Après cette victoire, qui réduisit tous les clans bretons du nord-est à l'état de sujets tributaires, la domination des Angles, s'étendant jusqu'aux rives du Forth et de la Clyde, eut pour limites, avec les montagnes de l'ouest, ces deux fleuves et le cours de l'Humber. Le territoire envahi ne reçut point de la conquête un nouveau nom; les Angles conservèrent les anciennes dénominations géographiques, et s'en servirent pour distinguer politiquement leurs principales colonies. Il y eut deux royaumes fondés entre le Forth et l'Humber, dont l'un continua d'être appelé, comme dans les temps bretons, pays de

---

1. *History of the Anglo-Saxons*, by Sharon Turner, vol. I, p. 309 et suiv. — *Poëmes des bardes bretons du sixième siècle*, p. 232 et suiv.

2. Voyez le *Gododin d'Aneurin*; *Poëmes des bardes bretons du sixième siècle*, p. 248.

Bryneich ou Bernicie, et l'autre pays de Deïfr ou Deïre; plus tard, lorsqu'ils furent réunis, on les appela collectivement pays au nord de l'Humber[1]. Le nom de royaume ou pays des Angles ne fut donné qu'à un territoire moins vaste et plus méridional, où des hommes de cette nation, avant son émigration en masse, avaient fondé une colonie peu nombreuse, mais capable de se maintenir contre les indigènes, grâce à l'alliance des Saxons orientaux au nord desquels elle habitait[2].

L'ancienne population des Coraniens, établie depuis des siècles au sud de l'Humber et qu'un si long séjour parmi les Bretons n'avait pu réconcilier avec eux, se joignit volontairement aux envahisseurs anglo-saxons comme elle s'était jointe autrefois aux Romains[3]. Dans son alliance avec les conquérants, son nom de peuple disparut de la contrée qu'elle occupait, mais le nom de ses alliés ne l'y remplaça point : tous les deux se perdirent, et le pays situé entre l'Humber et l'Ouse fut dès lors appelé pays de Merk[4], ou Mercie, à cause de la nature du sol, en grande partie marécageux[5]. Ce furent des Angles descendus des territoires de Deïre et de Bernicie, ou venus de la côte orientale, qui fondèrent, sous ce nom, le huitième et dernier royaume germanique en Bretagne[6]. Les limites du peuple de Mercie[7], mélangé de Coraniens et d'Angles, ne furent point fixées dès le premier jour; ce peuple s'agrandit progressivement vers l'ouest aux dépens des Bretons encore libres, et vers le sud aux dépens des Saxons eux-mêmes, auxquels il ne se sentait point lié par la communauté d'origine d'une manière aussi étroite que les conquérants du sud l'étaient entre eux[8].

---

1. Northan-hymbra-rike, Northan-hymbra-land; en anglais moderne, *Northumberland*; en latin, *Northumbria*.
2. East-engla-rike, East-engla-land; en latin, *Orientales Angli, Estanglia*.
3. Voyez plus haut, p. 16.
4. Myrcan, Myrcna-rice. (*Chron. saxon.*, ed. Gibson, passim.)
5. Merc, myrc, au pluriel myrcan, *pays marécageux*. — Voyez le Glossaire anglo-saxon d'Edward Lye.
6. On n'en compte ordinairement que sept, mais il y en eut d'abord huit, puis sept, puis six, puis encore une fois huit, par l'effet de différentes révolutions.
7. Myrcna-menn; en latin *Mercii*.
8. *Horæ britannicæ*, t. II, p. 222.

De ces huit royaumes, fondés en Bretagne dans l'espace de cent trente et un ans, par la conquête des Saxons et des Angles, aucun n'avait de territoire sur le bord de la mer de l'ouest, excepté celui des Saxons occidentaux, qui pourtant ne s'étendait point au nord du golfe où se jette la Saverne. Les côtes de l'occident, presque dans toute leur longueur, depuis l'embouchure de la Clyde jusqu'à la pointe de Cornouailles, demeuraient au pouvoir de la race indigène et surtout des Bretons-Cambriens. La forme irrégulière de ces côtes séparait de la masse de population encore libre les tribus qui habitaient vers le midi, au delà du golfe de la Saverne, et vers le nord, au delà du golfe de Solway; mais entre ces deux points opposés se trouvait un long espace de terre compacte, quoique plus ou moins resserré, selon le degré de projection des côtes dans l'Océan. Ce territoire montagneux et peu fertile, aujourd'hui nommé le pays de Galles, était l'habitation des Cambriens; ils y offraient un asile sûr, mais pauvre, aux émigrés de tous les coins de la Bretagne, aux hommes qui aimaient mieux, disent d'anciens historiens, souffrir et vivre indépendants, qu'habiter une belle contrée sous la servitude étrangère[1]. D'autres traversèrent l'Océan pour aller retrouver en Gaule un pays que leurs aïeux avaient peuplé en même temps que la Bretagne, et où vivaient encore des hommes issus de leur race et parlant leur langage[2].

De nombreux vaisseaux de fugitifs bretons abordèrent successivement à la pointe occidentale de l'Armorique, dans les cantons qui, sous les Romains et même avant eux, avaient été appelés territoires des Osismiens, des Curiosolites et des Vénètes. D'accord avec les anciens habitants, qui reconnaissaient en eux des frères d'origine, les nouveaux venus se répandirent sur toute la côte septentrionale, jusqu'à la rivière de Rance, et vers le sud-est jusqu'au cours inférieur de la Vilaine. Ils fondèrent sur cette péninsule un État séparé dont

---

1. Miseram cum libertate potius ibidem eligunt vitam transigere, quam hostium subjici dominio servitute. (Johan. de Fordun *Scotichronicon*, lib. II, cap. XLII, p. 252, ed. Hearne.)

2. ... Alii transmarinas petebant regiones... (Gildæ *Historia*, cap. XXV, apud *Rer. anglic. Script.*, t. I, p. 8, ed. Gale.)

les limites varièrent souvent et en dehors duquel restèrent, jusqu'au milieu du neuvième siècle, les cités de Rennes et de Nantes. L'accroissement de population de ce coin de terre occidental, le grand nombre d'hommes de race et de langue celtiques[1], qui s'y trouvèrent ainsi agglomérés, le préservèrent de l'invasion du langage romain, qui, sous des formes plus ou moins corrompues, gagnait peu à peu toute la Gaule. Le nom de Bretagne fut attaché à ces côtes, et en fit disparaître les noms divers des populations indigènes, pendant que l'île qui depuis tant de siècles avait porté ce nom le perdait elle-même, et, prenant le nom de ses conquérants, commençait à être appelée terre des Saxons et des Angles, ou, en un seul mot, Angleterre[2].

Dans le temps où les hommes de Bretagne, fuyant devant les Anglo-Saxons, s'établissaient sur la pointe de terre qu'on appelait la corne de Gaule[3], des Saxons expatriés de la Germanie venaient fixer leur demeure sur une autre pointe plus septentrionale de la côte des Gaules, aux environs de la ville dont l'ancien nom s'est changé en celui de Bayeux[4]. Dans le même temps aussi, la ligue germanique, dont les membres prenaient, depuis deux siècles, le nom de Franks, c'est-à-dire *intrépides*, descendait, en plusieurs bans, des bouches du Rhin et de la Meuse, sur les terres centrales de la Gaule. Deux autres nations, de race teutonique, avaient déjà envahi complétement et habitaient à demeure fixe toutes les provinces du sud, entre la Loire et les deux mers. Les Goths occidentaux ou Visigoths[5] occupaient le pays situé à l'ouest du Rhône; les Burgondes[6] tenaient la contrée de l'est. L'établissement de ces deux peuples barbares ne

---

1. Celtæ, Κέλτοι, Galatæ, nom que les Romains et les Grecs donnaient aux populations gauloises. On est souvent obligé, faute de termes, d'appliquer ce nom indifféremment aux populations d'origine cambrienne et gallique. — Voyez l'*Histoire des Gaulois*, par Amédée Thierry.

2. *Engel-seaxna-land, Engla-land*; prononcez Engleland; par corruption, England.

3. *Cornu Galliæ* : c'est le même nom que celui de la pointe méridionale de l'île de Bretagne.

4. Voyez Ducange, *Glossarium ad scriptores mediæ et infimæ latinitatis*, au mot *Ollingua Saxonica*.

5. West-Gothen, en latin *Wisigothi*.

6. Voyez les *Lettres sur l'histoire de France*, lettre VI.

s'était pas fait sans violence ; ils avaient usurpé une portion des biens de chaque famille opulente : mais l'amour du repos et un certain esprit de justice, qui les distinguait entre tous les Germains, avaient promptement adouci leurs mœurs ; ils se rapprochaient des vaincus, que leurs lois traitaient avec impartialité, et devenaient par degrés pour eux de simples voisins et des amis. Les Goths principalement se laissaient gagner aux mœurs romaines, qui alors étaient celles des habitants civilisés de la Gaule ; leurs lois étaient, en grande partie, de purs extraits du code impérial ; ils se faisaient gloire des arts, et affectaient la politesse de Rome [1].

Les Franks, au contraire, remplissaient le nord des Gaules de terreur et de ravages ; étrangers aux mœurs et aux arts des cités et des colonies romaines, ils les dévastaient avec indifférence et même avec une sorte de plaisir [2]. Comme ils étaient païens, aucune sympathie religieuse ne tempérait leur humeur sauvage. N'épargnant la vie d'aucun homme, disent les vieux historiens, pillant les églises et les maisons des villes et des campagnes, ils s'avançaient graduellement vers le midi pour envahir toute l'étendue de la Gaule [3]; tandis que les Goths et les Burgondes, poussés par une ambition pareille, mais avec des formes moins barbares, quelquefois d'accord, souvent en guerre, cherchaient à faire des progrès dans la direction opposée. Dans l'état de faiblesse où se trouvaient les provinces centrales, encore unies, mais seulement de nom, à l'empire romain, il semblait que les habitants de ces provinces, incapables de résister aux peuples

---

1. Burgundiones... blande, mansuete, innocenterque vivant, non quasi cum subjectis gallis, sed vere cum fratribus christianis. (Paulus Orosius, apud *Script. rer. gallic. et francic.*, t. I, p. 597.) — Voyez, pour ce qui regarde les Visigoths, le tableau de la cour de leur roi, *Lettres sur l'histoire de France*, lettre VI, et Fauriel, *Histoire de la Gaule méridionale sous la domination des conquérants germains*, chap. XI.

2. Voyez les *Lettres sur l'histoire de France*, lettre VI, et l'*Histoire de la Gaule méridionale sous la domination des conquérants germains*, par Fauriel, chap. XII.

3. Eo tempore multæ ecclesiæ a Chlodovechi exercitu deprædatæ sunt, quia erat ille adhuc fanaticis erroribus involutus. (Gregorii Turonensis *Hist. Franc.*, lib. II, cap. XXVII, apud *Script. rer. gallic. et francic.*, t. II, p. 175.) ... Nulli parcentes ætati, omnes pariter defectis cervicibus gladiis obtruncabant... Non solum enim villas seu castella aliqua vastaverant, verum etiam ecclesias plures cum tanta aviditate depopulati sunt... (*Gesta Francorum* per Roriconem monachum, apud ibid., t. III, p. 6.)

conquérants qui les pressaient de trois côtés, voudraient capituler avec le moins féroce, et que bientôt la Gaule entière se soumettrait, soit aux Goths, soit aux Burgondes, où se partagerait entre eux pour échapper aux mains des Franks. Il y avait là de meilleures chances pour la civilisation menacée ; mais quelque chose de plus puissant alors que l'intérêt politique, la foi religieuse, entraîna les esprits dans une tout autre voie.

Les Goths et les Burgondes étaient chrétiens, mais hérétiques, et de l'hérésie la plus hostile aux dogmes de la foi orthodoxe, l'arianisme. Depuis le règne de Théodose, qui avait rétabli en Orient et raffermi en Occident cette foi combattue par une succession d'empereurs ariens, les lois de l'empire eurent constamment et principalement pour but le maintien exclusif de la religion catholique, telle que la ville de Rome la professait[1]. Au cinquième siècle, dans toutes les provinces conservées ou perdues par la puissance impériale, le nom de Romains et le nom de Catholiques répondaient à une même idée, à l'idée de sujets actuels ou d'anciens sujets de l'empire[2]. Les habitants de la Gaule en particulier se tenaient fermement attachés à l'orthodoxie, comme au dernier reste ou au souvenir de la grande nationalité qui s'évanouissait pour eux ; c'était un héritage qu'ils voulaient garder intact, quelle que fût leur nouvelle destinée. L'esprit du peuple se trouvait soutenu dans cette volonté par l'action d'une grande force morale, d'un pouvoir à la fois religieux et civil, celui des évêques qui s'élevait graduellement à mesure que faiblissait ou tombait devant l'invasion barbare la puissance des magistrats impériaux. Arbitres dans toutes les causes, conseillers de tous les pouvoirs qui restaient debout, chefs du gouvernement municipal, ou d'une manière directe ou par l'importance de leur crédit, et joignant à l'autorité du haut sacerdoce chrétien celle que donne l'élection

---

1. Cunctos populos, quos Clementiæ Nostræ regit temperamentum, in tali volumus religione versari, quam divinum Petrum apostolum tradidisse Romanis religio usque nunc ab ipso insinuata declarat... (Theodosii M. Edictum, de fide catholica. *Codex Theodosianus*, ed. Ritter, in-fol. 1743, t. VI, p. 5.)

2. ... Ariani, qui romano procul orbe fugati, barbararum nationum, ad quas se contulere, præsidio erigi cœpere. (Prosperi Tyronis *Chronicon*, anno 404, apud *Script. rer. gallic. et francic.*, t. I, p. 637.)

populaire, les évêques étaient les représentants des cités gallo-
romaines dans leurs négociations, soit avec l'empire qui s'éloignait
d'elles, soit avec les conquérants germains. C'est à eux que, dans
cette crise pleine de périls et d'anxiétés devait appartenir, non en
ce qui dépendait du sort des armes, mais au moins pour la part faite
à l'action et à l'habileté politiques, l'influence décisive sur le cours
des événements.

<small>450 à 500</small>

D'un bout à l'autre du territoire occupé, ou menacé de l'être, par
les Goths, les Franks et les Burgondes, il y eut, entre les membres
de l'épiscopat gaulois, une complète unanimité sur le degré d'aversion
ou de bienveillance que méritait et qu'obtiendrait de leur part chacun
des trois peuples conquérants. Ce qu'ils détestèrent par-dessus tout,
ce qu'ils résolurent de repousser, de combattre, de détruire s'ils le
pouvaient, ce fut la domination des puissances ariennes. Celle des
Goths, après un commencement de bon augure, s'était rendue
odieuse par des accès de fanatisme persécuteur; celle des Burgondes,
généralement tolérante, portait en quelque sorte la peine des violences commises par les Goths, et, dans ses moments de plus grande
douceur, elle était suspecte pour l'avenir à la conscience de ses sujets
et de ses voisins orthodoxes. Il y avait peu d'espérance de conversion à l'égard des rois de ces deux peuples, volontairement et scien-
ment séparés de la communion romaine; il y en avait davantage pour
les chefs des Franks, encore soumis aux croyances de leur paganisme national, mais qui, de païens, pouvaient aisément devenir catholiques. Une telle prévision était hardie, mais elle s'offrait comme
possible, et de là vint cette chose étrange que le cœur des évêques
gallo-romains, hommes de civilisation autant que de foi, se tourna
vers le plus barbare des trois peuples germaniques, et que, selon
les paroles d'un narrateur, évêque aussi et presque contemporain,
tous souhaitèrent le règne des Franks avec un désir d'amour [1].

<small>1. Cum jam terror Francorum resonaret in his partibus, et omnes eos amore desidera-
bili cuperent regnare, sanctus Aprunculus Lingonicæ civitatis episcopus apud Burgundiones cœpit haberi suspectus. (Greg. Turon. *Hist. Franc.*, lib. II, cap. XXIII, apud
Script. rer. gallic. et francic., t. II, p. 173.) — Voyez l'*Histoire de la Gaule méridionale
sous la domination des conquérants germains*, par Fauriel, chap. XII, et les *Études germaniques pour servir à l'histoire des Francs*, par Ozanam, t. II, p. 58.</small>

La portion du territoire gaulois envahie par les tribus frankes s'étendait alors du Rhin à la Somme, et la tribu dominante, parmi les Franks, était celle des Merowings ou enfants de Merowig[1], ainsi appelés du nom d'un de leurs anciens chefs, renommé pour ses hauts faits et vénéré de tous comme un aïeul commun[2]. A la tête des enfants de Merowig se trouvait un jeune homme appelé Chlodowig[3], qui joignait à l'ardeur belliqueuse de ses devanciers plus de réflexion et d'habileté. Les évêques de la partie des Gaules non encore détachée de l'empire, par précaution pour l'avenir, et par suite de leur haine contre les dominateurs ariens, entrèrent en relation avec ce voisin redoutable. Ils lui adressèrent des messages remplis d'expressions flatteuses; plusieurs d'entre eux le visitèrent à sa demeure royale ou dans ses campements. Le roi des Franks se montra d'abord peu sensible à leurs avances; même après qu'il eut passé la Somme et que sa victoire sur le dernier des gouverneurs impériaux l'eut rendu maître de Soissons et des rives de l'Aisne et de la Marne, il continua de dévaster les églises et d'en piller les trésors. Mais un vase précieux, enlevé par les Franks dans la basilique de Reims, mit ce chef barbare en relation d'intérêts, et bientôt d'amitié, avec un prélat plus habile ou plus heureux que les autres[4].

Sous les auspices de Remigius ou saint Remi, évêque de Reims, les événements parurent concourir d'eux-mêmes au grand plan du haut clergé gaulois[5]. D'abord, par un hasard trop heureux pour qu'il

---

1. Voyez, pour la signification de ce nom, les *Lettres sur l'histoire de France*, Appendice.
2. Merovicus... a quo Franci et prius *Merovinci* vocati sunt, propter utilitatem videlicet et prudentiam illius, in tantam venerationem apud Francos est habitus, ut quasi communis pater ab omnibus coleretur. (Roriconis *Gest. Franc.*, apud *Script. rer. gallic. et francic.*, t. III, p. 4.) — ... Primum regem traduntur habuisse Meroveum, ob cujus potentia facta et mirificos triumphos, intermisso Sicambrorum vocabulo, *Merovingi* dicti sunt... (Hariulfi *Chronicon centulense*, apud ibid., p. 349.) — En langue franke *Merowings*, la terminaison *ing* indique filiation ou descendance.
3. Voyez, pour ce nom et pour les autres pareillement restitués, les *Lettres sur l'histoire de France*, Préface et Appendice.
4. Igitur de quadam ecclesia urceum miræ magnitudinis ac pulchritudinis hostes abstulerant, cum reliquis ecclesiastici ministerii ornamentis. Episcopus autem ecclesiæ illius missos ad regem dirigit... (Greg. Turon. *Hist. Franc.*, lib. II, cap. XXVII, apud *Script. rer. gallic. et francic.*, t. II, p. 175.)
5. Attamen audientes miracula, quæ fiebant per beatum Remigium, reverebantur eum :

n'ait pas été préparé, le roi païen épousa la seule femme chrétienne orthodoxe qu'il y eût alors parmi les princes teutoniques; et l'amour de cette femme fidèle, comme s'expriment les vieux chroniqueurs, empruntant le langage d'un apôtre, attira vers la foi le cœur du mari infidèle[1]. Dans une bataille livrée à des peuples germains qui voulaient suivre les Franks sur la terre des Gaules et en conquérir aussi leur part, Chlodowig, dont les soldats pliaient, invoqua le Dieu de Chlothilde (c'était le nom de son épouse), et promit de croire en lui, s'il était vainqueur : il le fut et tint sa parole[2].

L'exemple du chef, les présents de Chlothilde, des motifs de conscience et l'attrait de la nouveauté, amenèrent la conversion d'un nombre de guerriers franks que les historiens portent à trois mille[3]. La cérémonie eut lieu à Reims; et tout ce que les arts des Romains, qui bientôt devaient périr en Gaule après avoir été usés par les barbares, fournissaient encore de brillant, fut déployé avec profusion pour orner ce triomphe de la foi catholique. Le parvis de l'église était décoré de tapisseries et de guirlandes; des voiles de diverses couleurs affaiblissaient l'éclat du jour; les parfums les plus exquis brûlaient en abondance dans des vases d'or et d'argent[4]. L'évêque de Reims marcha au baptistère en habits pontificaux, tenant par la main le roi frank qui allait être son fils spirituel : « Patron, lui disait celui-ci, émerveillé de tant de pompe, n'est-ce pas là ce royaume du ciel où tu as promis de me conduire[5]? »

et licet pagani, diligebant eum... Et rex illorum libenter illum audiebat, et audito eo multa faciebat... (*Vita S. Remigii* remensis episcopi, apud *Script. rer. gallic. et francic.*, t. III, p. 374.)

1. Gondebaudi regis Burgundionum neptem... nomine Chlothildem, pulchram satis puellam, et vere christianissimam... nutu divino in conjugium sumpsit. (*Vita S. Remigii*, apud ibid., p. 375.)

2. « ... Deum invoco, quem Chlotildis regina colit : si me juvaret in hoc prælio, ut vincam hos adversarios meos, ero illi fidelis. (Greg. Turon. *Hist. Franc. epitom.*, apud ibid., t. II, p. 400.) — *Vita S. Remigii,* apud ibid., t. III, p. 375.

3. De exercitu vero ejus baptizati sunt amplius tria millia. (Greg. Turon. *Hist. Franc.*, lib. II, cap. XXXI, apud ibid., t. II, p. 178.)

4. Velis depictis adumbrantur plateæ ecclesiæ, cortinis albentibus adornantur, baptisterium componitur, balsama diffunduntur, micant flagrantes odore cerei... (Ibid., t. II, p. 177.)

5. Dum autem simul pergerent, rex interrogavit episcopum, dicens : « Patrone, est hoc regnum Dei, quod mihi promittis? » (*Vita S. Remigii,* apud ibid., t. III, p. 377.)

Des courriers portèrent rapidement à Rome la nouvelle du baptême du roi des Franks, et Anastase, élu évêque de la ville qui se donnait le nom d'éternelle [1], s'empressa d'écrire à ce roi une lettre de félicitation, l'appelant son glorieux fils et l'invitant à être pour l'Église une colonne de fer [2]. Du moment que le roi Chlodowig fut déclaré l'appui et le soldat de l'Église catholique [3], sa conquête s'agrandit en Gaule presque sans effusion de sang. Toutes les villes du nord-ouest et du centre, jusqu'à la Loire, limite du royaume des Visigoths, et jusqu'au territoire des émigrés bretons, ouvrirent leurs portes à ses soldats. Les corps de troupes qui stationnaient dans ces villes passèrent au service du roi germain, et gardèrent, au milieu de ses guerriers vêtus de peaux [4], les armes et les enseignes romaines. Bientôt, poussé par l'esprit de conquête joint à la haine religieuse, le nouveau converti se mit en marche avec une nombreuse armée vers le territoire des Burgondes [5].

Les Burgondes étaient ariens, c'est-à-dire qu'ils ne croyaient pas que la seconde personne de la Trinité fût de même substance que la première, hérésie légère en apparence, mais qui logiquement conduisait à nier les fondements du christianisme, l'incarnation, la rédemption et le péché originel. Sauf quelques actes rares et isolés de fanatisme populaire, la nation et ses chefs laissaient en pleine liberté de doctrine et de culte les évêques, les prêtres et les habitants des villes soumises à leur puissance. Mais les évêques romains, peu satisfaits d'une simple tolérance, et absolus dans le dogme de l'unité

---

1. . . Vir venerabilis, papæ urbis æternæ. (Decretum imperat. Theodosii et Valentiniani, apud *Script. rer. gallic. et francic.*, t. I, p. 763.) — Tous les évêques, au cinquième siècle et plus tard, avaient le titre de *papes*, c'est-à-dire *pères*. On le voit par le code Théodosien. Une lettre de Clovis aux évêques de la Gaule méridionale se termine ainsi : « Orate pro me, Domini sancti, et apostolica sede dignissimi papæ. » (Ibid., t. IV, p. 54.)

2. Lætifica ergo, glorioso et illustris fili, matrem tuam, et esto illi in columnam ferream. (Epistola Anastasii papæ ad Chlodoveum regem, apud ibid., p. 51.)

3. ... Et Dominum collaudamus qui... in tanto principe providit Ecclesiæ, qui possit eam tueri, et contra occurrentes pestiferorum conatus galeam salutis induere. (Ibid.)

4. Pellitæ turmæ. (Sidon. Apollinar. *Carmina*, apud ibid., t. I, p. 807.) — Procopius, *De Francis*, apud ibid., t. II, p. 31.

5. Chludowicus rex, cum Dei benedictione per sanctum Remigium accepta, de victoria sibi ab eo prædicta securus... iter arripuit contra Gundebaudum et Godegislum fratrem ejus, commoto exercitu maximo. (*Vita S. Remigii*, apud ibid., t. III, p. 378.)

de foi et d'église, appelaient de leurs vœux l'invasion des Franks, ou se prévalaient de la terreur de cette invasion pour persuader au roi des Burgondes d'embrasser la croyance orthodoxe. Ce roi, nommé Gondebald [1], quoique barbare et maître, leur résistait avec une grande douceur. Il opposait à leurs arguments de haute théologie l'expression naïve et inculte d'une sorte de rationalisme : « Est-ce que je ne « professe pas la loi de Dieu? leur disait-il; parce que je ne veux pas « trois dieux, vous dites que je ne professe pas la loi de Dieu [2]. » Et quand ils insistaient, en prouvant par le texte des livres saints la vérité de la foi catholique, il répondait : « Si votre foi est la vraie, « pourquoi vos évêques n'empêchent-ils pas le roi des Franks, qui « m'a déclaré la guerre, de s'allier à mes ennemis pour me détruire [3]?»

L'entrée des Franks sur les terres des Burgondes suivit de près cette question qui ne pouvait avoir de réponse ; ils signalèrent leur passage par le meurtre et l'incendie; ils arrachèrent les vignes et les arbres à fruits, pillèrent les couvents, enlevèrent les vases sacrés et portèrent la dévastation dans les villes de la Saône et du Rhône [4]. Après une bataille sanglante, où les Burgondes furent défaits, le roi Gondebald, réduit à l'extrémité, se soumit aux vainqueurs, qui lui imposèrent le tribut, et retournèrent au nord de la Loire avec un immense butin [5]. Six ans après cette expédition commença la guerre contre les Visigoths, qui eut de même le double caractère d'invasion barbare et de guerre de religion.

Chlodowig assembla ses guerriers dans un vaste champ, et leur dit : « Il me déplaît que ces Goths, qui sont ariens, occupent la meil- « leure partie des Gaules; allons sur eux avec l'aide de Dieu, et chas-

---

1. En latin *Gundobaldus*. — *Gond, gund, guth*, guerre, guerrier; *bald, bold*, hardi.

2. « ... Nonne legem Dei profiteor? Sed quia nolo tres deos, dicitis quia non profiteor legem Dei... » (Collatio episcoporum, coram Gundebaldo rege, apud *Script. rer. gallic. et francic.*, t. IV, p. 100.)

3. « ... Si vestra fides est vera, quare episcopi vestri non impediunt regem Francorum, qui mihi bellum indixit, et se cum inimicis meis sociavit, ut me destruerent?... » (Ibid.)

4. « ... Venerunt hi Barbari super nos, ut nobis interemtis regionem totam evertant. (Greg. Turon. *Hist. Franc.*, lib II, cap. XXXII, apud ibid., t. II, p. 178.)

5. Chludowicus vero ablatis thesauris, cum præda maxima, et Francorum exercitu, ad propria est reversus. (*Vita S. Remigii*, apud ibid., t. III, p. 378.)

« sons-les ; soumettons leur terre à notre pouvoir : nous ferons bien, « car elle est très-bonne [1]. » La proposition plut aux Franks, qui l'approuvèrent et, pleins de joie, se mirent en marche vers la bonne terre du midi [2]. Il y avait déjà longtemps que, dans les provinces gauloises qui formaient le royaume des Visigoths [3], le haut clergé s'était rendu suspect de connivence avec l'ambition des tribus frankes. Dans l'année même du baptême de Chlodowig, Volusianus, évêque de Tours, et, six ans après, son successeur Verus, compromis tous les deux par des intrigues en faveur de cette cause, avaient été privés de leurs siéges et envoyés en exil [4]. Quand la guerre commença, l'évêque de Rhodez, Quintianus, venait d'être convaincu de pareilles manœuvres, et, menacé de mort dans sa ville épiscopale, il s'était sauvé par la fuite [5]. Ces faits, plus nombreux sans doute qu'on ne les trouve dans les historiens de l'époque, montrent quelle ardente sympathie, jointe à un concours actif, attendait l'armée d'invasion dans sa marche au delà de la Loire, sur Poitiers, Toulouse et Bordeaux.

A dix milles de Poitiers, sur les bords du Clain, se livra une bataille décisive où les Goths furent vaincus et où leur roi Alarik fut tué.

---

1. « Satis mihi molestum est quod Gothi ariani partem optimam Galliarum tenent. Eamus cum Dei auxilio, et ejiciamus eos de ipsa terra, nostrisque eam ditionibus subjiciamus, quia valde bona est. (*Gesta reg. Franc.*, cap. XVII, apud *Script. rer. gallic. et francic.*, t. II, p. 553.)

2. Cumque placuisset omnibus hic sermo, commoto exercitu Pictavis dirigit:.. (Greg. Turon. *Hist. Franc*, lib. II, cap. XXXVII, apud ibid., p. 181.)

3. Les deux Aquitaines, la première Narbonnaise ou Septimanie, et la Novempopulane.

4. ... In cujus loco Volusianus, unus ex senatoribus, subrogatus est. Sed a Gotthis suspectus habitus... (Greg. Turon. *Hist. Franc.*, lib. II, cap. XXVI, apud ibid., p. 174.) — Hujus tempore jam Chlodovechus regnabat in aliquibus urbibus in Galliis. Et ob hanc causam hic pontifex suspectus habitus a Gotthis, quod se Francorum ditionibus subdere vellet, apud urbem Tholosam exsilio condemnatus... (Ibid., lib. X, p. 386.) — Octavus ordinatur episcopus Verus, et ipse pro memoratæ causæ zelo suspectus habitus a Gotthis, in exsilium deductus, vitam finivit... (Ibid., p. 387.)

5. Multi jam tunc ex Galliis habere Francos dominos summo desiderio cupiebant. Unde factum est, ut Quintianus Ruthenorum episcopus per hoc odium ab urbe depelleretur. Dicebant enim ei : « Quia desiderium tuum est, ut Francorum dominatio possideat terram hanc. » (Ibid., lib. II, cap. XXVI, p. 181.) — ... Orto inter eum et cives scandalo, Gotthos qui in hac urbe morabantur, suspicio attigit, exprobantibus civibus, quod velit se Francorum ditionibus subjugare; consilioque accepto, cogitaverunt eum perfodere gladio. (Ibid.)

Peu de villes résistèrent à l'invasion ; la plupart étaient livrées par leurs habitants[1] ; ceux dont la domination arienne avait blessé ou inquiété la conscience, travaillaient à sa ruine avec une sorte de fanatisme, tout entiers à la passion de changer de maîtres. Sans chefs et désunis après la perte de leur roi, les Goths ne purent tenir la campagne ; ils abandonnèrent leurs provinces du nord et de l'ouest, et, se cantonnant sur les bords de la Méditerranée, ils gardèrent la Septimanie annexée à l'Espagne, désormais le corps de leur royaume. Les bandes victorieuses marchèrent jusqu'à l'Aude et jusqu'au pied des Pyrénées, pillant les villes, dévastant les campagnes, et emmenant les habitants en esclavage à la suite de leurs chariots[2]. Si des consignes, données par le roi Chlodowig, préservèrent de tout ravage quelques églises et quelques monastères fameux, les autres ne furent pas épargnés. Il y eut de saints personnages menacés ou frappés de l'épée, et des prêtres emmenés en servitude[3]. Le clergé, qui avait souhaité la venue des Franks, éprouva ce qu'était leur christianisme ; le peuple, ce qu'ils avaient de sens moral, de culture et d'humanité. De cette épreuve continuée après la conquête sous les formes d'un gouvernement nouveau, sortit plus tard la grande réaction qui, séparant la Gaule en deux parts diverses d'esprit et de mœurs, souleva dans le midi, encore imbu de civilisation romaine, une lutte nationale contre la barbarie du nord[4].

---

1. Les détails manquent sur ce point, mais le fait général est confirmé par ce qu'on raconte des citoyens de Rhodez vingt ans plus tard : « Posteaquam pia atque inclyta et « christianæ religionis cultrix Francorum ditio Rutenam urbem, conjurante sibi populi « ejus favore, subjecit. (*Vita S. Dalmatii*, apud *Script. rer. gallic. et francic.*, t. III, p. 420.)

2. « Contra Francos a domino nostro (Theodorico) destinatur exercitus, qui Gallias Francorum deprædatione confusas... suo acquisivit imperio. » (Cassiodori *Chronicon*, apud ibid., t. II, p. 14, note *a*.) — ... Facta est captivorum innumerabilis multitudo, qui dispersi per regiones sunt dilatati... (*Vita S. Eptadii*, apud ibid., t. III, p. 381.)

3. Eodem tempore contigit, ut Franci cum Gothis conflictu bellico advenirent, præcedente eos Chlodoveo rege. Cum autem monasterio propinquassent, in quo S. Maxentius pastor habebatur, instinctu cogitare cœperunt, ut idem monasterium debellare deberent, et sanctum virum occiderent. (*Vita S. Maxentii*, apud ibid., p. 390.) — Nam de his qui in pace nostra, tam clerici quam laici, subrepti fuerint... (*Epistola Chlodovei ad episcopos de captivis relaxandis, post bellum Gothicum*, apud ibid., t. IV, p. 54.)

4. Voyez ci-après, liv. VIII ; voyez aussi Fauriel, *Histoire de la Gaule méridionale sous la domination des conquérants germains*.

Telle était la domination redoutable qui, s'étendant du Rhin aux Pyrénées, parvint à cerner de toutes parts le coin de terre occidental où s'étaient réfugiés les Bretons. Des gouverneurs franks s'établirent dans les villes de Nantes et de Rennes. Ces villes payèrent le tribut au roi des Franks; mais les Bretons refusèrent de le payer, et seuls ils osèrent tenter de soustraire leur petite contrée au destin de la Gaule entière. Dans cette entreprise pleine de hasards, ils réussirent à force de courage et de volonté. Ils soutinrent une lutte constante et acharnée contre les successeurs de Chlodowig et contre la puissance encore plus grande des rois dont la dynastie remplaça la race mérovingienne. Tantôt vainqueurs, tantôt vaincus, ils maintinrent durant quatre siècles leur existence nationale, sinon leur indépendance pleine et entière; et après ces quatre siècles, devenus conquérants eux-mêmes à l'égard des Franks, ils passèrent leurs anciennes limites, et, ajoutant à la Bretagne primitive les pays de Rennes et de Nantes, ils formèrent le vaste territoire qui jusqu'à nos jours a porté ce nom [1].

Les Bretons, dont le christianisme remontait jusqu'à une époque voisine du temps des apôtres, étaient venus en Gaule accompagnés de prêtres et de moines qui devinrent des missionnaires pour la contrée maritime où ils fixèrent leur demeure [2]. Ces hommes pieux et instruits épurèrent la foi, encore imparfaite, des anciens habitants du pays, ils portèrent même leurs prédications sur les territoires voisins, et, comme ils étaient doués d'un grand zèle et d'une parole sympathique, ils furent partout bien accueillis. Les citoyens de Rennes choisirent pour évêque un émigré breton, et les Bretons, se créant une église modelée sur celle de leurs ancêtres, instituèrent des siéges épiscopaux dans plusieurs villes de leur nouvelle patrie où il n'y en avait jamais eu [3]. Ils firent cet établissement religieux,

---

1. Voyez Hadriani Valesii *Rerum francicarum*, lib. VI, t. I, p. 281 et seq. Voyez du même *Notitia Galliarum*, verbo *Britannia*. — Voyez aussi dans *Dix Ans d'études historiques* le morceau intitulé *Épisode de l'histoire de Bretagne*.

2. *Histoire de Bretagne*, par Dom Lobineau, t. I, p. 7 et suiv.

3. Ces évêchés sont ceux de Dol, de Léon, de Tréguier, de Quimper et d'Alet, aujourd'hui Saint-Malo. La cité de Vannes se trouva primitivement hors des limites bretonnes, quoique la plus grande partie de son territoire y fût comprise.

comme ils avaient constitué leur gouvernement civil, sans demander permission ni conseil à aucun pouvoir étranger.

Lorsque la domination franke eut atteint ses limites dans la Gaule occidentale, l'Église bretonne, déjà distincte des Églises voisines par sa discipline particulière, s'en sépara plus que jamais; ses évêques ne se rendirent point aux conciles des Gaules, convoqués par les rescrits des rois franks[1]. Ils maintinrent pour leur pays l'indépendance religieuse qui devait être l'une des garanties de son indépendance politique. En même temps, le métropolitain de Tours, chef spirituel de tout le territoire que les Romains avaient appelé troisième province lyonnaise[2], sommait le clergé de la Petite-Bretagne, comme établi sur son diocèse, de reconnaître sa suprématie et de recevoir ses commandements. Les Bretons ne crurent point que la circonscription impériale des territoires gaulois leur imposât aucune obligation de soumettre à l'autorité d'un étranger leur Église nationale, par eux transplantée d'outre-mer[3]. Suivant leurs idées et leur esprit de patriotisme exclusif, la prétention de l'archevêque de Tours étant pour eux sans nulle valeur, ils n'en tinrent pas le moindre compte. Le prélat gaulois, dans son synode, les déclara excommuniés, et ils ne s'émurent pas davantage. Ils continuèrent de régler sans lui toute l'administration de leur Église, d'établir des évêchés, de faire des évêques et de donner à l'un d'entre eux le pouvoir et le titre d'archevêque[4].

---

1. *Histoire de Bretagne*, par Dom Lobineau, t. I, p. 8 et 9. — La présence d'un *évêque des Bretons*, Mansuetus, au premier concile de Tours, tenu en 461, est un fait antérieur à l'établissement des Franks entre la Somme et la Loire. L'intervention du roi Hildebert dans le choix des premiers évêques de Dol et de Léon fut le résultat de la souveraineté de fait qu'il avait acquise temporairement sur une partie de la nation bretonne, par la soumission volontaire d'un usurpateur. C'est à cause des mêmes circonstances que, par une exception unique, on trouve le nom de Samson, premier évêque de Dol, mêlé à ceux des prélats réunis à Paris, en 557.

2. Lugdunensis tertia.

3. *Histoire de Bretagne,* par Dom Lobineau, t. I, p. 13.

4. Adjicimus etiam, ne quis Britannum, aut Romanum, in Armorico, sine metropolitani aut comprovincialium voluntate vel litteris, episcopum ordinare præsumat. Quod si quis contraire tentaverit, sententiam in anterioribus canonibus prolatam observet, et a nostra caritate usque ad majorem synodum se cognoscat remotum, et excommunicatum... (Concilium Turonense II, anno 567, apud Sirmondi *Concilia antiqua Galliæ*, in-fol., 1629, t. I, p. 332.) — Voyez Dom Lobineau, *Histoire de Bretagne,* t. I, p. 13.

C'est ainsi que le siége métropolitain de Dol fut érigé en opposition à la métropole de Tours, et que, dans l'intérêt de sa nationalité, la Bretagne armoricaine soutint contre l'Église des Gaules une lutte d'indépendance qui ne fut, pour ainsi dire, qu'une des faces de la grande lutte soutenue par elle contre les souverains de ce pays[1]. Un double caractère de personnalité nationale, de répugnance au joug étranger, civile d'une part et religieuse de l'autre, est le trait saillant de son histoire. Sous ce rapport, la destinée que se firent les Bretons réfugiés en Gaule eut quelque chose de conforme à l'énergie de résistance patriotique déployée durant des siècles par les Bretons demeurés dans l'île, au milieu de toutes les angoisses d'une nation vaincue défendant pied à pied les restes de son territoire envahi.

Les conquérants de l'île de Bretagne joignaient aux fureurs de la barbarie germanique celles d'un paganisme jaloux. A mesure que leur domination s'étendit en avançant de l'est à l'ouest, ses progrès furent marqués par la ruine de tout ce qu'avaient fondé autrefois la civilisation romaine et, après elle, le culte chrétien. Les villes étaient dévastées, les églises détruites, les évêques et les prêtres mis à mort, pendant que les populations subissaient le joug de l'ennemi païen et qu'un reste de braves se retirait vers les montagnes du pays de Galles[2]. Des trois métropoles de provinces qui, sous les Romains, étaient en même temps les trois siéges archiépiscopaux de la Bretagne, deux, Londres et York, tombèrent au pouvoir des Anglo-Saxons; la troisième seule, Kaerléon sur l'Usc, resta bretonne[3]. Cette ville, où une légion, la seconde Auguste, séjournait en permanence, avait été ornée par les empereurs d'édifices considérables[4]. Soustraite

---

1. Voyez Dom Lobineau, *Histoire de Bretagne*, t. I, p. 56, 60, 69, 94, 101, 103, 184 et 185.

2. Ruebant ædificia publica simul et privata, passim sacerdotes inter altaria trucidabantur : præsules cum populis sine ullo respectu honoris ferro pariter ac flammis absumebantur... (Bedæ *Historia ecclesiastica gentis Anglorum*, lib. I, cap. xv, p. 59.)

3. Les noms des trois provinces étaient *Maxima Cæsariensis, Britannia prima* et *Britannia secunda*; York appartenait à la première, Londres à la seconde, et Kaerléon à la troisième. — Voyez Camdem, *Britannia*, p. 111.

4. En langue bretonne, Caer-lleon veut dire *ville de la légion* ou *des légions*. Les noms latins, donnés par Camden, sont *Civitas legionum, Isca Silurum, Isca legio secunda*. — Voyez ibid., p. 489. — Videas hic multa pristinæ nobilitatis adhuc vestigia : palatia immensa... turrim giganteam : thermas insignes : templorum reliquias, et loca theatralia muris egre-

à l'invasion saxonne avec le territoire cambrien, chef-lieu d'une province devenue pour les Bretons toute la patrie, elle fut désormais leur capitale vénérée par eux et qu'ils nommaient avec orgueil ; c'est là que leurs traditions romanesques ont placé les grandeurs et les magnificences de la cour du roi Arthur[1]. Historiquement, Kaerléon, la ville des légions, devint, au sixième siècle, le séjour du gouvernement indigène et le centre d'une nouvelle Église de Bretagne, formée ou accrue des débris que l'ancienne avait laissés dans sa chute. Pour les Bretons restés libres, le siége épiscopal de cette ville, le dernier subsistant des trois siéges métropolitains, fut la suprême autorité religieuse, et l'idée de son indépendance se lia dès lors à l'idée même de leur nationalité.

Depuis le temps où la Bretagne, séparée de l'empire et attaquée par les Pictes et les Scots, reçut des Romains un dernier secours, surtout depuis l'invasion saxonne, les Bretons assiégés dans leur île avaient perdu l'habitude et en grande partie les moyens de communiquer au dehors ; leurs relations avec le continent devinrent de plus en plus rares, et ils cessèrent bientôt d'en avoir avec Rome, soit pour des intérêts politiques, soit pour les choses de la religion[2]. La barbarie païenne, qui s'emparait graduellement de leurs côtes à l'est et au midi, élevait une barrière impénétrable pour les étrangers non moins que pour eux. Dans cet isolement, refoulés sur eux-mêmes et absorbés dans leur lutte à mort contre les envahisseurs du pays, ils s'attachèrent plus étroitement que jamais aux mœurs de leurs ancêtres et à leurs coutumes héréditaires, comme au principe de leur vie nationale, comme à la force qui un jour devait leur donner la victoire et leur rendre la liberté.

---

giis partim adhuc exstantibus, omnia clausa. (Giraldi Cambrensis *Itinerarium Cambriæ*, apud Camdeni *Anglica, Normannica, Hibernica,* etc., p. 836.)

1. Hic magni illius Arthuri famosam curiam legati adiere Romani. (Ibid.) — Voyez Galfridi Monumetensis *Historia regum Britanniæ,* passim.

2. Ce fut l'Église des Gaules, et non l'Église romaine, qui députa deux fois en Bretagne saint Germain, évêque d'Auxerre, pour y combattre l'hérésie pélagienne dans les années 429 et 447 : Ex Britanniis directa legatio Gallicanis episcopis nuntiavit Pelagianam perversitatem... (*Vita S. Germani episc. Autissiodor.,* apud *Script. rer. gallic. et francic.,* t. I, p. 642.)

Ce qu'ils tenaient du caractère et de l'esprit des races celtiques se raviva chez eux aux dépens de ce qu'ils avaient reçu, pour leur part, de cet esprit général, de cette conformité d'usages que l'unité romaine tendait à introduire non-seulement dans l'ordre civil, mais encore dans l'ordre ecclésiastique. Ils embrassèrent avec prédilection, d'un côté le vieux fonds indigène de leurs habitudes sociales, de l'autre ce qu'il y avait de particulier dans la discipline de leur Église. Leur christianisme, entouré de formes locales provenant d'usages nationaux, se mêlait d'une manière intime à leur vie de passion, de lutte et d'espérance politiques, et la haine de religion était pour eux un mobile de patriotisme.

Il semble en effet que, décidés à n'avoir aucune paix avec les ennemis de leur race et les conquérants de leur sol natal, les Bretons aient aimé que ces conquérants fussent païens pour les détester davantage, et pouvoir être, dans le mal qu'ils leur feraient, sans scrupule et sans remords. L'idée de travailler à convertir les Anglo-Saxons au christianisme, impliquant celle d'absoudre leur conquête et de reconnaître leur droit de possession sur la meilleure part du sol, ne pouvait s'offrir et ne s'offrit pas aux indigènes dépossédés [1]. Leur patriotisme sauvage et nourri d'amertume autant que de résolution leur faisait sentir par instinct qu'ils agiraient contre eux-mêmes en touchant à la barrière d'aversion mortelle qui les séparait de leurs ennemis. Ce ne fut pas du sein de la Bretagne subjuguée, ce fut d'ailleurs que sortit, vers la fin du sixième siècle, le noble projet de faire entrer dans la société chrétienne les Germains dominateurs du pays.

Dans ce temps, la ville de Rome, grande par les souvenirs de sa puissance et parce qu'elle se nommait le siége de saint Pierre [2], avait pour évêque un homme de race sénatoriale, en qui la tendresse d'âme

---

1. Quin inter alia inenarrabilium scelerum facta, quæ historicus eorum Gildas flebili sermone describit, et hoc addebat, ut numquam genti Saxonum sive Anglorum secum Britanniam incolenti, verbum fidei predicando committerent. (Bedæ *Historia ecclesiastica gentis Anglorum*, lib. I, cap. XXII, p. 73.)

2. ... Sedis apostolicæ primatum sancti Petri meritum... et Romanæ dignitatis civitatis... (Decretum imperat. Theodosii et Valentiniani, sub anno 445, apud *Script. rer. gallic. et francic.*, t. I, p. 768.)

et le zèle de la foi chrétienne se mêlaient à l'esprit d'action et à l'habileté politique du vieux patriciat romain[1]. Grégoire, fils de Gordien, de la riche et illustre famille des Anicius, renonça jeune à son immense fortune et aux plus hautes dignités pour embrasser l'état monastique. Il paraît que dans cette nouvelle vie, l'instinct de sa nature active le portait en imagination vers des pèlerinages lointains et des entreprises périlleuses, telles que la conversion des tribus encore païennes dont la présence, au delà des Franks ou parmi eux, à l'extrémité du territoire enlevé à l'empire, avait rendu plus étroites les limites du monde chrétien. Sa pensée, qui peut-être aimait à errer au nord de la Gaule et aux confins occidentaux de la Germanie, fut, par un incident fortuit, attirée sur la Bretagne anglo-saxonne et s'y fixa de manière à ne pouvoir plus s'en détacher.

Un jour que le moine patricien traversait le marché de Rome, il vit parmi les choses exposées en vente de jeunes esclaves étrangers, dont les cheveux blonds de la nuance la plus claire, la blancheur et la beauté le frappèrent vivement. Touché d'admiration et d'intérêt, il demanda au marchand d'esclaves de quel pays ces enfants avaient été amenés[2]. « C'est, répondit celui-ci, de l'île de Bretagne, où les « hommes ont le teint aussi blanc et les cheveux de la même cou- « leur. — Sont-ils chrétiens, reprit Grégoire, ou encore enveloppés « dans les erreurs du paganisme? » A la réponse du marchand : « Ils sont païens, » Grégoire s'écria : « Quel malheur que de si char- « mants visages soient sous la main du prince des ténèbres, que de « si beaux fronts couvrent une âme encore vide de la grâce de « Dieu ! » S'adressant une troisième fois à son interlocuteur, il le pria de nommer la nation à laquelle les jeunes esclaves appartenaient. Le marchand répondit : « Ils sont de la nation des Angles. » Et Grégoire, jouant sur ce nom, répliqua : « Des anges, très-bien

---

1. *Gregorius, genere Romanus... Gordiani, viri clarissimi, et beatæ Silviæ filius... Iste senatoria stirpe progenitus, tam nobilissimam quam etiam religiosissimam genealogiam duxit...* (S. *Gregorii Magni papæ I vita*, auctore Johanne diacono, apud S. *Gregorii Opera omnia*, 4 vol. in-fol., 1705, t. IV, col. 23.)

2. ... *Qui cernens inter alia pueros corpore candidos, forma pulcherrimos, vultu venustos, capillorum quoque nitore perspicuos esse venales, interrogavit mercatorem, de qua patria illos attulisset.* (Ibid., col. 29 et 30.)

« dit, car puisqu'ils ont une figure angélique, c'est chose convenable qu'ils puissent devenir un jour concitoyens des anges dans le « ciel[1]. » Cette impression de vive sympathie et les idées d'apostolat chrétien qui en avaient été la suite accompagnèrent le descendant des Anicius à son retour au monastère qu'il avait fondé sur le mont Aventin, dans le palais même de ses ancêtres[2]. Usant de tout son crédit auprès du pape Benoît Ier, Grégoire l'invita instamment à envoyer des missionnaires chargés de prêcher l'Évangile aux païens de l'île de Bretagne, et il demanda pour lui-même la grâce de faire partie de cette mission. Benoît Ier y consentit, et le départ eut lieu. Mais les citoyens de Rome regrettaient l'absence de Grégoire qu'ils vénéraient et que déjà peut-être ils destinaient à la dignité pontificale; peu de jours après, le peuple en troupe fit sur le passage du pape des démonstrations de mécontentement, et le pape effrayé rappela Grégoire, dont le retour mit fin au projet de mission en Bretagne[3].

Devenu chef de l'Église romaine, Grégoire songea de nouveau à l'entreprise qui avait été le plus cher de ses rêves[4]. Il confia la tâche d'aller outre-mer évangéliser les Anglo-Saxons à quarante religieux de son monastère du mont Aventin, et il mit à leur tête, avec des pouvoirs spéciaux, Augustin, prieur de ce monastère. Le chef de la mission était désigné d'avance comme évêque de l'Angleterre et autorisé à se faire consacrer sous ce titre, s'il était reçu dans le pays[5]. Ses compagnons le suivirent au delà des Alpes, jusqu'à la ville d'Aix

---

1. Rursum interrogavit, quod esset vocabulum gentis illius. Mercator respondit : « Angli vocantur. » At ille : « Bene, inquit, Angli quasi angeli : quia et angelicos vultus habent, et tales in cœlis angelorum decet esse concives. » (*S. Gregorii Magni vita*, auctore Joanne diacono, apud S. Gregorii *Opera omnia*, t. IV, col. 30.)

2. Septimum, intra Romanæ urbis mœnia... ad clivum Scauri, monasterium in proprio domate fabricavit. (Ibid., col. 24.)

3. De cujus absentia Romani plurimum perturbati, deliberato consilio trifarie per loca viæ contigua, unde pontifex ad beati Petri basilicam profecturus erat, partiuntur : eumque turmatim taliter alloquuntur : Petrum offendisti, Romam destruxisti, quia Gregorium dimisisti. (Ibid.)

4. Mox ut ipse pontificatus officio functus est, perfecit opus diu desideratum. (Bedæ *Hist. ecclesiast.*, lib. II, cap. I, p. 109.)

5. ... Augustinum, quem eis episcopum consecrandum, si ab Anglis exciperentur, indixerat... (*Vita S. Gregorii Magni*, auctore Johanne diacono, apud S. Gregorii *Opera omnia*, t. IV, col. 55.)

en Provence ; mais arrivés à ce point, ils s'effrayèrent des périls et des difficultés de l'œuvre dont on les chargeait et voulurent retourner sur leurs pas[1]. Augustin repartit seul, pour aller demander, au nom de tous, au pape Grégoire, la grâce d'être exemptés de ce voyage dangereux, dont l'issue, disait-il, n'était rien moins que certaine, chez un peuple d'une langue inconnue. Mais le pape n'y consentit pas. « Il est trop tard pour reculer, répondit-il ; vous devez accom-
« plir votre entreprise sans écouter les propos des médisants ; moi-
« même je voudrais de tout mon cœur travailler avec vous à cette
« bonne œuvre[2]. »

Le commandement ainsi renouvelé avec une fermeté douce ranima le zèle des missionnaires. Fondateur du couvent où ils étaient nourris, Grégoire avait été leur abbé avant d'être pour eux l'évêque de Rome ; ils lui devaient à plus d'un titre l'obéissance filiale ; ils obéirent donc et reprirent leur chemin vers le nord[3]. Ils allèrent d'abord à Châlon, où résidait Theoderik, fils de Hildebert, roi d'une moitié de la portion orientale du pays conquis par les Franks[4]. Ensuite ils se rendirent à Metz, où régnait, sur l'autre moitié, Theodebert, aussi fils de Hildebert. Ils présentèrent à ces deux rois des lettres du pape Grégoire, faites pour exciter leur bienveillance d'une part en intéressant leur foi religieuse, et de l'autre en flattant leur vanité. Grégoire savait que les Franks étaient en guerre avec les Saxons de la Germanie, leurs voisins du côté du nord, et, partant de ce fait, il n'hésitait pas à qualifier du nom de sujets des Franks les Anglo-Saxons d'outre-mer que ces moines allaient convertir. « J'ai présumé, écri-

---

1. Qui susceptæ peregrinationis, post dies aliquot, inerti tædio prægravati, redire domum potius quam barbaram, feram, incredulamque gentem, cujus ne linguam quidem intelligerent, adire decreverunt. (*Vita S. Gregorii Magni*, auctore Johanne diacono, apud S. Gregorii *Opera omnia*, t. IV, col. 55.)

2. ... « Oportet, ut opus bonum, quod auxiliante Domino cœpistis, impleatis. Nec ergo labor vos itineris, nec maledicorum hominum linguæ deterrant... Etsi vobiscum laborare nequeo, simul in gaudio retributionis inveniar, quia laborare scilicet volo. » (S. Gregorii Magni Epistola, apud Bedæ *Hist. ecclesiast.*, lib. I, cap. xxxiii, p. 74.)

3. His exhortationibus Augustinus cum fratribus roboratus... Britanniam petiit... (*Vita S. Gregorii Magni*, auctore Johanne diacono, apud S. Gregorii *Opera omnia*, t. IV, col. 55.)

4. Oster-Frankono-Rike, Oster-Rike, Oster Liudi, Osterland. En latin, *Austri-francia, Austria, Austrasia, Regnum orientale*. (Voyez les *Lettres sur l'histoire de France*, lettre X.)

« vait-il aux deux fils de Hildebert, que vous deviez souhaiter avec
« ardeur la conversion de vos sujets à la foi dans laquelle vous êtes,
« vous, leurs seigneurs et leurs rois, et j'ai fait partir Augustin, le
« porteur des présentes, avec d'autres serviteurs de Dieu, pour y
« travailler sous la protection de votre puissance[1]. »

La mission remit aussi une lettre à la reine Brunehilde, aïeule des
deux jeunes rois, femme d'une grande ambition et d'une rare habileté, qui, sous le nom de ses deux petits-fils, gouvernait la moitié de
la Gaule. Elle appartenait par sa naissance à la famille des rois visigoths que l'invasion franke avait repoussés au delà des Pyrénées. A
son mariage, d'arienne qu'elle était, elle devint catholique, reçut
l'onction du saint chrême, et témoigna dès lors un grand zèle pour
sa nouvelle croyance ; les évêques louaient à l'envi la pureté de sa
foi, et en faveur de ses œuvres pieuses, négligeaient de jeter un
regard sur ses mœurs déréglées, ses fourberies et ses crimes politiques[2]. « Vous qui avez le mérite des bonnes œuvres et dont l'âme
« est affermie dans la crainte du Dieu tout-puissant, écrivait le pape
« Grégoire à cette reine, nous vous prions de nous aider dans une
« grande chose. Il nous est parvenu que la nation des Angles voulait
« devenir chrétienne, et nous avons député vers elle pour connaître
« sa volonté par nous-même et répondre efficacement à son désir[3]. »
Les rois des Franks orientaux et leur aïeule n'avaient point à mesurer
l'exactitude de cette assertion peu conciliable avec la répugnance et
les craintes des missionnaires[4] ; ils firent à la mission un accueil plein

---

1. « ... Magnam de vobis materiam præsumendi concepimus, quod subjectos vestros
ad eam converti fidem per omnia cupiatis, in qua eorum nempe reges estis et domini...
Vestra eos potestas tueatur et adjuvet... » (S. Gregorii Magni *Epistolæ*, apud *Script. rer.
gallic. et francic.*, t. IV, p. 20.)

2. Une conduite plus digne du sacerdoce coûta la vie à Desiderius, évêque de Vienne :
Beatus autem Desiderius episcopus eamdem Brunechildem tam pro isto incestuoso matrimonio, quam pro aliis pravitatibus suis, zelo divino succensus, arguere cœpit. (*Vita
S. Desiderii*, apud ibid., t. III, p. 484.)

3. ... « Excellentia ergo vestra, quæ proba in bonis consuevit esse operibus... » (S. Gregorii Magni *Epistolæ*, apud ibid., t. IV, p. 21.) — « Quanta in omnipotentis Dei timore Excellentiæ Vestræ mens soliditate firmata... » (Ibid., p. 22.) — « Indicamus ad nos pervenisse,
Anglorum gentem, Deo annuente, velle fieri christianam... » (Ibid., p. 21.)

4. « Pervenit ad nos, Anglorum gentem ad fidem christianam, Deo miserante, deside-

de respectueuse bienveillance, et la défrayèrent dans sa route vers la mer. Le roi des Franks occidentaux¹, quoique en guerre avec ses parents de l'est, reçut les Romains non moins gracieusement qu'eux; on leur permit d'emmener des hommes de nation franke comme interprètes auprès des Anglo-Saxons, qui parlaient presque la même langue².

Par un hasard favorable, il se trouva que le plus puissant des chefs saxons, Ethelbert³, roi du pays de Kent, venait d'épouser une femme d'origine franke et professant la religion catholique⁴. Cette nouvelle releva le courage des compagnons d'Augustin, et ils abordèrent avec confiance à cette même pointe de Thanet, déjà fameuse par le débarquement des anciens Romains, et des deux frères qui avaient ouvert aux Saxons le chemin de la Bretagne. Les interprètes franks se rendirent auprès d'Ethelbert : ils lui annoncèrent des hommes qui venaient de bien loin lui apporter une heureuse nouvelle et la promesse d'un règne sans fin, s'il voulait croire à leurs paroles⁵. Le roi saxon ne fit d'abord aucune réponse positive et ordonna que les étrangers s'arrêtassent dans l'île de Thanet, jusqu'au moment où il aurait délibéré sur le parti à prendre à leur égard. Il est permis de croire que l'épouse chrétienne du roi païen ne resta pas inactive dans cette grande circonstance et que toutes les effusions de la tendresse domestique furent employées à rendre Ethelbert favorable aux missionnaires. Il consentit à entrer en conférence avec eux; mais, par un reste de défiance, il ne put se résoudre à les rece-

---

ranter velle converti... » (S. Gregorii *Epistolæ* ad Theodoricum et Theodebertum reges, apud *Script. rer. gallic. et francic.*, p. 20.)

1. Voyez les *Lettres sur l'histoire de France*, lettre X.
2. Naturalis ergo lingua Francorum communicat cum Anglis, eo quod de Germania gentes ambæ germinaverint. (Willelm. Malmesb. *de Gest. reg. angl.*, lib. I, apud *Rer. anglic. Script.*, p. 25, ed. Savile.) — Acceperunt autem præcipiente beato papa Gregorio de gente Francorum interpretes... (Bedæ *Hist. ecclesiast.*, lib. I, cap. XXV, p. 75.)
3. Alias *Æthel-byrth*, *Æthel-briht*, *Æthel*, *ethhel*, *edel*, noble d'ancienne race; *berht*, *byrht*, *bright*, brillant.
4. ... Utpote qui et uxorem habebat christianam de gente Francorum regia nomine Bertham... (Bedæ *Hist. ecclesiast.*, lib. I, cap. XXV, p. 76.)
5. ... Nuncium ferre optimum... æterna in cœlis gaudia, et regnum sine fine cum Deo vivo et vero futurum... (Bedæ *Hist. ecclesiast.*, lib. I, cap. XXV, p. 75 et 76.)

voir dans sa maison ni dans sa cité royale, et vint les trouver dans leur île, où il voulut encore que l'entrevue eût lieu en plein air, pour prévenir l'effet de tout maléfice, dans le cas où ces étrangers en useraient contre lui[1]. Les moines romains marchèrent au rendez-vous avec un appareil de cérémonie, rangés en files, précédés d'une grande croix d'argent et d'un tableau où était peinte la figure du Christ; ils exposèrent l'objet de leur voyage et firent leurs prédications[2].

« Voilà de belles paroles et de belles promesses, leur répondit le « roi païen; mais comme cela est pour moi tout nouveau, je ne puis « sur-le-champ y ajouter foi, et abandonner la croyance que je pro- « fesse avec toute ma nation. Cependant, puisque vous êtes venus de « loin pour nous communiquer ce que vous-mêmes, à ce qu'il me sem- « ble, jugez utile et vrai, je ne vous maltraiterai point; je vous four- « nirai des provisions et des logements, et vous laisserai libres de « publier votre doctrine et de persuader qui vous pourrez[3]. »

Les moines se rendirent à la ville capitale, qu'on appelait la cité des hommes de Kent, en langue saxonne Kentwara-Byrig[4]; ils y entrèrent en procession, portant leur croix et leur tableau, et chantant des litanies. Ils eurent bientôt des auditeurs et des prosélytes; une église bâtie du temps des Romains, et abandonnée depuis la conquête saxonne, leur servit pour célébrer la messe et administrer le baptême. Beaucoup d'hommes venaient à eux, attirés par la douceur de leur doctrine et la simplicité de leur vie. Ils frappèrent les imaginations par de grandes austérités; ils passèrent même pour avoir le don des miracles, et le bruit des prodiges qu'ils opéraient, parvenant au roi Ethelbert[5], enleva de son esprit les derniers doutes qui re-

---

1. Caverat autem ne in aliquam domum ad se introirent, veteri usus augurio, ne superventu suo, si quid maleficæ artis habuissent, eum superando deciperent. (Bedæ *Hist. ecclesiast.*, lib. I, cap. XXV, p. 76.)

2. Cumque ad jussionem regis residentes, verbum ei vitæ una cum omnibus qui aderant comitibus prædicarent... (Ibid.)

3. « Pulchra sunt quidem verba et promissa quæ affertis... » (Ibid.)

4. Alias *Cant-ware-byrig*, par corruption *Canterbury*.

5. At ubi ipse etiam inter alios delectatus vita mundissima sanctorum, et promissis eorum suavissimis, quæ vera esse miraculorum quoque multorum ostensione firmaverunt, credens, baptizatus est. . (Bedæ *Hist. ecclesiast. gentis Anglor.*, lib. I, cap. XXVI, p. 79.)

tardaient sa conversion. Quand le chef du pays de Kent eut embrassé le christianisme, la nouvelle religion devint auprès de lui le plus sûr moyen de faveur, et le nombre de ceux qui demandaient à être baptisés se multiplia rapidement, quoique le roi Ethelbert, dit un vieil historien, ne voulût contraindre personne[1]. Il fonda, pour ses docteurs et ses pères spirituels, dans la ville de Canterbury, un établissement qui, pour les Saxons convertis, fut le siége de l'Église nationale, et il le dota largement de possessions en terres et en meubles[2].

Augustin, le chef de la mission, devenu chef de cette nouvelle Église, se rendit en Gaule, et, conformément aux instructions du pape Grégoire, il se fit consacrer, par les évêques de ce pays, archevêque de la nation anglo-saxonne[3]. A son retour, il reprit avec une plus grande autorité ses travaux apostoliques sur le territoire de Kent; il les étendit même hors de ce royaume, et des prêtres envoyés par lui obtinrent quelque succès chez les Saxons orientaux, dont le chef, appelé Sighebert, était neveu du roi Ethelbert. Le pape Grégoire apprit avec une joie extrême l'issue de la prédication qui venait de rendre chrétiens et catholiques une partie des conquérants de l'île de Bretagne. « La moisson est grande, lui mandait Augustin, et les « travailleurs n'y suffisent plus[4]. » A cette nouvelle, une seconde députation de missionnaires partit de Rome avec des lettres pontifi-

---

1. Quorum fidei et conversioni ita congratulatus esse rex perhibetur, ut nullum tamen cogeret ad christianismum, sed tantummodo credentes arctiori dilectione... amplecteretur. (Bedæ *Hist. ecclesiast. gentis Anglor.*, lib. I, cap. XXVI, p. 79). — Bède est moins positif sur ce point dans un autre passage où il dit, en parlant du fils d'Ethelbert : « Qui sub imperio sui parentis vel favore, vel timore regio, fidei et castimoniæ jura susceperant. » (Ibid., lib. II, cap. V, p. 121.)

2. Nec distulit, quin etiam ipsis doctoribus suis locum sedis, eorum gradui congruum, in Dorovernia metropoli sua donaret, simul et necessarias in diversis speciebus possessiones conferret. (Ibid., lib. I, cap. XXVI, p. 79.)

3. Vir Domini Augustinus venit Arelas, et ab archiepiscopo ejusdem civitatis Etherio juxta quod jussa sancti patris Gregorii acceperat, archiepiscopus gentis Anglorum ordinatus est. (Ibid., cap. XXVII, p. 79 et 80.) — ... Per evangelicum genitorem meum Augustinum... (Charta Ethelberti regis, apud Wilkins *Concilia Magnæ Britanniæ*, t. I, p. 28.)

4. Præterea idem papa Gregorius Augustino episcopo, quia suggesserat ei multam quidem sibi esse messem, sed operarios paucos, misit cum præfatis legatariis suis plures cooperatores ac verbi ministros... (Bedæ *Hist. ecclesiast. gentis Anglor.*, lib. I, cap. XXIX, p. 98.)

cales adressées aux rois des Franks, aux évêques de la Gaule et à Augustin, que le pape qualifiait du titre de très-saint frère et co-évêque. Un supplément d'instructions pour lui fut expédié plus tard à l'adresse des chefs de la nouvelle mission, Mellitus et Laurentius, qui déjà s'étaient mis en route. Cette espèce de note diplomatique était conçue dans les termes suivants :

« Vous lui direz qu'après de mûres et graves réflexions sur l'affaire
« du peuple anglais, j'ai arrêté dans mon esprit plusieurs points im-
« portants : en premier lieu, il faut se garder de détruire les temples
« des idoles ; il ne faut que détruire les idoles, puis faire de l'eau
« bénite, en arroser les temples, y construire des autels et y placer
« des reliques. Si ces temples sont bien bâtis, c'est une chose bonne
« et utile qu'ils passent du culte des démons au service du vrai Dieu ;
« car tant que la nation verra subsister ses anciens lieux de prière,
« elle sera plus disposée à s'y rendre, par un penchant d'habitude,
« pour adorer le vrai Dieu[1].

« Secondement, on dit que les hommes de cette nation ont cou-
« tume d'immoler des bœufs en sacrifice ; il faut que cet usage soit
« tourné pour eux en solennité chrétienne, et que, le jour de la dé-
« dicace des temples changés en églises, ainsi qu'aux fêtes des saints
« dont les reliques y seront placées, on leur laisse construire, comme
« par le passé, des cabanes de feuillage autour de ces mêmes églises,
« qu'ils s'y rassemblent, qu'ils y amènent leurs animaux, qui alors
« seront tués par eux, non plus comme offrandes au diable, mais
« pour des banquets chrétiens, au nom et en l'honneur de Dieu, à
« qui ils rendront grâces après s'être rassasiés. C'est en réservant à
« ces hommes quelque chose pour la joie extérieure, que vous les
« conduirez plus aisément à goûter les joies intérieures[2]. »

Mellitus et Laurentius remirent à Augustin, avec ces instructions, l'ornement du *pallium*, qui, selon un cérémonial que l'Église romaine

---

1. « Cum ergo Deus omnipotens vos ad reverendissimum virum fratrem nostrum
« Augustinum episcopum perduxerit, dicite ei quid diu mecum de causa Anglorum cogi-
« tans tractavi... » (Bedæ *Hist. ecclesiast. gentis Anglor.*, lib. I, cap. XXXX, p. 100.)

2. Ut dum eis aliqua exterius gaudia reservantur, ad interiora gaudia consentire faci-lius valeant. (Ibid., cap. XXV, p. 375.)

semble avoir emprunté de l'empire romain, était le signe officiel du droit de commander à des évêques[1]. Ils apportaient en même temps un plan de constitution ecclésiastique dressé à Rome, pour être appliqué au territoire anglo-saxon, à mesure que s'y agrandirait le domaine de la conquête spirituelle. Selon ce projet, Augustin devait ordonner douze évêques, et fixer dans la ville de Londres, quand cette ville deviendrait chrétienne, le siége métropolitain duquel relèveraient les douze autres siéges[2]. Pareillement, dès que la grande cité de l'Angleterre septentrionale, que les Saxons nommaient Everwic, aujourd'hui York, aurait reçu le christianisme, Augustin devait y instituer un évêque qui, recevant à son tour le pallium, deviendrait le métropolitain de douze évêchés nouveaux. L'archevêque d'York, bien que soumis à la juridiction d'Augustin, comme son inférieur durant sa vie, sous les successeurs d'Augustin ne devait relever que de Rome seule, et alors, entre les deux métropolitains de l'Angleterre, la primatie devait appartenir à celui qui aurait été ordonné le premier[3].

A ne considérer que du côté matériel ces arrangements pris d'avance avec une décision remarquable, on croit voir se renouveler, sous d'autres formes, les plans d'occupation de provinces conquises ou à conquérir, qui, dans les siècles antérieurs, émanaient de l'intelligence politique et de la puissante volonté du sénat romain. Toutefois les desseins du pape Grégoire sur la ville de Londres, ancienne métropole de la Bretagne méridionale, ne s'exécutèrent pas. Lorsque le pays des Saxons orientaux, dont cette ville était la capitale, eut été converti au christianisme par la prédication de Mellitus et par l'influence du roi Ethelbert, elle ne devint point métropole ecclésias-

---

1. Voyez la dissertation de Mabillon *De pallio archiepiscopali* dans le tome II de ses œuvres posthumes, p. 420.
2. « ... Usum tibi pallii in ea ad sola missarum solemnia agenda, concedimus, ita ut per « loca singula duodecim episcopos ordines qui tuæ subjaceant ditioni... » (S. Gregorii *Epistolæ*, apud Bedæ *Hist. ecclesiast. gentis Anglor.*, lib. I, cap, XXIX, p. 99.)
3. « Post obitum vero tuum ita episcopis, quos ordinaverit, præsit ut Londoniensis « episcopi nullo modo ditioni subjaceat. Sit vero inter Londoniensis et Eboracensis civi- « tatis episcopos in posterum honoris ista distinctio, ut ipse prior habeatur qui prius fuerit « ordinatus. » (Ibid.)

tique, et le siége du premier archevêque des Anglais n'y fut point transféré. Soit pour complaire au roi nouveau chrétien du pays de Kent, soit pour l'observer de plus près et se trouver mieux à portée de combattre en lui des retours possibles, Augustin fixa sa demeure, et par suite celle de ses successeurs, dans la ville de Canterbury. Il établit à Londres Mellitus comme simple évêque; et Rofeskester, aujourd'hui Rochester, entre Londres et Canterbury, fut le siége d'un autre évêché dont il donna le titre à Justus, l'un des membres les plus éminents de la seconde mission romaine[1].

L'histoire nous a conservé les instructions que le pape Grégoire fit parvenir à Augustin comme une sorte de code pour l'organisation de la nouvelle Église anglo-saxonne et pour la réforme morale des nouveaux chrétiens de cette Église. Elles sont admirables de sagesse pratique, de haute prudence et de mesure[2]. Mais sur un autre point Grégoire fut moins heureux, faute de connaître les difficultés presque insurmontables que son fondé de pouvoir allait rencontrer. Parmi les questions adressées à Rome par Augustin consacré archevêque, se trouvait cette double demande : « Comment dois-je me comporter « envers les évêques des Gaules et envers ceux de la Bretagne?» — « Pour les évêques des Gaules, répondit le pape Grégoire, je ne te « donne aucune autorité sur eux; depuis le temps de mes anciens « prédécesseurs, l'évêque d'Arles a reçu le pallium, et je ne dois « point le priver de l'autorité qu'il possède. Mais quant aux évêques « de la Bretagne, je les confie tous à ta fraternité, pour que tu « enseignes les ignorants, que tu raffermisses les faibles et que tu « corriges les mauvais[3]. » Ce mandat sans restrictions ni réserves s'appliquait à une Église depuis longtemps privée de relations avec

---

1. ... Ubi vero et hæc provincia verbum veritatis prædicante Mellito accepit, fecit rex Æthelbertus in civitate Londonia ecclesiam... in qua locum sedis episcopalis ipse et successores ejus haberent. Justum vero in ipsa Cantia (Augustinus) episcopum ordinavit... (Bedæ *Hist. ecclesiast. gentis Anglor.*, lib. II, cap. III, p. 116.)

2. Voyez ibid., lib. I, cap. XXVII, p. 80.

3. « In Galliarum episcopos nullam tibi auctoritatem tribuimus : quia ab antiquis præ« decessorum meorum temporibus pallium Arelatensis episcopus accepit... Britanniarum « vero omnes episcopos tuæ fraternitati committimus, ut indocti doceantur, infirmi per« suasione roborentur, perversi auctoritate corrigantur. » (Ibid., p. 85 et 86.)

l'Église romaine, décimée par la conquête et réfugiée dans un coin du pays qu'elle avait couvert autrefois. En imposant au clergé breton, comme réformateur délégué par le siége apostolique, l'évêque des Anglo-Saxons, il mettait en présence, d'une part les droits de la hiérarchie catholique, de l'autre l'esprit d'indépendance nationale exalté par le malheur. Un pareil rapprochement, opéré d'une manière brusque et impérieuse, loin de rétablir l'union interrompue et la discipline affaiblie, ne pouvait qu'aliéner les affections de l'Église bretonne et faire succéder pour elle à un isolement de fait un schisme volontaire et déclaré.

Le pape Grégoire ne soupçonnait pas cette dangereuse complication. Il savait que des trois anciennes provinces de la Bretagne deux étaient possédées par une nation païenne, mais, quant aux circonstances particulières et aux suites de cet événement, il ne s'en rendait pas un compte exact. Il ignorait ce qu'avait de profond et d'amer le ressentiment patriotique des Bretons et que, pour cette nation dépossédée, tout ami des Saxons, quel qu'il fût, était suspect de connivence avec eux[1]. Eût-il été présent lui-même, l'esprit de ménagement et de tolérance qu'il mêlait à ses maximes romaines d'unité et de forte discipline[2] n'aurait peut-être pas suffi pour calmer les cœurs et surmonter les défiances. Mais Augustin n'avait rien de ces heureuses qualités d'intelligence et de caractère; sa pensée était, à ce qu'il semble, étroite et absolue, et son zèle accompagné d'orgueil. A l'ambition de succès pour son œuvre comme prédicateur du christianisme, il joignait une ambition personnelle, et aspirait à se voir non

---

1. Et tot cil sunt no anemi
    Par qui Englois sunt converti,
    Et qui à als ont compagnie
    Et quemune parçonnerie.

    (*Li Romans de Brut*, par Wace, édit. de M. Leroux de Lincy, t. II, p. 257.)

2. On peut en juger par sa réponse à la question suivante d'Augustin : « Cum una sit fides, sunt Ecclesiarum diversæ consuetudines, et altera consuetudo missarum in sancta Romana Ecclesia, atque altera in Galliarum tenetur. » (Bedæ *Hist. ecclesiast. gentis Anglor.*, lib. I, cap. XXVII, p. 81.)

plus seulement archevêque de la nation anglo-saxonne, mais archevêque universel de la Bretagne[1].

Ce fut par une entremise politique, par des envoyés du roi Ethelbert, le plus redouté des rois saxons, qu'Augustin fit savoir aux Bretons de la Cambrie qu'à titre de légat du siége apostolique, il voulait conférer avec eux sur l'état et les affaires de leur Église[2]. Séparés de l'empire depuis près de deux siècles, les Bretons n'avaient point reçu, comme la Gaule et les autres provinces romaines, des décrets impériaux sanctionnant la suprême juridiction du *pape de la ville éternelle*, et, dans leur isolement du reste du monde chrétien, ils n'avaient pas même pu recevoir les actes des conciles généraux[3]. De là, pour les débris de cette nation qui se maintenaient dans le pays de Galles, plusieurs sortes de dissidences avec l'Église de Rome ou avec l'Église universelle, les unes provenant d'usages nationaux antérieurs à la conquête saxonne, les autres de pratiques et de coutumes introduites peu à peu depuis les premiers temps de cette conquête.

La forme de la tonsure cléricale et celle de l'habit monastique n'étaient point les mêmes chez eux qu'en Italie et dans la Gaule. Quoique rigides, les règles de leurs monastères avaient cela de particulier qu'un très-petit nombre de religieux prenaient l'ordre de prêtrise ou de cléricature, et que les autres, comme de simples laïques, travaillaient de leurs mains tout le jour, exerçant un art ou un métier

---

1. C'est le titre que lui donne l'Histoire ecclésiastique de Bède : « Augustinus (Britanniarum) archiepiscopus ordinavit duos episcopos. » (*Hist. ecclesiast. gentis Anglor.*, lib. II, cap. III, p. 116.) — On peut dire, si l'on veut, que les pouvoirs donnés par le pape Grégoire s'étendaient jusque-là, et alors il faudra n'attribuer qu'à une imprévoyance de sa part la déplorable issue de cette affaire.

2. Interea Augustinus, adjutorio usus Ethelberti regis, convocavit ad suum colloquium episcopos sive doctores proximæ Britonum provinciæ... (Ibid., cap. II, p. 110.)

3. Hoc perenni sanctione decernimus, ne quid tam episcopis Gallicanis, quam aliarum provinciarum, contra consuetudinem veterem liceat sine viri venerabilis papæ urbis æternæ auctoritate tentare : sed illis omnibusque pro lege sit, quidquid sanxit, vel sanxerit apostolicæ sedis auctoritas. (Decretum imperat. Theodosii et Valentiniani, sub anno 445, apud *Script. rer. gallic. et francic.*, t. I, p. 768). — En parlant des moines de l'île d'Iona, Bède s'exprime ainsi : « Utpote quibus longe ultra orbem positis, nemo synodalia paschalis observantiæ decreta porrexerat. » (*Hist. ecclesiast. gentis Anglor.*, lib. III, cap. IV, p. 169.)

pour leur propre subsistance et pour le profit commun[1]. Dans le calcul à faire pour la détermination de la fête de Pâques, ils se réglaient sur un cycle adopté autrefois à Rome et ensuite remplacé par un autre plus exact[2]. Enfin, ils différaient des usages de l'Église romaine dans les cérémonies accessoires du baptême. Tel était le champ de controverses où les Bretons restés libres se trouvaient appelés subitement, et où, s'ils acceptaient la discussion proposée, ils allaient avoir pour antagoniste et pour censeur le ministre d'une Église dont l'autorité leur était devenue étrangère, un primat siégeant dans une métropole saxonne, parmi ceux qu'ils nommaient leurs ennemis, leurs spoliateurs et les intrus de la Bretagne[3].

Le message de convocation à une assemblée synodale fut porté au clergé de la province bretonne la plus voisine du territoire anglosaxon et reçu par lui avec une déférence pleine d'égards. Des évêques, des prêtres et des docteurs de cette province se rendirent à la conférence assignée sur la frontière des deux peuples, au bord de la Saverne, dans un lieu où se trouvait un grand chêne qui depuis fut nommé le chêne d'Augustin[4]. L'archevêque de Canterbury, après un long trajet fait sous escorte parmi des populations encore païennes, se trouva au rendez-vous, entouré de ses compagnons d'apostolat et des clercs de son Église. Par une réserve qui était de l'habileté, il ne parla point d'abord de ses droits à la primatie, et, dans son discours aux Bretons, il ne leur demanda rien que d'écouter ses avertissements fraternels, d'avoir avec lui la paix catholique et de prendre part au travail commun d'évangéliser les gentils[5].

---

1. ... *Qui omnes de labore manuum suarum vivere solebant.* (Bedæ *Hist. ecclesiast. gentis Anglor.*, lib. II, cap. II, p. 113.)

2. Par le cycle alexandrin de 19 ans.

3. *Tua vero fraternitas non solum eos episcopos quos ordinaverit, neque hos tantummodo qui per Eboraci episcopum fuerint ordinati, sed etiam omnes Britanniæ sacerdotes habeat, Deo Domino nostro Jesu Christo auctore, subjectos.* (Bedæ *Hist. ecclesiast. gentis Anglor.*, lib. I, cap. XXIX, p. 99.)

4. ... *In loco ubi usque hodie (lingua Anglorum) Augustines-ac (id est, robur Augustini) in confinio Wicciorum et occidentalium Saxonum appellatur...* (Ibid., lib. II, cap. II, p. 110.)

5. *Cœpitque eis fraterna admonitione suadere, ut pace catholica secum habita, communem evangelizandi gentibus pro Domino laborem susciperent.* (Ibid.) — Les chroniques

On ne peut dire si l'emploi de ce mot, qui désignait les Saxons sans les nommer, fut une précaution oratoire, mais l'absence d'un nom odieux pour les Cambriens ne changeait point la réalité des choses; l'idée de conquête et d'asservissement politique devait peser de tout son poids sur la discussion soulevée entre l'envoyé de l'Église romaine et les représentants ecclésiastiques des vaincus de l'île de Bretagne. D'ailleurs, Augustin n'eût-il pas trouvé en face de lui ces douloureuses préoccupations, qu'il aurait eu encore à lutter contre un élément de résistance intime et secrète, contre la fierté morale des races celtiques, leur confiance en elles-mêmes, leur attachement à ce qui s'était une fois pensé et pratiqué chez elles, leur extrême susceptibilité à l'égard de tout étranger s'immisçant, par action ou par conseil, dans leurs affaires domestiques. Toutes ces causes réunies contribuèrent à rendre les évêques et les prêtres bretons imperturbablement sourds aux demandes et aux censures du légat ; ni ses prières, ni ses exhortations, ni ses invectives n'eurent aucun pouvoir sur eux. Ils ne voulurent pas se détacher d'une seule de leurs pratiques nationales, et quand l'archevêque et ses compagnons leur opposaient l'accord unanime de toutes les Églises orthodoxes :
« Cela peut être bon pour d'autres, répondaient-ils, mais nous
« aimons mieux et nous voulons garder la tradition de nos ancê-
« tres [1]. »

A ce long et laborieux combat, dit un historien qui est l'un des pères de l'Église anglo-saxonne, Augustin mit fin en disant [2] : « Prions le Dieu qui fait habiter dans la maison de son père ceux qui « ont un même esprit et un même cœur, pour qu'il daigne nous mon-

---

bretonnes moins anciennes, et probablement moins exactes, contiennent cette variante : « Augustino potenti ab episcopis Britonum subjectionem, et suadenti ut secum genti Anglorum communem evangelizandi laborem susciperent... » (Galfredi Monumethensis *Historiæ regum Britanniæ*, lib. XI, cap. XII, ed. Giles. Londres, 1844, in-8°, p. 209.)

1. Qui cum longa disputatione habita, neque precibus, neque hortamentis, neque increpationibus Augustini ac sociorum ejus assensum præbere voluissent, sed suas potius traditiones universi quæ per orbem sibi in Christo concordant Ecclesiis præferrent... (Bedæ *Hist. ecclesiast. gentis Anglor.*, lib. II, cap. II, p. 110.)

2. ... Sanctus pater Augustinus hunc laboriosi ac longi certaminis finem fecit, ut diceret... (Ibid.)

« trer par des signes célestes quelle tradition l'on doit suivre et dans
« quelle voie il faut marcher pour parvenir à son royaume. Qu'on
« amène ici quelque malade, et que la foi de celui d'entre nous
« par les prières duquel ce malade aura été guéri soit crue la plus
« agréable à Dieu et celle que tous ont à suivre[1]. » Étonnés, à ce
qu'il semble, d'un pareil défi, les Bretons refusèrent l'épreuve ; mais
pour ne pas se déclarer du même coup inférieurs en foi et en œuvres,
ils consentirent à la fin, et l'on amena dans l'assemblée un aveugle
saxon de naissance.

Cet homme fut présenté d'abord aux prêtres cambriens, et il n'éprouva de leur ministère ni guérison ni soulagement. Alors Augustin, ferme et calme devant la nécessité où il s'était placé lui-même, se mit à genoux et fit cette prière : « O Dieu, père de Jésus-Christ
« Notre-Seigneur, je te supplie de rendre la vue à cet aveugle et de
« faire que la lumière corporelle, revenue à un seul homme, allume
« le flambeau de la grâce dans le cœur de beaucoup de fidèles[2]. » Au
même instant, si l'on en croit le récit du vieil historien, l'aveugle
vit le jour, et l'assemblée, saluant Augustin d'un cri unanime, le
proclama prédicateur de la souveraine vérité. Les Bretons, selon le
même récit, confessèrent que la voie qu'il enseignait était le vrai
chemin de la justice, mais ils dirent qu'ils ne pouvaient renoncer à
leurs anciens usages sans le consentement de leur nation, et demandèrent qu'un second synode fût tenu où ils viendraient en plus grand
nombre[3].

La chose fut ainsi résolue, et à cette nouvelle conférence vinrent
les sept évêques de la nation bretonne avec beaucoup de prêtres et

---

1. Adducatur aliquis æger : et per cujus preces fuerit curatus, hujus fides et operatio Deo devota atque omnibus sequenda credatur. (Bedæ *Hist. ecclesiast. gentis Anglor.*, lib. II, cap. II, p. 110 et 111.)

2. Quod cum adversarii inviti licet concederent, allatus est quidam de genere Anglorum oculorum luce privatus; qui cum oblatus Britonum sacerdotibus nil curationis vel sanationis horum ministerio perciperet, tandem Augustinus justa necessitate compulsus flectit genua sua... (Ibid., p. 111.)

3. Tum Britones confitentur quidem intellexisse se veram esse viam justitiæ quam prædicaret Augustinus, sed non se posse absque suorum consensu ac licentia priscis abdicare moribus. Unde postulabant, ut secundo synodus pluribus advenientibus fieret. (Ibid.)

d'autres hommes considérés pour leur piété et leur savoir¹. La plupart appartenaient au grand monastère de Bangor, espèce de cité religieuse divisée en sept quartiers dont chacun renfermait une église et des logements pour trois cents moines². Il paraît que ces hommes graves et d'une bonne foi parfaite n'avaient pas de parti pris irrévocablement sur ce qui allait se débattre pour la seconde fois. Chrétiens orthodoxes en même temps que Bretons dans le cœur et voulant rester l'un et l'autre, ils étaient agités par des sentiments contraires. D'une part, les vieilles coutumes de la nation leur semblaient un patrimoine moral à défendre contre l'étranger, et leur conviction du droit de propriété de la race indigène sur le pays se liait à l'idée que l'archevêque des Bretons était, de droit exclusif, primat de toute la Bretagne; d'une autre part, le titre de légat du siége apostolique leur inspirait du respect, et la pensée d'un schisme avec celui qui portait ce titre et avec le corps entier de l'Église leur répugnait vivement.

Dans leur perplexité, avant de se rendre à l'assemblée, ils allèrent trouver un saint personnage, qui menait auprès de Bangor la vie d'anachorète, pour le consulter sur ce qu'ils avaient à faire³. « Devons-« nous, lui demandèrent-ils, abandonner nos traditions nationales « et nous conformer à la prédication d'Augustin? — Si c'est un homme « de Dieu, répondit l'anachorète, vous ferez bien de le suivre. » Ils reprirent : « Et quel sera pour nous le moyen d'en avoir la preuve? » L'anachorète répliqua : « Le Seigneur a dit : Portez mon joug et « apprenez de moi que je suis doux et humble de cœur. Si donc cet « Augustin est doux et humble de cœur, il faut croire qu'il porte « lui-même le joug du Christ et qu'il vous l'offre à porter. Si au con-« traire il est rude et orgueilleux, il sera certain qu'il n'est pas

---

1. Quod cum esset statutum, venerunt (ut perhibent) septem Britonum episcopi, et plures viri doctissimi maxime de nobilissimo eorum monasterio quod vocatur lingua Anglorum Bancornaburg... (Bedæ *Hist. ecclesiast. gentis Anglor.*, lib. II, cap. II, p. 111.)

2. ... In quo tantus fertur fuisse numerus monachorum, ut cum in septem portiones esset cum prepositis sibi rectoribus monasterium divisum, nulla harum portio minus quam trecentos homines haberet... (Ibid., p. 113.)

3. ... Qui ad præfatum ituri concilium, venerunt primo ad quemdam virum sanctum ac prudentem, qui apud eos anachoreticam ducere solebat vitam : consulentes, an ad prædicationem Augustini suas deserere traditiones deberent... (Ibid., p. 111.)

« homme de Dieu et que nous n'avons à tenir aucun compte de sa « parole¹. »

Quand les Bretons arrivèrent au lieu de la conférence, les Romains s'y trouvaient déjà, et à leur entrée Augustin, sinon par une intention de mépris, du moins par une dignité intempestive, resta immobile sur son siége². Ils ne se demandèrent point s'il n'y avait pas là quelque usage de l'étiquette romaine, ils ne virent qu'une chose : c'est qu'ils venaient en nombre se présenter à un homme, et que cet homme ne se levait pas devant eux. Un sentiment de fierté blessée, pour leur nation autant que pour eux-mêmes, leur fit croire que l'apôtre des Saxons voulait flatter, en les humiliant, l'orgueil de ses néophytes, et à cette idée qui soulevait en eux l'indignation patriotique, leurs doutes et leurs scrupules s'évanouirent; ils ne furent plus rien que Bretons. Dès que la discussion eut été ouverte par un discours du légat, ils témoignèrent leur impatience en murmurant contre lui, et s'étudièrent à le contredire sur tous les points³.

Contraint par la vivacité de ses adversaires à resserrer le champ du débat, Augustin le fit en ces termes : « Vous agissez en beaucoup « de choses d'une façon contraire à notre coutume et à celle de l'É-« glise universelle; pourtant si vous voulez obtempérer à ces trois « demandes : célébrer la pâque en son vrai temps, accomplir les « rites du baptême selon l'usage de la sainte Église romaine et apos-« tolique, enfin prêcher avec nous la parole de Dieu à la nation anglo-« saxonne, tout le reste de vos pratiques, bien que opposées aux nôtres, « sera toléré par nous avec indulgence⁴. » Mais cet ultimatum du légat pontifical fut absolument rejeté; les Bretons lui répondirent qu'ils n'en feraient rien et qu'ils ne le reconnaîtraient pas pour arche-

---

1. Si ergo Augustinus ille mitis est et humilis corde, credibile est quia jugum Christi et ipse portet, et vobis portandum offerat. Sin autem immitis ac superbus est, constat quia non est de Deo, neque nobis ejus sermo curandus. (Bedæ *Hist. ecclesiast. gentis Anglor.*, lib. II, cap. II, p. 112.)

2. Factumque est ut venientibus illis sederet Augustinus in sella. (Ibid.)

3. Quod illi videntes, mox in iram conversi sunt, eumque notantes superbiæ, cunctis quæ dicebat contradicere laborabant. (Ibid.)

4. ... Cætera quæ agitis, quamvis moribus nostris contraria, æquanimiter tolerabimus. (Ibid.)

vêque; qu'ils ne devaient obéissance qu'à leur chef légitime, l'évêque de Caerleon, seul primat de l'île de Bretagne, et qu'ils tenaient pour chose indigne de communiquer leur foi à ceux qui leur avaient enlevé la terre de leurs pères[1]. « Eh bien donc! s'écria Augustin d'un ton « de menace, puisque vous ne voulez pas accepter la paix avec des « frères, vous aurez la guerre avec des ennemis; et puisque vous ne « voulez pas enseigner aux Saxons le chemin de la vie, c'est par leurs « mains que vous sera infligé le châtiment de mort[2]. »

Une pareille prédiction n'était pas difficile à faire dans l'état de guerre incessante où se trouvaient les deux races cruellement ennemies l'une de l'autre; mais la prophétie d'Augustin eut cela d'étrange qu'elle s'accomplit avec une effrayante exactitude sur ceux-là mêmes qui avaient pu l'entendre de sa bouche. Quatre ans après cette inutile conférence entre l'archevêque des Anglo-Saxons et les chefs de l'Église bretonne, le petit-fils du conquérant de la Bretagne septentrionale[3], Ethelfrith, roi des Angles, qui, maître du pays au nord de l'Humber, harcelait sans cesse les Bretons sur sa frontière de l'ouest et du sud-ouest, fit de ce côté une de ses invasions les plus formidables[4]. La province qu'il attaqua fut celle de Gwined, qui avait le titre de royaume et dont la capitale était la ville romaine qu'on nomme aujourd'hui Chester[5]. L'alarme de cette irruption fut portée

---

1. At illi nihil horum se facturos neque illum pro archiepiscopo habituros esse respondebant. (Bedæ *Hist. ecclesiast. gentis Anglor.*, lib. II, cap. ıı, p. 112.) — ... Ipsos ei nullam subjectionem debere respondit, nec suam prædicationem inimicis suis impendere : cum et suum archipræsulem haberent, et gens Saxonum patriam propriam eisdem auferre perstarent. Unde eos summo habebant odio : fidemque et religionem eorum pro nihilo habebant... (Galfridi Monumethensis *Hist. reg. Britann.*, lib. XI, cap. xıı, p. 209.)— Brut Tysilio, *Myvyrian archaiology*, t. II, p 365.—*Li Romans de Brut*, par Wace, t. II, p. 257.)

2. Quibus vir Domini Augustinus fertur minitans prædixisse, qui si pacem cum fratribus accipere nollent, bellum ab hostibus forent accepturi. Et si nationi Anglorum noluissent viam vitæ prædicare, per horum manus ultionem essent mortis passuri. (Bedæ *Hist. ecclesiast. gentis Anglor.*, cap. xxxiv, p. 103.)
Hist. ecclesiast. gentis Anglor., lib. II, cap. ıı, p. 113.)

3. Ida, surnommé le *Porte-flamme.* Voyez plus haut, page 26.

4. ... Rex fortissimus et gloriæ cupidissimus Ethelfridus, qui plus omnibus Anglorum primatibus gentem vastabat Britonum... (Bedæ *Hist. ecclesiast. gentis Anglor.*, lib. I, cap. xxxiv, p. 103.)

5. ... Rex Anglorum [fortissimus] Ethelfridus, collecto grandi exercitu, ad civitatem Legionum [quæ a gente Anglorum Legacester, a Britonibus autem rectius Carlegion

dans toute la Cambrie, et, de tous les cantons, des troupes armées, sous la conduite des chefs de clans, se mirent en marche vers le territoire envahi. On sentait qu'il y avait là un grand péril national, contre lequel on devait réunir non-seulement toutes les forces militaires, mais encore toutes les forces morales de la race bretonne. Aussi, pendant que se faisait la levée en masse des hommes capables de porter les armes, des hommes de religion, prêtres et moines, se levaient de toutes parts et se rendaient à Chester, la ville menacée par l'invasion, afin de prier, disent les chroniques bretonnes, pour leur nation et leur race [1].

Des deux mille cénobites qui peuplaient le grand monastère de Bangor, la moitié se trouvèrent à ce rendez-vous patriotique où, par une malheureuse fatalité, l'arrivée des gens de religion précéda celle des gens de guerre [2]. Lorsque le roi Ethelfrith parut aux environs de Chester avec une puissante armée, il n'y avait, pour couvrir la capitale du royaume du nord, que les troupes de la province orientale de Powis venues les premières à cause de la proximité des lieux. Le chef de cette province, nommé Brocmail, s'établit, à ce qu'il semble, dans un camp formé près des murs de Chester, et pour encourager ses hommes durant le combat, il réunit les prêtres et les religieux en vue du camp, sur une hauteur fortifiée qui faisait partie des défenses de la ville [3]. L'attaque des païens fut terrible, et le premier choc vaillamment soutenu par les Bretons; ils firent éprouver de

607

---

appellatur]... (Ibid., lib. II, cap. II, p. 112, et *Chron. saxon.*, ed. Gibson, sub anno, 607.) — Venedotiam quæ nunc *Nordwallia*, id est Borealis *Wallia*, dicitur. (Girald. Cambrens., *Descriptio Cambriæ*, apud Camden *Anglica, Normannica*, etc., p. 862.) — L'ancien nom de Chester, en langue bretonne, était Caerleon sur la Dee ; ce nom lui venait de la légion *vicesima victrix*. Voyez ibid., p. 458.

1. Brut Griffith ab Arthur, *Myvyrian archaiology*, t. II, p. 365. — Venerant autem ad eamdem civitatem ex diversis Britonum provinciis innumerabiles monachi et eremitæ, et maxime de civitate Bangor, ut pro salute populi sui orarent. (Galfridi Monumethensis *Hist. reg. Britann.*, lib. XI, cap. XIII, p. 210.)

2. ... Erant autem plurimi eorum de monasterio Bangor... (Bedæ *Hist. ecclesiast. gentis Anglor.*, lib. II, cap. II, p. 113.) — ... Ad memoratam aciem, peracto jejunio triduano, cum aliis orandi causa convenerunt... (Ibid.)

3. Cumque... videret sacerdotes eorum, qui ad exorandum Deum pro milite bellum agente convenerant, seorsum in tutiore loco consistere... (Ibid.)—... Habentes defensorem nomine Brocmalium qui eos intentos precibus a Barbarorum gladiis protegeret (Ibid.)

grandes pertes aux assaillants; mais ceux-ci, égaux en courage et de beaucoup supérieurs en nombre, eurent bientôt le dessus; Brocmail, dont les troupes lâchaient pied, fut contraint d'abandonner le camp et de faire sa retraite en désordre [1]. Un petit nombre seulement des clercs et des moines réunis sous sa garde, cinquante, à ce qu'on raconte, purent le suivre; tous les autres restèrent glacés de terreur et implorant le ciel sur le monticule où ils se trouvaient parqués [2].

Prêt à forcer l'entrée de la ville de Chester, le roi Ethelfrith aperçut avec surprise ces hommes singulièrement vêtus et sans armes, les uns debout, les autres agenouillés; il demanda qui ils étaient et ce qu'ils faisaient là [3]. On lui dit que c'étaient des gens du grand monastère et qu'ils priaient pour le salut des leurs. « S'ils croient à leur Dieu « contre moi, répliqua le roi païen, ils combattent contre moi quoique « sans armes. » Et, par une plaisanterie barbare, il fit donner de ce côté le premier assaut avec ordre de tout massacrer [4]. Douze cents prêtres et moines, dont la plupart étaient venus de Bangor, furent passés au fil de l'épée; mais ni cet horrible exploit, ni la prise de la ville ne profitèrent au roi des Angles [5]. En s'avançant vers l'ouest, il rencontra l'armée bretonne tout entière sous la conduite des deux rois de la Cambrie et du chef indépendant de Cornouailles [6]. Vaincu

---

1. Edelfridus rex Northanhumbrorum prælium inivit cum Brocmail : qui pauciori numero militum resistens, ad ultimum relicta civitate, sed prius maxima strage hostibus illata, diffugit. (Galfridi Monumethensis *Hist. reg. Britann.*, lib. XI, cap. XIII, p. 210.)

2. Brocmail ad primum hostium adventum cum suis terga vertens, eos quos defendere debuerat, inermes ac nudos ferientibus gladiis reliquit. (Bedæ *Hist. ecclesiast. gentis Anglor.*, lib. II, cap. II, p. 113). — Le récit de Bède, plus circonstancié que les chroniques bretonnes, est inexact pour ce qui regarde le personnage et la conduite de Brocmail.

3. ... Sciscitabatur qui essent ii quidve acturi illo convenissent. (Ibid.)

4. ... Rex Ethelfridus ait : Ergo si adversum nos ad Deum suum clamant, profecto et ipsi, quamvis arma non ferant, contra nos pugnant... Itaque in hos primum arma verti jubet. (Ibid.)

5. Extinctos in ea pugna ferunt [de his qui ad orandum venerunt] viros circiter mille ducentos, et solum quinquaginta fuga esse lapsos. (Ibid.) — ... Jussit in eos primum arma verti, et sic mille ducenti eorum in ipsa die martyrio decorati, regni cœlestis adepti sunt sedem. (Galfridi Monumethensis *Hist. reg. Britann.*, lib. XI, cap. XIII.)

6. Cum prædictus Saxonum tyrannus Bangornensium urbem peteret..., venerunt undique obviam illi duces Britonum, Bledericus videlicet dux Cornubiæ, et Margadud rex Demetorum, Caduanus, Venedotorum. (Ibid.) — Brut Tysilio, *Myvyrian archaiology*, t. II, p. 365. — Il y avait dans le pays de Galles deux royaumes, celui du nord ou

cette fois dans une bataille où dix mille des siens périrent et où lui-
même fut blessé, il s'enfuit devant les Bretons, qui le poursuivirent
jusqu'à la frontière de son royaume ¹.

La mort de tant d'hommes d'église massacrés ensemble frappa
vivement et d'une façon bien opposée les nouveaux convertis et les
vieux chrétiens de la Bretagne. Les premiers y virent un signe mani-
feste de la sainteté de leur évêque et de la vengeance divine sur les
faux docteurs qui avaient rejeté ses conseils ²; les seconds, rattachant,
comme l'effet à sa cause, le massacre des prêtres et des moines au
synode où ils avaient paru, firent des deux événements un seul drame.
« Dès qu'Ethelbert, roi du pays de Kent, dit le célèbre compilateur
« des traditions cambriennes, vit que les Bretons dédaignaient de se
« soumettre à Augustin et méprisaient sa prédication, il en fut extrê-
« mement courroucé. Dans son dépit, il provoqua Ethelfrith, roi du
« Northumberland, à lever une grande armée pour marcher contre
« la ville de Bangor et y faire périr Dinot, abbé du monastère, et les
« clercs qui s'étaient moqués de la puissance des Saxons ³. » D'autres
chroniques de même origine imputent à Augustin un ressentiment
personnel et le désir d'être vengé ⁴. Quoique faux évidemment, ce
soupçon d'une nation malheureuse et indignée semble avoir pesé comme

---

Gwined, et celui du sud ou Divet, et deux principautés, celle de Powis, à l'est, et celle
de Cornouailles, au sud-ouest.

1. ... Conserto prælio, ipsum vulneratum in fugam propulerunt : sed ed tantum numerum exercitus ejus peremerunt, ita quod decem millia circiter, et sexaginta sex corruerunt.
(Galfridi Monumet. *Hist. reg. britann.*, lib. XI, cap. XIII.)

2. ... Ut etiam temporalis interitus ultionem sentirent perfidi ; quod oblata sibi perpetuæ
salutis consilia spreverant. (Bedæ *Hist. ecclesiast. gentis Anglor.*, lib. II, cap. II, p. 114.)
— L'impression fut tout autre en Irlande, comme le prouvent ces mots d'une ancienne
chronique : *Cath Cairelegion ubi sancti occisi sunt.* (Tigernachi Annales, apud *Monumenta
historica britannica*, in-f°, 1848, t. I, p. 832, à la note.)

3. Ethelbertus ergo rex Cantiorum, ut vidit Britones dedignantes subjectionem Augustino facere, et eosdem prædicationem suam spernere : hoc gravissime ferens .. (Galfridi Monumet. *Hist. reg. britann.*, lib. XI, cap. XIII, p. 209.)

4.   N'i pot Sains Augustins plus prandre,
     N'altre cose n'i pot aprandre ;
     Al roi Aldebar le mostra
     Et si forment se corroza.
                    (*Li Romans de Brut*, par Wace, t. II, p. 257.)

607 un embarras sur l'historien de l'Église anglo-saxonne, à qui le moyen âge a décerné le titre de Vénérable. Bède termine son récit du massacre des clercs bretons par cette phrase qui serait vide de sens si elle n'était pas une sorte de précaution oratoire : « Ainsi s'accomplit « la prédiction du saint pontife Augustin, quoique lui-même, déjà « depuis longtemps, eût passé de ce monde au royaume céleste[1]. » Augustin vivait encore en 605, deux années seulement avant la bataille de Chester, et rien ne prouve qu'il eût cessé de vivre au temps de l'exécution militaire qu'il avait si exactement prédite[2].

608 a 616 À sa mort, Laurentius, qu'il avait désigné d'avance pour son successeur, prit le titre d'archevêque; Mellitus et Justus étaient encore évêques, l'un à Londres et l'autre à Rochester. Le premier avait, comme on l'a vu, gagné au christianisme Sighebert, roi des Saxons orientaux, qui, plein de zèle, entourait son clergé naissant d'honneurs et d'autorité. Mais cela ne fut pas de longue durée : à ce roi fervent succédèrent des princes tièdes ou malveillants pour le nouveau culte ; et quand les trois fils de Sighebert, qu'on nommait familièrement Seb[3], eurent mis leur père dans la tombe, ils retournèrent au paganisme, et levèrent toutes les défenses publiées contre la vieille religion nationale[4]. Comme ils étaient d'un caractère doux, ils ne persécutèrent d'abord ni l'évêque Mellitus, ni le petit nombre de ceux qui persistaient à l'écouter : ils se rendirent même à l'église

---

1. Sicque completum est præsagium sancti pontificis Augustini, [quamvis ipso jam multo ante tempore ad cœlestia regna sublato]... (Bedæ *Hist. ecclesiast. gentis Anglor.*, lib. II, cap. II, p. 114.) — Cette parenthèse manque dans la traduction anglo-saxonne de l'*Histoire ecclésiastique* de Bède, ce qui a fait croire à plusieurs savants modernes qu'il y avait là une interpolation.

2. La date de la mort d'Augustin varie entre les limites extrêmes de 605 et 608 ; Mabillon se prononce pour 607. La date de la bataille de Chester, que la chronique saxonne fixe à l'année 607, est marquée à l'an 613 dans les annales bretonnes du dixième siècle ; si on les suit, on trouve entre les deux faits dont il s'agit un intervalle de huit ans au plus et de deux au moins. La chronique saxonne que j'ai suivie est, pour ce qui regarde le septième siècle, plus ancienne que ces annales.

3. L'usage de ces sortes de diminutifs pour les noms propres subsiste encore en Angleterre.

4. Cœperunt illi mox idololatriæ, quam vivente eo aliquantulum intermisisse videbantur, palam servire, subjectisque populis idola colendi liberam dare licentiam. (Bedæ *Hist. ecclesiast. gentis Anglor.*, lib. II, cap. V, p. 121.)

chrétienne par passe-temps, et peut-être par une sorte d'incertitude secrète.

Un jour que Mellitus donnait à ses fidèles la communion de l'eucharistie : « Pourquoi, lui dirent les jeunes rois, ne nous offres-tu « pas, comme aux autres, de ce pain si blanc que tu donnais à notre « père Seb[1]? — Si vous vouliez, répondit l'évêque, vous laver dans « la fontaine de salut où votre père a été lavé, vous auriez, comme « lui, votre part de ce pain salutaire. — Nous ne voulons pas entrer « dans la fontaine; nous n'en avons nul besoin; et cependant nous « avons envie de nous restaurer avec ce pain[2]. » Ils renouvelèrent plusieurs fois cette bizarre demande : toujours l'évêque leur répéta qu'il ne pouvait y accéder; et eux, imputant ses refus à une obstination de mauvaise grâce, s'en irritèrent. « Puisque tu ne veux pas, « dirent-ils, nous complaire dans une chose si aisée, tu sortiras de « notre pays[3]. »

Ils le chassèrent en effet de Londres, lui et tous ses clercs d'origine romaine. Les bannis vinrent dans le pays de Kent, auprès de Laurentius et de Justus, qu'ils trouvèrent aussi découragés par la mort du roi Ethelbert et par les mauvaises dispositions d'Edbald, son successeur[4]. Ce prince n'avait pas reçu le baptême, et, sans persécuter les chrétiens, il autorisait, par son exemple et par les désordres de sa vie, la répudiation des principes et des mœurs du christianisme. Les trois évêques, d'un commun accord, résolurent, dit l'ancien historien, de retourner dans leur pays pour y servir Dieu d'un esprit libre de soins, plutôt que de résider sans aucun fruit parmi des bar-

---

1. ... Quare non et nobis porrigis panem nitidum, quem et patri nostro Saba (sic namque eum appellare consueverant) dabas, et populo adhuc in ecclesia dare non desistis? (Bedæ *Hist. ecclesiast. gentis Anglor.*, lib. II, cap. v, p. 122.)

2. ... Nolumus, inquiunt, fontem illum intrare, quia nec opus illo nos habere novimus, sed tamen pane illo refici volumus. (Ibid.)

3. « Si non vis assentire nobis in tam facili causa quam petimus, non poteris jam in nostra provincia demorari. » (Ibid.)

4. Et expulerunt eum, ac de suo regno cum suis abire jusserunt. Qui expulsus inde venit Cantiam, tractaturus cum Laurentio et Justo coepiscopis, quid in his esset agendum. (Ibid.) — Alias *Æd-bald, Ead-bald. Ed, ead*, heureux; *bald, bold*, hardi. Voyez le Gloss. d'Edward Lye.

616 bares en révolte contre la foi[1]. Mellitus et Justus partirent ensemble et se rendirent en Gaule, afin d'y attendre quelque temps ce qui pourrait arriver de mieux. Laurentius, sur le point de les suivre et de quitter pour jamais la Bretagne, voulut chercher une consolation suprême ou se fortifier par l'espérance d'un secours obtenu d'en haut. La dernière nuit qu'il devait passer chez les Saxons, il fit dresser son lit dans l'église de Saint-Pierre et Saint-Paul, bâtie à Canterbury par l'ancien roi. Il y pria longtemps avec larmes, avant de se coucher et de s'endormir[2], et ici le narrateur ecclésiastique place des faits qui appartiennent à la légende, non à l'histoire. Ce qui toutefois semble constant, c'est qu'au matin, lorsque l'archevêque se présenta devant le roi Edbald pour prendre congé de lui, un grand et heureux changement parut dans les dispositions du roi. Par une soudaine émotion ou par un sentiment plus réfléchi, il eut regret de laisser partir cet homme qu'il avait vu si grand auprès de son père, et que lui-même, en dépit de son paganisme, vénérait profondément[3]. Il invita Laurentius à demeurer, rappela Justus et Mellitus, et demandant à recevoir le baptême, il prohiba toutes les pratiques d'idolâtrie que sa connivence avait fait renaître[4]. La foi se ranima pour ne plus s'éteindre sur la rive gauche de la Tamise; mais sur l'autre rive, dans le royaume des Saxons orientaux, le paganisme restauré persista, et les gens de Londres refusèrent d'accueillir de nouveau Mellitus, leur premier évêque[5]. Celui-ci resta dans le pays de Kent, auprès de Laurentius, dont plus tard il fut le successeur dans le siége archiépiscopal.

1. Decretumque est communi consilio, quia satius esset ut omnes patriam redeuntes libera ibi mente Domino deservirent, quam inter rebelles fidei barbaros sine fructu residerent. (Bedæ *Hist. ecclesiast. gentis Anglor.*, lib. II, cap. v, p. 122.)

2. Jussit ipse sibi nocte in ecclesia beatorum apostolorum Petri et Pauli... stratum parari, in quo cum post multas preces ac lacrymas ad Deum pro statu Ecclesiæ fusas, ad quiescendum membra posuisset atque obdormisset... (Ibid., cap. vi, p. 123.)

3. ... Mox mane facto venit ad regem... Qui multum miratus et inquirens, quis tanto viro tales ausus esset plagas infligere... (Ibid., p. 124.)

4. Atque anathematizato omni idolatriæ cultu... suscepit fidem Christi, et baptizatus ecclesiæ rebus quantum valuit in omnibus consulere ac favere curavit. (Ibid.)

5. Mellitum vero Londonienses episcopum recipere noluerunt, idololatris pontificibus magis servire gaudentes. (Ibid.)

Peu d'années après ces événements, une sœur du roi Edbald, nommée Ethelberghe[1], fut mariée au roi païen du Northumberland[2], Edwin[3], successeur d'Ethelfrith. La nouvelle épouse partit du pays de Kent accompagnée d'un membre de la mission romaine, appelé Paulin, qui fut d'avance ordonné archevêque d'York, selon le plan du pape Grégoire, et dans cette espérance que la femme serait l'instrument de la conversion du mari. Le roi Edwin laissa son épouse professer la religion chrétienne, sous la direction de l'homme qu'elle avait amené, et dont les cheveux noirs et le visage brun et maigre étaient un objet de surprise pour la race à chevelure blonde des habitants du pays[4]. Lorsque la reine Ethelberghe devint mère pour la première fois, et que le roi Edwin en remercia ses dieux en présence de Paulin, celui-ci se mit à rendre grâce au Christ souverain seigneur, et assura le roi que c'était lui-même qui, par ses prières, avait obtenu que la reine accouchât sans accident et sans de grandes douleurs[5]. Dans ce moment de joie paternelle et de tendresse conjugale, Edwin, sollicité par sa femme, permit que l'enfant qui venait de naître fût baptisé au nom du Christ, et promit de se faire chrétien s'il revenait vainqueur d'une guerre où il se trouvait engagé. Il eut la victoire, mais à son retour, sans retirer sa promesse, il ne voulut écouter aucune proposition de baptême; seulement, à demi détaché de sa religion, il aimait l'entretien de ceux qui désiraient le convertir, discutait avec eux et avec les grands de sa cour le mérite des deux cultes et souvent réfléchissait en lui-même sur le parti qu'il aurait à prendre[6].

---

1. Alias *Æthel-byrg*. *Æthel*, noble ; *burg*, *burgh*, *burh*, *byrh*, *berg*, sécurité, protecteur, protectrice.

2. En saxon, *Northan-hymbra-land*, le pays au nord de l'Humber. Voyez plus haut, p. 28.

3. Alias *Ead-win*. *Ed*, heureux ; *win*, chéri, et aussi vainqueur.

4. ... Vir longæ staturæ, paululum incurvus, nigro capillo, facie macilenta, naso adunco pertenui, venerabilis simul et terribilis aspectu. (Bedæ *Hist. ecclesiast. gentis Anglor.*, lib. II, cap. xvi, p. 149.)

5. ... Contra episcopus gratias cœpit agere Domino Christo, regique astruere, quod ipse precibus suis apud illum obtinuerit, ut regina sospes et absque dolore gravi sobolem procrearet. (Ibid., cap. ix, p. 131.)

6. Sed et ipse, cùm esset vir natura sagacissimus sæpe diu solus residens... quid sibi esset faciendum, quæ religio servanda tractabat. (Ibid., cap. x, p. 132.)

Afin d'agir sur son esprit indécis par des invitations faites de plus haut, et afin de l'attirer vers les choses célestes par l'appât des biens de la terre, il vint de Rome une lettre du pape Boniface, adressée au *glorieux* Edwin, pleine d'exhortations pressantes et terminée par ces mots : « Outre cela, je vous transmets la bénédiction de votre pro-« tecteur, le bienheureux Pierre, prince des apôtres, c'est-à-dire une « tunique ornée de bordures en or et un manteau de laine fine d'An-« cône[1]. » Ethelberghe reçut de même, pour gage de la bénédiction de l'apôtre Pierre, un peigne d'ivoire doré et un miroir d'argent[2]. Ces dons furent agréés; mais ils ne décidèrent point le roi Edwin, dont l'esprit incertain, mais fier, et toujours armé de raisonnement, ne pouvait être vaincu que par une forte impression morale[3].

Il y avait dans la vie du mari d'Ethelberghe une aventure extraordinaire, dont le secret longtemps gardé pour lui seul lui était, selon toute apparence, échappé une fois parmi les confidences du lit nuptial. Fils d'un roi de la province de Deïre[4], envahie à main armée par Ethelfrith, il avait passé les premières années de sa jeunesse à errer de contrée en contrée, poursuivi par la haine, les intrigues et la puissance du conquérant[5]. Pendant qu'il était l'hôte du roi des Angles orientaux, nommé Redwald, et qu'après tant de traverses il se croyait enfin en sûreté, il apprit que ce roi, gagné par des offres d'argent, venait de promettre de le livrer vif ou mort à son persécuteur. A cette terrible nouvelle, qu'il reçut un soir au moment de se mettre au lit, le jeune exilé sortit du palais de Redwald; mais ne sachant plus où trouver un refuge et succombant sous le poids de sa

---

1. Præterea benedictionem protectoris vestri beati Petri apostolorum principis vobis direximus, id est camisiam cum ornatura in auro una, et lœna Anciriana una... (Bedæ *Hist. ecclesiast. gentis Anglor.*, lib. II, cap. x, p. 134.)

2. ... Id est, speculum argenteum et pectinem eburneum inauratum... (Ibid., cap. xi, p. 135.)

3. Cum ergo videret Paulinus difficulter posse sublimitatem animi regalis ad humilitatem viæ salutaris, et suscipiendum mysterium vivificæ crucis inclinari... (Ibid., cap. xii, p. 136.)

4. Voyez plus haut, p. 28.

5. Quo enim nunc fugiam, qui per omnes Britanniæ provincias tot annorum temporumque curriculis vagabundus hostium vitabam insidias? (Bedæ *Hist. ecclesiast. gentis Anglor.*, lib. II, cap. xii, p. 137.)

mauvaise destinée, il n'eut pas même la volonté de fuir et s'assit machinalement sur une pierre du chemin[1].

Au milieu du silence de la nuit, oppressé qu'il était par des tourments d'esprit sans issue, soit qu'un sommeil d'accablement lui fût venu peu à peu, soit que son imagination échauffée par le désespoir l'eût jeté dans une sorte d'extase, il vit ou crut voir un homme inconnu de visage et d'aspect s'approcher de lui et l'aborder en disant[2] : « Je sais qui tu es, pourquoi tu es triste, et quels malheurs « prochains tu redoutes. Dis-moi quelle récompense tu voudrais « donner à celui qui te délivrerait de cette affliction. — Tout ce qui « sera jamais en mon pouvoir, » répondit le jeune prince. L'inconnu reprit : « Et si quelqu'un te promettait en vérité que tu seras roi à la « mort de tes ennemis, et roi supérieur en puissance à tous tes « ancêtres, que lui donnerais-tu? » Edwin répondit : « J'aurais pour lui une reconnaissance digne d'un tel bienfait. » L'inconnu répliqua : « Si celui qui peut te prédire sûrement tout ce bonheur pouvait « aussi te montrer la meilleure voie pour ta vie et te donner de « meilleurs conseils que n'en ont jamais reçu tes pères ni tes parents, « l'écouterais-tu et voudrais-tu obéir à ses commandements? » Edwin le promit, et l'apparition, étendant la main droite et la lui posant sur la tête, lui dit : « Quand un pareil signe se représentera à toi, « rappelle-toi ce moment et ces discours[3]. » Au matin, un des amis du jeune prince, qui le cherchait et qui venait du palais, lui apprit que sa vie était sauve, que la reine, épouse de Redwald, avait par ses prières détourné son mari de la pensée de violer envers un proscrit les droits de l'hospitalité. C'était l'accomplissement de la première parole, et dans sa joie Edwin en fut profondément frappé. Il vit s'accomplir la seconde lorsqu'à la mort d'Ethelfrith il devint roi,

---

1. ... Remansit Edwinus solus foris ; residensque mœstus ante palatium multis cœpit cogitationum æstibus affici, quid ageret, quove pedem verteret nescius. (Bedæ *Hist. ecclesiast. gentis Anglor.*, lib. II, cap. XII, p. 138.) — ... Solus ipse mœstus in lapide pervigil sederet. (Ibid., p. 138.)

2. Cumque diu tacitis mentis angoribus et cœco carperetur igne, vidit subito intempestæ noctis silentio appropinquantem sibi hominem vultus habitusque incogniti. (Ibid.)

3. Quo accepto responso, confestim is qui loquebatur cum eo imposuit dextram suam capiti ejus, dicens : Cum hoc ergo tibi signum advenerit, memento hujus temporis ac loquelæ nostræ. (Ibid., p. 139.)

non pas seulement de ses États paternels, mais de tout le pays situé entre le Forth et l'Humber. Restait la troisième parole, qui, plus que jamais, lui revint à la pensée dans ses perplexités sur le choix à faire entre deux religions[1].

Un jour qu'il était seul dans son appartement, la porte s'ouvrit tout à coup, et il vit venir à lui un personnage marchant gravement comme celui du songe, qui s'approcha, et lui posa la main sur la tête en disant : « Reconnais-tu ce signe? » C'était Paulin, à qui une révélation intérieure, selon l'historien ecclésiastique, et plus vraisemblablement les conversations de la reine Ethelberghe, avait appris la mystérieuse aventure d'où sortait le moyen infaillible de vaincre l'irrésolution du roi[2]. La victoire fut complète ; le Saxon, frappé de stupeur, voulut se prosterner devant le Romain devenu son maître, et celui-ci le releva, ne prenant avec lui d'autre avantage qu'un ton de familiarité[3]. « Souviens-toi, lui dit-il, de ta troisième promesse, et ne diffère plus de la remplir. » Edwin répondit qu'il était prêt à recevoir la foi chrétienne, mais, encore fidèle à ses habitudes de prudence et de précaution, il ajouta qu'il avait à conférer là-dessus avec ses amis et ses conseillers. Paulin ne fit aucune objection, et alors fut convoqué, au nom du roi Edwin, le grand conseil national qu'on appelait en langue saxonne Wittena-Ghemote, l'assemblée des sages, qui se réunissait dans toutes les occasions importantes, et auquel assistaient les magistrats, les riches possesseurs de terres, les guerriers de haut grade et les prêtres des dieux. Le roi exposa devant cette assemblée les motifs de son changement de croyance, et s'adressant à chacun des assistants, l'un après l'autre, il demanda ce qu'il leur semblait de cette doctrine nouvelle pour eux[4].

---

1. Cum ergo, prædicante verbum Dei Paulino, rex credere differret, et per aliquod tempus, ut diximus, horis competentibus solitarius sederet, et quid agendum sibi esset, quæ religio sequenda, sedulus secum ipse scrutari consuesset... (Bedæ *Hist. ecclesiast. gentis Anglor.*, lib. II, cap. XII, p. 140.)

2. ... Ingrediens ad eum quadam die vir Dei, imposuit dexteram capiti ejus, et an hoc signum agnosceret, requisivit. (Ibid.) — Tandem (ut verisimile videtur) didicit in spiritu, quod vel quale esset oraculum regi quondam cœlitus ostensum. (Ibid., p. 136.)

3. Qui cum tremens ad pedes ejus procidere vellet, levavit eum, et quasi familiari voce affatus... (Ibid., p. 140.)

4. Habito enim cum sapientibus consilio, sciscitabatur sigillatim ab omnibus qualis

Le chef des prêtres parla le premier : « Mon avis, dit-il, est que
« nos dieux sont sans pouvoir ; et voici sur quoi je me fonde : pas un
« homme, dans tout le peuple, ne les a servis avec plus de zèle que
« moi, et pourtant je suis loin d'être le plus riche et le plus honoré
« parmi le peuple ; mon avis est donc que nos dieux sont sans pou-
« voir[1]. » Un chef des guerriers se leva ensuite et parla en ces
termes :

« Tu te souviens peut-être, ô roi, d'une chose qui arrive parfois
« dans les jours d'hiver, lorsque tu es assis à table avec tes capi-
« taines et tes hommes d'armes[2], qu'un bon feu est allumé, que ta
« salle est bien chaude, mais qu'il pleut, neige et vente au dehors.
« Vient un petit oiseau qui traverse la salle à tire-d'aile, entrant par
« une porte, sortant par l'autre : l'instant de ce trajet est pour lui
« plein de douceur, il ne sent plus ni la pluie ni l'orage ; mais cet
« instant est rapide ; l'oiseau a fui en un clin d'œil, et de l'hiver il
« repasse dans l'hiver[3]. Telle me semble la vie des hommes sur cette
« terre, et son cours d'un moment, comparé à la longueur du
« temps qui la précède et qui la suit. Ce temps est ténébreux
« et incommode pour nous ; il nous tourmente par l'impossibilité
« de le connaître ; si donc la nouvelle doctrine peut nous en ap-
« prendre quelque chose de plus certain, elle mérite que nous la sui-
« vions[4]. »

Après que les autres chefs eurent parlé, et que l'évêque Paulin eut
exposé les dogmes de la foi chrétienne, l'assemblée, votant comme
pour la sanction des lois nationales, renonça solennellement au culte
des anciens dieux[5]. Mais quand le roi Edwin proposa de renverser

---

sibi doctrina hæc eatenus inaudita, et novus divinitatis qui prædicabatur cultus videretur? (Bedæ *Hist. ecclesiast. gentis Anglor.*, lib. II, cap. XIII, p. 141.)

1. Multi autem sunt qui majora beneficia a te receperunt, unde nil valere deos probavi.
(Henrici Huntind. *Hist.*, lib III, apud *Rer. anglic. Script.*, p. 328, ed. Savile.)

2. Mid thinum Ealdormannum and Thegnum. (Traduction saxonne de l'histoire de
Bède.) — Voyez Pièces justificatives, liv. I, n. 4.

3. Of wintra in winter eft cymeth. (Ibid.)

4. Unde si hæc nova doctrina certius aliquid attulerit, merito esse sequenda videtur.
(Bedæ *Hist. ecclesiast. gentis Anglor.*, lib. II, cap. XIII, p. 142.)

5. Quid plura? Præbuit palam assensum evangelizandi beato Paulino rex, et abre-
nunciata idolatria, fidem se Christi suscipere confessus est. (Ibid., p. 143.)

628 les temples et les images de ces dieux, nul, parmi les assistants, ne se sentit assez ferme pour braver les dangers d'une telle profanation; nul, excepté le grand prêtre lui-même. Il demanda au roi des armes et un cheval étalon pour violer la loi de son ordre, qui interdisait aux prêtres l'habit de guerre et toute autre monture qu'une jument. Ceint d'une épée et brandissant une pique, il galopa vers le temple, et à la vue de tout le peuple, qui le croyait hors de sens, il frappa de sa lance les murs et les images[1]. On bâtit à la hâte une église de bois où le roi Edwin et un grand nombre d'hommes de toute condition reçurent le baptême[2]. Paulin ayant ainsi conquis en réalité l'épiscopat dont il portait le titre, parcourut les deux provinces du Northumberland, les contrées de Bernicie et de Deïre, et baptisa dans les eaux de la Glen et de la Swale ceux qui s'empressaient d'obéir au décret de l'assemblée des sages[3].

628 à 655 L'influence politique du grand royaume de Northumbrie entraîna vers le christianisme la population des Angles orientaux qui habitaient au midi de l'Humber et au nord des Saxons de l'est. Déjà un roi de ce peuple était devenu chrétien, ayant reçu l'instruction religieuse dans un voyage au pays de Kent; mais ce roi, à son retour, ébranlé par les remontrances de son épouse et de ses principaux amis, avait dressé deux autels dans le même temple, l'un pour le Christ et l'autre pour les dieux des Teutons, qu'il priait alternativement[4].

---

1. Accinctus ergo gladio accepit lanceam in manu, et ascendens emissarium regis pergebat ad idola. Quod aspiciens vulgus æstimabat eum insanire. (Bedæ *Hist. ecclesiast. gentis Anglor.*, lib. II, cap. XIII, p. 143.)

2. Baptizatus est autem Eboraci... in ecclesia sancti Petri apostoli, quam ibidem ipse de ligno, cum catechizaretur, atque ad percipiendum baptisma imbueretur, citato opere, construxit. In qua etiam civitate, ipsi doctori atque antistiti suo Paulino sedem episcopatus donavit. (Ibid., cap. XIV, p. 145.)

3. Quibus diebus cunctis a mane usque ad vesperam nil aliud ageret, quam confluentem eo, de cunctis viculis ac locis, plebem; Christi verbo salutis instruere, atque instructam in fluvio Gleni, qui proximus erat, lavacro remissionis, abluere. (Ibid., p. 146.) — Hæc quidem in provincia Berniciorum, sed et in provincia Deirorum, ubi sæpius manere cum rege solebat, baptizabat in fluvio Swalwa, qui vicum Cataractum præterfluit. (Ibid.)

4. ... Nam rediens domum ab uxore sua, et quibusdam perversis doctoribus seductus est, atque a sinceritate fidei depravatus... Ita ut... in eodem fano et altare haberet ad sacrificium Christi, et arulam ad victimas dæmoniorum. (Ibid., cap. XV, p. 147.)

Trente ans après la conversion des habitants de la rive septentrionale de l'Humber, une femme de ce pays, mariée au chef du royaume de Mercie, qui s'étendait alors de l'Humber à la Tamise, le convertit en l'épousant. Vers la même époque, les Saxons de l'ouest devinrent chrétiens par la prédication d'un évêque envoyé de Rome, et quelques années plus tard les Saxons orientaux, qui avaient chassé leur premier évêque Mellitus, retournèrent au christianisme[1]. Ce fut chez les Saxons méridionaux, habitants de la côte du sud, que l'ancien culte se conserva le plus longtemps; ils n'y renoncèrent qu'à la fin du septième siècle[2].

Le siége archiépiscopal de Canterbury, auquel sa primauté d'institution devait donner une grande importance dans l'histoire ecclésiastique et même dans l'histoire civile de l'Angleterre, fut occupé successivement par cinq moines romains, puis par un Anglo-Saxon, puis encore, et pour la dernière fois, par un envoyé de Rome, Théodore de Tarse, Grec d'origine[3]. Cet homme, d'un grand savoir et d'une haute intelligence, fit de sa ville métropolitaine une école, non-seulement de foi et de discipline religieuse, mais encore de littérature et de science humaine. Il joignit à l'enseignement des Écritures et de la doctrine des Pères de l'Église celui de la poésie latine et grecque, des mathématiques et de l'astronomie[4]. Sous son pontificat, de nombreux disciples, venus de tous les royaumes anglo-

---

1. ... Orientales Saxones fidem, quam olim expulso Mellito antistite, abjecerant, instantia regis Oswi receperunt. (Bedæ *Hist. ecclesiast. gentis Anglor.*, lib. III, cap. XXII, p. 221.)

2. Ibid., lib. III, cap. VII, XXI, XXIV, et lib. IV, cap. XIII.

3. Les quatre premiers successeurs d'Augustin furent Laurentius, Mellitus, Justus et Honorius. — Et ipse quoque Honorius... ex hac luce migravit, anno ab incarnatione 653... et cessante episcopatu per annum et sex menses, electus est archiepiscopus cathedræ Doruvernensis sextus Deusdedit de gente Occidentalium Saxonum. (Ibid., lib. III, cap. XX, p. 217.) — Mortuo Theodoro, et vacante per biennium pene archiepiscopatu, sufficitur in ejus locum Bertualdus secundus ex Anglo-Saxonibus qui hanc obtinuit eminentiam. (Ibid., lib. V, cap. IX, p. 400.) — Voir aussi *Chronologia saxonica*, ibid., p. 518.

4. ... Theodorus, natus ex Tharso Ciliciæ, vir et seculari et divina litteratura, græce et latine instructus... (Ibid., lib. III, cap. I, p. 254.) — Il eut pour auxiliaire dans cette œuvre son compagnon, le moine Adrien. — Et quia litteris sacris simul et secularibus, ut diximus, abundanter erant instructi... Ita ut etiam metricæ artis, astronomicæ et arithmeticæ, ecclesiasticæ disciplinam, inter sacrorum apicum volumina, suis auditoribus contraderent. (Ibid., liv. IV, cap. II, p. 258 et 259.)

saxons, affluèrent dans la capitale du pays de Kent, et c'est de là qu'un commencement de civilisation, le goût de la science et de tous les arts se répandirent parmi les tribus guerrières et à demi sauvages des conquérants de la Bretagne [1]. On voit en moins d'un siècle ce progrès se manifester par la construction d'églises et la formation de bibliothèques, par l'apparition d'une suite d'hommes savants et lettrés, dont l'un, comme historien, est resté célèbre [2], par un premier essai de rédaction des lois nationales et une première culture de l'idiome anglo-saxon, qui devança de loin celle des autres langues teutoniques [3].

Quant aux hommes de race bretonne, héritiers en partie d'un reste de civilisation romaine et en partie des traditions d'une ancienne culture indigène, ils n'avaient pas le même besoin que les Saxons d'enseignements de ce genre, et ce n'était guère qu'en religion que des changements considérables eussent pu résulter pour eux d'un rapprochement avec les successeurs romains de l'archevêque Augustin. Ceux-ci, du reste, ne furent nullement découragés par le mauvais succès d'une première tentative. Continuant de se regarder comme primats de toute la Bretagne, ils renouvelèrent à ce titre aux évêques de la Cambrie les invitations et les sommations déjà faites. Laurentius, dès son avénement, leur adressa, pour les faire revenir de leurs résolutions d'indépendance, une lettre dont le texte est perdu et qui resta sans réponse ou fut suivie d'un nouveau refus

---

1. ... Congregata discipulorum caterva, scientiæ salutaris quotidie flumina, in rigandis eorum cordibus emanabant. (Bedæ *Hist. ecclesiast. gentis Anglor.*, lib. IV, cap. II, p. 258.) — Indicio est, quod (usque hodie) supersunt de eorum discipulis, qui latinam, græcamque linguam æque ut propriam in qua nati sunt, norunt. (Ibid., p. 259.)

2. Bède ne fut pas seulement le chroniqueur le plus exact et le plus judicieux du moyen âge, il eut un génie encyclopédique étonnant pour l'époque et les circonstances où il vivait.

3. Qui (Ethelbertus) inter cætera bona, quæ genti suæ consulendo conferebat, etiam decreta illi judiciorum, juxta exempla Romanorum cum consilio sapientium constituit. Quæ conscripta Anglorum sermone hactenus habentur et observantur ab ea. (Ibid., lib. II, cap. V, p. 120.) — Qui (Theodorus archiepiscopus) inter multos quos ordinavit antistites, etiam Gebmundo Rofensis Ecclesiæ præsule defuncto, Tobiam pro illo consecravit, virum latina, græca et saxonica lingua, atque eruditione multipliciter instructum. (Ibid., lib. V, cap. IX, p. 400.) — Alcuin a décrit en vers la bibliothèque de l'église métropolitaine d'York. Voyez ses œuvres, édition de Froben, in-folio, 1777, t. II, p. 257.

d'obéir[1]. Les indigènes de la Bretagne persévérèrent dans la séparation religieuse qui pour eux n'était qu'une face de la séparation politique. Outre un attachement d'instinct aux vieux usages nationaux, leur schisme contenait deux choses, la haine contre les Saxons et la défiance envers ceux qui venaient de couper une des racines de cette haine en leur donnant les Saxons pour frères en christianisme. Il y avait en eux, selon le témoignage du principal historien de cette époque, une double aversion contre laquelle ni exhortations ni menaces ne purent prévaloir[2].

Renonçant à rien gagner sur eux, mais ne renonçant pas aux pouvoirs du vicariat apostolique, et les étendant même hors de la Bretagne, Laurentius se tourna vers la grande île voisine, dont le peuple, anciennement converti par les Bretons, participait à leur dissidence religieuse, mais n'avait rien des passions politiques et des ombrages nés de la conquête anglo-saxonne[3]. Sur ce nouveau terrain, le représentant de l'Église romaine se trouva en présence d'une opposition née du seul fonds des traditions nationales et de l'originalité de mœurs et de caractère propre aux races celtiques. L'île d'Erin, ou la Scotie, aujourd'hui l'Irlande, était alors si zélée pour la foi chrétienne, qu'on la surnommait l'île des Saints, et son Église, liée à l'Église bretonne par les mêmes doctrines et les mêmes usages, se croyait en possession des véritables règles de la discipline apostolique et ne voulait se conformer à l'exemple ni aux prescriptions

---

1. Misit idem Laurentius cum coepiscopis suis etiam Britonum sacerdotibus litteras suo gradui condignas ; quibus eos in unitate catholica confirmare sategit. Sed quantum hæc agendo profecerit, adhuc præsentia tempora declarant. (Bedæ *Hist. ecclesiast. gentis Anglor.*, lib. II, cap. IV, p. 118.)

2. Britones quamvis et maxima ex parte domestico sibi odio gentem Anglorum, et totius catholicæ Ecclesiæ statutum Pascha, minus recte moribusque improbis impugnent, tamen et divina sibi, et humana prorsus resistente virtute, in neutro cupitum possunt obtinere propositum. (Ibid., lib. V, cap. XXIV, p. 484 et 485.)

3. Denique non solum novæ, quæ de Anglis erat collecta, Ecclesiæ curam gerebat, sed et veterum Britanniæ incolarum, necnon et Scotorum, qui Hiberniam insulam Britanniæ proximam incolunt, populis pastoralem impendere sollicitudinem curabat. (Ibid., lib. II, cap. IV, p. 118.) — ... Hiberniam... gentem innoxiam et nationi Anglorum semper amicissimam. (Ibid., lib. IV, cap. XXVI, p. 345.)

d'aucune autre[1]. Contre l'orgueil de la suprématie romaine, les évêques, les prêtres et les moines d'Irlande s'armaient d'un autre orgueil, celui de leur foi nationale et de l'indépendance des Églises particulières que plus d'un concile général avait sanctionnée. Pressés en même temps que les Bretons de se rallier à l'unité catholique, et faisant cause commune avec eux, ils donnèrent à leur résistance le caractère acerbe d'une sorte d'excommunication prononcée par l'Église celtique contre ses puissants adversaires. C'est à ce propos que Laurentius, en son nom et au nom de ses deux coévêques, Mellitus de Londres et Justus de Rochester, leur adressa une lettre dont voici le commencement[2] :

« A nos très-chers frères, les seigneurs évêques et abbés de toute
« la Scotie, Laurentius, Mellitus et Justus, évêques, serviteurs des
« serviteurs de Dieu. Lorsque le siége apostolique, selon qu'il a
« coutume de le faire pour tout l'univers, nous envoya dans les con-
« trées occidentales afin de prêcher la foi aux nations païennes, et
« que nous arrivâmes dans cette île nommée la Bretagne, nous
« avions en grande estime et en vénération de sainteté tant les
« Bretons que les Scots, avant de les connaître et dans la croyance
« qu'ils se comportaient suivant l'usage de l'Église universelle. Mais
« connaissant les Bretons, nous avons pensé que les Scots étaient
« meilleurs qu'eux, et plus tard nous avons su que les Scots dans
« leur conduite ne différaient en rien des Bretons; nous l'avons ap-

---

1. Tunc Colmanus : Pascha, inquit, hoc quod agere soleo, a majoribus meis accepi, qui me huc episcopum miserunt; quod omnes patres nostri, viri Deo dilecti, eodem modo celebrasse cognoscuntur. Quod ne cui contemnendum et reprobandum esse videatur, ipsum est quod beatus Johannes Evangelista, discipulus specialiter Domino dilectus, cum omnibus quibus præerat Ecclesiis celebrasse legitur. (Bedæ *Hist. ecclesiast. gentis Anglor.*, lib. III, cap. xxv, p. 234.) — Les Irlandais, comme les Bretons, célébraient la pâque le quatorzième jour de la lune, si c'était un dimanche, et non pas le dimanche qui suivait ce quatorzième jour. Comme les clercs bretons, leurs clercs portaient la tonsure en forme de demi-cercle sur le haut du front, et non en guise de couronne au sommet de la tête.

2. Siquidem ubi Scotorum in præfata ipsorum patria, quomodo et Britonum in ipsa Britannia, vitam ac professionem minus ecclesiasticam in multis esse cognovit... Scripsit cum coepiscopis suis exhortatoriam ad eos epistolam, obsecrans eos et contestans, unitatem pacis et catholicæ observationis cum ea, quæ toto orbe diffusa est, Christi Ecclesiæ tenere. (Ibid., lib. II, cap. iv, p. 118.)

« pris, à la venue dans cette île nommée plus haut, de l'évêque Dagan,
« et à celle de Columban, abbé d'un monastère en Gaule[1] : car l'évê-
« que Dagan, se trouvant près de nous, a refusé non-seulement de
« manger à notre table, mais encore de prendre son repas dans la
« même maison que nous... »

Columban, ou plus exactement Colum, fondateur de deux abbayes
célèbres et mis au nombre des saints, peut être considéré comme le
type du sentiment et du zèle chrétien dans les races purement celtiques[2], et sa vie offre des circonstances qui méritent d'être mentionnées ici. Tourmenté du désir d'aller chercher pour la foi des aventures et des périls, il avait quitté l'Irlande et, sans mission d'aucun
pouvoir ecclésiastique, il s'était mis en mer avec douze compagnons
de son choix. Il passa en Bretagne, et de là en Gaule ; puis gagnant
la frontière orientale de ce pays par laquelle débordait ou menaçait
de déborder alors le paganisme germanique, il résolut d'y établir un
lieu de prières et de prédication[3]. Après avoir parcouru les vastes
forêts des Vosges, il choisit pour résidence les ruines d'une forteresse romaine dont le nom était Luxovium, aujourd'hui Luxeuil, et
au milieu de laquelle se trouvaient une source d'eaux thermales
et des bains magnifiquement ornés de bassins de marbre et de statues. Ces débris servirent à Columban et à ses compagnons de
matériaux pour bâtir une maison et un oratoire, et le monastère
fondé par eux s'établit sous la règle extrêmement austère des couvents d'Irlande[4]. La réputation de sainteté des cénobites d'outre-mer

---

1. Sed cognoscentes Britones, Scotos meliores putavimus. Scotos vero per Daganum episcopum in hanc quam superius memoravimus insulam, et Columbanum abbatem in Galliis venientem, nihil discrepare a Britonibus in eorum conversatione didicimus. (Bedæ *Hist. ecclesiast. gentis Anglor.*, lib. II, cap. iv, p. 118.)

2. Voyez, sur le caractère et les écrits de saint Columban, l'*Histoire de la civilisation en France*, par M. Guizot, t. II ; l'*Histoire littéraire de la France*, par M. Ampère, t. II, et les *Études germaniques*, de M. Ozanam, t. II.

3. A Britannicis ergo finibus (Columbanus et ejus socii) progressi ad Gallias ubi tunc, vel ob frequentiam hostium externorum, vel ob negligentiam præsulum... religionis virtus pene abolita habebatur, tendunt. (Vita S. Columbani, apud *Script. rer. gallic. et francic.*, t. III, p. 476.)

4. Invenitque castrum firmissimo munimine olim fuisse cultum... quem prisca tempora Luxovium nuncupabat; ibique aquæ calidæ cultu eximio constructæ habebantur... Ibi residens vir egregius monasterium construere cœpit. (Ibid., p. 477.)

leur attira bientôt de nombreux disciples et la visite de personnages puissants. Theoderik, celui des rois franks sur les terres duquel ils habitaient, vint se recommander à leurs prières.

Columban, avec une liberté qu'aucun membre du clergé gallofrank n'avait osé se permettre, fit au visiteur des remontrances sévères sur la mauvaise vie qu'il menait sans épouse légitime, avec des concubines et des maîtresses[1]. Ces reproches déplurent moins au roi qu'à l'aïeule du roi, à cette même Brunehilde dont le pape Grégoire avait loué trop complaisamment la piété, et qui, pour gouverner plus absolument son petit-fils, l'éloignait et le dégoûtait du mariage[2]. A l'instigation de cette femme aussi adroite qu'ambitieuse, les seigneurs franks et les évêques eux-mêmes travaillèrent, par des propos malveillants, à indisposer Theoderik contre le chef des moines étrangers. On l'accusait de n'avoir qu'une orthodoxie douteuse, de faire schisme dans l'Église des Gaules, d'observer une règle insolite suivant laquelle nul visiteur laïque n'était admis dans l'intérieur du monastère[3]. Après une scène violente où le roi, venu à Luxeuil, pénétra jusque dans le réfectoire des moines, et où Columban maintint sa règle avec un courage inébranlable, il fut ordonné à l'Irlandais de reprendre le chemin par où il était venu[4]. Une escorte de soldats le conduisit à Besançon, de Besançon à Autun, d'Autun à Nevers, et de là sur la Loire jusqu'à Nantes, où il fut embarqué pour l'Irlande[5]. Mais sa destinée aventureuse et son zèle ardent le ramenèrent en

---

1. Ad quem cum sæpissime veniret, cœpit vir Dei eum increpare cur concubinarum adulteriis misceretur, et non potius legitimæ conjugis solamine frueretur. (Vita S. Columbani, apud *Script. rer. gallic. et francic.*, t. III, p. 478.)

2. Verebatur enim ne si abjectis concubinis reginam aulæ præfecisset, dignitatis atque honoris sui modum amputasset. (Ibid.) — *Epistolæ* Gregorii papæ ad Brunichildem. (Ibid., t. IV, p. 20-34.)

3. ... Hortaturque proceres, aulicos et optimates omnes, ut regis animum contra virum Dei perturbarent, episcoposque sollicitare agressa est, ut ejus religionem detrahendo, et statum regulæ, quem suis custodiendum monachis indiderat, macularent. (Ibid., t. III, p. 479.)

4. ... Ut tam regiis quam etiam nostris obedias præceptis, egressusque pergas eo itinere, quo primum his adventasti in locis... (Ibid., p. 480.)

5. Post hæc Suffronius Namnetensis urbis episcopus, una cum Theudoaldo comite, juxta regis imperium, beatum Columbanum nave susceptum ad Hiberniam destinare præparabat. (Ibid., p. 480.)

Gaule, d'où il passa dans les Alpes helvétiques, puis en Italie, où il mourut[1].

La parfaite orthodoxie des Anglo-Saxons et leur conformité de discipline religieuse avec l'Église romaine développèrent en eux un nouvel orgueil qui augmentait, quoique en le modifiant, celui de la conquête et de la force. Ils se croyaient une race meilleure que les Bretons par l'esprit autant que par les armes, ils s'attribuaient une mission d'en haut et se regardaient comme le peuple de Dieu, prédestiné à régner sur la Bretagne pour y donner l'exemple de la véritable foi[2]. Dans la guerre contre les vieux chrétiens du pays, leurs rois dressaient des croix pour étendards, et, dans leurs invasions sur le territoire de la Cambrie, ils massacraient les évêques et les prêtres, et donnaient à des clercs de leur race, seuls prêtres pour eux, les églises devenues désertes par la mort ou la fuite de leurs desservants[3]. Les Bretons, de leur côté, comptant pour rien la religion des conquérants, n'avaient pas de communion avec eux plus qu'avec des païens; ils ne se faisaient scrupule envers eux d'aucun genre de cruautés, et plus d'une fois, dans cette triste émulation de représailles, ils méritèrent le nom de barbares que leur donnaient les nouveaux lettrés de la nation anglo-saxonne[4].

---

1. Dans le monastère de Bobbio, le second des établissements qui ont fait sa renommée.

2..   Hoc pietate Dei visum, quod gens scelerata
           Ob sua de terris patrum peccata periret,
           Intraretque suas populus felicior urbes,
           Qui servaturus Domini præcepta fuisset...
           Jam nova dum crebris viguerunt sceptra triumphis,
           Et reges ex se jam cœpit habere potentes
           Gens ventura Dei.
                (Alcuini Poema de pontificibus et sanctis Eboracensibus,
                      inter ejus *Opera*, éd. Froben, t. II, p. 243.)

3. Bedæ *Hist. ecclesiast. gentis Anglor.*, lib. III, cap. I, p. 160 et seq. — Brut y Tywysogion, anno 720, *Myvyrian archaiology*, t. II, p. 471. — Nec non et ea loca sancta in diversis regionibus, quæ clerus Britonum, aciem a gladii hostilis manu gentis nostræ fugiens, deseruit. Erat quippe Deo placabile donum, quod religiosi reges tam multas terras, Deo ad serviendum, pontifici nostro conscripserunt. (Vita S. Wilfridi episcopi eboracensis, apud *Script. rer. anglic.*, ed. Gale, t. I, p. 60.)

4. Quippe cum usque hodie moris sit Britonum, fidem religionem que Anglorum pro nihilo habere, neque in aliquo eis magis communicare quam paganis. (Bedæ *Hist. ecclé-*

Les traditions de l'Église celtique n'étaient pas seulement communes aux Bretons de la Cambrie et aux habitants de l'Irlande; elles régnaient encore au nord de la Bretagne, chez les Pictes qui habitaient les plaines et les côtes de l'est, et chez les Scots, population des montagnes et du grand archipel de l'ouest. Il y avait dans les îles Hébrides de nombreux monastères dont l'un, celui d'Hi ou d'Iona, était, comme le monastère de Bangor, une sorte de cité religieuse peuplée de plusieurs centaines d'hommes et d'où se répandaient de tous côtés des émigrations de missionnaires[1]. A la différence des Cambriens, ces hommes, ainsi que leurs frères d'Irlande, avaient pour les Anglo-Saxons toute la sympathie chrétienne, et plusieurs d'entre eux, venus d'eux-mêmes ou appelés dans le Northumberland, y furent traités avec de grands égards par les rois et la population du pays. Quelques-uns devinrent évêques, et personne ne se trouvant là pour combattre d'une manière active leur discipline traditionnelle, ils l'établirent dans les églises ou les couvents qu'ils gouvernaient[2]. Trente ans se passèrent, durant lesquels les usages romains et les usages celtiques pour la pâque et pour la tonsure coexistèrent dans les provinces anglo-saxonnes situées au nord de l'Humber. Mais cette dissidence, qui amenait souvent deux fêtes de Pâques

---

siast. gentis Anglor., lib. II, cap. xx, p. 158.) — At vero Caedwalla, quamvis nomen et professionem haberet christiani, adeo tamen erat animo ac moribus barbarus, ut nec sexui quidem muliebri, vel innocuæ parvulorum parceret ætati : quin universos atrocitate ferina morti per tormenta contraderet... (Ibid., p. 157.) — De ligno crucis quod idem rex contra Barbaros pugnaturus erexerat. (Ibid., lib. III, cap. ii, p. 162.)

> Haud secus Oswaldus rex stravit ubique phalanges
> Barbaricas...
>   (Alcuini *Opera*, t. II, p. 224.)

1. ... De insula quæ vocatur Hii, destinatus. Cujus monasterium in cunctis pene septentrionalium Scotorum et omnium Pictorum monasteriis, non parvo tempore arcem tenebat, regendisque eorum populis præerat. (Bedæ *Hist. ecclesiast. gentis Anglor.*, lib. III, cap. iii, p. 167.)

2. Exinde cœpere plures per dies de Scotorum regione venire Britanniam, atque illis Anglorum provinciis, quibus regnavit rex Oswaldus, magna devotione verbum fidei prædicare... (Ibid.) — Accepit namque pontificem Aidanum, summæ mansuetudinis et pietatis ac moderaminis virum; habentemque zelum Dei, quamvis non plene secundum scientiam. (Ibid., p. 166.)

dans la même année, fut l'objet de disputes violentes où des docteurs, venus de la Bretagne méridionale ou du continent, opposaient l'exemple de l'Italie, de la Gaule, de l'Afrique, de l'Asie, de la Grèce, de tout l'univers, aux coutumes d'un petit nombre d'hommes cantonnés dans deux îles de l'Océan[1]. Discutées solennellement dans un concile où deux rois assistèrent, les coutumes celtiques furent condamnées, et le Northumberland qui les abandonnait devint un foyer de réaction contre elles[2]. Cette réaction, propagée par des missionnaires anglo-saxons ou par des Celtes ralliés à la discipline romaine, gagna d'abord l'Irlande, puis le royaume des Pictes, puis enfin le grand monastère d'Iona, qui était la tête d'une foule d'autres[3]. L'île d'Erin et le nord de la Bretagne ayant ainsi abjuré leurs coutumes héréditaires, il ne resta plus dans le schisme que la province occidentale possédée par les Bretons libres[4].

Ceux-ci, n'étant plus soutenus extérieurement par une grande sympathie, par la conscience du monde celtique, perdirent quelque chose de la foi absolue qu'ils avaient dans leurs traditions religieuses, désormais réduites à l'état d'opinion nationale. On vit d'abord s'en détacher les populations bretonnes, englobées comme tributaires

---

1. His temporibus quæstio facta est frequens et magna, de observatione Paschæ, confirmantibus eis, qui de Cantia vel de Galliis advenerant, quod Scoti dominicum Paschæ diem, contra universalis Ecclesiæ morem, celebrarent. (Bedæ *Hist. ecclesiast. gentis Anglor.*, lib. III, cap. XXV, p. 233.) — Defuncto autem Finano, qui post illum (Aidanum) fuit, cum Colmanus in episcopatu succederet, et ipse missus a Scotia, gravior de observatione Paschæ, necnon et de aliis ecclesiasticæ vitæ disciplinis, controversia nata est. (Ibid.)

2. Mota ergo ibi quæstione de Pascha, vel tonsura, vel alliis rebus ecclesiasticis, dispositum est, ut in monasterio, quod dicitur Streaneshalch... synodus fieri, et hæc quæstio terminari deberet. Veneruntque illo reges ambo, pater scilicet et filius... (Ibid., p. 234.) — Voyez encore ibid., p. 236 et seq.

3. Nec multo post illi quoque qui insulam Hii incolebant monachi Scoticæ nationis, cum his quæ sibi erant subdita monasteriis ad ritum Paschæ ac tonsuræ canonicum, Domino procurante, perducti sunt. (Ibid., lib. V, cap. XXIII, p. 479.) — Voyez aussi ibid., cap. XXII, p. 453, et cap. XVI, p. 432.

4. ... E contra Britones, qui nolebant Anglis eam quam habebant fidei christianæ notitiam pandere, credentibus jam populis Anglorum et in regula fidei catholicæ per omnia instructis, ipsi adhuc inveterati et claudicantes a semitis suis, et capita sine corona prætendunt, et solemnia Christi sine Ecclesiæ Christi societate venerantur. (Ibid., lib. V, cap. XXIII, p. 480.)

dans les royaumes anglo-saxons, et que pressaient d'une part l'active prédication des évêques, de l'autre la toute-puissance des dominateurs étrangers[1]. Plus tard la dissidence religieuse éclata au sein du pays de Galles, favorisée qu'elle était par la division de ce pays en deux royaumes, celui du Nord et celui du Sud, division qui énervait l'autorité primatiale de l'évêché de Caerleon, transféré alors avec son titre à Menew, aujourd'hui Saint-David[2]. L'archevêque du royaume du Nord s'affranchit de la juridiction de celui du royaume du Sud, étant à même de le supplanter comme archevêque universel de la Cambrie. Il chercha pour cette révolte un appui dans les sympathies catholiques en se ralliant à l'Église romaine et à l'Église anglosaxonne dans la grande question de la fête de Pâques. Il ouvrit ainsi une longue série de troubles intérieurs dans lesquels les Saxons intervinrent, et dont le récit est empreint d'une couleur lugubre dans les vieilles annales du pays.

« L'an du Christ 768, dit un chroniqueur breton, le temps de la « Pâque fut changé dans le Nord par le conseil d'Elbod, évêque de « Bangor; mais les autres évêques n'adhérèrent pas à ce change- « ment, et, à cause de cela, les Saxons firent une irruption dans le « Sud, où eut lieu le combat du bois de Marchan, et où une victoire « glorieuse fut remportée par les Kymris[3]. L'an du Christ 777, le « temps de la Pâque fut changé dans le Sud, et ce changement fut la

---

1. Aldhelmus, cum esset adhuc presbyter et abbas monasterii quod Maildulfi urbem nominant, scripsit, jubente synodo suæ gentis, librum egregium adversus errorem Britonum, quo vel Pascha non suo tempore celebrant, vel alia perplura castitati et paci contraria gerunt. Multosque eorum, qui occidentalibus Saxonibus subditi erant Britones, ad catholicam dominici Paschæ celebrationem hujus lectione perduxit. (Bedæ *Hist. ecclesiast. gentis Anglor.*, lib V, cap. xix, p. 436.)

2. Cette translation était déjà faite quand eurent lieu les conférences d'Augustin avec le clergé breton; mais l'ancien titre d'évêque de Caerleon subsistait pour le primat de la Cambrie, malgré son changement de résidence. Dans la suite il tomba en désuétude, et le titre effectif, celui de Menew, autrement Saint-David, prévalut.

3. Brut y Tywysogion (*Chronique de Caradoc de Lancarvan*). *Myvyrian archaiology*, t. II, p. 473. — Anno 768, Pascha commutatur apud Britones (super dominicam diem), emendante Elbodugo homine Dei. (*Annales Cambriæ*, apud *Monumenta historica britannica*, p. 834.) — Le Brut y Tywysogion donne ce fait sous la date de 755, que j'ai rectifiée comme probablement inexacte.

« cause de la guerre qui commença entre les hommes du Sud et leur
« roi, et de la grande destruction que celui-ci en fit sans les vaincre,
« car le roi fut tué dans un combat au temps de l'été, et voilà pour-
« quoi on nomme cet été l'été humide de sang. Or, depuis cet événe-
« ment, le roi des hommes du Sud n'a jamais plus mis sa parole
« dans la parole du pays[1]. L'an du Christ 809, mourut Elbod, arche-
« vêque du Nord, et le soleil s'obscurcit, et il y eut de grandes dis-
« sensions parmi les gens d'église à l'occasion de la Pâque, parce que
« les archevêques de Menew et de Landaf ne voulaient pas se sou-
« mettre à l'archevêque du Nord, pays autrefois dépendant de leur
« autorité spirituelle [2]. »

C'est la dernière mention qui soit faite du schisme dans les chroniques bretonnes; il s'éteignit avant la seconde moitié du neuvième
siècle, et avec lui cessa d'exister une des forces nationales des Cambriens, la résistance religieuse. Le ressort de l'opposition à la puissance des Saxons, devenu purement laïque, passa des mains du
clergé à celles d'une autre classe d'hommes plus ancienne que lui et
en rivalité d'influence avec lui, la classe ou, pour mieux dire, la corporation des bardes, à la fois historiens, moralistes, savants et
poëtes. On sait quel rôle éminent les bardes avaient joué dans la
race celtique païenne, sous l'autorité et la direction du sacerdoce des
druides; chez les descendants chrétiens et non mélangés de cette
race, il leur restait, à côté des enseignements du sacerdoce évangé-
lique, le dépôt des traditions, des idées et des passions nationales[3].

---

1. Brut y Tywysogion (*Chronique de Caradoc de Lancarvan*). *Myvyrian archaiology*,
t. II, p. 473.
2. Ibid., p. 474. — L'archevêque de Landaf est nommé ici, parce que le titre primatial
de Caerleon avait un moment passé à son église avant d'être transféré à Menew ou Saint-
David. Voyez Wilkins, *Concilia magnæ Britanniæ*, t. I, p. 24, n. — La primatie du siége
de Saint-David se releva plus tard; on la voit sanctionnée en 914 dans le code des coutumes cambriennes rédigé par l'ordre du roi Howel Dda : *Menevia est sedes principalis in
Cambria.* (*Leges Wallicæ*, lib. II, cap. XVIII, art. 1, p. 794.)
3. Per hæc loca... viguere studia laudabilium doctrinarum inchoata per bardos, et
euhages, et druidas. Et bardi quidem fortia virorum illustrium facta, heroïcis composita
versibus, cum dulcibus lyræ modulis cantitarunt. (Ex Ammiani Marcellini, lib. XV,
cap. IX, apud *Script. rer. gallic. et francic.*, t. I, p. 544.) — Voyez *Welsh laws*, book XIII,
chap. II, art. 59 et 61, p. 640 et 641.

810 à 950   La chute de la domination romaine en Bretagne y réveilla le génie bardique; la lutte, sans cesse renouvelée, des Bretons contre les Saxons, accrut ce génie et l'inspira d'un sentiment patriotique, mêlé de douleur et d'espérance, à la fois tendre et violent. Au neuvième siècle, lorsque le clergé cambrien entra en communion avec l'Église anglo-saxonne sous la discipline catholique, les bardes, gardiens ombrageux de l'antipathie héréditaire, se séparèrent de lui et le poursuivirent de leurs accusations et de leur défiance. Des vers, interpolés depuis cette époque dans les chants des anciens poëtes,

950   imputent les désastres nationaux au bon accord des moines et des clercs avec l'étranger[1]. On trouve dans ces passages pseudonymes les noms d'excommuniés et de traîtres donnés aux religieux gallois et des vœux pour que leur trahison soit punie comme elle le mérite, vœux capables malheureusement de soulever les passions populaires, et qui, plus d'une fois, s'accomplirent par la destruction de fond en comble d'abbayes cambriennes situées près de la frontière saxonne et peuplées en partie de moines saxons[2].

700 à 800   Le huitième siècle nous montre la nation anglo-saxonne arrivée au plus haut développement de sa destinée comme peuple conquérant et comme peuple catholique. D'une part, elle a établi contre les Bretons ses limites territoriales et gagné sur eux des positions extrêmes qu'elle ne perdra plus; de l'autre, elle a dans le monde chrétien un rang élevé et un caractère qui lui est propre. Elle est la nation la plus intimement unie à l'Église romaine par les liens de la filiation spirituelle, de la croyance et de l'enseignement. Ce que les missionnaires de Rome avaient fait autrefois pour elle se poursuit auprès des nations germaniques du continent par des missionnaires de son Église, sous la direction de celle de Rome[3]. Ses rois les plus actifs dans la guerre et le soin des intérêts mondains semblent avoir

---

1.   O gyssul-estrawn, ac anghyviawn venaich.
(*Myvyrian archaiology*, t. II, p. 122.)

2. *Myvyrian archaiology*, t. I, p. 149 et 151. — Ibid., t. II, p. 490, Brut y Tywysogion (*Chronique de Caradoc de Lancarvan*), sous l'année 959.

3. Voyez le beau Mémoire de M. Mignet sur la conversion de la Germanie au christianisme, *Notices et mémoires historiques*, t. II, p. 44 et suiv.

les yeux fixés sur Rome comme sur une seconde et meilleure patrie où ils désirent aller finir leur vie auprès du tombeau des apôtres : et en effet, plusieurs d'entre eux abdiquèrent pour exécuter ce pèlerinage sans retour[1]. Ils firent plus ; ils constituèrent les royaumes qu'ils cessaient de gouverner débiteurs, envers l'Église romaine et l'apôtre saint Pierre, d'un tribut payé annuellement par chaque maison habitée, et que les actes réitérés de cette pieuse et dangereuse munificence étendirent à toute l'Angleterre, sous la forme d'une sujétion moins religieuse que politique[2].

Les successeurs des anciens chefs d'aventuriers Henghist, Horsa, Kerdik et Ida, instruits par le clergé romain à revêtir les insignes pacifiques de la dignité royale et à porter, au lieu de la hache de leurs ancêtres, des sceptres à fleurons dorés, cessèrent de mettre au premier rang les exercices de la guerre. Leur ambition fut de voir autour d'eux, non de grandes troupes de braves bien pourvus d'armes, mais de nombreux couvents institués pour la prière et pour l'étude[3]. Souvent eux-mêmes coupaient leur longue chevelure pour se vouer

---

1. Abeunte autem Romam Ceadvalla, successit in regnum (occidentalium Saxonum) Ine, de stirpe regia, qui cum triginta et septem annis imperium tenuisset gentis illius, et ipse, relicto regno ac junioribus commendato, ad limina beatorum apostolorum, Gregorio pontificatum tenente, profectus est ; cupiens in vicinia sanctorum locorum ad tempus peregrinari in terris, quo familiarius a sanctis recipi mereretur in cœlis. (Bedæ *Hist. ecclesiast. gentis Anglor.*, lib. V, cap. VII, p. 394.) — Ut Coenred Merciorum, et Offa, orientalium Saxonum rex, in monachico habitu Romæ vitam finierint. (Ibid., cap. XX, p. 438.)

2. Iste (Ina) voluit illud Ecclesiæ romanæ vectigal jure perpetuo constituere, ut domus singulæ singulos denarios annuatim S. Petro penderent ; sic devincire populum suum studens, ut annui census pensitatione cognosceret se subditum S. Petro, cujus et fidem firmam illibatamque jugiter conservaret ; quem et scientes omnes dominum esse suum propensiori studio colerent, et in opportunitatibus invocarent. (Baronii *Annales ecclesiast.*, t. IX, p. 129.) — Fecit autem idem, ejus exemplo (ut opinor) ductus, Offa Merciorum rex, qui non multum post tempus regnavit. Hoc vectigal, prout quidam scribunt, auxit post hæc Ethelwulphus, seu Atulphus rex, qui, ut proximo libro demonstrabitur, totius fere insulæ imperium obtinuit. (Idid., p. 130.) — Voyez ibid., t. XI, p. 58.

3. Exercitium armorum in secundis ponentes... (Willelm. Malmesb., *de Gest. reg. angl.*, lib. III, apud *Rer. anglic. Script.*, p. 101, ed. Savile.) — L'historien de l'Église anglo-saxonne dit de ses contemporains : *Plures in gente Northanhymbrorum, tam nobiles quam privati, se suosque liberos, depositis armis, satagunt magis, accepta tonsura, monasterialibus ascribere votis quam bellicis exercere studiis.* (Bedæ *Hist. ecclesiast. gentis Anglor.*, lib. V, cap. XXIV, p. 485.)

à la réclusion[1], et si le besoin d'une vie active les retenait au milieu des affaires, ils comptaient comme un des grands jours de leur règne la consécration d'un monastère. Cet événement était célébré avec tout l'appareil des solennités nationales; les chefs, les évêques, les guerriers, les sages du peuple se rassemblaient, et le roi s'asseyait au milieu d'eux, entouré de sa famille[2]. Quand les murs nouvellement bâtis avaient été aspergés d'eau bénite et consacrés sous les noms des deux patrons de la ville de Rome, les apôtres saint Pierre et saint Paul, le roi saxon se levait et disait à haute voix[3] :

« Grâces soient rendues au Dieu très-haut, de ce que j'ai pu faire
« quelque chose en l'honneur du Christ et des saints apôtres. Tous
« tant que vous êtes ici, soyez témoins et garants de la donation,
« faite par moi aux moines de ce lieu, des terres, marais, étangs,
« cours d'eau ci-après désignés. Je veux qu'ils les tiennent et possè-
« dent entièrement et d'une manière royale : de sorte qu'aucun impôt
« n'y soit levé, et que le monastère ne soit sujet d'aucune puissance
« sur terre, excepté le saint siége de Rome; car c'est là qu'iront
« chercher et visiter saint Pierre ceux d'entre nous qui ne peuvent
« aller à Rome[4]. Que ceux qui me succéderont, soit mon fils, soit
« mes frères, soit tout autre, maintiennent cette donation inviola-
« blement, en tant qu'ils veulent participer à la vie éternelle, en tant
« qu'ils veulent être sauvés du feu éternel; quiconque en retranchera
« quelque chose, que le portier du ciel retranche de sa part dans le
« ciel; quiconque y ajoutera quelque chose, que le portier du ciel

---

1. Bedæ *Hist. ecclesiast. gentis Anglor.*, lib. IV, cap. xi, p. 286, et ibid., passim.

2. Jussit indici per totam nationem omnibus thanis, archiepiscopo, episcopis, comitibus, omnibusque qui Deum diligerent, ut ad se venirent, et constituit diem quo monasterium consecraretur. (*Chron. saxon.*, ed. Gibson, p. 35.) — Jamque postea perfecta domu, ad diem dedicationis ejus invitatis regibus christianissimis, Ecgfrido et Ælwino fratribus, cum abbatibus, præfectisque et subregulis, totiusque dignitatis personis simul in unum convenerunt. (*Vita S. Wilfridi*, apud *Historiæ britannicæ et anglicanæ scriptores*, ed. Gale, t. I, p. 60.)

3. « Volo autem ut ii id teneant adeo regaliter, adeoque libere... » (*Chron. saxon.*, ed. Gibson, p. 36.)

4. « Volo item ut hic quæramus sanctum Petrum universi qui Romam haud poterimus proficisci. » (Ibid.)

« ajoute à sa part dans le ciel[1]. » Le roi prenait ensuite la feuille de parchemin qui contenait l'acte de donation, et il y traçait une croix ; après lui, sa femme, ses fils, ses frères, ses sœurs, les évêques, les officiers publics, et tous les personnages de haut rang, inscrivaient successivement le même signe en disant : « J'atteste et je confirme. » La solennité commencée par cette grave cérémonie se terminait bruyamment par quelque chose de moins nouveau dans les mœurs des Anglo-Saxons, par un grand festin de trois jours et trois nuits, où le roi, les princes et les dignitaires de la cour tenaient table ouverte[2].

Ce fut l'Église romaine qui, vers la fin du sixième siècle, introduisit la nation conquérante de la Bretagne parmi les peuples que le christianisme civilisait, et, après quatre siècles écoulés, cette même Église eut une grande part dans la catastrophe qui précipita les Anglo-Saxons du rang qu'ils avaient en Europe comme nation libre et autonome. Sous la menace d'une invasion étrangère, dans une crise de leur existence nationale où l'Église qu'ils nommaient leur mère pouvait beaucoup pour eux ou contre eux, ils la trouvèrent, non pas seulement indifférente, mais hostile au plus haut degré. Elle n'était plus alors, comme autrefois, une puissance purement spirituelle ; elle avait des intérêts politiques en même temps que des intérêts religieux, faisant des premiers un moyen de servir les seconds, ou mêlant les uns aux autres dans une étrange confusion. C'est ainsi que la papauté, au onzième siècle, s'engagea dans une entreprise dont le but était l'asservissement d'un peuple chrétien et orthodoxe, et promit, au nom de saint Pierre, l'absolution de tout péché à qui marcherait en armes contre ceux qui l'aimaient le plus et qu'elle avait le plus aimés.

---

1. « Quicumque nostrum munus aut alterius cujuspiam boni viri munus diminuerit, diminuat ejus partem cœlestis janitor in regno cœlorum ; quisquis autem id adauxerit, adaugeat ejus partem cœlestis janitor in regno cœlorum. » (*Chron. saxon.*, ed Gibson, p. 37.)

2. Deinde consummato sermone, magnum convivium trium dierum et noctium reges cum omni populo lætificantes, magnanimes in hostes, humiles cum servis Dei, inierunt. (*Vita S. Wilfridi*, apud *Hist. britann. et anglic. script.*, ed. Gale, p. 60.)

1066   Le détail de ces événements et de leurs conséquences occupera la plus grande partie de cette histoire, consacrée, comme l'indique son titre, au récit de la ruine du peuple anglo-saxon. Mais il n'est pas temps d'y arriver: il faut que le regard du lecteur s'arrête encore sur la race germanique victorieuse et sur la race celtique vaincue; qu'il voie l'étendard blanc des Saxons et des Angles repoussant de plus en plus vers l'ouest l'étendard rouge des Kymris[1]. Les frontières anglo-saxonnes, continuellement reculées à l'occident, après s'être étendues au nord jusqu'au Forth et à la Clyde, furent pourtant resserrées de ce côté vers la fin du septième siècle. Les Pictes et les Scots, attaqués par Egfrith[2], roi du Northumberland, l'attirèrent dans les gorges de leurs montagnes, le défirent, et après leur

684   victoire s'avancèrent au sud du Forth jusqu'à la rivière de Tweed, où ils posèrent la limite de leur territoire. Cette limite, que les habitants du sud ne déplacèrent plus dans la suite, marqua depuis ce jour le nouveau point de séparation des deux parties de la Grande-Bretagne[3]. Les peuplades de la race des Angles qui habitaient la plaine entre le Forth et la Tweed furent agrégées par ce changement de frontière à la population des Pictes ou à celle des Scots; nom que cette population mêlée prit bientôt seul, et dont s'est formé le nom moderne du pays[4].

A l'autre extrémité de l'île, les hommes de la pointe de Cornouailles, tout isolés qu'ils étaient, luttèrent longtemps pour leur indépendance, grâce aux secours qu'ils reçurent quelquefois des

750   Bretons de l'Armorique. A la fin, ils devinrent tributaires des Saxons occidentaux; mais les habitants du pays de Galles ne le devinrent pas : « Jamais, disent leurs vieux poëtes, non, jamais les « Kymris ne payeront le tribut; ils soutiendront le combat jusqu'à

---

1. Les poésies nationales des Cambriens désignent fantastiquement ces deux drapeaux ennemis par les noms de *Dragon rouge* et de *Dragon blanc*. Voyez les *Poëmes des bardes bretons du sixième siècle*, traduits par M. de La Villemarqué, p. 282 et passim.

2. *Eg, ecg*, aigu, aiguisé : par extension, subtil ; *frith, frid, fred, fried*, paix, pacifique.

3. Picti terram suam, cujus partem tenebant Angli, recuperaverunt. (Henrici Huntind. *Hist.*, lib. III, apud *Rer. anglic. Script.*, p. 336, ed. Savile.)

4. *Scotland, Scotia*, Écosse.

« la mort pour la possession des terres que baigne la Wye¹. » C'est en effet aux rives de ce fleuve que s'arrêta la domination anglo-saxonne ; le dernier chef qui l'agrandit fut un roi de Mercie appelé Offa². Il franchit la Saverne et la chaîne de hauteurs qui, formant comme les Apennins de la Bretagne méridionale, avait jusque-là protégé le dernier asile des vaincus. A près de cinquante milles de distance au delà des monts vers l'ouest, Offa construisit, pour remplacer ces limites naturelles, un long rempart et une tranchée qui s'étendit, du sud au nord, depuis le cours de la Wye jusqu'aux vallons où coule la Dée³. Là fut établie pour toujours la frontière des deux races d'hommes qui, avec des partages inégaux, habitaient conjointement tout le sud de la vieille île de Prydain, depuis la Tweed jusqu'au cap de Cornouailles.

Au nord du golfe où se jette la Dée, le pays renfermé entre les montagnes et la mer était déjà, depuis un demi-siècle, subjugué par les Angles et dépeuplé de Bretons. Les fugitifs de ces contrées avaient gagné le grand asile du pays de Galles, ou bien l'angle de terre hérissé de montagnes que baigne la mer au golfe de Solway. Dans cette dernière contrée, ils conservèrent encore longtemps une sorte de liberté sauvage, distingués de la race anglo-saxonne, dans la langue même de cette race, par le nom de Cambriens, et ce nom est resté attaché au pays qui fut leur asile⁴. Au delà des plaines du Galloway, dans les vallées profondes où coule la Clyde⁵, de petites peuplades bretonnes qui, à la faveur des lieux, s'étaient conservées libres sous la domination des Angles, se maintinrent de même parmi les Scots et les Pictes, quand ces deux peuples eurent conquis toutes les basses terres d'Écosse jusqu'au Val d'Annan et à la Tweed. Ce dernier reste de Bretons de race pure avait pour capitale et pour forteresse la ville, bâtie sur un rocher, qu'on appelle aujourd'hui

---

1. Arymes Prydain vawr; *Myvyrian archaiology of Wales*, t. I, p. 156. — Voyez ci-après, Pièces justificatives, n° 1.
2. *Offa, offo, obbo*, doux, clément.
3. En langue cambrienne, *Claud Offa*; en anglais, *Offa's dyke*. Des vestiges de ce grand ouvrage subsistent encore aujourd'hui.
4. On l'appelle Cumberland, les Anglo-Saxons disaient *Cumbra land*, terre des Kymris.
5. Ystrad-Clwyd.

Dumbarton[1]. On trouve jusque dans le dixième siècle des traces de leur existence indépendante ; mais, depuis ce temps, ils cessent d'être désignés par leur ancien nom national, soit qu'ils aient été détruits tout d'un coup par la guerre, soit qu'ils se soient fondus insensiblement dans la masse de population qui les environnait de toutes parts.

Ainsi disparut de l'île de Bretagne, à l'exception de la petite et stérile contrée de Galles, la race celtique des Cambriens, Logriens et Bretons proprement dits, en partie émigrés directement de l'extrémité orientale de l'Europe, et en partie venus en Bretagne après un séjour plus ou moins long sur la côte occidentale des Gaules. Ces faibles débris d'un grand peuple eurent la gloire de défendre la possession de leur dernier coin de terre contre les efforts d'un ennemi immensément supérieur en nombre et en richesses, souvent vaincus, jamais subjugués, et portant en eux-mêmes, à travers les siècles, la conviction d'une éternité mystérieuse réservée à leur race et à leur nom. Cette éternité fut prédite par les bardes du sixième siècle, au milieu des défaites nationales[2]; et chaque fois que, dans la suite des temps, un envahisseur étranger traversa les plaines de la Cambrie, après les victoires les plus complètes, il entendait les vaincus lui dire : « Tu as beau faire, ni ta puissance, « ni aucune autre, si ce n'est celle de Dieu, ne détruira notre nom « ni notre langue[3]. » En effet, ce nom et cette langue subsistent sur le sol où une première conquête les a resserrés, et la prédiction qui s'est accomplie, grâce au courage des hommes et à la nature du pays couvert de rocs, de lacs et de grèves, reste comme un étrange et poétique monument d'énergie et de patriotisme.

Les Bretons vivaient de poésie : l'expression n'est pas trop forte; car, dans leurs maximes traditionnelles conservées jusqu'à nos jours, ils font de l'existence privilégiée du poëte-musicien l'une des conditions nécessaires, ou, comme ils disent, l'un des piliers de

---

1. Autrefois *Dun-briton*, la forteresse des Bretons.
2. Liwarch-Henn, *Poëmes des bardes bretons du sixième siècle*, p. 114. — Aneurin, ibid., p. 370.
3. Voyez ci-après, livres VIII et XI.

l'ordre social[1]. Leurs poëtes n'avaient guère qu'un thème, c'était la destinée du pays, ses malheurs et ses espérances. La nation, poëte à son tour, enchérissait sur leurs paroles, en prêtant un sens imaginaire aux expressions les plus simples : les souhaits des bardes passaient pour des promesses; leur attente était prophétie; leur silence même affirmait. S'ils ne chantaient pas la mort d'Arthur, c'était preuve qu'Arthur vivait encore; et quand le joueur de harpe, sans intention précise, faisait entendre un air mélancolique, l'auditoire attachait spontanément à cette mélodie vague le nom d'un des lieux devenus funestes par quelque bataille perdue contre les conquérants étrangers[2]. Cette vie de souvenirs et d'espérances embellit, pour les derniers Cambriens, leur pays de rocs et de marécages. Ils étaient gais et sociables, quoique pauvres[3]; ils supportaient légèrement la détresse comme une souffrance passagère, attendant, sans se lasser jamais, une grande révolution politique, qui devait leur faire recouvrer la possession de tout ce qu'ils avaient perdu, et leur rendre, selon l'expression des bardes, la couronne de la Bretagne[4].

Bien des siècles s'écoulèrent, et malgré les prédictions des poëtes, l'ancienne patrie des Bretons ne retourna point aux mains de leurs descendants. Si l'oppresseur étranger fut vaincu, ce ne fut pas par la nation qui avait droit à cette victoire; ni ses défaites ni son asservissement ne profitèrent aux réfugiés du pays de Galles. Le récit des infortunes des Anglo-Saxons, envahis et subjugués à leur tour par des peuples venus d'outre-mer, va commencer dans les pages qui suivent. Alors cette race d'hommes, jusqu'ici victorieuse de toutes celles qui l'avaient précédée sur le sol de la Bretagne, appellera sur elle un genre d'intérêt qu'elle n'a pu encore exciter: car sa cause deviendra la bonne cause; elle sera la race souffrante

---

1. Trioedd beirdd ynys Prydain, sec. XXI, n° 1; *Archaiology of Wales*, vol. III, p. 283. — *Welsh laws*, book XIII, chap. I et II, p. 630.
2. Voyez la suite de cette histoire, liv. IV, année 1070.
3. Giraldi Cambrensis *Itinerarium Walliæ*, passim, apud Camden, *Anglica, Hibernica*, etc.
4. Taliesin, *Poëmes des bardes bretons du sixième siècle*, p. 116. — Arymes Prydain, *Myvyrian archaiology of Wales*, t. I, p. 156 à 159.

780
à
909 et opprimée. Si la distance des temps affaiblit pour nous l'impression jadis causée par des infortunes contemporaines, c'est quand l'oubli nous cache en partie et décolore, pour ainsi dire, les souffrances de ceux qui ne sont plus. Mais en présence des vieux documents où elles sont retracées avec détail, avec cet accent de naïveté qui fait revivre les hommes d'un autre âge, un sentiment de pitié s'éveille et se mêle à l'impartialité de l'historien, pour la rendre plus humaine sans altérer son caractère de justice et de bonne foi.

LIVRE II.

Depuis le premier débarquement des Danois en Angleterre, jusqu'à la fin de leur domination.

787 — 1048

Il y avait plus d'un siècle et demi que la Bretagne méridionale presque entière portait le nom de terre des Anglais [1], et que, dans le langage de ses possesseurs de race germanique, le nom de Bretons ou celui de Gallois signifiait serf et tributaire [2], lorsque des hommes inconnus vinrent, avec trois vaisseaux, aborder à l'un des ports de la côte orientale. Afin d'apprendre d'où ils venaient et ce qu'ils voulaient, le magistrat saxon du lieu [3] se rendit au rivage; les inconnus le laissèrent approcher et l'entourèrent; puis, fondant tout à coup sur lui et sur son escorte, ils le tuèrent, pillèrent les habitations voisines et remirent promptement à la voile [4].

Telle fut la première apparition, en Angleterre, des pirates du nord appelés Danois [5] ou Normands [6], selon qu'ils venaient des îles de la mer Baltique ou de la côte de Norvége. Ils descendaient de la même race primitive que les Anglo-Saxons et les Franks; leur langue avait des racines communes avec les idiomes de ces deux

---

1. *Engla-land,* par corruption *England.*
2. *Wealh,* un esclave, un homme de service; *hors-wealh,* un palefrenier. (*Gloss.* Someri, apud *Hist. anglic. Script.,* t. II, ed. Selden.) — Si servus wallus anglum occiderit... (Leges Inæ, art. 74, apud Wilkins, *Leg. anglo-saxon.,* p. 26.) — Voyez Ducange, *Glossar.,* verbo *Waliscus.*
3. *Gerefa,* graf, gravo, dans le dialecte des Franks.
4. Henrici Huntind. *Hist.,* lib. IV, apud *Rer. anglic. Script.,* p. 343, ed. Savile.
5. En latin, *Dani;* dans les langues teutoniques, *Dænen, Dæna, Dæniske.*
6. En latin, *Normanni;* dans les langues teutoniques, *North-menn, north-mathre,* hommes du nord. C'est l'ancien nom national des Norvégiens.

peuples : mais ce signe d'une antique fraternité ne préservait de leurs incursions hostiles ni la Bretagne saxonne, ni la Gaule franke, ni même le territoire d'outre-Rhin, exclusivement habité par des nations germaniques. La conversion des Teutons méridionaux à la foi chrétienne avait rompu tout lien de fraternité entre eux et les Teutons du nord. Au neuvième siècle, l'homme du nord se glorifiait encore du titre de fils d'Odin, et traitait de bâtards et d'apostats les Germains enfants de l'Église : il ne les distinguait point des populations vaincues dont ils avaient adopté le culte. Franks ou Gaulois, Langobards ou Latins, tous étaient également odieux pour l'homme demeuré fidèle aux anciennes divinités de la Germanie. Une sorte de fanatisme religieux et patriotique s'alliait ainsi dans l'âme des Scandinaves à la fougue déréglée de leur caractère et à une soif de gain insatiable. Ils versaient avec plaisir le sang des prêtres, aimaient surtout à piller les églises, et faisaient coucher leurs chevaux dans les chapelles des palais [1]. Quand ils venaient de dévaster et d'incendier quelque canton du territoire chrétien : « Nous « leur avons chanté la messe des lances, disaient-ils par dérision; « elle a commencé de grand matin, et elle a duré jusqu'à la nuit [2]. »

En trois jours de traversée par le vent d'est, les flottes de barques à deux voiles des Danois et des Norvégiens arrivaient au sud de la Bretagne [3]. Les soldats de chaque flotte obéissaient en général à un chef unique, dont le vaisseau se distinguait des autres par quelque ornement particulier. C'était le même chef qui commandait encore lorsque les pirates débarqués marchaient en bataillons, soit à pied, soit à cheval. On le saluait du titre germanique que les langues du midi rendent par le mot *roi* [4]; mais il n'était roi que sur mer et dans

---

1. ... Clerici et monachi crudelius damnabantur. (*Hist. S. Vincentii*, apud *Script. rer. normann*, p. 21.) — *Gesta Normannorum ante Rollonem ducem*, ibid., passim. — ... Aquisgrani in capella regis equos suos stabulant. (*Chronicon Hermanni Contracti*, apud *Script. rer. gallic. et francic.*, t. VIII, p. 246.)

2. [Attum odda messu... (Olai Wormii *Litteratura runica*, p. 208.) — *Scriptores rerum danicarum*, t. I, p. 374. — Ibid., t. IV, p. 26.

3. ... Flantibus Euris, triduo vela panduntur. (*Annales Esromenses*, ibid., t. I, p. 236.)

4. Kong, konung, kineg, koning, king; en latin, *rex, rector, dux, ductor, præfectus, consul, centurio*, chef en général : le premier d'entre les capitaines portait quelquefois le titre de *kongakong*, chef des chefs, roi des rois. Voyez Ihre, *Gloss. suio-gothic*.

le combat; car, à l'heure du festin, toute la troupe s'asseyait en cercle, et les cornes remplies de bière passaient de main en main sans qu'il y eût ni premier ni dernier. Le *roi de mer* [1] était partout suivi avec fidélité et toujours obéi avec zèle, parce que toujours il était renommé comme le plus brave entre les braves, comme celui qui n'avait jamais dormi sous un toit de planches, qui jamais n'avait vidé la coupe auprès d'un foyer abrité [2].

Il savait gouverner le vaisseau comme un bon cavalier manie son cheval, et à l'ascendant du courage et de l'habileté se joignait pour lui l'empire que donne la superstition; il était initié à la science des runes, il connaissait les caractères mystérieux qui, gravés sur les épées, devaient procurer la victoire, et ceux qui, inscrits à la poupe et sur les rames, devaient préserver du naufrage [3]. Égaux sous un pareil chef, supportant légèrement leur soumission volontaire et le poids de leur armure de mailles, qu'ils se promettaient d'échanger bientôt contre un égal poids d'or, les pirates danois cheminaient gaiement sur la route *des cygnes*, comme disent leurs poésies nationales [4]. Tantôt ils côtoyaient la terre, et guettaient leur ennemi dans les détroits, les baies et les petits mouillages, ce qui leur fit donner le nom de *Vikings* ou *Enfants des anses;* tantôt ils se lançaient à sa poursuite à travers l'Océan. Les violents orages des mers du nord dispersaient et brisaient leurs frêles navires; tous ne rejoignaient point le vaisseau du chef, au signal du ralliement; mais ceux qui survivaient à leurs compagnons naufragés n'en avaient ni moins de confiance ni plus de souci; ils se riaient des vents et des flots, qui n'avaient pu leur nuire : « La force de la tempête, chantaient-« ils, aide le bras de nos rameurs, l'ouragan est à notre service, il « nous jette où nous voulions aller [5]. »

---

1. Sæ-kong, her-kong. Sæ-konung, her-konung. See-king, here-king.
2. Regis maritimi titulo is merito dignus videbatur, qui tigno sub fuliginoso nunquam dormiebat, et nunquam cornu exhauriebat ad focum sedens. (*Inglinga saga*, cap. XXXIV; *Heimskringla edr Noregs konungasogor af Snorra Sturlusyni*, t. I, p. 43.)
3. *Sig-rûnar*, les runes de la victoire; *Brim-rûnar*, les runes des flots. Voyez *Edda Saemundur, hinns fróda*, t. II, p. 195-197.
4. Ofer Swan rade.
5. Marinæ tempestatis procella nostris servit remigiis, nec removet a proposito directæ

835 La première grande armée de corsaires danois et normands qui se dirigea vers l'Angleterre aborda sur la côte de Cornouailles ; et les indigènes de ce pays, réduits par les Anglais à la condition de tributaires, se joignirent aux ennemis de leurs conquérants, soit dans l'espoir de regagner quelque peu de liberté, soit pour satisfaire simplement leur passion de vengeance nationale. Les hommes du nord furent repoussés, et les Bretons de Cornouailles restèrent sous le joug des Saxons ; mais, peu de temps après, d'autres flottes, abordant du côté de l'est, amenèrent les Danois en si grand nombre que nulle force ne put les empêcher de pénétrer au cœur de l'Angleterre. Ils remontaient le cours des grands fleuves jusqu'à ce qu'ils eussent trouvé un lieu de station commode ; là ils descendaient de leurs barques, les amarraient ou les tiraient à sec, se répandaient sur le pays, enlevaient de toutes parts les bêtes de somme, et de marins se faisaient cavaliers, comme s'expriment les chroniques du temps[1]. D'abord ils se bornèrent à piller et à se retirer ensuite, laissant derrière eux, sur les côtes, quelques postes militaires et de petits camps retranchés, pour protéger leur prochain retour ; mais bientôt, chan-

838 à 865 geant de tactique, ils s'établirent à demeure fixe, comme maîtres du sol et des habitants, et refoulèrent la race anglaise du nord-est vers le sud-ouest, comme celle-ci avait refoulé l'ancienne population bretonne de la mer de Gaule vers l'autre mer[2].

Les *rois de mer* qui attachèrent leur nom aux événements de cette grande invasion sont : Ragnar-Lodbrog et ses trois fils Hubbo, Ingvar et Afden. Fils d'un Norvégien et de la fille du roi de l'une des îles danoises, Ragnar avait obtenu, soit de gré, soit de force, la royauté de toutes ces îles ; mais la fortune lui devint contraire ; il perdit ses possessions territoriales, et alors, armant des vaisseaux et rassemblant une troupe de pirates, il se fit *roi de mer*. Ses premières courses eurent lieu dans la Baltique et sur les côtes de la Frise et de

---

intentionis; quibus nec ingens mugitus cœli nec crebri jactus fulminum unquam nocuerunt, favente gratia elementorum. (*Hist. S. Eadmundi*, auctore Abbone floriac, abbate, apud Surium, in *Vit. sanctor.*, novembr. 20, t. VI, p. 441.)

1. Wurdon gehorsode. (*Chron. saxon.*, ed. Gibson, p. 139 et passim.)

2. *Chron. saxon.*, ed. Gibson, p. 72. — *Chron. Johan. Wallingford*, apud *Rer. anglic. Script.*, t. III, p. 532 et 533, ed. Gale.

la Saxe ; puis il fit de nombreuses descentes en Bretagne et en Gaule, toujours heureux dans ses entreprises, qui lui valurent de grandes richesses et un grand renom. Après trente ans de succès obtenus avec une simple flotte de barques, Ragnar, dont les vues s'étaient agrandies, voulut essayer son habileté dans une navigation plus savante, et fit construire deux vaisseaux qui surpassaient en dimension tout ce qu'on avait jamais vu dans le nord. Vainement sa femme Aslauga, avec ce bon sens précautionneux qui, chez les femmes scandinaves, passait pour le don de prophétie, lui remontra les périls où cette innovation l'exposait ; il ne l'écouta point, et s'embarqua, suivi de plusieurs centaines d'hommes. L'Angleterre était le but de cette expédition d'un nouveau genre. Les pirates coupèrent gaiement les câbles qui retenaient les deux navires, et, comme ils disaient eux-mêmes dans leur langage poétique, lâchèrent la bride à leurs grands chevaux marins [1].

Tout alla bien pour le roi de mer et ses compagnons tant qu'ils voguèrent au large ; mais ce fut aux approches des côtes que les difficultés commencèrent. Leurs gros vaisseaux, mal dirigés, échouèrent et se brisèrent sur des bas-fonds, d'où les bateaux de construction danoise auraient pu sortir aisément ; les équipages furent contraints de se jeter à terre, privés de tout moyen de retraite. Le rivage où ils débarquèrent ainsi malgré eux était celui du Northumberland ; ils s'y avancèrent en bon ordre, ravageant et pillant selon leur usage, comme s'ils ne se fussent pas trouvés dans une position désespérée. A la nouvelle de leurs dévastations, Ælla, roi du pays, se mit en marche et les attaqua avec des forces supérieures ; le combat fut acharné, quoique très-inégal, et Ragnar, enveloppé dans un manteau que sa femme lui avait donné en partant, pénétra quatre fois dans les rangs ennemis. Mais presque tous ses compagnons ayant succombé, lui-même fut pris vivant par les Saxons. Le roi Ælla se montra cruel envers son prisonnier ; non content de le faire mourir, il voulut lui infliger des tortures inusitées. Lodbrog fut enfermé dans

---

1. *History of the Anglo-Saxons* by Sharon-Turner, vol. I, p. 476 et suiv. 5ᵉ édit. Londres, 1828. — Torfæi, *Hist. rer. norvegic.*, t. I, p. 497.

un cachot rempli, disent les chroniques, de vipères et de serpents venimeux. Le *chant de mort* de ce fameux roi de mer devint célèbre, comme l'un des chefs-d'œuvre de la poésie scandinave. On l'attribuait, contre toute vraisemblance, au héros lui-même; mais, quel qu'en soit l'auteur, ce morceau porte la vive empreinte du fanatisme de guerre et de religion qui rendait si terribles, au neuvième siècle, les vikings danois et normands [1].

« Nous avons frappé de nos épées, dans le temps où, jeune encore,
« j'allais vers l'orient du Sund apprêter un repas sanglant aux bêtes
« carnassières, et dans ce grand combat où j'envoyai en foule au
« palais d'Odin le peuple de Helsinghie [2]. De là, nos vaisseaux nous
« portèrent à l'embouchure de la Vistule, où nos lances entamèrent
« les cuirasses, et où nos épées rompirent les boucliers.

« Nous avons frappé de nos épées, le jour où j'ai vu des centaines
« d'hommes couchés sur le sable, près d'un promontoire d'Angle-
« terre; une rosée de sang dégouttait des épées; les flèches sifflaient
« en allant chercher les casques : c'était pour moi un plaisir égal à
« celui de tenir une belle fille à mes côtés.

« Nous avons frappé de nos épées, le jour où j'abattis ce jeune
« homme, si fier de sa chevelure, qui dès le matin poursuivait les
« jeunes filles et recherchait l'entretien des veuves. Quel est le sort
« d'un homme brave, si ce n'est de tomber des premiers? Celui qui
« n'est jamais blessé mène une vie ennuyeuse, et il faut que l'homme
« attaque l'homme ou lui résiste au jeu des combats.

« Nous avons frappé de nos épées; maintenant j'éprouve que les
« hommes sont esclaves du destin et obéissent aux décrets des fées
« qui président à leur naissance. Quand je lançai en mer mes vais-
« seaux pour aller rassasier les loups, je ne croyais pas que cette
« course dût me conduire à la fin de ma vie. Mais je me réjouis en
« songeant qu'une place m'est réservée dans les salles d'Odin, et que
« là bientôt, assis au grand banquet, nous boirons la bière à pleins
« bords dans les coupes de corne.

---

1. Mallet, *Hist. du Danemark*, t. II, p. 293.
2. Province de Suède sur le golfe de Bothnie.

« Nous avons frappé de nos épées. Si les fils d'Aslauga savaient les
« angoisses que j'éprouve, s'ils savaient que des serpents venimeux
« m'enlacent et me couvrent de morsures, ils tressailliraient tous et
« voudraient courir au combat; car la mère que je leur laisse leur a
« donné des cœurs vaillants. Une vipère m'ouvre la poitrine et péné-
« tre vers mon cœur ; je suis vaincu : mais bientôt, j'espère, la lance
« d'un de mes fils traversera le cœur d'Ælla.

« Nous avons frappé de nos épées dans cinquante et un combats;
« je doute qu'il y ait parmi les hommes un roi plus fameux que moi.
« Dès ma jeunesse, j'ai appris à ensanglanter le fer; il ne faut pas
« pleurer la mort, il est temps de finir. Envoyées vers moi par Odin,
« les déesses m'appellent et m'invitent ; je vais, assis aux premières
« places, boire la bière avec les dieux. Les heures de ma vie s'écou-
« lent; c'est en riant que je mourrai [1]. »

Ce fier appel à la vengeance et aux passions guerrières, chanté
premièrement dans une cérémonie funèbre, courut ensuite de bouche
en bouche, partout où Ragnar-Lodbrog avait eu des admirateurs.
Non-seulement ses fils, ses parents, ses amis, mais une foule d'aventuriers et de jeunes gens de tous les royaumes du nord y répondirent. En moins d'un an, et sans qu'aucune nouvelle hostile parvînt
en Angleterre, huit rois de mer et vingt *iarls* ou chefs du second
ordre, se confédérant ensemble, réunirent leurs vaisseaux et leurs
soldats. C'était la plus grande flotte qui fût jamais partie du Danemark pour une expédition lointaine. Elle devait aborder au Northumberland; mais une méprise des pilotes la porta plus au sud, vers la
côte d'Est-Anglie [2].

Incapables de repousser un si grand armement, les gens du pays
firent aux Danois un accueil pacifique; et ceux-ci en profitèrent pour
amasser des vivres, réunir des chevaux et attendre des renforts
d'outre-mer; puis, quand ils se crurent assurés du succès, ils mar-

---

1. Olai Wormii *Litteratura runica*, p. 198 à 216. — Turner's *Hist. of the Anglo-Saxons*,
vol. I, p. 480 et suiv. — Ce morceau, dans l'original, n'a pas moins de vingt-neuf
strophes; j'ai été forcé d'en omettre près de la moitié et d'abréger le reste.

2. *Est-Anglia;* traduction latine du mot saxon *East-engla-land*. — Turner's *Hist. of the
Anglo-Saxons*, vol. I, p. 511.

chèrent sur York, capitale de la Northumbrie, dévastant et brûlant tout sur leur passage. Les deux chefs de ce royaume, Osbert et Ælla, concentrèrent leurs forces sous les murs de la ville, pour livrer une bataille décisive. D'abord les Saxons eurent l'avantage ; mais ils se lancèrent avec trop d'imprudence à la poursuite de l'ennemi, qui, s'apercevant de leur désordre, revint sur eux et les défit complétement. Osbert fut tué en combattant, et, par une singulière destinée, Ælla, tombé vivant entre les mains des fils de Lodbrog, expia dans des tortures inouïes le supplice infligé à leur père [1].

La vengeance était consommée ; mais alors une autre passion, celle du pouvoir, se fit sentir aux chefs confédérés. Maîtres d'une partie du pays au nord de l'Humber, et assurés par des messages de la soumission du reste, les fils de Ragnar-Lodbrog résolurent de garder cette conquête. Ils mirent garnison à York et dans les principales villes, distribuèrent des terres à leurs compagnons, et ouvrirent un asile aux gens de tout état qui viendraient des contrées scandinaves pour accroître la nouvelle colonie. Ainsi le Northumberland cessa d'être un royaume saxon ; il devint le point de ralliement des Danois, pour la conquête du sud de l'Angleterre. Après trois ans de préparatifs, la grande invasion commença. L'armée, conduite par ses huit rois, descendit l'Humber jusqu'à la hauteur de Lindesey, et, ayant pris terre, marcha directement du nord au sud, pillant les villes, massacrant les habitants, et brûlant surtout, avec une rage fanatique, les églises et les monastères [2].

L'avant-garde danoise approchait de Croyland, abbaye célèbre, dont le nom figurera plus d'une fois dans cette histoire, lorsqu'elle rencontra une petite armée saxonne qui, à force de courage et de bon ordre, l'arrêta durant un jour entier. C'était une levée en masse de tous les gens du voisinage, commandés par leurs seigneurs et par un moine appelé frère Toli, qui avant de se vouer à la retraite, avait porté les armes [3]. Trois rois danois furent tués dans ce combat ;

---

1. Turner's *Hist. of the Anglo-Saxons*, vol. I, p. 513 et suiv.
2. Ibid., p. 515 et 516.
3. Summo diluculo, auditis divinis officiis, et sumpto sacro viatico, omnes ad moriendum pro Christi fide patriæque defensione... contra barbaros processerunt... quibus præfuit

mais, à l'arrivée des autres, les Saxons, écrasés par le nombre, moururent presque tous en défendant leur poste. Quelques-uns des fuyards coururent au monastère annoncer que tout était perdu, et que les païens approchaient. C'était l'heure des matines, tous les moines se trouvaient réunis dans le chœur. L'abbé, homme d'un grand âge, leur parla ainsi : « Que tous ceux d'entre vous qui sont « jeunes et robustes se retirent en lieu de sûreté, emportant avec « eux les reliques des saints, nos livres, nos chartes et ce que nous « avons de précieux. Moi je resterai ici avec les vieillards et les « enfants, et peut-être qu'avec l'aide de Dieu, l'ennemi aura pitié de « notre faiblesse [1]. »

Tous les hommes valides de la communauté partirent au nombre de trente, et, ayant chargé sur un bateau les reliques et les vases sacrés, se réfugièrent dans les marais voisins. Il ne resta au chœur que l'abbé, des vieillards infirmes et quelques enfants que leurs familles, suivant la dévotion du siècle, faisaient élever sous l'habit monastique. Ils continuèrent le chant des psaumes à toutes les heures prescrites; puis, quand vint celle de la messe, l'abbé se mit à l'autel en habits sacerdotaux. Tous les assistants reçurent la communion, et presque au moment même les Danois entrèrent dans l'église. Le chef, qui marchait en tête, tua de sa main l'abbé au pied de l'autel, et les soldats saisirent les moines, vieux et jeunes, que la frayeur avait dispersés. Ils les torturaient un à un pour leur faire dire où était caché le trésor, et, sur le refus de répondre, ils leur coupaient la tête. Au moment où le prieur tomba mort, l'un des enfants, âgé de dix ans, qui l'aimait beaucoup, se mit à l'embrasser, pleurant et demandant à mourir avec lui. Sa voix et sa figure frappèrent un des chefs danois; ému de pitié, il tira l'enfant hors de la foule; puis, lui ôtant son froc et le couvrant d'une casaque : « Suis-moi, dit-il, et ne me quitte plus. » Il le sauva ainsi du massacre; mais aucun autre ne fut épargné. Après avoir inutilement cherché le trésor de l'abbaye, les Danois brisèrent les tombeaux de marbre qui étaient dans l'é-

---

frater Tolius, monachus conversus... (*Hist. Ingulf. Croyland.*, apud *Rer. anglic. Script.*, t. I, p. 20 et 21, ed. Gale.)

1. Fleury, *Hist. ecclésiast.*, t. XI, p. 283, éd. Bruxelles, in-12, 1714.

870 glise, et, furieux de n'y point trouver de richesses, ils dispersèrent les ossements et mirent le feu à l'église. Ensuite ils se dirigèrent vers l'est sur le monastère de Peterborough [1].

Ce monastère, l'un des chefs-d'œuvre de l'architecture du temps, avait, suivant le style saxon, des murailles massives, percées de petites fenêtres à plein cintre, ce qui le rendait facile à défendre. Les Danois trouvèrent les portes fermées, et furent reçus à coups de flèches et de pierres par les moines et les gens du pays, qui s'étaient renfermés avec eux : au premier assaut, l'un des fils de Lodbrog, dont les chroniques ne disent pas le nom, fut blessé mortellement; mais, après deux attaques, les Danois entrèrent de force, et Hubbo, pour venger son frère, tua de sa propre main tous les religieux, au nombre de quatre-vingt-quatre. Les meubles furent pillés, les sépulcres ouverts, et la bibliothèque employée à attiser le feu qui fut mis aux bâtiments : l'incendie dura quinze jours entiers [2]. Pendant une marche de nuit que l'armée fit du côté de Huntingdon, l'enfant qu'un chef danois avait sauvé à Croyland s'échappa, et regagna seul les ruines de son ancienne demeure. Il trouva les trente moines de retour, et occupés à éteindre le feu qui brûlait encore au milieu des décombres. Il leur raconta le massacre avec toutes ses circonstances; et tous, pleins de tristesse, se mirent à la recherche des cadavres de leurs frères. Après plusieurs jours de travail, ils trouvèrent celui de l'abbé, sans tête et écrasé par une poutre; tous les autres furent découverts pareillement, et placés près de l'église dans une même fosse [3].

Ces désastres eurent lieu en partie sur le territoire de Mercie, en partie sur celui d'Est-Anglie ou des Angles orientaux. Le roi de ce dernier pays, nommé Edmund, ne tarda pas à porter la peine de l'indifférence avec laquelle, trois ans auparavant, il avait vu l'invasion du royaume de Northumbrie : surpris par les Danois et fait prisonnier, il fut conduit devant les fils de Lodbrog, qui le sommèrent avec hauteur de s'avouer leur vassal. Edmund refusa obstinément;

---

1. *Hist. Ingulf. Croyland.*, apud *Rer. anglic. Script.*, t. I, p. 22, ed. Gale. — Fleury, *Hist. ecclésiast.*, t. XI, p. 284.

2. Fleury, *Hist. ecclésiast.*, t. XI, p. 284.

3. Ibid.

et alors les Danois, l'ayant lié à un arbre, se mirent à exercer sur lui 870
leur adresse à tirer de l'arc. Ils visaient aux bras et aux jambes sans
toucher le corps, et terminèrent ce jeu barbare en abattant d'un coup
de hache la tête du roi saxon. C'était un homme de peu de mérite et
de peu de réputation; mais sa mort lui fit obtenir la plus grande renommée qu'il y eût alors, celle de la sainteté et du martyre. L'opinion
commune au moyen âge sanctifiait la mémoire de quiconque avait
péri de la main des païens; mais il y eut ici quelque chose de plus,
un trait particulier du caractère anglo-saxon, le penchant à colorer
d'une teinte religieuse les douleurs patriotiques, à regarder comme
des martyrs ceux qui étaient morts en défendant la cause nationale
ou persécutés par ses ennemis.

L'Est-Anglie, entièrement soumise, devint, comme le Northumberland, un royaume danois et un but d'émigration pour les aventuriers du nord. Le roi saxon fut remplacé par un roi de mer appelé
Godrun, et la population indigène, réduite à une demi-servitude,
perdit la propriété de son territoire et paya le tribut aux étrangers.
Cette conquête mit dans un grand péril le royaume de Mercie, qui,
entamé déjà dans sa partie orientale, avait les Danois sur deux de
ses frontières. Les anciens royaumes d'Est-sex, Kent et Suth-sex n'avaient plus d'existence indépendante; depuis près d'un siècle, ils
étaient réunis tous trois à celui de West-sex ou des Saxons occidentaux[1]. Ainsi la lutte se trouvait engagée entre deux royaumes danois et deux royaumes saxons. Les rois de Mercie et de West-sex,
longtemps rivaux et ennemis, se liguèrent ensemble pour défendre ce
qui restait de pays libre; mais, malgré leurs efforts, tout le territoire
situé au nord de la Tamise fut envahi; la Mercie devint danoise;
et des huit royaumes fondés primitivement par les Saxons et les
Angles, il n'en resta plus qu'un seul, celui de West-sex, qui s'étendait alors de l'embouchure de la Tamise au golfe où se jette la Saverne.

En l'année 871, Ethelred, fils d'Ethelwulf, roi de West-sex, mourut 871
à la suite d'un combat livré aux Danois, qui venaient de passer la
Tamise. Il laissait plusieurs enfants; mais le choix de la grande as-

---

1. West-seaxna land, West-seaxna-rice. — *Hist. Ingulf. Croyland.*, apud *Rer. anglic. Script.*, t. I, p. 24 et seq., ed. Gale.

871
à
878

semblée qui représentait le pays se porta sur son frère Alfred, jeune homme de vingt-deux ans, dont le courage et l'habileté militaire donnaient de grandes espérances [1]. Alfred réussit deux fois, soit en combattant, soit en négociant, à faire sortir les Danois de son royaume; il repoussa les invasions par mer tentées contre ses provinces du sud, et défendit pendant sept ans la ligne de la Tamise. Peut-être qu'aucune armée danoise n'eût jamais franchi de nouveau cette frontière, si le roi et le peuple de West-sex eussent été bien unis; mais il existait entre eux des germes de discorde d'une nature assez bizarre.

Le roi Alfred avait plus étudié qu'aucun de ses compatriotes : il avait parcouru, jeune, les contrées méridionales de l'Europe, et en avait observé les mœurs : il connaissait les langues savantes et la plupart des livres de l'antiquité. La supériorité de connaissances que ce roi saxon avait acquise lui inspirait une sorte de dédain pour la nation qu'il gouvernait. Il faisait peu de cas des lumières et de la prudence du grand conseil national, qu'on appelait l'assemblée des sages. Rempli des idées de pouvoir absolu que présentent la littérature et l'histoire de l'empire romain, il avait un désir violent de réformes politiques, et concevait des plans meilleurs peut-être que les anciennes coutumes anglo-saxonnes, mais manquant de sanction aux yeux d'un peuple qui ne les avait pas souhaités et ne les comprenait pas. La tradition a vaguement conservé quelques traits sévères du gouvernement d'Alfred, et longtemps après sa mort, on parlait de la rigueur excessive qu'il avait mise à punir les prévaricateurs et les mauvais juges[2]. Quoique cette rigueur eût pour objet l'intérêt de la nation anglaise, elle ne pouvait être agréable à cette nation, qui alors faisait plus de cas de la vie d'un homme libre que de la régularité dans les affaires publiques.

D'ailleurs, cette sévérité du roi Alfred envers les grands n'était point accompagnée d'affabilité envers les petits; il les défendait sans paraître les aimer : leurs supplices l'importunaient, et sa maison

---

1. Turner's *Hist. of the Anglo-Saxons*, vol. I, p. 536.
2. Horne, *Miroir des justices*, p. 296. London, in-18, 1642.

leur était fermée. « Si l'on avait besoin de son aide, dit un contem- ⁸⁷¹
« porain, soit pour des nécessités personnelles, soit contre l'oppres- ⁸⁷⁸
« sion des puissants, il dédaignait d'accueillir et d'écouter la plainte :
« il ne prêtait aucun appui aux faibles, et les estimait comme néant[1]. »
Aussi quand, sept années après son élection, ce roi lettré, devenu ⁸⁷⁸
odieux sans le savoir et sans le vouloir, eut à repousser une invasion
formidable des Danois, et qu'il appela son peuple à la défense du
pays, il fut effrayé de trouver des hommes mal disposés à lui obéir,
et même peu soucieux du péril commun. Ce fut en vain qu'il envoya
par les villes et les hameaux son messager de guerre, portant une
flèche et une épée nue, et qu'il publia cette vieille proclamation nationale, à laquelle nul Saxon en état de porter les armes n'avait jamais résisté : « Que quiconque n'est pas un homme de rien, soit dans
« les villes, soit dans la campagne, sorte de sa maison et vienne[2]. »
Peu d'hommes vinrent; et Alfred se trouva presque seul, entouré du
petit nombre d'amis qui admiraient son savoir, et qu'il touchait quelquefois jusqu'aux larmes par la lecture de ses écrits[3].

A la faveur de cette indifférence de la nation pour le chef qu'elle-
même avait choisi, l'ennemi s'avançait rapidement. Alfred, délaissé
par les siens[4], à son tour les délaissa, et prit la fuite, dit un vieil
historien, abandonnant ses guerriers, ses capitaines, tout son peuple,
pour sauver sa vie[5]. Il alla, se cachant par les bois et les déserts,

---

1. Ille vero noluit eos audire, nec aliquod auxilium impendebat, sed omnino eos nihili pendebat. (Asserius Menevensis, *de Ælfredi rebus gestis*, apud Camden, *Anglica, Hibernica*, etc., p. 10.)

2. That œlc man the vœre un-nithing sceel de cuman... of porte and of uppe land. (*Chron. saxon.*, ed. Gibson, p. 195.) — Ut quicumque foret unithing, sive in burgo, sive extra, veniret... (*Annal. waverl.*, apud Ducange, *Glossar.*, verbo *Nithing*.) — *Nithing, nidering, nichtig, nietig*, en anglais moderne, *nougthy* ; nequam, nihilium, nihilum. — Angli... nihil miserius æstimant quam hujusmodi dedecore vocabuli notari. (Mathæus Paris. *Variantes lectiones*, ad pag. 14, t. I, ad initium.)

3. Ut audientibus... lachrymosus quodammodo suscitaretur motus. (Ethelwerdi *Hist.*, lib. IV, apud *Rer. anglic. Script.*, p. 847, ed. Savile.)

4. ... Despectu suorum... (Asser. Menev., *de Ælfredi rebus gestis*, apud Camden, *Anglica, Hibernica*, etc., p. 9.) — ... Certo suorum dissidio. (*Chron. Johan. Wallingford*, apud *Rer. anglic. Script.*, t. III, p. 537, ed. Gale.)

5. His cempen ealle forlet, and his heretogen, and eall his the ode. (Ms. in the British Musæum. Vesp., D. 14.)

878 jusqu'aux limites du territoire anglais et de la terre des Bretons de Cornouailles, au confluent des deux rivières de Tone et de Parret. Là se trouvait une presqu'île entourée de marais : le roi saxon s'y réfugia, et habita, sous un faux nom, la cabane d'un pêcheur, obligé de cuire lui-même le pain dont la pauvre famille de ses hôtes voulait bien lui donner sa part. Peu de gens dans son royaume savaient ce qui était arrivé de lui [1], et l'armée danoise y entra sans résistance. Beaucoup d'habitants s'embarquèrent sur les côtes de l'ouest pour chercher un refuge, soit en Gaule, soit en Irlande; le reste se soumit à payer le tribut et à labourer pour les Danois. Ils ne tardèrent pas à trouver les maux de la conquête mille fois pires que ceux du règne d'Alfred, qui, dans le moment de la souffrance, leur avait paru insupportables; ils regrettèrent leur premier état et le despotisme d'un roi né parmi eux [2].

De son côté, le roi Alfred réfléchissait dans le malheur, et méditait sur les moyens de sauver le peuple, s'il était possible, et de rentrer en grâce avec lui. Fortifié dans son île contre une surprise de l'ennemi par des retranchements de terre et de bois, il y menait la vie dure et sauvage, réservée, dans tout pays conquis, au vaincu trop fier pour être esclave, la vie de brigand dans les bois, les marais et les gorges des montagnes. A la tête de ses amis, formés en bandes, il pillait le Danois enrichi de dépouilles, et, à défaut de Danois, le Saxon qui obéissait aux étrangers et les reconnaissait pour maîtres [3]. Ceux que le joug étranger fatiguait, ceux qui s'étaient rendus coupables envers le plus fort en défendant contre lui leurs biens, leurs femmes ou leurs filles, vinrent se ranger sous les ordres du chef inconnu qui refusait de partager la servitude générale. Après six mois d'une guerre de stratagèmes, de surprises et de combats nocturnes, le chef de partisans résolut de se nommer, de faire un appel à tout le pays

---

1. ... Ubi esset, vel quo devenisset... (Asser. Menev., *de Ælfredi rebus gestis*, apud Camden, *Anglica, Hibernica*, etc., p. 10.)

2. Ibid., p. 10.

3. Nihil enim habebat quod uteretur, nisi quo a paganis aut etiam a christianis, qui se paganorum subdiderant dominio, clam aut palam subtraheret. (Ibid., p. 9.)

de l'ouest, et d'attaquer ouvertement, sous l'étendard anglo-saxon, le principal camp des Danois.

878

Ce camp était situé à Ethandun, sur la frontière des provinces de Wilts et de Sommerset, près d'une forêt appelée Sel-wood ou le Grand-Bois[1]. Avant de donner le signal décisif, Alfred voulut observer lui-même la position des étrangers; il entra dans leur camp sous l'habit d'un joueur de harpe, et divertit par des chansons saxonnes l'armée danoise, dont le langage différait peu du sien[2]; il se promena au milieu des tentes, et à son retour, changeant d'emploi et de caractère, il envoya des messagers dans toute la contrée d'alentour, assignant pour rendez-vous aux Saxons qui voudraient s'armer et combattre, un lieu nommé la Pierre d'Egbert[3], sur la lisière orientale du Grand Bois, et à quelques milles de distance du camp ennemi[4].

Durant trois jours consécutifs, des hommes armés, partis de toutes les directions, arrivèrent au lieu assigné, un à un, ou par petites bandes. Chaque nouveau venu était salué du nom de frère, et accueilli avec une joie vive et tumultueuse. Quelques bruits de cette agitation parvinrent au camp des Danois; ils démêlèrent autour d'eux l'apparence d'un grand mouvement; mais, comme il n'y avait point de traîtres, leurs informations furent incertaines, et, ne sachant précisément où l'insurrection devait commencer, ils ne firent aucune manœuvre et se contentèrent de doubler leurs postes extérieurs. Ils ne tardèrent pas à voir flotter la bannière de West-sex, qui portait la figure d'un cheval blanc. Alfred attaqua leurs redoutes d'Ethandun par le côté le plus faible, les en chassa, et comme s'exprime une chronique saxonne, resta maître du champ de carnage[5].

Une fois dispersés, les Danois ne se rallièrent plus, et Godrun, leur

---

1. Près de la ville de Frome; les environs s'appellent encore Woodland.
2. Rex ipse fingens se esse joculatorem, assumta cithara, tentoria Danorum adiit. (*Hist. Ingulf. Croyland.*, apud *Rer. anglic. Script.*, t. I, p. 26, ed. Gale.) — Lingua Danorum anglicanæ loquelæ vicina est. (*Chronologia rer. septentr.*, apud *Script. rer. danic.*, t. V, p. 26.)
3. Egberhtes-stane.
4. Willelm. Malmesb., *de Gest. reg. angl.*, lib. II, apud *Rer. anglic. Script.*, p. 43, el. Savile.
5. ... Stragis locum. *Wæl-stow*. (*Chron. saxon.*, ed. Gibson, passim.)

roi, fit ce que faisaient souvent dans le péril les gens de sa nation : il promit, si les vainqueurs voulaient renoncer à le poursuivre, de se faire baptiser, lui et les siens, et de se retirer sur ses terres d'Est-Anglie, pour y habiter paisiblement. Le roi saxon, qui n'était point assez fort pour faire la guerre à outrance, accepta ces offres de paix. Godrun et les autres capitaines païens jurèrent, sur un bracelet consacré à leurs dieux[1], de recevoir fidèlement le baptême. Le roi Alfred servit de père spirituel au chef danois, qui endossa sur sa cotte de mailles la robe blanche des néophytes, et repartit avec les débris de ses troupes pour le pays d'où il était venu, et d'où il s'engageait à ne plus sortir. Les limites des deux populations furent fixées par un traité définitif, juré, comme porte son préambule, par Alfred roi, Godrun roi, tous les sages anglo-saxons et tout le peuple danois[2]. Ces limites étaient, au sud, le cours de la Tamise jusqu'à la petite rivière de l'Éa, qui s'y jette en avant de Londres; au nord et à l'est, la rivière d'Ouse et la grande voie construite par les Brètons, et reconstruite de nouveau par les Romains, que les Saxons nommaient Wetlinga-street, le chemin des fils de Wetla[3].

Les Danois cantonnés dans les villes de la Mercie et sur le pays au nord de l'Humber ne se crurent point liés par le pacte d'Alfred et de Godrun. Ainsi la guerre ne cessa point sur la frontière septentrionale du territoire de West-sex. Les anciens royaumes de Suth-sex[4] et de Kent, délivrés de la servitude étrangère, proclamèrent tous les deux Alfred comme libérateur et comme roi. Nulle voix ne s'éleva contre lui, ni dans son propre pays, où son ancienne impopularité était ef-

---

1. ... On tham halgan heage. (*Chron. Saxon.*, ed. Gibson, p. 83.)

2. Ælfred cyning and Gydhrun cyning and ealles Angelcynnes witan, and eal seo theod the on east-englum beodh. (Wilkins, *Leges anglo-saxon.*, p. 47.) — Dans quelques actes latins, Alfred traduit son titre de *kining* par le mot *dux*. Ego Elfred dux. (Charta sub anno 888, *Gloss. saxon.*, ed. Lye.)

3. ... Strata quam filii Wethle regis, ab orientali mari usque ad occidentale, per Angliam straverunt. (Rogerii de Hoveden. *Annal. pars prior*, apud *Rer. anglic. Script.*, p. 432, ed. Savile.) — Le mot avait en apparence cette signification; mais il est plus probable que *wetlinghe-street* n'était que la corruption saxonne du breton *Gwydelinsarn*, qui signifie le chemin des Gaëls (des Irlandais), nom fort convenable à une route qui conduisait de Douvres à la côte de Chester.

4. Alias *Suth-seaxna-land*, *Suth-seax*; par corruption, Sussex.

facée par ses nouveaux services, ni dans ceux que ses prédécesseurs avaient soumis par conquête à leur domination¹. La partie de l'Angleterre que les Danois n'occupaient point forma dès lors un seul État; et ainsi disparut pour jamais l'ancienne division du peuple anglais en plusieurs peuples, en autant de peuples qu'il y avait eu de bans d'émigrés partis des îles et des rivages de la Germanie. Le flot des invasions danoises avait renversé pour jamais les lignes de forteresses qui s'élevaient auparavant entre chaque royaume et les royaumes voisins; à un isolement quelquefois hostile succéda l'union que produisent des malheurs communs et des espérances communes.

Du moment que fut abolie la grande séparation du pays anglo-saxon en royaumes, les autres divisions territoriales prirent une importance qu'elles n'avaient point eue jusque-là; et c'est en effet depuis ce temps que les historiens commencent à faire mention des *skires, scires, shires,* ou fractions de royaumes², des *centaines* et des *dizaines* de familles³, circonscriptions locales aussi vieilles en Angleterre que l'établissement des Saxons et des Angles, mais qui durent être peu remarquées tant qu'il se trouva au-dessus d'elles une plus large circonscription politique. L'usage de compter les familles comme de simples unités, et de les agréger ensemble par collection de dix ou de cent, pour former des districts et des cantons, se retrouve chez tous les peuples d'origine teutonique. Si cette institution joue un grand rôle dans les lois qui portent le nom d'Alfred, ce n'est point qu'il l'ait inventée; c'est, au contraire, que la trouvant enracinée au sol de l'Angleterre, et presque uniformément répandue sur tous les pays qu'il réunit sans violence au royaume de West-sex, il y eut pour lui nécessité d'en faire la principale base de ses dispositions d'ordre public. Il n'établit, à proprement parler, ni les dizaines et les centaines de familles, ni les chefs municipaux, appelés dizainiers et centainiers⁴, ni même cette forme de procédure qui,

---

1. ... Hunc ut redemptorem suscepere cuncti. (*Ethelwerdi Hist.,* lib. III, apud *Rer. anglic. Script.,* p. 846, ed. Savile.)
2. *Skeren, schæren, scheren;* en anglais moderne, *to share,* couper, diviser.
3. Hundred, tything.
4. *Tything-menn,* hundredarii.

modifiée par l'action du temps, a donné naissance au jury. Tout cela existait chez les Saxons et les Angles antérieurement à leur émigration.

Le roi de West-sex acquit, depuis son second avénement, tant de célébrité comme brave, et surtout comme sage, qu'il est difficile de retrouver dans l'histoire les traces de la défaveur nationale dont il avait d'abord été frappé. Sans cesser de veiller au maintien de l'indépendance reconquise, Alfred trouva des heures pour ses études qu'il aimait toujours, mais sans les préférer aux hommes à qui il en destinait le fruit. Il nous reste de lui plusieurs morceaux de vers et de prose, remarquables par une certaine richesse d'imagination et ce luxe de figures qui est le caractère distinctif de l'ancienne littérature germanique[1].

Alfred passa le reste de sa vie entre ces travaux et la guerre. Le serment que lui avaient prêté les Danois de l'Est-Anglie, d'abord sur le bracelet d'Odin, et ensuite sur la croix du Christ, fut violé par eux, à la première apparition d'une flotte de pirates sur leur côte. Ils saluèrent les nouveaux venus comme des frères ; l'entraînement des souvenirs et de la sympathie nationale leur fit quitter les champs qu'ils labouraient, et détacher de la muraille enfumée leur grande hache de combat, ou la massue hérissée de pointes de fer, qu'ils nommaient l'*étoile du matin*[2]. Peu de temps après, sans violer aucun traité, les Danois des rives de l'Humber descendirent vers le sud pour se joindre, avec les hommes de l'Est-Anglie, à l'armée du fameux roi de mer Hasting, qui, prenant, comme disaient les poëtes du nord, l'Océan pour demeure[3], passait sa vie à naviguer du Danemark aux îles Orcades, des Orcades en Gaule, de Gaule en Irlande, et d'Irlande en Angleterre.

Hasting trouva les Anglais, sous la conduite du roi Alfred, bien préparés à le recevoir en ennemi et non en maître. Il fut défait dans

---

1. Voyez l'*Histoire des Anglo-Saxons* de Sharon Turner, vol. II, p. 149 et suiv.
2. Morghen-stiarna.
3.   Incolitatque mare.
     (Ermoldi Nigelli *Carmen*, apud *Script. rer. gallic. et francic.*, t. VI, p. 50.)

plusieurs batailles; une partie de son armée en déroute se retira chez les Danois du Northumberland, une autre partie s'incorpora aux Danois de l'est. Ceux qui avaient fait quelque gain dans leurs courses de terre et de mer devinrent bourgeois dans les villes, et colons dans les campagnes; les plus pauvres radoubèrent leurs navires, et suivirent le chef infatigable à de nouvelles expéditions. Ils passèrent le détroit de la Gaule, et remontèrent le cours de la Seine [1]. Hasting, du haut de son vaisseau, ralliait sa troupe au son d'un cor d'ivoire qu'il portait au cou, et que les habitants de la Gaule surnommaient le tonnerre [2]. Du moment que ces sons redoutés se faisaient entendre au loin, le serf gaulois quittait la glèbe du champ où il était attaché, pour s'enfuir avec son mince bagage au fond de la forêt voisine, et le noble frank, saisi de la même terreur, levait les ponts de son château fort, courait au donjon faire la revue des armes, et ordonnait d'enfouir le trésor amassé du produit de ses domaines ou de ses exactions sur la contrée.

A la mort du roi Alfred, à qui la reconnaissance nationale et l'histoire ont donné le titre de Grand, son fils Edward [3] lui succéda par une désignation expresse du grand conseil des sages [4], car la royauté anglo-saxonne était élective, quoique toujours dans la même famille. Un des fils du frère aîné et prédécesseur d'Alfred eut la hardiesse de protester contre le choix du grand conseil, au nom de ses droits héréditaires. Cette prétention fut non-seulement repoussée, mais de plus regardée comme un outrage au droit d'élection du pays, et le conseil prononça le bannissement d'Ethelwald [5], fils d'Ethelred. Celui-ci, au lieu d'obéir à la sentence légalement portée contre lui,

---

1. ... Mare transivit... et applicuit in ostium Sequanæ fluminis. (Asser. Menev. *Annal.*, apud *Rer. anglic. Script.*, t. III, p. 172, ed. Gale.)

2. Quo dux agnito, tubam eburneam tonitruum nuncupatam dedit monacho, hæc illi addens, ut suis in prædam exeuntibus ea buccinaret. (Extrait de la chronique de saint Florent donnée par Dom Morice; *Mémoires pour servir de preuves à l'histoire ecclésiastique et civile de Bretagne*, t. I, p. 119.)

3. Alias *Ead-ward. Ead,* heureux; *ward,* gardien.

4. Gecoren to cynge. (*Chron. saxon.*, ed. Gibson, passim.) — Asser. Menev. *Annal.*, apud *Rer. anglic. Script.*, t. III, p. 174, ed. Gale.

5. Alias *Æthel-weald. Ethel,* noble; *weald, wald, wall,* puissant, gouvernant.

se jeta, avec quelques-uns de ses partisans, dans la ville de Vimborn, sur la côte du sud-ouest, jurant de la garder ou de périr¹. Mais il ne tint pas son serment : à l'approche de l'armée anglaise, il s'enfuit sans combat, et courut chez les Danois du Northumberland se faire païen et pirate avec eux. Ils le prirent pour chef contre ses compatriotes. Ethelwald envahit le territoire anglo-saxon; mais il fut vaincu et tué dans les rangs des étrangers. Alors le roi Edward prit l'offensive contre les Danois; il reconquit sur eux les côtes de l'est, depuis l'embouchure de la Tamise jusqu'au golfe de Boston, et les enferma dans leurs provinces du nord par une ligne de forteresses bâties en avant du cours de l'Humber². Son successeur Ethelstan passa l'Humber, prit la ville d'York, et força les colons de race scandinave à jurer, selon la formule consacrée, de vouloir tout ce qu'il voudrait⁴. L'un des chefs des Danois vaincus fut conduit avec honneur dans le palais du roi saxon et admis à sa table; mais quatre jours de vie paisible suffirent pour le dégoûter ; il s'enfuit, gagna la mer, et remonta sur un vaisseau de pirate, aussi incapable, dit l'ancien historien, de vivre hors de l'eau qu'un poisson⁵.

L'armée anglaise s'avança jusqu'aux bords de la Tweed, et le Northumberland fut ajouté aux terres de la domination d'Ethelstan, qui, le premier, régna sur toute l'Angleterre. Dans l'ardeur de cette conquête, les Anglo-Saxons franchirent leur ancienne limite du nord, et troublèrent par une invasion les enfants des Pictes et des Scots, et la peuplade de vieux Bretons qui habitait le val de la Clyde⁶. Il se forma une ligue offensive entre ces diverses nations et les Danois, qui vinrent d'outre-mer pour délivrer leurs compatriotes de la domi-

---

1. ... Dicens se velle aut ibi vivere, aut ibi occumbere. (*Chron. saxon.*, ed. Gibson, p. 100.) — Henrici Huntind. *Hist.*, lib. V, apud *Rer. anglic. Script.*, p. 352, ed. Savile.

2. *Chron. saxon.*, ed. Gibson, p. 100-109.

3. Alias *Æthelstan*, superlatif saxon de *ethel*, noble.

4. ... Se omne illud facturos quod ei visum esset. (*Chron. saxon.*, ed. Gibson, p. 109.)

5. ... In aqua sicut piscis vivere assuetus. (Willelm. Malmesb., *de Gest. reg. angl.*, lib. II, apud *Rer. anglic. Script.*, p. 50, ed. Savile.) — *Hist. Ingulf. Croyland.*, apud *Rer. anglic. Script.*, t. I, p. 29, ed. Gale.

6. Voyez plus haut, liv. I.

nation des hommes du sud. Olaf, fils de Sithrik, dernier roi danois 934 de la Northumbrie, devint le généralissime de cette confédération, où l'on voyait réunis aux hommes venus de la Baltique les Danois des Orcades, les Galls des Hébrides et des monts Grampiens armés du long sabre à deux mains qu'ils appelaient *glay-more* ou le grand glaive, et les Cambriens de Dumbarton et du Galloway, portant des piques longues et minces. La rencontre des deux armées se fit au nord de l'Humber, dans un lieu nommé en saxon Brunanburgh, ou le bourg des Fontaines. La victoire se décida pour les Anglais, qui forcèrent les confédérés à regagner péniblement leurs vaisseaux, leurs îles et leurs montagnes. Ils nommèrent cette journée le jour du grand combat [1], et la célébrèrent dans un chant national dont voici quelques fragments :

« Le roi Ethelstan, le seigneur des chefs, celui qui donne des col-
« liers aux braves, et son frère, Edmund, le noble prince, ont com-
« battu à Brunanburg avec le tranchant de l'épée. Ils ont fendu le
« mur des boucliers ; ils ont abattu les guerriers de renom, la race
« des Scots et les hommes des navires.

« Olaf s'est enfui avec peu de gens, et il a pleuré sur les flots.
« L'étranger ne racontera point cette bataille, assis à son foyer,
« entouré de sa famille ; car ses parents y succombèrent, et ses amis
« n'en revinrent pas. Les rois du nord, dans leurs conseils, se lamen-
« teront de ce que leurs guerriers ont voulu jouer au jeu du carnage
« avec les enfants d'Edward.

« Le roi Ethelstan et son frère Edmund retournent vainqueurs
« dans le pays de West-sex. Ils laissent derrière eux, se repaissant
« de cadavres, le corbeau noir au bec pointu, le vautour à la voix
« rauque, l'aigle rapide, le milan vorace et le loup des bois.

---

1. ... Unde, et vulgo usque ad præsens bellum prænominatur magnum. (Ethelwerdi *Hist.*, lib. III, apud *Rer. anglic. Script.*, p. 848, ed. Savile.) — Willelm. Malmesb., *de Gest. reg. angl.*, lib. II, apud *Rer. anglic. Script.*, p. 48-50, ed. Savile. — *Hist. Ingulf. Croyland.*, apud *Rer. anglic. Script.*, t. I, p. 29, ed. Gale.

934 « Jamais plus grand carnage n'eut lieu dans cette île, jamais plus
« d'hommes n'y périrent par le tranchant de l'épée, depuis le jour
« où les Saxons et les Angles vinrent de l'est à travers l'Océan, où
« ils entrèrent en Bretagne, ces rudes forgerons de guerre, qui vain-
« quirent les Welches [1] et s'emparèrent du pays [2]. »

934 à 935

935 à 937

Ethelstan fit payer cher aux Cambriens du sud le secours que leurs frères du nord avaient donné à ses ennemis; il ravagea le territoire des Gallois, et leur imposa des redevances, premier tribut levé sur eux par un roi anglo-saxon [3]. Les Bretons de la Cornouaille furent chassés de la ville d'Exeter qu'ils habitaient alors en commun avec les Anglais [4]. Cette population fut refoulée vers le midi jusqu'au delà du cours de la rivière de Tamer, qui devint alors, et qui est encore aujourd'hui la limite du pays de Cornouaille. Par la guerre ou par la politique, Ethelstan soumit à sa puissance toutes les populations de races diverses qui habitaient l'île de Bretagne [5]. Il donna un Norvégien pour gouverneur aux Anglo-Danois de la Northumbrie; c'était Erik, fils de Harald, vieux pirate qui se fit chrétien pour obtenir un commandement.

937 Le jour de son baptême, il jura de garder et de défendre le Northumberland contre les païens et les pirates [6]; de roi de mer qu'il était, il devint roi de province, comme s'exprimaient les Scandinaves [7]. Mais cette dignité trop pacifique cessa promptement de lui

---

1. *Weal, weallisc, welsh*, est le nom générique donné par les Teutons aux hommes de race celtique ou romane.

2. *Chron. saxon.*, ed. Ingram, p. 141. — Voyez ci-après, Pièces justificatives.

3. *Lois d'Howell Dda*, lib. III, cap. II, *Leges Wallicæ*, ed. Wotton, p. 199.

4. ... Cornwallenses ab Excestra, quam ad id temporis æquo cum Anglis jure inhabitarant, cedere compulit. (Willelm. Malmesb., *de Gest. reg. angl.*, lib. II, apud *Rer. anglic. Script.*, p. 50, ed. Savile.)

5. A tempore Æthelstani, qui primus regum anglorum omnes nationes quæ Britanniam incolunt sibi armis subegit... (Charta Edgari regis, apud *Monasticon anglicanum*, Dugdale, t. I, p. 140.) — ... Totius Albionis imperator augustus rex et basileus. Totius Britanniæ, cunctarumque nationum quæ infra eam includuntur imperator et dominus. (Chartæ Æthelstani regis.)

6. ... Qui contra Danos aliosque piratas istam regionem esset tuiturus. (Konung Haekon Adalstens Fostres saga, cap. III; Snorre's *Heimskringla*, t. I, p. 129.)

7. Theod-cyning, fylkes-cyning, folkes-cing.

plaire, et il remonta sur ses vaisseaux. Après quelques années d'absence, il revint visiter les Northumbriens, qui le reçurent avec joie, et le prirent de nouveau pour chef, sans l'aveu du roi Edred[1], successeur du fils d'Ethelstan. Ce roi marcha contre eux et les força d'abandonner Erik, qui, à son tour, pour se venger de leur désertion, vint les attaquer avec cinq chefs de corsaires du Danemark et des Orcades. Il périt dans le premier combat avec les cinq rois de mer ses alliés[2]. Cette fin, glorieuse pour un Scandinave, fut célébrée par les skaldes ou poëtes du nord, qui, sans tenir compte du baptême qu'Erik avait reçu chez les Anglais, le placèrent, en idée, dans un tout autre paradis que celui des chrétiens.

« J'ai fait un rêve, dit Odin; il m'a semblé que je me levais avant
« le jour, afin de préparer le Valhalla[3] pour une réception de guer-
« riers morts en combattant.

« J'ai réveillé les héros de leur sommeil; je les ai engagés à se
« lever, à garnir les bancs, à disposer les coupes et à les remplir de
« vin, comme pour l'arrivée d'un roi. La joie de mon cœur m'an-
« nonce de nobles hôtes partis du monde des vivants.

« D'où vient tout ce bruit? s'écrie Braghi[4]; c'est comme si des
« milliers d'hommes s'avançaient. La salle et tous les bancs reten-
« tissent comme au retour de Balder[5] dans le palais d'Odin.

« Odin répond : Tu te trompes, Braghi, toi qui sais tant de choses;
« ce bruit d'applaudissements se fait pour le roi Erik. J'attends son
« arrivée dans mon palais; qu'on se lève, qu'on aille à sa rencontre.

« Pourquoi donc es-tu plus impatient de sa venue que de celle d'un
« autre roi? — C'est qu'en beaucoup de lieux il a rougi son épée de
« sang, qu'il a fait voyager au loin son épée sanglante.

« Je te salue, Erik, brave guerrier; entre, sois le bienvenu dans
« cette demeure. Dis-nous quels rois t'accompagnent; combien vien-
« nent avec toi du combat?

---

1. *Ed-red*, heureux conseiller.
2. Cadit, die finiente, ipse rex Eirikus, caduntque cum eo quinque alii reges. (Konung Haekon Adalstens Fostres saga, cap. IV; Snorre's *Heimskringla*, t. I, p. 130.)
3. *Valhalla* signifie palais des morts.
4. Bragh, dans l'olympe scandinave, est le dieu de l'éloquence et de la poésie.
5. Le plus brave et le plus beau des fils d'Odin.

« — Cinq rois viennent, répond Erik, et moi je suis le sixième[1]. »

Le territoire des Northumbriens, qui avait jusque-là conservé son ancien titre de royaume, le perdit alors, et fut divisé en plusieurs provinces. Le pays situé entre l'Humber et la Tees fut nommé province d'York, en saxon *Everwic-scire*. Le reste du pays, jusqu'à la Tweed, garda le nom général de Northumbrie, *Northan-humbraland*, quoiqu'on y distinguât plusieurs circonscriptions diverses, telles que la terre des Cambriens, *Cumbra-land*, près du golfe de Solway; la terre des montagnes de l'Ouest, *Westmoringa-land;* enfin la Northumbrie proprement dite, sur les bords de la mer orientale, entre les fleuves de Tyne et de Tweed. Les chefs northumbriens, sous l'autorité supérieure des rois anglo-saxons, conservèrent le titre danois qu'ils avaient porté depuis l'invasion; on continua de les appeler Iarls, ou Eorls selon l'orthographe saxonne. C'est un mot dont on ignore la signification primitive, et que les Scandinaves appliquaient à toute espèce de commandant, soit militaire, soit civil, qui agissait comme lieutenant du chef suprême, appelé King ou Kining. Par degrés les Anglo-Saxons introduisirent ce titre nouveau dans leurs territoires du sud et de l'ouest, et en firent la qualification du magistrat à qui fut délégué le gouvernement des grandes provinces, appelées autrefois royaumes, avec la suprématie sur tous les magistrats locaux, sur les préfets des scires, *scire-gerefas* ou *scire-reves;* sur les préfets des villes, *portreves;* sur les anciens du peuple, *eldermen*. Ce dernier titre avait été, avant celui d'eorl, le nom générique des grandes magistratures anglo-saxonnes; il fut dès lors abaissé d'un degré et ne s'étendit plus qu'aux juridictions inférieures et aux dignités municipales.

Dans la révolution qui réunit l'Angleterre tout entière, de la Tweed au cap de Cornouaille, en un seul et même corps politique, le pouvoir des nouveaux monarques s'accrut en force à mesure qu'il s'étendit, et devint, pour chacune des populations réunies, plus pesant que n'avait été le pouvoir de ses rois particuliers. L'association des provinces anglo-danoises aux provinces anglo-saxonnes

---

1. Torfæi, *Hist. rer. norveg.*, pars II, lib. IV, cap. x, p. 197 et 198.

attira nécessairement sur ces dernières quelque chose du régime sévère et ombrageux qui devait peser sur les autres, parce qu'elles étaient peuplées d'étrangers obéissant malgré eux. Les mêmes rois, exerçant à la fois au nord le droit de conquête et au midi celui de souveraineté légale, se laissèrent bientôt entraîner à confondre ces deux caractères de leur puissance et à distinguer faiblement l'Anglo-Danois de l'Anglo-Saxon, l'étranger de l'indigène, le sujet de l'homme pleinement libre. Ces rois conçurent d'eux-mêmes une opinion exagérée; ils s'entourèrent d'une pompe jusqu'alors inconnue; ils cessèrent d'être populaires comme l'étaient leurs prédécesseurs, qui, prenant le peuple pour conseiller en toutes choses[1], le trouvaient toujours prêt à faire ce que lui-même avait délibéré. De là naquirent pour l'Angleterre de nouvelles causes de faiblesse. Toute grande qu'elle parût désormais, sous des chefs dont les titres d'honneur remplissaient plusieurs lignes[2], elle était réellement moins capable de résister à un ennemi extérieur qu'au temps où, réduite à peu de provinces, mais gouvernée sans faste, elle voyait en tête de ses lois nationales ces simples mots : Moi, Alfred, roi des Saxons de l'ouest[3].

Les habitants danois de l'Angleterre, soumis, non sans regret, à des rois étrangers pour eux, tournaient constamment leurs regards vers la mer, espérant que chaque brise leur amènerait des libérateurs et des chefs de leur ancienne patrie. Cette attente ne fut pas longue, et, sous le règne d'Ethelred, fils d'Edgard, les descentes des hommes du nord en Bretagne, qui n'avaient jamais complétement cessé, reprirent tout à coup un caractère menaçant. Sept vaisseaux de guerre abordèrent sur le rivage de Kent et pillèrent l'île de Thanet; trois autres vaisseaux, se dirigeant vers le sud, ravagèrent les lieux voisins de Southampton, et des troupes de débarquement parcoururent et occupèrent, sur plusieurs points, la côte orientale. L'alarme se répandit jusqu'à Londres : Ethelred convoqua aussitôt le grand con-

---

1. Ræde, rædegifan, gerædnes.—Voyez les préambules des lois anglo-saxonnes; Hickesii *Thesaurus linguarum septentrionalium*, t. II, in fine, passim.
2. *Monast. anglic.*, Dugdale, t. I, p. 140.
3. Ego Ælfredus, occidentalium Saxonum rex.

seil national ; mais, sous ce roi nonchalant, occupé de plaisirs futiles et d'actes de dévotion beaucoup plus que de soins militaires, l'assemblée ne se composait guère que d'évêques et de courtisans, plus disposés à flatter leur prince qu'à lui donner de sages avis[1]. Se conformant à l'aversion du roi pour toute mesure prompte et énergique, ils crurent éloigner les Danois en leur offrant une somme équivalente au profit que ces pirates s'étaient promis de leur invasion en Angleterre.

Il existait, sous le nom d'argent danois, *danegheld*, un impôt levé de temps en temps pour l'entretien des troupes qui gardaient les côtes contre les corsaires scandinaves[2]. Ce fut cet argent qu'on proposa comme tribut aux nouveaux envahisseurs : ceux-ci n'eurent garde de refuser, et le premier payement fut de dix mille livres, qu'ils reçurent sous la condition de quitter l'Angleterre. Ils partirent en effet, mais revinrent bientôt plus nombreux, afin d'obtenir une plus forte somme. Leur flotte remonta le fleuve de l'Humber et en dévasta les deux rives. Les habitants saxons des provinces voisines accoururent en armes à leur rencontre ; mais, sur le point d'en venir aux mains, trois de leurs chefs, Danois d'origine, les trahirent et passèrent à l'ennemi. Tout ce qu'il y avait en Northumberland de Danois nouvellement convertis fit amitié et alliance avec les païens venus des bords de la Baltique[3].

Bientôt les vents du printemps amenèrent dans la Tamise une flotte de quatre-vingts vaisseaux conduits par deux rois, Olaf de Norvége et Swen[4] de Danemark, dont le second, après avoir reçu le baptême, était retourné au culte d'Odin. Ces deux rois, pour marquer

---

1. Rex pulchre ad dormiendum factus. (Willelm. Malmesb., *de Gest. reg. angl.*, lib. II, apud *Rer. anglic. Script.*, p. 63, ed. Savile.) — Rex... imbellis quia imbecillis, monachum potius quam militem actione prætendebat. (Osberni *Vita S. Elphegi*; *Anglia sacra*, t. II, p. 131.)

2. *Dæne-geold*, en latin *danegeldum*. Voyez le *Glossaire* de Ducange. — Duodecim denarios ex unaquaque hida totius patriæ, ad conducendos eos qui piratarum irruptioni resistendo obviarent. (*Leges Edwardi*, apud Wilkins, p. 198.)

3. *Hist. Ingulf. Croyland.*, apud *Rer. anglic. Script.*, t. I, p. 55, ed. Gale. — *Chron. Johan. Bromton*, apud *Hist. angl. Script.*, t. I, col. 879, ed. Selden. — Willelm. Malmesb., *de Gest. reg. angl.*, lib II, apud *Rer. anglic. Script.*, p. 69, ed. Savile.

4. *Sven, swein, sweyn, swayn*, un jeune homme. Voyez le *Glossaire* de Ihre.

par un signe leur prise de possession du pays, plantèrent une lance sur la rive et en jetèrent une autre dans le courant du fleuve. Ils marchaient à grandes journées, dit un vieux récit, escortés par le fer et le feu, leurs compagnons ordinaires[1]. Ethelred, à qui la conscience de son impopularité faisait craindre de rassembler une armée nombreuse[2], proposa encore une fois de l'argent aux ennemis, s'ils voulaient se retirer en paix. Ils demandèrent vingt-quatre mille livres, que le roi leur paya sur-le-champ, satisfait de leur promesse et de la conversion d'un chef danois, qui reçut, dans l'église de Winchester, le baptême, auquel un de ses pareils prétendait avec dérision s'être présenté vingt fois[3].

La retraite des envahisseurs ne se fit que d'une manière incomplète, et la paix qu'ils avaient jurée fut loin d'être observée par eux. Dans les cantonnements où ils étaient disséminés, ils commirent toutes sortes de violences, outragèrent les femmes et tuèrent des hommes[4]. Leur insolence et leurs excès, irritant au dernier point le ressentiment des indigènes, amenèrent bientôt un de ces actes de vengeance nationale qu'il est également difficile de condamner et de justifier, parce qu'un instinct noble, la haine de l'oppression, s'y mêle à des passions atroces. Par suite d'une grande conspiration, formée sous les yeux et avec la connivence des magistrats et des officiers royaux, les Danois de la dernière invasion, hommes, femmes et enfants, furent tous, le même jour et à la même heure, assaillis et tués dans leurs logements par leurs voisins ou par leurs hôtes[5]. Ce massacre, qui fit grand bruit, et dont les circonstances odieuses servirent dans la suite de prétexte aux ennemis de la nation an-

---

1. ... Cum ducibus solitis Marte et Vulcano. (*Chron. Johan. Bromton*, apud *Hist. angl. Script.*, t. I, col. 883, ed. Selden.) — Ce trait de poésie me paraît plus ancien que la chronique où il se trouve.

2. ... Formidine meritorum nullum sibi fidelem metuens. (Willelm. Malmesb., *de Gest. reg. angl.*, lib. II, apud *Rer. anglic. Script.*, p. 69, ed. Savile.)

3. Jam vicies hic lotus sum... (*Monachus Sancti Galli*, apud *Script. rer. gallic. et francic.*, t. V, p. 134.) — *Chron. saxon.*, ed. Gibson, p. 127 et seq.

4. Jam post pacem factam... uxores... et filias vi opprimere præsumpserunt. (Matth. Westmonast. *Flores hist.*, p. 200, el. Francfort, 1601.)

5. ... Mulieres cum liberis. (Ibid.)

glaise, eut lieu en l'année 1003, le jour de Saint-Brice. Il ne s'étendit point sur les provinces du nord et de l'est, où les Danois, anciennement établis, formaient une grande partie de la population; mais tous les nouveaux émigrés, à l'exception d'un très-petit nombre, périrent, et avec eux une des sœurs du roi de Danemark. Afin de tirer vengeance de ce meurtre et de punir ce qu'il nommait la trahison du peuple anglais, le roi Swen assembla une armée beaucoup plus nombreuse que la première, et dans laquelle, si l'on en croit d'anciens récits, il ne se trouvait pas un seul esclave, pas un affranchi, pas un vieillard, mais dont chaque combattant était libre, fils d'homme libre et dans la vigueur de l'âge[1].

Cette armée s'embarqua sur des vaisseaux de haut bord, dont chacun portait une marque distinctive qui en désignait le commandant. Les uns avaient à la proue des figures de lions, de taureaux, de dauphins, d'hommes, en cuivre doré; les autres portaient au haut des mâts des oiseaux déployant leurs ailes et tournant avec le vent; les flancs des navires étaient peints de diverses couleurs, et des boucliers de fer poli y étaient suspendus en file[2]. Le vaisseau royal, d'une forme très-allongée, montrait à la proue la tête d'un énorme serpent dont la queue s'enroulait à la poupe; on l'appelait le Grand-Dragon[3]. A leur débarquement sur la côte d'Angleterre, les Danois, formés en bataillons, déployèrent un étendard mystérieux qu'ils appelaient le *Corbeau*. C'était un drapeau de soie blanche, au milieu duquel on voyait en noir la figure d'un corbeau, le bec ouvert et les ailes étendues; trois sœurs du roi Swen l'avaient brodé durant une nuit en accompagnant leur ouvrage de chants et de gestes magiques[4]. Cette bannière, qui, selon les idées superstitieuses des Scan-

---

1. Nullus... servus, nullus ex servo libertus, nullus ignobilis, nullus senili ætate debilis. Omnes erant nobiles, omnes plenæ ætatis robore valentes. (Emmæ reginæ *Encomium*, apud *Script. rer. normann.*, p. 168.) — *Chron. saxon.*, ed. Gibson, p. 127 et seq.

2. Emmæ reginæ *Encomium*, apud *Script. rer. normann.*, p. 166.

3. De nave Dracone oblongo. (Konung Olaef Trygwasons Saga, cap. xciv et seq.; Snorre's *Heimskringla*, t. I.) — Proram ornabat draconis caput, puppis vero in formam caudæ erat aptata. (Saga of Haraldi Hardrada, ibid., t. III, p. 118.)

4. ... Corvus hians ore excutiensque alas. (Emmæ reginæ *Encomium*, apud *Script. rer. normann.*, p. 170.)

dinaves, était un gage de victoire, augmentait l'ardeur et la confiance des nouveaux envahisseurs. Dans tous les lieux où ils passaient, dit un vieil historien, ils mangeaient gaiement le repas préparé à regret pour eux, et, à leur départ, ils tuaient l'hôte et brûlaient le logis [1].

1004 à 1006

Ils enlevaient partout les chevaux, et se faisant cavaliers, suivant la tactique de leurs prédécesseurs, ils marchaient rapidement à travers le pays, se présentaient tout à coup, lorsqu'on les croyait loin, surprenaient les châteaux et les villes. En peu de temps ils eurent conquis toutes les provinces du sud-est, depuis l'embouchure de l'Ouse jusqu'à la baie de Southampton. Le roi Ethelred, qui n'était jamais prêt à combattre, n'imaginait d'autre ressource que celle d'acheter à prix d'argent des trêves de quelques jours, et cette politique de temporisation l'obligeait à charger le peuple d'impôts toujours croissants [2]. Ceux des Anglais qui avaient le bonheur d'être préservés du pillage des Danois n'échappaient point aux exactions royales, et, sous cette forme ou sous l'autre, ils étaient certains de se voir tout enlever.

Pendant que ceux qui gouvernaient l'Angleterre faisaient ainsi leur pacte avec l'étranger aux dépens du peuple, il y eut un homme qui, bien que puissant dans le pays, aima mieux mourir que d'autoriser cette conduite par son exemple. C'était l'archevêque de Canterbury, nommé Elfeg. Prisonnier des Danois après le siège de sa ville métropolitaine, et traîné de campement en campement à la suite de leurs bagages, il resta longtemps dans les chaînes sans prononcer le mot de rançon. Les Danois se lassèrent les premiers, et proposèrent à leur captif de lui rendre la liberté au prix de trois mille pièces d'or, s'il voulait prendre l'engagement de conseiller au roi Ethelred de leur donner une somme quadruple. « Je ne possède « point tant d'argent, répondit l'archevêque, et je ne veux rien coû- « ter à qui que ce soit, ni rien conseiller à mon roi contre l'honneur

1006 à 1012

---

1. ... Reddebant hospiti cædem, hospitio flammam. (Henrici Huntind. *Hist.*, lib. VI, apud *Rer. anglic. Script.*, p. 360, ed. Savile.)

2. *Hist. Ingulf. Croyland.*, apud *Rer. anglic. Script.*, t. I, p. 56, ed. Gale. — Willelm. Malmesb., *de Gest. reg. anglic.*, lib. II, apud *Rer. anglic. Script.*, p. 69, ed. Savile.

« du pays¹. » Il déclara hautement qu'il n'accepterait de personne aucun présent pour sa rançon, et défendit à ses amis de rien solliciter, disant que ce serait trahison de sa part que de payer les ennemis de l'Angleterre. Les Danois, plus avides d'argent que du sang de l'archevêque, renouvelaient souvent leurs demandes : « Vous me pressez en vain, leur répétait Elfeg ; je ne suis pas homme « à fournir aux dents des païens de la chair de chrétien à dévorer, « et ce serait le faire que de vous livrer ce que les pauvres ont amassé « pour vivre². »

Les Danois perdirent patience, et un jour qu'il leur était venu du midi des tonneaux de vin dont ils burent largement, ne sachant que faire pour s'amuser après le repas, ils voulurent se donner le plaisir de mettre en jugement l'archevêque. On le leur amena, garrotté sur un mauvais cheval, au lieu où se tenaient ordinairement le conseil de guerre et le tribunal de l'armée ; les chefs et les guerriers de distinction étaient assis sur de grosses pierres qui formaient un cercle, et non loin de là se trouvait un tas énorme d'os et de cornes de bœufs, débris de la cuisine du camp³. Aussitôt que le prélat saxon eut été introduit au milieu du cercle, un grand cri s'éleva de toutes parts : « De l'or, évêque, de l'or, ou nous allons te faire jouer un rôle qui « te rendra fameux dans le monde⁴. » Elfeg répondit avec calme : « Je vous offre l'or de la sagesse, qui est de renoncer à vos supersti-« tions et de vous convertir au vrai Dieu ; que si vous méprisez mon « conseil, sachez que vous périrez comme Sodome et ne prendrez « point racine en ce pays. » A ces mots, qui leur parurent une menace pour eux et une insulte pour leur religion, les juges quittèrent leurs siéges, et, se jetant sur l'archevêque, le renversèrent par terre

---

1. Si... existimetis me aut ecclesiasticas possessiones exspoliaturum, aut contra patriæ decus regi suasurum, fallimini. (Osberni *Vita S. Elphegi*; *Anglia sacra*, t. II, p. 138.)

2. ... Christianorum carnes paganis dentibus conterendas dare. Ego equidem id faciam, si, quod paupertas ad vitam paraverat, vestris hoc morsibus abutendum tradam. (Ibid.) — Eadmeri *Hist. nov.*, lib. I, p. 4, ed. Selden. — *Hist. Ingulf. Croyland.*, apud *Rer. anglic. Script.*, t. I, p. 57, ed. Gale.

3. ... Ossibus et boum cornibus. (*Chron. saxon.*, ed. Gibson, p. 142.)

4. ... Episcope, aurum. (Osberni *Vita S. Elphegi*; *Anglia sacra*, t. II, p. 140.)

en le frappant du dos de leurs haches ; plusieurs coururent à l'amas d'os et de cornes, dont ils s'armèrent et qu'ils firent pleuvoir sur le Saxon en écartant la foule qui l'entourait. L'archevêque essaya en vain de se mettre à genoux pour prier, et tomba bientôt à demi mort ; il fut achevé par un soldat qu'il avait converti et baptisé la veille, et qui, par une compassion barbare, lui fendit la tête d'un coup de hache, afin de terminer ses souffrances. Les meurtriers voulurent d'abord jeter le cadavre dans un bourbier voisin ; mais les Anglo-Saxons, qui honoraient Elfeg comme un martyr du Christ et de la patrie, achetèrent son corps au prix d'une grosse somme d'argent et l'ensevelirent à Londres[1].

Cependant le roi Ethelred pratiquait sans scrupule ce que l'archevêque de Canterbury, au péril de sa propre vie, avait refusé de lui conseiller. Un jour ses collecteurs de taxes[2] levaient des tributs pour les Danois ; le lendemain les Danois se présentaient eux-mêmes et taxaient pour leur propre compte. A leur départ, les agents royaux revenaient encore, et traitaient les malheureux habitants plus durement que la première fois, les appelant traîtres et pourvoyeurs de l'ennemi[3]. Le vrai pourvoyeur des Danois, Ethelred, lassa enfin la patience du peuple qui l'avait fait roi pour la défense commune. Quelque dure que fût la domination étrangère, on trouva plus facile de s'y résigner tout d'un coup que d'attendre, au milieu des souffrances, sous un roi sans courage et sans vertu, le moment d'une servitude inévitable. Plusieurs provinces du centre et du midi se soumirent volontairement aux Danois ; Oxford et Winchester ouvrirent leurs portes ; et Swen, s'avançant dans la contrée de l'ouest jusqu'au golfe de la Saverne, prit le titre de roi de toute l'Angleterre, sans aucune opposition[4]. Effrayé de l'abandon général, Ethelred s'enfuit dans la petite île de Wight, et de là passa le détroit pour aller en Gaule demander un asile au frère de sa femme,

---

1. *Chron. saxon.*, ed. Gibson, p. 142.
2. ... Regii exactores. (*Hist. Ingulf. Croyland.*, apud *Rer. anglic. Script.*, t. I, p. 57, ed. Gale.)
3. ... Tanquam patriæ proditorem et Danorum provisorem. (*Ibid.*)
4. ... Rex plenarius ; *fulle cyning.* (*Chron. saxon.*, ed. Gibson, p. 143.)

1013 chef souverain de la province riveraine du cours inférieur de la Seine[1].

En se mariant à une femme étrangère, Ethelred avait conçu l'espoir d'obtenir des parents puissants de son épouse quelque secours contre les Danois; mais il fut trompé dans son attente. Ce mariage, qui devait procurer des défenseurs à l'Angleterre[2], n'amena d'outre-mer que des solliciteurs d'emplois publics et des ambitieux avides d'argent et de dignités. Les villes dont la garde avait été remise à ces étrangers furent les premières rendues aux Danois[3]. Par un hasard singulier, le prince résidant en Gaule, dont le roi d'Angleterre avait recherché l'alliance comme un appui dans la lutte contre les forces de la Scandinavie, était lui-même d'origine scandinave, et petit-fils d'un ancien chef de pirates, conquérant de la province gauloise que sa postérité gouverna par droit d'héritage. Le chef de cette nouvelle dynastie, après avoir longtemps ravagé la contrée, y avait fixé ses compagnons de piraterie, et fondé avec eux un État qui de leur nom de nation s'appelait *Normandie*, ou terre des Normands[4].

La Normandie était contiguë, du côté du sud, à la petite Bretagne, État fondé, comme on l'a vu plus haut, par d'anciens réfugiés bretons; et du côté de l'est elle touchait au vaste pays dont elle avait été démembrée, à la Gaule septentrionale, qui avait pris un nouveau nom, celui de France, depuis l'établissement des Franks. Les descendants de ces émigrés de la Germanie y habitaient encore, après cinq siècles, séparés des indigènes gaulois, moins par les mœurs et l'idiome que par la condition sociale. L'empreinte de la distinction des races se retrouvait dans la différence profondément marquée des conditions et dans les formules du langage qui servait à l'exprimer.

---

1. *Chron. saxon.*, ed. Gibson, p. 144. — Willelm. Malmesb., *de Gest. reg. angl.*, lib. II, apud *Rer. anglic. Script.*, p. 69, ed. Savile. — Henrici Huntind. *Hist.*, lib. VI, apud ibid., p. 362.

2. ... Ad tuitionem et majorem securitatem regni sui. (*Chron. Johan. Bromton, apud Hist. anglic. Script.*, t. I, col. 883, ed. Selden.)

3. Henrici Huntind. *Hist.*, lib. VI, apud *Rer. anglic. Script.*, p. 360, ed. Savile. — Rogerii de Hoved. *Annal.*, pars I, apud ibid., p. 429, ed. Savile.

4. ... Quam Northmanniam Northmanni vocaverunt, eo quod de Northwega egressi essent. (*Script. rer. normann.*, p. 7.)

Pour désigner la liberté civile au dixième siècle, il n'y avait, dans la langue parlée en France, d'autre mot que celui de *frankise* ou *franchise*[1], selon les dialectes, et *Franc* signifiait à la fois libre, puissant et riche.

Pour fonder et continuer à ce point la prédominance de la race conquérante, il n'eût peut-être pas suffi de la seule invasion des enfants de Merowig et de leur conversion au christianisme. Moins de trois siècles après leur établissement en Gaule, ces terribles envahisseurs étaient presque devenus Gaulois; les rois issus de Chlodowig, aussi peu offensifs que leurs aïeux s'étaient montrés farouches, bornaient leur ambition à faire bonne chère et à se promener doucement en char[2]. Mais alors il existait entre le Rhin et la forêt des Ardennes, sur le territoire que les Franks nommaient *Oster-rike*, ou royaume d'Orient, une population chez qui le caractère teutonique avait mieux résisté à l'influence des mœurs méridionales. Venue la dernière à la conquête de la Gaule, exclue de la possession des riches provinces et des grandes cités du Midi, elle aspirait à en usurper sa part, et même à supplanter dans leur domination les Franks du *Neoster-rike* ou du royaume occidental[3]. Ce hardi projet, longtemps poursuivi avec des chances diverses, s'accomplit enfin au vın[e] siècle; et, sous la forme d'une révolution de palais, il y eut une véritable invasion des Franks austrasiens sur les Franks neustriens. Un second partage de terres eut lieu dans presque toute la Gaule; il s'éleva une seconde race de rois, étrangers à la première; et la conquête, en se renouvelant, prit un caractère plus durable.

Ce ne fut pas tout; l'activité guerrière des Franks, éveillée par cette grande impulsion, les poussa dans tous les sens hors de leurs anciennes limites; ils firent des conquêtes vers le Danube et vers l'Elbe, au delà des Pyrénées et des Alpes. Maître de la Gaule et des deux rives du Rhin, de l'ancien territoire de la confédération saxonne et d'une partie des pays slaves, de l'Italie presque entière et du nord

---

1. Dans les actes latins, *franchisia*. Voyez le *Glossaire* de Ducange.
2. ... Plaustro bobus trahentibus vectus. (*Annales fuldenses*, apud *Script. rer. gallic. et francic.*, t. II, p. 676.)
3. Voyez les *Lettres sur l'histoire de France*, lettre X.

de l'Espagne, le second prince de la nouvelle dynastie, Karl, surnommé le Grand, que nous appelons Charlemagne, échangea son titre de roi contre celui d'empereur ou de César, aboli en Occident depuis plus de trois siècles. C'était un homme d'une activité infatigable, doué de ce génie administratif qui va de l'ensemble aux moindres détails, et que, par une singularité remarquable, on voit reparaître presque identiquement le même aux époques les plus différentes. Mais ce génie, malgré toutes ses ressources, ne pouvait, sans l'action des siècles, fondre en un seul corps tant de nations diverses d'origine, de mœurs et de langage. Sous une apparence d'union l'isolement naturel subsista, et pour empêcher l'empire de se dissoudre dès sa création, il fallut que le grand empereur y portât sans cesse la main. Tant qu'il vécut, les peuples du continent occidental restèrent agrégés sous sa vaste domination, étrangère pour tous, hors un seul; mais ils commencèrent à rompre cette union factice aussitôt que le César frank fut descendu, en habits impériaux, dans le caveau sépulcral d'Aix-la-Chapelle.

Un mouvement spontané de révolte agita, presque à la fois, les nations associées malgré elles. La Gaule tendit à se séparer de la Germanie, et l'Italie à s'isoler de toutes les deux. Chacune de ces grandes masses d'hommes, en s'ébranlant, entraîna dans sa cause la portion du peuple conquérant qui habitait au milieu d'elles, comme dominatrice du sol, et avec des titres de puissance et d'honneur, soit latins, soit germaniques [1]. Les Franks tirèrent l'épée contre les Franks, les frères contre les frères, les pères contre les fils. Trois des petit-fils de Karl le Grand se livrèrent bataille entre eux, au centre de la Gaule, l'un à la tête d'une armée de Gaulois et de Gallo-Franks, l'autre suivi des Italiens, le troisième des Teutons et des Slaves [2]. La querelle domestique des rois issus du César frank n'était qu'un reflet de la querelle des peuples, et c'est pour cette raison même qu'elle fut si longue et si opiniâtre. Les rois firent et défirent dix partages

---

1. En latin, *duces, comites, judices, missi, præfecti, præpositi;* en langue teutonique, *grafen, mark-grafen, land-grafen, burg-grafen, herizogen, skepen, sensskalken, maerskalken,* etc. — Voyez le *Glossaire* de Ducange.

2. A Fontenai, *Fontanetum*, près d'Auxerre.

de cet empire que les peuples voulaient dissoudre ; ils se prêtèrent l'un à l'autre des serments en langue tudesque et dans la langue vulgaire qu'on appelait romane[1] ; puis ils les rompirent aussitôt, ramenés, presque malgré eux, à la discorde, par la turbulence des masses que ne pouvait satisfaire aucun traité. 814 à 841

C'est au milieu de ce désordre, lorsque la guerre civile régnait d'un bout à l'autre de l'immense empire des Franks, que les Vikings danois ou normands (ce dernier nom prévalut en Gaule) vinrent affliger ce pays d'invasions réitérées. Ils faisaient un genre de guerre tout nouveau, et qui aurait déconcerté les mesures les mieux prises contre une agression ordinaire. Leurs flottes de bateaux à voiles et à rames entraient par l'embouchure des fleuves et les remontaient souvent jusqu'à leur source, jetant alternativement sur les deux rives des bandes de pillards intrépides et disciplinés. Lorsqu'un pont ou quelque autre obstacle arrêtait cette navigation, les équipages tiraient leurs navires à sec, les démontaient et les charriaient jusqu'à ce qu'ils eussent dépassé l'obstacle. Des fleuves ils passaient dans les rivières, et puis d'une rivière dans l'autre, s'emparant de toutes les grandes îles, qu'ils fortifiaient pour en faire leurs quartiers d'hiver, et y déposer, sous des cabanes rangées en files, leur butin et leurs captifs. 841 à 870

Attaquant ainsi à l'improviste, et, lorsqu'ils étaient prévenus, faisant retraite avec une extrême facilité, ils parvinrent à dévaster des contrées entières, au point que, selon l'expression des contemporains, on n'y entendait plus un chien aboyer. Les châteaux et les lieux forts étaient le seul refuge contre eux ; mais, à cette première époque de leur irruption, il y en avait peu, et les murs mêmes des anciennes villes romaines tombaient en ruine. Pendant que les riches seigneurs de terres flanquaient leur manoir de tours crénelées et l'entouraient de fossés profonds, les habitants du plat pays émigraient en masse de leurs villages, et allaient à la forêt voisine camper sous des huttes défendues par des abatis et des palissades. Mal protégés par les rois,

---

1. Nithardi *Hist.*, apud *Script. rer. gallic. et francic.*, t. VII, p. 26 et 27. — Voyez les *Lettres sur l'histoire de France*, lettre XI.

les ducs et les comtes du pays, qui souvent traitaient avec l'ennemi pour eux seuls et aux dépens des pauvres, les paysans s'animaient quelquefois d'une bravoure désespérée, et, avec de simples bâtons, ils affrontaient les haches des Normands[1]. D'autres fois, voyant toute résistance impossible, ils renonçaient à leur baptême pour détourner la fureur des païens, et, en signe de leur initiation au culte des dieux du Nord, ils mangeaient de la chair d'un cheval immolé en sacrifice. Cette apostasie ne fut point rare dans les lieux les plus exposés au débarquement des pirates; leurs bandes mêmes se recrutèrent de gens qui avaient tout perdu par leurs ravages; et d'anciens historiens assurent que le fameux roi de mer Hasting était fils d'un laboureur des environs de Troyes.

Près d'un siècle s'écoula entre la première et la dernière descente des Normands en Gaule, et dans cet intervalle s'accomplit, au milieu de malheurs de tout genre, le démembrement de l'empire fondé par Karl le Grand. Non-seulement on vit se détacher du territoire gaulois des pays que des limites naturelles en séparaient anciennement, mais, au sein même de ce territoire, il se fit une division partielle, d'après les convenances géographiques, les traditions locales, les différences de langage ou de dialectes. La Bretagne, restée indépendante sous la première dynastie franke et assujettie sous la seconde, commença ce mouvement, et redevint un État séparé dès la première moitié du dixième siècle. Elle eut des princes nationaux, affranchis de toute suzeraineté étrangère, et même des princes conquérants, qui enlevèrent au petit-fils de Charlemagne les villes de Rennes et de Nantes. Cinquante ans plus tard, l'ancien royaume des Visigoths, le pays compris entre la Loire, le Rhône et les Pyrénées, après s'être longtemps, et avec des chances diverses, débattu contre la domination franke, devint, sous le nom d'Aquitaine ou de Guienne, une souveraineté distincte; tandis que, de l'autre côté du Rhône, une nouvelle souveraineté se formait dans la partie méridionale de l'ancien royaume des Burgondes. En même temps, les provinces voisines du

---

1. ... Adversus quos nullus rex, nullus dux, nullusque defensor surrexit qui eos expugnaret. (*Chronicon namnetense* : Dom Lobineau, *Hist. de Bretagne*, Pièces justificatives, t. II, liv. I, p. 45.)

Rhin, où le flot des invasions germaniques avait apporté l'idiome tudesque, élevaient une barrière politique entre elles et le pays de langue romane. Dans l'espace intermédiaire laissé par ces nouveaux États, c'est-à-dire entre la Loire, la Meuse, l'Escaut et la frontière bretonne, se trouvait resserré le royaume des Gallo-Franks, ou la France. Son étendue était exactement la même que celle du Neoster-rike, ou de la Neustrie des anciens Franks; mais le nom de Neustrie ne se donnait plus alors qu'à la région maritime la plus occidentale, de même que son corrélatif Oster-rike, ou Austrasie, qui autrefois s'appliquait à la Germanie entière, fut insensiblement relégué vers les rives du Danube.

Ce nouveau royaume de France, véritable berceau de la France moderne, contenait une population mélangée, germaine sous un aspect, et sous l'autre gallo-romaine : aussi les peuples étrangers la désignaient-ils par des noms différents, selon le point de vue d'où ils la considéraient. Les Italiens, les Espagnols, les Anglais et les nations scandinaves ne voyaient que des Franks dans la Gaule; mais les Allemands, revendiquant pour eux-mêmes ce noble nom, le refusaient à leurs voisins occidentaux, qu'ils appelaient *Wallons* ou *Welches*[1]. Dans l'intérieur du pays, on faisait à cet égard une autre distinction : le possesseur de terres qui habitait au milieu de ses vassaux et de ses colons, uniquement occupé d'armes ou de chasse, et qui menait ainsi un genre de vie conforme aux habitudes des anciens Franks, prenait le titre de *franc-homme*, ou celui de *baron*, empruntés tous deux à la langue de la conquête[2]. Quant à ceux qui, n'ayant pas de manoir seigneurial, habitaient en masse, à la manière romaine, les villes, les bourgs ou les hameaux, ils tiraient de cette circonstance une qualification particulière; on les appelait *vilains* ou

---

1. Alamani et cæteri transrhenani populi, qui imperatori Teutonicorum subjecti sunt, magis proprie se Francos appellari jubent, eos quos nos putamus Francos, Galwalas, antiquo vocabulo, quasi Gallos nuncupant. (Willelm. Malmesb., *de Gest. reg. angl.*, lib. I, apud *Rer. anglic. Script.*, p. 24, ed. Savile.)

2. Vivere, habitare, succedere more Francorum... francus homo. (*Gloss.* de Ducange.) — *Barn, bairn, beorn*, un homme, un enfant mâle. (*Gloss.* de Wachter.) De là viennent les mots romans **bers, bernes, bernage**.

manants[1]. Il y avait des vilains réputés libres, et des vilains serfs de la glèbe; mais la liberté des premiers, toujours menacée ou envahie par les seigneurs, était faible et précaire. Tel était le royaume de France, relativement à son étendue et aux différentes classes d'hommes qui l'habitaient, lorsqu'il subit une grande invasion de pirates septentrionaux, qui devait être la dernière de toutes et en clore la longue série par un démembrement territorial. Pour remonter jusqu'à la cause de cet événement célèbre, il faut entrer dans l'histoire du Nord.

Vers la fin du neuvième siècle, Harald Harfagher, c'est-à-dire aux beaux cheveux, roi d'une partie de la Norvége, étendit par la force des armes son pouvoir sur tout le pays, dont il fit un seul royaume. Cette destruction de plusieurs petits États anciennement libres n'eut point lieu sans résistance; non-seulement le terrain fut vivement disputé, mais, après la conquête, beaucoup d'hommes préférèrent s'expatrier, et mener sur mer une vie errante, plutôt que d'obéir à un roi étranger. La plupart de ces déshérités infestaient les mers du Nord, ravageaient les côtes et les îles, et travaillaient à exciter des soulèvements parmi leurs compatriotes. Ainsi l'intérêt politique fit bientôt du conquérant de la Norvége l'ennemi le plus acharné des pirates. Avec une flotte nombreuse, il les poursuivit le long de toutes les côtes de son royaume, et jusque dans les parages des Orcades et des Hébrides, coulant bas leurs vaisseaux et ruinant les postes qu'ils avaient établis dans plusieurs îles de l'Océan. En outre, il interdit par des lois sévères dans ses États la piraterie et toute espèce d'exaction à main armée[2].

C'était un usage immémorial parmi les Vikings d'exercer sur toutes les côtes, sans distinction de pays, un droit qu'ils nommaient *strandhug*, ou presse des vivres. Lorsqu'un équipage, dont les provisions de bouche tiraient à leur fin, apercevait sur le rivage quelque troupeau gardé par peu de monde, les pirates débarquaient en

---

1. *Villani, manentes, coloni.* Le mot *villa*, que les Romains n'employaient que pour désigner une maison de campagne, signifia de bonne heure, dans les langues néo-latines, toute espèce de lieux habités.

2. Mallet, *Histoire du Danemark*, t. I, p. 223.

force, s'emparaient des animaux, les tuaient, les dépeçaient, et se ravitaillaient ainsi sans payer, ou en donnant le moins possible. Le *strandhug* était le fléau des campagnes et la terreur des paysans; souvent on l'avait vu exercer par des gens qui ne faisaient point métier de la piraterie, mais auxquels leur puissance et leur richesse assuraient l'impunité[1].

870 à 895

Il y avait à la cour du roi Harald, parmi les Iarles, ou chefs du premier rang, un certain Rognvald, que le roi aimait beaucoup et qui l'avait servi avec zèle dans toutes ses expéditions. Rognvald avait plusieurs fils, tous connus pour leur bravoure, et dont l'aîné, appelé Rolf[2], était d'une taille si haute que, ne trouvant dans la petite race du pays aucun cheval à son usage, il cheminait toujours à pied, ce qui le faisait surnommer *Gang-Rolf*, c'est-à-dire Rolf le Marcheur. Un jour que le fils de Rognvald, avec de nombreux compagnons, revenait d'une croisière dans la Baltique, avant d'aborder en Norvége il relâcha dans la province de Vighen, et là, soit par besoin de vivres, soit pour profiter de l'occasion, il exerça le *strandhug*. Le hasard voulut que le roi Harald se trouvât dans les environs et reçût les plaintes des paysans; sans considérer quel était l'auteur du délit, il fit assembler aussitôt un *thing*, ou conseil de justice, pour juger Rolf d'après la loi. Avant que l'accusé parût devant l'assemblée qui devait lui appliquer la peine du bannissement, sa mère courut auprès du roi et lui demanda grâce; mais Harald fut inexorable. Alors cette femme, inspirée par la colère et par le sentiment maternel, se mit à improviser, comme il arrivait souvent aux Scandinaves quand ils étaient vivement émus. S'adressant au roi, elle lui dit en vers : « Tu chasses du pays et tu traites « en ennemi un homme de noble race; écoute donc ce que je t'an-« nonce : il est dangereux d'attaquer le loup, et, quand on l'a une « fois mis en colère, gare aux troupeaux qui vont dans la forêt[3] ! »

895

Malgré ces menaces poétiques, la sentence fut prononcée, et Rolf,

---

1. Depping, *Histoire des expéditions maritimes des Normands*, t. II, chap. VIII, p. 57.
2. Dans l'ancienne langue scandinave, l'orthographe est *Gangu-Rolfr*.
3. Haralds saga ens Harfagra, cap. XXIV; Snorre's *Heimskringla*, t. I, p. 100. — Mallet, *Histoire de Danemark*, t. I, p. 224.

se voyant banni à perpétuité, assembla quelques vaisseaux et cingla vers les Hébrides. Ces îles avaient servi de refuge à une partie des Norvégiens émigrés par suite des conquêtes du roi Harald. Presque tous étaient des gens de haute naissance et d'une grande réputation militaire. Le nouvel exilé s'associa avec eux pour des entreprises de piraterie ; ils réunirent tout ce qu'ils avaient de vaisseaux, et en formèrent une flotte assez nombreuse, qui n'obéissait point à un seul chef, mais à tous les confédérés, et où Rolf n'avait d'autre prééminence que celle de son mérite et de son nom [1].

Partie des Hébrides, la flotte doubla la pointe de l'Écosse, et, se dirigeant vers le sud-est, pénétra en Gaule par l'embouchure de l'Escaut ; mais comme la contrée, naturellement pauvre et déjà dévastée à différentes reprises, offrait peu de choses à prendre, les pirates se remirent bientôt en mer. Ayant marché au sud, ils entrèrent dans la Seine et la remontèrent jusqu'à Jumiéges, à cinq lieues de Rouen : c'était le temps où les limites du royaume de France venaient d'être définitivement fixées, et resserrées entre la Loire et la Meuse. Aux longues révolutions territoriales qui avaient déchiré ce royaume succédait une révolution politique, dont le but, réalisé un siècle plus tard, était l'expulsion de la seconde dynastie des rois franks [2]. Le roi des Français, descendant de Karl le Grand, et nommé Karl comme son aïeul, seule ressemblance qu'il eût avec lui, disputait alors la couronne à un compétiteur dont les ancêtres ne l'avaient jamais portée. Tour à tour vainqueurs ou vaincus, le roi d'ancienne race et le roi par élection étaient maîtres alternativement ; mais ni l'un ni l'autre n'avaient assez de pouvoir pour protéger le pays contre une invasion étrangère : toutes les forces du royaume étaient employées, de part et d'autre, à soutenir la guerre civile ; aussi aucune armée ne se présenta pour arrêter les nouveaux pirates et les empêcher de piller et d'incendier les deux rives de la Seine.

Le bruit de leurs dévastations parvint bientôt à Rouen et y jeta

---

1. Depping, *Hist. des expéd. marit. des Normands*, t. II, p. 68.
2. Voyez les *Lettres sur l'histoire de France*, lettre XII.

la terreur. Les habitants n'attendaient aucun secours et désespéraient de pouvoir défendre leurs murailles, ruinées dans les invasions précédentes. Au milieu de ce découragement général, l'archevêque de Rouen, homme prudent et ferme, prit sur lui de sauver la ville, en capitulant avec l'ennemi avant la première attaque[1]. Sans s'inquiéter de la haine souvent cruelle que les païens du Nord témoignaient pour le clergé chrétien, l'archevêque se rendit au camp près de Jumiéges, et parla au chef normand avec le secours d'un interprète. Il dit et fit si bien, dit un vieux chroniqueur, tant promit et tant donna, qu'il conclut une trêve avec Rolf et ses compagnons, leur garantissant l'entrée de la ville, et recevant d'eux, en retour, l'assurance de n'y faire aucun mal[2]. Ce fut près de l'église de Saint-Morin, à l'un des ports de la Seine, que les Norvégiens abordèrent d'une façon toute pacifique. Ayant amarré leurs vaisseaux, tous les chefs parcoururent la ville en différents sens; ils en examinèrent avec attention les remparts, les quais, les fontaines, et, la trouvant à leur gré, ils résolurent d'en faire leur place d'armes et le chef-lieu de leur nouvel établissement[3].

Après cette prise de possession, les chefs normands, avec leur principal corps de troupes, continuèrent de remonter la Seine. A l'endroit où ce fleuve reçoit la rivière d'Eure, ils établirent un camp fortifié pour attendre l'arrivée d'une armée française qui se dirigeait alors contre eux. Le roi Karl, ou Charles, comme on disait en langue romane, se voyant un moment seul maître du royaume, voulait tenter un grand effort et repousser la nouvelle invasion; les troupes, conduites par un certain Raghenold, ou Regnauld, qui avait le titre

---

1. Frankes un archeveske, ki à Roem esteit...
            (Wace, *Roman de Rou*, t. I, p. 57.)
— L'auteur se trompe sur le nom de l'archevêque, qui était Gui, le prédécesseur de Frank ou Francon.

2. *Roman de Rou*, t. I, p. 57.

3. E Rou esgarda la vile e lunge et lée,
    E dehorz e dedenz l'a sovent esgardée;
    Bone li semble e bele, mult li plest e agrée,
    E li compaignonz l'ont à Rou mult loée.
            (Wace, *Roman de Rou*, t. I, p. 60.)

de duc de France, prirent position sur la rive droite de l'Eure, à quelque distance du camp des Normands. Parmi les comtes qui avaient levé bannière pour obéir aux ordres du roi et combattre les païens, se trouvait un païen converti, le fameux roi de mer Hasting. Vingt ans auparavant, las de courir les aventures, il avait fait sa paix avec le royaume de France, en acceptant le comté de Chartres. Dans le conseil que tinrent les Français pour savoir ce que l'on devait faire, Hasting, consulté à son tour, fut d'avis de parlementer avec l'ennemi, avant de risquer une bataille; quoique cet avis fût suspect à plusieurs des chefs de l'armée, il prévalut, et Hasting partit avec deux personnes qui savaient la langue danoise, pour aller parler aux Normands.

Les trois envoyés suivirent le cours de l'Eure jusqu'en face de l'endroit où les confédérés avaient élevé leurs retranchements. Là, s'arrêtant et élevant la voix de manière à être entendu sur l'autre bord : « Holà, cria le comte de Chartres, braves guerriers, quel est le « nom de votre seigneur? — Nous n'avons point de seigneur, répon- « dirent les Normands; nous sommes tous égaux[1]. — Mais pourquoi « êtes-vous venus dans ce pays, et qu'y voulez-vous faire? — En « chasser les habitants ou les soumettre à notre puissance, et nous « faire une patrie. Mais qui es-tu, toi qui parles si bien notre lan- « gue[2]? » Le comte reprit : « N'avez-vous pas entendu parler de « Hasting, le fameux pirate, qui courut les mers avec tant de vais- « seaux et fit tant de mal à ce royaume? — Sans doute, répliquèrent « les Normands. Hasting a bien commencé, mais il a fait une mau- « vaise fin[3]. — N'avez-vous donc pas envie de vous soumettre « au roi Charles, qui vous offre des fiefs et des honneurs, sous con- « dition de foi et de service? — Nullement, nullement; nous ne « nous soumettrons à personne, et tout ce que nous pourrons

---

1. Quo nomine vester senior fungitur? Responderunt : Nullo, quia æqualis potestatis sumus. (Dudo de Sancto Quintino, apud *Script. rer. normann.*, p. 76.)

2. Terræ hujus colonos exturbare venimus, nostræ ditioni patriam subdere cupientes. Tu vero quis es, qui tam facete nobis loqueris? (Willelmi Gemeticensis *Hist. Normann.*, apud ibid., p. 228.) — Dudo de Sancto Quintino, apud ibid., p. 76.

3. Cui Rollo : Audivimus, inquit; Hastingus enim bono omine cœpit, et cuncta malo fine complevit (Willelmi Gemet., ibid., p. 228.) — Dudo de Sancto Quintino, apud ibid., p. 76.

« conquérir nous appartiendra sans réserve. Va le dire au roi, si tu « veux[1]. »

De retour au camp, Hasting apporta cette réponse, et, dans la délibération qui suivit, il conseilla de ne point s'aventurer à forcer les retranchements des païens. « Voilà un conseil de traître, » s'écria un seigneur nommé Rolland, et plusieurs autres répétèrent le même cri. Le vieux roi de mer, soit par indignation, soit qu'il ne fût pas tout à fait sans reproche, quitta aussitôt l'armée, et abandonna même son comté de Chartres, sans qu'on sût où il était allé. Mais ses prédictions se vérifièrent : à l'attaque du camp retranché, les troupes furent entièrement défaites, et le duc de France périt de la main d'un pêcheur de Rouen, qui servait dans l'armée norvégienne.

Libres de naviguer sur la Seine, Rolf et ses compagnons la remontèrent jusqu'à Paris, et firent le siége de cette ville, sans pouvoir s'en emparer. Un des principaux chefs ayant été pris par les assiégés, pour le racheter ils conclurent avec le roi Charles une trêve d'un an, durant laquelle ils allèrent ravager les provinces du Nord, qui avaient cessé d'être françaises. A l'expiration de la trêve ils retournèrent en hâte vers Rouen, et, partant de cette ville, allèrent surprendre Bayeux, qu'ils enlevèrent d'assaut et dont ils tuèrent le comte avec une partie des habitants. Ce comte, nommé Béranger, avait une fille d'une grande beauté, qui, dans le partage du butin, échut à Rolf, et que le Scandinave prit pour femme, suivant les rites de sa religion et la loi de son pays [2].

Évreux et plusieurs autres villes voisines tombèrent ensuite au pouvoir des Normands, qui étendirent ainsi leur domination sur la plus grande partie du territoire auquel on donnait le vieux nom de Neustrie. Guidés par un certain bon sens politique, ils cessaient de

---

1. Hastingus ad hæc : Vultis, inquit, Karolo regi subdi? — Nequaquam, ait Rollo, alicui subjiciemur; sed quæcumque armis adquiremus nostro juri vindicabimus. Regi cujus te legatum gloriaris, audita, si vis, renuntia. (Willelmi Gemet. *Hist. Normann.*, apud *Script. rer. normann*, p. 228.) — Dudo de Sancto Quintino, apud ibid., p. 76.

2. Nobilissimam puellam, nomine Popam, filiam scilicet Berengarii, illustris viri, capiens, non multo post, more danico sibi copulavit. (Willelmi Gemet., ibid., p. 229.)

se montrer cruels lorsqu'ils ne trouvaient plus de résistance, et se contentaient d'un tribut levé régulièrement sur les villes et sur les campagnes. Le même bon sens les détermina à créer un chef suprême, investi d'une autorité permanente; le choix des confédérés tomba sur Rolf, « dont ils firent leur roi, » dit un ancien chroniqueur; mais ce titre, qu'on lui donnait peut-être dans la langue du Nord, ne tarda pas à être remplacé par les titres français de duc ou de comte. Tout païen qu'il était, le nouveau duc se rendit populaire auprès des habitants indigènes. Après l'avoir maudit comme un pirate, ils l'aimèrent comme un protecteur, dont le pouvoir les garantissait à la fois de nouvelles attaques par mer et des maux que la guerre civile causait dans le reste de la France [1].

Devenus puissance territoriale, les Normands firent aux Français une guerre mieux soutenue, et, pour ainsi dire, plus méthodique. Ils se liguèrent avec d'autres Scandinaves, probablement Danois d'origine, qui occupaient l'embouchure de la Loire, et convinrent de piller simultanément tout le territoire compris entre ce fleuve et la Seine. La dévastation s'étendit jusqu'en Bourgogne et en Auvergne. Paris, attaqué pour la seconde fois, résista, ainsi que Chartres, Dijon et d'autres lieux forts; mais une foule de villes ouvertes furent détruites ou saccagées. Enfin, en l'année 912, seize ans après l'occupation de Rouen, les Français de tout état, harassés de ces continuelles hostilités, commencèrent à se plaindre et à demander que la guerre finît à quelque prix que ce fût; les évêques, les comtes et les barons faisaient au roi des remontrances; les bourgeois et les paysans criaient merci sur son passage.

Un vieil auteur nous a conservé l'expression des murmures populaires : « Que voit-on en tout lieu? Des églises brûlées, des gens tués; « par la faute du roi et sa faiblesse, les Normands font ce qu'ils « veulent dans le royaume; de Blois à Senlis, pas un arpent de blé, « et nul n'ose labourer, ni en prés, ni en vignes. A moins que cette

---

1. Continua... pace diuturnaque requie lætabantur homines, sub (Rollonis) ditione securi morantes; locupletesque erant omnibus bonis, non timentes exercitum ullius hostilitatis. (Dudo de Sancto Quintino, apud *Script. rer. normann.*, p. 86.)

« guerre ne finisse, nous aurons disette et cherté¹. » Le roi Charles, qu'on surnommait le Simple ou le Sot², et à qui l'histoire a conservé le premier de ces noms, eut assez de bon sens dans cette occasion pour écouter la voix du peuple; peut-être aussi, en y cédant, crut-il faire un coup de politique, et s'assurer, par l'alliance des Normands, un appui contre les intrigues puissantes qui tendaient à le détrôner³. Il convoqua en grande assemblée ses barons et ses évêques, et leur demanda *aide* et *conseil*, suivant la formule du temps. Tous furent d'avis de conclure une trêve et de négocier pour la paix.

L'homme le plus capable de mener à bien cette négociation était l'archevêque de Rouen, qui, malgré la différence de religion, exerçait sur Rolf le même genre d'influence que les évêques du cinquième siècle avaient obtenu sur les conquérants de l'empire romain. Ses relations avec les autres évêques et avec les seigneurs de France n'avaient point été interrompues; peut-être même assista-t-il à leurs délibérations; mais, présent ou absent, il se chargea volontiers de porter et de faire valoir leurs offres de paix. L'archevêque alla donc trouver le fils de Rognvald, et lui dit : « Le roi Charles vous offre sa « fille en mariage, avec la seigneurie héréditaire de tout le pays si- « tué entre la rivière d'Epte et la Bretagne, si vous consentez à deve- « nir chrétien et à vivre en paix avec le royaume⁴. »

Le Normand ne répondit point, cette fois : « Nous ne voulons obéir « à personne; » d'autres idées, une autre ambition que celle d'un coureur d'aventures, lui étaient venues, depuis qu'il gouvernait, non plus une bande de pirates, mais un vaste territoire. Le christianisme,

---

1. N'a ne boef, ne charrue, ne vilain en arée,
    Ne vigne provignié, ne coulture semée;
    Mainte iglise i a jà essilie e gastée ;
    Se ceste guerre dure, la terre iert dégastée.
    (*Roman de Rou*, t. I, p. 73.)

2. Carolus *simplex*, sive *stultus*. (Script. rer. gallic. et francic., t. IX, p. 22.) — *Follus*. (Ibid., p. 8.)

3. Voyez les *Lettres sur l'histoire de France*, lettre XII.

4. Mandans, si christianus efficeretur, terram maritimam ab Eptæ flumine usque ad britannicos limites, cum sua filia, nomine Gişla, se ei daturum fore. (Willelmi Gemet. *Hist. Normann.*, apud *Script. rer. normann.*, p. 231.)

sans lequel il ne pouvait marcher l'égal des grands seigneurs de France, avait cessé de lui répugner, et l'habitude de vivre au milieu des chrétiens avait éteint le fanatisme du plus grand nombre de ses compagnons. Quant au mariage, il se croyait libre d'en contracter un nouveau, et, devenant chrétien, de renvoyer la femme qu'il avait épousée avec des cérémonies païennes. « Les paroles du roi sont « bonnes, dit-il à l'archevêque, mais la terre qu'il m'offre ne me « suffit pas ; elle est inculte et appauvrie ; mes gens n'y auraient pas « de quoi vivre en paix. » L'archevêque retourna vers le roi, qui le chargea d'offrir en son nom la Flandre, quoiqu'il n'eût réellement sur ce pays d'autres droits qu'une prétention contestée ; mais Rolf n'accepta point cette nouvelle proposition, disant que la Flandre était un mauvais pays, boueux et plein de marécages. Alors, ne sachant plus que donner, Charles le Simple fit dire au chef normand que, s'il voulait, il aurait en fief la Bretagne, conjointement avec la Neustrie. C'était une offre du même genre que la précédente ; car la Bretagne était un État libre ; la suzeraineté des rois de France ne s'y étendait guère que sur les comtés de Nantes et de Rennes, enlevés aux Français par les princes bretons un demi-siècle auparavant. Mais Rolf y fit peu d'attention ; il ne s'aperçut pas qu'on ne lui donnait encore autre chose qu'une vieille querelle à débattre, et l'arrangement fut accepté [1].

Afin de ratifier le traité de la manière la plus solennelle, le roi de France et le chef des Normands se rendirent, chacun de son côté, au village de Saint-Clair sur l'Epte. Tous les deux étaient accompagnés d'une suite nombreuse ; les Français plantèrent leurs tentes sur l'un des bords de la rivière, et les Normands sur l'autre. A l'heure fixée pour l'entrevue, Rolf s'approcha du roi, et, demeurant debout, mit ses deux mains entre les siennes, en prononçant la formule : « Dorénavant je suis votre féal et votre homme, et je jure de conser- « ver fidèlement votre vie, vos membres et votre honneur royal. » Ensuite le roi et les barons donnèrent au chef normand le titre de

---

1. D'Argentré, *Histoire de Bretagne*, liv. III, p. 191, ed. Paris, 1588. — Dudo de Sancto Quintino, apud *Script. rer. normann.*, p. 83. — Willelmi Gemet. *Hist Normann.*, apud ibid., p. 231.

comte, et jurèrent de lui conserver sa vie, ses membres, son honneur, et tout le territoire désigné dans le traité de paix[1].

La cérémonie semblait terminée, et le nouveau comte allait se retirer, lorsque les Français lui dirent : « Il est convenable que celui « qui reçoit un pareil don s'agenouille devant le roi et lui baise le « pied. » Mais le Normand répondit : « Jamais je ne plierai le genou « devant aucun homme, ni ne baiserai le pied d'aucun homme[2]. » Les seigneurs insistèrent sur cette formalité, qui était un dernier reste de l'étiquette observée jadis à la cour des empereurs franks; et Rolf, avec une simplicité malicieuse, fit signe à l'un de ses gens de venir et de baiser pour lui le pied du roi. Le soldat norvégien, se courbant sans plier le genou, prit le pied du roi, et le leva si haut pour le porter à sa bouche que le roi tomba à la renverse[3]. Peu habitués aux convenances du cérémonial, les pirates firent de grands éclats de rire, et il y eut un moment de tumulte; mais ce bizarre incident ne produisit rien de fâcheux[4].

Deux clauses du traité restaient à remplir, la conversion du nouveau comte ou duc de Normandie, et son mariage avec la fille du roi; il fut convenu que cette double cérémonie aurait lieu à Rouen, et plusieurs des hauts barons de France s'y rendirent pour accompagner la fiancée. Après une courte instruction, le fils de Rognvald reçut le baptême des mains de l'archevêque, dont il écouta les conseils avec une grande docilité. Au sortir des fonts baptismaux, le néophyte s'enquit du nom des églises les plus célèbres et des saints les plus révérés dans son nouveau pays. L'archevêque lui nomma six églises et trois saints, la Vierge, saint Michel et saint Pierre. — « Et dans le voisinage, reprit le duc, quel est le plus puissant pro« tecteur? — C'est saint Denis, répondit l'archevêque. — Eh bien, « avant de partager ma terre entre mes compagnons, j'en veux don-

---

1. Willelmi Gemet. *Hist. Normann.*, apud *Script. rer. normann.*, p. 231.
2. Qui tale donum recepit osculo debet expetere pedem regis; et ille : Nunquam curvabo genua mea alicujus genibus, nec osculabor cujuspiam pedem. (Ibid.)
3. Jussit cuidam militi pedem regis osculari, qui statim, pedem regis arripiens, deportavit ad os suum, standoque defixit osculum, regemque fecit supinum. (Ibid.)
4. Itaque magnus excitatur risus, magnusque in plebe tumultus. (Ibid.)

« ner une part à Dieu, à sainte Marie et aux autres saints que vous
« venez de me nommer [1]. » En effet, durant sept jours qu'il porta
l'habit blanc des nouveaux baptisés, chaque jour il fit présent d'une
terre à l'une des sept églises qu'on lui avait désignées. Ayant repris
ses vêtements ordinaires, il s'occupa d'affaires politiques et du grand
partage de la Normandie entre les émigrés norvégiens [2].

Le pays fut divisé au cordeau, disent les anciens chroniqueurs :
c'était la manière d'arpenter usitée en Scandinavie. Toutes les terres
désertes ou cultivées, à l'exception de celles des églises, furent partagées de nouveau, sans égard aux droits des indigènes. Les compagnons de Rolf, chefs ou soldats, devinrent, selon leur grade, seigneurs des villes et des campagnes, propriétaires souverains de
domaines grands ou petits. Les anciens propriétaires étaient contraints de s'accommoder à la volonté des nouveaux venus, de leur
céder la place s'ils l'exigeaient, ou de tenir d'eux leur propre
domaine à ferme ou en vasselage. Ainsi les serfs du pays changèrent
de maîtres, et beaucoup d'hommes libres tombèrent dans la servitude de la glèbe. De nouvelles dénominations géographiques résultèrent de cette répartition de la propriété territoriale, et l'usage attacha dès lors à un grand nombre de domaines les noms propres des
guerriers scandinaves qui les avaient reçus en lots [3]. Quoique l'état des
gens de métiers et des paysans différât peu en Normandie de ce qu'il
était en France, l'espoir d'une plus complète sécurité, et le mouvement de vie sociale qui accompagne d'ordinaire une domination
naissante, engagèrent beaucoup d'artisans et de laboureurs à émigrer pour aller s'établir sous le gouvernement du duc Rolf. Son nom,
que les indigènes de la Neustrie et les Français leurs voisins prononçaient Rou, devint populaire au loin ; il passait pour le plus grand
ennemi des voleurs et le plus grand justicier de son temps [4].

---

1. Fleury, *Histoire ecclésiastique*, t. XI, p. 593.
2. Willelmi Gemet. *Hist. Normann.*, apud *Script. rer. normann.*, p. 231.
3. Ainsi Angoville, Borneville, Grimonville, Hérouville étaient les possessions territoriales d'Ansgod, Biorn, Grim, Harald, etc. Les anciennes chartes présentent ces noms sous une forme plus ou moins correcte. Voyez le Mémoire de M. de Gerville sur les noms des lieux en Normandie, *Mémoires de la Société royale des antiquaires de France*, t. VII.
4. Les anciens poëmes et les chroniques de Normandie portent *Rous* au nominatif, et

Bien que la plupart des Norvégiens, à l'exemple de leur chef, eussent accepté le baptême avec empressement, il paraît qu'un certain nombre d'entre eux s'y refusèrent et résolurent de conserver les usages de leurs ancêtres. Les dissidents se réunirent pour former une sorte de colonie à part, et se fixèrent aux environs de Bayeux. Peut-être furent-ils attirés de ce côté par les mœurs et le langage des habitants de Bayeux, qui, Saxons d'origine, parlaient encore au dixième siècle un dialecte germanique[1]. Dans ce canton de la Normandie, l'idiome norvégien, différant peu du langage populaire, se confondit avec lui et l'épura, en quelque sorte, de manière à le rendre intelligible pour les Danois et les autres Scandinaves[2]. Lorsque, après quelques générations, la répugnance des barons normands du Bessin et du Cotentin pour le christianisme eut cédé à l'entraînement de l'exemple, l'empreinte du caractère scandinave se retrouvait encore chez eux d'une manière prononcée. Ils se faisaient remarquer, entre les autres seigneurs et chevaliers de la Normandie, par leur extrême turbulence, et par une hostilité presque permanente contre le gouvernement des ducs; quelques-uns même affectèrent longtemps de porter sur leurs armes des devises païennes, et d'opposer le vieux cri de guerre des Scandinaves : *Thor aide!* à celui de *Dieu aide!* qui était le cri de Normandie[3].

La paix ne fut pas de longue durée entre les Français et les Normands, et ces derniers profitèrent avec habileté des circonstances pour s'agrandir vers l'est, presque jusqu'au lieu où la rivière d'Oise

---

Rou, par exception, au lieu de *Rouf,* aux cas obliques. Les historiens en langue latine écrivent, sans qu'on puisse dire pourquoi, au lieu de *Rolfus, Rollo,* dont les modernes ont fait *Rollon.*

1. Voyez plus haut, liv. I.

2. Rotomagensis civitas romana potius quam dacisca utitur eloquentia, et baiocacensis fruitur frequentius dacisca lingua quam romana. (Dudo de Sancto Quintino, apud *Script. rer. normann.*, p. 112.)

3.   Raol Tesson...
          Poinst li cheval, criant : Tur aïe!...
          ... Willame crie : Dex aïe!
          C'est l'enseigne de Normandie.
                    (*Roman de Rou,* t. II, p. 32 et 34.)

se réunit à la Seine¹ ; au nord, leur territoire avait pour limite la petite rivière de Bresle, et au sud-ouest celle de Coësnon. Les habitants de ce pays étaient tous appelés Normands par les Français et par les étrangers, à l'exception des Danois et des Norvégiens, qui ne donnaient ce nom, honorable pour eux, qu'à la partie de la population qui était véritablement de race et de langue normandes. Cette portion, la moins nombreuse, jouait à l'égard de la masse, soit indigène, soit émigrée des autres parties de la Gaule, le même rôle que les fils des Franks à l'égard des fils des Gaulois. En Normandie, la simple qualification de Normand fut d'abord un titre de noblesse ; c'était le signe de la liberté et de la puissance, du droit de lever des impôts sur les bourgeois et les serfs du pays².

Tous les Normands de nom et de race étaient égaux en droits civils, bien que inégaux en grades militaires et en dignités politiques. Nul d'entre eux n'était taxé que de son propre consentement ; nul n'était assujetti au péage pour le charroi de ses denrées ou pour la navigation sur les fleuves ; tous enfin jouissaient du privilége de chasse et de pêche, à l'exclusion des villains et des paysans, termes qui comprenaient en fait la masse de la population indigène. Quoique la cour des ducs de Normandie fût organisée à peu près sur le modèle de celle des rois de France, le haut clergé n'en fit point partie dans les premiers temps, à cause de son origine française ; plus tard, quand un grand nombre d'hommes de race norvégienne ou danoise eut pris l'habit ecclésiastique, une certaine distinction de rang et de privilége continua d'exister, même dans les monastères, entre eux et le reste des clercs³.

Cette distinction, pleine de charges accablantes dans l'ordre politique et civil, ne tarda guère à soulever contre elle l'ancienne population du pays. Moins d'un siècle après l'établissement du nouvel

---

1. Willelmi Gemet. *Hist. Normann.*, apud *Script. rer. normann.*, p. 316.
2. La double descendance danoise par le père et par la mère constituait la plus haute noblesse. — Providentia summæ Divinitatis, ut remur, hanc tibi dacigenam quam modo refoves conexuit ; ut patre matreque dacigena hæres hujus terræ nascatur. (Dudo de Sancto Quintino, apud ibid., p. 152.)
3. Depping, *Hist. des expéd. marit. des Normands*, t. II, chap. XII.

État dont elle était la partie opprimée, cette population eut la pensée de détruire l'inégalité des races, de manière que le pays de Normandie ne renfermât qu'un seul peuple, comme il ne portait qu'un seul nom. Ce fut sous le règne de Rikhard ou Richart II, troisième successeur de Rolf, que ce grand projet se manifesta. Dans tous les cantons de la Normandie, les habitants des bourgs et des hameaux, le soir, après l'heure du travail, commencèrent à se réunir et à parler ensemble des misères de leur condition. Ces groupes de causeurs politiques étaient de vingt, de trente, de cent personnes, et souvent l'assemblée se rangeait en cercle, pour écouter quelque orateur qui l'animait par des discours violents contre les seigneurs du pays, comtes, vicomtes, barons et chevaliers[1]. D'anciennes chroniques en vers présentent, d'une manière vive et forte, sinon authentique, la substance de ces harangues[2] :

« Les seigneurs ne nous font que du mal; nous ne pouvons avoir
« d'eux raison ni justice; ils ont tout, prennent tout, mangent tout,
« et nous font vivre en pauvreté et en souffrance. Chaque jour est
« pour nous jour de peines; nous n'avons nul gain de nos labeurs,
« tant il y a de services de redevances et de corvées. Pourquoi nous
« laisser traiter ainsi? Mettons-nous hors de leur pouvoir; nous
« sommes des hommes comme eux, nous avons les mêmes membres,
« la même taille, la même force pour souffrir, et nous sommes cent
« contre un. Jurons de nous défendre l'un l'autre; tenons-nous tous
« ensemble, et nul homme n'aura seigneurie sur nous; et nous serons
« libres de péages; et nous pourrons couper des arbres, prendre le
« gibier et le poisson, faire en tout notre volonté, aux bois, dans les
« prés et sur l'eau[3]. »

---

1. Li paisan e li vilain
    Cil del boscage e cil del plain...
    Par vinz, par trentaines, par cenz,
    Unt tenuz plusurs parlemenz.
                (*Roman de Rou*, t. I, p. 303.)

2. Ibid., p. 304 et suiv. — *Chronique des ducs de Normandie*, par Benoît de Sainte-Maure, édit. de M. Francisque Michel, t. II, p. 390 et suiv.

3. Juxta suos libitus vivere decernebant, quatenus tam in silvarum compendiis quam in aquarum commerciis, nullo obsistente ante statuti juris obice, legibus uterentur suis. (Willelm. Gemet. *Hist. Normann.*, apud *Script. rer. normann.*, p. 249.) — J'ai rapproché

997 Ces appels au droit naturel et à la force du plus grand nombre ne manquèrent point leur effet, et beaucoup de gens des bourgades se firent l'un à l'autre le serment de tenir ensemble et de s'aider contre qui que ce fût[1]. Une grande association de défense mutuelle s'étendit sur toutes les campagnes, et réunit, sinon la masse entière, du moins la classe agricole de la population indigène. Les associés étaient partagés en différents cercles, que l'historien original désigne par le nom de *conventicules*[2]; il y en avait au moins un par comté, et chacune de ces réunions choisissait plusieurs de ses membres pour composer le cercle supérieur ou l'assemblée centrale[3]. Cette assemblée devait préparer et organiser dans tout le pays les moyens de résistance ou de soulèvement; elle envoyait de canton en canton, et de village en village, des gens éloquents et persuasifs, pour gagner de nouveaux associés, enregistrer leurs noms et recevoir leurs serments[4].

Les choses en étaient à ce point, et aucune rébellion ouverte n'avait encore éclaté, lorsqu'à la cour de Normandie vint la nouvelle que, par tout le pays, les villains tenaient des conciliabules et se

---

de ce passage, et fondu ensemble, des traits empruntés à Wace et à Benoît de Sainte-Maure. Quoique postérieur d'un siècle et demi à l'événement, leur témoignage a tout au moins pour nous la valeur d'un récit traditionnel.

1.   Essi se sunt entre-jurez
       E pleviz et asseurez...
              (*Chronique des ducs de Normandie*, par Benoît
                de Sainte-Maure, t. II, p. 393.)

       E sunt entre-serementé
       Ke tuit ensemle se tendrunt
       E ensemle se defendrunt.
              (*Roman de Rou*, t. I, p. 307.)

2. Rustici unanimes per diversos totius normannicæ patriæ comitatus plurima agentes conventicula... (Willelm. Gemet. *Hist. Normann.*, apud *Script. rer. normann.*, p. 249.)

3. Ab unoquoque cœtu furentis vulgi duo eliguntur legati, qui decreta ad mediterraneum roboranda ferrent conventum. (Ibid.)

4.   Esliz unt ne sai kels ne kanz
       Des plus kuint é des miex parlanz,
       Ki par tuit li païz irunt,
       E li seremenz rechevrunt.
              (*Roman de Rou*, t. I, p. 307.)

formaient en association jurée[1]. L'alarme fut grande parmi les seigneurs, menacés de perdre d'un seul coup leurs droits et les revenus de leurs domaines. Le duc Richard, qui était encore trop jeune pour prendre conseil de lui-même, fit venir son oncle, Raoul, comte d'Évreux, en qui il avait toute confiance. « Sire, dit le comte, « demeurez en paix, et laissez-moi ces paysans ; ne bougez pas, « mais envoyez-moi tout ce que vous avez de chevaliers et d'autres « gens d'armes[2]. »

Afin de surprendre les chefs de l'association, le comte Raoul dépêcha de plusieurs côtés des espions adroits, qu'il chargea de découvrir le lieu et l'heure où se tenait l'assemblée centrale ; sur leurs rapports, il fit marcher ses troupes, et arrêta en un seul jour tous les députés des cercles inférieurs, les uns pendant qu'ils tenaient séance, les autres pendant qu'ils recevaient dans les villages le serment des affiliés[3]. Soit par passion, soit par calcul, le comte traita ses prisonniers avec une extrême cruauté. Sans jugement et sans la moindre enquête, il leur infligea des mutilations ou des tortures atroces. Aux uns il fit crever les yeux, à d'autres couper les pieds ou les mains; d'autres eurent les jarrets brûlés, d'autres furent empalés vifs ou arrosés de plomb fondu[4]. On renvoya dans leurs familles les malheureux qui survécurent, et on les promena par les villages, pour y répandre la terreur. En effet, la crainte prévalut sur l'amour de la liberté dans le cœur des paysans de Normandie; la grande association fut rompue ; il n'y eut plus d'assemblées secrètes, et une triste résignation succéda pour des siècles à l'enthousiasme d'un moment[5].

---

1. Voyez sur ce genre d'association, ses effets et son origine, les *Considérations sur l'histoire de France*, placées en tête des *Récits des temps mérovingiens*.

2. *Roman de Rou*, t. I, p. 309 et 310.

3.   ... Prist li vilains,
      Ki justoent li parlemens,
      E perneient li seremens.
          (*Roman de Rou*, t. I, p. 311.)

4. *Ibid.*, p. 311 et 312. — *Chronique des ducs de Normandie*, par Benoît de Sainte-Maure, t. II, p. 395.

5. His rustici expertis, festinato, concionibus omissis, ad sua aratra sunt reversi. (Willelm. Gemet. *Hist. Normann.*, apud *Script. rer. normann.*, p. 249.)

Quand eut lieu cette mémorable tentative, la différence de langage, qui d'abord avait séparé les grands et le peuple de la Normandie, n'existait déjà presque plus : c'était par sa généalogie que l'homme d'origine scandinave se distinguait du Gallo-Frank. A Rouen même, et dans le palais des successeurs de Rolf, on ne parlait d'autre langue, au commencement du onzième siècle, que la langue romane ou française. La seule ville de Bayeux faisait encore exception, et son dialecte, mélangé de saxon et de norvégien, était facilement compris des habitants de la Scandinavie. Aussi, quand de nouveaux émigrés venaient du Nord visiter leurs parents de Normandie et leur demander quelque portion de terre, c'était du côté de Bayeux qu'ils s'établissaient de préférence. Pareillement, c'était là que les ducs de Normandie, si l'on en croit un vieux chroniqueur, envoyaient leurs enfants pour apprendre à parler danois. Les Danois et les Norvégiens entretinrent avec la Normandie des relations d'alliance et d'affection, tant qu'ils trouvèrent dans la ressemblance de langage le signe d'une ancienne fraternité nationale. Plusieurs fois, durant les querelles que les premiers ducs eurent à soutenir contre les Français, de puissants secours leur vinrent de la Norvége et du Danemark, et, tout chrétiens qu'ils étaient, ils furent aidés par des rois encore païens. Mais dès que l'usage de la langue romane devint universel en Normandie, les Scandinaves cessèrent de regarder les Normands comme des alliés naturels; ils cessèrent même de leur donner le nom de Normands, et les appelèrent Français ou Velskes, comme le reste des habitants de la Gaule [1].

Ces liens de parenté et d'amitié se trouvaient déjà fort relâchés dans les premières années du onzième siècle, lorsque le roi d'Angleterre Ethelred épousa la sœur de ce même Richard, quatrième duc de Normandie, dont il a été fait mention plus haut. Il est probable en effet que, si la branche de population scandinave établie dans la Gaule n'eût commencé alors à se détacher de sa tige septentrionale, le roi saxon n'aurait point conçu l'espérance d'être soutenu par le petit-fils de Rolf contre la puissance des rois du Nord. Le peu d'empresse-

---

1. *Francigenæ, Romani, Walli.* Voyez ci-après, liv. VI.

ment du Normand Richard à secourir son beau-frère ne provint d'aucun scrupule ni d'aucune répugnance morale, mais de ce que Richard ne vit dans cette intervention rien de favorable à son intérêt propre, qu'il était habile à démêler et ardent à poursuivre, selon le caractère qui distinguait déjà les habitants de la Normandie.

Pendant qu'Ethelred dans l'exil recevait l'hospitalité chez son beau-frère, les Anglais, sujets de l'étranger, regrettaient, comme au temps de la fuite d'Alfred et de la première conquête danoise, le règne de leur prince naturel, abandonné par eux à cause de son mauvais gouvernement. Swen, à qui ils avaient laissé prendre, en l'année 1014, le titre de roi d'Angleterre, mourut, dans cette même année, d'une mort subite et mystérieuse. Les soldats danois, cantonnés dans les villes, ou en station sur leurs vaisseaux à l'embouchure des rivières, choisirent, pour succéder à leur chef, son fils Knut, alors en mission dans le pays voisin de l'Humber pour y déposer les tribus et les otages des Anglais du Sud. Ceux-ci, encouragés par son absence, délibérèrent d'envoyer un messager à l'exilé de Normandie, lui dire, au nom de la nation anglaise, qu'elle le reprendrait pour roi s'il promettait de mieux gouverner[1]. Pour répondre à ce message, Ethelred fit partir son fils Edward, le chargeant de saluer en son nom tout le peuple anglais[2], et de jurer publiquement qu'à l'avenir il remplirait ses devoirs de seigneur avec fidélité[3], amenderait ce qui ne plaisait point et oublierait tout ce qu'on avait pu faire ou dire contre sa personne. L'amitié jurée entre la nation et le roi fut confirmée de part et d'autre par des gages mutuellement donnés[4], et l'assemblée des sages anglo-saxons prononça contre tout Danois qui s'intitulerait roi d'Angleterre une sentence perpétuelle de mise hors la loi[5].

1. ... Modo eos rectius gubernaret. (*Chron. saxon.*, ed. Gibson, p. 145.) — Matthæi Westmonast. *Flor. histor.*, p. 202.
2. ... Gretan ealne his Leodscipe. (*Chron. saxon.*, ed. Gibson, p. 145.)
3. Hold hlaford. (Ibid.)
4. Plenaria amicitia confirmata, et dictis et factis, pignoribusque ex utraque parte datis. (Ibid.)
5. Utlagede of Englaland. (Ibid.) — *Lag* signifie à la fois pays, État, statut, loi, du verbe *lagen*, poser, établir. Ut-lage (*out-law*) veut dire un banni et un homme mis hors la loi.

1015　Ethelred reprit ses marques d'honneur. On ne peut savoir exactement sur quelle étendue de territoire il régnait, car les garnisons danoises, chassées alors de quelques villes, en conservèrent beaucoup d'autres, et même la cité de Londres demeura en leur pouvoir. Peut-être le grand chemin appelé Westlinga-street servait-il, pour la seconde fois, de ligne de démarcation entre les provinces libres et les provinces soumises à la domination étrangère. Le roi Knut, fils de Swen, mécontent du partage que les Anglo-Saxons le contraignaient d'accepter, revint du Nord, et, ayant débarqué près de Sandwich, il fit, dans un mouvement de colère, torturer et mutiler sur le rivage de la mer tous les otages que son père avait reçus[1]. Cette cruauté inutile fut le signal d'une nouvelle guerre qu'Ethelred, désormais fidèle à ses promesses, soutint courageusement avec des
1016　chances diverses de succès et de revers. A sa mort, les Anglais choisirent pour roi, non l'un de ses enfants légitimes, demeurés en Normandie, mais son fils naturel Edmund, qu'on surnommait Côte de Fer, *ironside*, et qui avait donné de grandes preuves de courage et d'habileté. Par sa conduite énergique, Edmund releva un moment la fortune du peuple anglais; il reprit Londres sur les Danois et leur livra cinq grandes batailles[2].

Dans un de ces combats qui fut donné à trente milles de Londres[3], et où les Anglais, d'abord mis en déroute, eurent finalement l'avantage, un chef danois du plus haut rang, nommé Ulf, séparé des siens par les accidents de la bataille, s'enfonça dans une forêt épaisse dont il ignorait les détours. Cherchant à se diriger vers la Tamise, où stationnait la flotte du roi Knut avec la réserve de l'armée, Ulf marcha inutilement toute la nuit, et, au point du jour, il rencontra un jeune homme conduisant un troupeau de moutons; il le salua et lui

---

1. Atque ibi in terram exposuit obsides qui patri dati fuerant, præcisis eorum manibus eorumque nasis. (*Chron. saxon.*, ed. Gibson, p. 145.)

2. Ibid., p. 148-150. — Henrici Huntind. *Hist.* lib. VI, apud *Rer. anglic Script.*, p. 362 et seq., ed. Savile. — Willelm. Malmesb., *de Gest. reg. angl.*, lib. II, ibid., p. 72. — Matthæi Westmonast. *Flor. histor.*, p. 203 et 204. — *Hist. Ingulf. Croyland.*, apud *Rer. anglic. Script.*, t. I, p. 57 et 58, ed. Gale.

3. Près de Sceorstan, aujourd'hui Sherston, dans le comté de Wilts.

demanda son nom[1]. « Je m'appelle Godwin, dit le jeune homme; et
« toi, n'es-tu pas quelqu'un de l'armée de Knut? — Je suis, reprit
« le chef, un des marins de sa flotte. Peux-tu me dire quelle distance
« il y a d'ici à nos vaisseaux?» Le jeune berger, dont la physionomie
exprimait un mélange de finesse et de résolution, répondit : « Je ne
« vois pas pourquoi vous, Danois, vous attendez de nous du secours,
« ayant mérité tout autre chose[2]. — Jeune homme, répliqua Ulf d'un
« ton insinuant, si tu voulais me montrer le chemin jusqu'à nos vais-
« seaux, je t'en saurais beaucoup de gré. — Tu as pris ton chemin à
« rebours, dit le jeune Godwin, et tu t'es avancé bien loin dans les
« terres. Vous autres soldats de Knut, vous n'êtes pas en faveur au-
« près des gens du pays, et c'est justice; la nouvelle du combat
« d'hier a parcouru les campagnes; il n'y a pas de sûreté pour toi si
« quelque paysan te rencontre, et il y a danger pour celui qui te
« prêterait secours. » Le chef danois tira de son doigt un anneau
d'or, et, le présentant au jeune homme : « Je te donnerai cela, dit-il,
« si tu veux me servir de guide. » Godwin le regarda en face quelque
temps sans rien dire, puis il répondit : « Je ne veux pas prendre cet
« anneau, et pourtant j'essayerai de te conduire auprès des tiens; si
« je parviens à faire que tu sois sauvé, j'aime mieux que la récom-
« pense te regarde alors, et si mon secours ne t'est bon à rien, je
« ne mériterai aucun salaire[3]. »

Le jeune berger conduisit le chef danois à la ferme de son père,
et, entrant avec lui dans la salle basse où se prenaient les repas de la
maison, il lui fit servir à boire et à manger. Parcourant des yeux cette
maison rustique, Ulf observa qu'elle était mieux bâtie et plus ornée

---

1. Tum in campis quibusdam ante se sitis gregem compelli vidit, quæ pecora a puero quodam adolescentiam jampridem ingresso agebantur. Ulvus dynasta accedens puerum salutavit et de nomine ejus quæsivit. (*Knytlinga Saga*, cap. II, apud *Scripta historica Islandorum*, t. XI, p. 180.)

2. Puer : Non est, opinor, cur vos Dani auxilium a nobis expectetis, de quibus longe aliter promerueritis. (Ibid.)

3. Gudinius, cum aliquantisper in eum suspexisset, sero tandem locutus est : Annulum istum nolo accipere, sed tentabo tamen an te reducere ad tuos possim; nam, si quid ad salutem tuam conferre potero, malo ad te de præmio respicere; sin vero mea opera nulli tibi usui erit, nullum præmium merebor. (Ibid., p. 181.)

que les habitations du même genre[1]; et en effet il ne se trouvait pas chez un paysan ordinaire. Le père de Godwin, nommé Wulfnoth, avait éprouvé dans sa vie des fortunes bien diverses. Né dans la classe des cultivateurs libres, qu'on appelait Keorls en langue saxonne[2], il était sorti de son état par la protection d'un de ses oncles, Edrik Streone, aventurier plein d'habileté et d'astuce que la faveur du roi Ethelred avait élevé au plus haut rang[3]. Wulfnoth, entré sous ce roi dans la milice du palais, honoré de la chevalerie anglo-saxonne et d'un commandement naval, se trouvait élevé par son mérite au rang de la noblesse, lorsqu'il fut accusé de trahison, destitué et condamné à l'exil[4]. Au lieu d'obéir à ce jugement, il s'empara des vaisseaux qu'il commandait, pilla les côtes d'Angleterre, et dans sa résistance fit éprouver de grandes pertes à la marine royale[5]. Puis il mena en mer la vie de pirate, jusqu'au temps de la conquête danoise, sous laquelle, amnistié de fait, il revint en Angleterre; après la restauration d'Ethelred, il y resta obscur et oublié. Retombé de sa noblesse passagère à l'état de ses ancêtres, il reprit la vie de fermier anglo-saxon, avec d'autres habitudes, des souvenirs d'ancienne opulence et des regrets d'ambition, sinon pour luimême, du moins pour son fils en âge de s'élever, comme autrefois il l'avait fait, par la profession des armes.

Pendant que le chef danois prenait son repas, le maître et la maî-

---

1. Animadvertit Ulvus dynasta villam istam melioris notæ esse, ædesque bene ornatas. (*Knytlinga Saga*, cap. II, apud *Scripta historica Islandorum*, t. XI, p. 181.)

2. Karls ou Kerls, dans les langues scandinaves et germaniques. — Voyez, sur cette classe de la population anglo-saxonne, Palgrave, *Anglo-saxon Commonwealth*, t. I, p. 11, et Kemble, *the Saxons in England*, t. I, p. 131.

3. Rex Edricum supra memoratum, Ægelrici filium, hominem humili quidem genere, sed cui lingua divitias ac nobilitatem comparaverat, callentem ingenio, suavem eloquio, et qui omnes id temporis mortales tum invidia atque perfidia, tum superbia et crudelitate superavit, Merciorum constituit ducem. Cujus fratres extiterunt Brihtricus, Alfricus, Goda, Agelwinus, Agelwardus, Agelmerus pater Wulnothi, patris West-Saxonum ducis Godwini. (Florent. Wigorn. *Chron.*, apud *Monumenta historica britannica*, p. 585.)

4. Brihtric. Eadrices brothor ealdormannes. Fowregde Wulfnoth Cild thone Suth-Seaxiscan Godwines fæder eorles to tham cyninge. (*Chron. saxon.*, ed. Ingram, p. 182.)

5. Qui ne caperetur mox fugam iniit, et viginti navibus acquisitis, circa ripas maris rapinas frequentes exercuit. (Florent. Wigorn., *Chron.*, ad ann. 1008, apud *Monumenta historica britannica*, p. 585.) — *Chron. saxon.*, Ingram, p. 182 et suiv.)

tresse du logis entrèrent pour saluer l'étranger et remplir envers lui 1016
les devoirs de l'hospitalité. Celui-ci observa qu'ils étaient distingués
tous les deux par la beauté de leur figure et par une mise élégante[1].
Il fut traité durant un jour avec toutes sortes d'égards, et, quand
vint le soir, on amena deux chevaux de belle apparence et bien
harnachés : « Voici le moment de partir, dit Wulfnoth à son hôte ;
« adieu. Je remets entre tes mains mon fils unique ; si tu arrives
« auprès de ton roi, et si tu as quelque pouvoir, fais en sorte, je te
« prie, qu'il soit reçu à son service. Car il ne pourra plus désormais
« habiter avec moi, si les gens du pays apprennent que tu t'es sauvé
« par son aide[2]. Quant à ce qui me regarde, ajouta-t-il d'un ton de
« fierté qui rappelait son ancienne existence, je trouverai le moyen
« d'écarter le péril qui ne menacerait que moi seul. » Le chef danois,
sans déclarer qui il était, promit de solliciter pour Godwin l'admission dans la garde du roi Knut. Le jeune homme et lui montèrent à
cheval, et, protégés dans leur route par l'obscurité de la nuit, ils
arrivèrent au matin près de la station des vaisseaux et du campement de l'armée danoise. Dès que les soldats reconnurent leur chef
qu'ils croyaient mort et qui était le beau-frère du roi, ils l'entourèrent et le saluèrent des plus vives acclamations. Godwin apprit alors
pour la première fois quel était le haut rang de l'homme auquel il
avait servi de guide[3].

Ulf, ne donnant pas de mesure à sa dette de reconnaissance, mena
le jeune Saxon à sa tente et l'y fit asseoir sur un siége aussi haut que
le sien, le traitant, dit la narration scandinave, comme lui-même ou
son propre fils[4]. Godwin fit, dans la troupe d'élite qui servait de
garde au roi Knut, son apprentissage militaire, et de là, porté à la

---

1. Intrant pater materque familiæ, utrique et formæ honestate et vestium ornatu notabiles. (*Knytlinga Saga*, cap. XI, apud *Scripta historica Islandorum*, t. XI, p. 181.)

2. Mecum enim versari ei ab hoc tempore non licebit, si rescierint incolæ te ejus opera effugisse. (Ibid.)

3. Qui conspecto agnitoque dynasta, universi ad eum confluere et salutare, eum quasi ab inferis recuperatum existimare... Tum primum sentire Gudinius cui se comitem præbuisset. (Ibid., p. 182.)

4. Dynasta Gudinium in celsa sede juxta se collocavit, eumque tanquam seipsum aut filium suum habuit. (Ibid.)

1016 fois par la faveur et par son mérite, il gagna rapidement les postes supérieurs de l'armée. Il se signala en Danemark et en Norvége contre les rois ennemis de Knut, et lorsque l'Angleterre fut de nouveau soumise à la royauté danoise, il y parvint au rang de gouverneur de province. Cet homme qui, de l'état de fils de fermier gardant les troupeaux de sa famille, s'éleva, grâce à la protection des étrangers, aux premières dignités de son pays, devait, par une destinée bizarre, contribuer plus qu'aucun autre à la ruine de la domination étrangère. Son nom va bientôt figurer parmi les grands noms de cette histoire, et peut-être alors y aura-t-il quelque plaisir à se rappeler l'origine et la singularité de sa fortune.

Les victoires des Anglo-Saxons sur les Danois amenèrent un armistice et une trêve qui fut jurée solennellement, en présence des deux armées, par les rois Edmund et Knut. Ils se donnèrent mutuellement le nom de frère [1], et, d'un commun accord, fixèrent à la Tamise la limite de leurs royaumes respectifs. A la mort d'Edmund, le roi danois franchit cette limite, qui devait être inviolable; il avait gagné sous main quelques chefs intéressés ou ambitieux, et la terreur produite par son invasion fit réussir leurs intrigues : après une courte résistance, les Anglo-Saxons des provinces du sud et de l'ouest se soumirent, et reconnurent le fils de Swen pour roi de toute l'Angleterre. Knut jura en retour de se montrer juste et bienveillant, et toucha de sa main nue la main des principaux chefs, en signe de sincérité [2].

1017

Malgré ces promesses et la facilité de son avénement, Knut se montra d'abord ombrageux et cruel. Tous les hommes qui s'étaient fait remarquer par leur attachement à l'ancienne indépendance du pays et à la royauté anglo-saxonne, quelques-uns même de ceux qui avaient trahi cette cause pour celle du pouvoir étranger, furent bannis de l'Angleterre ou mis à mort. « Qui m'apportera la tête d'un de

---

1. ... *Simus fratres adoptivi.* (Henrici Huntind. *Hist.*, lib. VI, apud *Rer anglic. Script.*, p. 363, ed. Savile.) — Emmæ reginæ *Encomium.* apud *Script. rer. normann.*, p. 171. — (Willelm. Malmesb., *de Gest. reg. angl.*, lib. II, apud *Rer. anglic. Script.*, p. 72, ed. Savile.)

2. ... *Accepto pignore de manu sua nuda.* (Roger de Hoved. *Annal.*, pars I, apud *ibid.*, p. 436.)

« mes ennemis, disait le roi danois avec la férocité d'un pirate, me
« sera plus cher que s'il était mon frère¹. » Les parents des deux
derniers rois, Ethelred et Edmund, furent proscrits en masse : les
fils d'Ethelred étaient alors à la cour de Normandie ; mais ceux
d'Edmund, restés en Angleterre, n'échappèrent point à la persécution. N'osant les mettre à mort sous les yeux du peuple anglais,
Knut les fit déporter en Scandinavie, et eut soin d'insinuer au petit
roi auquel il les donna en garde quels étaient ses desseins à leur
égard ; mais celui-ci feignit de ne pas comprendre, et laissa ses prisonniers libres de passer en Allemagne. De là ils se rendirent, pour
être encore plus en sûreté, à la cour du roi de Hongrie, qui commençait alors à figurer parmi les puissances chrétiennes : ils y
furent accueillis avec honneur, et l'un d'eux épousa dans la suite
une parente de l'empereur des Allemands².

Richard, duc de Normandie, sentant l'impossibilité de rétablir ses
neveux sur le trône d'Angleterre, et voulant jouir du bénéfice d'une
alliance étroite avec ce pays, adopta une politique toute personnelle ;
il négocia avec le roi danois au détriment des fils d'Ethelred. Par un
arrangement bizarre, mais assez habilement conçu, il fit proposer à
Knut de prendre en mariage la mère de ces deux jeunes princes, qui,
ainsi qu'on l'a vu, était sa sœur : elle avait reçu au baptême le nom
d'Emme ou Emma ; mais, à son arrivée en Angleterre, les Saxons
avaient changé ce nom étranger en celui d'Alfghive, qui signifiait
présent des génies. Flattée de redevenir l'épouse d'un roi, Emma consentit à cette seconde union, et laissa en doute, disent les vieux
historiens, qui d'elle ou de son frère se déshonorait le plus³. Bientôt
elle devint mère d'un nouveau fils, à qui la puissance de son père
promettait une tout autre fortune que celle des enfants d'Ethelred,
et, dans l'enivrement de son ambition, elle oublia et méprisa ses
premiers-nés. Quant à eux, retenus hors de leur pays natal, ils

---

1. *Florentii Wigorniensis Chron.*, p. 619, ed. Francfort. 1601.
2. Matthæi Westmonast. *Flor. histor.*, p. 206. — Henrici Huntind. *Hist.*, lib. VI, apud *Rer. anglic. Script.*, p. 363, ed. Savile.
3. ... Ignores majori illius dedecore qui dederit, an feminæ quæ consenserit. (Willelm. Malmesb., *de Gest. reg. angl.*, lib. II, apud *ibid.*, p. 73.)

en désapprirent peu à peu les mœurs et jusqu'au langage; ils contractèrent dans l'exil des habitudes et des amitiés étrangères : événement peu grave en lui-même, mais qui eut de fatales conséquences.

Assuré dans son pouvoir par une possession de plusieurs années, et par un mariage qui le rendait en quelque sorte moins étranger à la nation anglaise, le roi Knut s'humanisa par degrés; on vit se développer en lui un nouveau caractère; il eut des pensées de gouvernement aussi élevées que son époque et sa situation le comportaient; il eut même la volonté d'être impartial entre les Anglais et les Danois. Sans rien relâcher des énormes tributs que la conquête imposait à l'Angleterre, il les employait en partie à acheter de ses compatriotes leur retour en Danemark, et à rendre ainsi moins sensible la division des habitants de l'Angleterre en deux races ennemies et de condition inégale. De tous les Danois armés qui étaient venus avec lui, il ne garda qu'une troupe de quelques milliers d'hommes, qui formaient sa garde, et qu'on appelait *Thingamanna*, c'est-à-dire gens du palais. Fils d'un apostat au christianisme, il se montrait chrétien zélé, rebâtissant les églises que son père et lui-même avaient brûlées, et dotant avec magnificence les abbayes et les monastères[1]. Par un acte de pieuse complaisance pour l'esprit national des Anglais, il éleva une chapelle splendide sur la sépulture d'Edmund, roi d'Est-Anglie, qui, depuis un siècle et demi, était vénéré comme un martyr de la foi et du patriotisme; la même pensée lui fit ériger à Canterbury un monument pour l'archevêque Elfeg, victime, comme le roi Edmund, de la cruauté des Danois.

Dans le temps du partage de l'Angleterre en souverainetés indépendantes, plusieurs des rois anglo-saxons, surtout ceux de West-sex et de Mercie, avaient établi, à différentes reprises, des redevances envers l'Église romaine[2]. L'objet de ces dons annuels était de procu-

---

1. Cum terram Angliæ progenitores mei... diris deprædationibus sæpius oppresserint. (Diploma Cnuti regis; *Hist. Ingulf. Croyland.*, apud *Rer. anglic. Script.*, t. I, p. 58, ed. Gale.)
2. Voyez plus haut, liv. I. — Ethelwulfus rex fecit romanæ Ecclesiæ eam quoque insulæ partem quam Egbertus pater ad regnum adjunxerat vectigalem, imitatus Inam. (Baronii *Annales ecclesiast.*, t. XI, p. 58.)

rer un meilleur accueil et des secours dans le besoin aux pèlerins anglais qui se rendaient à Rome, de fournir aux frais d'une école pour les jeunes gens de cette nation, ou à l'entretien du luminaire des tombeaux de saint Pierre et de saint Paul[1]. Le payement de cette rente, qu'on appelait en langue saxonne *argent de Rome* ou *cens de Rome*, plus ou moins régulier, selon le degré de zèle et de richesse des rois et du peuple, fut presque entièrement suspendu aux neuvième et dixième siècles par les invasions danoises[2]. Voulant expier le tort que ses compatriotes avaient fait à l'Église, et surpasser en munificence tous les rois anglo-saxons, Knut fit revivre cette institution, en lui donnant la plus grande étendue ; il soumit toute l'Angleterre à un tribut perpétuel, qu'on appela *denier de saint Pierre*. Cet impôt, payable à raison d'un denier en monnaie du temps, par chaque maison habitée dans les villes et dans les campagnes, devait, aux termes des ordonnances royales, être levé chaque année, *à la louange et gloire de Dieu-Roi*, le jour de la fête du prince des apôtres[3].

Les hommages pécuniaires des anciens rois saxons envers l'Église romaine n'avaient aggravé en aucune sorte la dépendance religieuse de l'Angleterre. Cette dépendance et le pouvoir de l'Église étaient alors d'une nature essentiellement spirituelle ; mais durant le cours du neuvième siècle, par suite des révolutions survenues en Italie, la suprématie de la cour de Rome prit un caractère tout nouveau. Plusieurs villes, échappées à l'autorité des empereurs de Constantinople, ou enlevées par les Franks aux rois des Langobards, s'étaient rangées sous l'obéissance du pape, qui réunit ainsi la qualité de souverain temporel à celle de chef de l'Église. Le nom de *patrimoine de saint Pierre* cessa dès lors d'être appliqué à de simples domaines séparés par de grandes distances, disséminés en Italie, en Sicile, en

---

1. ... Ad emendum oleum, quo implerentur omnia luminaria Ecclesiæ apostolicæ in vespera Paschæ. (Baronii *Annales ecclesiast.*, t. XI, p. 145.)

2. Voyez Ducange *Glossar.*, verbo *Rom-feoh*, Spelman. *Glossar.*, verbo *Rom-skeat*, et Wilkins *Leg. anglo-saxon.*, p. 52, 77 et 114.

3. *Romfeh*, id est Romæ census, quem beato Petro, singulis annis, reddendum, ad laudem et gloriam Dei regis, nostra larga benignitas semper instituit, in festo sancti Petri reddatur. (Leges Cnuti regis, art. XII ; *Chron.* Johann Bromton, apud *Hist. angl. Script.*, t. I, col. 920, ed. Selden.)

Gaule; il servit à désigner un territoire vaste et compacte, possédé ou régi souverainement à titre de seigneurie[1]. Suivant la loi constante et universelle du développement politique, ce nouvel État ne devait pas plus que tout autre être dépourvu d'ambition, et sa tendance nécessaire était d'abuser, dans des vues d'intérêt matériel, de l'influence morale que son chef exerçait sur les royaumes d'Occident.

Après une semblable révolution, l'envoi d'un tribut annuel à la cour pontificale ne pouvait manquer d'avoir, au moins dans l'esprit de cette cour, un tout autre sens qu'auparavant. Des idées inouïes jusque-là commençaient à y germer; on parlait de la suzeraineté universelle de saint Pierre sur tous les pays lointains qui avaient reçu de Rome la foi chrétienne. L'Angleterre était de ce nombre; il y avait donc péril pour l'indépendance politique de ce royaume dans l'obligation d'un tribut, simple témoignage de ferveur chrétienne. Personne, il est vrai, ne soupçonna les conséquences que pourrait avoir l'engagement perpétuel du denier de saint Pierre, ni le roi qui prit cet engagement, soit par zèle religieux, soit par ostentation de pouvoir, ni le peuple, qui s'y soumit sans murmure comme à un acte de piété. Pourtant il ne fallut pas un demi-siècle pour développer ces conséquences et amener la cour de Rome à traiter l'Angleterre en fief du siége apostolique.

Vers l'année 1030, le roi Knut résolut d'aller en personne à Rome, pour visiter les tombeaux des apôtres, et recevoir les remercîments que méritaient ses largesses; il partit avec un nombreux cortége, portant une besace sur l'épaule, et un long bâton à la main. Ayant accompli son pèlerinage, et sur le point de retourner dans le nord, il adressa à toute la nation anglaise une lettre où règne un ton de bonhomie qui contraste singulièrement avec l'éducation et les premiers actes de royauté du fils de Swen[2].

« Knut, roi d'Angleterre et de Danemark, à tous les évêques et

---

1. Fleury, *Hist. ecclésiast.*, t. VIII, p. 29.
2. ... Cum omni suo comitatu baculum et peram gestans Romam petivit. (Torfæi *Hist. rer. norveg.*, pars III, lib. III, cap. XVI, p. 223. — Emmæ reginæ *Encomium*, apud *Script. rer. danic.*, t. II, p. 493, in notis.

« primats, et à tout le peuple anglais, salut. Je vous fais savoir que
« je suis allé à Rome pour la rédemption de mes fautes et pour le
« salut de mes royaumes. Je remercie très-humblement le Dieu tout-
« puissant de ce qu'il m'a octroyé une fois en ma vie la grâce de
« visiter en personne ses saints apôtres Pierre et Paul, et tous les
« saints qui ont leur habitation, soit au dedans des murs, soit au
« dehors de la cité romaine. Je me suis déterminé à ce voyage, parce
« que j'ai appris, de la bouche des sages, que l'apôtre Pierre possède
« une grande puissance de lier et de délier, et qu'il est le porte-clefs
« du royaume céleste ; c'est pourquoi j'ai jugé utile de solliciter spé-
« cialement sa faveur et son patronage [1].

« Il s'est tenu ici, dans la solennité pascale, une grande assemblée
« d'illustres personnes, savoir : le pape Jean, l'empereur Kunrad, et
« tous les premiers des nations [2], depuis le mont Gargano jusqu'à la
« mer qui nous avoisine. Tous m'ont accueilli avec distinction, et
« m'ont honoré de riches présents : j'ai reçu des vases d'or et d'ar-
« gent, des étoffes et des vêtements de grand prix [3]. Je me suis
« entretenu avec l'empereur, le seigneur pape et les autres princes,
« sur les besoins de tout le peuple de mes royaumes, tant anglais
« que danois. J'ai tâché d'obtenir pour mes peuples justice et sûreté
« dans leurs voyages à Rome, et surtout qu'ils ne soient plus doréna-
« vant retardés dans leur route par les clôtures des monts, ni vexés
« par d'énormes péages [4]. J'ai fait aussi mes plaintes au seigneur
« pape sur l'énormité des sommes exigées jusqu'à ce jour de mes
« archevêques, quand ils se rendaient, suivant l'usage, auprès du
« siége apostolique, afin d'obtenir le *pallium*. Il a été décidé que cela
« n'aurait plus lieu à l'avenir [5].

1. ... Clavigerum esse regni cœlestis, et ideo specialius ejus patrocinium apud Dominum diligenter expetere valde utile duxi. (Florent. Wigorn. *Chron.*, p. 620 et 621.)
2 ... Omnes principes gentium. (Ibid., p. 621.)
3. ... Tam in vasis aureis et argenteis, quam in palliis et vestibus valde pretiosis. (Ibid.)
4. ... Ne tot clausuris per viam arctentur, nec teloniis. (Florent. Wigorn. *Chron.*, apud
Monumenta historica britannica, p. 621.)
5. Conquestus sum iterum coram domino papa, et mihi valde displicere causabar, quod
mei archiepiscopi in tantum angariabantur immensitate pecuniarum, quæ ab eis expete-
batur, dum pro pallio accipiendo, secundum morem, apostolicam sedem peterent :
decretumque est ne id deinceps fiat. (Ibid.)

1030 « Je veux en outre que vous sachiez tous que j'ai fait vœu au Dieu
« tout-puissant de régler ma vie selon la droiture, et de gouverner
« mon peuple avec justice. Si, durant la fougue de ma jeunesse, j'ai
« fait quelque chose de contraire à l'équité, je veux désormais, avec
« l'aide de Dieu, l'amender selon mon pouvoir. C'est pourquoi je
« requiers et somme tous mes conseillers, et ceux à qui j'ai confié
« les affaires de mon royaume, de ne se prêter à aucune injustice,
« ni par crainte de moi, ni en faveur des puissants; je leur re-
« commande, s'ils mettent du prix à mon amitié et à leur propre
« vie, de ne faire tort ni violence à aucun homme, riche ou pau-
« vre. Que chacun, selon son état, jouisse de ce qu'il possède,
« et ne soit troublé dans cette jouissance ni au nom du roi, ni au
« nom de personne, ni sous prétexte de lever de l'argent pour
« mon trésor; car je n'ai nul besoin d'argent obtenu par des moyens
« injustes.

« Je me propose de me rendre en Angleterre, dans l'été même, et
« aussitôt que seront achevés les préparatifs de mon embarque-
« ment. Je vous prie et vous ordonne, vous tous, évêques et officiers
« de mon royaume d'Angleterre, par la foi que vous devez à Dieu et
« à moi[1], de faire en sorte qu'avant mon retour toutes nos dettes
« envers Dieu soient acquittées[2]; savoir les aumônes par charrues,
« la dîme des animaux nés dans l'année, et les deniers dus à saint
« Pierre par chaque maison des villes et des villages; de plus, à la
« mi-août, la dîme des moissons, et, à la Saint-Martin, les prémices
« des semences. Que si, à mon prochain débarquement, ces rede-
« vances ne sont point entièrement payées, la puissance royale s'exer-
« cera contre les délinquants, selon la rigueur de la loi, et sans aucune
« grâce[3]. »

1030 à 1035 Ce fut sous le règne de Knut, et à la faveur des longues guerres qu'il fit pour réunir au Danemark les autres royaumes scandinaves,

---

1. ... Per fidem quam Deo et mihi debetis. (Florent Wigorn. *Chron.*, apud *Monumenta historica britannica*, p. 621.)

2. ... Omnia debita, quæ Deo secundum legem antiquam debemus, sint soluta. (Ibid.)

3. Hæc et his similia si, dum venero, non fuerint persoluta, regia exactio secundum leges, in quem culpa cadit, districte absque venia comparabit. (Ibid.)

que Godwin, ce paysan saxon dont on a vu la singulière aventure, s'éleva par ses exploits militaires aux plus hautes dignités. Après une grande victoire remportée sur les Norvégiens, il obtint l'office d'Eorl[1], ou chef politique de l'ancien royaume de West-sex, réduit alors à l'état de province. Beaucoup d'autres Anglais servirent avec zèle le roi danois dans ses conquêtes en Norvége et sur les rives de la Baltique. Knut employa la marine saxonne à détruire celle des petits rois du Nord, et les ayant dépossédés un à un, il prit le titre nouveau d'empereur de tout le septentrion, par la grâce du Christ roi des rois[2]. Malgré cet enivrement de gloire militaire, l'antipathie nationale contre la domination danoise ne cessa point d'exister, et, à la mort du grand roi, comme l'appelaient ses contemporains, les choses reprirent leur cours. Il ne resta rien de cette apparente fusion des deux races sous les mêmes drapeaux; et cette empire, élevé pour un moment au-dessus de tous les royaume du Nord, fut dissous de la même manière que le vaste empire de Charlemagne. Les populations scandinaves expulsèrent leurs conquérants dancis, et se choisirent des chefs nationaux. Plus anciennement conquis, les Anglo-Saxons ne purent s'affranchir tout d'un coup d'une manière aussi complète; mais ils attaquèrent sourdement la puissance des étrangers, et commencèrent par les intrigues une révolution que la force devait terminer[3].

Le roi danois mourut en l'année 1035, et laissa trois fils, dont un seul, nommé Hardeknut[4], c'est-à-dire Knut le fort ou le brave, était né d'Emma la Normande : les autres étaient enfants d'une première épouse. Knut avait désiré, en mourant, que le fils d'Emma devînt son successeur : une pareille désignation était d'ordinaire toute-puissante sur l'esprit de ceux à qui les coutumes germaniques donnaient le droit de choisir les rois. Mais Hardeknut se trouvait alors en Dane-

---

1. Dans l'anglais moderne, on écrit *Earl*, et ce titre répond à celui de comte.
2. Ego... imperator Knuto a Christo rege regum, regiminis... potitus. (*Diploma Knuti regis*, apud *Wilkins, Concilia Magnæ Britanniæ*, t. I, p. 296.)
3. Præsidia militum danorum in Anglia, ne Anglici a dominio Danorum laberentur. (*Petri Olai Excerpt.*, apud *Script. rer. danic.*, t. II, p. 207.) — *Saga af Magnusi Berfætta*, cap. XI ; Snorre's *Heimskringla*, t. III, p. 211 et 212.
4. Alias *Harda-knut, Horda-Knut, Hartha-knut.*

1035 mark ; et les Danois d'Angleterre [1], pressés d'avoir un chef, pour être unis et forts contre les Saxons mécontents, firent roi un autre fils de Knut, appelé Harald [2]. Cette élection, vœu de la majorité, trouva quelques opposants, auxquels les Anglais s'empressèrent de se joindre pour nourrir et envenimer la querelle domestique de leurs maîtres. Les provinces du sud-ouest, qui, pendant toute la durée de la conquête, avaient toujours été les premières à s'insurger et les dernières à se soumettre, proclamèrent roi Hardeknut, pendant que les soldats et les matelots danois installaient Harald dans Londres. Ce schisme politique divisa de nouveau l'Angleterre en deux zones, séparées par la Tamise; le nord fut pour Harald, le midi pour le fils d'Emma. Mais la lutte engagée sous ces deux noms de princes était en réalité le combat de deux intérêts nationaux, celui des vainqueurs tout-puissants au nord de la Tamise, et celui des vaincus moins faibles au midi de ce fleuve.

Godwin, fils de Wulfnoth, était alors chef de la vaste province de West-sex ou Wessex, et l'un des hommes les plus puissants de l'Angleterre. Soit qu'il eût déjà conçu le projet de faire servir à la délivrance de sa nation le pouvoir qu'il tenait des étrangers, soit qu'il ressentît quelque affection personnelle pour le fils puîné de Knut, il favorisa le prétendant absent, et appela dans l'ouest la veuve du dernier roi. Elle vint, accompagnée de quelques troupes danoises [3], et apportant avec elle une partie du trésor de son mari. Godwin prit l'emploi de généralissime et de protecteur du royaume au nom et en l'absence du fils d'Emma [4]; il reçut, pour Hardeknut, les serments de fidélité de toute la population du sud. Cette insurrection d'une nature ambiguë, et qui, sous un aspect, se présentait comme la lutte de deux prétendants à la royauté, sous l'autre,

---

1. Dani lundonienses. (*Hist. Ingulf. Croyland.*, apud *Rer. anglic. Script.*, t. I, p. 61, ed. Gale.) — Tha bithsmen on Lunden. (*Chron. saxon.*, ed. Gibson, p. 154.)

2. *Her*, éminent, chef; *ald*, *hold*, fidèle. Les Saxons écrivent Harold.

3. Mid... huscarlum. (*Chron. saxon.*, ed. Gibson, p. 154.)

4. ... Pupillorum tutorem se professus, reginam Emmam et regias gazas custodiens. (Willelm. Malmesb., *de Gest. reg. angl.*, lib. II, apud *Rer. anglic. Script.*, p. 76, ed. Savile.) — Godwinus vero consul, dux... in re militari. (Henrici Huntind. *Hist.*, lib. VI, apud *ibid.*, p. 364.)

comme une guerre de peuple à peuple, ne s'étendit point au nord de la Tamise. Au nord, la masse des habitants saxons jura, comme les Danois, fidélité au roi Harald ; il n'y eut que des résistances individuelles, comme le refus d'Ethelnoth [1], archevêque de Canterbury, de consacrer roi l'élu des étrangers et de lui remettre, au nom de l'autorité divine, le sceptre et la couronne des rois anglo-saxons [2]. Harald, selon quelques historiens, se couronna de sa propre main, sans aucune cérémonie religieuse ; et, raminant au fond de son cœur le vieil esprit de ses aïeux, il prit en haine le christianisme. C'était à l'heure des offices, et quand le peuple se rendait à l'église, qu'il avait coutume de demander ses chiens de chasse ou qu'il faisait dresser sa table [3].

Une guerre acharnée entre le sud et le nord de l'Angleterre, entre la population saxonne et la population danoise, paraissait inévitable. Cette attente produisit une sorte de terreur parmi les habitants anglo-saxons de la rive gauche de la Tamise [4] ; car, malgré leur fidélité apparente au roi reconnu par les Danois, eux-mêmes craignaient d'être traités en rebelles. Un grand nombre de familles quittèrent leurs maisons pour se mettre en sûreté dans les forêts. Des troupes d'hommes, de femmes et d'enfants, emmenant leur bétail et portant leurs meubles, gagnèrent les terrains marécageux qui se prolongeaient, dans un espace de plus de cent milles, sur les quatre provinces de Cambridge, de Huntingdon, de Northampton et de Lincoln [5]. Ce pays, qui avait l'apparence d'un vaste lac parsemé d'îles, n'était habité que par des religieux, qui devaient à la munificence des anciens rois de vastes maisons construites au milieu des eaux, sur des pilotis et de la terre apportée de loin [6]. Les pauvres fugitifs se cantonnèrent dans les bois de saules qui couvraient ces terres basses et fangeuses.

---

1. *Ethel*, noble ; *noth*, nécessaire, utile.
2. Emmæ reginæ *Encomium*, apud *Script. rer. normann.*, p. 174.
3. Dum alii ecclesiam, christiano more, missam audire subintrarent, ipse aut saltus canibus ad venandum cinxit, aut quibuslibet aliis vilissimis rebus sese occupavit. (Ibid.)
4. ... Sola suspicione belli supervenientis. (*Hist. Ingulf. Croyland.*, apud *Rer. anglic. Script.*, t. I, ed. Gale.)
5. ... Cum suis parvulis ac catallis omnibus mobilibus... ad mariscorum uligines... (Ibid.)
6. Willelm. Malmesb., *de Gest. pontif. angl.*, lib. IV, apud, *Rer. anglic. Script.*, p. 292, ed. Savile.

1036 Comme ils manquaient de beaucoup de choses nécessaires à la vie, et que tout le long du jour ils étaient oisifs, ils assaillirent de sollicitations, ou de visites de simple curiosité, les religieux de Croyland, de Peterborough et des autres abbayes voisines. Ils allaient et venaient sans cesse pour demander des secours, des conseils ou des prières [1]; ils s'attachaient aux pas des moines ou des serviteurs du couvent pour les apitoyer sur leur sort [2]. Afin d'accorder l'observance de leur règle avec le devoir de l'hospitalité, les moines se tenaient renfermés dans leurs cellules, et désertaient le cloître et l'église parce que la foule s'y rassemblait [3]. Un ermite, qui vivait entièrement seul dans les marais de Pegheland [4], fut si effrayé de se retrouver tout à coup au milieu des hommes et du bruit, qu'il abandonna sa cabane et qu'il s'enfuit pour chercher ailleurs quelque lieu désert.

La guerre, si désirée d'un côté de la Tamise, et si redoutée de l'autre, n'eut pas lieu, parce que, l'absence de Hardeknut se prolongeant, ses partisans danois fléchirent [5], et que les Anglais du sud, restés seuls, ne voulurent pas lever leur drapeau national pour la cause d'un prétendant danois. Celle que les passions de reine et de mère devaient pousser à entreprendre et à soutenir une lutte armée, Emma, fit sa paix la première, et livra le trésor de Knut au rival de son propre fils. Godwin et les autres chefs saxons de l'ouest, forcés, par sa défection, de reconnaître Harald pour roi, lui jurèrent obéissance, et Hardeknut fut oublié [6]. Il arriva dans le même temps un événement tragique dont le récit ne nous est parvenu qu'enveloppé de beaucoup d'obscurités. Une lettre d'Emma, qui vivait à Londres en bonne intelligence avec le roi Harald, fut envoyée, à ce qu'il paraît, aux deux fils d'Ethelred en Normandie; leur mère les infor-

1037 à 1039

---

1. ...Tota die in claustrum irruentes. (*Hist. Ingulf. Croyland.*, apud *Rer. anglic. Script.*, t. I, p. 61, ed. Gale.)

2. ... De suis indigentiis... cum blanditiis allicere. (Ibid.)

3. ... Vix... de dormitorio ausi sunt descendere. (Ibid.)

4. ... Vulfius anachorita. (Ibid.)

5. ... Quod in Denemercia moras innexuit. (Roger de Hoved. *Annal.*, pars I, apud *Rer. anglic. Script.*, p. 438, ed. Savile.)

6. *Chron. saxon.*, ed. Gibson, p. 155.

mait par cette lettre que le peuple anglo-saxon semblait disposé à faire roi l'un d'entre eux et à secouer le joug du Danois ; elle les invitait à se rendre secrètement en Angleterre, afin de s'entendre avec elle et avec leurs amis [1]. Soit que la lettre fût vraie ou qu'elle fût supposée, les fils d'Ethelred la reçurent avec joie, et le plus jeune des deux, nommé Alfred, s'embarqua, du consentement de son frère, avec une troupe de soldats normands et boulonnais [2]. Ce dernier point était contraire aux instructions données par Emma, si toutefois l'invitation qui parut venir d'elle n'était pas une fourberie du roi Harald et un piége tendu de sa main [3].

Le jeune Alfred prit terre à Douvres, et s'avança au sud de la Tamise, pays où il devait rencontrer le moins de dangers et d'obstacles, parce que les Danois n'y habitaient pas en grand nombre. Godwin alla à sa rencontre, peut-être pour éprouver ce dont il était capable et pour concerter en commun avec lui quelque plan de délivrance nationale. Il le vit entouré d'étrangers, venus à sa suite pour partager la haute fortune qu'il espérait trouver chez les Anglais, et cette vue changea subitement en malveillance pour Alfred les bonnes dispositions du chef saxon. Un ancien historien fait tenir à Godwin, dans cette circonstance, devant les autres chefs rassemblés, un discours où il leur représente qu'Alfred est venu escorté de trop de Normands, qu'il a promis à ces Normands des possessions en Angleterre, et qu'on ne doit point laisser s'impatroniser dans le pays cette race d'étrangers connue dans le monde par ses ruses et son audace [4]. Quoi qu'il en ait été de cette harangue, Alfred fut abandonné, sinon trahi, par Godwin et par les Saxons [5], qui, à la vérité,

---

1. Rogo unus vestrûm ad me velociter et private veniat. (Emma reginæ *Encomium*, apud *Script. rer. normann.*, p. 174.)

2. ... Milites non parvi numeri. (Willelm. Gemet. *Hist. Normann.*, apud ibid., p. 271.)

3. Dolo reperto (Haraldus) fecit epistolam in persona reginæ ad filios ejusdem qui in Nordmannia morabantur componere. (Emmæ reginæ *Encomium*, apud ibid., p. 174, 175 et seq.)

4. ...Nimiam copiam Normannorum secum adduxisse... gentem fortissimam et subdolam inter eos instirpare Anglis securum non esse. (Henrici Huntind. *Hist.*, lib. VI, apud *Rer. anglic. Script.*, p. 365, ed. Savile.)

5. ... Compatriotarum perfidia et maxime Godwini. (Willelm. Malmesb., *de Gest. reg. angl.*, lib. II, apud ibid., p. 77, ed. Savile.)

ne l'avaient point appelé d'outre-mer, ni attiré d'avance dans le péril où ils le laissaient. Les officiers du roi Harald, avertis de son débarquement, le surprirent avec ses compagnons dans la ville de Guildford, pendant qu'ils étaient désarmés et dispersés dans plusieurs maisons [1]. Ils furent tous saisis et garrottés, sans que personne essayât de les défendre [2].

Plus de six cents étrangers avaient suivi le jeune Alfred; on les sépara de lui, et ils furent traités de la façon la plus barbare; neuf sur dix périrent dans d'horribles tortures; le dixième seul obtint grâce de la vie. Le fils d'Ethelred, transféré dans l'île d'Ely, fut traduit devant des juges qui le condamnèrent à perdre les yeux comme violateur de la paix publique. Emma, sa mère, ne fit aucune démarche pour le sauver de ce supplice, dont il mourut; elle délaissa l'orphelin, dit un vieux chroniqueur [3]; et d'autres historiens lui reprochent d'avoir été complice de sa mort [4]. Cette dernière assertion est inadmissible; mais une circonstance singulière, c'est qu'Emma, exilée peu de temps après d'Angleterre par le roi Harald, ne se rendit point en Normandie, auprès de ses propres parents et du second des fils d'Ethelred. Elle alla en Flandre quêter un asile étranger [5], et s'adressa au second fils de Knut, en Danemark, pour l'inviter à venger son frère maternel, le fils d'Ethelred, assassiné, disait-elle, par Harald et trahi par Godwin [6].

La trahison de Godwin fut le cri des Normands, qui, par un ressentiment aveugle, accusèrent plutôt les Saxons que les Danois du

---

1. Sed postquam manducaverant et biberant, et lectos ut pote fessi libenter ascenderant, ecce complices Haraldi infandissimi tyranni adsunt et singula hospitia invadunt. (*Emmæ reginæ Encomium*, apud *Script. rer. gallic et francic.*, t. XI, p. 7.)

2. Roger de Hoved. *Annal.*, pars I, apud *Rer. anglic. Script.*, p. 438, ed. Savile. — Ailred Rieval. *Genealog. reg. angl.*, apud *Hist. anglic. Script.*, t. I, col. 366, ed. Selden. — Guill. Pictaviensis, apud *Script. rer. normann.*, p. 178.

3. ... Deserti orphani... invidia. (Willelm. Malmesb., *de Gest. reg. angl.*, lib. II, apud *Rer. anglic. Script.*, p. 76, ed. Savile.) — Eluredi casum scire nolebat, et Edwardo exuli nihil penitus boni faciebat. (*Monast. anglic.*, Dugdale, t. I, p. 33.)

4. Quidam dicunt Emmam in necem filii sui Alfredi consensisse. (*Chron. Johan. Bromton*, apud *Hist. anglic. Script.*, t. I, col. 936, ed. Selden.) — *Monast. anglic.*, Dugdale, t. I, p. 35.

5. Henrici Huntind. *Hist.*, lib. VI, apud *Rer. anglic. Script.*, p. 364, ed. Savile.

6. Roger de Hoved. *Annal.*, pars I, apud ibid., p. 438.

massacre de leurs compatriotes victimes d'une entreprise trop hasardeuse. Il y a d'ailleurs une foule de versions de cette aventure [1], et aucune ne l'emporte sur les autres par le nombre ou la valeur des témoignages. L'un des historiens les plus dignes de foi commence son récit par ces paroles : « Je vais dire ce que les conteurs de nou- « velles rapportent de la mort d'Alfred [2]; » et, à la fin de sa narration, il ajoute : « Voilà ce que raconte la tradition populaire, « mais comme les chroniques se taisent là-dessus, je m'abstiens d'af- « firmer [3]. » Le fait certain, c'est le supplice du fils d'Ethelred et de plusieurs centaines d'hommes venus avec lui de Normandie et de France pour faire insurger les Saxons; l'entrevue de Godwin avec ce jeune homme, et surtout la trahison préméditée dont beaucoup de narrateurs l'accusent, sont des circonstances douteuses jointes par le bruit public à un fond vrai. Mais quelque inexactes qu'aient pu être ces rumeurs, elles ont une grande importance historique, à cause du crédit qu'elles obtinrent dans les pays d'outre-mer, et de la haine nationale qu'elles firent naître chez les Normands contre le peuple anglais.

A la mort de Harald, les Anglo-Saxons, encore trop peu hardis pour choisir un roi de leur propre race, concoururent avec les Danois à l'élection du fils d'Emma et de Knut [4]. Le premier acte de royauté que fit Hardeknut fut d'ordonner qu'on déterrât le corps de son prédécesseur (Harald), et qu'après lui avoir coupé la tête on le jetât dans la Tamise. Des pêcheurs danois retrouvèrent le cadavre, et l'ensevelirent de nouveau à Londres, dans le cimetière réservé à leur nation, qui, même dans sa sépulture, voulait être distinguée des Anglais [5]. Après avoir donné contre un frère mort cet exemple

---

1. Diversi diversimode et diversis temporibus... (*Chron.* Johan. Bromton., apud *Hist. anglic. Script.*, t. I, col. 936, ed. Selden.)

2. ... Quod rumigeruli spargunt. (Willelm. Malmesb., *de Gest. reg. angl.*, lib. II, apud *Rer. anglic. Script.*, p. 77, ed. Savile.)

3. Hæc, quia fama serit, non omisi, sed quia chronica tacet, pro solido non asserui (Ibid.)

4. ... Anglis et Danis in unam sententiam convenientibus. (Ibid., p. 76.) — Matthæi monast., *Flor. histor.*, p. 210.

5. ... In cœmeterio Danorum. (*Hist.* Ingulf. Croyland., apud *Rer. anglic. Script.*, t. I, p. 62, ed. Gale.)

de vengeance et de barbarie, le nouveau roi, avec une apparence de regrets et d'affliction fraternelle, fit commencer sur le meurtre d'Alfred une vaste enquête judiciaire. Comme lui-même était Danois, aucun homme de race danoise ne fut sommé par ses ordres de comparaître en justice, et les Saxons furent seuls chargés d'un crime qui n'avait pu être utile qu'à leurs maîtres. Godwin, dont la puissance et les intentions patriotiques donnaient des craintes au roi étranger, fut accusé le premier de tous : il se présenta, selon la loi anglaise, accompagné d'un grand nombre de parents, d'amis et de témoins du fait, qui jurèrent avec lui qu'il n'avait pris aucune part ni directe ni indirecte à la mort du fils d'Ethelred. Cette preuve légale ne suffit pas auprès du roi Hardeknut, et, pour lui donner de la valeur, il fallut que le chef saxon l'accompagnât de riches présents, dont le détail, s'il n'est pas fabuleux, peut faire croire que beaucoup d'Anglais aidèrent leur compatriote à se racheter d'une accusation intentée de mauvaise foi. Godwin donna au roi un vaisseau orné de métal doré, monté par quatre-vingts soldats portant des casques dorés, une hache dorée sur l'épaule, et à chaque bras des bracelets d'or du poids de six onces [1]. Un évêque saxon, nommé Leofwin [2], accusé d'avoir aidé le fils de Wulfnoth dans sa trahison prétendue, se justifia comme lui à force de présents.

En général, dans ses relations avec les vaincus, Hardeknut montra moins de cruauté que d'avarice ; mais son amour pour l'argent égalait et surpassait peut-être celui des rois pirates ses aïeux. Il accabla l'Angleterre de tributs [3], et plus d'une fois ses collecteurs de taxes furent victimes de la haine et du désespoir qu'ils excitaient. Les citoyens de Worcester en tuèrent deux dans l'exercice de leurs fonctions. Dès que la nouvelle de ce meurtre parvint aux autorités danoises, deux chefs de cette nation, Leofrik et Siward, dont l'un commandait en Mercie et l'autre en Northumbrie, réunirent leurs

---

1. ... Apposuit ille fidei juratæ exenium... ratem auro rostratam. (Willelm. Malmesb., de Gest. reg. angl., lib. II, apud *Rer. anglic. Script.*, p. 77, ed. Savile.)

2. Willelm. Malmesb., ibid. — *Leof-win. Leof, lief, lieb,* cher, bien-aimé ; *win,* ami.

3. ... Tributum inexorabile et importabile Angliæ imposuit. (Willelm. Malmesb., de Gest. reg. anglic., lib. II, apud *Rer. anglic. Script.*, p. 76, ed. Savile.)

forces et marchèrent contre la ville rebelle, avec ordre de la dévaster par le fer et le feu. Les habitants en masse abandonnèrent leurs maisons, et se réfugièrent dans une des îles que forme la Saverne; ils y élevèrent des retranchements et résistèrent jusqu'au point de lasser les assaillants, qui leur permirent de retourner en paix dans leurs habitations incendiées.

Ainsi l'esprit d'indépendance, que les vainqueurs appelaient révolte, se ranimait peu à peu chez les fils des Saxons et des Angles. D'ailleurs, pour éveiller en eux les regrets de la liberté perdue, les misères et les affronts ne manquaient pas [1]. Le Danois qui portait le titre de roi d'Angleterre n'était pas seul à opprimer les indigènes; il avait sous lui toute une nation d'étrangers, et chacun y travaillait de son mieux. Ce peuple supérieur, dont les Anglais étaient sujets et non simples concitoyens, ne payait point d'impôts comme eux, et se partageait, au contraire, les impôts levés par son chef, recevant, à des époques fixes, de grandes distributions d'argent [2]. Quand le roi, dans ses revues militaires ou dans ses promenades de plaisir, prenait pour son logement la maison d'un Danois, le Danois était défrayé tantôt en argent [3], tantôt en bétail, que le paysan saxon avait nourri pour la table de ses vainqueurs [4]. Mais la demeure du Saxon était l'hôtellerie du Danois : l'étranger y prenait gratuitement le feu, la table et le lit; il y occupait la place d'honneur comme maître [5]. Le chef de la famille ne pouvait boire sans la permission de son hôte, ni demeurer assis en sa présence. L'hôte insultait à son plaisir l'épouse, la fille, la servante [6], et si quelque

---

1. ... Pro contemptibus quos Angli a Danis sæpius receperant. (*Chron.* Johan. Bromton., apud *Hist. anglic. Script.*, t. I, col. 954, ed. Selden.)

2. ... Classiariis suis per singulas naves viginti marcas. (Willelm. Malmesb., loc. sup. cit.) — Navium singulis remigibus, VIII marcas. (*Chron. saxon.*, ed. Gibson, p. 156.) — XXXII navibus, XI millia librarum. (Ibid.)

3. Iste dedit... Danis XXVIII, mill. lib. argenti ad sumptus hospitii regis. (Henrici Knyghton, *de Event anglic.*, lib. I, cap. XXVI, apud *Hist. anglic. Script.*, t. II, col. 2326, ed. Selden.)

4. ... Magna summa animalium bene crassorum. (Ibid.)

5. Unus Danus custos et magister domus super omnes alios hospitii. (Ibid.)

6. ... Et sic defloraverunt uxores nostras et filias et ancillas. (Ibid.) — Nam si Dacus Anglico super pontem occurrisset, Anglicus pedem movere ausus non fuisset, donec Dacus

brave entreprenait de les défendre ou de les venger, ce brave ne trouvait plus d'asile; il était poursuivi et traqué comme une bête fauve; sa tête était mise à prix comme celle des loups; il devenait *tête de loup*, selon l'expression anglo-saxonne [1]; et il ne lui restait plus qu'à fuir vers la demeure des loups, qu'à se faire brigand dans les forêts contre les conquérants étrangers et les indigènes qui s'endormaient lâchement sous le joug de l'étranger.

Toutes ces souffrances, longtemps accumulées, produisirent enfin leurs fruits, à la mort du roi Hardeknut, qui arriva subitement au milieu d'un festin de noces. Avant que les Danois se fussent assemblés pour l'élection d'un nouveau roi, une armée insurrectionnelle se forma sous la conduite d'un Saxon appelé Hown [2]. Malheureusement les exploits patriotiques de cette armée sont aujourd'hui aussi inconnus que le nom de son chef est obscur. Godwin, et avec lui son fils nommé Harald (Harold selon l'orthographe saxonne) levèrent cette fois l'étendard, pour la pure indépendance du pays, contre tout Danois, roi ou prétendant, chef ou soldat. Refoulés rapidement vers le nord, et chassés de ville en ville, les Danois partirent sur leurs vaisseaux, et abordèrent, diminués de nombre, aux rivages de leur ancienne patrie [3]. Ils firent, à leur tour, un récit de trahison, dont les circonstances romanesques se retrouvent, d'une manière également fabuleuse, dans l'histoire de plusieurs peuples; ils dirent que Harold, fils de Godwin, avait invité les principaux d'entre eux à un grand banquet, où les Saxons vinrent armés et les assaillirent à l'improviste [4].

Ce ne fut point une surprise de ce genre, mais une guerre au

pontem pertransisset, et ulterius nisi Angli in honorem Dacorum capita inclinassent, graves pœnas et verbera cito sentirent. (*Chron.* Johan. Bromton., apud *Hist. anglic. Script.*, t. I, col. 934, ed. Selden.)

1. *Wulf-heofod.* C'était le nom donné par les Saxons aux hommes mis hors la loi pour quelque grand crime. — Voyez Wilkins, *Leges et concilia,* passim.

2. ... Collegerunt magnum exercitum, qui Howne-here appellabatur a quodam Howne qui... ductor eorum extiterat. (Henrici Knyghton, *de Event. angl.*, lib. I, cap. VI, apud *Hist. angl. Script.*, t. II, col. 2326, ed. Selden.)

3. ... Danos occiderunt et... de partibus Angliæ totaliter fugaverunt. (Ibid.)

4 ... Fecit insimul congregatis magnum convivium. (Petri Olai *Excerpt.,* apud *Script. rer. danic.,* t. II, p. 207.)

grand jour, qu mit fin en Angleterre à la domination des Scandinaves ; Harold joua, sous Godwin, à la tête de la nation soulevée, le premier rôle dans cette guerre. Au moment de la délivrance, tout le soin des affaires publiques fut confié au fils de Wulfnoth, qui venait d'accomplir, en sauvant sa patrie des mains des étrangers, la fortune extraordinaire qu'il avait commencée en sauvant un étranger des mains de ses compatriotes [1]. Godwin, s'il l'eût voulu, pouvait se faire nommer roi des Anglais ; peu de suffrages lui eussent été refusés dans une révolution où il semblait être l'homme nécessaire. Mais il aima mieux tourner les regards de la nation sur un homme étranger aux événements récents, sans envieux, sans ennemis, inoffensif aux yeux de tous par son éloignement des affaires, intéressant pour tous par ses malheurs, sur Edward, le second fils d'Ethelred, celui-là même dont on disait qu'il avait trahi et fait mourir le frère [2]. D'après l'avis du chef de Wessex, un grand conseil, assemblé à Ghillingham, décida qu'un message national serait envoyé à Edward, en Normandie, pour lui annoncer que tout le peuple l'avait élu roi, mais sous la condition de n'amener avec lui qu'un petit nombre de Normands [3].

Edward obéit, dit une ancienne chronique [4], et vint en Angleterre avec peu d'hommes. Il fut proclamé roi dès son arrivée, et sacré dans l'église cathédrale de Winchester. En lui remettant le sceptre et la couronne, l'évêque lui fit un long discours sur les devoirs de la royauté et sur le gouvernement doux et équitable de ses prédécesseurs anglo-saxons. Comme il était encore sans épouse, il choisit la fille de l'homme puissant et populaire à qui il devait la royauté. Dif-

---

1. Regni cura comiti Godwino committitur, donec qui dignus esset eligeretur in regem. (*Monast. angl.*, Dugdale, t. I, p. 34.)

2. Omnium electione in Edwardum concordatur, maxime cohortante Godwino comite. (*Ingulf. hist.*, p. 895, ed. Savile.)

3. Nec mora Gilingeham congregato consilio rationibus suis explicitis regem effecit. (Willelm. Malmesb., *de Gentis reg. angl.*, lib. II, apud *Rer. angl. Script.*, p. 80, ed. Savile.) — Eall fole [populus universus] geceas Eadward to cynge. (*Chron. saxon.*, ed. Gibson, p. 156.) — Mandantes ei quod paucissimos Normannorum secum adduceret. (Henrici Huntind. *Hist.*, lib. VI, apud *Rer. anglic. Script.*, p. 365, ed. Savile.)

4. ... Paruit Edwardus et cum paucis venit in Angliam. (Ibid.)

férents bruits de malveillance coururent au sujet de ce mariage; on disait qu'Edward, effrayé de l'immense autorité de Godwin, l'avait pris pour beau-père, afin de ne pas l'avoir pour ennemi [1]. D'autres assuraient qu'avant de faire élire le nouveau roi, Godwin avait exigé de lui, par serment sur Dieu et sur son âme, la promesse d'épouser sa fille [2]. Quoi qu'il en soit de ces allégations, Edward reçut en mariage une jeune personne belle, instruite dans les lettres, pleine de modestie et de douceur; elle avait nom Edghithe, ou, par adoucissement, Edith [3]. « Je l'ai vue bien des fois dans mon enfance, dit un « contemporain, lorsque j'allais visiter mon père, employé au palais « du roi. Si elle me rencontrait au retour de l'école, elle m'interro- « geait sur ma grammaire, sur mes vers ou bien sur ma logique, où « elle était fort habile; et quand elle m'avait enlacé dans les filets « de quelque argument subtil, elle ne manquait jamais de me faire « donner trois ou quatre écus par sa suivante, et de m'envoyer rafraî- « chir à l'office [4]. » Edith était douce et bienveillante pour tout ce qui l'approchait; ceux qui n'aimaient pas, dans son père et son frère, leur caractère de fierté un peu rude, la louaient de ne pas leur ressembler; c'est ce qu'exprimait, d'une façon poétique, un vers latin fort à la mode dans ce temps : « Godwin a mis au monde Edith, « comme l'épine produit la rose [5]. »

La retraite des Danois et la fin du régime de la conquête, en réveillant tous les souvenirs patriotiques, avaient rendu plus chères au peuple les coutumes anglo-saxonnes. On eût voulu les faire revivre dans toute leur pureté primitive, dégagées de ce que le mélange des races y avait apporté d'étranger. Dans ce désir, on se reportait au temps qui avait précédé la grande invasion danoise, au règne d'Ethel-

---

1. ... Metuens tanti viri potentia lædi. (Willelm. Gemet. *Hist. Normann.*, apud *Script. rer. normann.*, p. 271.)

2. Jura mihi, in Deum et in animam tuam, te filiam meam accepturum in conjugem... et ego tibi dabo regnum Angliæ. (*Monast. anglic.*, Dudgale, t. I, p. 24.)

3. *Ed* signifie heureux, heureuse; le sens de l'autre composant m'est inconnu.

4. ... Ad regium penu transmisit, et refectum dimisit. (*Hist. Ingulf. Croyland.*, apud *Rer. anglic. Script.*, t. I, p. 62, ed. Gale.)

5.   Sicut spina rosam, genuit Gudwinus Eghitam.
(Ibid.)

red, dont on rechercha, pour les rétablir, les institutions et les lois [1]. Cette restauration eut lieu dans la mesure où elle était possible, et le nom du roi Edward s'y attacha ; ce fut un dicton populaire que ce bon roi avait rétabli les bonnes lois de son père Ethelred. Mais, à vrai dire, il ne fut point législateur ; il ne promulgua point un nouveau code ; seulement les ordonnances des rois danois cessèrent d'être exécutées sous son règne.[2]. L'impôt de la conquête, d'abord accordé temporairement sous le nom de Danegheld, comme on l'a vu plus haut, ensuite levé chaque année durant trente ans, pour les soldats et les matelots étrangers[3], fut de cette manière aboli, non par la bienveillance gratuite du nouveau roi, mais parce qu'il n'y avait plus de Danois en Angleterre.

1042 à 1048

Il n'y avait plus de Danois vivant dans le pays comme dominateurs ; ceux-là furent tous expulsés, mais le peuple anglais redevenu libre ne chassa point de leurs habitations les hommes laborieux et paisibles qui, jurant obéissance aux lois communes, se résignèrent à la simple existence de cultivateurs ou de bourgeois. Le peuple saxon ne leva point de tributs sur eux par représailles, et ne rendit point leur condition plus mauvaise que n'était la sienne. Dans les provinces de l'est, et surtout dans celles du nord, les enfants des Scandinaves continuèrent de surpasser en nombre les enfants des Anglo-Saxons ; ces provinces se distinguèrent de celles du centre et du midi par une différence assez remarquable d'idiome, de mœurs et de coutumes locales[4] ; mais il ne s'y éleva pas la moindre résistance contre le gouvernement du roi saxon. L'égalité sociale rapprocha et confondit en peu de temps les deux races autrefois ennemies. Cette union de tous les habitants du sol anglais, redoutable aux envahisseurs d'outre-mer, arrêta leurs projets d'ambition, et aucun roi du nord n'osa venir revendiquer à main armée l'héritage des fils de

---

1. Leges ab antiquis regibus... latas. (Willelm. Malmesb., *de Gest. reg. angl.*, lib. II, apud *Rer. anglic. Script.*, p. 75, ed. Savile.)

2. Sub nomine regis Edwardi, non quod ille statuerit, sed quod observaverit. (Ibid.)

3. *Dæne-geld, Dæna-geold*; alias *Heregeold*, tribut de l'armée. (*Chron. saxon.*, ed. Gibson, passim.)

4. Myrcna-laga, West seaxna-laga, Dæna-laga. Vid. Hickesii *Thesaur. linguar. septentrional.*

1042
à
1048

Knut. Ces rois envoyèrent même au paisible Edward des messages de paix et d'amitié : « Nous vous laisserons, lui disaient-ils, régner « sans trouble sur votre pays, et nous nous contenterons des royaumes « que Dieu nous a donnés [1]. »

Mais, sous cette apparence extérieure de prospérité et d'indépendance, se développaient sourdement de nouveaux germes de trouble et de ruine. Le roi Edward, fils d'une Normande, élevé depuis son enfance en Normandie, était revenu presque étranger dans la patrie de ses aïeux [2]; le langage d'un peuple étranger avait été celui de sa jeunesse; il avait vieilli parmi d'autres hommes et d'autres mœurs que les mœurs et les hommes de l'Angleterre; ses amis, ses compagnons de plaisir et de peine, ses plus proches parents, l'époux de sa sœur, étaient de l'autre côté de la mer. Il avait juré de n'amener qu'un petit nombre de Normands : il en amena peu en effet, mais beaucoup vinrent après lui : ceux qui l'avaient aimé dans son exil, ceux qui l'avaient secouru quand il était pauvre accoururent assiéger son palais [3]. Il ne put se défendre de les accueillir à son foyer et à sa table, et même de les y préférer aux inconnus dont il tenait son foyer, sa table et son titre. Le penchant irrésistible des anciennes affections l'égara jusqu'au point de confier les hautes dignités et les grands emplois du pays à des hommes nés sur une autre terre et sans amour pour la patrie anglaise [4]. Les forteresses nationales furent mises sous la garde d'hommes de guerre normands; des

---

1. Existimo, inquit, rectissimum id esse et rei convenientissimum ut Edwardo regi regnum suum relinquam, a me non turbatum, egoque mihi teneam regna quæ Deus mihi possidenda concessit. (*Saga af Magnusi Goda,* cap. XXXVIII ; Snorre's *Heimskringla,* t. III, p. 52.) — *Hist. Ingulf. Croyland.,* apud *Rer. anglic. Script.,* t. I, p. 65, ed. Gale. — *Chron. Johan. Bromton,* apud *Hist. angl. Script.,* t. I, col. 938, ed. Selden.

2. ... Pœne in Gallicum transierat. (*Hist. Ingulf. Croyland.,* apud *Rer. anglic. Script.,* t. I, p. 62, ed. Gale.)

3. Siquidem aliquantos Normannos rex accersierat, qui olim inopiam exulis paucis beneficiis levarant. (Willelm. Malmesb., *de Gest. reg. angl.,* lib. II, apud *Rer. anglic. Script.,* p. 80, ed. Savile.)

4. Attrahens de Normannia plurimos quos, variis dignitatibus promotos, in immensum exaltabat. (*Hist. Ingulf. Croyland.,* apud *Rer. anglic. Script.,* t. I, p. 62, ed. Gale.) — *Monast. anglic.,* Dugdale, t. I, p. 34. — Inter quos Robertum quem ex monacho gemmeticensi episcopum Londoniæ et post archiepiscopum Cantuariæ statuerat. (Willelm. Malmesb., *de Gest. reg. angl.,* lib. II, apud *Rer. anglic. Script.,* p. 80, ed. Savile.)

clercs de. Normandie obtinrent des évêchés en Angleterre, et devinrent les chapelains, les conseillers et les confidents intimes du roi.

Quiconque sollicitait en langue normande [1] n'essuyait jamais un refus; cette langue bannit même du palais la langue nationale, objet de risée pour les courtisans étrangers, et nulle flatterie ne s'adressa plus au roi que dans cet idiome favori. Tous les gens ambitieux parmi la noblesse anglaise parlaient ou balbutiaient dans leurs maisons le nouveau langage de la cour, comme le seul digne d'un homme bien né [2]; ils quittaient leurs longs manteaux saxons pour les casaques normandes; ils imitaient dans l'écriture la forme allongée des lettres normandes; au lieu de signer leur nom au bas des actes civils, ils y suspendaient des sceaux en cire, à la manière normande. En un mot, tout ce qu'il y avait d'anciens usages nationaux, même dans les choses les plus indifférentes, était abandonné au bas peuple [3].

Mais le peuple, qui avait versé son sang pour que l'Angleterre fût libre, et qui était peu frappé de la grâce et du charme des nouvelles modes, crut voir renaître sous d'autres apparences le gouvernement de l'étranger. Godwin, quoiqu'il fût, parmi ses compatriotes, le plus élevé en dignité et le premier après le roi, se souvint heureusement de son origine plébéienne, et entra dans le parti populaire contre les favoris normands. Le fils de Wulfnoth et ses quatre fils, Harold, Sweyn, Tosti et Gurth, tous aimés de la nation pour ce qu'ils valaient ou pour ce qu'ils donnaient d'espérances, résistèrent, le front levé, à l'influence normande, comme ils avaient tiré l'épée contre les conquérants danois [4]. Dans ce palais où leur fille et leur sœur était dame et maîtresse, ils rendirent insolence pour insolence aux courtisans venus de la Gaule; ils tournèrent en dérision leurs modes exotiques,

---

1. ... Gallicum idioma. (*Hist. Ingulf. Croyland.*, apud *Rer. anglic. Script.*, t. I, p. 62, ed. Gale.)

2. ... Tanquam magnum gentilitium. (Ibid.)

3. ... Propriam consuetudinem in his et in aliis multis erubescere. (Ibid.)

4. Godwinum et natos, magnanimos viros et industrios, auctores et tutores regni Edwardi. (Willelm. Malmesb., *de Gest. reg. angl.*, lib. II, apud *Rer. anglic. Script.*, p. 80, ed. Savile.) — Deux autres fils de Godwin seront nommés plus tard.

1042 et blâmèrent la faiblesse du roi, qui leur abandonnait sa confiance et
à
1048 la fortune du pays [1].

Les Normands recueillaient soigneusement ces propos et les envenimaient à loisir; ils criaient aux oreilles d'Edward que Godwin et ses fils l'insultaient sans ménagement, que leur arrogance n'avait pas de bornes, qu'on démêlait en eux l'ambition de régner à sa place et le projet de le trahir [2]. Mais, pendant que ces accusations avaient cours dans le palais du roi, dans les réunions populaires [3], on jugeait tout autrement le caractère et la conduite du chef saxon et de ses fils. « Est-il étonnant, disait-on, que l'auteur et le soutien du règne
« d'Edward s'indigne de voir élever au-dessus de lui des hommes
« nouveaux et de nation étrangère? et pourtant, jamais il ne lui arrive de proférer un mot d'injure contre l'homme que lui-même a
« fait roi [4]. » On qualifiait les favoris normands des noms de déla-
« teurs infâmes, d'artisans de discorde et de trouble, et l'on souhaitait longue vie au grand chef, au chef magnanime sur terre et sur mer [5]. On maudissait le fatal mariage d'Ethelreld avec une femme normande, cette union contractée pour sauver le pays d'une invasion étrangère [6], et de laquelle résultait maintenant une nouvelle invasion

---

1. Sæpe de ejus simplicitate solitos nugari... sæpe insignes facetias in illum jaculari. (Willelm. Malmesb., *de Gest. rer. angl.*, lib. II, apud *Rer. anglic. Script.*, ed. Savile, p. 81.)

2. Magna arrogantia et infidelitate in regem et in familiares ejus egisse, æquas sibi partes in imperio vindicantes. (Ibid., p. 80 et 81, ed. Savile.)

3. Il y avait chez les Anglo-Saxons une foule d'institutions provinciales et municipales. *Folc-gemot, scire-gemot,* assemblée de province. *Burhgemot, Wic-gemot,* assemblée de ville. *Husting,* maison de conseil. *Hanshus,* maison commune. *Gild-hald,* club; *gid-scipe,* association. Voyez Hickes., *Thesaur. linguar. septentrion.*, sur les institutions sociales des Anglo-Saxons.

4. Numquam tamen contra regem quem semel fastigiaverint asperum etiam verbum locutos. (Willelm. Malmesb., *de Gest. reg. angl.*, lib. II, apud *Rer. anglic. Script.*, p. 80, ed. Savile.)

5. Hunc (Robertum archiepiscopum) cum reliquis (Normannis) Angli moderni vituperant delatorem Godwini et filiorum ejus, hunc discordiæ seminatorem. (Ibid.) — Godwinus Cantiæ comes magnanimus per Angliam, terra marique habebatur. (Eadmeri *Hist. novorum.*, lib. I, p. 4, ed. Selden.)

6. *Richardi* consulis Normannorum filiam rex prædictus Edelred in conjugem assumere præcogitavit, ad tuitionem regni sui. (Henrici Huntind. *Hist.*, lib. VI, apud *Rer. anglic. Script.*, p. 359, ed. Savile.)

et comme une nouvelle conquête, sous le masque de la paix et de l'amitié.

La trace et peut-être même l'expression de ces plaintes nationales se retrouvent dans quelques mots bizarrement énergiques d'un historien postérieur d'un siècle, il est vrai, mais imbu de traditions populaires : « Il semble, dit-il, que Dieu tout-puissant, pour punir la « nation anglaise, se soit proposé un double plan de destruction et « qu'il ait dressé contre elle une sorte d'embuscade militaire [1] ; car, « d'un côté, s'est déchaînée l'irruption danoise, de l'autre s'est ourdie « la trame des intrigues normandes, afin que, si la nation échappait « aux coups de foudre des Danois, l'astuce des Normands forts et « braves aussi vînt la surprendre [2].

---

1. Deus omnipotens duplicem contritionem proposuit, et quasi militares insidias adhibuit. (Henrici Huntind. *Hist.*, lib. VI, apud *Rer. anglic. Script.*, p. 359, ed Savile.)
2. Scilicet ut... si ab Danorum manifesta fulminatione evaderent, Normannorum improvisam cum fortitudine cautelam non evaderent. (Ibid.)

LIVRE III

Depuis le soulèvement du peuple anglais contre les favoris normands du roi Edward jusqu'à la bataille de Hastings.

1048—1066

Parmi les hommes qui vinrent de Normandie ou de France, pour visiter le roi Edward, se trouvait Eustache, comte de Boulogne. Il gouvernait héréditairement cette ville, avec un petit territoire voisin de l'Océan; et, pour signe de sa dignité de seigneur d'une contrée maritime, il attachait à son heaume, lorsqu'il s'armait en guerre, deux longues aigrettes de fanons de baleine[1]. Eustache venait d'épouser la sœur d'Edward, déjà veuve d'un haut baron français nommé Gaultier de Mantes[2]. Le nouveau beau-frère du roi saxon séjourna auprès de lui quelque temps, avec une suite nombreuse. Il trouva le palais rempli d'hommes nés comme lui dans la Gaule et en parlant l'idiome, de façon que l'Angleterre lui semblait un pays conquis, où les Normands et les Français avaient le droit de tout oser. Dans son voyage de retour, après avoir pris du repos à Canterbury, le comte Eustache se dirigeait vers Douvres. Il fit faire halte à son escorte à quelque distance de la ville, quitta son palefroi de voyage, et monta le grand coursier qu'un de ses gens lui menait en main droite[3]; il

---

1. Voyez Willelmi Britonnis *Philippeid.*, apud *Script. rer. gallic. et francic.*, t. XVII, p. 262 et 263.

2. ... Habebatque sororem regis Godam legitimis nuptiis desponsatam, quæ ex altero viro Waltero Medantino filium tulerat Radulphum, qui eo tempore erat comes Herefordensis. (Willelm. Malmesb., *de Gest. reg. angl.*, lib. II, apud *Rer. anglic. Script.*, p. 81, ed. Savile.)

3. Voyez le Glossaire de Ducange, aux mots *Dextrarius, Dextralis, Destrier.*

endossa sa cotte de mailles, et tous ses compagnons firent de même. C'est dans cet attirail menaçant qu'ils entrèrent à Douvres [1].

Ils se promenaient insolemment par la ville, marquant les meilleures maisons pour y passer la nuit, et s'y établissant d'autorité. Les habitants murmurèrent; l'un d'entre eux eut le courage d'arrêter sur le seuil de sa porte un des Français qui prétendait prendre son quartier chez lui. L'étranger mit l'épée à la main et blessa l'Anglais, qui, s'armant à la hâte avec les gens de sa famille, assaillit et tua l'agresseur. A cette nouvelle, Eustache de Boulogne et toute sa troupe quittèrent leurs logements, remontèrent à cheval, et faisant le siége de la maison de l'Anglais, ils le massacrèrent, dit la chronique saxonne, devant son propre foyer [2]. Ensuite ils parcoururent la ville, l'épée nue à la main, frappant les hommes et les femmes, et écrasant les enfants sous les pieds de leurs chevaux [3]. Ils n'allèrent pas loin sans rencontrer un corps de citoyens en armes; et, dans le combat qui s'engagea, dix-neuf des Boulonnais furent tués. Le comte prit la fuite avec le reste des siens; mais n'osant gagner le port et s'embarquer, il retourna vers la ville de Glocester, où résidait alors le roi Edward avec ses favoris normands [4].

Le roi, disent les chroniques, donna sa paix à Eustache et à ses compagnons [5]. Il crut, sur la seule parole de son beau-frère, que tout le tort était du côté des habitants de Douvres, et, enflammé contre eux d'une colère violente, il manda promptement Godwin, dans le gouvernement duquel cette ville était comprise : « Pars sans délai, « lui dit Edward, et va châtier, par une exécution militaire, ceux « qui attaquent mes parents à main armée et troublent la paix du

---

1. ... Induit suam loricam, itemque sui socii, et adibant Dubrim. (*Chron. saxon.*, ed. Gibson, p. 163.) — Willelm. Malmesb., *de Gest. reg. angl.*, lib. II, apud *Rer. anglic. Script.*, p. 81, ed. Savile.

2. ... Binnam his agenam heorthe. (*Chron. saxon.*, ed. Gibson, p. 162.)

3. Viros et mulieres quamplures armis interfecerunt, pueros et infantes suorum pedibus equorum contriverunt. (Roger de Hoved. *Annal.*, pars I, apud *Rer. anglic. Script.*, p. 441, ed. Savile.)

4. *Chron. saxon.*, Fragm. sub anno MLII, apud *Gloss.*, ed. Lye, t. II, ad finem. — Eustatius vero, effugiens cum paucis, reversus est ad regem, et ex parte narravit quid iis contigisset. (*Chron. saxon.*, ed. Gibson, p. 163.)

5. Et ille eis pacem dedit. (*Chron. saxon.*, ed. Lye, t. II, ad finem.)

« pays ¹. » Moins prompt à se décider en faveur d'un étranger contre ses compatriotes, Godwin proposa qu'au lieu d'exercer une vengeance aveugle sur la ville entière, on citât, selon les formes légales, les magistrats à comparaître devant le roi et les juges royaux, pour rendre raison de leur conduite ². « Il ne vous convient pas, dit-il au
« roi, de condamner, sans les entendre, des hommes que votre devoir
« est de protéger ³. »

La colère d'Edward, animée par les clameurs de ses courtisans et de ses favoris, se tourna tout entière contre le chef anglais, qui, accusé lui-même de désobéissance et de rébellion, fut sommé de comparaître devant un grand conseil convoqué à Glocester. Godwin s'émut peu d'abord de cette accusation, pensant que le roi se calmerait, et que les autres chefs lui rendraient justice ⁴. Mais il apprit bientôt que, par l'influence royale et par les intrigues des étrangers, l'assemblée avait été séduite, et qu'elle devait rendre un arrêt de bannissement contre lui et contre ses fils. Le père et le fils résolurent d'opposer leur popularité à ces manœuvres, et de faire un appel aux Anglais contre les courtisans d'outre-mer, quoiqu'il fût loin de leur esprit, dit encore l'ancienne chronique, de vouloir faire aucune violence à leur roi national ⁵.

Godwin leva une troupe de soldats volontaires dans le pays situé au sud de la Tamise, pays qu'il gouvernait dans toute son étendue. Harold, l'aîné de ses fils, rassembla beaucoup d'hommes sur les côtes de l'est, entre la Tamise et le golfe de Boston ; son second fils, nommé Sweyn, engagea dans cette opposition patriotique les habitants des bords de la Saverne et des frontières galloises. Les trois corps d'armée se réunirent près de Glocester, et demandèrent au roi, par des

---

1. Hinc rex in cives ira deflagrans, misit Godwinum comitem et mandavit ei in Cantium ad Dubrim hostiliter migrare. (*Chron. saxon.*, ed. Gibson, p. 163.)

2. Intellexit vir acrioris ingenii unius tantum partis auditis allegationibus non deberi proferri sententiam. (Willelm. Malmesb., *de Gest. reg. angl.*, lib. II, apud *Rer. anglic. Script.*, p. 81, ed. Savile.)

3. Iniquum videri ut quos tutari debeas, eos ipse potissimum inauditos adjudices. (Ibid.)

4. ... Godwino parvipendente regis furorem quasi momentaneum. (Ibid.)

5. ... Licet iis odiosum videretur adversus ipsorum dominum genuinum (Cyne hlaforde) quidquam moliri. (*Chron. saxon.*, ed. Gibson, p. 164.)

messages, que le comte Eustache et ses compagnons, ainsi que plusieurs Normands et Boulonnais qui se trouvaient en Angleterre, fussent livrés au jugement de la nation. Edward ne répondit point à ces requêtes, et envoya aux deux grands chefs du nord et des provinces centrales, à Siward et à Leofrik, tous les deux Danois de naissance, l'ordre de se mettre en marche vers le sud-ouest avec toutes les forces qu'ils pourraient rassembler. Les gens de Northumbrie et de Mercie qui s'armèrent, à l'appel fait par les deux chefs, pour la défense de l'autorité royale, ne le firent point avec ardeur. Siward et Leofrik entendaient murmurer par leurs soldats qu'on se trompait, si l'on comptait sur eux pour verser le sang de leurs compatriotes en faveur de l'intérêt étranger et des favoris du roi Edward.

Tous deux furent sensibles à ces remontrances; la distinction nationale entre les Anglo-Saxons et les Anglo-Danois était devenue assez faible pour que la vieille haine des deux races ne pût désormais servir d'instrument à une cause ennemie de celle du pays. Les chefs et les guerriers des provinces septentrionales refusèrent d'en venir aux mains avec les insurgés du sud; ils demandèrent qu'un armistice eût lieu entre le roi et Godwin, et que leur différend fût débattu devant une assemblée tenue à Londres[1]. Edward fut contraint de céder. Godwin, qui ne souhaitait point la guerre pour elle-même, consentit volontiers; et d'une part et de l'autre, dit la chronique saxonne, on se jura la paix de Dieu et une parfaite amitié[2]. C'était la formule du siècle; mais, d'un côté du moins, ces promesses furent peu sincères. Le roi profita du temps qui lui restait jusqu'à la réunion de l'assemblée, fixée à l'équinoxe d'automne, pour augmenter la force de ses troupes, pendant que Godwin se retirait vers les provinces du sud-ouest, et que ses bandes volontaires, n'ayant ni solde ni quartiers, retournaient dans leurs familles. Faussant, quoique indirectement,

---

1. Comiti Leofrico et quibusdam aliis magnum videbatur consilium, ne ipsi cum suis compatriotis bellum inirent. (Roger de Hoved. *Annal.*, pars I, apud *Rer. anglic. Script.*, p. 441, ed. Savile.)

2. Godes grith and fulne freondscipe. (*Chron. saxon.*, ed. Gibson, p. 164.)

sa parole, Edward fit publier, dans l'intervalle, son ban pour la levée d'une armée, tant au sud qu'au nord de la Tamise [1]..

Cette armée, disent les chroniques, était la plus nombreuse qu'on eût vue depuis le nouveau règne [2]. Le roi en donna le commandement à ses favoris d'outre-mer, parmi lesquels figurait au premier rang un jeune fils de sa sœur Goda et du Français Gaultier de Mantes. Edward cantonna ses forces au dedans de Londres et près de la ville, de façon que le conseil national s'ouvrît au milieu d'un camp, sous l'influence de la terreur et des séductions royales. Godwin et ses deux fils furent sommés par ce conseil, délibérant sous la force, de renoncer au bénéfice des serments qu'avaient prêtés entre leurs mains le peu d'hommes qui leur restaient [3], et de comparaître sans escorte et sans armes. Ils répondirent qu'ils étaient prêts à obéir au premier de ces deux ordres, mais qu'avant de se rendre à l'assemblée seuls et sans défense, ils réclamaient des otages, pour garantie de leur sûreté personnelle à l'entrée et à la sortie [4]. Deux fois ils répétèrent cette demande, que l'appareil militaire déployé dans Londres justifiait pleinement de leur part [5], et deux fois on leur répondit par un refus et par la sommation de se présenter sans délai avec douze témoins qui affirmeraient par serment leur innocence. Ils ne vinrent pas, et le grand conseil les déclara contumaces volontaires, ne leur octroyant que cinq jours de paix pour sortir d'Angleterre avec toute leur famille [6]. Godwin, sa femme Ghitha, ou Édith, et trois de ses fils, Sweyn, Tosti et Gurth, se rendirent sur la côte de l'est, d'où ils s'embarquèrent pour la Flandre. Harold et son frère Leofwin allèrent vers l'ouest à Brig-stow, maintenant Bristol, et passèrent la mer

---

1. Bannan ut here. (*Chron. saxon.*, ed. Gibson, p. 164.) — *Chron. saxon.*, Fragm. sub anno MLII, apud *Gloss.*, ed. Lye, t. II, ad finem.

2. ... Omnium qui huc usque fuerint optimum. (*Chron. saxon.*, ed. Gibson, p. 164.)

3. Servitium militum, quos per Angliam habebant, regi contra lerent. (Willelm. Malmesb., *de Gest. reg. angl.*, lib. II, apud *Rer. anglic. Script.*, p. 81, ed. Savile.)

4 Rogabant passim et obsides, quo securi ab insidiis concilium ingrederentur eoque egrederentur. (*Chron. saxon.*, ed. Gibson, p. 164.)

5. ... Non posse ad conventiculum factiosorum sine vadibus et obsidibus pergere. (Willelm. Malmesb., *de Gest. reg. angl.*, lib. II, apud *Rer. anglic. Script.*, p. 81, ed. Savile.)

6. Five nihta grith. (*Chron. saxon.*, ed. Gibson, p. 164.)

d'Irlande. Avant l'expiration du délai de cinq jours, et au mépris du décret de l'assemblée, le roi fit courir à leur poursuite une troupe de cavaliers armés ; mais le commandant de cette troupe, qui était un Saxon, ne put ou ne voulut pas les atteindre [1].

Les biens de Godwin et de ses enfants furent saisis et confisqués. Sa fille, l'épouse du roi, fut dépouillée de tout ce qu'elle avait en terres, en meubles et en argent. Il ne convenait pas, disaient avec ironie les courtisans étrangers, que, dans le temps où la famille de cette femme souffrait les peines de l'exil, elle-même dormît sur la plume [2]. Le faible Edward alla jusqu'à permettre qu'on l'emprisonnât dans un cloître ; les favoris prétendaient qu'elle n'était son épouse que de nom, bien qu'elle partageât son lit, et lui-même ne démentait pas ce propos, sur lequel se fonda en partie sa réputation de sainteté [3]. Les jours qui suivirent furent des jours d'allégresse et de fortune pour les gens venus d'outre-mer, et la Normandie fournit plus que jamais des gouverneurs à l'Angleterre. Les Normands y obtenaient peu à peu la même suprématie que les Danois avaient conquise autrefois par l'épée. Un moine de Jumiéges, appelé Robert, devint archevêque de Canterbury ; un autre moine normand fut évêque de Londres ; des prélats et des abbés saxons furent déposés, pour faire place aux chapelains étrangers du roi Edward [4]. Les gouvernements de Godwin et de ses fils furent le partage d'hommes portant des noms exotiques ; un certain Eudes devint chef des quatre provinces de Devon, de Sommerset, de Dorset et de Cornouailles, et le fils de Gaultier de Mantes, nommé Raoul, eut la garde de la province de Hereford et des postes de défense établis contre les Gallois [5].

---

1. ... At illi non potuerunt aut noluerunt. (*Chron. saxon.*, Fragm. sub anno MLII, apud *Gloss.*, ed. Lye, t. II, ad finem.) — Roger de Hoved. *Annal.*, pars I, apud *Rer. anglic. Script.*, p. 441, ed. Savile.

2. Ne scilicet, omnibus suis parentibus patriam suspirantibus, sola sterteret in pluma. (Willelm. Malmesb., *de Gest. reg. angl.*, lib. II, apud *Rer. anglic. Script.*, p. 82, ed. Savile.)

3. ... Nuptam sibi rex hac arte tractabat, ut nec thoro amoveret, nec virili more cognosceret. (Ibid., p. 80.)

4. Tunc Sparhafocus abbas fuit pulsus suo episcopatu in Lundene, et Willelmus regis presbyter fuit ad eam sedem consecratus. (*Chron. saxon.*, ed. Gibson, p. 165.)

5. Roger de Hoved. *Annal.*, pars I, apud *Rer. anglic. Script.*, p. 443, ed. Savile. — Willelm. Malmesb., *de Gest. reg. angl.*, lib. II, apud *Rer. anglic. Script.*, p. 81, ed. Savile.

Bientôt un nouvel hôte de Normandie, le plus considérable de tous, vint visiter le roi Edward, et se promener, avec une suite nombreuse, à travers les villes et les châteaux de l'Angleterre [1]; c'était Guillaume, duc des Normands, fils bâtard du dernier duc, nommé Robert, et que son caractère violent fit surnommer Robert le Diable. Robert l'avait eu d'une jeune fille de Falaise, qu'un jour, à son retour de la chasse, il rencontra, près d'un ruisseau, lavant du linge avec ses compagnes. Sa beauté frappa le duc, qui, souhaitant de l'avoir pour maîtresse, envoya, dit une chronique en vers [2], l'un de ses plus discrets chevaliers faire des propositions à la famille. Le père reçut d'abord dédaigneusement de pareilles offres; mais, par réflexion, il alla consulter un de ses frères, ermite à la forêt voisine, homme de grande réputation religieuse [3]; celui-ci répondit qu'on devait faire en tout point la volonté du prince; la chose fut accordée, dit le vieux poëte, et la nuit et l'heure convenues [4]. La jeune Normande s'appelait Arlète, nom corrompu en langue romane de l'ancien nom danois Herleve; le duc Robert l'aima beaucoup, et l'enfant qu'il eut d'elle fut élevé avec autant de soin que s'il eût été fils d'une épouse [5].

Le jeune Guillaume n'était encore âgé que de sept ans, lorsque son père fit le vœu d'aller en pèlerinage à pied jusqu'à Jérusalem, pour la rémission de ses fautes. Les barons de Normandie voulurent retenir le duc Robert, en lui représentant qu'il serait mal pour eux de demeurer sans chef : « Par ma foi, répondit le duc, je ne vous « laisserai point sans seigneur. J'ai un petit bâtard qui grandira et « sera prud'homme, s'il plaît à Dieu, et je suis certain qu'il est mon « fils. Recevez-le donc pour seigneur; car je le fais mon héritier, et

---

1. ... Cum multo militum comitatu... ad civitates et castella regia circumduxit. (*Hist. Ingulf. Croyland.*, apud *Rer. anglic. Script.*, t. I, p. 65, ed. Gale.)

2. *Chronique des ducs de Normandie*, par Benoît de Sainte-More, t. II, p. 555 et suivantes.

3. Ne fust un suen frère, un sainz hom,
Qu'il out, de grand religion...
(*Chroniques des ducs de Normandie*, par Benoît de Sainte-More, t. II, p. 558.)

4. *Ibid.*

5. Unice dilexit, et aliquandiu justæ uxoris loco habuit. (Willelm. Malmesb., *de Gest. rer. angl.*, lib. III, apud *Rer. anglic. Script.*, p. 95, ed. Savile.)

« le saisis dès à présent de tout le duché de Normandie [1]. » Les barons firent ce que souhaitait le duc Robert, parce que cela leur convenait, dit la vieille chronique [2]; ils jurèrent fidélité à l'enfant, et placèrent leurs mains entre les siennes [3]. Robert étant mort dans son pèlerinage, plusieurs comtes et barons normands, et surtout les parents des anciens ducs, protestèrent contre cette élection, disant qu'un bâtard ne pouvait commander aux fils des Danois [4]. Les seigneurs du Bessin et du Cotentin, plus remuants que les autres et encore plus fiers de la pureté de leur descendance, se mirent à la tête des mécontents et levèrent une armée nombreuse; mais ils furent vaincus en bataille rangée au Val-des-Dunes, près de Caen, non sans le secours du roi de France, qui soutenait la cause du jeune duc par intérêt personnel, et afin d'exercer de l'influence sur les affaires du pays.

Guillaume, en avançant en âge, devint de plus en plus cher à ses partisans; le jour où il revêtit pour la première fois une armure, et monta, sans s'aider de l'étrier, sur son premier cheval de bataille, fut un jour de fête en Normandie. Dès sa jeunesse, il s'occupa de soins militaires, et fit la guerre à ses voisins d'Anjou et de Bretagne. Il aimait passionnément les beaux chevaux et en faisait venir, disent les contemporains, de Gascogne, d'Auvergne et d'Espagne, recherchant surtout ceux qui portaient des noms propres par lesquels on distinguait leur généalogie [5]. Le jeune fils de Robert et d'Arlète était ambitieux et vindicatif à l'excès; il appauvrit autant qu'il put la famille de son père, pour enrichir et élever en dignité ses parents du côté maternel. Il punit souvent d'une manière sanglante les railleries que lui attirait la tache de sa naissance, soit de la part de ses

---

1. *Chronique des ducs de Normandie*, par Benoît de Sainte-More, t. II, p. 571. — *Chron. de Saint-Denis; Recueil des historiens de la France et des Gaules*, t. XI, p. 400.)

2. Toutes voies, puisque à faire leur convenoit, acomplirent leur volenté. (Ibid.)

3. Manibus illorum ejus manibus, vice cordis, datis. (Dudo de Sancto Quintino, apud *Script. rer. normann.*, p. 157.)

4. ... Dicens quod nothus non deberet sibi aliisque Normannis imperare. (Willelm. Gemet. *Hist. Normann.*, apud ibid., p. 268.)

5. ... Qui nominibus propriis vulgo sunt nobilitati. (Guill. Pictav., apud *Script. rer. normann.*, p. 181.)

compatriotes, soit de la part des étrangers. Un jour qu'il attaquait la ville d'Alençon, les assiégés s'avisèrent de lui crier du haut des murs : La peau! la peau! et de battre des cuirs, pour faire allusion au métier du bourgeois de Falaise dont Guillaume était le petit-fils. Le bâtard fit aussitôt couper les pieds et les mains à tous les prisonniers qu'il avait en son pouvoir, et lancer leurs membres, par ses frondeurs, au dedans des murs de la ville [1].

En parcourant l'Angleterre, le duc de Normandie put croire un moment qu'il n'avait pas quitté sa propre seigneurie; des Normands commandaient la flotte qu'il trouva en station au port de Douvres; à Canterbury, des soldats normands formaient la garnison d'un fort bâti sur le penchant d'une colline [2]; d'autres Normands vinrent le saluer, en habits de grands officiers ou de prélats. Les favoris d'Edward se rangèrent avec respect autour du chef de leur pays natal, autour de leur seigneur naturel, pour parler comme on s'exprimait alors. Guillaume parut en Angleterre plus roi qu'Edward lui-même, et son esprit ambitieux ne tarda pas à concevoir l'espérance de le devenir sans beaucoup de peine à la mort de ce prince esclave de l'influence normande. De pareilles idées ne pouvaient manquer de naître dans l'esprit du fils de Robert. Il joignait à un grand désir de puissance et de renommée une grande fermeté de résolution, une rare intelligence des moyens d'atteindre son but et autant de courage que d'adresse.

Mais, si l'on en croit le témoignage d'un contemporain, il ne laissa rien voir alors de sa pensée pour l'avenir et n'en parla point au roi Edward, ne se pressant point d'agir et croyant que les choses se disposeraient d'elles-mêmes à souhait pour son ambition [3]. Edward, de son côté, soit qu'il songeât ou non à ses projets et à l'opportunité d'avoir un jour son parent maternel pour successeur, ne lui en dit

---

1. *Chronique des ducs de Normandie*, par Benoît de Sainte-More, t. III, p. 93, 94 et 96. — Willelm. Gemet. *Hist. Normann.*, apud *Script. rer. normann.*, p. 276.

2. Castellum in Dornberniæ clivo. (Roger de Hoved. *Annal.*, pars I, apud *Rer. anglic. Script.*, p. 441, ed. Savile.)

3. De successione autem regni, spes adhuc aut mentio nulla acta inter eos fuit. (*Hist. Ingulf. Croyland.*, apud *Rer. anglic. Script.*, t. I, p. 65, ed. Gale.)

rien non plus; seulement il l'accueillit avec une grande tendresse, lui donna des armes, des chevaux, des chiens et des oiseaux de chasse[1], le combla de toutes sortes de présents et d'assurances d'affection. Tout entier au souvenir du pays où il avait passé sa jeunesse, le roi des Anglais se laissait ainsi aller à l'oubli de sa propre nation; mais cette nation ne s'oubliait pas elle-même, et ceux qui lui conservaient leur amour trouvèrent bientôt le moment d'attirer sur eux les regards du roi.

Dans l'été de l'année 1052, Godwin partit de Bruges avec plusieurs vaisseaux, et aborda sur le rivage de Kent[2]. Il envoya secrètement des messagers à la garnison saxonne du port de Hastings, dans la province de Suth-sex, ou Sussex par euphonie; d'autres émissaires se répandirent au loin vers le sud et vers le nord. A leur sollicitation, beaucoup de gens en état de porter les armes se lièrent par serment à la cause du chef exilé, promettant tous, dit un vieil historien, de vivre et de mourir avec lui[3]. La nouvelle de ce mouvement parvint à la flotte royale, qui croisait dans la mer de l'est sous la conduite du Normand Eudes et du Français Raoul; tous deux se mirent à la poursuite de Godwin, qui, se trouvant inférieur en forces, recula et s'abrita dans la rade de Pevensey, pendant qu'une tempête arrêtait la marche des vaisseaux du roi. Il côtoya ensuite le rivage du sud jusqu'à la hauteur de l'île de Wight, où ses deux fils Harold et Leofwin, venant d'Irlande, le rejoignirent avec une petite armée[4].

Le père et les fils recommencèrent ensemble à pratiquer des intelligences parmi les habitants des provinces méridionales. Partout où ils abordaient, on leur fournissait des vivres, on se liait à leur cause par serment et on leur donnait des otages[5]; tous les corps de soldats royaux, tous les navires qu'ils rencontraient dans les ports déser-

---

1. *Roman de Rou*, t. II, p. 100.
2. *Chron. saxon.*, ed. Gibson, p. 165.
3. Omnes uno ore, aut vivere aut mori se paratos fore, sibi promiserunt. (Roger de Hoved. *Annal.*, pars I, apud *Rer. anglic. Script.*, p. 442, ed. Savile.)
4. *Chron. saxon.*, ed. Gibson, p. 165. — Roger de Hoved. *Annal.*, pars I, apud *Rer. anglic. Script.*, p. 442, ed. Savile.
5. Dati... iis sunt obsides ac victus quibuscumque in locis postularent. (*Chron. saxon.*, ed. Gibson, p. 167.)

1052 taient à eux¹. Ils firent voile vers Sandwich, où leur débarquement eut lieu sans obstacles, malgré la proclamation d'Edward qui ordonnait à tout habitant de fermer le passage au chef rebelle. Le roi était alors à Londres; il appela dans cette ville tous les guerriers de l'ouest et du nord. Peu obéirent à son appel, et ceux qui s'y rendirent vinrent trop tard². Les vaisseaux de Godwin purent librement remonter la Tamise et arriver en vue de Londres, près du faubourg qu'on appelait alors et qu'on appelle encore Southwark³. Quand vint la marée basse, on jeta l'ancre, et des émissaires secrets se répandirent parmi les habitants de Londres, qui, à l'exemple de ceux des ports, jurèrent de vouloir tout ce que voudraient les ennemis de l'influence étrangère⁴. Les vaisseaux passèrent sans obstacle sous le pont de Londres, et débarquèrent un corps de troupes qui se rangea sur le bord du fleuve.

Avant de tirer une seule flèche, les exilés⁵ envoyèrent au roi Edward un message respectueux pour lui demander la révision de la sentence qui les avait frappés. Edward refusa d'abord; d'autres messages se succédèrent, et, durant ces retards, Godwin eut peine à contenir l'irritation de ses amis⁶. De son côté, le roi trouva les hommes qui restaient sous ses drapeaux peu disposés à en venir aux mains avec des compatriotes⁷. Ses favoris étrangers, qui prévoyaient que la paix entre les Saxons serait leur ruine, le pressaient de donner le

---

1. Buthsecarlos omnes quos obvios invenerant, secum legentes. (Roger de Hoved. *Annal.*, pars I, apud *Rer. anglic. Script.*, p. 432, ed. Savile.) — *Buthse-carlus*, marin, homme attaché au service d'un vaisseau, de *bucca, buccia, bucea, buscia*, du verbe saxon *bugan*, courber, signifiant vaisseau de grande dimension; et de *carl, ceorl*, homme robuste. (Vid. Somnrei *Glossarium*, apud *Hist. anglic. Script.*, t. II, ad finem, ed. Selden.)

2. At illi nimis tardantes ad tempus non venerunt. (Roger de Hoved. *Annal.*, pars I, apud *Rer. anglic. Script.*, p. 442, ed. Savile.)

3. Les Saxons écrivaient *Suth-Weorc*.

4. Ut omnes fere quæ volebat omnino vellent, effecit. (Roger de Hoved. *Annal.*, pars I, apud *Rer. anglic. Script.*, p. 442, ed. Savile.)

5. Elagati. (*Chron. saxon.*, ed. Gibson, p. 167.)

6. Recusavit aliquandiu rex, imo eousque donec populus, qui cum comite fuit, ira esset admodum commotus in regem et in illius populum, adeo ut ipse comes ægre suos sedaret. (Ibid.)

7. Angli pugnare adversus suos popinquos ac compatriotas pœne omnes abhorrebant. (Roger de Hoved., loc. sup. cit.)

signal du combat; mais, la nécessité le rendant plus sage, il cessa 1052
d'écouter les Normands, et consentit à ce que voudraient résoudre
les chefs anglais des deux partis. Ceux-ci se réunirent sous la présidence de Stigand, évêque de Winchester, homme doué au plus haut
degré de patriotisme et de résolution. Ils décidèrent d'un commun
accord que le roi devait accepter de Godwin et de ses fils le serment
de paix et des otages, en leur offrant de son côté des garanties équivalentes[1].

Au premier bruit de cette réconciliation, les courtisans de Normandie et de France[2] montèrent à cheval en grande hâte, et s'enfuirent de différents côtés. Les uns gagnèrent vers l'ouest un fort
gardé par le Normand Osbern, surnommé Pentecoste, d'autres coururent vers un château du nord, commandé aussi par un Normand[3].
Robert, l'archevêque de Canterbury, et un autre évêque normand,
sortirent de Londres par la porte orientale, suivis de quelques
hommes d'armes de leur nation, qui, en fuyant, tuèrent plusieurs
Anglais accourus pour les arrêter[4]. Ils se rendirent à la côte de l'est
et s'y embarquèrent sur un bateau de pêcheur. Dans son trouble et
son empressement, l'archevêque Robert laissa en Angleterre ses effets les plus précieux, et entre autres choses le *pallium* qu'il avait
reçu de l'Église romaine comme insigne de sa dignité[5].

Un grand conseil des sages fut convoqué hors de Londres, et, cette
fois, s'assembla librement. Tous les chefs et les meilleurs hommes
du pays, dit une chronique saxonne[6], y assistèrent. Godwin porta
la parole pour se défendre, et se justifia de toute accusation devant

---

1. Tunc congregati sunt, Dei auxilio, Stigandus episcopus et viri prudentes tum intra urbem tum extra, et decreverunt ut pax obsidibus confirmaretur ex utraque parte. (*Chron. saxon.*, ed. Gibson, p. 167.)

2. And tha frencisce menn. (Ibid.)

3. Acceptis equis, fugerunt partim occidentem versus ad Pentecostes castellum, partim aquilonem versus ad Rodberti castellum. (Ibid.)

4. Egressi sunt orientali porta, atque occiderunt et alias confecerunt multos juvenes. (Ibid., p. 167 et 168.)

5. Vili navicula propere transfretavit, ac dereliquit pallium presulatumque hac in terra, uti Deo visum est, quippe eum honorem fuerat assecutus, Deo id nolente. (Ibid., p. 168.)

6. Tha betstan menn the wæron on thison lande. (Ibid.)

1052 le roi et le peuple[1]; ses fils se justifièrent de même. Leur sentence d'exil fut cassée, et une autre sentence, unanimement rendue, bannit d'Angleterre tous les Normands comme ennemis de la paix publique, fauteurs de discordes, et calomniateurs des Anglais auprès de leur roi[2]. Le plus jeune des fils de Godwin, appelé Wulfnoth, fut remis avec l'un des fils de Sweyn entre les mains d'Edward, comme otages de la paix jurée. Entraîné encore, dans ce moment même, par son fatal penchant d'amitié pour les gens d'outre-mer, le roi les envoya tous les deux en garde à Guillaume, duc de Normandie[3]. La fille de Godwin sortit de son cloître, et revint habiter le palais; tous les membres de cette famille populaire rentrèrent dans leurs honneurs, à l'exception d'un seul, de Sweyn, qui y renonça de son plein gré. Il avait autrefois enlevé une religieuse et commis un meurtre par emportement; pour satisfaire à la justice et apaiser ses remords, il se condamna lui-même à faire nu-pieds le voyage de Jérusalem. Il accomplit rigoureusement ce pénible pèlerinage, mais une prompte mort en fut la suite[4].

L'évêque Stigand, qui avait présidé l'assemblée tenue pour la grande réconciliation, prit la place du Normand Robert dans l'archevêché de Canterbury[5]. C'était un homme de talents politiques plus que de vertus sacerdotales, ambitieux d'honneurs et de richesses, mais joignant à cette ambition une passion plus noble, celle du bien public et de l'indépendance du pays[6]. Il fut nommé archevêque, non

---

1. Ibi sermonem instituit Godwinus comes et purgavit se ibi, coram Edwardo rege, suo domino, et coram universa gente (ealle land-leodan). (*Chron. saxon.*, ed. Gibson, p. 168.)

2. Elagati vero plenarie dicti sunt Rotbertus archiepiscopus omnesque francici viri. (Ibid.). — Quod statum regni conturbarant, animum regis in provinciales agitantes. (Willelm. Malmesb., *de Gest. reg. angl.*, lib. II, apud *Rer. anglic. Script.*, p. 82, ed. Savile.)

3. Wulnothus itaque filius Godwini, et Hacun, filius Swani filii sui, obsides dantur, ac in Normannia Willelmo comiti, filio scilicet Roberti filii Richardi fratris matris suæ, custodiendi destinantur. (Eadmeri *Hist. novorum*, lib. I, p. 4, ed. Selden.)

4. Roger de Hoved. *Annal.*, pars I, apud *Rer. anglic. Script.*, p. 442. — Willelm. Malmesb. *de Gest. reg. angl.*, lib. II, apud *Rer. anglic. Script.*, p. 82, ed. Savile.)

5. ... Et Stigandus episcopus capessit episcopatum de Cantwarabyrig. (*Chron. saxon.*, ed. Gibson, p. 168.)

6. Alias sane nec imprudens nec inefficax, cæterum adversus ambitum nihil dignitati suæ consulens. (Willelm. Malmesb., *de Gestis pontific. Anglor.*, lib. I, p. 204.)

provisoirement, mais en titre, par les évêques suffragants du siége de Canterbury et par le roi, et ce fut de leur part un acte de précaution, et, pour ainsi dire, de nécessité nationale[1]. En effet, la vacance d'un siége métropolitain dont le ressort s'étendait aux trois quarts de l'Angleterre pouvait, dans la crise présente, donner ouverture aux intrigues du titulaire étranger. La raison d'État parlait très-haut ; elle fut écoutée avant tout. On ne se demanda pas avec inquiétude si les règles canoniques permettaient qu'un dignitaire de l'Église en remplaçât un autre encore vivant, non démissionnaire et non canoniquement déposé. Le *pallium* de l'archevêque normand resté en Angleterre semblait à l'imagination du peuple un signe du jugement de Dieu sur l'homme qui avait plus qu'aucun autre semé la discorde entre les Anglais et leur roi et provoqué la guerre civile[2]. On regarda cet homme comme mort pour l'Angleterre et l'on passa outre en élevant à son poste l'un des auteurs de la révolution qui avait mis fin au règne de l'influence étrangère, le prélat dont le caractère pouvait le mieux garantir au pays que cette influence ne pénétrerait plus désormais dans l'ordre ecclésiastique.

Les Normands Hugues et Osbern-Pentecostes rendirent les châteaux dont ils avaient la garde, et obtinrent des saufs-conduits pour sortir d'Angleterre[3] ; mais à la requête du faible Edward, quelques infractions furent faites au décret de bannissement porté contre les étrangers en masse. Raoul, fils de Gaultier de Mantes et de la sœur du roi ; Robert, surnommé le Dragon, et son gendre Richard, fils de Scrob ; Onfroy, écuyer du palais ; Onfroy, surnommé Pied-de-Geai, et d'autres pour lesquels le roi avait une amitié particulière, ou qui s'étaient peu signalés dans les derniers troubles, obtinrent le pri-

---

1. Roberto adhuc vivente et ab Anglia exulante, simplicitatem regis Edwardi (Stigandus) circumveniens, invasit archiepiscopatum. (R.dulphus de Diceto, *de Archiepiscopis cantuariensibus ; Anglia sacra*, t. II, p. 683.)

2. Willelm. Malmesb., *de Gest. reg. angl.*, lib. II, p. 80, ed. Savile. — Prolata sententia in Robertum archiepiscopum ejusque complices, quod statum regni conturbarant, animum regium in provinciales agitantes. (Ibid., p. 82.)

3. Osbernus vero cognomento Pentecost et socius ejus Hugo sua reddiderunt castella. (Roger de Hoved. *Annal.*, pars I, apud *Rer. anglic. Script.*, p. 443, ed. Savile.)

1052 vilége d'habiter en Angleterre et d'y conserver des emplois[1]. Guillaume, évêque de Londres, fut rappelé aussi, quelque temps après, et rétabli dans son siége épiscopal ; un Flamand, nommé Herman, demeura évêque de Wilton[2]. Godwin s'opposa de tout son pouvoir à cette tolérance contraire à la volonté publique ; mais sa voix ne prévalut point, parce que trop de gens voulaient faire preuve de bonne grâce envers le roi, et succéder par ce moyen au crédit des courtisans étrangers. La suite prouva qui de ces gens de cour ou de l'austère Godwin était meilleur politique.

Il est difficile d'apprécier exactement le degré de sincérité du roi Edward dans son retour vers l'intérêt national, et sa réconciliation avec la famille de Godwin. Entouré de ses compatriotes, peut-être se croyait-il en esclavage, peut-être regardait-il comme une gêne son obéissance aux vœux du pays qui l'avait fait roi. Ses relations ultérieures avec le duc de Normandie, ses entretiens particuliers avec les Normands restés auprès de sa personne, sont la partie secrète de cette histoire. Tout ce que disent les chroniques du temps, c'est qu'une amitié apparente existait entre le roi et son beau-père, et qu'en même temps Godwin était détesté au dernier point en Normandie. Les étrangers à qui son retour avait fait perdre leurs emplois et leurs honneurs, ceux à qui la facile et brillante carrière de courtisans du roi des Anglais était maintenant fermée, ne nommaient jamais Godwin sans l'appeler traître, ennemi de son roi, meurtrier du jeune Alfred.

1053 Cette dernière inculpation était la plus accréditée, et elle poursuivit le patriote saxon jusqu'à l'heure de sa mort. Un jour, à la table d'Edward, il tomba subitement en défaillance, et l'on bâtit sur cet incident un récit romanesque et fort douteux, quoique répété par

---

1. Paucos tamen, scilicet Robertum Draconem, et generum ejus Richardum Scrobi filium, Alfredum regis stratorem, Anfridum cognomento Ceokesfot... et quosdam alios quos plus cæteris rex dilexerat, eique et omni populo fideles extiterant. (Roger de Hoved. *Annal.*, pars I, apud *Rer. anglic. Script.*, p. 443, ed. Savile.)

2. Sed Willielmus, propter suam bonitatem, parvo post tempore revocatus, in suum episcopatum recipitur. (Ibid.) — Willelm. Malmesb., *de Gest. pontific. Anglor.*, lib. II, p. 249, ed. Savile.

plusieurs historiens. Ils racontent qu'un des serviteurs, versant à boire, posa un pied à faux, trébucha, mais se retint dans sa chute en appuyant l'autre jambe. « Eh bien, dit Godwin au roi en souriant, « le frère est venu au secours du frère. — Sans doute, reprit « Edward, jetant sur le chef saxon un regard significatif, le frère a « besoin de son frère, et plût à Dieu que le mien vécût encore! — « O roi! s'écria Godwin, d'où vient qu'au moindre souvenir de ton « frère, tu me fais toujours mauvais visage? Si j'ai contribué, même « indirectement, à son malheur, fasse le Dieu du ciel que je ne « puisse avaler ce morceau de pain[1]! » Godwin mit le pain dans sa bouche, disent les auteurs qui rapportent cette aventure, et sur-le-champ il s'étrangla. La vérité est que sa mort ne fut point aussi prompte; que, tombé de son siége et emporté hors de la salle par deux de ses fils, Tosti et Gurth, il expira cinq jours après[2]. En général, le récit de tous ces événements varie, selon que l'écrivain est Normand ou Anglais de race. « Je vois toujours devant moi deux « routes et deux versions opposées, dit un historien postérieur de « moins d'un siècle; que mes lecteurs soient avertis du péril où je « me trouve moi-même[3]. »

Peu de temps après la mort de Godwin, mourut Siward, chef du Northumberland, qui d'abord avait suivi le parti royal contre Godwin, et qui ensuite avait voté pour la paix et pour l'expulsion des favoris étrangers. Il était Danois de naissance, et la population de même origine à laquelle il commandait lui donnait le nom de Siward-Digr, c'est-à-dire Siward le Fort[4]; on montra longtemps une grosse

---

1. Tu, inquit, o rex, ad omnem memoriam germani tui, rugato me vultu video quod aspicias. (Willelm. Malmesb., *de Gest. reg. angl.*, lib. II, apud *Rer. anglic. Script.*, p. 81, ed. Savile.) — Ailredus abbas Rieval., apud *Hist. anglic. Script.*, ed. Selden, t. I, p. 395.

2. Sed ille expers virium quinta posthac feria vita decessit. (Simeonis Dunelm. *Hist.*, p. 187, ed. Selden.) — Roger de Hoved. *Annal.*, pars I, ed. Savile, p. 443.

3. Lectorem præmonitum volo quod hic quasi ancipitem viam narrationis video quia veritas factorum pendet in dubio. (Willelm. Malmesb., *de Gest. reg. angl.*, lib. II, p. 80.) — Propter istas ut dixi altercationes periclitatur oratio, dum quod ex asse verum définiam non habeo. (Ibid., p. 81.)

4. Sig-ward Digr... (Origo et gesta Sivardi regis, apud *Script. rer. danic.*, t. III, p. 288.)

1054 pierre qu'il avait, disait-on, coupée en deux d'un coup de hache[1]. Attaqué par la dyssenterie, et sentant sa fin approcher : « Levez-moi,
« dit-il à ceux qui l'entouraient; que je meure debout comme un
« soldat, et non accroupi comme une vache; revêtez-moi de ma cotte
« de mailles, couvrez ma tête de mon heaume, mettez mon écu à mon
« bras gauche et ma hache dorée dans ma main droite, afin que
« j'expire sous les armes[2]. » Siward laissait un fils appelé Waltheof,
trop jeune encore pour lui succéder dans son gouvernement de Northumbrie; cet emploi fut donné à Tosti, le troisième des fils de Godwig. Harold, qui était l'aîné, remplaça son père dans le gouvernement de tout le pays situé au sud de la Tamise, et remit à Alfgar,
fils de Leofrik, gouverneur de Mercie, l'administration des provinces
de l'est qu'il avait gouvernées jusque-là[3].

1055 Harold était alors, en puissance et en talents militaires, le premier
homme de son pays[4]. Il refoula dans leurs anciennes limites les Gallois, qui firent vers ce temps plusieurs irruptions, encouragés par le
peu d'habileté du Français Raoul, neveu d'Edward, qui commandait
la place frontière de Hereford et avait sous lui une troupe de ses
compatriotes restés par tolérance en Angleterre[5]. Raoul se montrait
peu vigilant pour la garde d'un pays qui n'était pas le sien; ou si,
en vertu de son pouvoir de chef, il appelait les Saxons aux armes,
c'était pour les exercer malgré eux à la tactique du continent, et les
faire combattre à cheval, contre l'usage de leur nation[6]. Les Anglais, embarrassés de leurs montures, et abandonnés par leur général, qui prit la fuite au premier péril, ne résistèrent point aux Gal-

1. Ira fervente commotus, bipenni quam in manu gestabat globum quemdam lapideum
ictu validissimo secuit, vestigiis adhuc eminentibus. (Origo et gesta Sivardi regis, apud
Script. rer. danic., t. III, p. 292 et 302.)

2. Henrici Huntind. Hist., lib. VI, apud Rer. anglic. Script., p. 366, ed. Savile. — Ranulf. Higden. Polychron., lib. VI, apud Rer. anglic. Script., t. I, p. 281, ed. Gale.

3. Roger de Hoved. Annal., pars I, apud Rer. anglic. Script., p. 443, ed. Savile.

4. Erat enim (Haroldus) multum audax et probus, toto corpore pulcherrimus, eloquentia lepidus, et affabilis omnibus. (Willelm. Gemiticensis, de Ducibus normannis,
p. 665, ed. Camden.)

5. Contra quos timidus dux Radulfus regis Eadwardi sororis filius exercitum congregans... (Roger de Hoved. Annal., pars I, apud Rer. anglic. Script., p. 443, ed. Savile.)

6. Anglos contra morem in equis pugnare jussit. (Ibid., p. 446.)

lois; les lieux voisins de Hereford furent envahis, et la ville même fut pillée¹. C'est alors que Harold vint du sud de l'Angleterre; il chassa les Cambriens jusque par delà leurs frontières; il les contraignit de jurer qu'ils ne les repasseraient plus, et d'accepter comme loi que tout homme de leur nation, trouvé en armes à l'est du retranchement d'Offa, aurait la main droite coupée². Il paraît que les Saxons élevèrent de leur côté un autre retranchement parallèle, et que l'espace du milieu devint une sorte de terrain libre pour les commerçants des deux nations. Les antiquaires croient distinguer encore les traces de cette double ligne de défense, et sur les hauteurs, quelques restes d'anciens postes fortifiés, établis par les Bretons à l'ouest, et par les Anglais à l'orient³.

Pendant que Harold grandissait ainsi en renommée et en popularité auprès des Anglo-Saxons du sud, son frère Tosti était loin de s'attirer l'amour des Anglo-Danois du nord. Tosti, bien que Danois du côté de sa mère, par un faux orgueil national, traitait ses subordonnés en sujets plutôt qu'en citoyens volontairement réunis, et leur faisait sentir le joug d'un conquérant au lieu de l'autorité d'un chef. Il violait à plaisir leurs coutumes héréditaires, levait des tributs énormes, et faisait mettre à mort, sans jugement, les hommes qui lui portaient ombrage⁴. Après plusieurs années d'oppression, la patience des Northumbriens se lassa, et une troupe d'insurgés, conduite par deux hommes d'un grand nom dans le pays, se présenta subitement aux portes d'York, résidence de Tosti. Le chef s'enfuit; mais ses officiers et ses ministres, Saxons et Danois de race, furent mis à mort en grand nombre.

Les insurgés s'emparèrent des arsenaux et du trésor de la pro-

---

1. Sed cum prælium essent commissuri, comes cum suis Francis et Normannis primus fugam capessit. (Roger de Hoved. *Annal.*, pars I, apud *Rer. anglic. Script.*, p. 446, ed. Savile.)

2. Sed illi, qui virum fortem et bellicosum imperatorem sciebant, cum eo committere bellum non audebant, in Suthwaloniam fugerunt. (Ibid.)

3. Wat's dike. Voyez Pennant's *Tour in Wales*.

4. Sub pacis fœdere per insidias... occidi præcepit... pro immensitate tributi quod de tota Northumbria injuste acceperat. (Roger de Hoved. *Annal.*, pars I, apud. *Rer. anglic. Script.*, p. 446, ed. Savile.)

1064 vince ; puis, assemblant un grand conseil, ils déclarèrent le fils de Godwin déchu de son pouvoir et mis hors la loi[1]. Morkar, l'un des fils de cet Alfgar qui, après la mort de Leofrik, son père, était devenu chef de toute la Mercie, fut élu pour succéder à Tosti. Le fils d'Alfgar se rendit à York, prit le commandement de l'armée northumbrienne, et chassa Tosti vers le sud. L'armée s'avança sur les terres de Mercie jusqu'à la ville de Northampton, et beaucoup d'habitants de la contrée vinrent la grossir. Edwin, frère de Morkar, qui avait un commandement sur la frontière du pays de Galles, leva, pour soutenir la cause de son frère, quelques troupes de sa province, et même un corps de Cambriens, engagés sous la condition d'une solde, et peut-être par le désir de satisfaire leur haine nationale en combattant contre les Saxons, même sous une bannière saxonne[2].

A la nouvelle de ce grand mouvement, le roi Edward fit marcher Harold, avec les guerriers du sud et de l'est, à la rencontre des insurgés. L'orgueil de famille blessé dans la personne d'un frère, joint à l'aversion naturelle aux gens puissants contre tout acte énergique d'indépendance populaire, semblait devoir faire de Harold un ennemi impitoyable pour la population qui avait chassé Tosti, et pour le chef qu'elle avait élu. Mais le fils de Godwin se montra supérieur à ces passions vulgaires, et, avant de tirer l'épée contre des compatriotes, il proposa aux Northumbriens une conférence pour la paix. Ceux-ci exposèrent leurs griefs et le motif de leur insurrection. Harold essaya de disculper son frère, et promit au nom de Tosti une meilleure conduite pour l'avenir, si le peuple de Northumberland lui pardonnait et l'accueillait de nouveau ; mais les Northumbriens protestèrent d'une voix unanime contre toute réconciliation avec celui qui les avait tyrannisés[3]. « Nous sommes nés libres, dirent-ils,

---

1. Ac eum, cum omnibus qui legem iniquam statuere illum incitaverant, exlegaverunt. (Roger de Hoved. *Annal.*, pars I, apud *Rer. anglic. Script.*, p. 446, ed. Savile.)

2. Multi item Britones (Bryttas) cum eo una venerunt. (*Chron. saxon.*, ed. Gibson, p. 171.) — Roger de Hoved., loc. sup. cit.

3. Dum Haroldus et alii quamplures comitem Tostium cum eis pacificare vellent, omnes unanimi consensu contradixerunt. (Roger de Hoved., ibid.)

« et élevés dans la liberté ; un chef orgueilleux est pour nous une
« chose insupportable, car nous avons appris de nos ancêtres à vivre
« libres ou à mourir[1]. » Ils chargèrent Harold lui-même de porter
leur réponse au roi. Harold, préférant la justice et le repos du pays
à l'intérêt de son propre frère[2], se rendit auprès d'Edward ; et ce fut
encore lui qui, à son retour, jura aux Northumbriens la paix que le
roi leur octroyait, en sanctionnant l'expulsion de Tosti et l'élection
du fils d'Alfgar[3]. Tosti, mécontent du roi Edward, de ses compatriotes qui l'abandonnaient, et surtout de son frère, qu'il croyait tenu
de défendre sa cause, juste ou injuste, quitta l'Angleterre, la haine
dans le cœur, et se rendit auprès du comte de Flandre, dont il avait
épousé la fille.

Depuis que le royaume était délivré de la domination danoise, la
loi du roi Knut pour la levée du tribut annuel, qu'on nommait le
denier de saint Pierre, avait subi le sort des autres lois décrétées par
le pouvoir étranger. La force publique ne contraignait personne à
l'observer, et Rome ne recevait plus d'Angleterre que les offrandes
de dévotion et les dons volontaires des particuliers. Les arrérages du
tribut s'accumulaient d'année en année, et dans son zèle pour y
pourvoir, le roi Edward se voyait contraint d'en diminuer la source,
en imposant la taxe d'un denier, non plus à toute maison habitée,
mais seulement à celle où se trouvait du bétail pour une valeur de
trente deniers[4]. Un envoi d'argent fait par lui en 1060 est, à ce qu'il
paraît, le seul qui ait eu lieu dans tout son règne[5]. Aussi l'antique

---

1. Se homines libere natos, libere educatos, nullius ducis ferociam pati posse, a majoribus didicisse aut libertatem aut mortem. (Willelm. Malmesb., *de Gest. reg. angl.*, lib. II, apud *Rer. anglic. Script.*, p. 83, ed. Savile.)

2. Qui magis quietem patriæ quam fratris commodum attenderet. (Ibid.)

3. Hoc iis rex concessit, et postea ad eos misit Haroldum ad Hamtune... qui id iis narravit, et manu data confirmavit. (*Chron. saxon.*, ed. Gibson, p. 171.)

4. Omnis qui habuerit 30 denariatas vivæ pecuniæ in domo sua, de suo proprio, Anglorum lege, dabit denarium sancti Petri. (*Leges Edwardi regis*, apud Wilkins, *Leg. anglo-saxon.*, p. 198.)

5. Ego quoque, pro modulo meo, augeo et confirmo donationes et consuetudines pecuniarum quas habet sanctus Petrus in Anglia. Et ipsas pecunias collectas cum regalibus donis mitto vobis ut oretis pro me et pro pace regni mei. (*Epistola Edwardi regis ad Nicolaum papam II*, apud Baronii *Annales*, t. XVII, p. 178.)

amitié de l'Église romaine pour le peuple Anglais déclinait-elle rapidement ; on se plaignait de lui et de son roi en termes peu mesurés dans le consistoire pontifical. Ce roi, d'une piété fervente, et qui devait être un saint canonisé, était qualifié de mauvais chef, et la nation qu'il gouvernait de peuple renonçant à la foi[1]. Le bon accueil toujours fait à Rome aux évêques anglais et aux ambassadeurs d'Angleterre couvrait un fond de rancune et de malveillance d'où sortaient à la moindre occasion des difficultés et des litiges. Parfois même, les envoyés du roi Edward, se sentant provoqués, répondaient par la menace d'une suppression totale de l'impôt levé au nom de saint Pierre. C'est ce que ne craignit pas de faire Tosti, le frère de Harold, accompagnant à Rome un archevêque d'York nouvellement élu qui sollicitait du pape Nicolas II le pallium, signe et confirmation de sa dignité métropolitaine[2].

Un autre grief de l'Église romaine contre l'Angleterre était né de l'expulsion des Normands et des Français décrétée en 1052. Robert, l'archevêque de Canterbury, dépossédé par sa fuite et par le suprême tribunal du pays, loin d'accepter ce jugement, s'était empressé d'aller à Rome porter plainte au pape Léon IX de la violation faite en sa personne d'un caractère sacré, sous de faux prétextes, à ce qu'il disait, et par les manœuvres de factieux qui étaient en même temps ses ennemis et ceux du roi. Il rapporta en Normandie des lettres du pape attestant son innocence, justifiant sa conduite, et demandant sa restauration dans le siége, que nul autre ne devait

---

1. Novit prudentia tua Anglorum regnum, ex quo nomen Christi ibi clarificatum est, sub apostolorum principis manu et tutela extitisse, donec quidam membra mali capitis effecti, zelantes superbiam patris sui Satanæ, pactum Dei abjecerunt et populum Anglorum a via veritatis averterunt... Nam, ut bene nosti, donec Angli fideles erant, piæ devotionis respectu ad cognitionem religionis annuam pensionem apostolicæ sedi exhibebant. (*Epistola Alexandri papæ II ad Willelmum regem*, apud Baronii *Annales*, t. XVII, p. 302.)

2. Diu igitur multumque conflictu habito, Aldredus (archiepiscopus) reflexo pede Sutrium venit, Tostino comite qui cum eo venerat magnas efflante minas. Quod nummi, quos Anglia quotannis romano papæ pensitat, hac occasione ulterius non inferrentur. (Willelm. Malmesb. *Vita S. Wulstani*, lib. I, cap. x, apud Pagi *annales ecclesiast.*, t. IV, p. 211.) — Hoc minarum fulmine Romani territi papam flexerunt, ut Aldredo archiepiscopatum redderet et pallium. (Idem, *de Gest. pontific. angl.*, lib. III, p. 271, ed. Savile.)

occuper de son vivant[1]. Ou le pape Léon IX ne se rendait pas un compte exact de la crise d'où sortait l'Angleterre, ou, par habitude de juger toutes choses du point de vue purement religieux, il subordonnait la question de sûreté nationale à celle de discipline ecclésiastique. En donnant à l'étranger banni comme dangereux des lettres qui imposaient son rétablissement à la nation anglaise, il sortait de ses attributions spirituelles et se mêlait des affaires politiques du pays. Obéir en quoi que ce fût à ces lettres, reconnaître une suspension des droits de métropolitain, eût été, de la part de ceux qui gouvernaient l'Angleterre, fléchir sur la question de garantie contre le retour des favoris exilés[2]. Le grand conseil de la nation ne voulut céder sur aucune des conséquences de son jugement, et le roi, que ce fût de bon cœur ou non, se soumit à la nécessité. L'archevêque Stigand conserva son titre, mais il eut le tort d'aller plus loin : par un acte de présomption qui était dans son caractère, il officia revêtu du pallium que Robert avait laissé à son départ[3]. Cet acte inconsidéré n'était au fond qu'un signe de sa confiance absolue que dans un temps plus ou moins prochain un pape mieux informé que Léon IX transigerait sur le droit qu'avait l'Angleterre de tenir aux précautions prises pour sa paix intérieure contre les intrigues de l'étranger.

L'archevêque Robert mourut à l'abbaye de Jumiéges peu de temps après son retour de Rome; mais sa mort, qui aurait dû tout concilier, ne fit point revenir le pape Léon IX de sa détermination de ne point reconnaître et de ne point confirmer par l'envoi du pallium l'archevêque élu de Canterbury. Stigand attendit la mort de Léon IX

---

1. Romamque profectus et de causa sua sedem apostolicam appellans... (Willelm. Malmesb., *de Gest. reg. angl.*, lib. II, p. 82, ed. Savile.) — Romam ivit, unde cum epistolis innocentiæ et restitutionis suæ allegatricibus rediens... (Idem, *de Gest. pontific. angl.*, lib. I, p. 204.)

2. L'un des anciens manuscrits de la chronique saxonne de Peterborough, mais un seul, montre qu'il y eut dans le clergé des partisans de ce moyen terme. Il porte à la date de 1053 : *Cette année, il n'y eut pas d'archevêque dans ce pays. Mais l'évêque Stigand tenait l'évêché de Canterbury et Kynsig celui d'York.* — Voyez *Monumenta historica britannica*, p. 452.)

3. Magnanimus enim erat valde et inæstimabilis præsumptionis. (Gervas. Cantuar. *Act. pontific. Cantuar.*, apud *Hist. anglic. Script.*, col. 1651, ed. Selden.)

pour renouveler ses instances. Il s'adressa, mais inutilement, à deux papes, Victor II et Étienne IX[1]. Quand le dernier mourut, en 1058, imperturbable dans son espérance, il saisit encore l'occasion d'un nouvel avénement. C'était celui de Benoît X, intronisé par une faction de nobles romains sans l'aveu et contre le gré des cardinaux[2]. Les vices de cette élection, en apparence conforme à tant d'autres, n'étaient ni jugés ni même soupçonnés en Angleterre, lorsqu'un prêtre, nommé Godric, y rapporta de Rome le pallium accordé cette fois par le souverain pontife à l'élu de Canterbury[3]. Dans leur chronique en langue saxonne, les moines de l'abbaye de Peterborough consignèrent cette grande nouvelle comme le fait capital de l'année[4]. Mais, en 1059, l'élection canonique d'un autre pape, Nicolas II, amena l'abdication de Benoît X, qui fut dégradé du sacerdoce et dont tout les actes furent annulés[5]. Stigand se trouva donc de nouveau sans pallium et chargé d'un nouveau reproche, celui d'avoir sollicité les bonnes grâces d'un faux pape ignominieusement dégradé. Bientôt la correction ecclésiastique vint le frapper lui-même, et, en 1061, Alexandre II lui interdit les fonctions métropolitaines, parce qu'il avait pris l'archevêché de Canterbury du vivant de l'archevêque Robert, qu'il avait porté en officiant à la messe le pallium de Robert et qu'il cumulait l'évêché de Winchester avec l'archevêché de Canterbury[6]. De ces trois chefs d'accusation, l'un était depuis longtemps

---

1. Quare nunquam pallium a Roma meruit, quamvis et ibi venalitas multum operetur. (Willelm. Malmesb., *de Gest. pontific. angl.*, lib. I, p. 204, ed. Savile.)

2. Baronii *Annales ecclesiast.*, t. XVII, p. 142.

3. Godricus Romam a Stigando archiepiscopo legatus pallium ipsi a Benedicto antipapa transmissum detulit. (*Anglia sacra*, t. I, p. 796.)

4. Hoc anno, decessit Stephanus papa, et fuit Benedictus consecratus in papam : is ipse mittebat Stigando archiepiscopo pallium hanc in terram. (*Chron. saxon.*, ed. Gibson, p. 170.)

5. Sed illo post non multum dejecto, omnia ejus facta evacuata. (Willelm. Malmesb., *de Gest. pontific. angl.*, lib. I, p. 204, ed. Savile.)

6. Quod episcopatum Wintoniæ cum archiepiscopatu injuste possidebat, et quod vivente Roberto archiepiscopo non solum archiepiscopatum sumpsit, sed etiam ejus pallio quod Cantuariæ remansit, dum vi et injuste ab Anglia pulsus est, in missarum celebratione aliquandiu usus est. (Roger de Hoved. *Annal.*, pars I, p. 453, ed. Savile.) — Les effets de cette interdiction, déclarée en Angleterre par deux légats du saint-siége, consistaient à réduire Stigand au titre et aux droits de simple évêque administrant par intérim l'ar-

éteint, l'autre était une faute irréfléchie et, comme telle, digne d'indulgence, un autre enfin était l'exemple même donné par le précédent pape, Nicolas II, qui avait gardé jusqu'à sa mort l'évêché de Florence avec celui de Rome¹.

Il ne se trouvait d'alleurs contre celui qu'on aurait pu nommer l'élu du peuple d'Angleterre aucun motif de répugnance personnelle. Si l'ambition de Stigand était notoire, ses mœurs étaient irréprochables, et bien que taxé d'avarice par ceux qui ne l'aimaient pas, il avait fait aux églises de Winchester et de Canterbury le don d'ornements magnifiques longtemps célèbres après sa mort². On ne pouvait lui imputer que les vices communs du haut clergé de l'Angleterre et de tout l'Occident à cette époque, peu de littérature et l'habitude de traiter les affaires de l'Église avec le même esprit que celles du siècle, d'en convoiter sans mesure les biens et les dignités et de les cumuler sans honte³. Contre cet esprit de simonie qui était la rouille de la barbarie germanique et du monde féodal, une réaction commençait à se produire au sein de l'Église romaine. Mais la réforme que cette Église s'imposait et qu'elle tâchait de répandre n'avait pas même gagné le nord de l'Italie, et sa seule annonce, au delà des monts, soulevait l'opposition qui, peu de temps après, éclata en guerres terribles dans la lutte du sacerdoce et de l'empire. Ce n'était donc pas sur un homme seul, c'était sur la nation anglaise tout entière soutenant son archevêque patriote que tombait la sentence du pape Alexan-

---

chevêché de Canterbury. On s'y conforma en 1062, à cause de la présence des légats; mais, après leur départ, on n'en tint plus compte.—Voyez Florent Wigorn. *Chron.*, apud *Monumenta historica britannica*, p. 599.

1. Fleury, *Histoire ecclésiastique*, t. XIII, p. 88.

2. Dederat autem idem Stigandus ecclesiæ Wintoniensi maximam crucem cum duabus imaginibus auro et argento optime compositis. (*Annal. ecclesiæ Winton.*; *Anglia sacra*, t. I, p. 294.) — Inter cætera bona quæ huic monasterio contulit, crucem magnam argento undique coopertam in navi ecclesiæ super pulpitum, erectam Sancto Augustino dedit. (*Chron.* Willielmi Thorn., apud *Hist. angl. Script.*, col. 1785, ed. Selden.) — Gervasii Cantuar. *Act. pontific. Cantuar.*, apud ibid., col. 1651.)

3. Infamis ambitus pontifex et bonorum ultra debitum appetitor. (Willelm. Malmesb., *de Gest. rer. anglic.*, lib. II, p. 82, ed. Savile.) — Sed ego conjicio illum non judicio sed errore peccasse, quod homo illiteratus, sicuti plerique et pene omnes tunc temporis Angliæ episcopi, nesciret quantum delinqueret, rem ecclesiasticorum negotiorum sicut publicorum actitari existimans. (Idem, *de Gest. pontific. angl.*, lib. I, p. 204, ed. Savile.)

dre II, et contre elle, au sein de la cour pontificale, une hostilité sourde, mais extrêmement dangereuse, commençait à fermenter¹.

Un événement survenu hors de l'Angleterre fournit aux Romains l'occasion d'associer leur haine au désir de vengeance qu'avait excité chez beaucoup de Normands la prétendue trahison de Godwin, et aux projets ambitieux du duc Guillaume. Il y avait à la cour de Normandie un religieux nommé Lanfranc, Lombard d'origine, fameux dans le monde chrétien par son habileté comme légiste, par l'étendue de ses connaissances littéraires et par des ouvrages consacrés avec bonheur à la défense de l'orthodoxie; cet homme, que le duc Guillaume chérissait comme l'un de ses plus utiles conseillers, tomba dans la disgrâce pour avoir blâmé le mariage du duc normand avec Mathilde, fille de Baudoin V, comte de Flandre, sa parente à l'un des degrés prohibés par l'Église². Le pape Nicolas II refusait obstinément de reconnaître et de sanctionner l'union des deux époux; ce fut auprès de lui que se retira le moine Lombard exilé de la cour de son seigneur. Mais, loin de se plaindre du duc de Normandie, Lanfranc plaida respectueusement, devant le souverain pontife, la cause de ce mariage, que, de lui-même, il n'avait pas voulu approuver³. A force de prières et d'adresse, il obtint une dispense en forme, et, pour ce service signalé, fut reçu par le duc en plus grande intimité qu'auparavant. Il devint l'âme de ses conseils et son plénipotentiaire auprès de la cour de Rome. Les prétentions respectives du clergé romain et du duc de Normandie sur l'Angleterre, la possibilité de les faire valoir et de réussir en commun, furent dès lors l'objet, sinon de véritables négociations, au moins de pourparlers confidentiels. On était loin encore de songer à un envahissement par les armes;

---

1. En lisant le portrait de l'archevêque Stigand, tracé par Guillaume de Malmesbury, et, d'après lui, par tous les chroniqueurs anglo-normands, on ne doit pas oublier que ce portrait satirique fut écrit dans la plus grande ferveur de la réforme accomplie sous Grégoire VII et ses premiers successeurs.

2. Ad administranda quoque totius patriæ negotia summus ab ipso Normannorum duce Willelmo consiliarius assumitur. Cujus gratiæ nimiam perturbationem quæ repente irruit... (*Vita Lanfranci*, apud *Rer. gallic et francic.*, t. XIV, p. 31.)

3. Quapropter Lanfrancus iterum romanum papam adiit... ut ageret pro duce Normannorum et uxore ejus apud apostolicum. (Ibid.)

mais la parenté de Guillaume avec Edward semblait un grand moyen de succès, car les rois anglo-saxons pouvaient léguer jusqu'à un certain point la couronne, en désignant leur successeur au choix ou à l'approbation du grand conseil national[1].

Il y avait deux années qu'en Angleterre la paix intérieure durait sans aucun trouble. L'aigreur du roi Edward contre les fils de Godwin disparaissait faute d'aliments et par l'habitude de vivre au milieu d'eux. Harold, le nouveau chef de cette famille populaire, rendait pleinement au roi cette déférence de respect et de soumission dont il était si jaloux. D'anciens récits disent qu'Edward l'aimait et le traitait comme son propre fils[2]; mais du moins n'éprouvait-il point à son égard l'espèce d'aversion mêlée de crainte que Godwin lui avait inspirée, et n'avait-il plus de prétexte pour retenir, comme des garanties contre le fils, les deux otages qu'il avait reçus du père. On se rappelle que ces otages avaient été confiés par le soupçonneux Edward à la garde du duc de Normandie. Ils étaient, depuis plus de dix ans, loin de leur pays, dans une sorte de captivité. Harold, frère de l'un et oncle de l'autre, croyant le moment favorable pour obtenir leur délivrance, demanda au roi la permission d'aller les réclamer en son nom, et de les ramener d'exil[3]. Sans montrer aucune répugnance à se dessaisir des otages, Edward parut fort alarmé du projet que formait Harold d'aller lui-même en Normandie. « Je « ne veux pas te contraindre, lui dit-il, mais si tu pars, ce sera sans « mon aveu; car certainement ton voyage doit attirer quelque « malheur sur toi et sur notre pays. Je connais le duc Guillaume et « son esprit astucieux; il te hait et ne t'accordera rien, à moins d'y

---

1. En l'année 1057, Edward avait appelé auprès de lui, dans cette intention, le fils d'Edmund Côte-de-Fer, exilé sous le règne de Knut; mais ce prince mourut peu de temps après son retour. (Voyez *Chron. saxon.*, ed. Gibson, p. 169.) — Decreverat enim rex illum post se regem hæredem constituere. (Roger de Hoved. *Annal.*, pars I, p. 444, ed. Savile.)

2. Cui rex impense favebat, ut loco filii habuit. (*Saga af Haraldi Hardrada*, cap. LXXVII; Snorre's *Heimskringla*, t. III, p. 143.)

3. Licentiam petivit a rege Normanniam ire, et fratrem suum atque nepotem, qui obsides tenebantur, liberare, liberatos reducere. (Eadmeri *Hist. novorum*, lib. I, p. 4, ed. Selden.) — Roger de Hoved. *Annal.*, pars I, p. 449, ed. Savile.

« voir un grand profit; le seul moyen de lui faire rendre les otages « serait d'envoyer un autre que toi¹. »

Le Saxon, brave et plein de confiance, ne se rendit point à cet avis; il partit pour la traversée, comme pour un voyage de plaisir, entouré de gais compagnons, avec son oiseau sur le poing et ses lévriers courant devant lui². Il s'embarqua dans un des ports de la province de Sussex. Le vent contraire écarta ses deux vaisseaux de leur route et les poussa vers l'embouchure de la Somme, sur les terres de Guy, comte de Ponthieu. C'était la coutume de ce pays maritime, comme de beaucoup d'autres, au moyen âge, que tout étranger jeté sur la côte par une tempête, au lieu d'être humainement secouru, fût emprisonné et mis à rançon³. Harold et ses compagnons subirent cette loi rigoureuse; après avoir été dépouillés du meilleur de leur bagage, ils furent enfermés par le seigneur du lieu dans sa forteresse de Belram, aujourd'hui Beaurain, près de Montreuil⁴.

Pour échapper à l'ennui d'une longue captivité, le Saxon se déclara porteur d'un message du roi d'Angleterre pour le duc de Normandie, et envoya demander à Guillaume de le faire sortir de prison, afin qu'il pût se rendre auprès de lui. Guillaume n'hésita point, et réclama de son voisin, le comte de Ponthieu, la liberté du captif, d'abord avec de simples menaces, sans nullement parler de rançon. Le

---

1. Nec enim ita novi comitem mentis expertem ut eos aliquatenus velit concedere tibi, si non præscierit in hoc magnum proficuum sui. (Eadmeri *Hist. nov.*, lib. I, p. 4, ed. Selden.) — Roger de Hoved. *Annal.*, pars I, p. 449, ed. Savile. — Simeon. Dunelm. *Hist.*, apud *Script. anglic.*, t. X, col. 196, ed. Selden. — *Chronique de Normandie; Recueil des hist. de la France*, t. XIII, p. 223. — *Roman de Rou*, t. II, p. 108 et 109.

2. HAROLD DUX ANGLORUM ET SUI MILITES EQUITANT AD BOSHAM; Tapisserie de Bayeux.

3. Ascendit itaque Haroldus navem, quæ tempestate valida ejecta cum omnibus quæ ferebat, in Pontivum fluvium qui Maia vocatur; a domino terræ illius pro ritu loci captivitati illius addicitur. (Roger de Hoved. *Annal.*, pars I, p. 449, ed. Savile.) — On appelait en Picardie *droit de lagan* le droit qui autorisait, au profit du seigneur, la saisie des choses apportées par la mer ou échouées sur les côtes. Ce droit fut aboli, en 1191, par le roi Philippe-Auguste et par Jean, comte de Ponthieu. — Voyez le *Rec. des monuments inédits de l'hist. du Tiers État*, t. I, p. 115.

4. *Roman de Rou*, t. II, p. 110 et 111. — Eadmeri *Hist. nov.*, lib. I, p. 5, ed. Selden. — HIC APPREHENDIT WIDO HAROLDUM ET DUXIT EUM AD BELREM ET IBI EUM TENUIT; Tapisserie de Bayeux.

comte de Ponthieu fut sourd aux menaces, et ne céda qu'à l'offre 1065
d'une grande somme d'argent et d'une belle terre sur la rivière
d'Eaume[1]. Harold se rendit à Rouen, et le duc de Normandie eut
alors la joie de tenir chez lui, en sa puissance, le fils du plus grand
ennemi des Normands, l'un des chefs de la ligue nationale qui avait
fait bannir d'Angleterre les fauteurs de ses prétentions sur la royauté
des Anglais[2]. Le duc Guillaume accueillit le chef saxon avec de
grands honneurs et une apparence de franche cordialité : il lui dit
que les deux otages étaient libres sur sa seule requête, qu'il pouvait
repartir avec eux; mais qu'en hôte courtois il devait ne point tant
se presser, et demeurer au moins quelques jours à voir les villes et
les fêtes du pays[3].

Harold se promena de ville en ville, de château en château, et,
avec ses jeunes compagnons, prit part à des joutes militaires. Le duc
les fit chevaliers, c'est-à-dire membres de la haute milice normande,
espèce de fraternité guerrière, où tout homme riche qui se vouait
aux armes était introduit sous les auspices d'un ancien affilié, qui
lui donnait en cérémonie une épée, un baudrier plaqué d'argent et
une lance ornée d'une flamme. Les guerriers saxons reçurent en présent de leur parrain en chevalerie de belles armes et des chevaux de
grand prix[4]. Ensuite Guillaume leur proposa, pour essayer leurs
éperons neufs, de le suivre dans une expédition qu'il entreprenait
contre ses voisins de Bretagne. Depuis le traité de Saint-Clair-sur-
Epte, chaque nouveau duc de Normandie avait tenté de rendre
effectif le prétendu droit de suzeraineté que Charles le Simple avait

---

1. *Chronique de Normandie; Recueil des hist. de la France*, t. XIII, p. 223.

2. Fuerant enim antea inimici ad invicem. (Matth. Paris., t. I, p. 1.) — Henrici Huntind. *Hist.*, lib. VI, apud *Rer. anglic. Script.*, p. 366, ed. Savile. — HIC DUX WILLELM CUM HAROLDO VENIT AD PALATIUM SUUM; Tapisserie de Bayeux.

3. Qui a Willielmo multum honorifice suscipitur, et audito cur patria exierit, bene quidem rem processuram si in ipso non remaneret Willielmus respondit. (Roger de Hoved. *Annal.*, pars I, p. 449, ed. Savile.)

4.   Chevals et armes li duna.

(*Roman de Rou*, t. II, p. 113.)

— Armis militaribus et equis dilectissimis. (Guill. Pictav., apud *Script. rer. normann.*, p. 191.)

cédé à Roll ; il en résultait des guerres continuelles et une inimitié nationale entre les deux États que séparait la petite rivière de Coësnon.

Harold et ses amis, follement jaloux d'acquérir un renom de courage parmi les hommes de Normandie, firent pour leur hôte, aux dépens des Bretons, des prouesses qui un jour devaient coûter cher à eux-mêmes et à leur pays. Le fils de Godwin excita l'admiration de l'armée par sa haute taille, la beauté de sa figure et la grâce de ses manières ; robuste et adroit, il sauva de sa main au passage du Coësnon plusieurs soldats qui se perdaient dans les sables mouvants[1]. Lui et Guillaume, tant que dura la guerre, n'eurent qu'une même tente et qu'une même table[2]. Au retour, ils chevauchaient côte à côte, égayant la route par un entretien amical, qu'un jour le duc fit tomber sur le temps de sa première jeunesse et sur ses relations avec le roi Edward, alors exilé en Normandie. « Quand « Edward et moi, dit-il au Saxon, nous vivions dans le même pays « et souvent sous le même toit, il me promit avec serment que, « si jamais il devenait roi en Angleterre, il me ferait héritier de son « royaume ; Harold, j'aimerais que tu m'aidasses à réaliser cette « promesse, et sois sûr que si, par tes bons offices, j'obtiens le « royaume, quelque chose que tu me demandes, je te l'accorderai « aussitôt[3]. »

Harold, quoique surpris à l'excès de cette confidence inattendue, ne put se défendre d'y répondre par des paroles vagues d'adhésion ; et Guillaume reprit en ces termes : « Puisque tu consens à me ser- « vir, il faut que tu t'engages à fortifier le château de Douvres, qui est

---

1. Erat idem Anglus magnitudine et elegantia, viribusque corporis animique audacia et linguæ facundia, multisque facetiis et probitatibus admirabilis. (Orderic. Vital. *Hist. ecclesiast.*, apud *Hist. normann. Script.*, p. 492.) — HIC HAROLD DUX TRAHEBAT EOS DE ARENA ; Tapisserie de Bayeux.

2. Hospitem quasi contubernalem habens. (Guill. Pictav., apud *Script. rer. normann.*, p. 191.)

3. In quo regno si tuo favore confirmatus fuero, spondeo quod omne quod a me rationabiliter tibi postulaveris obtinebis. (Roger de Hoved. *Annal.*, pars I, p. 449, ed. Savile.) — Eadmeri *Hist. nov.*, lib. I, p. 5, ed. Selden. — *Chron. de Normanlie* ; Recueil des hist. de la France, t. XIII, p. 223.)

« de ton gouvernement, à y faire creuser un puits d'eau vive, et à le
« mettre en mon pouvoir; il faut aussi que tu me donnes ta sœur
« pour que je la marie à l'un de mes barons, et que toi-même tu
« épouses ma fille Adelize; de plus, je veux qu'à ton départ tu me
« laisses, pour garant de ta promesse, l'un des deux otages que tu
« réclames; il restera sous ma garde, et je te le rendrai en Angle-
« terre, quand j'y arriverai comme roi [1]. » Harold sentit à ces paroles
tout le péril où il était, et où, sans le savoir, il avait mis ses deux
jeunes parents. Pour sortir d'embarras, il acquiesça de bouche à
toutes les demandes du Normand [2]; et celui qui avait deux fois pris
les armes pour chasser les étrangers de son pays, promit de livrer à
un étranger la principale forteresse de ce même pays. Il se réservait
de manquer plus tard à cet indigne engagement, croyant acheter
par un mensonge son salut et son repos. Guillaume n'insista plus;
mais il ne laissa pas longtemps le Saxon en paix sur ce point.

Arrivé au château de Bayeux, le duc Guillaume tint sa cour, et y
convoqua le grand conseil des hauts barons de Normandie [3]. Selon
de vieux récits, la veille du jour fixé pour l'assemblée, Guillaume
fit prendre, dans les églises de la ville et dans celles du voisinage,
tout ce qui s'y trouvait de reliques. Les ossements tirés de leurs
châsses et des corps entiers de saints furent mis, par son ordre, dans
une grande huche ou une cuve qu'on plaça, couverte d'un riche
drap d'or, dans la salle du conseil [4]. Quand le duc se fut assis dans

---

1. Tunc et modo nepotem tuum et, cum in Angliam venero regnaturus, fratrem tuum incolumem recipies. (Roger de Hoved. *Annal.*, pars I, p. 449, ed. Savile.) — Eadmeri *Hist. nov.*, lib. I, p. 5, ed. Selden. — Guillaume avait quatre filles, Cécile, Constance, Adelize et Adèle. (Voyez Willelm. Gemet., lib. VIII, apud *Script. rer. normann.*, p. 310.) Orderic Vital donne à la troisième le nom d'Agathe. (Voyez lib. V, p. 573.) Harold était veuf d'une femme dont le nom est inconnu et qui lui avait donné trois fils.

2. Sensit Haroldus in his periculum undique, nec intellexit quo evaderet. (Eadmeri *Hist. nov.*, lib. I, p. 5, ed. Selden. — Roger de Hoved. *Annal.*, p. 449, ed. Savile.)

3. Ce château, situé hors de la ville, et maison de plaisance des ducs, se nommait *le Bourg*.

4. *Chronique de Normandie*; *Recueil des hist. de la France*, t. XIII, p. 223. —

Tut une cuve en fist emplir,
Pois d'un paele les fist covrir,
Ke Heraut ne sout ne ne vit.

(*Roman de Rou*, t. II, p. 113.)

son siége de cérémonie, tenant à la main une épée nue, couronné d'un cercle à fleurons, et entouré de la foule des seigneurs normands, parmi lesquels était le Saxon, on apporta deux petits reliquaires, et on les posa sur le drap d'or qui couvrait et cachait la cuve pleine de reliques[1]. « Harold, dit alors Guillaume, je te requiers, devant « cette noble assemblée, de confirmer, par serment, les promesses « que tu m'as faites ; savoir : de m'aider à obtenir le royaume d'An- « gleterre après la mort du roi Edward, d'épouser ma fille Adelize, « et de m'envoyer ta sœur pour que je la marie à l'un des miens[2]. »

L'Anglais, pris une seconde fois au dépourvu, et n'osant renier ses propres paroles, s'approcha des deux reliquaires, étendit la main au-dessus, et jura d'exécuter, selon son pouvoir, ses conventions avec le duc, pourvu qu'il vécût et que Dieu l'y aidât. Toute l'assemblée répéta : *Que Dieu l'aide*[3]! Aussitôt Guillaume fit un signe; le drap d'or fut levé, et l'on découvrit les ossements et les corps saints dont la cuve était remplie, et sur lesquels le fils de Godwin avait juré sans se douter de leur présence. On dit qu'à cette vue il tressaillit et changea de visage, effrayé d'avoir fait le plus redoutable des serments[4]. Les fiançailles de Harold avec la fille de Guillaume se firent devant la même assemblée, et la jeune fille, étrangère à ce qu'il y avait de faux dans la situation présente, mit avec bonheur sa main dans la main de l'hôte de son père, qui plaisait à tous et qu'elle aimait[5]. Peu de jours après, Harold repartit, emmenant avec lui son neveu, mais laissant son jeune frère Wulfnoth au pouvoir du duc de Normandie. Guillaume l'accompagna jusqu'à la mer et lui fit de nouveaux présents, joyeux d'avoir, par surprise, arraché

---

1. Hic Willelm venit Bagias ubi Harold sacramentum fecit Willelmo duci; Tapisserie de Bayeux.

2. *Roman de Rou,* t. II, p. 113. — Eadmeri *Hist. nov.,* lib. I, p. 5, ed. Selden. — Guill. Pictav., apud *Script. rer. norm ann.,* p. 191.

3. Plusors dient : Ke Dex li dont!
(*Roman de Rou,* t. II, p. 114.)

4. *Roman de Rou,* t. II, p. 114. — Chron. de Normandie; Recueil des hist. de la France, t. XIII, p. 223.

5. Anglum viderat et dilexerat. (Orderic. Vital. *Hist. ecclesiast.,* lib. V, p. 573.)

à l'homme d'Angleterre le plus capable de nuire à ses projets, la
promesse solennelle, appuyée d'un serment terrible, de le servir et
de l'aider [1].

Lorsque Harold, de retour dans son pays, se présenta devant le
roi Edward, et lui raconta ce qui s'était passé entre lui et le duc
Guillaume, le roi devint pensif et dit : « Ne t'avais-je pas averti que
« je connaissais Guillaume, et que ton voyage attirerait de grands
« malheurs sur toi-même et sur notre nation ? Fasse le ciel que ces
« malheurs n'arrivent pas durant ma vie [2] ! » Ces paroles et cette
tristesse sembleraient prouver qu'en effet, par entraînement et par
imprudence, Edward avait fait jadis à un enfant étranger la promesse d'une royauté qui ne lui appartenait pas. On ne peut dire si,
depuis son avénement, il avait entretenu, par de nouvelles paroles,
l'espérance ambitieuse de son cousin maternel; mais, à défaut de
paroles expresses, son amitié constante pour le duc Guillaume avait
tenu lieu à ce dernier d'assurances et de raisons positives pour le
croire toujours favorable à ses vues.

Déjà même l'impression produite de l'autre côté du détroit par
ce qui venait de s'y passer, répondait d'une façon alarmante aux
sinistres prévisions du roi Edward. L'opinion universelle en Normandie était que le roi d'Angleterre avait légué sa couronne à
Guillaume par un acte authentique, dont le porteur avait été Harold
chargé de le confirmer par serment [3]. On allait plus loin, et l'on
trouvait à cette opinion, indubitable en apparence, des racines dans
une version étrangement fausse de l'histoire des quinze dernières

---

1. Guill. Pictav., apud *Script. hist. normann.*, p. 192.
2. Nonne dixi tibi... me Willelmum nosse? ait. (Eadmeri *Hist. nov.*, lib. I, p. 5, ed. Selden.) — Magnas in hoc facto tuo calamitates præsentio genti nostræ venturas, quas concedat mihi, quæso, pietas superna ne meis diebus veniant. (Roger de Hoved. *Annal.*, pars I, apud *Rer. anglic. Script.*, p. 449, ed. Savile.)
3. Rex itaque, defuncto cognato, quia spes prioris erat soluta suffragii, Willielmo co-
miti Normanniæ successionem Angliæ dedit... Ferunt quidam ipsum Haroldum a rege in
hoc Normanniam missum. (Willelm. Malmesb., *de Gest. rer. angl.*, lib. II, p. 93, ed. Savile.) — Ad hoc Haroldus majordomus regiæ veniens in Normanniam, se Willelmo comiti,
post regis obitum regnum Angliæ conservaturum non tantum juravit, sed etiam se duc-
turum filiam Willelmi comitis in uxorem data fide spopondit. (Ingulf. Croyland. *Hist.*,
p. 900, ed. Savile.)

1065 années. On faisait de la fuite de l'archevêque Robert et de son retour honteux en Normandie, une première ambassade envoyée par Edward à Guillaume, pour lui annoncer que les grands d'Angleterre consentaient à ce qu'il fût héritier de la couronne, et, pour comble d'absurdité, on disait que les deux otages, l'un fils, l'autre petit-fils de Godwin, avaient été remis alors comme garantie de cette promesse [1]. Ainsi l'attente de l'annexion d'un royaume au duché de Normandie, la conviction d'un droit légitime sur ce royaume pour le duc, et en même temps pour le pays, éveillaient l'ambition nationale dans ce pays guerrier, dont la noblesse, gardant et modifiant l'esprit des Scandinaves ses ancêtres, cherchait au loin, non plus comme eux, les aventures de mer, mais des territoires à conquérir.

Quelles qu'eussent été jusqu'à ce moment les négociations secrètes du duc de Normandie avec l'Église romaine, elles purent dès lors avoir une base fixe et suivre une direction certaine. Un serment prêté sur les reliques appelait, s'il était violé, la condamnation de l'Église; et, dans ce cas, selon l'opinion du siècle, l'Église frappait justement. Soit par un sentiment réel des périls dont cette vindicte ecclésiastique, associée à l'ambition normande, menaçait l'Angleterre, soit par une impression de terreur vague et superstitieuse, un grand abattement d'esprit s'empara de la nation anglaise. Des bruits sinistres couraient de bouche en bouche; l'on craignait et l'on s'alarmait sans sujet positif d'alarmes; l'on exhumait des prédictions attribuées à des saints du vieux temps. L'un d'eux prophétisait des infortunes telles que les Saxons n'en avaient jamais éprouvé

---

1. *Optimatum igitur suorum assensu per Rodbertum cantuariensem archipræsulem, hujus delegationis mediatorem, obsides potentissimæ parentelæ Godwini comitis, filium ac nepotem, ei direxit.* (Guill. Pictav. *Gesta Guillelmi ducis*, apud *Hist. normann. Script.*, p. 181.) — *Edwardus nimirum propinquo suo, Willielmo duci Normannorum, primo per Rodbertum, Cantuariorum summum pontificem, postea per eumdem Heraldum integram anglici regni mandaverat concessionem : ipsumque concedentibus Anglis fecerat totius juris sui hæredem.* (Orderic. Vital. *Hist. ecclesiast.*, lib. III, apud *Hist. normann. Script.*, p. 249.) — On voit plus tard ces mensonges proférés par Guillaume dans les instructions qu'il donne à ses envoyés : *Obsides mihi dedit Godwini filium ac nepotem. Postremo Heraldum ipsum in Normannia transmisit, ut quod pater ejus atque cæteri supranominati hic mihi juravere absenti, is ibi præsens juraret præsenti.* (Guill. Pictav., apud *Hist. normann. Script.*, p. 200.)

depuis leur départ des rives de l'Elbe[1]; un autre annonçait l'invasion d'un peuple de langue inconnue, et la servitude du peuple anglais sous des maîtres venus d'outre-mer[2]. Toutes ces rumeurs, jusque-là sans crédit, étaient recueillies avidement, et entretenaient les imaginations dans l'attente de quelque malheur national.

La santé du roi Edward, homme d'une nature débile, et devenu sensible à tout ce qui intéressait la destinée de son pays, déclina depuis ces événements. Il ne pouvait se cacher à lui-même que son amour pour les étrangers était la cause du péril qui effrayait l'Angleterre; son esprit en fut plus accablé encore que celui de la nation. Afin d'étouffer les pensées et peut-être les remords qui l'obsédaient, il se livra tout entier au détail des pratiques religieuses; il donna beaucoup aux églises et aux monastères; il acheva l'œuvre de son règne, la réédification de l'église de Saint-Pierre, à l'extrémité occidentale de Londres. La dédicace du nouveau bâtiment, qui devait se faire en grande pompe devant le roi, sa famille et les hauts dignitaires du royaume, fut annoncée par toute l'Angleterre pour la fête des Saints-Innocents, 28 décembre 1065. Mais ce jour-là, Edward malade ne put sortir de sa chambre; la cérémonie eut lieu sans lui, et la reine Edith, chargée de ses insignes, l'y représenta comme souverain et comme fondateur. L'absence du roi et l'idée de son danger attristèrent cette fête nationale pour laquelle des milliers d'hommes avaient été convoqués ou étaient venus d'eux-mêmes à Londres. Le roi Edward, atteint gravement, languit encore une semaine, et il expira le 5 janvier de l'année 1066. Sur son lit de mort, il s'entretint sans cesse de ses sombres pressentiments; il eut des visions effrayantes, et, dans ses extases mélancoliques, les passages menaçants de la Bible lui revenaient à la mémoire. « Le Seigneur a tendu « son arc, disait-il; le Seigneur a préparé son glaive; il le brandit

---

1. Venient super gentem Anglorum mala, qualia non passa est ex quo venit in Angliam usque tempus illud. (Johan. de Fordun, *Scoti-chronicon*, lib. IV, cap. XXXVI, p. 349, ed. Hearne.)

2. Insperatum eis a Francia adventurum dominium, quod et eorum excellentiam deprimeret in perpetuum et honorem sine termino eventilaret. (*Chron. Johan. Bromton*, apud *Rer. anglic. Script.*, t. I, col. 909, ed. Selden.) — Dira ac diuturna mala ab exteris gentibus esse passuram. (Osberni *Vita S. Dunstani; Anglia sacra*, t. II, p. 118.)

« comme un guerrier ; son courroux se manifestera par le fer et par
« la flamme [1]. » Ces paroles d'une application évidente frappaient de
crainte les grands du royaume et les chefs de province qui, retenus
à Londres par l'attente d'un événement douloureux, entouraient en
ce moment le lit du roi.

Quelque affaiblie que fût la pensée du vieux monarque, il eut assez
de force et de résolution pour déclarer aux chefs qui le consultaient
sur le choix de son successeur, que l'homme le plus digne de régner
était Harold, fils de Godwin [2]. En prononçant le nom de Harold dans
cette circonstance, le roi Edward se montrait supérieur à ses préjugés d'habitude, et même à l'ambition de retenir la couronne dans sa
propre famille ; car il y avait alors en Angleterre un petit-fils
d'Edmund Côte-de-Fer, né en Hongrie, où son père s'était réfugié,
comme on l'a vu, dans le temps des proscriptions danoises. Ce jeune
homme, appelé Edgard, n'avait ni talents ni gloire acquise, et ayant
passé toute son enfance dans un pays étranger, il parlait à peine la
langue saxonne [3]. Un pareil candidat ne pouvait lutter de popularité
avec Harold, l'homme puissant et admiré, le guerrier à toute
épreuve, le chef de la famille ennemie de toute influence étrangère [4]. Lui seul semblait capable de tenir tête aux dangers qui
menaçaient la nation et de démentir l'absurde promesse qu'il avait
faite malgré lui [5] ; quand bien même le roi mourant ne l'eût pas
désigné au choix du conseil souverain, son nom devait sortir de
toutes les bouches.

1. Et ecce Dominus gladium suum vibravit, arcum suum tetendit et paravit illum. Ostendet deinceps populo huic iram et indignationem... Igne simul et gladio puniendi. (Ailred. Rieval., *de Vita Edwardi confess.*, apud *Hist. angl. Script.*, t. 1, col. 400, ed. Selden.) — La prophétie du roi Edward annonçant la conquête de l'Angleterre pour un temps déterminé est une légende qui n'a pu être construite qu'après l'événement. — Voyez ibid., et Willelm. Malmesb., *de Gest. reg. angl.*, lib. II, p. 92, ed. Savile.)

2. *Chron. saxon.*, ed. Gibson, p. 172. — Eadmeri *Hist. nor.*, p. 5, ed. Selden. — Roger de Hoved. *Annal.*, pars I, apud *Rer. anglic. Script.*, p. 449, ed. Savile.

3. Clitonis Edwardi nuper defuncti filium Edgarum regio solio minus idoneum tam corde quam corpore... (Ingulf. Croyland. *Hist.*, p. 899, ed. Savile.) — Pontani *Rerum danicarum Hist.*, lib. V, p. 183 et 184, ed. Amsterdam, 1651.

4. Quia non erat eo prudentior in terra, armis magis strenuus, legum terræ sagacior, in omni genere probitatis cultior. (Vita Haroldi, *Chron. anglo-norm.*, t. II, p. 243.)

5. Posthabitoque juramenti, quod nullum esse credebatur, periculo... (Ibid., p. 187.)

Le jour même des funérailles d'Edward, au milieu d'un deuil universel et sous l'émotion d'une crise nationale, Harold fut élu roi par les grands et les nobles encore très-nombreux dans Londres, et sacré par l'archevêque Stigand, qui, malgré son interdiction prononcée à Rome, avait célébré comme métropolitain les obsèques royales, et, quelques jours auparavant, la dédicace de l'église de Saint-Pierre [1]. Le petit-fils du fermier Wulfnoth, parvenu au rang suprême, se montra, dès son avénement, juste, sage, affable, dévoué à l'intérêt général, et, selon les paroles d'un vieil historien, il ne s'épargna, pour la défense du pays, aucune fatigue ni sur terre ni sur mer [2].

Il fallut au roi Harold beaucoup de soins et de peines pour vaincre le découragement public qui se montrait de différentes manières. L'apparition d'une comète, visible en Angleterre pendant près d'un

---

1. Tunc Haroldus comes capessit regnum, sicut rex ei concesserat, omnesque ad id eum eligebant, et consecratus est in regem in festo Epiphaniæ. (*Chron. saxon.*, ed. Gibson, p. 172.). — Quo tumulato, subregulus Haraldus, Godwini ducis filius, quem rex ante suam decessionem regni successorem elegerat, a totius Angliæ primatibus ad regale culmen electus. (Florent. Wigorn. *Chron.*, p. 633, ed. Francofurt...) — Guill. Pictav., apud *Script. rer. normann.*, p. 196. — Orderic. Vital. *Hist. ecclesiast.*, apud *Script. rer. normann.*, p. 492. — HIC RESIDET HAROLD REX ANGLORUM, STIGAND ARCHIEPISCOPUS; Tapisserie de Bayeux. — Rex igitur consecratus a Stigando dorobernensi archipræsule... (De Inventione sanctæ crucis walthamensis; *Chron. anglo-norm.*, t. II, p. 243.) — L'une des chartes du roi Edward en faveur de l'abbaye de Westminster, nouvellement reconstruite, porte, après le nom de la reine Edith, la signature suivante : *Ego Stigandus archiepiscopus concessi et subscripsi.* Une autre charte du même roi pour la même œuvre porte : *Ego Stigandus, sanctæ metropolis ecclesiæ cantuariæ episcopus*, *confirmavi.* Voyez Spelman, *Concilia Magnæ Britanniæ*, t. I, p. 331 et 635. — Quant à l'assertion que le sacre de Harold fut fait par l'archevêque d'York, Eldred, assertion émise au douzième siècle, c'est-à-dire longtemps après la déposition canonique de Stigand, par des historiens amis de la cause anglo-saxonne qui tenaient à séparer cette cause de celle du prélat condamné, on doit la croire fausse, car il y a contre elle un fait d'impossibilité : c'est qu'Eldred était gravement malade à l'époque de la mort du roi Edward et que sa maladie dura plusieurs mois. — Voyez l'*Anglia sacra*, t. I, p. 243.

2. Qui mox, ut regni gubernacula susceperat, leges iniquas destruere, æquas cæpit condere, ecclesiarum ac monasteriorum patronus fieri... pium, humilem, affabilemque se bonis omnibus exhibere, malefactores exosos habere... et pro patriæ defensione ipsemet terra marique desudare. (Florent. Wigorn. *Chron.*, p. 633, ed. Francofurt...) — Roger de Hoved. *Annal.*, pars I, apud *Rer. anglic. Script.*, p. 447, ed. Savile. — Willelm. Malmesb., *de Gest. reg. angl.*, apud ibid., p. 93.

mois, produisit sur les esprits une impression extraordinaire d'étonnement et d'effroi. Le peuple s'attroupait dans les rues et sur les places des villes et des villages pour considérer ce météore, qu'on regardait comme la confirmation des pressentiments nationaux [1]. Un moine de Malmesbury, qui s'occupait d'astronomie, composa sur la nouvelle comète une sorte de déclamation poétique où se trouvaient ces paroles : « Te voilà donc enfin revenue, toi qui feras « pleurer tant de mères! Il y a bien des années que je t'ai vue « briller; mais tu me sembles plus terrible aujourd'hui que tu m'an- « nonces la ruine de mon pays [2]. »

Les commencements du nouveau règne furent marqués par un retour complet aux usages nationaux abandonnés sous le règne précédent. Dans les chartes du roi Harold, l'ancienne signature saxonne remplaçait les sceaux pendants à la mode normande [3]. Harold néanmoins ne poussa point la réforme jusqu'à destituer de leurs emplois ou chasser du pays les Normands qu'avait épargnés, malgré la loi, une imprudente condescendance pour les affections du roi Edward. Ces étrangers continuèrent de jouir de tous les droits civils; mais, peu reconnaissants de cette conduite généreuse, ils se mirent à intriguer au dedans et au dehors pour le duc de Normandie. Ce fut, selon toute probabilité, un message de leur part qui vint annoncer à Guillaume la mort d'Edward et l'élection du fils de Godwin [4].

Au moment où le duc apprit cette grande nouvelle, il était dans son parc, près de Rouen, tenant à la main un arc et des flèches neuves qu'il essayait [5]. Tout à coup il parut pensif, remit son arc à l'un de ses gens, et passant la Seine, se rendit à son hôtel de Rouen;

---

1. ISTI MIRANTUR STELLAM; Tapisserie de Bayeux.

2. Venisti, jam venisti, multis matribus lugende, diu est quod te vidi; sed modo terribiliorem te intueor patriæ excidium vibrantem. (Ranulph. Hygden. *Polychron.*, lib. VI, apud *Rer. anglic. Script.*, t. III, p. 281, ed. Gale.)

3. Voyez Ducarel's *Normann. Antiquities.*

4. Verus namque rumor insperato venit, anglicam terram rege Edwardo orbatam esse et ejus corona Heraldum ornatum. (Guill. Pictav., *de Gestis Guillelmi ducis*, apud *Hist. normann. Script.*, p. 196.) — *Chronique de Normandie; Recueil des hist. de la France*, t. XIII, p. 224. — HIC NAVIS ANGLICA VENIT IN TERRAM WILLELMI DUCIS; Tapisserie de Bayeux.

5. *Chronique de Normandie; Recueil des hist. de la France*, t. XIII, p. 224.

il s'arrêta dans la grande salle et s'y promena de long en large, 1066
tantôt s'asseyant, tantôt se levant, changeant de siége et de posture,
et ne pouvant demeurer en place. Aucun de ses gens n'osait l'aborder; tous se tenaient à l'écart et se regardaient l'un l'autre en
silence [1]. Un officier, admis d'une manière plus intime dans la familiarité de Guillaume, venant à entrer alors, les assistants l'entourèrent pour apprendre de lui la cause de cette grande agitation qu'ils
remarquaient dans le duc. « Je n'en sais rien de certain, répondit
« l'officier, mais nous en serons bientôt instruits. » Puis, s'avançant
seul vers Guillaume : « Seigneur, dit-il, à quoi bon nous cacher vos
« nouvelles? qu'y gagnerez-vous? Il est de bruit commun par la ville
« que le roi d'Angleterre est mort, et que Harold s'est emparé du
« royaume, mentant à sa foi envers vous. — L'on dit vrai, répondit
« le duc; mon dépit vient de la mort d'Edward, et du tort que m'a
« fait Harold.— Eh bien, sire, reprit le courtisan, ne vous courrou-
« cez pas d'une chose qui peut être amendée : à la mort d'Edward il
« n'y a nul remède, mais il y en a aux torts de Harold ; à vous est le
« bon droit : vous avez de bons chevaliers; entreprenez donc hardi-
« ment : chose bien entreprise est à demi faite [2]. »

Un homme de race saxonne et le propre frère de Harold, ce Tosti
que les Northumbriens avaient chassé du commandement, et que
Harold, devenu roi, n'avait point voulu leur imposer de nouveau,
vint de Flandre exhorter Guillaume à ne pas laisser régner en paix
celui qui s'était parjuré [3]. Tosti se vantait auprès des étrangers
d'avoir en Angleterre plus de crédit et de puissance que le roi son
frère, et il promettait d'avance la possession de ce pays à quiconque
voudrait s'unir à lui pour en faire la conquête [4]. Trop prudent pour
s'engager dans une grande démarche sur la simple parole d'un aventurier, Guillaume donna au Saxon, pour éprouver ses forces, quelques vaisseaux, avec lesquels, au lieu de débarquer en Angleterre,

---

1. *Chronique de Normandie; Recueil des hist. de France*, t. XIII, p. 225.
2. *Ibid.*
3. Cur perjurum suum regnare sineret fortiter redarguit.(Orderic. Vital. *Hist. ecclesiast.*,
apud *Script. rer. normann.*, p. 492.)
4. *Saga af Haraldi Hardrada*, cap. LXXXI ; Snorre's *Heimskringla*, t. III, p. 146 et 147.

1066 Tosti se rendit vers la Baltique, afin de quêter d'autres secours et d'exciter contre sa patrie l'ambition des rois du Nord. Il eut une entrevue avec Swen, roi du Danemark, son parent du côté maternel, et lui demanda de l'aider contre son frère et sa nation. Mais le Danois ne répondit à cette demande que par un refus durement exprimé. Tosti se retira mécontent et alla chercher ailleurs un roi moins délicat sur la justice [1].

Il trouva en Norvége Harald ou Harold, fils de Sigurd, le plus vaillant des Scandinaves, le dernier qui eût mené la vie aventureuse dont le charme s'était évanoui avec la religion d'Odin. Dans ses courses vers le midi, Harold avait suivi alternativement la route de terre et celle de mer ; on l'avait vu tour à tour pirate et guerrier errant, *Viking* et *Varing*, comme on s'exprimait dans la langue du Nord [2]. Il était allé servir dans l'est sous les chefs de sa nation qui, depuis près de deux siècles, possédaient une partie des pays slaves. Ensuite, poussé par le besoin de voir, il s'était rendu à Constantinople, où d'autres émigrés de la Scandinavie, sous ce même nom de *Varings*, dont s'honoraient les conquérants des villes russes, formaient une milice mercenaire pour la garde des empereurs [3].

Harold était frère d'un roi, mais il ne crut point déroger en s'enrôlant dans cette milice. Il veilla, la hache sur l'épaule, aux portes du palais impérial, et fut employé, avec le corps dont il faisait partie, en Asie et en Afrique. Lorsque le butin fait dans ces expéditions l'eut rendu assez riche, il eut envie de repartir et demanda son congé ; comme on voulait le retenir de force, il s'évada par mer, emmenant avec lui une jeune femme de haute naissance. Après cette évasion, il croisa en pirate le long des côtes de la Sicile, et accrut ainsi le trésor qu'il emportait sur son navire [4]. Il était poëte, comme la plupart des corsaires septentrionaux, qui, dans les longues tra-

---

1. Torfæ *Hist. rer. norveg.*, pars III, lib. V, cap. XVII, p. 347-349.
2. Plus correctement *Warghing*, dérivé de *varg*, fugitif, expatrié. Ce mot existe dans tous les anciens dialectes germaniques. Voyez Ducange, *Glossar. ad script. mediæ et infimæ latinitatis*, verbis *Wargus, Wargengus, Warengangi, Warganeus, Wargangi*, etc.
3. Les historiens grecs du Bas-Empire désignent ce corps de soldats étrangers par les mots Φαργάνοι et Βάραγγοι.
4. *Saga af Haraldi Hardrada*, cap. III et seq. ; Snorre's *Heimskringla*, t. III, p. 56 et seq.

versées, et quand le calme de la mer ralentissait leur marche, s'amusaient à chanter en vers leurs succès ou leurs espérances.

Au retour des longs voyages où, comme il disait lui-même dans ses chansons, il avait promené au loin son vaisseau, l'effroi des laboureurs, son vaisseau noir rempli de guerriers, Harold leva une armée, et fit la guerre au roi de Norvége, afin de le déposséder. Il prétendait avoir des droits héréditaires sur ce royaume ; mais reconnaissant bientôt la difficulté de le conquérir, il fit la paix avec le premier occupant, sous la condition d'un partage ; et dans cet arrangement, le trésor du fils de Sigurd fut divisé entre eux, de même que le territoire de Norvége. Afin de gagner à ses projets ce roi fameux par ses richesses et son courage, Tosti l'aborda avec des paroles flatteuses : « Tout le monde sait, lui dit-il, qu'il n'y a jamais eu dans le « Nord un guerrier égal à toi ; tu n'as qu'à vouloir, et l'Angleterre « t'appartiendra [1]. » Le Norvégien se laissa persuader, et promit de mettre sa flotte en mer aussitôt que la fonte annuelle des glaces aurait rendu l'Océan libre [2].

En attendant le départ de son allié de Norvége, Tosti vint tenter la fortune sur les côtes septentrionales de l'Angleterre, avec une bande d'aventuriers rassemblés en Frise, en Hollande et dans le pays flamand. Il pilla et dévasta quelques villages ; mais les deux grands chefs des provinces voisines de l'Humber, Edwin et Morkar, se réunirent, et, poursuivant ses vaisseaux, le forcèrent de chercher une retraite sur les rivages de l'Écosse [3]. Pendant ce temps, le roi Harold, fils de Godwin, tranquille dans les contrées méridionales de l'Angleterre, vit arriver près de lui un messager de Normandie qui lui parla en ces termes : « Guillaume, duc des Normands, te rap- « pelle le serment que tu lui as juré, de ta bouche et de ta main, sur « de bons et de saints reliquaires [4]. — Il est vrai, répondit le roi

---

1. Omnibus notum est in terris septentrionalibus natum non esse bellatorem fortitudine tibi parem. (*Saga af Haraldi Hardrada*, cap. LXXXII ; Snorre's *Heimskringla*, t. III, p. 149.)

2. Ut primum glaciem verna tempestas dissolvit. (Ibid.)

3. *Saga af Haraldi Hardrada*, cap. LXXXII ; Snorre's *Heimskringla*, t. III, p. 148. — Roger de Hoved. *Annal.*, pars I, apud *Rer. anglic. Script.*, p. 448, ed. Savile.

4. Sur bons saintuaires. (*Chronique de Normandie*; *Recueil des hist. de la France*, t. XIII, p. 229.)

« saxon, que j'ai fait ce serment au duc Guillaume; mais je l'ai fait « me trouvant sous la force; j'ai promis ce qui ne m'appartenait pas, « ce que je ne pouvais nullement tenir : car ma royauté n'est point à « moi, et je ne saurais m'en démettre sans l'aveu du pays; de même, « sans l'aveu du pays, je ne puis prendre une épouse étrangère. « Quant à ma sœur, que le duc réclame pour la marier à l'un de « ses chefs, elle est morte dans l'année [1]. »

L'ambassadeur normand porta cette réponse, et Guillaume, voulant essayer jusqu'au bout les moyens de conciliation, répliqua par un second message et par des reproches modérés. Il requit doucement Harold, s'il ne consentait pas à remplir toutes les conditions jurées, d'en exécuter au moins une, et de prendre en mariage la jeune fille qu'il avait promis d'épouser [2]. Harold répondit de nouveau qu'il n'en ferait rien, et pour donner là-dessus toute garantie à la nation qu'il gouvernait, il épousa une femme saxonne, la sœur d'Edwin et de Morkar, chefs des deux grandes provinces de Mercie et de Northumbrie. Alors les derniers mots de rupture furent prononcés; Guillaume jura qu'avant la fin de l'année il irait, l'épée en main, exiger toute sa dette, et chercher son débiteur au lieu même où celui-ci croirait avoir le pied le plus sûr [3].

Aussi loin que la publicité pouvait s'étendre dans le onzième siècle, le duc de Normandie proclama par ses émissaires ce qu'il appelait l'injustice et le sacrilége du Saxon [4]. La nature des idées sociales et religieuses d'un siècle où tout reposait sur le serment

---

1. Regnum quod necdum fuerat meum, quo jure potui dare vel promittere ? Si de filia sua quam debui uxorem, ut asserit, ducere agit, super regnum Angliæ mulierem extraneam, inconsultis principibus, nec debere nec sine grandi injuria posse adducere noverit. (Eadmeri *Hist. nov.*, lib. I, p. 5, ed. Selden.) — Stultum sacramentum frangendum... Præterea iniquum postulat ut imperio decedat, quod tanto favore civium regendum susceperit. (Willelm. Malmesb., *de Gest. reg. angl.*, apud *Script. rer. gallic. et francic.*, t. XI, p. 182.)

2. Iterum ei amica familiaritate mandavit quatenus, aliis omissis... (Eadmeri *Hist. nov.*, lib. I, p. 5, ed. Selden.)

3. Sciret se ante annum emensum, ferro debitum vendicaturum, illuc iturum, quo Haroldus tutiores se pedes habere putaret. (Willelm. Malmesb., *de Gest. reg. angl.*, lib. III, apud *Rer. anglic. Script.*, p. 99, ed. Savile.) — *Hist. Ingulf. Croyland.*, apud *Rer. anglic. Script.*, t. I, p. 68, ed. Gale.)

4. Haroldi injustitia. (Eadmeri *Hist. nov.*, lib. I, p. 5, ed. Selden.)

empêcha les spectateurs désintéressés dans cette querelle de comprendre la conduite patriotique du fils de Godwin, et sa déférence pour la volonté du peuple qui l'avait fait roi. L'opinion du plus grand nombre, sur le continent, fut pour Guillaume contre Harold, pour l'homme qui s'était servi des choses saintes comme d'un piége et qui se prévalait d'une fourberie pour exiger une trahison, contre l'homme qui refusait de trahir et de livrer son pays. Les négociations entamées auprès de l'Église romaine par le moine Lanfranc prirent une face nouvelle et décisive, du moment qu'un archidiacre de Lisieux eut porté au delà des monts l'annonce du prétendu crime de Harold et de toute la nation anglaise [1]. Le duc de Normandie intentait contre le roi d'Angleterre, devant la cour pontificale, avec l'accusation de parjure, celle d'usurpation d'un héritage qui lui appartenait comme parent et légataire du roi Edward [2]. Il affectait le rôle d'un plaignant qui attend justice et désire que son adversaire soit écouté. Mais Harold fut vainement requis de se défendre devant la cour de Rome; il refusa de s'avouer justiciable de cette cour, et n'y députa aucun ambassadeur, trop fier pour soumettre à des étrangers l'indépendance de sa couronne, et trop sensé pour croire à l'impartialité des juges qu'invoquait son ennemi [3].

Le consistoire de Saint-Jean de Latran était alors gouverné par un homme dont la célébrité domine toutes celles du moyen âge : c'était Hildebrand, moine de Cluny, créé par le pape Nicolas II, archidiacre et chancelier de l'Église romaine. Après avoir régné sous le nom de ce pape, il fut assez puissant pour en faire élire un de son choix, Alexandre II, et pour le maintenir contre la désapprobation de

---

1. Tandem Gislebertum Lexoviensem archidiaconum Romam misit, et de his quæ acciderant ab Alexandro papa consilium requisivit. (Orderic. Vital. *Hist. ecclesiast.*, lib. III, apud *Hist. normann. Script.*, p. 492.)

2. Guillielmus præpropera querela papam consuluit. (Ingulf. Croyland. *Hist.*, p. 900, ed. Savile.) — Idem Haroldus contemptor jurisjurandi spretorque tabularum testamenti regis regnum invasit nomenque regium sibi sumpsit. (Baronii *Annales ecclesiast.*, t. XVII, p. 287.)

3. Haroldus vero judicium papæ parvipendens... (*Hist. Ingulf. Croyland.*, apud *Rer. anglic. Script.*, t. I, p. 69, ed. Gale.) — Haroldus id facere supersedit, vel quod turgidus natura esset, vel quod causæ diffideret... (Willelm. Malmesb., *de Gest. reg. angl.*, lib. III, p. 100, ed. Savile.)

la cour impériale[1]. Toutes les vues de ce personnage, doué d'une étonnante vigueur d'esprit et de caractère, tendaient à transformer la suprématie religieuse du saint-siége en souveraineté universelle sur les États chrétiens[2]. Cette révolution, commencée au neuvième siècle par la réduction de plusieurs villes de l'Italie centrale sous l'obéissance ou la suzeraineté du pape, s'était continuée dans les deux siècles suivants. Toutes les cités de la Campanie, dont le pontife de Rome était le métropolitain immédiat, avaient passé, de gré ou de force, sous sa puissance temporelle, et, par une circonstance bizarre, on avait vu, dans la première moitié du onzième siècle, des chevaliers normands, émigrés de leur pays, conduire, sous la bannière de saint Pierre, les milices romaines à cette conquête[3].

A la même époque, d'autres Normands, pèlerins ou aventuriers, s'étaient mis à la solde des petits seigneurs de l'Italie méridionale harcelée par les descentes des Sarrasins; puis, comme jadis les Saxons à la solde des Bretons, ils avaient rompu leur engagement, pris les forteresses où ils commandaient et établi leur domination sur le pays[4]. Cette nouvelle puissance, qui mettait fin au pouvoir de l'empire grec sur les villes de la Calabre et de l'Apulie, fut d'abord l'alliée naturelle de l'Église romaine, qui bientôt s'alarma de ses pro-

---

1. Cum ingens inter Romanos seditio de ordinando pontifice cœpisset oriri, Hildebrandus diaconus, habito consilio cum cardinalibus nobilibusque romanis, ne dissensio incresceret, Anselmum Lucensem episcopum post menses ferme tres in romanum pontificem eligunt. (Leo Ostiensis, apud Baronii *Annales ecclesiast.*, t. XVII, p. 182.)

2. Les motifs moraux du plan colossal d'ambition pour la papauté qui fut l'œuvre de Grégoire VII, méconnus des historiens du siècle dernier, sont pleinement appréciés par l'école historique moderne; je n'ai pas à en parler ici, et, pour ce qui touche ce point de vue, je renvoie le lecteur à l'*Histoire de la civilisation en Europe*, par M. Guizot, VIe et VIIe leçons, et à la *Vie de saint Anselme*, par M. de Rémusat, p. 71, 95 et 185.

3. Inter Normannos qui Tiberim transierant, Willermus de Monasteriolo... romani exercitus princeps militiæ factus, vexillum sancti Petri gestans, uberem Campaniam subjugavit. (Orderic. Vital. *Hist. ecclesiast.*, lib. III, apud *Script. rer. normann.*, p. 472 et 473.) — Prædictus quippe miles papæ signifer erat, armisque Campaniam obtinuerat, et Campanos qui diversis schismatibus ab unitate catholica dissidebant, sancto Petro apostolo subjugaverat. (Ibid., p. 483.)

4. Primo quidem Waimalchi ducis, aliorumque potentum stipendiarii contra paganos facti sunt; posteaque exortis quibusdam simultatum causis, eos quibus antea servierant impugnaverunt. (Ibid., p. 472.)

grès et eut à défendre contre elle ses possessions territoriales [1]. 1066
Après de vains efforts pour soutenir une guerre toujours malheureuse, la cour de Rome fit la paix avec les princes normands et obtint dès lors une grande autorité politique sur ces guerriers simples d'esprit et pleins de vénération pour le saint-siége. Les nouveaux ducs ou comtes de Calabre, d'Apulie et de Sicile, s'avouèrent vassaux du prince des apôtres et reçurent une bannière de l'Église en signe d'investiture féodale des principautés qu'ils possédaient [2]. Ainsi l'Église romaine profitait de la puissance des armes normandes pour étendre sa suzeraineté en Italie, et elle s'habituait à considérer les Normands comme destinés à combattre pour son service, ou à lui faire hommage de leurs conquêtes [3].

Telles étaient les singulières relations que le hasard des événements venait de créer, lorsque arrivèrent à la cour de Rome les plaintes et la requête du duc de Normandie. Plein de son idée favorite, l'archidiacre Hildebrand crut le moment propice pour tenter sur le royaume d'Angleterre ce qui avait réussi en Italie; il fit tous ses efforts pour substituer aux débats ecclésiastiques sur la tiédeur de zèle du peuple anglais, la simonie de ses évêques et le parjure de son roi, un traité offensif pour la conquête du pays [1]. On ne peut dire s'il déclara nettement la portée de ses intentions politiques, mais la plainte de Guillaume contre Harold fut examinée dans l'assemblée des cardinaux, sans qu'il fût question d'autre chose que du droit

---

1. Ut exercitum idem imperator in Italiam mitteret ad profligandos Northmannos, qui res ad Ecclesiam romanam spectantes invaserant. (Baronii *Annales ecclesiast.*, t. XVII, p. 72.)

2. Nicolaus papa et Richardo Capuanum principatum, Roberto Guischardo scilicet, Apuliæ, Calabriæ atque Siciliæ ducatum confirmavit, accepta prius ab eis cum sacramento romanæ Ecclesiæ fidelitate. (Ibid., p. 170.)

3. Sed haud erant secundum Dei consilium qui, ut exitus declaravit, Northmannos illic voluit sedes figere pro Ecclesiæ romanæ subsidio adversus schismaticos principes. (Ibid., p. 138.)

4. Notum esse tibi credo... qualem etiam me tuis negotiis et quam efficacem exhibui; insuper ut ad regale fastigium cresceres quanto studio laboravi. (Epistola Gregorii papæ VII ad Guillelmum regem Anglorum, apud *Script. rer. gallic. et francic.*, t. XIV, p. 648.)

héréditaire, du respect pour les dernières volontés d'un mort et de la sainteté du serment.

Dans ce moment décisif, plusieurs des assistants eurent des scrupules sur leur compétence comme juges et sur les fins d'un procès qui tendait à faire sanctionner par l'Église la guerre contre un peuple chrétien. Hildebrand fut blâmé par eux et, selon ses propres expressions, presque noté d'infamie pour son zèle en faveur d'une cause qui était celle de l'homicide[1]; mais il s'en émut peu et emporta de haute lutte une décision conforme à son avis.

Aux termes de la sentence, qui fut prononcée par le pape Alexandre II, il était permis au duc Guillaume de Normandie d'entrer en Angleterre à main armée, pour y établir son droit comme héritier du royaume en vertu du testament du roi Edward[2]. Une bulle d'excommunication, lancée contre Harold et tous ses adhérents, fut remise au messager de Guillaume, et l'on joignit à cet envoi une bannière de l'Église romaine et un anneau contenant un cheveu de saint Pierre, enchâssé sous un diamant de prix[3]. Il y avait là comme un double symbole d'investiture militaire et ecclésiastique; et l'étendard qui allait consacrer l'invasion de l'Angleterre par le duc de Normandie était le pareil de celui que, trois ans auparavant, le même pape avait envoyé à Roger, comte de Sicile, pour qu'il le déployât contre les musulmans dominateurs du pays[4].

Avant que la bulle, la bannière et l'anneau fussent arrivés, le duc

---

1. Qua pro re, a quibusdam fratribus pene infamiam pertuli, submurmurantibus quod ad tanta homicidia perpetranda, tanto favore, meam operam impendissem. (Epistola Gregorii VII, apud *Script. rer. gallic. et francic.*, t. XIV, p. 648.)

2. Papa vero, auditis rebus quæ contigerant, legitimo duci favit, audacter arma sumere contra perjurum præcepit. (Orderic. Vital. *Hist. ecclesiast.*, lib. III, apud *Hist. normann. Script.*, p. 492.) — Quare perpensis apud se utrinque partibus, papa... (Willelm. Malmesb., *de Gest. reg. angl.*, lib. III, p. 100, ed. Savile.) — Pontificem ipsum judicem interpellatum, ex tabulis testamenti adjudicasse regnum Guillelmo, atque ex juramento exhibito repulisse regni invasorem Haroldum. (Baronii *Annales ecclesiast.*, t. XVII, p. 288.) — *Chronique de Normandie; Recueil des hist. de la France*, t. XIII, p. 227.

3. Et ab eo animatus etiam vexillum legitimæ victoriæ pro munere accepit. (Ingulf. Croyland. *Hist.*, p. 900, ed. Savile.) — Vexillum accepit ejus benignitate, velut suffragium sancti Petri : quo primo confidentius ac tutius invaderet adversarium. (Guill. Pictav., apud *Script. rer. normann.*, p. 197.)

4. Comiti et omnibus qui in lucranda de paganis Sicilia et lucratam in perpetuum ad

Guillaume assembla, en conseil de cabinet, ses amis les plus intimes, 1066
pour leur demander avis et secours. Ses deux frères utérins Eudes et
Robert, dont l'un était évêque de Bayeux et l'autre comte de Mortain ; Guillaume fils d'Osbern, sénéchal de Normandie, c'est-à-dire
lieutenant du duc pour l'administration civile, et quelques hauts
barons, assistaient à cette conférence. Tous furent d'opinion qu'il
fallait descendre en Angleterre, et promirent à Guillaume de le
servir de corps et de biens, jusqu'à vendre ou engager leurs héritages. « Mais ce n'est pas tout, lui dirent-ils ; il vous faut demander
« aide et conseil à la généralité des habitants de ce pays ; car il est
« de droit que qui paye la dépense soit appelé à la consentir [1]. »
Guillaume alors fit convoquer, disent les chroniques, une grande
assemblée d'hommes de tous états de la Normandie, gens de guerre,
d'église et de négoce, les plus considérés et les plus riches. Le duc
leur exposa son projet et sollicita leur concours ; puis l'assemblée se
retira, afin de délibérer plus librement hors de toute influence [2].

Dans le débat qui suivit, les opinions parurent fortement divisées ;
les uns voulaient qu'on aidât le duc de navires, de munitions et de
deniers ; les autres refusaient toute espèce d'aide, disant qu'ils
avaient déjà plus de dettes qu'ils n'en pouvaient payer. Cette discussion n'était pas sans tumulte, et les membres de l'assemblée, hors de
leurs siéges et partagés en groupes, parlaient et gesticulaient avec
grand bruit [3]. Au milieu de ce désordre, le sénéchal de Normandie,
Guillaume fils d'Osbern, éleva la voix et dit : « Pourquoi vous dis-
« puter de la sorte ? Il est votre seigneur, il a besoin de vous ; votre
« devoir serait de lui faire vos offres et non d'attendre sa requête.
« Si vous lui manquez et qu'il arrive à ses fins, de par Dieu, il s'en
« souviendra ; montrez donc que vous l'aimez, et agissez de bonne

---

fidem Christi retinendo auxiliarentur, mandat, vexillumque a romana sede, apostolica
auctoritate consignatum... (Gaufridus Malaterra, apud Pagi *Annal. ecclesiast.*, t. IV,
p. 223.)

1. *Chronique de Normandie ; Recueil des hist. de la France*, t. XIII, p. 225.
2. Conventum magnum apud Lillibonam fecit, super negotio singularum sententias
sciscitatus. (Willelm. Malmesb., *de Gest. reg. angl.*, lib. III, p. 100, ed. Savile.) — *Chronique de Normandie ; Recueil des hist. de la France*, t. XIII, p. 225.
3. Ibid.

« grâce. — Nul doute, s'écrièrent les opposants, qu'il ne soit notre
« seigneur; mais n'est-ce pas assez pour nous de lui payer ses
« rentes? Nous ne lui devons point d'aide pour aller outre mer : il
« nous a déjà trop grevés par ses guerres; qu'il manque sa nouvelle
« entreprise, et notre pays est ruiné[1]. » Après beaucoup de discours
et de répliques en différents sens, l'on décida que le fils d'Osbern,
qui connaissait les facultés de chacun, porterait la parole pour excuser l'assemblée de la modicité de ses offres[2].

Les notables normands retournèrent vers le duc, et le fils d'Osbern
parla ainsi : «Je ne crois pas qu'il y ait au monde des gens plus
« zélés que ceux-ci; vous savez les aides qu'ils vous ont fournies, les
« services onéreux qu'ils vous ont faits; eh bien, sire, ils veulent faire
« davantage; ils se proposent de vous servir au delà de la mer
« comme en deçà. Allez donc en avant, et ne les épargnez en rien;
« tel qui jusqu'à présent ne vous a fourni que deux bons combattants
« à cheval, va faire la dépense du double[3]...! — Eh! non! eh! non!
« s'écrièrent à la fois les assistants, nous ne vous avons point
« chargé d'une telle réponse; nous n'avons point dit cela, cela ne
« sera pas! Qu'il ait affaire dans son pays, et nous le servirons
« comme il lui est dû; mais nous ne sommes point tenus de l'aider à
« conquérir le pays d'autrui. D'ailleurs, si nous lui faisions une
« seule fois double service, et si nous le suivions outre mer, il s'en
« ferait un droit et une coutume pour l'avenir; il en grèverait nos
« enfants; cela ne sera pas, cela ne sera pas!!! » Les groupes de dix,
de vingt, de trente personnes, recommencèrent à se former : le tumulte fut général, et l'assemblée se sépara[4].

---

1. *Chronique de Normandie; Recueil des hist. de la France,* t. XIII, p. 225. — Guill. Pictav., apud *Script. rer. normann.,* p. 98.

2. *Chronique de Normandie,* loc. sup. cit. — Henrici Huntind. *Hist.,* lib. VI, apud *Rer. anglic. Script.,* p. 367, ed. Savile.

3. *Chronique de Normandie; Recueil des hist. de la France,* t. XIII, p. 226. — Roberti de Monte Appendix ad Sigebertum, apud *Script. rer. gallic. et francic.,* t. XI, p. 168.

4. *Chronique de Normandie; Recueil des hist. de la France,* t, XIII, p. 226. —

Mult oïssiez cort estormir,
Noise lever, barunz frémir.

(*Roman de Rou,* t. II, p. 132.)

Le duc Guillaume, surpris et courroucé au delà de toute mesure, 1066
dissimula cependant sa colère, et eut recours à un artifice, qui presque jamais n'a manqué son effet quand des souverains habiles ont voulu vaincre les résistances populaires. Il fit appeler séparément auprès de lui les mêmes hommes que d'abord il avait convoqués en masse; commençant par les plus riches et les plus influents, il les pria de venir à son aide de pure grâce et par don gratuit, affirmant qu'il n'avait nul dessein de leur faire tort à l'avenir, ni d'abuser contre eux de leur propre libéralité, offrant même de leur donner acte de sa parole à cet égard par des lettres scellées de son grand sceau[1]. Aucun n'eut le courage de prononcer isolément son refus à la face du chef du pays, dans un entretien seul à seul. Ce qu'ils accordèrent fut enregistré aussitôt; et l'exemple des premiers venus décida ceux qui vinrent ensuite. L'un souscrivit pour des vaisseaux, l'autre pour des hommes armés en guerre, d'autres promirent de marcher en personne; les clercs donnèrent leur argent, les marchands leurs étoffes, et les paysans leurs denrées[2].

Bientôt arrivèrent de Rome la bannière consacrée et la bulle qui autorisait l'agression contre l'Angleterre. A cette nouvelle, l'empressement redoubla; chacun apportait ce qu'il pouvait; les mères envoyaient leurs fils s'enrôler pour le salut de leurs âmes[3]. Guillaume fit publier son ban de guerre dans les contrées voisines; il offrit une forte solde et le pillage de l'Angleterre à tout homme robuste qui voudrait le servir de la lance, de l'épée ou de l'arbalète[4]. Il en vint une multitude, par toutes les routes, de loin et de près, du nord et du midi. Il en vint du Maine et de l'Anjou, du Poitou et de la Bretagne, de la France et de la Flandre, de l'Aquitaine et de la Bour-

---

1. Et telles lettres comme ils en vouldroient deviser, il leur en feroit. (*Chronique de Normandie; Recueil des hist. de la France*, t. XIII, p. 226.)
2. Ibid.
3. Ibid., p. 227.
4. Ingentem quoque exercitum ex Normannis et Flandrensibus ac Francis et Britonibus aggregavit. (Willelm. Gemet. *Hist. Normann.*, apud *Script. rer. gallic. et francic.*, t. XI, p. 51.) — Contracto a Normannia, Francia et Aquitania non modico exercitu. (*Hist. Franc. Fragm.*, apud ibid., p. 162.)

gogne, des Alpes et des bords du Rhin[1]. Tous les aventuriers de profession, tous les enfants perdus de l'Europe occidentale accoururent à grandes journées; les uns étaient chevaliers et chefs de guerre, les autres simples piétons et sergents d'armes, comme on s'exprimait alors; les uns offraient de servir pour une solde en argent, les autres ne demandaient que le passage et tout le butin qu'ils pourraient faire. Plusieurs voulaient de la terre chez les Anglais, un domaine, un château, une ville; d'autres enfin souhaitaient seulement quelque riche Saxonne en mariage[2]. Tous les vœux, toutes les prétentions de l'avarice humaine se présentèrent : Guillaume ne rebuta personne, dit la chronique normande, et fit plaisir à chacun, selon son pouvoir[3]. Il donna d'avance à un moine de Fescamp un évêché en Angleterre[4].

Durant le printemps et l'été, dans tous les ports de la Normandie, des ouvriers de toute espèce furent employés à construire et à équiper des vaisseaux; les forgerons et les armuriers fabriquaient des lances, des épées et des cottes de mailles, et des portefaix allaient et venaient sans cesse pour transporter les armes des ateliers sur les navires[5]. Pendant que ces préparatifs se poursuivaient, Guillaume alla en France trouver le roi Philippe Ier à son domaine de Saint-Germer, près de Beauvais, et, le saluant d'une formule de déférence que ses aïeux avaient souvent omise : « Vous êtes mon seigneur, lui
« dit-il; s'il vous plaît de m'aider, et que Dieu me fasse la grâce
« d'obtenir mon droit sur l'Angleterre, je promets de vous en faire
« hommage, comme si je la tenais de vous[6]. »

Le roi Philippe assembla son conseil de barons, sans lequel il ne

1. Rumoribus quoque viri pugnaces de vicinis regionibus exciti convenerunt et bellicis instrumentis ad præliandum sese præparaverunt. Galli namque et Britones, Pictavi et Burgundiones, aliique populi cisalpini ad bellum transmarinum convolarunt et anglicæ prædæ inhiantes... (Order. Vital. *Hist. ecclesiast.*, apud *Script. rer. normann.*, p. 494.)
2. *Chronique de Normandie*; *Recueil des hist. de la France*, t. XIII, p. 227.
3. Ibid.
4. Remigius ex monacho fiscanensi, qui Willielmo comiti Normannorum in Angliam venienti auxilium in multis præbuit, episcopatum si vinceret pactus. (Willelm. Malmesb., *de Gest. pontific. angl.*, lib. IV, p. 290, ed. Savile.)
5. Isti portant arma ad naves; Tapisserie de Bayeux.
6. *Chronique de Normandie*; *Recueil des hist. de la France*, t. XIII, p. 226.

pouvait décider aucune affaire importante, et les barons furent d'avis qu'il ne fallait en aucune façon aider Guillaume dans sa conquête. « Vous savez, dirent-ils au roi, combien peu les Normands vous « obéissent aujourd'hui; ce sera bien autre chose quand ils posséde- « ront l'Angleterre. D'ailleurs, secourir le duc coûterait beaucoup à « notre pays, et s'il venait à faillir dans son entreprise, nous aurions « la nation anglaise pour ennemie à tout jamais[1]. » Le duc Guillaume se retira mécontent du roi de France, et il adressa par lettres une pareille demande au comte de Flandre, son beau-père, qui, sans se joindre personnellement à l'expédition projetée, la favorisa de tout son pouvoir[2]. Portant plus loin ses tentatives diplomatiques, Guillaume conclut avec l'empereur d'Allemagne, Henri IV, un traité qui lui garantissait au besoin des secours pour la défense de la Normandie, et il obtint de Swen, roi de Danemark, le plus grand ami de la cause anglo-saxonne, des assurances d'amitié que les faits démentirent plus tard[3].

Malgré l'inimitié nationale des Normands et des Bretons, il existait entre les ducs de Normandie et les comtes de Bretagne des alliances de parenté qui compliquaient les relations des deux États sans les rendre moins hostiles. Au temps où le duc Robert, père de Guillaume, s'était mis en route pour son pèlerinage, il n'avait point de plus proche parent que le comte breton Allan ou Alain, issu de Roll par les femmes, et ce fut à lui qu'il remit en partant la garde de son duché et la tutelle de son fils. Le comte Alain n'avait pas tardé à déclarer douteuse du côté paternel la naissance de son pupille, et à favoriser le parti qui voulait le priver de la succession; mais après la défaite de ce parti au Val-des-Dunes, il mourut empoisonné, selon toute apparence, par les amis du jeune bâtard. Son fils, nommé Co-

---

1. *Chronique de Normandie; Recueil des hist. de la France*, t. XIII, p. 226.

2. Willielmum in Angliam venientem (Balduinus V) arguto quo pollebat consilio et militum additamento vivaciter juverat. (Willelm. Malmesb., *de Gest. reg. angl.*, lib. V, p. 159, ed. Savile.)

3. Cujus (imperatoris) edicto in quemlibet hostem, Germania ei, si postularet, veniret adjutrix. Rex quoque Danorum Svenus fidem legationibus ei spopondit, sed inimicis ejus amicum exhibebat se fidelem. (Guill. Pictav., *de Gest. Guillelmi ducis*, apud *Script. rer. gallic. et francic.*, t. XI, p. 92.)

nan, lui succéda, et il régnait encore en Bretagne à l'époque du grand armement de Guillaume pour la conquête de l'Angleterre. C'était un homme audacieux, redouté de ses voisins et dont la principale ambition était de nuire au duc de Normandie, qu'il regardait comme un usurpateur et comme le meurtrier de son père. Le voyant engagé dans une entreprise difficile, Conan crut le moment favorable pour lui déclarer la guerre, et il lui fit porter par l'un de ses chamberlains le message suivant :

« J'apprends que tu es prêt à passer la mer, afin de conquérir le « royaume d'Angleterre. Or, le duc Robert, dont tu feins de te « croire le fils, partant pour Jérusalem, remit tout son héritage au « comte Allan, mon père, qui était son cousin. Mais toi et tes com-« plices vous avez empoisonné mon père; tu t'es approprié sa sei-« gneurie et tu l'as retenue jusqu'à ce jour, contre toute justice, « attendu que tu es bâtard. Rends-moi donc le duché de Normandie « qui m'appartient, ou je te ferai la guerre à outrance, avec tout ce « que j'ai de forces[1]. »

Les historiens normands avouent que Guillaume fut effrayé de ce message, car la plus faible diversion pouvait déjouer ses projets de conquête; mais il trouva moyen de se délivrer, sans beaucoup de peine, de l'ennemi qui se déclarait avec tant de hardiesse et d'imprudence. Le chamberlain du comte de Bretagne, gagné sans doute à prix d'argent, frotta de poison l'intérieur du cor dont son maître se servait à la chasse, et, pour surcroît de précaution, il empoisonna de même ses gants et les rênes de son cheval[2]. Conan mourut peu de jours après le retour de son messager. Le comte Eudes, qui lui succéda, se garda bien de l'imiter et d'alarmer Guillaume le Bâtard sur la validité de ses droits : au contraire, se liant avec lui d'une amitié toute nouvelle entre les Bretons et les Normands, il lui envoya ses deux fils pour le servir contre les Anglais. Ces deux jeunes gens, appelés Brian et Allan, vinrent au rendez-vous des troupes normandes[3] accompagnés d'un corps de chevaliers de leur pays qui leur don-

---

1. Willelm. Gemet. *Hist. Normann.*, apud *Script. rer. normann.*, p. 286.
2. Ibid.
3. Dom Lobineau, *Hist. de Bretagne*, liv. III, t. I, p. 98.

naient le titre de Mactierns[1], tandis que les Normands les appelaient 1066 comtes. D'autres riches Bretons, qui n'étaient point de pure race celtique et portaient des noms à tournure française, comme Robert de Vitré, Bertrand de Dinand, Raoul de Fougères et Raoul de Gaël, se rendirent pareillement auprès du duc de Normandie, pour lui offrir leurs services[2].

Le rendez-vous des navires et des gens de guerre était à l'embouchure de la Dive, rivière qui se jette dans l'Océan, entre la Seine et l'Orne. Durant un mois, les vents furent contraires et retinrent la flotte normande au port. Ensuite une brise du sud la poussa jusqu'à l'embouchure de la Somme au mouillage de Saint-Valery[3]. Là, les mauvais temps recommencèrent, et il fallut attendre plusieurs jours. La flotte mit à l'ancre et les troupes campèrent sur le rivage, fort incommodées par la pluie qui ne cessait de tomber à flots[4]. Pendant ce retard, quelques-uns des vaisseaux, fracassés par une tempête violente, périrent avec leurs équipages; cet accident causa une grande rumeur parmi les troupes, fatiguées d'un long campement.

Dans l'oisiveté de leurs journées, les soldats passaient des heures à converser sous la tente, à se communiquer leurs réflexions sur les pé-

---

1. Fils de chef. *Tiern*, chef; en gallois, *Teyrn*.
2. Dom Lobineau, *Hist. de Bretagne*, liv. III, t. I, p. 98. — *Chronique de Normandie; Recueil des hist. de la France*, t. XIII, p. 227.
3. Des savants respectables ont pensé que ce lieu devait être Saint-Valery-en-Caux, et non Saint-Valery-sur-Somme, situé hors des limites du duché de Normandie; mais le poëme récemment découvert dans la bibliothèque de Bruxelles ne permet plus de doute à cet égard.

>   Tuque, velis nolis, tandem tua litora linquens,
>   Navigium vertis litus ad alterius.
>   Portus ab antiquis Vimaci fertur haberi,
>   Quæ vallat portum, Somana nomen aquæ...
>   Desuper est castrum quoddam sancti Walarici,
>   Hic tibi longa fuit difficilisque mora.
>
>   (Widonis *Carmen de Hastingæ prælio; Chron. anglo-normandes*, t. III, p. 3.)

4.   Desolatus eras, frigus faciebat et imber,
            Et polus obtectus nubibus et pluviis...
                    (Ibid., p. 4.)

rils du voyage et les difficultés de l'entreprise[1]. Il n'y avait point encore eu de combat, disait-on, et déjà beaucoup d'hommes étaient morts; l'on calculait et l'on exagérait le nombre des cadavres que la mer avait rejetés sur le sable. Ces bruits abattaient l'ardeur des aventuriers d'abord si pleins de zèle; quelques-uns même rompirent leur engagement et se retirèrent[2]. Pour arrêter cette disposition funeste à ses projets, le duc Guillaume faisait enterrer secrètement les morts, et augmentait les rations de vivres et de liqueurs fortes[3]. Mais le défaut d'activité ramenait toujours les mêmes pensées de tristesse et de découragement. « Bien fou, disaient les soldats en murmurant, « bien fou est l'homme qui prétend s'emparer de la terre d'autrui; « Dieu s'offense de pareils desseins, et il le montre en nous refusant « le bon vent[4]. »

Guillaume, en dépit de sa force d'âme et de sa présence d'esprit habituelle, était en proie à de vives inquiétudes qu'il avait peine à dissimuler. On le voyait fréquemment se rendre à l'église de Saint-Valery, patron du lieu, y rester longtemps en prières, et chaque fois qu'il en sortait, regarder au coq qui surmontait le clocher quelle était la direction du vent. S'il paraissait tourner au sud, le duc se montrait joyeux; mais s'il soufflait du nord ou de l'ouest, son visage et sa contenance redevenaient tristes[5]. Soit par un acte de foi sincère, soit pour fournir quelque distraction aux esprits abattus et découragés,

---

1. Vulgus militum, ut fieri solet, per tabernacula mussitabat. (Willelm. Malmesb., *de Gest. reg. angl.*, lib. III, apud *Rer. anglic. Script.*, p. 100, ed. Savile.)

2. Pavida fuga multorum qui fidem spoponderant. (Guill. Pictav., apud *Script. rer. normann.*, p. 198.)

3. Ibid.

4. Insanire hominem qui vellet alienum solum in jus suum refundere; Deum contra tendere, qui ventum arceret. (Willelm. Malmesb., *de Gest. reg. angl.*, lib. III, apud *Rer. anglic. Script.*, p. 100, ed. Savile.)

5.   Ecclesiam sancti devota mente frequentans,
          Illi pura dabas ingeminando preces;
        Inspicis et templi gallus qua vertitur aura;
         Auster si spirat, lætus abinde redis;
       Si subito boreas austrum divertit et arcet,
         Effusis lacrimis, fletibus ora rigas.

           (Widonis *Carmen de Hastingæ prælio*; *Chron. anglo-normandes*, t. III, p. 4.)

il envoya prendre processionnellement, dans l'église, la châsse qui contenait les reliques du saint, et la fit porter en grande pompe à travers le camp. Toute l'armée se mit en oraison ; les chefs firent de riches offrandes ; chaque soldat, jusqu'au dernier, donna sa pièce de monnaie, et la nuit suivante, comme si le ciel eût fait un miracle, les vents changèrent et le temps redevint calme et serein. Au point du jour, c'était le 27 septembre, le soleil, jusque-là obscurci de nuages, parut dans tout son éclat [1]. Aussitôt le camp fut levé, tous les apprêts de l'embarquement s'exécutèrent avec beaucoup d'ardeur et non moins de promptitude, et, quelques heures avant le coucher du soleil, la flotte entière appareilla. Sept cents navires à grande voilure et plus d'un millier de bateaux de transport se mirent en mouvement pour gagner le large, au bruit des trompettes et d'un immense cri de joie poussé par soixante mille bouches [2].

Le vaisseau que montait le duc Guillaume marchait en tête, portant, au haut de son mât, l'étendard envoyé par le pape, et une croix en guise de pavillon. Ses voiles étaient de diverses couleurs, et l'on y voyait peints en plusieurs endroits les trois lions, enseigne de Normandie ; à la proue était sculptée la figure d'un enfant tenant une bannière et sonnant de la trompette [3]. Enfin de grands fanaux élevés sur les hunes, précaution nécessaire pour une traversée de nuit, devaient servir de phare à toute la flotte et lui indiquer le point de ralliement. Ce bâtiment, meilleur voilier que les autres, les précéda

---

1.   Expulit a cœlo nubes, et ab æquore ventos,
     Frigora dissolvit, purgat et imbre polum :
 Incaluit tellus, nimio perfusa calore,
     Et Phœbus solito clarior emicuit.
         (Widonis *Carmen de Hastingæ prælio*; *Chron. anglo-normandes*, t. III, p. 4.)

2.   Quippe decem decies, decies et millia quinque
         Diversis feriunt vocibus astra poli...
 Clangendoque tuba reliquis ut littora linquant
         Præcipis, et pelagi tutius alta petant.
                 (Ibid.)

— Dans ce passage l'auteur exagère beaucoup la force de l'armée normande.

3. Dr Strutt's *Normann. antiquities*, pl. XXXII. — *Roman de Rou*, t. II, p. 146. — Hic Willelm dux in magno navigio mare transivit ; Tapisserie de Bayeux.

tant que dura le jour, et, la nuit, il les laissa loin en arrière. Au matin, le duc fit monter un matelot au sommet du mât, pour voir si les autres vaisseaux venaient : « Je ne vois que le ciel et la mer, » dit le matelot, et aussitôt on jeta l'ancre [1]. Le duc affecta une contenance gaie, et, de peur que le souci et la crainte ne se répandissent parmi l'équipage, il fit servir un repas copieux et des vins fortement épicés [2]. Le matelot remonta et dit que cette fois il apercevait quatre vaisseaux; la troisième fois, il s'écria : « Je vois une forêt de mâts et de voiles [3]. »

Pendant que ce grand armement se préparait en Normandie, Harold, roi de Norvége, fidèle à ses engagements envers le Saxon Tosti, avait rassemblé deux cents vaisseaux de guerre et de transport. La flotte resta quelque temps à l'ancre, et l'armée norvégienne, attendant le signal du départ, campait sur le rivage, comme les Normands à l'embouchure de la Somme. Des impressions vagues de découragement et d'inquiétude s'y manifestèrent par les mêmes causes, mais sous des apparences plus sombres, et conformes à l'imagination rêveuse des hommes du Nord. Plusieurs soldats crurent avoir dans leur sommeil des révélations prophétiques. L'un d'eux songea qu'il voyait ses compagnons débarqués sur la côte d'Angleterre et en présence de l'armée des Anglais; que devant le front de cette armée courait, à cheval sur un loup, une femme de taille gigantesque; le loup tenait dans sa gueule un cadavre humain dégouttant de sang, et quand il avait achevé de le dévorer, la femme lui en donnait un autre [4]. Un second soldat rêva que la flotte partait, et qu'une foule d'aigles, de vautours, de corbeaux et d'autres oiseaux de proie étaient perchés sur les mâts et à l'arrière des vaisseaux : sur un rocher voisin était une femme assise, tenant un sabre nu, regardant et comptant les navires : « Allez, disait-elle, oiseaux du carnage,

---

1. Præter pelagus et aera prospectui suo aliud nihil comparere indicat. (Guill. Pictav., apud *Script. rer. normann.*, p. 198.)
2. Ne metus atque mæror comitem turbam confunderet, abundans prandium, nec baccho pigmentato carens... (Ibid., p. 199.)
3. Tertio tantas exclamat, ut arborum veliferarum uberrima densitas nemoris præstet similitudinem. (Ibid.)
4. *Saga af Haraldi Hardrada*, cap. LXXXIV; Snorre's *Heimskringla*, t. III, p. 151.

« allez avec bon espoir, vous aurez à manger, vous aurez à choisir, 1066
« car je serai là, j'y serai, je vais avec eux[1]. » On remarqua, non sans
effroi, qu'au moment où Harold mit le pied sur sa chaloupe royale,
le poids de son corps la fit enfoncer beaucoup plus que de coutume[2].

Malgré ces présages sinistres, l'expédition se mit en route vers le
sud-ouest, sous la conduite du roi et de son fils Olaf. Avant d'aborder
en Angleterre, ils relâchèrent aux Orcades, îles peuplées d'hommes
de race scandinave, et deux chefs, ainsi que l'évêque de ces îles, se
joignirent à eux. Ils côtoyèrent ensuite le rivage oriental de l'Écosse,
et c'est là qu'ils rencontrèrent Tosti et ses vaisseaux. Ils firent voile
ensemble, et attaquèrent, en passant, la ville maritime de Scarborough. Voyant les habitants disposés à se défendre opiniâtrément, ils
s'emparèrent d'un rocher à pic qui dominait la ville, y élevèrent un
bûcher énorme de troncs d'arbres, de branches et de chaume, qu'ils
firent rouler sur les maisons ; puis, à la faveur de l'incendie, ils forcèrent les portes de la ville et la pillèrent[3]. Relevés, par ce premier
succès, de leurs terreurs superstitieuses, ils doublèrent gaiement la
pointe de Holderness, à l'embouchure de l'Humber, et remontèrent
le cours du fleuve.

De l'Humber ils passèrent dans l'Ouse, qui s'y jette et coule près
d'York. Tosti, qui dirigeait le plan de campagne des Norvégiens,
voulait, avant tout, reconquérir avec leur aide cette capitale de son
ancien gouvernement, afin de s'y installer de nouveau. Morkar, son
successeur, Edwin, frère de celui-ci, et le jeune Walteof, fils de
Siward, chef de la province de Huntingdon, rassemblèrent les habitants de toute la contrée voisine, et livrèrent bataille aux étrangers,
au sud d'York, sur la rive de l'Humber ; d'abord vainqueurs, ensuite
forcés à la retraite, ils se renfermèrent dans la ville, où les Norvégiens les assiégèrent. Tosti prit le titre de chef du Northumberland,

---

1. Potest jam stragium avis eligere, expectat ea multum sibimet escæ... proræ insidens, me semper comite, proræ insidens, me semper comite. (*Saga af Haraldi Hardrada*, cap. LXXXIII; Snorre's *Heimskringla*, t. III, p. 150 et 151.)

2. Ibid., cap. LXXXV; Snorre's *Heimskringla*, t. III, p. 152. — Torfæi *Hist. rer. norveg.*, pars III, lib. V, cap. VII, p. 351.

3. Torfæi *Hist. rer. norveg.*, ibid.

et fit des proclamations datées du camp des étrangers : quelques hommes faibles le reconnurent, et un petit nombre d'aventuriers ou de mécontents se rendit à son appel [1].

Pendant que ces choses se passaient dans le nord, le roi des Anglo-Saxons se tenait avec toutes ses forces sur les côtes du sud pour observer les mouvements de Guillaume, dont l'invasion, à laquelle on s'attendait depuis longtemps, causait d'avance beaucoup d'alarmes [2]. Harold avait passé tout l'été sur ses gardes, près des lieux de débarquement les plus voisins de la Normandie [3]; mais le retard de l'expédition commençait à faire croire qu'elle ne serait point prête avant l'hiver. D'ailleurs les périls étaient plus grands de la part des ennemis du nord, déjà maîtres d'une partie du territoire anglais, que de la part de l'autre ennemi, qui n'avait point encore mis le pied en Angleterre; et le fils de Godwin, hardi et vif dans ses projets, espérait, en peu de jours, avoir chassé les Norvégiens et être de retour à son poste pour recevoir les Normands. Il partit à grandes journées, à la tête de ses meilleures troupes, et arriva de nuit sous les murs d'York, au moment où la ville venait de capituler pour se rendre aux alliés de Tosti. Les Norvégiens n'y avaient pas encore fait leur entrée; mais, sur la parole des habitants, et dans leur conviction de l'impossibilité où l'on était de rétracter cette parole, ils avaient rompu les lignes de siége et fait reposer leurs soldats. De leur côté, les habitants d'York ne songeaient qu'à recevoir le lendemain même Tosti et le roi de Norvége, qui devaient tenir dans la ville un grand conseil, y régler le gouvernement de toute la province, et distribuer aux étrangers et aux transfuges les terres des Anglais rebelles [4].

L'arrivée imprévue du roi saxon, qui avait marché de manière à

---

1. Torfæi *Hist. rer. norveg.*, pars III, lib. V, cap. VII, p. 352. — *Saga af Haraldi Hardrada*, cap. LXXXVII; Snorre's *Heimskringla*, t. III, p. 156.

2. Heraldus interea promptus ad decernendum prælio, sive terrestri sive navali, plerumque cum immani exercitu ad littus marinum operiens. (Guill. Pictav., apud *Script. rer. normann.*, p. 197.)

3. Tota æstate et autumno adventum illius observabat. (Roger de Hoved. *Annal.*, pars I, apud *Rer. angl. Script.*, p. 448, ed. Savile.)

4. *Saga af Haraldi Hardrada*, cap. LXXXIX; Snorre's *Heimskringla*, t. III, p. 156. — Roger de Hoved. *Annal.*, pars I, apud *Rer. anglic. Script.*, p. 448, ed. Savile.

éviter les postes ennemis, changea toutes ces dispositions. Les citoyens d'York reprirent les armes, et les portes de la ville furent fermées et gardées de façon qu'aucun homme ne pût en sortir pour se rendre au camp des Norvégiens. Le jour suivant fut un de ces jours d'automne où le soleil se montre encore dans toute sa force; la portion de l'armée norvégienne qui sortit du camp sur l'Humber pour accompagner son roi vers York, ne croyant point avoir d'adversaires à combattre, vint sans cottes de mailles, à cause de la chaleur, et ne garda pour armes défensives que des casques et des boucliers.

A quelque distance de la ville, les Norvégiens aperçurent tout à coup un grand nuage de poussière, et sous ce nuage, quelque chose de brillant comme l'éclat du fer au soleil. « Quels sont ces hommes « qui marchent vers nous? dit le roi à Tosti. — Ce ne peut être, « répondit le Saxon, que des Anglais qui viennent demander grâce et « implorer notre amitié [1]. » La masse d'hommes qui s'avançait, grandissant à mesure, parut bientôt comme une armée nombreuse, rangée en ordre de bataille. « L'ennemi! l'ennemi! » crièrent les Norvégiens, et ils détachèrent trois cavaliers pour aller porter aux gens de guerre restés au camp et sur les navires l'ordre de venir en toute hâte. Le roi Harold, fils de Sigurd, déploya son étendard, qu'il appelait le *ravageur du monde* [2]; les combattants se rangèrent autour sur une ligne peu profonde, et courbée vers les extrémités. Ils se tenaient serrés les uns contre les autres, et leurs lances étaient plantées en terre, la pointe inclinée vers l'ennemi : il leur manquait à tous la partie la plus importante de leur armure. Le roi de Norvége, en parcourant les rangs sur son cheval noir, chanta des vers improvisés, dont un fragment nous a été transmis par les historiens du Nord : « Combattons, disait-il, marchons, quoique sans cuirasses, sous le « tranchant du fer bleuâtre; nos casques brillent au soleil, c'est « assez pour des gens de cœur [3]. »

---

1. *Saga af Haraldi Hardrada*, cap. cx ; Snorre's *Heimskringla*, t. III, p. 158 et 159.
2. En islandais *Land-eydo*, en danois *Landode*. — *Saga af Haraldi Hardrada*, cap. xci ; Snorre's *Heimskringla*, t. III, p. 158.
3. « Eamus nos in aciem, loricis nudati lividos sub gladios... » — Ibid., cap. xciv ; Snorre's *Heimskringla*, t. III, p. 160. — *Gesta Danorum*, t. II, p. 165.

1066 Avant le choc des deux armées, vingt cavaliers saxons, hommes et chevaux, couverts de fer, s'approchèrent des lignes des Norvégiens; l'un d'entre eux cria d'une voix forte : « Où est Tosti, fils de Godwin ? « — Le voici, répondit le fils de Godwin lui-même. — Si tu es Tosti, « reprit le messager, ton frère te fait dire par ma bouche qu'il te « salue, et t'offre la paix, son amitié et tes anciens honneurs. — Voilà « de bonnes paroles, et bien différentes des affronts et des hostilités « qu'on m'a fait subir depuis un an. Mais, si j'accepte ces offres, « qu'y aura-t-il pour le noble roi Harold, fils de Sigurd, mon fidèle « allié ? — Il aura, reprit le messager, sept pieds de terre anglaise, « ou un peu plus, car sa taille passe celle des autres hommes [1]. — « Dis donc à mon frère, répliqua Tosti, qu'il se prépare à combattre : « car jamais il n'y aura qu'un menteur qui aille raconter que le fils « de Godwin a délaissé le fils de Sigurd [2]. »

Le combat commença aussitôt, et, au premier choc des deux armées, le roi de Norvége reçut un coup de flèche qui lui traversa la gorge. Tosti prit le commandement; et alors son frère Harold envoya une seconde fois lui offrir la paix et la vie, pour lui et pour les Norvégiens [3]. Mais tous s'écrièrent qu'ils aimaient mieux mourir que de rien devoir aux Saxons. Dans ce moment, les hommes des vaisseaux arrivèrent, armés de cuirasses, mais fatigués de leur course sous un soleil ardent. Quoique nombreux, ils ne soutinrent pas l'attaque des Anglais, qui avaient déjà rompu la première ligne de bataille et pris le drapeau royal. Tosti fut tué avec la plupart des chefs norvégiens, et, pour la troisième fois, Harold offrit la paix aux vaincus. Ceux-ci l'acceptèrent; Olaf, fils du roi mort, l'évêque et l'un des chefs des îles Orcades se retirèrent avec vingt-trois navires, après avoir juré amitié à l'Angleterre [4]. Le pays des Anglais fut ainsi délivré

---

1. Quid ex Anglia ei concessum velit; terræ spatium septem pedum, aut non nihil majus, quantum is altitudine alios homines superat. (*Saga af Haraldi Hardrada*, cap. xciv; Snorre's *Heimskringla*, t. III, p. 160.)

2. Ibid.

3. Pacem et vitam obtulit. (Ibid., cap. xcvi ; Snorre's *Heimskringla*, t. III, p. 164.)

4. Ibid., cap. c; Snorre's *Heimskringla*, t. III, p. 167. — *Chron. saxon.*, Fragm. sub anno mlxvi, apud *Gloss.*, ed. Lye, t. II, ad finem. — Pontani *Rerum danicarum Historiæ*, lib. V, p. 186.

d'une nouvelle invasion des hommes du Nord. Mais, pendant que ces ennemis s'éloignaient pour ne plus revenir, d'autres ennemis s'approchaient, et le même souffle de vent qui agitait alors les bannières saxonnes victorieuses gonflait les voiles normandes, et les poussait vers la côte de Sussex.

Par un hasard malheureux, les vaisseaux qui avaient longtemps croisé devant cette côte venaient de rentrer faute de vivres[1]. Les troupes de Guillaume abordèrent ainsi sans résistance à Pevensey, près de Hastings, le 28 septembre de l'année 1066, trois jours après la victoire de Harold sur les Norvégiens. Les archers débarquèrent d'abord ; ils portaient des vêtements courts, et leurs cheveux étaient rasés ; ensuite descendirent les gens à cheval, portant des cottes de maille et des heaumes en fer poli de forme conique, armés de longues et fortes lances, et d'épées droites à deux tranchants. Après eux sortirent les travailleurs de l'armée, pionniers, charpentiers et forgerons, qui déchargèrent, pièce à pièce, sur le rivage, trois châteaux de bois, taillés et préparés d'avance.

Le duc ne prit terre que le dernier de tous ; au moment où son pied touchait le sable, il fit un faux pas et tomba sur la face. Un murmure s'éleva ; des voix crièrent : « Dieu nous garde ! c'est mau« vais signe[2]. » Mais Guillaume, se relevant, dit aussitôt : « Qu'avez« vous ? quelle chose vous étonne ? J'ai saisi cette terre de mes mains, « et par la splendeur de Dieu, tant qu'il y en a, elle est à nous[3]. » Cette vive repartie arrêta subitement l'effet du mauvais présage. L'armée prit sa route vers la ville de Hastings, et, près de ce lieu,

---

1. Victu deficiente, classicus... exercitus domum rediit. (Roger de Hoved. *Annal.*, pars I, apud *Rer. anglic. Script.*, p. 448, ed. Savile.)

2.   Quant li dus primes fors issi,
       Sor sez dous palmes fors chaï ;
       Sempres i ont levé grant cri
       E distrent tuit : Mal signe est ci.
              (*Roman de Rou*, t. II, p. 151 et 152.)

3.   Seigners, par la resplendor Dé,
       La terre ai as dous mainz seizie...
       Tote est nostre quant qu'il i a.
              (Ibid., p. 152.)

on traça un camp, et l'on construisit deux des châteaux de bois, dans lequel on plaça des vivres. Des corps de soldats parcoururent toute la contrée voisine, pillant et brûlant les maisons[1]. Les Anglais fuyaient de leurs demeures, cachaient leurs meubles et leur bétail, et se portaient en foule vers les églises et les cimetières qu'ils croyaient le plus sûr asile contre un ennemi chrétien comme eux. Mais, dans leur soif de butin, les Normands tenaient peu de compte de la sainteté des lieux et ne respectaient aucun asile[2].

Harold était à York, blessé et se reposant de ses fatigues, quand un messager vint en grande hâte lui dire que le duc de Normandie avait débarqué et planté sa bannière sur le territoire anglo-saxon. Il se mit en marche vers le sud avec son armée victorieuse, publiant, sur son passage, l'ordre à tous les chefs de provinces de faire armer leurs milices et de les conduire à Londres. Les combattants de l'ouest vinrent sans délai; ceux du nord tardèrent à cause de la distance; mais cependant il y avait lieu de croire que le roi d'Angleterre se verrait bientôt entouré de toutes les forces du pays. Un de ces Normands, en faveur desquels on avait dérogé autrefois à la loi d'exil portée contre eux, et qui maintenant jouaient le rôle d'espions et d'agents secrets de l'envahisseur, manda au duc Guillaume d'être sur ses gardes, et que, dans quatre jours, le fils de Godwin aurait avec lui cent mille hommes[3]. Harold trop impatient n'attendit pas les quatre jours; il ne put maîtriser son désir d'en venir aux mains avec les étrangers, surtout quand il apprit les ravages de toute espèce qu'ils faisaient autour de leur camp[4]. L'espoir d'épargner quelques maux à ses compatriotes, peut-être l'envie de tenter contre les Normands une attaque brusque et imprévue, comme celle qui lui avait

---

1. Et Willelmus comes profectus est ad Hastingam, et expectavit ibi utrum populus ei submittere voluisset. At cum intellexit quod eum adire noluerunt... et spoliavit totum istum tractum quem pertransivit. (*Chron. saxon. Fragm.*, ed. Lye, sub anno 1066.) — HIC DOMUS INCENDITUR ; Tapisserie de Bayeux.

2. *Roman de Rou*, t. II, p. 153.

3. *Chronique de Normandie; Recueil des hist. de la France*, t. XIII, p. 228. — Guill. Pictav., apud *Script. rer. normann.*, p. 199.

4. Quod propinqua castris Normannorum vastari audierat. (Ibid., p. 201.)

réussi contre les Norvégiens, le déterminèrent à se mettre en marche 1066
vers Hastings, avec des forces quatre fois moindres que celles du
duc de Normandie¹.

Mais le camp de Guillaume était soigneusement gardé contre une
surprise, et ses postes s'étendaient au loin. Des détachements de cavalerie avertirent, en se repliant, de l'approche du roi saxon, qui,
disaient-ils, accourait en furieux². Prévenu dans son dessein d'assaillir l'ennemi à l'improviste, Harold fut contraint de modérer sa
fougue ; il fit halte à la distance de sept milles du camp des Normands, et, changeant tout d'un coup de tactique, il se retrancha,
pour les attendre, derrière des fossés et des palissades. Des espions,
parlant le français, furent envoyés par lui près de l'armée d'outre-
mer, pour observer ses dispositions et évaluer ses forces. A leur retour, ils racontèrent qu'il y avait plus de prêtres dans le camp de
Guillaume que de combattants du côté des Anglais. Ils avaient pris
pour des prêtres tous les soldats de l'armée normande qui portaient
la barbe rase et les cheveux courts, parce que les Anglais avaient
coutume de laisser croître leurs cheveux et leur barbe. Harold ne
put s'empêcher de sourire à ce récit : « Ceux que vous avez trouvés
« en si grand nombre, dit-il, ne sont point des prêtres, mais de
« braves gens de guerre qui nous feront voir ce qu'ils valent³. »
Plusieurs des chefs saxons conseillèrent à leur roi d'éviter le
combat et de faire sa retraite vers Londres, en ravageant tout
le pays, pour affamer les envahisseurs. « Moi, répondit Harold,
« que je ravage le pays qui m'a été donné en garde ! Par ma foi,
« ce serait trahison, et je dois tenter plutôt les chances de la

---

1. Sicut erat cruentus in armis, paucissimo stipatus milite Hastingas pertendit. (Willelm. Malmesb., *de Gest. reg. angl.*, lib. III, p. 100, ed. Savile.) — Sed nimis præceps,
et de virtute sua præsumens, credebat se invalidos et imprænunitos Normannos expu-
gnare. (De inventione sanctæ crucis Waltham., *Chron. anglo-norm.*, t. II, p. 244.)
— Modico stipatus agmine, quadruplo congressus exercitu. (Ibid., p. 246.) — Florent.
Wigorn. *Chron.*, p. 634. — Roger de Hoved. *Annal.*, pars I, apud *Rer. anglic. Script.*,
p. 448. ed. Savile. — *Hist.* Ingulf. Croyland., apud *Rer. anglic. Script.*, t. I, p. 69,
ed. Gale.

2. Rex furibundus. (Guill. Pictav., apud *Script. rer. normann.*, p. 201.)

3. *Roman de Rou*, t. II, p. 174. — Matth. Paris, t. I, p. 3.

« bataille avec le peu d'hommes que j'ai, mon courage et ma bonne
« cause[1]. »

Le duc normand, que son caractère entièrement opposé portait, en toute circonstance, à ne négliger aucun moyen, et à mettre l'intérêt au-dessus de la fierté personnelle, profita de la position défavorable où il voyait son adversaire, pour lui renouveler ses demandes et ses sommations. Un moine appelé Dom Hugues Maigrot vint inviter, au nom de Guillaume, le roi saxon à faire de trois choses l'une : ou se démettre de la royauté en faveur du duc de Normandie, ou s'en rapporter à l'arbitrage du pape pour décider qui des deux devait être roi, ou enfin remettre cette décision à la chance d'un combat singulier. Harold répondit brusquement : « Je ne me démet-
« trai point de mon titre, ne m'en rapporterai point au pape et n'ac-
« cepterai point le combat[2]. » Sans se rebuter de ces refus positifs, Guillaume envoya de nouveau le moine normand, auquel il dicta ses instructions dans les termes suivants : « Va dire à Harold que, s'il
« veut tenir son ancien pacte avec moi, je lui laisserai tout le pays
« qui est au delà du fleuve de l'Humber, et que je donnerai à son
« frère Gurth toute la terre que tenait Godwin ; que s'il s'obstine à
« ne point prendre ce que je lui offre, tu lui diras, devant ses gens,
« qu'il est parjure et menteur, que lui et tous ceux qui le soutien-
« dront sont excommuniés de la bouche du pape, et que j'en ai la
« bulle[3]. »

Dom Hugues Maigrot prononça ce message d'un ton solennel, et la chronique normande dit qu'au mot d'excommunication, les chefs anglais s'entre-regardèrent comme en présence d'un grand péril. L'un d'eux prit alors la parole : « Nous devons combattre, dit-il,
« quel que soit pour nous le danger; car il ne s'agit pas ici d'un
« nouveau seigneur à recevoir comme si notre roi était mort; il s'agit
« de bien autre chose. Le duc de Normandie a donné nos terres à ses

---

1. Par foy, dit Hérault, je ne détruiray pas le pays que j'ay à garder. (*Chronique de Normandie; Recueil des hist. de la France*, t. XIII, p. 229.)
2. Ibid., p. 230. — Guill. Pictav., apud *Script. rer. normann.*, p. 201.
3. Ibid., 231.

« barons, à ses chevaliers, à tous ses gens; et la plus grande partie
« lui en ont déjà fait hommage; ils voudront tous avoir leur don, si
« le duc devient notre roi; et lui-même sera tenu de leur livrer nos
« biens, nos femmes et nos filles ; car tout leur est promis d'avance.
« Ils ne viennent pas seulement pour nous ruiner, mais pour ruiner
« aussi nos descendants, pour nous enlever le pays de nos ancêtres;
« et que ferons-nous, où irons-nous, quand nous n'aurons plus de
« pays[1]? » Les Anglais promirent, d'un serment unanime, de ne faire
ni paix, ni trêve, ni traité avec l'envahisseur, et de mourir ou de
chasser les Normands[2].

Tout un jour fut employé à ces messages inutiles; c'était le dix-huitième depuis le combat livré aux Norvégiens près d'York. La marche précipitée de Harold n'avait encore permis à aucun nouveau corps de troupes de le rejoindre à son camp. Edwin et Morkar, les deux grands chefs du nord, étaient à Londres, ou en chemin vers Londres; il ne venait que des volontaires, un à un, ou par petites bandes, des bourgeois armés à la hâte, des religieux qui abandonnaient leurs cloîtres pour se rendre à l'appel du pays. Parmi ces derniers on vit arriver Leofrik, abbé du grand monastère de Peterborough, près d'Ely, et l'abbé de Hida, près de Winchester, qui amenait douze moines de sa maison et vingt hommes d'armes levés à ses frais[3].

L'heure du combat paraissait prochaine; les deux frères de Harold, Gurth et Leofwin, avaient pris leur poste auprès de lui; le premier tenta de lui persuader de ne point assister à l'action, mais d'aller vers Londres chercher de nouveaux renforts, pendant que ses amis soutiendraient l'attaque des Normands. « Harold, disait-il, tu ne peux
« nier que, soit de force, soit de bon gré, tu n'aies fait au duc Guil-
« laume un serment sur les corps des saints; pourquoi te hasarder
« au combat avec un parjure contre toi? Nous qui n'avons rien juré,

---

1. *Chronique de Normandie: Recueil des hist. de la France*, t. XIII, p. 230. — Guill. Pictav., apud *Script. rer. normann.*, p. 231.

2. Ibid.

3. De domo sua duodecim monachos, et viginti milites pro servitio. (*Monast. anglic.*, Dugdale, t. I, p. 210.)

« la guerre est pour nous de toute justice; car nous défendons notre « pays. Laisse-nous donc seuls livrer bataille; tu nous aideras si « nous plions, et si nous mourons, tu nous vengeras [1]. » A ces paroles touchantes dans la bouche d'un frère, Harold répondit que son devoir lui défendait de se tenir à l'écart pendant que les autres risquaient leur vie [2]; trop plein de confiance dans son courage et dans la bonté de sa cause, il disposa les troupes pour le combat.

Sur le terrain qui porta depuis, et qui aujourd'hui porte encore le nom de *lieu de la bataille* [3], les lignes des Anglo-Saxons occupaient une longue chaîne de collines fortifiées par un rempart de pieux et de claies d'osier. Dans la nuit du 13 octobre, Guillaume fit annoncer aux Normands que le lendemain serait jour de combat. Des prêtres et des religieux qui avaient suivi, en grand nombre, l'armée d'invasion, se réunirent pour prier et chanter des litanies, pendant que les gens de guerre préparaient leurs armes. Ceux-ci, après ce premier soin, employèrent le temps qui leur restait à faire la confession de leurs péchés, soit à un homme d'église, s'ils en trouvaient quelqu'un, soit entre compagnons sous la tente [4]. Dans l'autre armée, la nuit se passa d'une manière bien différente; tout entiers à l'exaltation patriotique et pleins d'une confiance en eux-mêmes que l'événement devait démentir, les Saxons se divertissaient avec grand bruit et

---

1. Nos omni juramento expediti juste ferrum pro patria stringemus... et fugientes restituere et mortuos ulcisci poteris. (Willelm. Malmesb., *de Gest. reg. angl.*, lib. III, apud *Rer. anglic. Script.*, p. 100, ed. Savile.)

2. Ibid.

3. Bataille, batayl, ou battle, selon l'orthographe anglaise moderne; en latin *locus belli*. — Locus vero ubi .. pugnatum est exinde BELLUM usque hodie vocatur. (Willelm. Gemet. *Hist. Normann.*, apud *Script. rer. normann.*, p. 288.) — Locum qui nunc BELLUM nuncupatur. (*Monast. anglic.*, Dugdale, t. I, p. 311.)

4. Normanni, tota nocte confessioni peccatorum vacantes, mane dominico corpore communicarunt. (Willelm. Malmesb., *de Gest. reg. angl.*, lib. III, p. 101, ed. Savile.) —

> De lor péchiez confez se firent,
> As proveires les regehirent
> Et qui n'en ont proveires prez
> A son veizin se fist confez.
>
> (*Roman de Rou*, t. II, p. 184.)

chantaient de vieux chants nationaux, en vidant, autour de leurs feux, des cornes remplies de bière et de vin[1].

Au matin, dans le camp normand, l'évêque de Bayeux, fils de la mère du duc Guillaume, célébra la messe et bénit les troupes, armé d'un haubert sous son rochet; puis il monta un grand coursier blanc, prit un bâton de commandement et fit ranger la cavalerie. L'armée se divisa en trois colonnes d'attaque : à la première étaient les gens d'armes venus des comtés de Boulogne et de Ponthieu, avec la plupart des aventuriers engagés individuellement pour une solde; à la seconde se trouvaient les auxiliaires bretons, manceaux et poitevins; Guillaume en personne commandait la troisième, formée de la chevalerie normande. En tête et sur les flancs de chaque corps de bataille, marchaient plusieurs rangs de fantassins armés à la légère, vêtus de casaques matelassées, et portant de longs arcs de bois ou des arbalètes d'acier. Le duc montait un cheval d'Espagne, qu'un riche Normand lui avait amené d'un pèlerinage à Saint-Jacques en Galice. Il tenait suspendues à son cou les plus révérées d'entre les reliques sur lesquelles Harold avait juré, et l'étendard béni par le pape était porté à côté de lui par un jeune homme appelé Toustain le Blanc[2]. Au moment où les troupes allaient se mettre en marche, le duc élevant la voix, leur parla en ces termes[3] :

« Mes vrais et loyaux amis, vous avez passé la mer pour l'amour
« de moi et vous êtes mis en aventure de mort, ce dont je me tiens
« grandement obligé envers vous. Or, sachez que c'est pour une
« bonne querelle que nous allons combattre, et que ce n'est pas seu-
« lement pour conquérir ce royaume que je suis venu ici d'outre-
« mer. Les gens de ce pays, vous ne l'ignorez pas, sont faux et
« doubles, parjures et traîtres. Ils ont tué sans cause les Danois,
« hommes, femmes et enfants, dans la nuit de la Saint-Brice; ils ont

---

1. Angli, ut accepimus, totam noctem insomnem cantibus potibusque ducentes. (Willelm. Malmesb., *de Gest. reg. angl.*, lib. III, p. 101, ed. Savile.) — *Roman de Rou*, t. II, p. 184 à 186.

2. Appendit etiam humili collo suo reliquias, quarum favorem Haraldus abalienaverat sibi. (Guill. Pictav., apud *Script. rer. normann.*, p. 201.) — *Chronique de Normandie; Recueil des hist. de la France*, t. XIII, p. 232 et 233.

3. HIC WILLELM DUX ALLOQUITUR SUIS MILITIBUS; Tapisserie de Bayeux.

« décimé les compagnons d'Alfred, frère d'Édouard, mon parent, et
« l'ont aveuglé et mis à mort. Ils ont fait encore d'autres cruautés et
« trahisons contre les Normands; vous vengerez aujourd'hui ces
« méfaits, s'il plaît à Dieu. Pensez à bien combattre et mettez tout à
« mort, car si nous pouvons les vaincre, nous serons tous riches[1].
« Ce que je gagnerai, vous le gagnerez : si je conquiers, vous con-
« querrez; si je prends la terre, vous l'aurez[2]. Pensez aussi au grand
« honneur que vous aurez aujourd'hui, si la victoire est à nous, et
« songez bien que si vous êtes vaincus, vous êtes morts sans remède,
« car vous n'avez aucune voie de retraite. Vous trouverez devant
« vous, d'un côté des armes et un pays inconnu, de l'autre, la mer
« et des armes[3]. Qui fuira sera mort, qui se battra bien sera sauvé.
« Pour Dieu! que chacun fasse bien son devoir, et la journée sera
« pour nous[4]. »

L'armée se trouva bientôt en vue du camp saxon, au nord-ouest de Hastings. Les prêtres et les moines qui l'accompagnaient se détachèrent, et montèrent sur une hauteur voisine, pour prier et regarder le combat. Un Normand, appelé Taillefer, poussa son cheval en avant du front de bataille, et entonna le chant, fameux dans toute la Gaule, de Charlemagne et de Roland. En chantant, il jouait de son épée, la lançait en l'air avec force, et la recevait dans sa main droite; les Normands répétaient ses refrains ou criaient : Dieu aide! Dieu aide[5]!

A portée de trait, les archers commencèrent à lancer leurs flèches, et les arbalétriers leurs carreaux[6], mais la plupart des coups furent

---

1. *Chronique de Normandie; Recueil des hist. de la France*, t. XIII, p. 232.

2. *Roman de Rou*, t. II, p. 187.

3. Ad effugium nullam viam patere, cum hinc arma et inimica ignotaque regio obsistant, illinc pontus et arma. (Guill. Pictav., *de Gestis Guillelmi ducis*, apud Script. rer. gallic. et francic., t. XI, p. 95.)

4. *Chronique de Normandie; Recueil des hist. de la France*, t. XIII, p. 232.

5. Diex aïe! (*Roman de Rou*, t. II, p. 189 et 190.) — Tunc cantelina Rollandi inchoata, ut martium viri exemplum pugnaturos accenderet, inclamatoque Dei auxilio, prælium utrinque consertum... (Willelm. Malmesb., *de Gest. reg. angl.*, lib. III, p. 101, ed. Savile.) — *Chronique de Normandie; Recueil des hist. de la France*, t. XIII, p. 234.

6. Flèches courtes, épaisses et de forme carrée. Voyez Ducange, *Glossar.*, au mot *Quadrelli*.

amortis par le haut parapet des redoutes saxonnes. Les fantassins armés de lances et la cavalerie s'avancèrent jusqu'aux portes des retranchements, et tentèrent de les forcer. Les Anglo-Saxons, tous à pied autour de leur étendard planté en terre, et formant derrière leurs palissades une masse compacte et solide, reçurent les assaillants à grands coups de hache, qui, d'un revers, brisaient les lances et coupaient les armures de mailles[1]. Les Normands, ne pouvant pénétrer dans les redoutes ni en arracher les pieux, se replièrent, fatigués d'une attaque inutile, vers la division que commandait Guillaume.

Le duc alors fit avancer de nouveau tous ses archers, et leur ordonna de ne plus tirer droit devant eux, mais de lancer leurs traits en haut, pour qu'ils tombassent par-dessus le rempart du camp ennemi. Beaucoup d'Anglais furent blessés, la plupart au visage, par suite de cette manœuvre; Harold lui-même eut l'œil crevé d'une flèche, mais il n'en continua pas moins de commander et de combattre[2]. L'attaque des gens de pied et de cheval recommença de près, aux cris de Notre-Dame! Dieu aide! Dieu aide[3]! Mais les Normands furent repoussés, à l'une des portes du camp, jusqu'à un grand ravin recouvert de broussailles et d'herbes, où leurs chevaux trébuchèrent et où ils tombèrent pêle-mêle, et périrent en grand nombre[4]. Il y eut un moment de terreur dans l'armée d'outre-mer. Le bruit courut que le duc avait été tué, et, à cette nouvelle, la fuite commença. Guillaume se jeta lui-même au-devant des fuyards et leur barra le passage, les menaçant et les frappant de sa lance[5], puis se décou-

---

1. Sævissimas secures. (Guill. Pictav., apud *Script. rer. normann.*, p. 201.)

2. Et fortissime tota die, usque ad vesperum invictus perdurans ac sæpius more gregarii militis manu ad manum congrediens. (Ingulf. Croyland., apud *Rer. anglic. Script.*, p. 900, ed. Savile.)

3. *Chronique de Normandie; Recueil des hist. de la France*, t. XIII, p. 234.

4. Nam crescentes herbæ antiquum aggerem tegebant, ubi summopere currentes Normanni cum equis et armis ruebant, ac sese, dum unus repente super alterum cadebat, vicissim extinguebant. (Willelm. Gemet. *Hist. Normann.*, apud *Script. rer. normann.*, p. 287.)

5. Fugientibus occurrit et obstitit, verberans aut minans hasta. (Guill. Pictav., apud *Script. rer. normann.*, p. 202.)

vrant la tête : « Me voilà, leur cria-t-il, regardez-moi, je vis encore, et je vaincrai avec l'aide de Dieu [1]. »

Les cavaliers retournèrent aux redoutes ; mais ils ne purent davantage en forcer les portes ni faire brèche : alors le duc s'avisa d'un stratagème, pour faire quitter aux Anglais leur position et leurs rangs ; il donna l'ordre à mille cavaliers de s'avancer et de fuir aussitôt. La vue de cette déroute simulée fit perdre aux Saxons leur sang-froid ; ils coururent tous à la poursuite, la hache suspendue au cou [2]. A une certaine distance, un corps posté à dessein joignit les fuyards, qui tournèrent bride, et les Anglais, surpris dans leur désordre, furent assaillis de tous côtés à coups de lance et d'épée dont ils ne pouvaient se garantir, ayant les deux mains occupées à manier leurs grandes haches. Quand ils eurent perdu leurs rangs, les clôtures des redoutes furent enfoncées ; cavaliers et fantassins y pénétrèrent ; mais le combat fut encore vif, pêle-mêle et corps à corps. Guillaume eut son cheval tué sous lui ; le roi Harold et ses deux frères tombèrent morts au pied de leur étendard, qui fut arraché et remplacé par la bannière envoyée de Rome [3]. Les débris de l'armée anglaise, sans chef et sans drapeau, prolongèrent la lutte jusqu'à la fin du jour, tellement que les combattants des deux partis ne se reconnaissaient plus qu'au langage [4].

Alors finit cette résistance désespérée ; les compagnons de Harold se dispersèrent, et beaucoup moururent, sur les chemins, de leurs blessures et de la fatigue du combat. Les cavaliers normands les poursuivaient sans relâche, ne faisant quartier à personne [5]. Ils passèrent la nuit sur le champ de bataille, et le lendemain, au point du jour, le duc Guillaume rangea ses troupes et fit faire l'appel de

---

1. Me, inquit, circumspicite, vivo et vincam, opitulante Deo. (Guill. Pictav., apud *Script. rer. normann.*, p. 202.)

2. *Chronique de Normandie; Recueil des hist. de la France*, t. XIII, p. 235.

3. Propius regem fratres ejus duo reperti sunt. (Guill. Pictav., *de Gestis Guillelmiducis*, apud *Script. rer. gallic. et francic.*, t. XI, p. 99.)

4. *Chronique de Normandie; Recueil des hist. de la France*, t. XIII, p. 236. — Matth. Westmonast. *Flores hist.*, p. 223. — Eadmeri *Hist. nov.*, lib. I, p. 6, ed. Selden.

5. Normanni, licet ignari regionis, avide insequebantur, cædentes rea terga, imponentes manum ultimam secundo negotio. (Guill. Pictav., apud *Script. rer. normann.*, p. 203.)

tous les hommes qui avaient passé la mer à sa suite, d'après le rôle qu'on en avait dressé avant le départ, au port de Saint-Valery. Un grand nombre d'entre eux, morts ou mourants, gisaient à côté des vaincus [1]. Les heureux qui survivaient eurent, pour premier gain de leur victoire, la dépouille des ennemis morts. En retournant les cadavres, on en trouva treize vêtus d'un habit de moine sous leurs armes : c'étaient l'abbé de Hida et ses douze compagnons. Le nom de leur monastère fut inscrit le premier sur le livre noir des conquérants [2].

Les mères et les femmes de ceux qui étaient venus de la contrée voisine combattre et mourir avec leur roi, se réunirent pour rechercher ensemble et ensevelir les corps de leurs proches. Celui du roi Harold demeura quelque temps sur le champ de bataille, sans que personne osât le réclamer. Enfin la veuve de Godwin, appelée Ghitha, surmontant sa douleur, envoya un message au duc Guillaume, pour lui demander la permission de rendre à son fils les derniers honneurs. Elle offrait, disent les historiens normands, de donner en or le poids du corps de son fils. Le duc refusa durement, et dit que l'homme qui avait menti à sa foi et à sa religion n'aurait d'autres tombeau qu'un tas de pierres sur le sable du rivage. Il donna commission à l'un de ses capitaines, appelé Guillaume Malet, de faire que le vaincu de Hastings fût ainsi enterré comme un ignoble malfaiteur [3].

Mais, par une cause qu'on ignore, cet ordre ne s'exécuta point; le corps du dernier roi anglo-saxon reçut une sépulture honorable dans l'église collégiale de Waltham que Harold lui-même avait fondée [4],

---

1. *Chronique de Normandie; Recueil des hist. de la France*, t. XIII, p. 236.

2. Quibus occisis et spoliatis, inventi sunt memorati abbas et monachi sub armis militaribus, in habitu monachili. (*Monast. anglic.*, Dugdale, t. I, p. 210.)

3. Qui tumulandum eum Guillelmo agnomine Maletto concessit, non matri pro corpore dilectæ prolis auri par pondus offerenti. (Guill. Pictav., *de Gestis Guillelmi ducis*, apud *Script. rer. gallic. et francic.*, t. XI, p. 99.)

Jurans quod potius præsentis littora portus
Illi committet aggere sub lapidum.

(Widonis *Carmen de Hastingæ prælio*; *Chron. anglo-normandes*, t. III, p. 27.)

4. Corpus Haroldi matri repetenti sine pretio misit, licet illa multum per legatos obtu-

et voici la tradition à la fois touchante et douteuse qui existait à cet égard. On disait que deux chanoines de Waltham, Osgod et Ailrik, députés par leur chapitre pour voir l'issue de la bataille, obtinrent du vainqueur adouci pour eux la grâce d'emporter dans leur église les restes de leur bienfaiteur. Ils allèrent à l'amas des corps dépouillés d'armes et de vêtements, les examinèrent avec soin l'un après l'autre, et ne reconnurent point celui qu'ils cherchaient, tant ses blessures l'avaient défiguré. Tristes, et désespérant de réussir seuls dans cette recherche, ils s'adressèrent à une femme que Harold, avant d'être roi, avait entretenue comme maîtresse, et la prièrent de se joindre à eux. Elle s'appelait Édith, et on la surnommait la Belle au cou de cygne [1]. Elle consentit à suivre les deux prêtres, et fut plus habile qu'eux à découvrir le cadavre de celui qu'elle avait aimé.

Tous ces événements sont racontés par les chroniqueurs de race anglaise avec un ton d'abattement qu'il est difficile de reproduire. Ils nomment le jour de la bataille un jour amer, un jour de mort, un jour souillé du sang des nobles et des braves [2]. « Angleterre, que « dirai-je de toi, s'écrie l'historien de l'église d'Ely, que raconterai-« je à nos descendants? que tu as perdu ton roi national et que tu es

---

lisset. Acceptum itaque apud Waltham sepelivit. (Willelm. Malmesb., *de Gest. reg. angl.*, lib. III, p. 102, ed. Savile.)— *Chronique de Normandie; Recueil des hist. de la France*, t. XIII, p. 239. — Le tombeau de Harold, à Waltham, avait pour épitaphe ces simples mots: *Hic jacet Harold infelix*. Beaucoup d'Anglais refusèrent de croire à sa mort, comme jadis les Bretons à celle d'Arthur. Le bruit courut qu'il s'était échappé de la bataille, horriblement blessé; qu'il avait guéri et qu'il se tenait caché, attendant un retour de fortune, dans un coin reculé de l'Angleterre. Cette opinion durait encore à la fin du douzième siècle. — Voyez Giraldi Cambrensis *Itinerar. Walliæ*, lib. II, cap. XI, et la curieuse légende intitulée *Vita Haroldi, Chron. anglo-norm.*, t. II, p. 143.

1. Currunt ad cadavera, et vertentes ea huc et illuc, domini regis corpus agnoscere non valentes... mulierem, quam, ante sumptum regimen, dilexerat, Editham, cognomento *Swannes-hals*, quod gallice sonat collum cygni, secum adducere. (*De inventione sanctæ crucis walthamensis; Chron. anglo-norm.*, t. II, p. 249.)

2. Hæc congressio tam lethalis, tam amara, tot generosorum sanguine cruenta. (Matth. Westmonast. *Flores hist.*, p. 224. — Illa fuit dies fatalis Anglis, funestum excidium dulcis patriæ. (Willelm. Malmesb., *de Gest. reg. angl.*, lib. III, p. 101, ed. Savile.) — Guillaume de Malmesbury, écrivain des premiers temps du douzième siècle, était fils d'un Normand et d'une Saxonne; il dit de lui-même: *Ego autem, quia utriusque gentis sanguinem traho, dicendi tale temperamentum servabo*. Et en effet, on peut le nommer l'historien éclectique de la conquête.

« tombée au pouvoir de l'étranger; que tes fils ont péri misérable- 1066
« ment; que tes conseillers et tes chefs sont vaincus, morts ou dés-
« hérités¹. » Bien longtemps après le jour de ce fatal combat, la
superstition patriotique crut voir encore des taches de sang sur le
terrain où il avait eu lieu; elles se montraient, disait-on, sur les
hauteurs au nord-ouest de Hastings, quand la pluie avait humecté
le sol².

Aussitôt après sa victoire, Guillaume fit vœu de bâtir en cet
endroit un couvent sous l'invocation de la sainte Trinité et de saint
Martin, le patron des guerriers de la Gaule³. Ce vœu ne tarda pas à
être accompli, et le grand autel du nouveau monastère fut élevé au
lieu même où l'étendard du roi Harold avait été planté et abattu.
L'enceinte des murs extérieurs fut tracée autour de la colline que les
plus braves des Anglais avaient couverte de leurs corps, et toute la
lieue de terre circonvoisine, où s'étaient passées les diverses scènes du
combat, devint la propriété de cette abbaye, qu'on appela, en langue
normande, l'*Abbaye de la Bataille*⁴. Des moines du grand couvent de
Marmoutiers, près de Tours, vinrent y établir leur domicile, et prièrent pour les âmes de ceux qui étaient morts dans cette journée⁵.
On dit que, dans le temps où furent posées les premières pierres de
l'édifice, les architectes découvrirent que certainement l'eau y man-
querait : ils allèrent, tout déconcertés, porter à Guillaume cette
nouvelle désagréable : « Travaillez, travaillez toujours, répliqua le
« conquérant d'un ton jovial; car si Dieu me prête vie, il y aura
« plus de vin chez les religieux de la Bataille, qu'il n'y a d'eau claire
« dans le meilleur couvent de la chrétienté⁶. »

---

1. De te quid dicam, quid posteris referam? Væ tibi est, Anglia!... (*Hist. ecclesiast
Eliensis*, lib. II, cap. XLIV, apud *Rer. anglic. Script.*, t. II, p. 516, ed. Gale.)

2. Si forte modico imbre maduerit, verum sanguinem et quasi recentem exsudat. (Guilielm. Neubrig. *Hist.*, p. 10, ed. Hearne.)

3. Chartæ Willelmi Conquæstoris, apud *Monast. anglic.*, Dugdale, t. I, p. 317 et 318.

4. Cum leuga circumquaque adjacente... sicut illa quæ mihi coronam tribuit. (Charta Willelmi Conquæstoris, in notis ad Eadmeri *Hist. nov.*, ed Selden., p. 165.) — En latin, *Abbatia de Bello*.

5. *Monast. anglic.*, Dugdale, t. I, p. 312.

6. Eidem loco ita prospiciam, ut magis ei vini abundet copia quam aquarum in alia præstanti abbatia. (Ibid.)

LIVRE IV

Depuis la bataille de Hastings jusqu'à la prise de Chester, dernière ville conquise par les Normands.

1066—1070

1066 Pendant que l'armée du roi des Anglo-Saxons et l'armée de l'envahisseur étaient en présence, quelques nouveaux vaisseaux, partis de Normandie, avaient traversé le détroit pour venir rejoindre la grande flotte mouillée dans la rade de Hastings. Ceux qui les commandaient abordèrent par erreur, à plusieurs milles de distance vers le nord, dans un lieu qui portait le nom de Rumeney, aujourd'hui Romney. Les habitants de la côte accueillirent les Normands comme des ennemis, et il y eut un combat où les étrangers furent vaincus [1]. Guillaume apprit leur défaite peu de jours après sa victoire, et, pour épargner un semblable malheur aux recrues qu'il attendait encore d'outre-mer, il résolut de s'assurer, avant tout, la possession des rivages du sud-est. Au lieu de s'avancer vers Londres, il rétrograda vers Hastings, et y demeura quelque temps, pour essayer si sa seule présence ne déterminerait pas la population de la contrée voisine à se soumettre volontairement. Mais personne ne venant pour demander la paix, le vainqueur se remit en route avec les restes de son armée et des troupes fraîches qui, dans l'intervalle, lui étaient arrivées de Normandie [2].

---

1. Quos illuc errore appulsos fera gens adorta prœlio cum utriusque partis maximo detrimento fuderat. (Guill. Pictav., *de Gestis Guillelmi ducis*, apud *Script. rer. normann.*, p. 204.)

2. ... Cum intellexisset quod eum adire noluerunt. (*Chron. saxon.*, Fragm. sub anno MLXVI, apud *Glossar.*, ed. Lye, t. II, ad finem.)

Il côtoya la mer, du sud au nord, dévastant tout sur son passage; à Romney, il vengea, par le sac de la ville, la déroute de ses soldats [1]; de là il marcha vers Douvres, la place la plus forte de toute la côte, celle dont il avait tenté autrefois de devenir maître, sans péril et sans combat, par le serment qu'il surprit à Harold. Le fort de Douvres, récemment achevé par le fils de Godwin dans de meilleures espérances, était situé sur un rocher baigné par la mer, naturellement escarpé, et qu'on avait encore taillé de toutes parts, avec beaucoup de travail, pour le rendre uni comme un mur. Les Normands n'eurent pas besoin d'en faire le siége; l'approche du vainqueur de Hastings, avec toute son armée, intimida tellement ceux qui le gardaient qu'ils demandèrent à capituler. Mais pendant que les pourparlers avaient lieu à l'une des portes de la ville, les écuyers de l'armée normande s'y précipitèrent et y mirent le feu pour la piller; beaucoup de maisons furent détruites, et les habitants reçurent l'ordre d'évacuer celles qui restaient debout [2]. Guillaume passa huit jours à Douvres pour y construire de nouveaux ouvrages de défense, puis, changeant de direction dans sa route, il cessa de longer la côte, et marcha sur la ville capitale [3].

L'armée normande s'avançait par la grande voie romaine que les Anglais nommaient Wetlinga-street, la même qui avait figuré tant de fois comme limite commune dans les partages de territoire entre les Saxons et les Danois [4]. Ce chemin conduisait de Douvres à Londres par le milieu de la province de Kent; les envahisseurs, maîtres de la ville forte, qui était la clef du pays, ne rencontrèrent personne qui leur disputât le passage. En avant de Canterbury, les habitants

---

1. ... Spoliavit totum istum tractum. (*Chron. saxon.*, Fragm. sub anno MLXVI, apud *Glossar.*, ed. Lye, t. II, ad finem.) — Romanærium accedens, quam placuit pœnam exegit pro clade suorum. (Guill. Pictav., *de Gestis Guillelmi ducis*, apud *Script. rer. normann.*, p. 204.)

2. Cum tamen castellani supplices deditionem pararent, armigeri exercitus nostri, prædæ cupidine, ignem injecerunt. (Ibid.) — ... Præcipit Angligenis evacuare domos. (Widonis *Carmen de Hastingæ prœlio*; *Chron. anglo-norm.*, t. III, p. 28.)

3. Recepto castro, quæ minus erant per dies octo addidit firmamenta... Custodiam inibi quoque relinquens... ad perdomandum quos devicit proficiscitur. (Guill. Pictav., *de Gestis Guillelmi ducis*, apud *Script. rer. normann.*, p. 204.)

4. Voyez liv. II, passim.

de cette métropole et tous ceux des bourgs voisins vinrent d'eux-mêmes demander la paix et offrir des otages [1]. Ils jurèrent fidélité au duc Guillaume, sous la condition de rester après la conquête aussi libres qu'ils l'étaient auparavant, et le duc, qui voulait assurer sa route vers Londres, leur promit par serment tout ce qu'ils demandaient. Mais en traitant ainsi pour eux seuls et en séparant leur destinée de celle de la nation, les hommes de Kent firent une chose plus nuisible à la cause commune qu'avantageuse pour eux-mêmes, et ils ne tardèrent pas à l'éprouver. La ville de Canterbury, on ignore à quel moment, fut incendiée comme celle de Douvres, et sa cathédrale, atteinte par le feu, demeura longtemps en ruine [2]. Pourtant, la capitulation du pays de Kent, transformée plus tard en victoire par l'imagination du peuple, donna lieu à une de ces légendes qui sont, après les grandes défaites nationales, la consolation et comme la revanche des vaincus. On raconta que Guillaume, surpris dans une embuscade, avait traité, pour sauver sa vie, avec la population en armes sous la conduite de l'archevêque Stigand et de l'abbé du principal monastère de Canterbury, et, dans le récit populaire, on joignit à cette fiction celle d'une forêt mouvante, renouvelée des vieilles traditions du Nord [3].

Stigand, l'ami de Godwin et de Harold, le seul survivant de ceux qui avaient joué un grand rôle politique dans la dernière crise de la nationalité anglo-saxonne, ne se trouvait pas alors dans la province où l'on posait les armes, mais à Londres, où personne encore ne son-

---

[1]. Occurrunt ultro Cantuarii haud procul a Dovera, jurant fidelitatem, dant obsides. (Guill. Pictav., *de Gestis Guillelmi ducis*, apud *Script. rer. gallic. et francic.*, t. XI, p. 99.)

[2]. Omnia in prædam data sunt, et ecclesia Christi concremata est. (Gervasii Cantuar., *de Discordiis inter monachos cantuarienses et Baldewinum archiepiscopum*, col. 1310, ed. Selden.) — Reliqua enim reliquorum tam authentica quam eorum exemplaria in ea combustione atque abolitione, quam ecclesia nostra ante quadrennium perpessa est, penitus sunt absumpta. (Epistola Lanfranci ad Alexandrum papam II; Wilkins, *Concilia Magnæ Britanniæ*, p. 327.)

[3]. Dux autem et qui cum eo erant, nec mirum, stabant stupefacti, et qui jam totam Angliam pugillo suo tenere credebat, nunc de propria vita vehementer diffidebat. (*Chron. Willelmi Thorn.*, apud *Hist. anglic. Script.*, col. 1786, ed. Selden.) — Lappenberg, *Geschichte von England*, t. II, p. 65. — Voyez ci-après, Pièces justificatives, la ballade du seizième siècle.

geait à se soumettre. Les habitants de cette grande ville et les chefs qui s'y étaient réunis avaient résolu de livrer une seconde bataille, qui, bien préparée et bien conduite, devait, selon toute apparence, être plus heureuse que la première [1]. Mais il fallait un chef suprême, sous le commandement duquel toutes les forces et toutes les volontés fussent ralliées ; et le conseil national, qui devait nommer ce chef, tardait à rendre sa décision, agité et divisé qu'il était par des intrigues et des prétentions diverses. Aucun des frères du dernier roi, hommes capables de tenir dignement sa place, n'était revenu du combat de Hastings ; Harold laissait des fils encore très-jeunes et trop peu connus du peuple : il ne paraît point qu'on les ait proposés alors comme candidats à la royauté. Les candidats les plus puissants en renommée et en crédit étaient Edwin et Morkar, fils d'Alfgar, beaux-frères de Harold, chefs de la Northumbrie et de la Mercie. Ils avaient pour eux le suffrage de tous les hommes du nord de l'Angleterre ; mais les citoyens de Londres, les habitants du sud, et le parti mécontent du dernier règne, leur opposaient le jeune Edgar, neveu du roi Edward, qu'on surnommait *Etheling*, l'illustre, parce qu'il était de l'ancienne race royale [2].

Ce jeune homme, d'un caractère faible, et sans réputation acquise, n'avait pu balancer, un an auparavant, la popularité de Harold ; il balança celle des fils d'Alfgar, et fut soutenu contre eux par Stigand lui-même et par l'archevêque d'York Eldred [3]. Parmi les autres évêques, plusieurs ne voulaient pour roi ni Edgar, ni les compétiteurs d'Edgar, et demandaient qu'on se soumît à l'homme qui venait

---

1. Interea Stigandus, Cantuariensis archipræsul, qui sicut excellebat opibus atque dignitate, ita consultis plurimum apud Anglos poterat, cum filiis Algardi aliisque præpotentibus prælium minatur. (Guill. Pictav., *de Gestis Guillelmi ducis*, apud *Script. rer. anglic. et francic.*, t. XI, p. 99.) — *Chron. saxon.*, Fragm. sub anno MLXVI, apud *Gloss.*, ed. Lye, t. II, ad finem.

2. Edwinus et Morcharius, amplæ spei fratres, apud Londoniam audito interitus Haroldi nuntio, urbanos sollicitaverunt ut alterutrum in regnum sublevarent. (Willelm. Malmesb., *de Gest. reg. angl.*, lib. III, apud *Rer. anglic. Script.*, p. 102, ed. Savile.)

3. Aldredus archiepiscopus et civitas de Lundinio voluerunt habere tunc Edgarum puerum in regem, ut eis satis naturale erat. (*Chron. saxon.*, Fragm. sub anno MLXVI, apud *Gloss.*, ed. Lye, t. II, ad finem.)

avec une bulle du pape et un étendard de l'Église [1]. Leur avis, tout sacerdotal, n'eut aucun poids ; faisant acte de volonté patriotique, le grand conseil arrêta son choix sur un Saxon, mais sur celui qui était le moins propre à commander dans les circonstances difficiles, sur le jeune neveu d'Edward [2]. Il fut proclamé roi, après beaucoup d'hésitations, durant lesquelles un temps précieux fut perdu en disputes inutiles. Son avénement ne rallia point les esprits divisés ; Edwin et Morkar, qui avaient promis de se mettre à la tête des troupes rassemblées à Londres, rétractèrent cette promesse et se retirèrent dans leurs gouvernements du nord, emmenant avec eux les soldats de ces contrées, sur lesquels ils avaient tout crédit [3]. Ils espéraient follement pouvoir défendre les provinces septentrionales, séparément du reste de l'Angleterre. Leur départ affaiblit et découragea ceux qui restèrent à Londres auprès du nouveau roi ; l'abattement, fruit des discordes civiles, succéda au premier élan de patriotisme excité par l'invasion étrangère [4].

Pendant ce temps, les troupes normandes approchaient de plus en plus, et parcouraient en divers sens les provinces de Surrey, de Hants, de Hertford et de Middlesex, pillant partout, brûlant les villages et massacrant les hommes en armes ou sans armes [5]. Cinq cents cavaliers s'avancèrent jusqu'au faubourg méridional de Londres, engagèrent le combat avec un corps de bourgeois qui se pré-

---

1. Cæteri proceres Edgarum eligerent, si episcopos assertores haberent. (Willelm. Malmesb., *de Gest. reg. angl.*, lib. III, apud *Rer. anglic. Script.*, p. 102, ed. Savile.)

2. Erat videlicet eorum voti summa non habere dominum quem non habuere compatriotam. (Guill. Pictav., *de Gestis Guillelmi ducis*, apud *Script. rer. gallic. et francic.*, t. XI, p. 100.)

3. Et Edwinus et Morcarus ei promiserunt quod illi pro eo pugnare voluerunt ; at quo id semper provectius esse debuit, eo factum est id de die in diem tardius et deterius, adeo ut in fine penitus evanuit. (*Chron. saxon.*, Fragm. sub anno MLXVI, apud *Gloss.*, ed. Lye, t. II, ad finem.)

4. Ita Angli qui, in unam coeuntes sententiam, potuissent patriæ reformare ruinam... (Willelm. Malmesb., *de Gest. reg. angl.*, lib. III, apud *Rer. anglic. Script.*, p. 102, ed. Savile.)

5. Interea comes Gulielmus Suthsaxoniam, Cantiam, Suthamtunensem provinciam, Suthregiam, Middelsaxoniam, Hertfordensem provinciam devastabat, et villas cremare hominesque interficere non cessabat. (Florent. Wigorn. *Chron.*, p. 634.)

senta devant eux, et incendièrent, dans leur retraite, les bâtiments 1066
situés sur la rive droite de la Tamise[1]. Jugeant, par cette épreuve,
que la grande ville saxonne était disposée à se défendre, Guillaume,
au lieu de s'en approcher et d'en faire le siége, se porta vers l'ouest
et alla passer la Tamise au gué de Wallingford, dans la province de
Berks. Il établit dans ce lieu un camp retranché, et y laissa des
troupes pour intercepter les secours qui pourraient venir des provinces occidentales; puis, se dirigeant vers le nord-est, il alla camper
lui-même à Berkhamsted, dans la province de Hertford, pour interrompre également toute communication entre Londres et la contrée
du nord, et prévenir le retour des fils d'Alfgar, s'ils se repentaient
de leur inaction[2]. Par cette manœuvre, la capitale se trouva cernée;
de nombreux corps d'éclaireurs en ravageaient les environs et en
arrêtaient les approvisionnements, sans livrer aucun combat décisif.
Plus d'une fois, les habitants de Londres en vinrent aux mains avec
les Normands; mais, par degrés, ils se fatiguèrent, et furent vaincus,
moins par la force de l'ennemi que par la crainte de la famine et par
la pensée décourageante qu'ils étaient isolés de tout secours[3].

Il y avait dans la ville deux pouvoirs dont l'accord était nécessaire
et difficile à maintenir, la cour du roi et la ghilde ou confrérie municipale des bourgeois[4]. La municipalité, pleinement libre, était régie
par ses magistrats électifs, la cour avait pour chef l'officier du palais
qu'on nommait *staller*, intendant[5]. Ce poste, à la fois civil et militaire, venait d'être rendu à l'homme qui l'avait exercé sous l'avant-dernier règne; c'était un vieux guerrier, nommé Ansgar, que ses

---

1. Cremantes quidquid ædificiorum citra flumen invenere. (Guill. Pictav., apud *Script. rer. normann.*, p. 205.) — Orderic. Vital. *Hist. ecclesiast.*, lib. IV, apud *Script. rer. normann.*, p. 503.)

2. Guill. Pictav., apud *Script. rer. normann.*, p. 205. — Orderic. Vital. *Hist. ecclesiast.*, lib. IV, apud *Script. rer. normann.*, p. 503.

3. Videntes demum... se diutius stare non posse. (Willelm. Gemet. *Hist. normann.*, apud *Script. rer. normann.*, p. 288.)

4. Voyez, sur ce genre d'institutions, le chapitre VI des *Considérations sur l'histoire de France* placées en tête des *Récits des temps mérovingiens*.

5. Voyez Ed. Lye, *Dictionn. saxonico et gothico-latinum*, aux mots Stallere, Steallere.— Esegarus regiæ procurator aulæ, qui est anglice dictus staller, i. e. regni vexillifer. (*Chron. anglo-normandes*, t. II, p. 234.)

fatigues et ses blessures avaient paralysé des jambes, et qui se faisait porter en litière partout où son devoir l'appelait[1]. Guillaume l'avait rencontré, en 1051, à la cour du roi Edward; il crut possible de le gagner à sa cause, et lui fit porter par un émissaire secret ses propositions et ses offres, qui n'étaient rien moins, en cas de succès, que la lieutenance du royaume.

On ne peut dire si Ansgar fut ébranlé par ces promesses, mais il les reçut avec réserve, et, gardant sur elles un secret absolu, il prit un parti qui devait le décharger du péril d'avoir avec l'ennemi des intelligences personnelles. De son chef ou d'accord avec les conseillers du roi, il réunit les principaux bourgeois de Londres, et, s'adressant à eux, par le nom que se donnaient mutuellement les membres de la corporation municipale[2]: « Honorables frères, dit-il, nos res-
« sources s'épuisent, la ville est menacée d'un assaut, et aucune
« armée ne vient à son secours. Voilà notre situation ; mais quand la
« force est à bout, quand le courage ne peut plus rien, il reste
« l'adresse et la ruse ; je vous conseille d'y recourir. L'ennemi ne
« sait pas encore toutes nos souffrances ; profitons-en, et, si vous
« m'en croyez, envoyez-lui de bonnes paroles par un homme qui
« sache le tromper, qui feigne d'apporter votre soumission, et qui,
« en signe de paix, donne la main si on l'exige[3]. »

1. Intus erat quidem, contractus debilitate
   Renum, sicque pedum segnis ab officio,
Vulnera pro patria quoniam numerosa recepit,
   Lectica vehitur, mobilitate carens.
      (Widonis *Carmen de Hastingæ prælio*; *Chron. anglo-norm.*, t. III, p. 31.)

2. Ille quidem cautus caute legata recepit,
   Cordis et occulto condidit in thalamo.
Natu majores, omni levitate repulsa,
   Aggregat, et verbis talibus alloquitur.
      (*Ibid.*)

3. ... Actutum docilis noster legatus ut hosti
   Mittatur, verbis fallere qui satagat;
Servitium simulet, nec non et fœdera pacis,
   Et dextras dextræ subdere si jubeat.
      (*Ibid.*, p. 33.)

Ce conseil, dont il est difficile de juger l'à-propos et le mérite, 1066
plut aux chefs de la bourgeoisie comme venant d'un politique habile
et d'un homme de guerre expérimenté. Ils se flattaient, à ce qu'il
semble, d'obtenir une suspension d'hostilités, et de traîner les négociations en longueur jusqu'à l'arrivée d'un secours; mais la chose
tourna tout autrement. Le parlementaire envoyé pour jouer de ruses
avec le duc Guillaume revint de son camp dupé par lui, chargé de
présents et dévoué à sa cause[1]. Lorsqu'il parut devant les magistrats
et les notables de la ville pour leur rendre compte de son message,
une foule émue d'anxiété l'escortait et se pressait derrière lui. Son
discours étrangement audacieux fut un éloge sans mesure du prétendant armé, où toutes les vertus royales lui étaient prêtées, et qui
promettait en son nom paix, justice et obéissance aux vœux de la
nation anglaise[2]. Ces paroles, si différentes des bruits répandus alors
sur la dureté implacable du vainqueur de Hastings, loin de provo-
quer le cri de trahison, furent accueillies par la foule, sinon par les
magistrats eux-mêmes, avec joie et confiance. Il y eut pour le parti
de la paix et du duc de Normandie un de ces entraînements populaires auxquels rien ne résiste et que le repentir suit trop tard.
Peuple et magistrats furent d'accord et résolurent par acclamation
qu'on devait, sans attendre rien de plus, porter au duc Guillaume
les clefs de la ville[3].

La cour du jeune roi Edgar, sans armée, sans libre communication
au dehors, était incapable de maîtriser les dispositions de la bour-

1. Obcæcat donis stolidum verbisque fefellit,
   Præmia promittens innumerosa sibi.
   Ille retro rutilo gradiens oneratus ab auro,
   A quibus est missus talia dicta refert.
   (Widonis *Carmen de Hastingæ prælio*; *Chron. anglo-norm.*, t. III, p. 33.)

2. Rex vobis pacem dicit, profertque salutem,
   Vestris mandatis paret et absque dolis.
   (Ibid.)

3. Annuit hoc vulgus, justum probat esse senatus,
   Et puerum regem cœtus uterque negat.
   (Ibid., p. 34.)

1066 geoisie, et de la forcer à courir les hasards d'une résistance désespérée. Ce gouvernement, né au milieu du désordre, et qui, malgré sa popularité, manquait des ressources les plus ordinaires, se vit contraint de déclarer qu'il n'existait plus. Le roi lui-même, accompagné des archevêques Stigand et Eldred, et de Wulstan, évêque de Worcester, plusieurs chefs de haut rang et les premiers d'entre les bourgeois de Londres, vinrent au camp de Berkhamsted et y firent leur soumission. Ils livrèrent des otages au duc de Normandie, lui prêtèrent le serment de fidélité; et, en retour, le duc leur promit, sur sa foi, d'être pour eux un bon seigneur [1]. Alors il marcha vers Londres, et, malgré ses promesses, laissa tout dévaster dans son chemin [2].

Sur la route de Berkhamsted à Londres, se trouvait un riche monastère, appelé l'abbaye de Saint-Alban, construit près des ruines d'une ancienne ville municipale romaine. En approchant des terres de ce couvent, Guillaume remarqua avec surprise de grands abatis d'arbres disposés pour intercepter le passage ou pour le rendre difficile. Il fit venir devant lui l'abbé de Saint-Alban, Frithrik, l'un des hommes que le roi Harold avait le plus aimés [3]. « Pourquoi, lui de« manda le conquérant, as-tu fait couper ainsi tes bois? — J'ai fait « mon devoir, répondit le moine saxon; et si tous ceux de mon « ordre eussent agi de même, comme ils le pouvaient et le devaient, « peut-être n'aurais-tu pas pénétré aussi avant dans notre pays [4]. » Guillaume n'alla point jusqu'à Londres; mais, s'arrêtant à la distance de quelques milles, il fit partir un nombreux détachement de soldats chargés de lui construire, au sein de la ville, une forteresse pour sa résidence [5].

1. Et obsides dederunt, et jurarunt ei juramento, et ille eis promisit quod ipse voluit eis fidus dominus esse. (*Chron. saxon.*, Fragm. sub anno MLXVI, apud *Gloss.*, ed. Lye, t. II, ad finem.) — Willelm. Malmesb., *de Gest. reg. angl.*, lib. III, p. 102, ed. Savile.
2. Cum quibus et ipse fœdus pepigit, et nihilominus exercitui suo villas cremare et rapinas agere permisit. (Florent. Wigorn. *Chron.*, p. 634.) — *Chron. saxon.*, Fragm. sub anno MLXVI, apud *Gloss.*, ed. Lye, t. II, ad finem.
3. Regem Haraldum qui Fretherícum præcordialiter diligebat. (Matth. Paris. *Vitæ abbatum S. Albani*, p. 47.)
4. John Speed's, *Histor. of Great Britain*, p. 436, ed. London, 1623.
5. Præmisit ergo Londoniam qui munitionem in ipsa construerent urbe et pleraque regiæ

Pendant qu'on hâtait ces travaux, le conseil de guerre des Normands discutait, dans le camp près de Londres, les moyens d'achever promptement la conquête commencée avec tant de bonheur [1]. Les amis familiers de Guillaume disaient que, pour rendre moins âpres à la résistance les habitants des provinces encore libres, il fallait que, préalablement à toute invasion ultérieure, le chef de la conquête prît le titre de roi des Anglais [2]. Cette proposition était sans doute la plus agréable au duc de Normandie; mais, toujours circonspect, il feignit d'y être indifférent. Quoique la possession de la royauté fût l'objet de son entreprise, il paraît que de graves motifs l'engagèrent à se montrer moins ambitieux qu'il ne l'était d'une dignité qui, en l'attachant à la nation vaincue, devait jusqu'à un certain point séparer sa fortune de celle de ses compagnons d'armes. Guillaume s'excusa modestement, et demanda au moins quelque délai, disant qu'il n'était pas venu en Angleterre pour son intérêt seul, mais pour celui de toute sa nation et des braves qui l'avaient suivi; que, d'ailleurs, si Dieu voulait qu'il devînt roi, le temps de prendre ce titre n'était pas arrivé pour lui, parce que trop de provinces et trop d'hommes restaient encore à soumettre [3].

La majorité des chefs normands inclinait à prendre à la lettre ces scrupules et cette réserve, et à décider qu'en effet il n'était pas temps de faire un roi, lorsqu'un capitaine de bandes auxiliaires, Aimery de Thouars, à qui la royauté de Guillaume devait porter moins d'ombrage qu'aux barons de Normandie, prit vivement la parole, et dit: « C'est trop de modestie que de s'informer si des gens de guerre « veulent que leur seigneur soit roi; on n'appelle point des soldats « à une discussion de cette nature, et d'ailleurs nos débats ne ser« vent qu'à retarder ce que nous souhaitons tous de voir s'accomplir « sans délai [4]. » Ceux d'entre les Normands qui, après les feintes

---

magnificentiæ præpararent, moraturus interim per vicina. (Guill. Pictav., apud *Script. rer. normann.*, p. 205.)

1. ... Consulens... comitatos e Normannia. (Ibid.)
2. ... Rebellem quemque minus ausurum in se, facilius conterendum. (Ibid.)
3. ... Res adhuc turbidas esse, rebellare nonnullos. (Ibid., p. 203.)
4. ... Ad disceptationem hujusmodi milites nunquam aut raro acciti sunt. Non est diu

excuses de Guillaume, auraient osé opiner dans le même sens que leur duc, furent d'un avis tout contraire lorsque le Poitevin eut parlé, de crainte de paraître moins fidèles et moins dévoués que lui au chef commun. Ils décidèrent donc unanimement qu'avant de pousser plus loin la conquête, le duc Guillaume se ferait couronner roi d'Angleterre avec le cérémonial ordonné par la coutume du pays.

La soumission du jeune Edgar, des chefs anglais et des bourgeois de Londres était considérée par Guillaume comme une reconnaissance de son droit à la royauté. Il avait maintenant à recevoir la consécration religieuse, et il comptait que cette grande cérémonie attirerait vers lui l'esprit du peuple et l'aiderait à tout pacifier[1]. Suivant l'ancien usage, le sacre du nouveau roi devait être fait à Londres par le premier des métropolitains, l'archevêque de Canterbury. Stigand, l'homme décoré de ce titre, et, en même temps, l'homme le plus puissant de l'Angleterre par son crédit et ses richesses, obéissant à la nécessité, s'était soumis avec les autres. Guillaume affectait envers lui de grands égards et une courtoisie particulière; il ne lui faisait rien sentir des effets de l'interdiction portée contre lui par le pape; il le nommait son père et il en recevait le nom de fils; mais, sous ces paroles mutuellement affectueuses, il n'y avait d'une part et de l'autre que défiance et aversion[2].

Le vainqueur des Anglais voulait en même temps deux choses contradictoires : ménager l'archevêque Stigand, qu'il jugeait dangereux pour sa cause et dont l'interdiction n'était pas admise en Angleterre, et ne pas mécontenter le pape, dont l'alliance intime était une partie de sa force. Pour sortir d'embarras, il eut recours, dit un vieil historien, à l'astuce qui lui était familière. Évitant de donner son avis dans la question de discipline ecclésiastique, il se tint à

trahendum nostra deliberatione quod desideramus fieri quam ocissime. (Guill. Pictav., apud *Script. rer. normann.*, p. 205.)

1. Cumque peracta victoria, tyranni nomen exhorrescens et legitimi principis personam induere gestiens... in regem solemniter consecrari deposceret... (Gulielm. Neubrig., *de Rer. anglic.*, p. 15, ed. Hearne.)

2. Consertisque loquelis, Willielmus eum in patrem et archiepiscopum, ipse Willielmum in regem recepit et filium. (Willelm. Malmesb., *de Gest. pontific. angl.*, p. 204, ed. Savile.)

l'écart et fit intervenir, à prix d'argent, de faux mandataires du saint-siége qui se disaient chargés de mettre opposition au sacre, s'il était célébré par Stigand[1]. L'archevêque de Canterbury, dupe ou non de ce stratagème, fut contraint de céder sur son droit, et l'on décida que le métropolitain d'York, Eldred, officierait à la cérémonie, l'autre métropolitain jouissant du reste de tous les honneurs dus à son rang[2]. C'est ainsi que les choses se passèrent; mais la masse du peuple anglais accueillit une autre version des mêmes faits, moins réelle et plus patriotique. On dit, et la tradition répéta, que Stigand, invité à sacrer le nouveau roi, avait refusé son ministère, déclarant qu'il ne voulait pas imposer les mains à un homme couvert du sang des hommes et envahisseur des droits d'autrui[3].

Le lieu désigné pour la cérémonie du couronnement fut l'église royale de Saint-Pierre, qu'on appelait alors et qu'on appelle encore aujourd'hui le monastère de l'Ouest[4]. L'église fut préparée et ornée comme aux anciens jours où, après le vote libre des meilleurs hommes de l'Angleterre[5], le roi de leur choix venait s'y présenter pour recevoir l'investiture du pouvoir qu'ils lui avaient déféré. Mais cette élection nationale n'avait point eu lieu pour Guillaume; son titre était le droit du plus fort. Il sortit de son camp près de Londres, et marcha, entre deux haies de soldats étrangers, au monastère, où l'at-

---

1. Verumtamen coronam regni de manu ejus rex detractavit suscipere, astutia qua consueverat prohibitores ex parte apostolici subornans. (Willelm. Malmesb., *de Gest. pontific. angl.*, p. 204, ed. Savile.)

2. Coronationis autem officium noluit ab archiepiscopo Stigando percipere, cujus dignitati solebat illud officium ex debito pertinere. (Ingulf. Croyland. *Hist.*, p. 900, ed. Savile.) —

    Illius et dextram sustentat metropolita,
      Ad lævam graditur alter honore pari.

        (Widonis *Carmen de Hastingæ prælio*; *Chron. anglo-norm.*, t. III, p. 37.)

3. ... Ille viro, ut aiebat, cruento et alieni juris invasori manus imponere nullatenus adquievit. (Gulielm. Neubrig., *de Reb. anglic.*, p. 15, ed. Hearne.) — *Chron. Johan. Bromton*, apud *Hist. anglic. Script.*, col. 962, ed. Selden. — *Chron. Walteri Hemingford*, apud *Hist. anglic. Script.*, t. II, p. 457, ed. Gale.

4. Westminster.

5. Tha bestan menn. (*Chron. saxon.*, passim.)

tendaient les chefs et les prélats saxons, tristes et confus de ce qu'ils allaient faire, ou s'étourdissant eux-mêmes par la pompe et le bruit du jour, et affectant un air de liberté dans leur lâche et servile office. Toutes les avenues de l'église, les places et les rues du faubourg étaient remplies de cavaliers en armes, qui avaient ordre d'agir hostilement au moindre signe d'émeute ou de trahison[1]. Les feudataires normands, comtes ou barons, évêques ou abbés, et les autres chefs de l'armée, se trouvaient déjà dans l'église ou y entrèrent avec le duc.

Quand s'ouvrit la cérémonie, Geoffroy, évêque de Coutances, montant sur une estrade, demanda, en langue française, aux Normands, s'ils étaient tous d'avis que leur seigneur prît le titre de roi des Anglais, et, en même temps, l'archevêque d'York demanda aux Anglais, en langue saxonne, s'ils voulaient pour roi le duc de Normandie[2]. Alors il s'éleva dans l'église des acclamations si bruyantes, qu'elles retentirent hors des portes jusqu'à l'oreille des cavaliers qui remplissaient les rues voisines. Ils prirent ce bruit confus pour un cri d'alarme, et, dans le premier trouble, soit par imprudence, soit par suite d'une consigne secrète, ils mirent le feu aux maisons[3]. Plusieurs s'élancèrent dans l'église, et, à la vue de leurs épées nues et des lueurs de l'incendie, tous les assistants se dispersèrent, hommes et femmes, Normands et Saxons[4]. Les uns couraient sans savoir où, d'autres allaient au feu pour l'éteindre, d'autres, comme à Douvres, pour faire du butin dans le désordre[5]. La cérémonie fut suspendue par ce tumulte, et il ne resta pour l'achever en toute hâte que le

---

1. ... Et Normannorum turmæ circa monasterium in armis et equis, ne quid doli et seditionis oriretur, præsidio dispositæ fuerunt. (Orderic. Vital. *Hist. ecclesiast.*, lib. III, apud *Script. rer. normann.*, p. 503.) — Guill. Pictav., apud ibid , p. 206.

2. Dum Adelredus præsul alloqueretur Anglos, et Goisfredus Constantiniensis Normannos, an concederent Guillelmum regnare super se, et universi consensum hilarem protestarentur una voce, non unius linguæ locutione. (Orderic. Vital. *Hist. ecclesiast.*, lib. III, apud *Script. rer. normann.*, p. 503.)

3. Armati milites qui extrinsecus erant pro suorum tuitione... rem sinistram arbitrati flammam ædibus imprudenter injecerunt. (Ibid.)

4. Multitudo virorum ac mulierum diversæ dignitatis et qualitatis, infortunio perurgente, celeriter basilicam egressa est. (Ibid.)

5. ... Plures ut in tanta perturbatione sibi prædas diriperent. (Ibid.)

duc, l'archevêque Eldred, les évêques, et quelques prêtres des deux 1066 nations. Tout tremblants, ils reçurent de celui qu'ils faisaient roi et qui, selon un ancien récit, tremblait comme eux, le serment de traiter le peuple anglais aussi bien que le meilleur des rois que ce peuple avait librement élu [1].

Dès le lendemain de ce jour, la ville de Londres eut lieu d'apprendre ce que valait un tel serment dans la bouche d'un étranger vainqueur : on imposa aux citoyens un énorme tribut, et cette levée d'argent, que les chroniques saxonnes qualifient de cruelle, fut faite sur les riches Anglais, à titre de don volontaire, pour le joyeux avènement du nouveau roi [2]. Guillaume lui-même semblait ne pas croire que la bénédiction de l'archevêque Eldred et quelques acclamations eussent fait de lui un roi d'Angleterre dans le sens légal de ce mot, et il se rangeait à sa vraie place par l'attitude de défiance et d'hostilité qu'il gardait vis-à-vis du peuple. Il n'osa point encore s'établir dans Londres ni habiter le château crénelé qu'on lui avait construit à la hâte. Il sortit pour attendre dans la campagne voisine que ses ingénieurs eussent donné plus de solidité à cet ouvrage, et jeté les fondements de deux forteresses, pour réprimer, dit un historien normand, l'esprit mobile d'une population nombreuse et fière [3].

Durant les jours que le nouveau roi passa à sept milles de Londres, dans un lieu appelé Barking, les deux chefs saxons dont la fatale retraite avait amené la reddition de la grande ville, effrayés de la puissance que la possession de Londres et le titre de roi donnaient à l'envahisseur, vinrent du nord lui demander grâce et lui jurer fidé-

---

1. Soli præsules et pauci clerici cum monachis nimium trepidantes ante aram perstiterunt, et officium consecrationis super regem vehementer trementem vix peregerunt. (Orderic. Vital. *Hist. ecclesiast.*, lib. III, apud *Script. rer. normann.*, p. 503.) — Et juravit... quod vellet hanc gentem tam bene custodire quam quivis rex ante eum optime fecerat. (*Chron. saxon.*, Fragm. sub anno MLXVI, apud *Gloss.*, ed. Lye, t. II, ad finem.)

2. Nihilominus imposuit tributum hominibus valde sævum. (Ibid.) — Id munificentiæ studium adjuvit non modicus census quem undique civitates et locupletes quique obtulerant novitio domi no. (Guill. Pictav., *de Gest. Guillelmi ducis*, apud *Script. rer. gallic. et francic.*, t. XI, p. 100.)

3. Dum firmamenta quædam in urbe contra mobilitatem ingentis ac feri populi perficerentur; vidit enim imprimis necessarium magnopere Londonienses coerceri. (Guill. Pictav., apud *Script. rer. normann.*, p. 208.)

lité[1]. Mais la soumission d'Edwin et de Morkar n'entraîna point celle des provinces dont ils étaient gouverneurs, et l'armée normande ne se porta point en avant pour aller occuper ces provinces ; elle resta cantonnée autour de Londres et sur les côtes du sud et de l'est, les plus voisines de la Gaule. Le soin de partager les richesses du territoire envahi l'occupait alors presque uniquement. Des commissaires parcouraient toute l'étendue de pays où l'armée avait laissé des garnisons, et ils y faisaient un inventaire exact des propriétés de toute espèce, publiques ou particulières[2]. Ils les enregistraient avec soin et en grand détail, car la nation normande se montrait déjà, comme on l'a vu depuis, extrêmement prodigue d'écritures, d'actes et de procès-verbaux.

On s'enquérait des noms de tous les Anglais morts en combattant, ou qui avaient survécu à la défaite, ou que des retards involontaires avaient empêchés de se rendre sous les drapeaux. Tous les biens de ces trois classes d'hommes, terres, revenus, meubles, étaient saisis[3] : les enfants des premiers étaient déclarés déshérités à tout jamais ; les autres étaient pareillement dépossédés sans retour ; et eux-mêmes, dit le vieux narrateur, sentaient qu'en leur laissant la vie, l'ennemi faisait beaucoup pour eux[4]. Quant aux hommes qui n'avaient point pris les armes, ils furent aussi dépouillés de tout, comme ayant eu l'intention de les prendre : mais, par grâce, on leur laissa l'espoir qu'après des années d'obéissance et de dévouement à la puissance étrangère, non pas eux, mais leurs fils obtiendraient des maîtres du pays une portion plus ou moins grande de l'héritage paternel[5]. Telle fut la loi de la conquête, selon le témoignage non

---

1. Eduinus et Morcarus, filii Ælfgari comitis... ad regem veniunt, veniamque si qua in re contra eum senserint poscunt, et se cunctaque sua ejus clementiæ tradunt. (Orderic. Vital. *Hist. ecclesiast.*, apud *Hist. normann. Script.*, p. 506.) — Guill. Pictav., apud ibid., p. 208.

2. Cum rex ipse regisque proceres loca nova perlustrarent, facta est inquisitio diligens. (*Dialogus de saccario*, in notis ad Matth. Paris., ad initium.)

3. ... Spes omnis terrarum et fundorum atque redituum... præclusa est. (Ibid.)

4. ... Magnum namque reputabant frui vitæ beneficio sub inimicis. (Ibid.)

5. Cum, tractu temporis, devotis obsequiis, gratiam dominorum possedissent, sine spe successionis, filii tantum pro voluntate... dominorum possidere cœperunt. (*Dialogus de saccario*, in notis ad Matth. Paris., ad initium.

suspect d'un homme presque contemporain et issu de la race des conquérants¹.

1066

L'immense produit de cette spoliation universelle fut la solde des aventuriers de tout pays qui s'étaient enrôlés sous la bannière du duc de Normandie. Leur chef, le nouveau roi des Anglais, retint, pour sa part en choses mobilières, le trésor des anciens rois, l'orfèvrerie des églises et ce qu'on trouva de plus précieux dans les maisons des nobles et les magasins des marchands². Guillaume envoya au pape Alexandre II, avec une portion de ces richesses, l'étendard de Harold richement brodé, comme retour d'un pareil don et comme trophée d'une victoire qu'à Rome on souhaitait vivement³. Toutes les églises d'outre-mer où l'on avait prié et fait des vœux pour le succès de l'invasion reçurent, en récompense, des vases d'or, des croix du même métal, ornées de pierreries, des ornements d'une grande valeur et des sommes d'argent considérables⁴. La Normandie, ses cathédrales, ses monastères et ses hospices d'indigents eurent de droit le meilleur lot dans cette pieuse distribution des premiers gains de la conquête⁵.

Après la part du roi et du clergé, on fit celle des hommes de guerre, selon leur grade et les conditions de leur engagement. Ceux qui, au camp sur la Dive, avaient fait hommage pour des terres, alors

---

1. *Ricardus Nigellus*, Richard Lenoir, ou Noirot, évêque d'Ely au douzième siècle.

2. Large erogavit quod Heraldi regis ærarium avare inclusit... Maximi numero, genere, artificio, thesauri compositi fuerant, aut custodiendi ad vanum gaudium avaritiæ, aut luxu anglico turpiter consumendi, quorum partem ad ministros confecti belli magnifice erogavit. (Guill. Pictav., apud *Script. rer. normann.*, p. 206.)

3. Romanæ Ecclesiæ sancti Petri pecuniam in auro atque argento ampliorem quam dictu credibile sit, et ornamenta quæ Bizanthium perchara haberet, in manum Alexandri papæ transmisit, memorabile quoque vexillum Heraldi, hominis armati imaginem intextam habens ex auro purissimo, quo spolio pro munere ejusdem apostolici benignitate sibi misso par redderet, simul et triumphum de tyranno Romæ ulteriusque optatum pulchre indicaret. (Ibid.)

4. Mille ecclesiis Franciæ, Aquitaniæ, Burgundiæ, necnon Arverniæ aliarumque regionum... Aliæ cruces aureas admodum grandes insigniter gemmatas, pleræque libras auri vel ex eodem metallo vasa, nonnullæ pallia vel pretiosum alium quid accepere. (Guill. Pictav., *de Gest. Guillelmi ducis*, apud *Hist. normann. Script.*, p. 206.)

5. Plurima ac pretiosissima egenis et monasteriis diversarum provinciarum distribuit... Munera quidem gratissima Normanniæ advenerunt a suo dulci nato. (Ibid.)

à conquérir, reçurent celles des Anglais dépossédés[1]; les comtes et les barons eurent de vastes domaines, des châteaux, des bourgades, des villes entières ; les chevaliers et les simples vassaux eurent des fiefs proportionnés à leur grade[2]. Quelques-uns prirent leur solde en argent ; d'autres avaient stipulé d'avance qu'ils auraient une femme saxonne, et Guillaume, dit la chronique normande, leur fit prendre, par mariage, de nobles dames, héritières de grands biens, dont les maris étaient morts dans la bataille. Un seul, parmi les hommes venus à la suite du conquérant, ne voulut rien accepter de la dépouille des vaincus. C'était un Normand, de condition noble, appelé Goubert, fils de Richard : il dit qu'il avait accompagné son seigneur en Angleterre, pour remplir les devoirs d'un vassal, mais que le bien d'autrui ne le tentait pas ; qu'il retournerait dans son pays et se contenterait de l'héritage modeste qu'il y possédait légitimement[3].

Le nouveau roi employa les derniers mois de l'hiver qui termina l'année 1066 à faire une sorte de promenade militaire dans les provinces alors envahies. Il est difficile de déterminer exactement le nombre de ces provinces et l'étendue de pays que les troupes étrangères occupaient et parcouraient librement. Toutefois, en examinant avec soin les récits des chroniqueurs, on trouve des preuves, tout

---

1. *Chronique de Normandie; Recueil des hist. de la France*, t. XIII, p. 239. — Ipsis opulenta beneficia distribuit, pro quibus labores ac pericula libentibus animis tolerarent. Nulli tamen Gallo datum est quod Anglo injuste fuerit ablatum. (Guill. Pictav., *de Gest. Guillelmi ducis*, apud *Hist. normann. Script.*, p. 208.) — Ce qu'il y a de fausseté historique dans ces derniers mots et dans beaucoup d'autres assertions du même auteur est signalé par D. Bouquet, *Recueil des hist. de la France*, t. XI, p. 96, note.

2. Dona chastels, dona citez,
    Dona maneirs, dona comtez,
    Dona terres as vavassors,
    Dona altres rentes plusors.
        (*Roman de Rou*, t. II, p. 387.)

— Le mot *vassal* était alors synonyme d'homme de guerre. *Hardi et noble vassal. Vassaument*, pour bravement.

3. Gulbertus, rege multas in Anglia possessiones offerente, Neustriam repetiit, legitimaque simplicitate pollens, de rapina quicquam possidere noluit. Suis contentus, aliena respuit. (Orderic. Vital. *Hist. ecclesiast.*, lib. VI, apud *Script. rer. normann.*, p. 606.)

au moins négatives, que les Normands ne s'étaient point avancés, dans la direction du nord-est, au delà des rivières dont l'embouchure forme le golfe de Boston, et vers le sud-ouest, au delà des terres montagneuses qui bordent la province de Dorset. La ville d'Oxford, située presque à distance égale de ces deux points opposés, sur la ligne droite tirée de l'un à l'autre, ne s'était point encore rendue, mais peut-être cette frontière idéale avait-elle été dépassée, soit au nord soit au midi d'Oxford. Il est également difficile de le nier ou de l'affirmer, et de fixer à un instant précis la limite d'un envahissement toujours en progrès.

L'espace de terre possédé par Guillaume effectivement, et non d'une manière nominale, en vertu de son titre de roi, fut en peu de temps hérissé de citadelles et de châteaux forts, cantonnements des troupes étrangères [1]. Tous les indigènes y furent désarmés et contraints de jurer obéissance et fidélité au nouveau chef suprême imposé par la lance et l'épée. Ils jurèrent; mais au fond de leur cœur, ils ne croyaient pas que le conquérant fût roi légitime; et, à leurs yeux, le véritable roi d'Angleterre, c'était encore le jeune Edgar, tout déchu et captif qu'il était. Les moines du couvent de Peterborough, dans la province de Northampton, en donnèrent la preuve. Ayant perdu leur abbé Leofrik, revenu mortellement blessé de la bataille de Hastings, ils choisirent pour lui succéder leur prévôt, nommé Brand; et, comme la règle voulait que l'élection fût approuvée par le chef du pays, ils envoyèrent Brand vers Edgar. Selon la chronique du monastère, ils firent cette démarche, parce que les habitants de la contrée pensaient qu'Edgar deviendrait roi [2]. Dès que le bruit en parvint aux oreilles du roi Guillaume, sa colère fut au comble; il voulait châtier rudement ceux qui lui avaient fait cette offense, mais ses propres amis intervinrent, et il pardonna en accep-

---

1. Ædificaverunt castella passim per hanc regionem, et miser populus vexatus est, et semper deinceps deterius factum est valde. (*Chron. saxon.*, Fragm. sub anno MLXVI, apud *Gloss.*, ed. Lye, t. II, ad finem.) — Custodes in castellis strenuos viros collocavit ex Galliis traductos, quorum fidei pariter ac virtuti credebat, cum multitudine peditum et equitum. (Guill. Pictav, *de Gest. Guillelmi ducis*, apud *Hist. normann. Script.*, p 208.)

2. Et miserunt eum ad Ædgarum Clitonem, hujus enim terræ incolæ arbitrabantur eum regem fore. (*Chron. saxon.*, ed. Gibson, p. 173.)

tant une somme de quarante marcs d'or[1]. Toutefois, la trêve ne fut pas longue entre le roi de la conquête et le couvent de Peterborough : « Bientôt, dit le narrateur contemporain, tous les maux et toutes « les douleurs ont fondu sur notre maison. Que Dieu daigne avoir « pitié d'elle[2]. »

Cette prière d'un moine saxon pouvait être celle de tout habitant des provinces conquises; car chacun y avait largement sa part de douleurs et de misères : pour les hommes, c'était la ruine et la servitude; pour les femmes, c'étaient les affronts et les violences, plus cruelles que tout le reste. Celles qui ne furent pas prises *par mariage* le furent *par amours*, comme on disait dans le langage des vainqueurs[3], et devinrent le jouet des soldats étrangers, dont le dernier et le plus vil était seigneur et maître dans la maison du vaincu. « D'ignobles valets d'armes, de sales vauriens, dit un auteur du « temps, disposaient, à leur fantaisie, des plus nobles filles, et ne « leur laissaient qu'à pleurer et à souhaiter la mort[4]. Ces misérables « effrénés s'émerveillaient d'eux-mêmes, ils devenaient fous d'or-« gueil et de surprise, de se voir si puissants, d'avoir des serviteurs « plus riches que n'avaient jamais été leurs pères; tout ce qu'ils « voulaient, ils se le croyaient permis[5]. » Tel fut le spectacle donné au monde par une conquête chrétienne, et tel fut le sort qui s'étendit sur les hommes de race anglaise, à mesure que la bannière aux trois lions avança sur leurs campagnes et fut arborée dans leurs villes[6].

---

1. Quum id rex Willelmus fama accepisset, ira admodum fuit commotus, dicens abbatem se despexisse. Viri autem boni intercedentes .. Dedit idcirco regi XL marcas auri amicitiæ conciliandæ causa. (*Chron. saxon.*, ed. Gibson, p. 173.)

2. Omnis dolor omniaque mala monasterium oppresserunt. Deus illius misereatur. (Ibid.)

3. Le mot *paramour*, dans l'anglais moderne, est un bizarre composé de la vieille locution normande.

4. Nobiles puellæ despicabilium ludibrio armigerorum patebant, et ab immundis nebulonibus oppressæ, dedecus suum deplorabant. (Orderic. Vital. *Hist. ecclesiast.*, lib. IV, apud *Script. rer. normann.*, p. 523.)

5. Ut multos in Anglia ditiores et potentiores habuerent clientes quam eorum in Neustria fuerant parentes... et quasi vecordes e superbia efficiebantur unde sibi tanta potestas emanasset, et putabant quod quicquid vellent sibi liceret. (Ibid., p. 522 et 523.)

6. Voici le tableau qu'on se faisait de la conquête en Allemagne et en France : Bas-

Mais cette destinée, partout également dure, prit des apparences diverses, selon la diversité des lieux. Les villes ne furent point frappées comme les campagnes; telle ville ou telle campagne le fut différemment de telle autre; autour d'un fond commun de misères, si l'on peut s'exprimer ainsi, il y eut des formes variées et cette multiplicité d'accidents qu'offrent toujours les choses humaines.

Toute la contrée voisine de Hastings avait souffert de telles dévastations que, vingt ans après, les domaines ruraux n'y produisaient aucun revenu. La ville de Douvres, à demi consumée par l'incendie, entra dans le partage d'Eudes, évêque de Bayeux, qui ne put, disent les vieux actes, en savoir au juste la valeur, parce qu'elle était trop dévastée[1]. Il en distribua les maisons à ses vassaux et à ses gens; Raoul de Courbespine en reçut trois avec le champ d'une femme pauvre[2]; Guillaume, fils de Geoffroy, eut aussi trois maisons dont l'une était l'ancien hôtel de la Ghilde ou corporation municipale[3]. Près de Colchester, dans la province d'Essex, Geoffroy de Mandeville occupa seul quarante manoirs ou habitations entourées de terres en culture; quatorze propriétaires saxons furent dépossédés par Engelry, et trente par un certain Guillaume. Un riche Anglais se remit, pour sa sûreté, au pouvoir du Normand Gaultier, qui en fit son tributaire[4]; un autre Anglais devint serf de corps sur la glèbe de son propre champ[5].

Dans la province de Suffolk, un chef normand s'appropria les

---

tardus victor omnes pene ejusdem regni præsules exsilio, nobiles vero morti destinavit; mediocres autem suis militibus in servitutem, uxores indigenarum universorum advenis in matrimonium subjugavit. (Ex *Chronico germano-saxonico*, apud *Script. rer. gallic. et francic.*, t. XI, p. 216.) — Guillelmus Nothus, rex Anglorum effectus, omni arte et sollicitudine intendit proceres et nobiles quosque anglicæ gentis affligere, deprimere, proscribere, et ad suæ voluntatis arbitrium cuncta sive juste sive injuste redigere. (Ex *Chronico lemovicensi* Willelmi Godelli, apud ibid., p. 284.)

1. ... Pretium ejus non potuit computari quantum valebat. (Extracta ex Domesday-book, apud *Rer. anglic. Script.*, t. I, p. 759, ed. Gale.)

2. Domesday-book, vol. I, fol. 9, verso.

3. ... Willelmus Gaufridi III, in quibus erat Gihalla burgensium. (Extracta ex Domesday-book, apud *Rer. anglic. Script.*, t. I, p. 759, ed. Gale.)

4. ... Summisit se in manu Walterii pro defensione sui. (Domesday-book, vol. I, fol. 36, recto.)

5. Quidam liber homo... qui modo effectus est unus de villanis. (Ibid., vol. II, p. 1.)

terres d'une Saxonne nommée Edive la belle[1]. La cité de Norwich passa tout entière dans le domaine privé du conquérant : elle avait payé aux rois saxons trente livres et vingt sous d'impôt; mais Guillaume exigea par an soixante-dix livres, un cheval de prix, cent sous au profit de la reine sa femme, et, en outre, vingt livres pour le salaire de l'officier qui y commandait en son nom[2]. Une forte citadelle fut bâtie au sein de cette ville habitée par des hommes d'origine danoise, parce que les vainqueurs craignaient qu'elle n'appelât et ne reçût du secours des Danois qui croisaient souvent près de la côte[3]. Dans la ville de Dorchester, au lieu de cent soixante-douze maisons qu'on y avait vues du temps du roi Edward, on n'en comptait plus que quatre-vingt-huit; le reste était en ruine ou avait servi de matériaux pour la construction d'une forteresse; à Warham, sur cent trente-trois maisons, soixante-trois disparurent de même[4]; à Bridport, vingt maisons furent tellement ruinées, qu'on cessa de les compter au nombre de celles qui payaient l'impôt[5]. L'île de Wight, près de la côte du sud, fut conquise par Guillaume, fils d'Osbern, sénéchal du roi normand, et devint une portion de ses vastes domaines en Angleterre[6]. Il la transmit à son fils, puis elle échut à son petit-neveu Baudoin, appelé en Normandie Baudoin de Reviers, et qu'en Angleterre on surnomma Baudoin de l'île.

Près de Winchester, dans la province de Hants, se trouvait le monastère de Hida, dont l'abbé, accompagné de douze moines et de

---

1. Edeva faira. (Domesday-book, vol. II, p. 285.) — La même femme, nommée ailleurs *Edeva pulchra*, avait aussi des terres qui lui furent enlevées dans les provinces de Hertford, de Buckingham et de Cambridge. — Voyez Henry Ellis, *General introduction to Domesday-book*, vol. II, p. 78.

2. ... Modo LXX lib. in pensum regis, et c solidos ad numerum de Gersuma reginë, et unum asturconem, et XX libras blancas comiti. (Domesday-book, vol. II, p. 117.)

3. ... Danos in auxilium citius recipere potest. (Guill. Pictav., apud *Hist. normann. Script.*, p. 208.)

4. Extracta ex Domesday-book, apud *Rer. anglic. Script.*, t. I, p. 764, ed. Gale.

5. ... Modo sunt ibi c domus et XX sunt ita destructæ, quod qui in eis manent geld. solvere non valent. (Ibid.)

6. Conquisivit insulam Vectam. (*Monast. anglic.*, Dugdale, t. II, p. 905.) — Willelmo dapifero Normanniæ Osberni filio insulam Vectam (rex Guillelmus) dedit. (Orderic. Vital. *Hist. ecclesiast.*, apud *Hist. normann. Script.*, p. 521.)

vingt hommes d'armes, était allé à la bataille de Hastings et n'en était point revenu [1]. La vengeance que le conquérant exerça contre ce monastère fut mêlée d'une sorte de plaisanterie; il prit sur les domaines du couvent douze fois la portion de terre suffisante pour solder et entretenir un homme d'armes, ou, selon le langage du temps, douze fiefs de chevaliers, avec une portion de capitaine, ou un fief de baron, comme rançon du crime des treize religieux qui avaient combattu contre lui [2]. Un autre fait qu'on peut citer parmi les *joyeusetés* de la conquête, c'est qu'une jongleresse, appelée Adeline, figure sur le rôle de partage dressé pour la même province, comme ayant reçu fief et salaire de Roger, l'un des comtes normands [3].

1066 à 1067

Dans la province de Hertford, un Anglais avait racheté sa terre par le payement de neuf onces d'or [4]; et cependant, pour échapper à une dépossession violente, il fut obligé de se rendre tributaire d'un soldat appelé Vigot. Trois guerriers saxons, Thurnoth, Waltheof et Thurman, associés en fraternité d'armes, possédaient auprès de Saint-Alban un manoir qu'ils avaient reçu de l'abbaye à condition de la défendre par l'épée, s'il en était besoin [5]. Ils remplirent fidèlement cet office jusqu'au temps de l'invasion normande ; alors, sommés de se rendre et ne le voulant pas, ils abandonnèrent leur domaine. Le sort fit tomber ce domaine dans la part de conquête d'un noble baron, appelé Roger de Toëny, qui eut bientôt à défendre lui-même ses possessions nouvelles contre les Saxons dépossédés. Ceux-ci, réfugiés dans les forêts voisines, y rassemblèrent une troupe de gens expropriés comme eux, et attaquant à l'improviste les Normands établis sur leurs terres, ils en tuèrent plusieurs, mirent le

---

1. Voyez plus haut, livre III.

2. Pro abbate baroniam unam, et pro singulis monachis qui cum abbate in bellum processerunt, singula feoda militum arripuit. (*Monast. anglic.*, Dugdale, t. I, p. 210.)

3. Et Adelina joculatrix unam virgatam quam Rog. comes dedit ei. (Domesday-book, t. I, fol. 38, verso.)

4. Terram suam emit a W. rege novem uncias auri. (Ibid., fol. 137, verso.)

5. Et si communis *guerra* oriretur in regno, omnem diligentiam et totum posse fideliter adhiberent, ad ecclesiæ Sancti Albani tuitionem. (Matth. Paris. *Vitæ abbatum S. Albani*, t. I, p. 46.)

feu aux maisons qu'ils occupaient, mais ne réussirent point à les chasser [1].

Ces faits, pris au hasard entre des centaines d'autres, suffisent pour que le lecteur se figure les scènes tristes, mais variées, qu'offraient en même temps plusieurs provinces anglaises du sud et de l'est, tandis que le roi normand s'installait dans la Tour de Londres. Cette forteresse, construite à l'un des angles du mur de la ville, vers l'orient, près de la Tamise, reçut alors le nom de Tour Palatine, nom formé d'un vieux titre romain que Guillaume portait en Normandie, conjointement avec ceux de duc ou de comte. Deux autres forteresses, bâties à l'occident, et confiées à la garde des Normands Baynard et Gilbert de Montfichet, prirent chacune le nom de leurs gardiens [2]. La bannière aux trois lions fut arborée sur le donjon de Guillaume, et sur les deux autres flottèrent celles de Baynard et de Montfichet. Mais ces capitaines avaient tous deux juré d'en faire descendre leurs drapeaux, et d'y élever celui du roi, leur seigneur, à son premier commandement, à son commandement proféré avec colère ou sans colère, soutenu par grande ou petite force, pour cause de délit ou sans délit, comme s'énonce la formule de droit féodal. Avant de faire, au bruit des trompettes, leur entrée dans leurs tours et de les garnir de leurs hommes de service, ils avaient mis leurs mains entre les mains du roi Guillaume, et s'étaient reconnus eux-mêmes pour ses hommes de service et de foi.

Ce qu'ils jurèrent au chef de la conquête, d'autres le leur jurèrent aussi, et d'autres encore firent à ces derniers le même serment de foi et d'hommage. Ainsi la troupe des conquérants, quoique éparse et disséminée sur le territoire des vaincus, resta unie par une grande chaîne de devoirs, et garda la même ordonnance qu'à son départ de Normandie ou dans son camp près de Hastings. Le subalterne devait foi et service à son supérieur militaire, ou à celui dont il avait reçu

---

1. ... Quia pati jugum Normannorum dedignabantur. Et nemora adeuntes, indomabiles facti et Normannis, qui in suas terras se ingesserant, insidias præparantes, et domus eorum combusserunt et multos de illis peremerunt. (Matth. Paris. *Vitæ abbatum S. Albani*, t. I, p. 46.)

2. Castellum Beynardi, Baynard castle. (Maitland's *History of London*, p. 41.)

en fief soit des terres, soit de l'argent. Sous cette condition, les mieux partagés dans les différents gains de la conquête donnèrent une part de leur superflu à ceux qui avaient eu moins de bonheur. Les chevaliers reçurent des barons, et les simples hommes d'armes de leurs capitaines ; à leur tour les hommes d'armes donnèrent aux écuyers, les écuyers aux sergents, les sergents aux archers et aux valets. En général, les riches donnèrent aux pauvres ; mais les pauvres devinrent bientôt riches des profits croissants de l'invasion, et, parmi ces classes de combattants et de feudataires que le langage du siècle distinguait[1], il y eut une grande mobilité, parce que les chances de la guerre portaient rapidement les hommes des derniers rangs vers les premiers[2].

Tel qui avait passé la mer avec la casaque matelassée et l'arc de bois noirci du piéton, parut sur un cheval de bataille, et ceint du baudrier militaire, aux yeux des nouvelles recrues qui arrivèrent après lui. Tel était venu pauvre chevalier, qui bientôt leva bannière, comme on s'exprimait alors, et conduisit une compagnie dont le cri de ralliement était son nom. Les bouviers de Normandie et les tisserands de Flandre, avec un peu de courage et de bonheur, devenaient promptement, en Angleterre, de hauts hommes, d'illustres barons ; et leurs noms, vils ou obscurs sur l'une des rives du détroit, étaient nobles et glorieux sur l'autre.

« Voulez-vous savoir, dit un vieux rôle en langue française, quels
« sont les noms des grands venus d'outre-mer avec le conquérant,
« Guillaume *à la grande vigueur*[3]? Voici leurs surnoms comme on
« les trouve écrits, mais sans leurs noms de baptême, qui souvent
« manquent ou sont changés : c'est Mandeville et Dandeville, Omfre-

---

1. Conte, baron et chevalier; conte, baron et vavassor. (*Anciennes poésies normandes.*)
2. Rex Guillelmus... adjutoribus suis inclytas Angliæ regiones distribuit, et ex infimis Normannorum clientibus tribunos et centuriones ditissimos erexit. (Orderic. Vital. *Hist. ecclesiast.*, apud *Hist. normann. Script.*, p. 521.)
3. Les nons de grauntz delà la mer
   Qe vindrent od le conquérour,
   William Bastard de graunt vigoure.
            (*Chron. Johan. Bromton,* apud *Hist. anglic. Script.*,
             t. I, col. 963, ed. Selden.)

« ville et Domfreville, Bouteville et Estouteville, Moyon et Boyon, « Biset et Basset, Malin et Malvoisin... » Tous les noms qui suivent sont pareillement rangés de façon à soulager la mémoire par la rime et l'allitération. Plusieurs listes du même genre et disposées avec le même art se sont conservées jusqu'à nos jours; on les trouvait jadis inscrites sur de grandes pages de vélin dans les archives des églises, et décorées du titre de *livres des conquereurs*[1]. Dans l'une de ces listes, les noms sont disposés par groupes de trois : Bastard, Brassard, Baynard; Bigot, Bagot, Talbot; Toret, Trivet, Bouet; Lucy, Lacy, Percy... Un autre catalogue des conquérants de l'Angleterre, longtemps gardé dans le trésor du monastère de la Bataille, contenait des noms d'une physionomie singulièrement basse et bizarre, comme Bonvilain et Boutevilain, Trousselot et Troussebout, l'Engayne et Longue-Épée, Œil-de-bœuf et Front-de-bœuf... Enfin des actes authentiques désignent comme chevaliers normands en Angleterre un Guillaume le charretier, un Hugues le tailleur, un Guillaume le tambour[3]; et parmi les surnoms de cette chevalerie rassemblée de tous les coins de la Gaule figurent un grand nombre de simples noms de villes et de pays : Saint-Quentin, Saint-Maur, Saint-Denis, Saint-Malo, Tournai, Verdun, Fismes, Châlons[4], Chaunes, Étampes, Rochefort, la Rochelle, Cahors[5], Champagne, Gascogne... Tels furent ceux qui apportèrent en Angleterre le titre de gentilhomme[6], et l'y implantèrent à main armée pour eux et pour leurs descendants.

Les valets de l'homme d'armes normand, son écuyer, son porte-lance, furent gentilshommes sur le sol anglais. Ils devinrent tout à

---

1. Tous les grauntz sieignors apres nomez si come il est escript en le liver des conquérors. (Johan. Lelandi *Collectanea*, vol. I, p. 202.)
2. *Script. rer. normann.*, p. 1023 et seq.
3. *Monast. anglic.*, Dugdale, passim.
4. Devenu par corruption *Chaloner*.
5. Devenus par corruption *Rochford, Rokely, Chaworth*, etc. D'autres noms français ont été défigurés de diverses manières, comme de la Haye, *Hay*; de la Souche, *Zouche*, du Saut-de-Chevreau, *Sacheverell*, etc.
6. Ce mot, d'extraction française, n'avait pas d'équivalent précis dans la langue anglo-saxonne.

coup nobles à côté du Saxon autrefois riche et noble lui-même, maintenant courbé sous l'épée de l'étranger, expulsé de la maison de ses aïeux, n'ayant pas où reposer sa tête[1]. Cette noblesse naturelle et générale de tous les vainqueurs croissait en raison de l'autorité ou de l'importance personnelle de chacun d'eux. Après la noblesse du roi normand, unique entre toutes, venait celle du gouverneur de province, qui portait le titre de *comte;* après la noblesse du comte venait celle de son lieutenant, appelé *vice-comte* ou *vicomte;* ensuite celle des gens de guerre, suivant leurs grades, *barons, chevaliers, écuyers* ou *sergents,* nobles inégalement, mais tous nobles par le droit de leur victoire commune et de leur naissance étrangère.

Avant de marcher à la conquête des provinces du nord et de l'ouest, Guillaume, par des raisons difficiles à bien déterminer, voulut repasser la mer et visiter son pays natal. Peut-être avait-il hâte de se montrer à ses compatriotes, entouré de la pompe d'un roi et des trophées de sa victoire; peut-être aussi une passion moins noble, mêlée d'inquiétude sur l'avenir, lui faisait-elle désirer de mettre en sûreté, hors de l'Angleterre, les richesses qu'il avait enlevées aux provinces déjà conquises[2]. Près de s'embarquer pour retourner en Normandie, il confia la lieutenance de son pouvoir royal à son frère Eudes, évêque de Bayeux, et à Guillaume, fils d'Osbern. A ces deux vice-rois furent adjoints d'autres seigneurs de marque, comme aides et comme conseillers : Hugues de Grantmesnil, Hugues de Montfort, Gaultier Giffard et Guillaume de Garenne[3].

Ce fut à Pevensey que se rendit le nouveau roi, afin de s'embarquer au lieu même où il était venu aborder six mois auparavant; plusieurs vaisseaux l'y attendaient, pavoisés en signe de joie et de triomphe[4]. Un grand nombre d'Anglais s'y étaient rendus par son

---

1. ... Non habentes ubi reclinarent caput. (Johan. de Fordun, *Scoti-chronicon*, lib. IV, p. 404, ed. Hearne.)

2. ... Et secum duxit obsides ac thesauros. (*Chron. saxon.,* ed. Gibson, p. 173.) — Nullus unquam illuxit ei (Normanniæ) dies lætior quam cum certo rescivit principem suum, auctorem sui quieti status, regem esse. (Guill. Pictav., apud *Hist. normann. Script.,* p. 206.) — Henrici Huntind. *Hist.,* lib. VII, p. 369, ed. Savile.

3. Guill. Pictav., apud *Script. rer. normann.,* p. 209.

4. ... Quas vere decuerat albis velis more veterum adornatas esse. (Ibid.)

ordre, pour passer le détroit avec lui¹. On remarquait parmi eux le roi Edgar, l'archevêque Stigand, Frithrik, abbé de Saint-Alban, les deux frères Edwin et Morkar, et Waltheof, fils de Siward, qui n'avait pu combattre à la journée de Hastings. Ces hommes, et plusieurs autres que le vainqueur emmenait aussi, devaient lui servir d'otages et de garants du repos des Anglais, et il espérait d'ailleurs que, privée, par leur absence, de ses chefs les plus puissants et les plus populaires, cette nation serait moins remuante et moins hardie à se soulever².

Dans le port où pour la première fois il avait mis le pied en Angleterre, le conquérant distribua des présents de toute espèce à ceux de ses gens d'armes qui repassaient la mer, afin, dit un historien normand, que nul à son retour ne pût dire qu'il n'avait pas gagné à la conquête³. Guillaume, ajoute le même auteur, son chapelain et son biographe, apporta en Normandie plus d'or et d'argent que n'en pourrait lever celui qui serait maître du territoire entier de la Gaule⁴. Toute la population des villes et des campagnes, depuis la mer jusqu'à Rouen, accourut sur son passage, et le salua de vives acclamations. Les monastères et le clergé séculier rivalisèrent d'efforts et de zèle pour fêter le vainqueur des Anglais, et ni moines ni prêtres ne restèrent sans récompense. Guillaume leur donna de l'or en monnaie, en vases et en lingots, et des étoffes richement brodées qu'ils étalèrent dans les églises, où elles excitaient l'admiration⁵. L'Angle-

---

1. ... Ex his abducere secum decreverat quorum præcipue fidem suspiciebat ac potentiam. (Guill. Pictav., apud *Script. rer. normann.*, p. 209.)

2. ... Ut ipsis auctoribus nihil sub decessum suum novaretur, gens vero tota minus ad rebellionem valeret spoliata principibus. Denique eos potissimum veluti obsides in potestate sua tali cautela tenendos existimabat quorum auctoritas vel salus propinquis et compatriotis maximi esset. (Ibid.)

3. Milites repatriantes, quorum in tantis negotiis fideli opera usus fuerat, larga manu ad eumdem portum donavit, ut opimum fructum victoriæ secum omnes percepisse gauderent. (Ibid.)

4. Attulit non aliquantulum vectigal, non rapinas, sed quantum ex ditione trium Galliarum vix colligeretur argentum atque aurum, quod rectissimo jure acceperat. (Ibid., p. 210.) — Guillaume de Poitiers a senti le besoin d'entourer le fait qu'il énonçait d'une explication apologétique. Les trois Gaules sont une allusion aux *Commentaires de César* et aux écrits des géographes romains.

5. Quam pietatem ipse confestim lucro multiplici recompensavit, donans pallia, libras auri aliaque magna altaribus ac famulis Christi. (Ibid., p. 211.)

terre excellait alors dans la broderie d'or et d'argent et dans tous les ouvrages de luxe ; en outre, la navigation de ce pays, déjà fort étendue, y portait beaucoup d'objets rares et précieux inconnus en Gaule[1]. Un parent du roi de France, nommé Raoul, vint, avec une suite nombreuse, à la cour tenue par le roi Guillaume durant la solennité pascale[2]. Les Français, non moins que les Normands, considéraient avec un plaisir mêlé de surprise la vaisselle ciselée, d'or et d'argent, et les coupes à boire des Saxons, faites de grandes cornes de buffle garnies de métal aux deux extrémités[3]. Ils s'émerveillaient de la beauté et de la longue chevelure des jeunes Anglais, otages du roi normand[4]. « Ils remarquèrent, dit le narrateur contemporain, ces « choses et beaucoup d'autres également nouvelles pour eux, afin de « les raconter dans leurs pays[5]. »

Pendant que cet appareil de fête était déployé sur l'une des rives du détroit, sur l'autre l'insolence des vainqueurs se faisait sentir à la nation subjuguée. Les chefs qui gouvernaient les provinces conquises accablaient à l'envi les indigènes, soit gens de haut rang, soit gens

---

1. Anglicæ nationis fœminæ multum acu et auri textura, egregie viri in omni valent artificio... Inferunt et negociatores qui longinquas regiones navibus adeunt doctarum manuum opera. (Guill. Pictav., apud *Script. rer. normann.*, p. 211.) — Voyez le Glossaire de Ducange, aux mots *Anglicum opus*.

2. Raoul, comte de Vermandois et de Mantes, époux en secondes noces de la reine Anne, mère de Philippe Ier.

3. Curiose hi cum Normannis cernebant... vasa argentea sive aurea admirabantur quorum de numero vel decore vere narrari possint incredibilia. His tantum ex populis cœnaculum ingens bibebat aut cornibus bubalinis metallo decoratis eodem circa extremitates utrasque. (Guill. Pictav., apud *Script. rer. normann.*, p. 211.)

4. Crinigeros alumnos plagæ aquilonalis... nec enim puellari venustati cedebant. (Ibid.) — Cette mode nationale des cheveux longs et bouclés, qui rendait la jeunesse anglaise plus belle aux yeux des étrangers, était depuis quelque temps blâmée en Angleterre, comme un signe de mollesse, par un évêque réputé saint. Il avait pour habitude de couper la chevelure des jeunes gens qui s'approchaient de lui avec un petit couteau qui lui servait à se rogner les ongles. L'auteur de sa vie ajoute : *Si qui repugnandum putarent, eis palam exprobrare mollitiem... qui æmularentur capillorum fluxu fœminas non plusquam fœminæ valerent ad defensandam patriam contra gentes transmarinas.* (Vita sancti Wulstani., Wigorn. episc., *Anglia sacra*, t. II, p. 254.)

5. Denique plurima hujuscemodi competentia regali munificentiæ notabant, quæ reversi domum ob novitatem prædicarent. (Guill. Pictav., apud *Hist. normann. Script.*, p. 211.)

du peuple, d'exactions, de tyrannies et d'outrages[1]. L'évêque Eudes et le fils d'Osbern, orgueilleux de leur nouvelle puissance, méprisaient les plaintes des opprimés, et leur refusaient toute justice[2] ; si leurs hommes d'armes pillaient les maisons ou ravissaient les femmes des Anglais, ils les soutenaient et frappaient sur le malheureux qui, atteint par ces injures, osait s'en plaindre tout haut[3]. L'excès de la souffrance poussa les habitants de la côte de l'est à tenter de s'affranchir du joug des Normands, à l'aide d'un secours étranger. Eustache, comte de Boulogne, le même qui, sous le règne d'Edward, avait occasionné tant de tumulte en Angleterre[4], était alors en discorde et en inimitié avec le roi Guillaume, qui retenait son fils prisonnier. La haine du roi normand rapprocha les Anglais de cet homme qui avait été naguère un de leurs plus grands ennemis ; ils connaissaient sa puissance et son habileté à la guerre, ils voyaient en lui un allié naturel à cause de sa parenté avec le roi Edward, et, s'il leur fallait maintenant obéir à un étranger, ils aimaient mieux que ce fût à lui qu'à tout autre[5].

Les habitants du pays de Kent envoyèrent donc un message à Eustache, et lui promirent de l'aider à s'emparer de Douvres, s'il voulait faire une descente et les secourir contre les Normands. Le comte de Boulogne y consentit, et, armant plusieurs vaisseaux chargés de troupes d'élite, il mit à la voile et aborda près de Douvres à la faveur d'une nuit obscure. Tous les Saxons de la contrée se levèrent en armes : Eudes de Bayeux, gouverneur de la ville, et son lieutenant,

---

1. Præfecti minores, qui munitiones custodiebant, nobiles et mediocres indigenas injustis exactionibus multisque contumeliis aggravabant. (Orderic. Vital. *Hist. ecclesiast.*, apud *Hist. normann. Script.*, p. 507.)

2. Nimia cervicositate tumebant et clamores Anglorum rationabiliter audire, eisque æquitatis lance suffragari despiciebant. (Ibid.)

3. Armigeros suos immodicas prædas et incestos raptus facientes vi tuebantur, et super eos qui gravibus contumeliis affecti querimonias agebant magis debacchabantur. (Ibid., p. 508.)

4. Voyez plus haut, liv. III.

5. Nam quia Normannos odere, cum Eustachio pridem sibi inimicissimo concordavere. Eum bellandi peritum atque in prælio felicem experimentis cognoverant. Si erat serviendum non compatriotæ, noto servire atque vicino satius putabant (Guill. Pictav., apud *Hist. normann. Script.*, p. 212.)

Hugues de Montfort, s'étaient rendus au delà de la Tamise avec une partie de leurs soldats. Si le siége eût duré seulement deux jours, les habitants des provinces voisines seraient venus en grand nombre se réunir aux assiégeants[1]; mais Eustache et ses hommes essayèrent mal à propres d'enlever le château de Douvres par un coup de main : ils éprouvèrent une résistance inattendue, et se découragèrent après ce seul effort.

Un faux bruit de l'approche d'Eudes, qui revenait, disait-on, avec le gros de ses troupes, les frappa d'une terreur panique. Le comte de Boulogne fit sonner la retraite; ses hommes d'armes se précipitèrent en désordre vers leurs vaisseaux, et la garnison normande, les voyant dispersés, fit une sortie pour les poursuivre. Plusieurs tombèrent, en fuyant, du haut des rochers escarpés sur lesquels la ville de Douvres est assise, et le comte ne dut son salut qu'à la vitesse de son cheval. Mais la garnison, que son petit nombre rendait prudente, rentra bientôt dans la place; les Boulonnais remirent à la voile, et les insurgés saxons se retirèrent par différents chemins[2]. Telle fut l'issue de la première tentative faite en Angleterre pour renverser la domination normande; Eustache de Boulogne se réconcilia peu de temps après avec le roi Guillaume; et, oubliant ses alliés d'un jour, il brigua les honneurs et les richesses que leur ennemi pouvait donner[3].

Dans la province de Hereford, au delà de la chaîne de hauteurs qui avait autrefois protégé l'indépendance des Bretons, et qui pouvait servir de rempart à celle des Anglais, habitait, avant l'invasion, sur des terres qu'il avait reçues de la munificence du roi Edward, un Normand appelé Richard, fils de Scrob. C'était un de ces hommes que les Saxons avaient exceptés de la sentence d'exil rendue en l'année 1052 contre tous les Normands vivant en Angleterre. Pour prix de ce bienfait, le fils de Scrob, au débarquement de Guillaume, devint chef d'intrigues pour la conquête, établit des intelligences avec

---

1. ... Vicinia omnis adfuit armata, auctior numerus ex ulterioribus accederet, si mora biduana obsidio traheretur. (Guill. Pictav., apud *Hist. normann. Script.*, p. 212.)

2. ... Angli per diverticula plura evaserunt. (Ibid.)

3. ... Qui reconciliatus nunc in proximis regis honoratur. (Ibid.)

les envahisseurs, et se mit à la tête de quelques corps de soldats originaires de la Gaule, et demeurés, depuis le règne d'Edward, dans les châteaux voisins de Hereford. Il se cantonna avec eux dans ces châteaux, et faisant des sorties fréquentes, il entreprit de forcer les villes et les bourgades voisines à se soumettre au conquérant. Mais la population de l'ouest résista avec énergie, et, sous la conduite d'Edrik, fils d'Alfrik, parent de la famille de Godwin, elle se leva pour repousser les attaques du fils de Scrob et de ses hommes d'armes [1].

Le chef saxon eut l'art d'intéresser à sa cause les chefs des tribus galloises, jusque-là ennemies mortelles des habitants de l'Angleterre [2]. Ainsi la terreur des Normands réconciliait, pour la première fois, les Cambriens et les Teutons de la Bretagne, et faisait ce que n'avait pu faire, en d'autres temps, l'invasion des païens du Nord. Soutenu par les milices du pays de Galles, Edrik prit avec succès l'offensive contre Richard, fils de Scrob, et ses soldats, auxquels les chroniques du temps donnent le nom de châtelains de Hereford [3]. Trois mois après le départ du roi Guillaume pour la Normandie, il les chassa du territoire qu'ils occupaient, pilla leurs cantonnements, et affranchit, mais en le ravageant, tout le pays voisin [4]. Au sud de cette contrée, sur les côtes qui bordent le long golfe où se jette la Saverne, et au nord, sur les terres voisines des montagnes, il n'y avait encore, dans ce temps, ni postes militaires établis par les Normands, ni châteaux forts bâtis ou possédés par eux. La conquête, si l'on peut s'exprimer ainsi, n'y était point encore parvenue : ses lois n'y régnaient point, son roi n'y était nullement reconnu,

---

1. ... Cujus terram, quia se dedere regi dedignabatur, herefordenses castellani et Richardus filius Scrob frequenter vastaverunt. (Florent. Wigorn. *Chron.*, p. 635.) — *Monast. anglic.*, Dugdale, t. II, p. 221.

2. ... Accitis sibi in auxilium regibus Wallanorum. (Florent. Wigorn. *Chron.*, p. 635.) — ... Eadricus juvenis et Britones facti sunt rebelles. (*Chron. saxon.*, Fragm. sub anno MLXVII, apud *Gloss.*, ed. Lye, t. II, ad finem.)

3. ... Herefordenses castellani (Florent. Wigorn. *Chron.*, p. 635.) — *Chron. saxon.*, Fragm sub anno MLXVII, apud *Gloss.*, ed. Lye, t. II, ad finem.

4. ... Herefordensem provinciam usque ad pontem amnis Lugge devastavit. (Florent. Wigorn. *Chron.*, p. 635.)

non plus que dans toute la partie septentrionale de l'Angleterre, 1067
depuis le golfe de Boston jusqu'à la Tweed.

Au centre, les coureurs ennemis tenaient librement la campagne ;
mais beaucoup de villes fermées ne s'étaient point rendues ; et
même, dans le pays où l'invasion paraissait accomplie, les conquérants n'étaient pas sans alarmes ; car des messagers, partis des
contrées où l'indépendance régnait encore, allaient secrètement de
ville en ville rallier les amis du pays, et relever les courages abattus
par la rapidité de la défaite. Sous les yeux de l'autorité étrangère,
disparaissait chaque jour quelqu'un des hommes le plus en crédit
parmi le peuple. Ils allaient quêter, chez des nations amies, du
secours contre les Normands, ou ils émigraient pour toujours,
aimant mieux vivre sans patrie que de rester sous leur puissance[1].
Ceux qui, dans la première terreur, s'étaient rendus au camp
de Guillaume, et lui avaient prêté le serment de paix et de soumission, étaient invités, par des adresses patriotiques, à rompre
leur pacte avec l'étranger, et à suivre le parti des gens de bien et
des braves[2].

La nouvelle de cette agitation et de ces manœuvres, parvenue à
Guillaume dans sa province de Gaule, le força de précipiter son retour en Angleterre. Il s'embarqua au port de Dieppe, au mois de
décembre, par une nuit froide, et, à son arrivée, il mit dans les
places fortes de la province de Sussex de nouveaux gouverneurs
choisis en Normandie parmi les hommes auxquels il se fiait le plus.
Il trouva dans Londres une fermentation sourde qui semblait présager quelque mouvement prochain : craignant que ses trois châteaux forts, avec leurs tourelles garnies de machines, ne fussent pas
capables de le protéger contre une insurrection populaire, il résolut d'en prévenir ou d'en éloigner le moment, et déploya sa ruse,

---

1. Ultro in exilium aliqui profugiunt, quo extorres vel a potestate Normannorum sint liberi, vel aucti opibus alienis contra eos revertantur. (Guill. Pictav., apud *Script. rer. normann.*, p. 212.)

2. ... Obsecrantes atque obtestantes, tanquam gratia rerum publicarum, ut extraneos deserens, optimorum hominum suæ nationis et consanguinitatis voluntatem sequeretur. (Ibid.)

1067 cette ruse de renard que la tradition anglaise lui attribue [1], pour assoupir l'esprit patriotique qu'il désespérait de briser. Il célébra en grande pompe, à Londres, les fêtes de Noël, et, rassemblant autour de lui plusieurs des chefs et des évêques saxons, il les accabla de fausses caresses ; il se montrait plein d'affabilité, et donnait à tout venant le baiser de bienvenue [2] : si l'on demandait, il accordait; si l'on conseillait, il écoutait; tous furent dupes de ses artifices [3].

Après avoir ainsi gagné une partie des gens en crédit, le roi Guillaume se tourna vers le peuple; une proclamation, écrite en langue saxonne, et adressée aux habitants de Londres, fut publiée en son nom, et lue à haute voix dans les églises et sur les places de la ville. « Apprenez tous, y disait-il, quelle est ma volonté. Je veux que, tous « tant que vous êtes, vous jouissiez de vos lois nationales, comme « dans les jours du roi Edward; que chaque fils hérite de son père, « après les jours de son père, et que nul de mes hommes ne vous « fasse tort [4]. » A cette promesse, quelque peu sincère qu'elle fût, l'effervescence se calma dans Londres ; le soulagement présent rendit les esprits moins disposés à courir les chances périlleuses d'une grande opposition au pouvoir. Exemptés pour un moment des trois fléaux que la conquête avait apportés en Angleterre, les violences, les lois étrangères et l'expropriation, les habitants de la grande cité saxonne abandonnèrent la cause de ceux qui souffraient, et, calculant le gain et la perte, résolurent de se tenir en repos. On ne sait combien de temps ils jouirent des concessions du vainqueur; mais ils le laissèrent alors s'éloigner impunément de Londres, avec l'élite de ses soldats, pour aller soumettre les provinces encore libres.

---

1. ... Calliditate regis vulpina. (Matth. Paris. *Vitæ abbatum S. Albani*, t. I, p. 47.) — Ibique pontificibus anglis proceribusque multa calliditate favit. (Orderic. Vital. *Hist. ecclesiast.*, apud *Hist. normann. Script.*, p. 509.)

2. Ipse omnes officioso affectu demulcebat, dulciter ad oscula invitabat. (Ibid.)

3. Cunctis affabilitatem ostendebat; benigne si quid orabant, concelebat; prompto si nuntiabant aut suggerebant, auscultabat. (Ibid.)

4. And ic wylle thæt ælc cyld beo his fæther yrfnume æfter his fæther dæge. (Maitland's *History of London*, p. 28.)

Le roi normand se dirigea d'abord vers le sud-ouest, et traversant les hauteurs qui séparent les provinces de Dorset et de Devon, il marcha contre Exeter [1]. C'est dans cette ville qu'après la bataille de Hastings s'était réfugiée la mère de Harold ; elle y avait rassemblé les débris de ses richesses, qu'elle consacrait à la cause du pays pour lequel son fils était mort. Les citoyens d'Exeter étaient nombreux et pleins de zèle patriotique : l'histoire contemporaine rend d'eux ce témoignage que, jeunes ou vieux, ils haïssaient à la mort les envahisseurs d'outre-mer [2]. Ils fortifiaient leurs tours et leurs murailles, faisaient venir des hommes d'armes de toutes les provinces voisines, et enrôlaient, à prix d'argent, les navigateurs étrangers qui se trouvaient dans leur port. Ils envoyaient aussi des messages aux habitants des autres villes pour les inviter à se confédérer avec eux [3], se préparant de toutes leurs forces contre le roi de race étrangère, avec lequel jusqu'à ce moment, disent les chroniques, ils n'avaient rien eu à démêler [4].

L'approche des troupes d'invasion fut annoncée de loin aux habitants d'Exeter, par la nouvelle de leurs ravages : car tous les lieux par où elles passaient furent entièrement dévastés [5]. Les Normands s'arrêtèrent à la distance de quatre milles, et c'est de là que Guillaume envoya aux citoyens l'ordre de se soumettre et de lui prêter le serment de fidélité. « Nous ne jurerons point fidélité, répondirent-« ils, à celui qui se prétend roi, et ne le recevrons point dans nos « murs ; mais, s'il veut recevoir, comme tribut, l'impôt que nous « donnions à nos rois, nous consentirons à le lui payer [6]. — Je veux

---

1. ...Et tunc profectus est ad Devonasciram. (*Chron. saxon.*, Fragm. sub anno MLXVII, apud *Gloss.*, ed. Lye, t. II, ad finem.)

2. Cives eam tenebant furiosi, copiosæ multitudinis, infestissimi mortalibus gallici generis, puberes ac senatus. (Orderic. Vital. *Hist. ecclesiast.*, lib. IV, apud *Script. rer. normann.*, p. 510.)

3. Alias quoque civitates ad conspirandum in eadem legationibus instigabant. (Ibid.)

4. Contra regem alienigenum toto nisu se præparabant, cum quo antea de nullo negotio egerant. (Ibid.)

5. Rex imposuit magnum tributum in miseram gentem, et tamen permisit semper vastare omne quod pertransibant, et profectus est ad Devonasciram, et obsedit urbem Exoniæ XVIII dies. (*Chron. saxon.*, sub anno MLXVII, apud *Gloss.*, ed Lye, t. II, ad finem.)

6. At illi remandaverunt ei dicentes : Neque sacramentum regi faciemus neque in

« des sujets, répliqua Guillaume, et n'ai point pour habitude de les « prendre à de telles conditions [1]. » Les troupes normandes approchèrent, ayant pour avant-garde un bataillon d'hommes de race anglaise, qui s'étaient réunis aux étrangers par force, ou par misère, ou par envie de s'enrichir en pillant leurs compatriotes [2]. L'on ne sait par suite de quelle intrigue les chefs et les magistrats d'Exeter vinrent, avant le premier assaut, trouver le roi, lui livrer des otages et lui demander la paix. Mais à leur retour, les citoyens, loin de remplir l'engagement qui venait d'être conclu, tinrent les portes de la ville fermées, et se préparèrent de nouveau à combattre [3].

Guillaume investit la ville d'Exeter, et faisant avancer à la vue des remparts l'un des otages qu'il avait reçus, il lui fit crever les yeux [4]. Le siége dura dix-huit jours; une grande partie de l'armée normande y périt; de nouveaux renforts survinrent au conquérant, et ses mineurs sapèrent les murs; mais l'opiniâtreté des citoyens se montrait invincible. Ils eussent peut-être lassé Guillaume, si les hommes qui les commandaient n'avaient été lâches une seconde fois. Quelques historiens racontent que les habitants d'Exeter se rendirent au camp du roi, en appareil de suppliants, avec le clergé revêtu de ses habits et portant les livres saints [5]. La chronique saxonne contemporaine ne prononce que ces seuls mots, tristes par leur brièveté même : « Les citoyens rendirent la ville parce que les « chefs les trompèrent [6]. »

Un grand nombre de femmes, échappées aux violences qui suivi-

---

urbem eum intromittemus... (Orderic. Vital. *Hist. ecclesiast.*, lib. IV, apud *Script. rer. normann.*, p. 510.)

1. ... Non est mihi moris ad hanc conditionem habere subjectos. (Ibid.)

2. Primos in ea expeditione Anglos eduxit. (Ibid.)

3. Reversi ad concives... nihilominus machinantur hostilia quæ cœperant, multisque pro causis ad oppugnandum sese incitabant. (Ibid.)

4. Denique regio jussu exercitus ad urbem admotus est, et unus ex obsidibus prope portam oculis privatus est. (Ibid.)

5. Ibid.

6. ... Et illi ei urbem tradiderunt eo quod thani eos deceperunt. (*Chron. saxon.*, Fragm. sub anno MLXVII, apud *Gloss.*, ed. Lye, t. II, ad finem.)

rent la reddition d'Exeter[1], se réfugièrent avec la mère du dernier roi de race anglaise dans une des îles de la Sàverne, puis dans la ville de Bath, que l'ennemi ne possédait pas encore ; de là elles gagnèrent la côte de l'ouest, et, faute d'un chemin plus direct, s'y embarquèrent pour la Flandre[2]. Quarante-huit maisons avaient été détruites dans le siége[3] : leurs débris servirent aux Normands à bâtir un château fort qu'ils nommèrent *Rouge-Mont*, parce qu'il était situé sur une colline de terre rougeâtre. Ce château fut donné en garde à Baudoin de Meules, fils du comte Gilbert de Brionne, qui eut pour son partage, comme conquérant, et pour son salaire, comme vicomte de la province de Devon, vingt maisons à Exeter et cent cinquante-neuf manoirs dans la province[4].

1068

Il s'était formé, dans cette campagne, une alliance défensive entre les Anglo-Saxons et les vieux Bretons de la Cornouaille. Après la prise d'Exeter, ces deux populations, devenues amies, furent enveloppées dans la même ruine, et le territoire de l'une et de l'autre fut partagé par les vainqueurs. L'un des premiers noms inscrits sur les rôles de ce partage fut celui de la femme du conquérant, Mathilde, fille de Baudoin V, comte de Flandre, que les Normands appelaient *la Reine*, titre inconnu aux Anglais, qui n'employaient dans leur langage que les noms de dame ou d'épouse[5]. Mathilde obtint, pour sa part de conquête, toutes les terres d'un riche Saxon appelé

---

1. ... Multorum bonorum virorum uxores. (*Chron. saxon.*, Fragm. sub anno MLXVII, apud *Gloss.*, ed. Lye, t. II, ad finem.)

2. Githa vero comitissa, scilicet mater Haraldi regis Anglorum, ac soror Svani regis Danorum, cum multis de civitate fugiens evasit et Flandriam petiit. (Florent. Wigorn. *Chron.*, p. 635.)

3. In hac civitate sunt vastatæ XLVIII domus postquam rex venit in Angliam. (Domesday-book, vol. I, fol. 100, recto.)

4. Locum vero intra mœnia ad extruendum castellum delegit ; ibique Balduinum de Molis, filium Gisleberti comitis, aliosque milites præcipuos reliquit, qui necessarium opus conficerent, præsidioque manerent. (Orderic. Vital. *Hist. ecclesiast.*, apud *Hist. normann. Script.*, p. 510.)

5. *Se Hlafdige, se Cwene*. De *hlafdige*, en supprimant les aspirations, on a fait *lafdye* et *laudy*, enfin *lady*. *Cwene*, *ciceen*, ou *queen*, signifie proprement une femme. — La reine Mathilde, récemment appelée en Angleterre par son mari, avait été, comme lui, sacrée par l'archevêque Eldred.

1068 Brihtrik[1]. Cet homme, si l'on en croit de vieux récits, ne lui était point inconnu, et, dans un de ses voyages en Flandre, comme ambassadeur du roi Edward, il avait encouru les ressentiments de la fille du comte Baudoin en refusant de l'épouser. Ce fut Mathilde elle-même qui demanda au roi, son mari, de lui adjuger, avec tous ses biens, l'Anglais qui l'avait dédaignée, et elle satisfit à la fois sa vengeance et son avarice, en s'appropriant les terres et en faisant emprisonner l'homme dans une forteresse[2].

C'est probablement à la suite de cette première invasion dans l'ouest que furent conquises et partagées les côtes de Sommerset et de Glocester. Quelques faits prouvent que cette conquête et ce partage ne se firent point sans résistance. Selon la tradition du pays, le monastère de Winchcomb perdit alors une grande partie de ses possessions, parce que les moines de ce lieu, qui étaient au nombre de trois cents, avaient pris les armes pour résister au roi Guillaume[3]. Leur abbé, Godrik, fut saisi par les soldats normands et emprisonné à Glocester, et le couvent, odieux aux vainqueurs, fut donné en garde à Eghelwig, chef de l'abbaye d'Evesham, que les annales contemporaines surnomment Eghelwig le Circonspect, l'un de ces hommes que les esprits timides louaient de ne point tramer de rébellion, et d'avoir dans le cœur la crainte de Dieu et du roi institué par lui[4]. Dès la première défaite de la nation anglaise, Eghelwig avait juré fidélité sincère à l'étranger pour qui Dieu se déclarait. Quand la conquête vint à s'étendre sur le pays de l'ouest, il se fit par ruse une part dans l'expropriation de ses compatriotes; il leur vendait à prix d'or sa protection contre les Normands, et quand il les avait

---

1. ... Infra scriptas terras tenuit Brictric. Et post regina Matthildis. (*Domesday-book*, vol. I, fol. 101, recto.) — Voyez Henry Ellis, *Introduction to Domesday-book*, t. II, p. 54.

2. Cum Matildis regina, uxor conquæstoris, haberet nobilem virum... exosum... tempore opportuno reperto, licentiata a rege, regeque jubente, ipsum... capi fecit et Wyntoniam adduci... Rex vero Willelmus dedit honorem Brictrici Matildi reginæ. (*Monast. anglic.*, Dugdale, t. I, p. 154.)

3. ...Quia minus caute sibi de futuris prospicientes, elegerunt eidem Willielmo duci pro viribus resistere, aut eum forte debellare. (Ibid., p. 190.)

4. Ægelvigus circumspectus abbas. (*Chron. saxon.*, Fragm. sub anno MLXVIII, apud *Gloss.*, ed. Lye, t. II, ad finem.) — ... Deo servantes fidem, et constitutum ab ipso venerantes regem. (Orderic. Vital. *Hist. ecclesiast.*, lib. IV, apud *Script. rer. normann.*, p. 509.)

pour débiteurs, tout ce qu'ils possédaient, meubles et terres, passait entre ses mains[1]. Le roi Guillaume l'aimait et l'honorait beaucoup ; il gouverna, selon le gré du conquérant, les moines rebelles de Winchcomb, jusqu'à ce qu'un étranger vînt d'outre-mer pour remplir encore mieux cet office[2].

Ainsi le domaine de l'indépendance anglaise allait se rétrécissant dans l'ouest ; mais les vastes provinces du nord offraient encore un asile, une retraite et des champs de bataille pour les amis du pays. Là se rendaient ceux qui n'avaient plus ni terre ni famille, ceux dont les frères étaient morts, dont les filles avaient été ravies, ceux enfin qui aimaient mieux, disent les vieilles annales, traîner une vie dure et pénible, que de subir un esclavage inconnu à leurs pères[3]. Ils marchaient de forêt en forêt, de lieu désert en lieu désert, jusqu'à la dernière ligne des forteresses bâties par les Normands[4]. Quand ils avaient franchi cette enceinte de la servitude, ils retrouvaient la vieille Angleterre et s'embrassaient en liberté. Le repentir amena bientôt vers eux les chefs qui, désespérant les premiers de la cause commune, avaient donné le premier exemple de la soumission volontaire[5]. Ils s'échappèrent du palais où le conquérant les retenait captifs sous de fausses apparences d'affection, les appelant ses grands-amis, ses amis particuliers[6], et faisant de leur présence à sa cour une accusation pour le peuple, qui refusait de reconnaître un roi qu'entouraient ses chefs nationaux. C'est ainsi qu'Edwin et Morkar partirent pour la contrée du nord. Leurs compatriotes, dit un narrateur voisin de ce temps, les aimaient d'une affection sans

---

1. ...Suam eis protectionem contra Normannos spondet. Quos cum primo sic decepisset, non multo post astutia sua illos circumveniens, terra omnibusque rebus suis defraudavit. (*Monast. anglic.*, Dugdale, t. I, p. 132.)

2. Ibid., p. 151 et 190.

3. ...Malentes vitam infelicem terminare quam servitutem insolitam subire. (Matth. Westmonast. *Flor. histor.*, p. 225.)

4. ... Loca deserta et nemorosa petentes, ibique vitam feralem ducentes. (Ibid.)

5. ... Normannis cessisse pœnitentes, et dolore vehementi corde intrinsecus tacti, sed sero, quæ poterant occultas insidias et damna paraverunt. (Ibid.)

6. ... Tanquam domesticos et speciales amicos. (Matth. Paris. *Vitæ abbatum S. Albani*, t. I, p. 47.)

1068 bornes; beaucoup d'hommes se révoltèrent avec eux; les prêtres et les moines faisaient pour eux de fréquentes prières, et les vœux des pauvres les accompagnaient[1].

Aussitôt que les fils d'Alfgar furent arrivés dans leurs anciens gouvernements de Mercie et de Northumbrie, de grands signes de mouvement patriotique se manifestèrent dans ces deux pays, depuis Oxford jusqu'aux rives de la Tweed. Aucun Normand n'avait encore passé l'Humber, et un petit nombre d'entre eux avaient pénétré au cœur de la Mercie. Ce pays communiquait librement, par sa frontière du nord-ouest, avec la population galloise, qui, oubliant ses anciens griefs contre les Saxons, fit cause commune avec eux contre les nouveaux envahisseurs. Le bruit se répandit que les chefs anglais et gallois avaient tenu ensemble de grands conseils sur les montagnes, et que, d'un accord unanime, ils avaient résolu de délivrer leur île de la domination normande; qu'ils envoyaient partout des émissaires pour exciter l'indignation et la révolte[2]. C'était au delà du cours de l'Humber que devait se former le grand camp de l'indépendance; on lui donnait la cité d'York pour premier boulevard, et pour dernières défenses les lacs et les marais du nord[3]. Beaucoup d'hommes avaient fait serment de ne plus dormir à l'abri d'un toit jusqu'au jour de la délivrance; ils couchaient en plein air ou sous des tentes, et les Normands leur donnaient le nom de sauvages[4].

On ne peut savoir combien de projets d'affranchissement, bien ou mal conçus, furent formés et détruits dans ce temps; ce qui n'éclata pas en lutte ouverte fut le secret de la chancellerie du roi Guillaume. Les auteurs normands contemporains parlent, mais en termes vagues, de mauvaises conspirations; l'un d'eux fait remonter

---

1. Egregii juvenes Eduinus et Morcarus, filii Elfgari comitis, rebellarunt, et cum eis multi alii ferociter insurrexerunt... A clericis et monachis crebra pro illis fiebat oratio, et a turbis pauperum quotidiana supplicatio. (Orderic. Vital. *Hist. ecclesiast.*, lib. IV, apud *Script. rer. normann.*, p. 511.)

2. Fit ex consensu omnium pro vindicanda libertate pristina procax conspiratio, et obnixa contra Normannos conjuratio. (Ibid.)

3. ... Seditiosi silvas, paludes, æstuaria et urbes aliquot in munimentis habent. (Ibid.)

4. ... Unde quidam eorum a Normannis silvatici cognominabantur. (Ibid.)

à l'absence du roi un complot dont le but était, selon lui, d'attaquer à l'improviste les soldats des garnisons normandes, le mercredi des cendres, jour où ils se rendaient tous à l'église, nu-pieds et sans armes[1]. L'historien dit que cette machination fut découverte, et que les coupables, se dérobant par une prompte fuite à la vengeance du *grand vainqueur*[2], gagnèrent le pays situé au nord de l'Humber.

Vers ce pays se dirigeait alors, de toutes les provinces conquises, l'émigration des proscrits et des mécontents. Bientôt un nouveau fugitif, et le plus noble de tous, prit la même route; c'était le jeune Edgar, roi légitime d'Angleterre, suivant le droit national, par l'élection du peuple et la consécration de l'Église. Il partit avec sa mère Agathe, ses deux sœurs Marguerite et Christine, un chef appelé Merlesweyn, et d'autres hommes de haut rang[3]. Cherchant pour les princesses un refuge inviolable, et pour la royauté saxonne un secours étranger, ils ne firent que traverser le Northumberland. Ils passèrent la limite septentrionale qui, depuis la défaite du roi Egfrith par les Pictes et les Scots, séparait l'Angleterre de l'ancienne Albanie, nommée en ce temps-là, comme aujourd'hui, le pays des Scots ou l'Écosse[4].

Les invasions des pirates danois, qui s'étendirent aussi bien au nord qu'au sud de la Tweed, n'avaient point changé cette frontière. Le seul résultat politique de la domination exercée quelque temps par les Danois sur le peuple mêlé de Galls, de Bretons et de Saxons, qui habitait entre le Forth et la Tweed, fut d'ajouter à ce mélange de différentes races d'hommes un nouvel accroissement de population germanique. De là vint qu'au sud du Forth, et surtout vers l'est, l'idiome prépondérant fut un dialecte teutonique, parsemé de mots

---

1. ... Regionatim de pravis conspirationibus tractant. (Guill. Pictav., apud *Hist. normann. Script.*, p. 212.) — Conjuraverant enim latrunculi per totam patriam quatenus milites quos ad tuendum regnum reliquerat, in capite jejunii, nudis vestigiis... incautos ubique perimerent. (Willelm. Gemet., *Hist. normann.*, apud ibid., p. 289.)

2. ... Magni debellatoris. (Ibid., p. 290.)

3. Egressus est Eadgarus Clito, et Merleswegen, multique alii viri cum iis, et profecti sunt Scotiam. (*Chron. saxon.*, ed. Gibson, p. 173.)

4. Voyez plus haut, livre I, passim.

galliques et bretons, et plus rapproché, dans ses formes grammaticales, du danois que de l'anglo-saxon. Vers le temps où ce changement s'opérait par degrés au sud de l'Albanie, dans le nord, une révolution plus rapidement accomplie réunit en un seul État, et sous la même autorité, les Pictes de la côte orientale et les Scots des montagnes de l'ouest, jusque-là séparés comme nations et régis par des chefs indépendants l'un de l'autre. Leur rapprochement ne se fit pas sans quelque violence ; car ces deux peuples, quoique vraisemblablement de même origine, quoique parlant un langage peu différent[1], et naturellement portés à se confédérer contre un adversaire commun, étaient rivaux en temps de paix.

Les Scots, chasseurs des montagnes, menant une vie plus rude et plus active que leurs voisins de la plaine, se croyaient plus nobles qu'eux, et les appelaient, par dérision, *mangeurs de pain*[2]. Malgré ce mépris apparent pour le blé, les chefs des Scots avaient l'ambition d'étendre sur les plaines, où croissaient des moissons, le pouvoir qu'ils exerçaient sur le pays des rochers et des lacs. Ils poursuivirent longtemps ce projet par la force et par l'intrigue ; mais la nation des Pictes leur résista jusqu'à l'époque où elle fut affaiblie par les incursions et les victoires des Danois[3]. Kenneth, fils d'Alpin, roi de l'Albanie occidentale, saisissant l'occasion, descendit alors sur les terres des Pictes pour en faire la conquête. Les *mangeurs de pain* furent vaincus, et la plus grande partie d'entre eux se soumit à l'autorité de Kenneth ; les autres tentèrent, en se retirant au nord, de conserver un roi de leur nation et de leur choix[4] ; mais ils n'y réussirent point, et Kenneth, roi des Scots ou Écossais, devint chef de l'Albanie entière, qui depuis lors fut appelée Écosse.

La nation des Pictes perdit son nom en s'incorporant avec les Scots ; mais il ne paraît pas que cette fusion ait eu lieu à des conditions inégales, comme il serait sans doute arrivé si les vainqueurs et

---

1. L'historien Bède, au huitième siècle, distingue l'idiome des Pictes de celui des Scots. Voyez Venerabilis Bedæ *Hist. gentis Anglor. ecclesiast.*, lib. I, cap. I.
2. Fir na Cruinneachd. Voyez Jamieson's *Popular songs*, t. II, notes.
3. Johann. de Fordun, *Scoti-chronicon*, lib. IV, p. 280, ed. Hearne.
4. ... Sub spe resistendi, novum ab eis regem creatum sequebantur. (Ibid., p. 293.)

les vaincus eussent été de race différente. Les vaincus n'eurent à subir aucun esclavage, aucune dégradation politique ; et la servitude de la glèbe, fruit ordinaire des conquêtes étrangères dans le moyen âge, ne s'établit point en Écosse. Bientôt il n'y eut plus au nord du Forth qu'un seul peuple, et ce fut de bonne heure une tentative infructueuse que de rechercher les traces de l'idiome qu'avaient parlé les Pictes au temps de leur indépendance. Les rois des vainqueurs, désertant leur pays natal, vinrent habiter parmi les vaincus à Dumferline et à Scone. Ils transportèrent avec eux la pierre consacrée sur laquelle, d'après l'usage antique, ils devaient se placer le jour de leur couronnement, pour prêter serment au peuple, et à laquelle une ancienne superstition nationale attachait le destin de la race des Scots.

Au temps de l'invasion des Normands en Angleterre, il ne restait plus la moindre trace de l'ancienne séparation des Galls de l'île de Bretagne en deux populations distinctes ; la seule division nationale qui se remarquât dans le royaume d'Écosse était celle des hommes parlant la langue gallique, qu'on appelait aussi *erse*, c'est-à-dire irlandaise[1], et des hommes issus de colonies teutoniques ou scandinaves, dont l'idiome était à la fois intelligible pour les Danois et les Anglais. Cette population, la plus voisine de l'Angleterre, bien que appelée écossaise par les Anglais, avait beaucoup plus d'affinité avec ce dernier peuple (à cause de la ressemblance des langues et de la communauté d'origine) qu'avec les Écossais de race gallique. Ces derniers, qui joignaient à une fierté un peu sauvage des habitudes d'indépendance provenant de leur organisation en clans ou en tribus séparées, étaient souvent en querelle avec la population mélangée des plaines du sud, et même avec les rois d'Écosse. Les rois trouvaient presque toujours les Écossais méridionaux disposés à les servir dans leurs projets contre la liberté des clans ; et ainsi l'inimitié instinctive de ces deux races d'hommes, fruit de la diversité d'origine et de langage, tournait au profit du despotisme royal. Cette expérience, faite plus d'une fois par les successeurs de Kenneth, fils d'Alpin, excita en eux une grande affection pour les habitants des *basses terres* d'É-

---

1. Irse, Irshe, Irisd, nom saxon des habitants d'Iraland.

cosse [1], et en général pour les hommes d'origine anglaise; ils préféraient ces étrangers aux hommes issus des mêmes ancêtres qu'eux; ils favorisaient de tout leur pouvoir les Écossais de nom aux dépens des Écossais de race, et recevaient avec une bienveillance empressée tous les émigrants d'Angleterre.

C'est par suite de ce penchant politique que le roi d'Écosse Malcolm, surnommé Kenmore, accueillit comme des hôtes bienvenus le jeune Edgar, sa mère, ses sœurs et ses amis [2]. Il salua Edgar comme le véritable et légitime roi des Anglais, lui offrit un asile sûr et des secours pour relever sa fortune. Il donna aux chefs dépossédés, qui accompagnaient leur roi, des domaines, que peut-être il enleva despotiquement à ses sujets de race bretonne et gallique; et, comme il était encore sans épouse, il prit pour femme une des sœurs d'Edgar, la plus jeune, appelée Marguerite. Marguerite ne savait point la langue gallique; elle eut souvent besoin d'interprète pour parler aux chefs des tribus du nord et de l'ouest, et aux évêques de ces contrées; alors c'était le roi Malcolm, son mari, qui se chargeait de cette fonction [3]. Malcolm s'énonçait également bien dans les deux idiomes; mais peu de temps après son règne, les rois d'Écosse dédaignèrent de parler et d'apprendre la langue des anciens Scots, celle du peuple dont eux-mêmes descendaient et dont le pays tirait son nom.

La nouvelle de l'alliance formée entre les Saxons et le roi d'Écosse, et des rassemblements hostiles qui se faisaient au nord de l'Angleterre, détermina Guillaume à ne pas attendre une attaque et à prendre vivement l'offensive [4]. Son premier fait d'armes, dans cette nouvelle expédition, fut le siége de la ville d'Oxford. Les citoyens résistèrent au roi étranger, et l'insultèrent même du haut de leurs murs; mais

---

1. *Lowlands of Scotland.*

2. Malcolmus omnes Anglorum profugos libenter recipiebat, tutamentum singulis quantum poterat impendens. (Willelm. Malmesb., *de Gest. reg. angl.*, lib. III, p. 103, ed. Savile.) — Johan. de Fordun, *Scoti-chronicon*, lib. V, p. 410 et seq., ed. Hearne.

3. Anglicam enim linguam... æque ut propriam plene didicerat. (Ibid., p. 412.) — Ellis's *Metrical Romances*, introduction, p. 127.

4. Nuntiatum est regi quod populus ex aquilone se congregaverant simul et voluerunt ipsi resistere si veniret. Profectus est itaque. (*Chron. saxon.*, Fragm. sub anno MLXVII, apud *Gloss.*, ed. Lye, t. II, ad finem.)

une partie du rempart de la ville s'écroula, sapée par les Normands, 1068
qui entrèrent d'assaut par cette brèche et se vengèrent des habitants
par le massacre et l'incendie [1]. Sur sept cent vingt maisons, plus de
quatre cents furent détruites [2]. Les religieux du couvent de Sainte-
Frideswide, suivant l'exemple des moines de Winchcomb, prirent
les armes pour défendre leur monastère, et en furent tous expulsés
après la victoire des Normands [3]. La ville de Warvich fut prise
ensuite, puis celle de Leicester, qui fut détruite presque de fond en
comble [4], puis celle de Derby, où le tiers des maisons fut renversé [5].
Après le siége et la prise de Nottingham, une forte citadelle y fut
bâtie, et confiée à la garde du Normand Guillaume Peverel. Ce Guillaume eut, pour sa part de conquête, cinquante-cinq manoirs dans
la province de Nottingham, et, dans la ville même, quarante-huit
maisons de marchands, douze maisons de gens de guerre et huit
maisons de cultivateurs anglais [6]. Il établit sa demeure dans la contrée de Derby, sur un rocher à pic, au haut duquel son château paraissait suspendu en l'air, comme le nid d'un oiseau de proie [7].

De Nottingham, les troupes normandes se dirigèrent, à l'est, sur
Lincoln, qu'elles forcèrent de capituler et de livrer des otages. Cent
soixante-six maisons y furent détruites, pour servir d'emplacement
aux forteresses et aux autres retranchements dont la garnison étrangère s'entoura avec plus de soin qu'ailleurs; car dans cette ville, dont

1. Urbem Oxoniam rebellantem leviter subegit, divino scilicet jutus auxilio, quod pars muralis ultro decidens, ingressum illi patefecerit. (Willelm. Malmesb., *de Gest. reg. angl.*, lib. III, p. 102, ed Savile.) — Civibus flamma ferroque necatis. (Matth. Paris., t. I, p. 6.)

2. Sunt ibi quingentæ domus, xxii minus, ita vastatæ et destructæ quod geldum non possent reddere. (Extracta ex Domesday-book, apud *Rer. anglic. Script.*, t. I, p. 765, ed. Gale.)

3. Spoliati... bonis suis et sedibus expulsi suis. (*Monast. anglic.*, Dugdale, t. I, p. 984.)

4. Destructa... civitate Leicestriæ cum castello et ecclesia infra castellum. (Ibid., t. II, p. 312.)

5. Domesday-book, vol. I, fol. 280, recto.

6. Deinde rex Snotingeham castrum construxit, et Guillelmo Peverello commendavit. (Orderic. Vital. *Hist. ecclesiast.*, apud *Hist. normann. Script.*, p. 511.) — Willelmus Peurel habet xlviii dom. mercator... et xii dom. equitu. et viii bord. (Domesday-book, vol. I, fol. 280, recto.)

7. Ce lieu se nomme aujourd'hui *the Peak*, le Pic, et l'on y voit encore les ruines de la forteresse de Peverel.

1068 la population était d'origine danoise, les conquérants redoutaient, comme à Norwich, une attaque des Danois d'outre-mer[1]. Parmi les otages de Lincoln, emprisonnés dans les forteresses normandes pour garantie du repos de la province, se trouvait un jeune homme appelé Thurgot, Danois de race, qui parvint à se faire ouvrir les portes en gagnant ses gardiens à prix d'argent[2]. Il alla secrètement au port de Grimsby, à l'embouchure de l'Humber, trouver des marchands norvégiens dont le vaisseau était près de mettre à la voile. Par un hasard fâcheux, ce vaisseau avait été retenu pour le passage de certains ambassadeurs que le conquérant envoyait dans le Nord, afin de dissuader les rois de ce pays de prendre intérêt à la cause des Saxons et de leur prêter secours. Les Norvégiens n'hésitèrent point à sauver le jeune fugitif, et le cachèrent au fond de leur navire, si bien que les inspecteurs normands de la côte, qui en firent la visite au moment du départ, ne s'aperçurent de rien[3]. Les ambassadeurs s'embarquèrent, et quand on eut perdu la terre de vue, l'otage se montra tout à coup, à leur grand étonnement. Ils voulurent que les matelots retournassent à terre, afin, disaient-ils, de rendre au roi son fugitif[4]; mais les Norvégiens, se moquant d'eux, répondaient : « Le vent est « trop bon, le vaisseau va trop bien ; ce serait dommage de perdre « l'occasion. » La querelle s'échauffant de part et d'autre, on en vint à prendre les armes ; mais la force était du côté des matelots, et à mesure que le navire avança en pleine mer, les Normands devinrent plus traitables[5].

Partis de la ville de Lincoln, que, par une espèce d'euphonie fran-

---

1. Rex posthæc in reversione sua, Lincoliæ, Huntendonæ et Gruntebrugæ castra locavit, et tutelam eorum fortissimis viris commendavit. (Order. Vital. *Hist. ecclesiast.*, apud *Hist. normann. Script.*, p. 511.) — De prædictis Wastis mansuris propter castellum destructæ fuerunt CLXVI ; reliquæ LXXIV vastatæ sunt extra metam castelli. (Domesday-book, vol. I, fol. 336, verso.)

2. In lincolniensi castro incarceratus fuerat inter alios Anglorum obsides. (Successio primorum eccles. dunelmensis, *Anglia sacra*, t. I, p. 786.)

3. In navi... exactores regis scrutinia fecerant. (Roger de Hoved. *Annal*, pars I, apud *Rer. anglic. Script.*, p. 456, ed. Savile.)

4. Ut, depositis velis, navem cum fugitivo regis ad Angliam quoque modo reflecterent. (Ibid.)

5. ...Quantoque magis terræ appropinquabant, tanto magis illis se humiliabant. (Ibid.)

çaise, ils appelaient *Nicole*[1], les soldats de l'invasion marchèrent sur
York. Dans le lieu où se rapprochent les rivières dont la jonction
forme le grand fleuve de l'Humber, ils rencontrèrent l'armée confédérée des Anglo-Saxons et des Gallois. Là, de même qu'à la bataille
de Hastings, par la supériorité de leur nombre et de leur armure,
ils chassèrent l'ennemi de ses positions vainement défendues pied à
pied. Un grand nombre d'Anglais et de Gallois périrent; le reste
s'enfuit vers York pour y chercher un refuge; mais les Normands
qui les poursuivaient arrivèrent avec eux sous les murs de la ville,
où s'acheva la déroute des insurgés et de leurs auxiliaires[2]. Frappés
de crainte à la vue de ce désastre et au bruit de la présence du roi,
les habitants d'York lui ouvrirent leurs portes et lui en présentèrent les
clefs avec des otages[3]. Les débris de l'armée patriotique, ou, si l'on
veut parler comme les vainqueurs, de la troupe des séditieux et des
brigands, descendirent sur des bateaux le fleuve de l'Humber[4]; ils
remontèrent ensuite, au nord, vers le pays des Écossais ou vers les
territoires anglais voisins de l'Écosse. Là se fit le ralliement des vaincus d'York; « là se retirèrent, dit un vieux chroniqueur, Edwin et
« Morkar, les nobles chefs, ainsi que d'autres hommes de grande
« distinction, des évêques, des clercs, des gens de tout état, tristes
« de voir leur cause la plus faible, mais ne se résignant point à l'es-
« clavage[5]. »

Les vainqueurs bâtirent une citadelle au sein de la ville d'York,
qui devint ainsi une place forte normande, et le boulevard de la con-

---

1. ... E sire Willm de Grey ki fust purchaçour e vescount de Nichole. (*Monast. anglic.*, Dugdale, t. II, p. 645.)

2. A quo protinus ita profligati sunt ut quamplurimi perimerentur et reliqui intra moenia oppidi refugere compellerentur. (Willelm. Gemet. *Hist. normann.*, apud *Script. rer. normann.*, p. 290.)

3. ... Normanni vero e vestigio eos consecuti sunt. (Ibid.) — Hæc Eboracenses ut audierunt, extimentes maturata deditione vim declinaverunt, regique claves civitatis cum obsidibus dederunt. (Orderic. Vital. *Hist. ecclesiast.*, apud ibid., p. 511.)

4. ... Per Humbre fluvium, navibus dispendium mortis effugerunt. (Willelm. Gemet. *Hist. Normann.*, apud *Hist. normann. Script.*, p. 290.) — ... Seditiosi, sicarii, latrunculi. (Ibid., et passim.)

5. ... Videntes partem suam infirmiorem, et servire renuentes. (Matth. Wesmonast. *Flor. histor.*, p. 225.)

quête au nord[1]. Ses tours, garnies de cinq cents chevaliers et d'un nombre au moins quadruple d'écuyers et de servants d'armes, menacèrent le pays des Northumbriens. Cependant l'invasion ne continua point alors sur ce pays, et il est même douteux que la province d'York ait été occupée dans sa largeur, depuis l'Océan jusqu'aux montagnes de l'ouest. La capitale, soumise avant son territoire, était le poste avancé des conquérants, et un poste encore périlleux; ils y travaillaient jour et nuit à tracer leurs lignes de défense; ils forçaient le pauvre Saxon, devenu leur homme de corvée, à creuser des fossés et à construire des retranchements pour ses ennemis. Craignant d'être assiégés à leur tour, ils rassemblaient de toutes parts et entassaient dans leur cantonnement des munitions et des vivres.

Dans cette ville nouvellement réduite, à la tête d'une population pour laquelle commençait l'épreuve du gouvernement étranger, il y avait un homme qui, seul entre tous, semblait devoir être exempt de l'oppression et des avanies de la conquête. C'était l'archevêque d'York, Eldred, qui, après avoir concouru à l'élection du roi Edgar et s'être soumis avec lui, avait prêté son ministère au sacre du roi Guillaume et lui gardait depuis lors une inviolable fidélité. Il était, parmi les évêques d'Angleterre, le chef du parti de l'obéissance et de la paix, et la reddition d'York sans combat avait été, en partie du moins, l'œuvre de son influence[2]. Il croyait qu'un droit supérieur à toute considération humaine était né, pour Guillaume, de la consécration religieuse, et trouvait que si le nouveau roi ne remplissait pas envers la nation les promesses de son sacre, il les tenait mieux envers l'Église, ménageant, sauf le cas de rébellion flagrante, les personnes et les biens ecclésiastiques[3]. Eldred se flattait qu'un jour le respect pour le clergé amènerait, la paix aidant, plus de modé-

---

1. *Ipse tamen, quia fidem illorum suspectam habuit, in urbe ipsa munitionem firmavit, quam delectis militibus custodiendam tradidit.* (Orderic. Vital. *Hist. ecclesiast.*, apud *Hist. normann. Script.*, p. 511.)

2. *Sane pontifices quidam obsequio regio studebant, maxime Adelred, primas eboracensis.* (Guill. Pictav., apud *Hist. normann. Script.*, p. 213.) Sur les premières dispositions des citoyens d'York, Orderic Vital dit : *Eboracensis civitas ardentissime furit, quam sanctitas pontificis sui sedare nequit.* (*Hist. normann. Script.*, p. 511.)

3. L'énorme quantité de vases et d'ornements sacrés, dont Guillaume avait fait des

ration à l'égard du peuple, et cette pensée le fortifiait contre les murmures de ceux qui regrettaient d'avoir posé les armes et rendu la ville par ses conseils. Une expérience personnelle vint dissiper ses illusions et lui montrer ce qu'était la conquête, ce que, de plus en plus, elle devait être pour tous les Saxons, clercs ou laïques.

A l'une des grandes fêtes de l'année, temps où il était d'usage en Angleterre que chaque évêque, selon sa richesse, donnât de grands repas et tînt, pour ainsi dire, table ouverte, il arriva que l'archevêque Eldred fit venir de ses domaines voisins de la ville un convoi de provisions pour son usage [1]. Ses domestiques s'acheminaient vers York, menant des chevaux et des chariots chargés de blé et d'autres denrées; ils rencontrèrent, aux portes de la ville, le vicomte, lieutenant du gouverneur normand, escorté d'une compagnie d'hommes d'armes : « Qui êtes-vous, leur demanda le vicomte, et à qui portez-« vous ces provisions? — Nous sommes, répondirent-ils, les servi-« teurs de l'archevêque, et ces choses sont pour l'usage de sa maison. » Sans se soucier du nom de l'archevêque ni des plaintes de ses domestiques, le vicomte ordonna aux gens qui l'accompagnaient de faire prendre aux voitures le chemin du château d'York, et de déposer le blé et les autres denrées dans les magasins normands [2]. A cette nouvelle, l'archevêque Eldred s'empressa d'envoyer une députation de clercs de son église et de citoyens de la ville, prier l'officier royal de lui faire rendre ce qui lui appartenait; mais le vicomte répondit avec hauteur qu'il ne rendrait rien de ce qu'il avait trouvé bon de

---

largesses aux églises de Normandie et de toute la Gaule, passait, contre toute évidence, pour lui avoir été donnée volontairement par les églises d'Angleterre : *Abundantes ecclesiæ transmarinæ aliqua ei libentes, quæ in Galliam transferret, dederunt.* (Guill. Pictav., apud *Hist. normann. Script.*, p. 211.) — Voyez, pour les promesses du sacre, Roger de Hoveden, p. 450, ed. Savile.

1. Morabatur in una solemnitatum Eboraci, et deferebantur ei victualia ex possessionibus vicinis civitatis. (Thomas Stubbs, *Actus pontific. eborac.*, col. 1703, ed. Selden.) — Cibi et potus, ut ante dixi, erat abstinens, quamvis in aula ejus pro more Anglorum totis post prandium biberetur horis. (*Vita sancti Welstani*, Willelm. Malmesb., *de Gest. pontific. angl.*, lib. IV, p. 280, ed. Savile.)

2. Ille parvipendens archiepiscopum et famulos ejus, præcepit satellitibus suis omnia quæ afferebant ad castellum eboracense divertere et in granarium regis ponere. (Thomas Stubbs, *Actus pontific. eborac.*, col. 1703, ed. Selden.)

prendre. Sur son refus sèchement réitéré, les envoyés lui dirent que si l'archevêque n'obtenait pas justice, il se verrait contraint d'agir pontificalement; et à ces mots, le Normand, redoublant d'insolence, éclata en menaces contre l'archevêque saxon et renvoya ses députés avec toute sorte d'insultes [1]. Ceux-ci rapportèrent à l'archevêque ce qu'ils avaient entendu et souffert, et Eldred en fut atterré; l'ami du conquérant se sentait frappé par la conquête, et ce coup imprévu soulevait dans son âme une indignation que cette âme calme et prudente n'avait point éprouvée jusqu'alors.

Jeté hors de lui-même par un ressentiment personnel mêlé de remords patriotique, l'archevêque fit remonter jusqu'au roi, qu'il avait couronné de sa main, la responsabilité de ces injures, et rompit dans sa conscience le pacte qu'il avait fait avec lui. Il partit d'York à l'instant même pour aller trouver le conquérant, et se présenta devant lui, revêtu de ses ornements pontificaux. Guillaume, le voyant, se leva pour lui offrir, selon l'usage du temps, le baiser de paix; mais le prélat saxon n'avança pas et dit [2] : « Écoute, roi Guil- « laume : tu étais étranger, et, Dieu voulant punir l'orgueil de notre « nation, tu obtins, par sa permission, quoiqu'au prix de beaucoup « de sang, le royaume d'Angleterre; alors je t'ai consacré roi et, en « te bénissant, j'ai posé la couronne sur ta tête. Mais aujourd'hui « que tu l'as mérité, je te maudis comme persécuteur de l'Église « de Dieu, oppresseur de ses ministres et violateur des promesses « que tu m'as faites avec serment devant l'autel de saint Pierre [3]. » Intrépide au milieu des plus grands dangers, Guillaume était, comme tous les esprits de son siècle, accessible aux terreurs soudaines d'une forte impression religieuse. Il fut troublé de ce spectacle et

---

1. Ad quod mandatum vicecomes indignatus superbe respondens, plura et majora comminatus, ipsos legatos injuriis et contumeliis affecit. (Thomas Stubbs, *Actus pontific. eborac.*, col. 1703, ed. Selden.)

2. Cum autem venisset coram rege, et rex ei assurgere et osculum porrigere parasset, ille substitit. (Ibid.)

3. Nunc autem, quia ita meruisti, pro benedictione maledictionem tibi imponam, sicut Ecclesiæ Dei persecutori, et ministrorum ejus oppressori, et promissionum atque juramentorum, quæ mihi coram altare sancti Petri jurasti, transgressori. (Ibid.) — Gulielm. Neubrig., apud *Script. rer. britann. antiq.*, p. 357. — *Anglia sacra*, t. I, p. 294.

de ces paroles étranges pour lui, et se jetant aux pieds de l'archevêque, il lui demanda par quelle faute il avait pu encourir une telle sentence[1]. En même temps, les seigneurs normands qui l'entouraient, saisis d'une tout autre émotion, adressèrent à l'archevêque des paroles de colère, le menaçant de la mort ou de l'exil pour l'affront qu'il faisait à un si grand prince, et lui ordonnant de relever aussitôt le roi agenouillé devant lui[2].

Mais Eldred, puisant dans sa fierté blessée et dans la dignité de son ministère une force qui lui était nouvelle, resta calme et serein devant les invectives et les menaces : « Laissez-le, dit-il aux Normands, « laissez-le s'humilier; ce n'est pas devant moi qu'il se prosterne, « c'est devant l'apôtre Pierre que je représente et dont il sent le pou- « voir[3]. » Puis, mettant fin à cette scène pénible; il prit la main du roi, qui se releva et qui, apprenant la cause de son apparition imprévue, promit de lui faire rendre sans délai tout ce qu'on lui avait enlevé[4]. L'archevêque Eldred se remit en chemin pour sa ville métropolitaine, emportant des lettres qui contenaient l'ordre du roi et un blâme sévère pour le vicomte, qui s'était permis d'agir envers lui comme envers tout autre Anglais. Il avait obtenu réparation, il était satisfait pour le présent, mais il ne croyait plus à l'avenir. Il voyait que son espérance de paix sous la conquête n'était qu'un songe; que, d'une part, ses compatriotes, abhorrant le joug étranger, n'auraient avec les Normands que des trêves passagères, et que, de l'autre, l'esprit de violence et l'orgueil de la victoire montaient, chez les vainqueurs, à un excès que le roi lui-même serait incapable

---

1. Cujus motus ille non sustinens, ad pedes ejus procidit, veniam petiit, satisfactionem spopondit. (Gulielm. Neubrig., apud *Script. rer. britann.*, p. 357.)

2. Qui vero assistebant regi primates regni, in archiepiscopum frementes minisque et terroribus adversus eum assurgentes, ipsum merito de medio debere tolli vel in exilium extra regnum expelli qui tanto regi tantam injuriam irrogasset : urgebant eum ut regem quam citius erigeret. (Thomas Stubbs, *Actus pontific. eborac.*, col. 1703, ed. Selden.)

3. « Sinite, inquit, illum jacere ad pedes Petri. » (Gulielm. Neubrig., apud *Script. rer. britann.*, p. 357.) — « Sinite illum jacere; non enim jacet ad pedes Aldredi, sed ad pedes « Petri apostoli. » (Thomas Stubbs, *Actus pontific. eborac.*, col. 1704, ed. Selden.)

4. Apprehensa dextera regis erexit eum, adventusque sui causam et rem ei ex ordine pandit. Quod rex graviter accipiens... fecit ei omnia sua in integrum, usque ad ligamen sacci, restitui. (Ibid.)

de contenir¹. Sous le poids d'une amère tristesse, où le repentir, à ce qu'il semble, se joignait au découragement, il fut pris d'une maladie lente qui par degrés mina ses forces. Un an après, lorsque les Saxons, ralliés de nouveau et soutenus par un secours danois, s'avancèrent pour attaquer la ville d'York, le chagrin d'Eldred et sa langueur redoublèrent; il pria Dieu, dit un ancien récit, de lui faire la grâce de ne pas voir la destruction de son église et la ruine de son pays, et mourut comme il l'avait demandé².

La guerre durait encore aux extrémités de l'Angleterre, l'agitation était partout; on s'attendait à ce que les fugitifs d'York reviendraient, par terre ou par mer, tenter quelque nouvel effort. L'ennui de cette lutte sans terme visible commença dès lors à se faire sentir aux soldats et même aux chefs de l'armée d'invasion. Plusieurs, se croyant assez riches, résolurent de renoncer aux fatigues; d'autres trouvèrent que les terres des Anglais ne valaient pas les peines et les dangers au prix desquels on les obtenait; d'autres voulaient revoir leurs femmes qui les accablaient de messages et les conjuraient de revenir près d'elles et près de leurs enfants³. Le roi Guillaume fut vivement alarmé de ces dispositions; il offrit pour réchauffer le zèle plus qu'il n'avait encore donné, et promit, pour le temps où la conquête serait achevée, des terres, de l'argent, des honneurs en abondance⁴. Il fit répandre l'accusation de lâcheté contre ceux qui demandaient leur retraite et abandonnaient leur seigneur en péril, au milieu des étrangers⁵. Des railleries amères et indécentes furent dirigées contre

---

1. Fiducia deinceps Anglis crevit contra Normannos... Fides, sacramentum et salus obsidum vilia fuerunt iratis pro amissis patrum suorum prædiis et occisis parentibus aut compatriotis. (Order. Vital. *Hist. ecclesiast.*, apud *Hist. normann. Script.*, p. 512.) — Normannico fastu Angli opprimuntur, et præsidibus superbis, qui regis monitus spernebant, admodum injuriabantur. (Ibid., p. 507.)

2. Valde tristis effectus, precibusque ad Deum effusis ne ecclesiæ suæ destructionem nec patriæ videret desolationem, incidit in infirmitatem, et... ut Dominum rogaverat, vitam finivit. (Thomas Stubbs, *Actus pontific. eborac.*, col. 1703, ed. Selden.)

3. Crebris nunciis a viris suis flagitabant ut cito reverterentur. (Orderic. Vital. *Hist. ecclesiast.*, lib. IV, apud *Script. rer. normann.*, p. 512.)

4. Terras cum reditibus et magnis potestatibus, eis amicabiliter offerebat, et majora dum totum regnum ab adversariis undique liberatum esset promittebat. (Ibid.)

5. Si discederent infideli proditores timidique desertores palam censeri... Regem inter ex-

les femmes normandes qui s'empressaient de rappeler auprès d'elles leurs maris et leurs protecteurs [1]. Mais, malgré cela, Hugues de Grantmesnil, comte de la province de Hants, son beau-frère Onfroy du Tilleul, gardien du fort de Hastings, et un grand nombre d'autres partirent, laissant leurs terres et leurs honneurs, pour aller, comme disaient de plus fidèles qu'eux à la cause du conquérant, se mettre sous le servage de femmes impudiques au mépris de leur devoir comme vassaux [2]. Ce départ fit une grande impression sur l'esprit du roi. Prévoyant pour l'avenir de plus grandes difficultés qu'il n'en avait éprouvé jusque-là, il renvoya en Normandie la reine Mathilde pour l'éloigner du trouble et pour être lui-même tout entier aux soins de la guerre [3]. De nouveaux événements ne tardèrent pas à justifier ses inquiétudes.

L'un des fils du roi Harold, appelés Godwin, Edmund et Magnus, vint d'Irlande, où tous les trois s'étaient réfugiés, soit après la bataille de Hastings, soit après la prise d'Exeter, et amena au secours des Anglais plusieurs vaisseaux et une petite armée [4]. Il entra dans l'embouchure de l'Avon, et mit le siège devant Bristol; mais, ne pouvant s'en emparer, il remonta sur ses navires, côtoya le rivage du sud-ouest, et alla débarquer dans la province de Sommerset. A son approche, tous les habitants du pays se soulevèrent contre les Normands, et l'insurrection s'étendit aux provinces de Devon et de Dorset. L'alliance des Bretons de la Cornouaille avec leurs voisins saxons se renouvela, et ils attaquèrent ensemble le corps de troupes étrangères qui stationnait dans ces contrées [5]. On envoya pour ren-

---

teros laborantem. (Orderic. Vital. *Hist. ecclesiast.*, lib. IV, apud *Script. rer. normann.*, p. 512.)

1. Quædam Normanniæ mulieres sæva libidinis face urebantur... addentes quod nisi reditum maturarent, ipsæ sibi alios conjuges procurarent. (Ibid.)

2. ... Famulari lascivis dominabus suis. (Ibid.)

3. Bellicis turbinibus undique insurgentibus admodum occupatus conjugem sibi multum dilectam Matildem remisit in Normanniam. (Ibid.)

4. Et interea venit unus Haroldi filiorum ex Hibernia cum classe in Aufonæ ostium improviso. (*Chron. saxon.*, Fragm. sub anno MLXVII, apud *Gloss.*, ed. Lye, t. II, ad finem.) — Selon Florent de Worcester et les chroniqueurs qui l'ont suivi, cette expédition fut conduite par les trois fils de Harold. Voyez Florent. Wigorn. *Chron.*, p. 635.

5. Saxones occidentales de Dorseta et Summerseta cum suis confinibus Montem-Acu-

1068 fort aux Normands les Anglais auxiliaires, qui avaient trouvé plus aisé de se joindre à l'ennemi que de lui résister; et, comme au siége d'Exeter, ils furent placés à l'avant-garde, pour essuyer les premiers coups. Ils étaient conduits par Ednoth, ancien grand officier du roi Harold, dont Guillaume voulait se défaire en l'envoyant contre les insurgés : car c'était sa politique, dit un vieil historien, de mettre les Saxons aux prises les uns avec les autres, voyant pour lui-même un grand débarras, de quelque côté que fût la victoire[1]. Ednoth périt avec beaucoup des siens; l'insurrection subsista, et le fils de Harold, quoiqu'il eût l'avantage, retourna en Irlande pour y prendre l'aîné de ses deux frères et en ramener de nouvelles troupes[2].

1069 Godwin et Edmund, naviguant ensemble et doublant le long promontoire qui porte le nom de *Land's-End*, ou Fin-du-Pays, entrèrent, cette fois, par l'embouchure de la rivière de Tavy, au sud de la province de Devon[3]. Ils s'aventurèrent imprudemment sur ce territoire, où les Normands, cantonnés dans les provinces du sud, avaient rassemblé toutes leurs forces pour opposer une barrière à l'insurrection de l'ouest. Deux chefs, dont l'un était Brian, fils d'Eudes, comte ou duc de Bretagne, les attaquèrent à l'improviste et leur tuèrent plus de deux mille hommes, anglais ou irlandais[4]. Les fils du dernier roi

---

tum assilierunt... Idem apud Exoniam exoniensis comitatus habitatores fecere et undique coadunata turba ex cornu Britanniæ. (Orderic. Vital. *Hist. ecclesiast.*, apud *Hist. normann. Script.*, p. 514.)

1. Angligenum exercitum et ducem obicit, Normannos feriari permittens : ingens sibi levamen providens, utrilibet vincerent. (Willelm. Malmesb., *de Gest. reg. angl.*, lib. III, apud *Rer. anglic. Script.*, p. 104, ed. Savile.)

2. Et Ednothus aulæ præfectus (stallere) iiscum pugnavit, et erat ibi occisus, et multi præstantes viri ex utraque parte. (*Chron. saxon.*, Fragm. sub anno MLXVII, apud *Gloss.*, ed. Lye, t. II, ad finem.) — Illi vero potiti victoria, de Domnania et Cornubia præda rapta non modica, in Hiberniam redierunt. (Florent. Wigorn. *Chron.*, p. 635.)

3. Post hæc venerunt Haroldi filii ex Hibernia ad mediam æstatem cum LXIIII navibus in Tavi ostium. (*Chron. saxon.*, Fragm. sub anno MLXVIII, apud *Gloss.*, ed. Lye, t. II, ad finem.) — Duo filii Haraldi regis... denuo XLIV navibus de Hibernia venientes. (Florent. Wigorn. *Chron.*, p. 635.)

4. ... Et ibi incaute se permiserunt. (Ibid.) — Protinus illis Briennus Eudonis comitis Britanniæ minoris filius, et Guillelmus Gualdi cum armis obvii fuerunt. (Orderic. Vital. *Hist. ecclesiast.*, apud *Hist. normann. Script.*, p. 513.)

saxon remontèrent sur leurs vaisseaux et mirent à la voile, ayant perdu toute espérance. Pour achever de détruire les révoltés de Dorset et de Sommerset, l'évêque de Coutances, Geoffroi, vint avec les garnisons de Londres, de Winchester et de Salisbury. Il parcourut ces deux provinces, à la poursuite des hommes armés ou suspects d'avoir pris les armes; tout ce qui résista fut mis à mort, et les prisonniers, sinon tous, du moins en partie, furent mutilés pour servir d'exemple [1].

Cette déroute et la retraite des auxiliaires venus d'Irlande n'abattirent point entièrement l'effervescence des populations de l'ouest. Le mouvement commencé au sud s'était prolongé sur toute la frontière du territoire gallois; les habitants de la contrée voisine de Chester, contrée encore libre de toute invasion, descendirent jusqu'à Shrewsbury, et, se joignant aux bandes armées d'Edrik, qu'on surnommait le Sauvage, ils refoulèrent les Normands vers l'est [2]. Les deux chefs, Brian et Guillaume, qui avaient battu les fils de Harold et réduit les hommes de Devon et de Cornouaille, s'avancèrent alors du côté du sud, et le roi lui-même, parti de Lincoln, vint du côté de l'orient, avec l'élite de ses gens d'armes. Il rencontra près de Stafford, au pied des montagnes, le plus grand corps d'armée des insurgés, et le détruisit dans un seul combat [3]. Les autres capitaines normands marchèrent sur Shrewsbury; et cette ville ainsi que les campagnes qui l'avoisinent retombèrent sous la loi de l'étranger; les habitants rendirent leurs armes; quelques braves seulement, qui voulurent les garder, se retirèrent sur les dunes de la mer ou sur la cime des montagnes. Ils continuèrent de guerroyer, péniblement et sans avantages, contre les petits corps isolés, dressant, à l'entrée des bois et dans les vallées étroites, des embûches pour le soldat égaré ou le coureur aventureux, ou le messager qui portait l'ordre des

---

1. Quosdam peremerunt, partim captos mutilaverunt, reliquos fugaverunt. (Orderic. Vital. *Hist. ecclesiast.*, lib. IV, apud *Script. rer. normann.*, p. 514.)

2. Gualli et Cestrenses præsidium regis apud Scrobesburiam obsederunt, quibus incolæ civitatis, cum Edrico Guilda (*Wild*)... aliisque ferocibus Anglis, auxilio fuerunt. (Ibid.)

3. Rex interim apud Estafort quamplurimos factiosarum partium facili proventu delevit. (Ibid.)

1069 chefs; mais les grandes routes, les cités, les bourgs, s'ouvrirent aux bataillons ennemis. La terreur remplaça l'espoir dans le cœur des vaincus : ils s'évitèrent au lieu de s'unir, et tout le pays du sud-ouest rentra encore une fois dans le silence.

Au nord, la cité d'York était toujours l'extrême limite de la conquête; les soldats normands qui occupaient cette ville ne cherchaient point à s'avancer au delà, et même leurs excursions sur la contrée au sud d'York n'étaient point sans danger pour eux. Hugues, fils de Baudry, vicomte de la ville, n'osait descendre jusqu'à Selby et passer la rivière d'Ouse sans se faire suivre d'une force imposante. Les soldats normands n'étaient plus en sûreté dès qu'ils s'éloignaient des rangs et quittaient leurs armes; car des bandes d'insurgés, aussitôt ralliées que dissoutes, harcelaient continuellement les corps de troupes en marche, et même la garnison d'York [1]. Guillaume Malet, collègue du fils de Baudry dans le commandement de cette garnison, alla jusqu'à déclarer, dans ses dépêches, que sans de prompts secours il ne répondait plus de son poste [2]. Cette nouvelle, portée au quartier du roi Guillaume, y causa une grande alarme. Le roi lui-même partit en hâte, et arriva devant la ville d'York, au moment où les citoyens, ligués avec les gens du plat pays, assiégeaient la forteresse normande. Il les attaqua vivement avec des forces supérieures, en tua un grand nombre et fit beaucoup de prisonniers, n'épargnant personne, disent les chroniques, mettant la ville au pillage et laissant profaner l'église métropolitaine [3]. Durant huit jours passés à York, il y jeta les fondements d'un second château fort, dont il confia les travaux et la garde à son confident le plus intime, Guillaume,

---

1. Comitabatur eum non modica militiæ multitudo... fecit hoc in illis finibus, Anglorum indomita ferocitas et invicta constantia, qui semper ad vindictam suam in Gallos insurgentes... (*Hist. monast. selebiensis*, apud Labbe, *Nova Biblioth. ms.*, t. I, p. 602.)

2. Willelmus cognomento Maletus, præses castrensis, regi denunciavit se defecturum, nisi maturum fessis conferat auxilium. (Orderic. Vital. *Hist. ecclesiast.*, lib. IV, apud *Script. rer. normann.*, p. 512.)

3. Rex ocius advenit, in obsidentes ruit, nec ulli pepercit. Multi capti, plerique interfecti, cæteri sunt fugati. (Ibid.) — Et urbem diripuit; et S. Petri monasterium profanavit, et omnia cætera etiam spoliavit, et oppressit. (*Chron. saxon.*, Fragm. sub anno MLXVIII, apud *Gloss.*, ed. Lye, t. II, ad finem.)

fils d'Osbern, son sénéchal et son maréchal pour la Normandie et 1069 l'Angleterre¹.

Après son départ, les Anglais se rallièrent encore, et firent à la fois le siége des deux châteaux; mais ils furent repoussés avec perte, et les Normands achevèrent en paix leurs nouveaux ouvrages de défense ². Assuré de la possession d'York, le conquérant reprit l'offensive, et tenta de reculer jusqu'à Durham les limites du pays subjugué; ce fut un certain Robert, surnommé Comine ou de Comines, qu'il chargea de cette expédition hasardeuse. Robert partit avec le titre anticipé de comte du Northumberland³. Son armée était peu considérable; mais sa confiance en lui-même était grande, et s'accrut au delà de toute mesure quand il se vit presque au terme de sa route sans avoir trouvé de résistance. Déjà il apercevait les murailles de Durham, lorsque Eghelwin, l'évêque saxon de la ville, vint à sa rencontre et l'avertit d'être sur ses gardes, parce que les gens du pays avaient résolu de mourir tous plutôt que de se soumettre au pouvoir d'un étranger : « Que m'importe ce qu'ils disent? répondit « Robert Comine; ils ne m'attaqueront pas, aucun d'eux ne l'ose- « rait⁴. » Les Normands entrèrent dans Durham et y massacrèrent quelques hommes inoffensifs, comme pour défier les Anglais⁵; les soldats campèrent sur les places, et leur chef prit pour quartier la maison de l'évêque.

La nuit vint, et alors les habitants des rives de la Tyne allumèrent, sur toutes les hauteurs, des feux qui leur servaient de signaux; ils

---

1. ... Alterum præsidium condidit, et Guillelmum comitem, Osberni filium, ad custodiendum reliquit. (Orderic. Vital. *Hist. ecclesiast.*, apud *Hist. normann. Script.*, p. 512.)

2. Rursus Angli post regis discessum contra utrumque præsidium congregati sunt. (Ibid., p. 514.)

3. Donavit Rodberto comiti comitatum in Northymbrorum terra. (*Chron. saxon.*, ed. Gibson, p. 174.) — Guillelmus rex dunelmensem comitatum Rodberto de Cuminis tradidit. (Orderic. Vital. *Hist. ecclesiast.*, apud *Hist. normann. Script.*, p. 512.)

4. Cui appropinquanti dunelmensis episcopus Agelwinus occurrens, insidias sibi præcavere præmonuit; sed ille neminem hoc audere æstimans despexit ammonentem. (Simeon. Dunelm. *Hist.*, col. 198, ed. Selden.) — At illi omnes in unam coacti sententiam ne alienigenæ dominio subderentur, statuerunt aut illum interficere aut ipsi simul omnes in ore gladii cadere. (Ibid.)

5. Permisit suos hostiliter ubique agere, occisis etiam nonnullis ecclesiæ rusticis. (Ibid.)

1069 se rassemblèrent en grand nombre et firent diligence vers Durham. Au point du jour, ils étaient arrivés devant les portes, qu'ils forcèrent, et les Normands furent assaillis de toutes parts, au milieu des rues, dont ils ignoraient les détours [1]. Ils cherchèrent à se rallier dans la maison épiscopale, où était le logement de leur comte; ils y firent des barricades, et la défendirent quelque temps, tirant leurs flèches d'en haut sur les Saxons. Mais ceux-ci terminèrent le combat en mettant le feu à la maison, qui fut brûlée tout entière avec les hommes qui s'y étaient renfermés [2]. Robert Comine fut du nombre. Il avait amené avec lui sept cents cavaliers complétement armés; mais on ne sait pas au juste combien de gens de service et de fantassins les accompagnaient [3]. Cette terrible défaite produisit une telle impression sur les Normands, que des troupes nombreuses, envoyées pour tirer vengeance du massacre, s'avancèrent jusqu'à Elfertun, aujourd'hui Northallerton, à égale distance d'York et de Durham, et qu'arrivées à ce point, elles reculèrent, saisies d'une terreur panique. Le bruit courut qu'elles s'étaient trouvées dans une obscurité complète et contraintes de retourner en arrière par la puissance d'un saint nommé Cuthbert, qui était le patron du pays et dont le corps reposait à Durham [4].

Les Northumbriens, qui remportèrent cette grande victoire, étaient fils d'anciens colons danois, et il n'avait point cessé d'exister entre eux et la population du Danemark des relations d'amitié réciproque, fruits de leur commune origine. Du moment qu'ils se virent menacés par l'invasion normande, ils adressèrent aux Danois des demandes de secours, au nom de l'ancienne fraternité de leurs ancêtres, et de semblables sollicitations parvinrent aussi aux rois de Danemark de la part des habitants anglo-danois d'York, de Lincoln et de Nor-

---

1. At Northymbri tota nocte festinantes, Dunelmum summa vi diluculo per portas irrumpunt, et socios comitis imparatos ubique locorum interficiunt. (Simeon. Dunelm. *Hist.*, col. 198, ed. Selden.)

2. Sed cum nec ferrent jacula defendentium, domum cum inhabitantibus concremaverunt. (Ibid.)

3. *Chron. saxon.*, ed. Gibson, p. 174. — Roger de Hoved. *Annal.*, pars I, apud *Rer. anglic. Script.*, p. 450 et 451, ed. Savile.

4. Simeon. Dunelm. *Hist.*, col. 198, ed. Selden.

wich [1]. Une foule de réfugiés saxons plaidaient la cause de leur pays auprès des peuples septentrionaux, les pressaient avec instance d'entreprendre la guerre contre les Normands qui opprimaient une nation de la grande famille teutonique, après avoir tué son roi, proche parent de plusieurs rois du Nord [2].

Guillaume, qui, de sa vie, n'avait su prononcer un seul mot de la langue septentrionale que ses aïeux avaient jadis parlée, prévit, dès le commencement, cette alliance naturelle des Anglais avec les Danois, et c'est ce qui lui fit bâtir de nombreuses forteresses sur les côtes orientales de l'Angleterre. Il envoya plusieurs fois à Sven, roi de Danemark, des ambassadeurs accrédités, des négociateurs habiles, des évêques à la parole insinuante, avec de riches présents, pour lui persuader de demeurer en paix [3]. Mais l'homme du Nord ne se laissa point séduire, et ne consentit point, disent les chroniques danoises, à laisser le peuple anglais en servitude sous un peuple de race et de langue étrangères. Sven rassembla sa flotte et ses soldats [4]. Deux cent quarante vaisseaux partirent pour la Bretagne, conduits par Osbiorn, frère du roi, et par ses deux fils Harald et Knut. A la nouvelle de leur départ, les Anglais comptaient avec impatience les jours qui devaient s'écouler jusqu'à l'arrivée de ces enfants de la Baltique, autrefois si terribles pour eux, et prononçaient avec amour des noms que leurs pères avaient maudits [5]. L'on attendait aussi des troupes enrôlées à prix d'argent sur les côtes de l'ancienne Saxe et de la Frise [6], et les

---

1. Principes Anglorum offensi Svenonem de auxiliis sollicitant. (Legatio Helsini in Daniam, apud *Script. rer. danic.*, t. III, p. 255, in nota *n* ad calc. pag.)

2. Ad ulciscendam consanguinei necem, Haroldi scilicet a Francigenis interempti, et Angliam pristinæ libertati restituendam... Ut et mortem ejus vindicaret, et terram sibi subigeret. (Ibid., p. 253 et 254.)

3. Misit solemnes nuntios ad regem Daciæ, mittens cum illis plurima dona et exenia regalia. (Henrici Knyghton, *de Event. angl.*, lib. II, apud *Hist. anglic. Script.*, t. II, col. 2343, ed. Selden.) — Torfæi, *Hist. rer. norreg.*, t. III, p. 385 et 386.

4. Audientes Daci Angliam esse subjectam Normannis seu Francigenis, graviter sunt indignati... arma parant, classem aptant. (Legatio Helsini in Daniam, apud *Script. rer. danic.*, t. III, p. 254.)

5. Voyez livre II, passim.

6. Frisia, necne Saxonia, Leutetia quoque, pro anglicis opibus auxiliares turmas mittebat. (Orderic. Vital. *Hist. ecclesiast.*, lib. IV, apud *Script. rer. normann.*, p. 513.)

1069 Saxons réfugiés en Écosse promettaient quelques secours. Encouragés par leur victoire, les habitants du Northumberland faisaient de fréquentes excursions, au sud de leur pays, sur les cantonnements des étrangers[1]. Le gouverneur de l'un des châteaux d'York fut tué dans une de ces rencontres[2].

Ce fut dans l'intervalle des deux fêtes de la vierge Marie, en automne, que le fils du roi Sven, Osbiorn son frère, et cinq autres chefs danois de haut rang, abordèrent en Angleterre[3]. Ils tentèrent hardiment une descente sur la partie des côtes la mieux gardée, celle du sud-est; mais, successivement repoussés de Douvres, de Sandwich et de Norwich, ils remontèrent vers le nord et entrèrent dans le golfe de l'Humber, comme faisaient jadis leurs aïeux, mais sous de tout autres auspices[4]. Dès que le bruit de leur approche se fut répandu dans les lieux d'alentour, de toutes parts les chefs de race anglaise, tous les Anglais en masse, vinrent des bourgs et des campagnes faire amitié avec les Danois et se joindre à eux[5]. Le jeune roi Edgar, Merlsweyn, Gospatrik, Siward Beorn, et beaucoup d'autres réfugiés, accoururent promptement de l'Écosse. On vit arriver aussi Waltheof, fils de Siward, échappé, comme Edwin et son frère, du palais du roi Guillaume : il était encore très-jeune, et se faisait remarquer, de même qu'autrefois son père, par une taille élevée et une grande vigueur de corps[6].

Les Saxons se placèrent à l'avant-garde, les Danois formèrent le corps d'armée, et c'est dans cet ordre qu'ils marchèrent sur York, les

---

1. Diversos excursus crebro agitantes, Sveni Danorum regis præstolantes adventum. (Willelm. Gemet. *Hist. normann.*, apud *Script. rer. normann.*, p. 290.)

2. Rodbertus, Ricardi filius, eboracensis præsidii custos cum multis peremptus est. (Orderic. Vital. *Hist. ecclesiast.*, apud *Hist. normann. Script.*, p. 512.)

3. Matth. Westmonast. *Flor. histor.*, p. 226. — Matth. Paris., t. I, p. 6.

4. Orderic. Vital. *Hist. ecclesiast.*, lib. IV, apud *Script. rer. normann.*, p. 513.

5. Dani Eboracum accedunt, nimisque incolarum contubernio aucti sunt. (Ibid.) — *Chron. saxon.*, Fragm. sub anno MLXVIII, apud *Gloss.*, ed. Lye, t. II, ad finem.

6. Erat quippe nervosus lacertis, thorosus pectore, robustus et procerus toto corpore. (Vita et passio Walevi comitis, *Chron. anglo-norm.*, t. II, p. 112.) — Matth. Westmonast. *Flor. histor.*, p. 229. — Voyez plus haut, livre III.

uns à cheval, les autres à pied, tous pleins de joie, dit la chronique contemporaine [1]. Des messagers les devancèrent pour avertir les citoyens que leur délivrance approchait, et bientôt la ville d'York fut investie de toutes parts. Dans le huitième jour du siége, les Normands qui gardaient les deux châteaux, craignant que les maisons voisines ne fournissent aux assaillants des matériaux pour combler les fossés, mirent le feu à ces maisons [2]. L'incendie gagna rapidement, et ce fut à la lueur des flammes que les insurgés et leurs auxiliaires, aidés par les habitants, pénétrèrent dans la ville et forcèrent les étrangers de se renfermer dans l'enceinte de leurs citadelles; le même jour, les deux citadelles furent emportées d'assaut [3]. Dans ce combat décisif périrent, comme s'exprime la chronique saxonne, bien des centaines d'hommes de France [4]. Waltheof, placé en embuscade à l'une des portes des châteaux, tua de sa propre main, à coups de hache, beaucoup de Normands qui cherchaient à s'enfuir [5]. Il poursuivit, avec ses compagnons, cent chevaliers jusque dans un petit bois voisin, et pour s'épargner la peine d'une plus longue course, il fit mettre le feu au bois, où les cent chevaliers furent tous brûlés. Un Danois, guerrier et poëte, célébra ce fait d'armes dans un chant où il louait le chef saxon d'être terrible comme Odin,

---

1. Et cuncti regionis incolæ, equitantes et iter facientes cum immenso agmine, valde exultantes, et ita omnes unanimiter ad Eboracum profecti sunt. (*Chron. saxon.*, Fragm. sub anno MLXVIII, apud *Gloss.*, ed. Lye, t. II, ad finem.) — Guallevus enim, Gaius Patritius, Marius Suenus... antesignani erant, et Danos Northwigenasque præcedebant. (Orderic. Vital. *Hist. ecclesiast.*, apud *Hist. normann. Script.*, p. 513.)

2. Timentes ne domus, quæ prope castella erant, adjumenta Danis ad fossas implendas essent. (Alured. Beverlac. *Annal. de Gest. reg. Britann.*, lib. IX, p. 128, ed. Hearne.) — Franci urbem combusserant, et etiam sanctum cœnobium S. Petri penitus spoliaverant et combusserant. (*Chron. saxon.*, Fragm. sub anno MLXVIII, apud *Gloss.*, ed. Lye, t. II, ad finem.)

3. Dani et Nordhimbri eadem die castella fregerunt. (Alured. Beverlac. *Annal. de Gest. reg. Britann.*, lib. IX, p. 128, ed. Hearne.)

4. Et castellum diruerunt et everterunt, et multos centenos hominum francorum necarunt. (*Chron. saxon.*, Fragm. sub anno MLXVIII, apud *Gloss.*, ed. Lye, t. II. ad finem.) — Multa ibidem hominum millia. (Matth. Paris., t. I, p. 6.)

5. Plures Normannorum solus obtruncaverat, unos et unos per portas gradientes decapitans. (Vita et passio Waldevi comitis, *Chron. anglo-norm.*, t. II, p. 112.)

et d'avoir servi aux loups d'Angleterre un repas de cadavres normands[1]:

Les vainqueurs firent grâce de la vie aux deux commandants d'York, Gilbert de Gand et Guillaume Malet, à la femme et aux enfants de ce dernier, et à un petit nombre d'autres qui furent emmenés sur la flotte danoise. Ils renversèrent de fond en comble, peut-être imprudemment, les fortifications bâties par l'étranger, afin d'effacer tout vestige de son passage. Le jeune Edgar, redevenu roi dans York, conclut, suivant l'ancienne coutume saxonne, un pacte d'alliance avec les citoyens[2]; et ainsi fut relevée, pour quelques moments, la royauté nationale des Anglo-Saxons. Son domaine et le pouvoir d'Edgar s'étendait de la Tweed à l'Humber; mais Guillaume, et avec lui l'esclavage, régnait encore sur tout le pays du sud, sur les plus belles provinces et les plus grandes villes.

L'hiver approchait; les navires des Danois furent mis en station dans le golfe de l'Humber, aux bouches de l'Ouse et de la Trent. Leur armée et celle des Saxons libres attendaient le retour de la belle saison pour s'avancer vers le midi, faire rétrograder les conquérants, et confondre le roi Guillaume, comme s'exprime un vieil historien[3]. Guillaume ne fut pas sans alarmes; la nouvelle de la prise d'York et de la déroute complète des siens l'avait transporté de douleur et de colère; il avait juré de ne point quitter sa lance qu'il n'eût tué tous les Northumbriens[4]; mais, modérant son emportement, il voulut d'abord essayer la ruse, et envoya des messagers habiles à Osbiorn,

1.   Torva tuenti appositus fuit cibus
    Alni equo (lupo) ex cadaveribus Francorum.
        (*Sara af Haraldi Hardrada*, cap. CI; Snorre's *Heimskringla*, t. III, p. 168.)

— La tradition scandinave, en gardant le souvenir de ce combat, le confondit avec la bataille de Hastings; elle en fit l'action principale de la lutte entre les Saxons et les Normands, et fit de Waltheof lui-même un des frères du roi Harold.

2. Cives cum eo fœdus iniverunt. (*Chron. saxon.*, Fragm. sub anno MLXVIII, apud *Gloss.*, ed. Lye, t. II, ad finem.)

3. ... Ut regem Gulihelmum confunderent. (Matth. Westmonast. *Flor. histor.*, p. 226.) — Matth. Paris., t. I. p. 6.

4. ... Juravit omnes Nortimbrenses una se lancea perempturum. (Roger de Hoved. *Annal.*, pars I, apud *Rer. anglic. Script.*, p. 451, ed. Savile.)

le frère du roi Sven, commandant supérieur de la flotte danoise. Il promit à ce chef de lui faire tenir en secret une grande somme d'argent, et de lui laisser prendre librement des vivres pour son armée sur toute la côte orientale, s'il voulait, à la fin de l'hiver, mettre à la voile et s'éloigner sans combat[1]. Tenté par l'avarice, le Danois fut infidèle à sa mission et traître envers les alliés de son pays; à son grand déshonneur, disent les chroniques, il promit tout ce que demandait le roi Guillaume[2].

Guillaume ne se borna point à cette seule précaution : après avoir enlevé sans bruit aux Saxons libres leur principale force, il se tourna vers les Saxons de la contrée soumise, fit droit à quelques-unes de leurs plaintes, modéra l'insolence de ses hommes de guerre et de ses agents, amollit par de minces concessions l'esprit faible du grand nombre, donna quelques bonnes paroles, et, en retour, se fit prêter de nouveaux serments et livrer de nouveaux otages[3]. Alors il marcha sur York à grandes journées, avec ses meilleures troupes[4]. Les défenseurs de la ville apprirent en même temps l'approche de la cavalerie normande et le départ des vaisseaux danois. Tout délaissés qu'ils étaient, et déchus de leurs meilleures espérances, ils résistèrent encore, et se firent tuer par milliers sur les brèches de leurs murailles[5]. Le combat fut long et la victoire chèrement achetée. Le roi Edgar se vit contraint de fuir, et ceux qui purent s'échapper comme lui gagnèrent par différents chemins la contrée voisine de l'Écosse.

Pour la seconde fois maître d'York, le conquérant ne s'y arrêta point; il fit continuer vers le nord la marche rapide de ses batail-

---

1. ... Ut sine pugna discederet, peracta hieme. (Florent. Wigorn. *Chron.*, p. 636.)

2. Ille autem auri argentique nimis avidus non sine magno dedecore suis petitis concessit. (Ibid.)

3. Compescens elationem suorum Normannorum, et sic revocatis multis Anglorum nobilibus, fœdere cautius cum omnibus confirmato... (Matth. Westmonast. *Flor. histor.*, p. 226.)

4. Cum rex hoc resciverat, tum profectus est ille aquilonem versus cum toto exercitu quem colligere potuit. (*Chron. saxon.*, Fragm. sub anno MLXVIII, apud *Gloss.*, ed. Lye, t. II, ad finem.)

5. Eboracum, ubi fuit Danorum receptaculum, potenter cum ibi inventis expugnavit, et multa millia hominum ibidem interfecit. (Matth. Westmonast. *Flor. histor.*, p. 236.)

lons. Les étrangers se précipitèrent sur la terre de Northumbrie avec la frénésie de la vengeance[1] ; ils incendièrent les champs en culture comme les maisons, et massacrèrent les troupeaux de même que les hommes. Cette dévastation fut opérée avec une sorte d'étude et sur un plan régulier, afin que les braves du nord, trouvant leur pays inhabitable, fussent contraints de l'abandonner et de se disperser en d'autres lieux[2]. Ils se retirèrent, soit dans les montagnes qui tenaient leur nom de l'asile qu'y avaient jadis trouvé les Cambriens, soit à l'extrémité des côtes de l'est, dans des marécages impraticables et sur les dunes de l'Océan. Là ils se firent brigands et pirates contre l'étranger, et furent accusés, dans les proclamations du conquérant, de violer la paix publique et de se livrer à un genre de vie infâme[3]. Les Normands entrèrent pour la seconde fois dans Durham, et leur sommeil n'y fut point troublé, comme l'avait été celui de Robert Comine.

Avant leur entrée dans cette ville, qui était pour eux la clef de tout le pays septentrional, l'évêque de Durham, Eghelwin, le même qui avait donné à Robert des avertissements si mal reçus, s'était réuni aux principaux habitants pour fuir ensemble et chercher un refuge aux extrémités du pays[4]. Emportant avec eux les reliques de saint Cuthbert, comme un trésor national et comme leur sauvegarde contre l'ennemi, ils gagnèrent, à l'embouchure de la Tweed, l'île de Lindisfarne, qui, deux fois le jour, à la marée montante, est tout entière baignée par les eaux, et deux fois, quand la mer est basse, se

---

1. In Nordhimbriam efferato properavit animo. (Alured. Beverlac. *Annal. de Gest. reg. Britann.*, lib. IX, p. 128, ed. Hearne.) — Tum rex Willelmus ingressus cam provinciam totam devastavit. (*Chron. saxon.*, ed. Gibson, p. 174.)

2. Jussit enim ira stimulante segetibus et pecoribus cum vasis et omni genere alimentorum repleri, et igne injecto penitus omnia simul comburi, et sic omnem alimoniam per totam regionem transhumbranam pariter devastari. (Orderic. Vital. *Hist. ecclesiast.*, apud *Hist. normann. Script.*, p. 514.)

3. Cum adhuc in sua ærumna armis atque fuga auderent... in maritimorum præsidiorum remotiora sese receperunt, inhonestas opes piratico latrocinio sibi contrahentes. (Willelm. Gemet. *Hist. normann.*, apud *Script. rer. normann.*, p. 290.)

4. Dunelmiensis autem episcopus Egelwinus et cæteri optimates, regem timentes, ne ipsi cum cæteris morti traderentur... (*Chron. Johann. Bromton*, col. 966, ed. Selden.)

LIVRE IV 313

trouve rejointe à la terre ferme¹. La grande église de Durham, abandonnée de son clergé, devint l'asile des Saxons blessés, malades ou pauvres qui n'avaient pas eu le moyen de s'enfuir; ils y couchaient sur la pierre au nombre de plusieurs centaines, épuisés de misère et de faim².

1070

L'armée conquérante, dont les corps détachés couvraient un espace de cent milles, traversa dans tous les sens ce territoire, pour la première fois envahi par elle, et les traces de son passage s'y imprimèrent profondément³. De vieux historiens témoignent que, depuis l'Humber jusqu'à la Tyne, il ne resta pas une pièce de terre en culture, pas un seul village habité⁴. Les monastères qui avaient échappé aux ravages des païens danois, celui de Saint-Pierre auprès de la Wear, celui de Whitby, qu'habitaient des religieuses, furent profanés et incendiés⁵. Au sud du cours de l'Humber, selon les mêmes narrateurs, le ravage ne fut pas moins terrible. Ils disent qu'entre York et la mer orientale, tout être vivant fut mis à mort, depuis l'homme jusqu'à la bête⁶, tout, excepté ceux qui se réfugièrent à Beverley, dans le monastère qui renfermait la tombe de saint Jean l'archevêque. C'était un saint de race anglo-saxonne, et, à l'approche des conquérants, un grand nombre d'hommes et de femmes accoururent, avec ce qu'ils avaient de plus précieux, autour

---

1. Alured. Beverlac. *Annal. de Gest. reg. Britann.*, lib. IX, p. 129, ed. Hearne.

2. Dunelmensis ecclesia, omni custodia et ecclesiastico servitio destituta, spelunca erat pauperum, et debilium, et ægrotantium, qui cum fugere non poterant, illuc declinantes fame ac morbo deficiebant. (Simeon. Dunelm. *Hist.*, apud *Hist. anglic. Script.*, col. 199, ed. Selden.)

3. Spatio centum milliariorum castra ejus diffunduntur. Plerosque gladio vindice ferit, aliorum latebras evertit, terras devastat, et domos cum rebus omnibus concremat. (Orderic. Vital. *Hist. ecclesiast.*, apud *Hist. normann. Script.*, p. 514.)

4. Nusquam villa inhabitata. (Alured. Beverlac. *Annal. de Gest. reg. Britann.*, lib. IX, p. 128, ed. Hearne.) — Humus per sexaginta et eo amplius milliaria omnifariam inculta, nudum omnium solum usque ad hoc etiam tempus. (Willelm. Malmesb. *de Gest. reg. angl.*, lib. III, p. 103, ed. Savile.)

5. Tunc etiam monasterium Bedæ quod est in Girvum super ripam Wiri fluminis est combustum. (*Chron. Johan. Bromton*, apud *Hist. anglic. Script.*, col. 966, ed. Selden.) — Simeon. Dunelm. *Hist.*, apud ibid., col. 199.)

6. Ab homine usque ad pecus periit quicumque repertus est ab Eboraco usque ad mare orientale. (Alured. Beverlac. *Annal. de Gest. reg. Britann.*, lib. IX, p. 129, ed. Hearne.)

de l'église dédiée à leur bienheureux compatriote, afin que, se souvenant qu'il était né Saxon, il les protégeât, eux et leurs biens, contre la fureur de l'étranger[1].

Le camp des Normands était alors à sept milles de Beverley, et le bruit s'y répandit que l'église de Saint-Jean était le refuge des riches et le dépôt des richesses du pays. Quelques éclaireurs aventureux se détachèrent, sous la conduite d'un certain Toustain, pour courir les premiers au pillage[2]. Ils entrèrent à Beverley sans résistance, marchèrent vers le cimetière où se pressait la foule effrayée, et franchirent les barrières sans s'inquiéter du saint anglo-saxon plus que de ceux qui l'invoquaient. Toustain, le chef de la bande, parcourant des yeux les groupes d'Anglais, aperçut un vieillard richement vêtu et portant des bracelets d'or, suivant la mode de sa nation[3]. Il galopa contre lui l'épée nue; le vieillard effrayé s'enfuit dans l'église, et Toustain l'y poursuivit; mais à peine eut-il passé les portes, que son cheval, glissant sur le pavé, s'abattit et le froissa dans sa chute[4]. A la vue de leur capitaine à demi mort, les autres Normands tournèrent bride, et, l'imagination frappée, ils coururent pleins d'effroi au camp raconter ce terrible exemple du pouvoir de saint Jean de Beverley. Au passage de l'armée, nul n'osa s'exposer de nouveau à la vengeance du saint, et le domaine de son église, si l'on en croit la légende, resta seul couvert d'habitations et de fruits au milieu du pays dévasté[5].

Guillaume, poursuivant les débris des Saxons libres, alla jusqu'au pied de la grande muraille romaine, dont les restes se prolongent

---

1. ... Qui ad ecclesiam gloriosi confessoris beatissimi Johannis archiepiscopi Beverlacum quasi ad unicum asilum confugerant. (Alured. Beverlac. *Annal. de Gest. reg. britann.*, lib. IX, p. 129, ed. Hearne.) — Jean, d'abord moine à Beverley, puis évêque d'Hexam, et enfin archevêque d'York, honoré comme saint après sa mort, arrivée en 721.

2. Quidam milites rapinis assueti Beverlacum armati petierunt. (Ibid.)

3. ... Quorum primicernus Turctinus cum vidisset quemdam veteranum pretiosius indutum, auream in brachio armillam ferentem... (Ibid.)

4. Infra valvas ecclesiæ jam pene fugiendo extinctum insequitur, cum ecce equus in quo sederat fracto collo corruit. (Ibid.)

5. Nec terra aliqua erat culta, excepto solo territorio beati Johannis Beverlaci. (*Chron. Johan. Bromton*, apud *Hist. anglic. Script.*, t. I, col. 966, ed. Selden.)

encore de l'est à l'ouest, depuis l'embouchure de la Tyne jusqu'au golfe de Solway. Il retourna ensuite vers York, où il fit apporter de Winchester la couronne d'or, le sceptre doré, le manteau doublé de fourrure et tous les autres insignes de la royauté anglaise; il les étala en grande pompe durant les fêtes de la Nativité, comme pour faire un défi aux hommes qui avaient combattu, quelques mois auparavant, pour le roi Edgar et leur pays [1]. Il n'y avait plus personne capable de répondre à cette provocation; un dernier rassemblement de braves fut dispersé sur les bords de la Tyne; et telle fut, dans la contrée du nord, la fin de la résistance, la fin de la liberté selon les Anglais, celle de la rébellion selon les Normands [2].

Sur les deux rives de l'Humber, la cavalerie du roi étranger, ses comtes, ses baillis [3], purent désormais voyager librement par les chemins et par les villes. La famine, comme une fidèle compagne de la conquête, suivit leurs pas: dès l'année 1067, elle avait désolé quelques provinces, les seules qui alors eussent été envahies; mais, en 1070, elle s'étendit sur l'Angleterre entière, et se montra dans toute son horreur sur les terres nouvellement conquises [4]. Les habitants de la province d'York et du territoire au nord d'York, après s'être nourris de la chair des chevaux morts que l'armée normande laissait sur les routes, mangèrent de la chair humaine; plus de cent mille personnes de tout âge périrent de misère dans cette contrée [5]. « C'était un affreux spectacle, dit un vieil annaliste, que de voir sur

---

1. Ex civitate Guenta jubet adferri coronam aliaque ornamenta regalia et vasa. (Orderic. Vital. *Hist. ecclesiast.*, lib. IV, apud *Script. rer. normann.*, p. 515.)

2. Rursum comperit hostile collegium in angulo quodam regionis latitare, mari vel paludibus undique munito. (Ibid.) — Seditionum tempestate parumper conquiescente. (Willelm. Gemet. *Hist. Normann.*, apud *Script. rer normann.*, p. 290.)

3. *Ballivi;* en français du temps, *bails* ou *baillifs*, nom qui s'appliquait à plusieurs sortes d'officiers publics.

4. Normannis Angliam vastantibus in Northimbria et quibusdam aliis provinciis anno præcedenti, sed præsenti et subsequenti fere per totam Angliam... fames prævaluit. (Florent. Wigorn. *Chron.*, sub anno 1069, p. 636.)

5. ... Ut homines equinam, caninam, cattinam et carnem comederent humanam. (Ibid.) — Ut christianæ gentis utriusque sexus et omnis ætatis homines perirent plus quam centum millia. (Orderic. Vital. *Hist. ecclesiast.*, lib. IV, apud *Script. rer. normann.*, p. 515.)

« les chemins, sur les places publiques, aux portes des maisons, les « cadavres humains rongés de vers, car il ne restait personne pour « leur donner la sépulture[1]. »

Cette détresse n'était que pour les indigènes, et le soldat étranger vivait dans l'abondance; il y avait pour lui, au sein de ses forteresses, de vastes amas de vivres et de blé, et on lui en envoyait d'outre-mer au prix de l'or enlevé aux Anglais. Bien plus, la famine l'aidait à dompter entièrement les vaincus, et parfois, pour les restes du repas d'un valet de l'armée normande, le Saxon naguère illustre parmi les siens, maintenant flétri par la faim, venait se vendre, lui et toute sa famille, en servitude perpétuelle[2]. L'acte de vente s'inscrivait sur les pages blanches de quelque missel, où l'on peut retrouver aujourd'hui, à demi effacés, et servant de thème à la sagacité des antiquaires, ces monuments des misères d'un autre âge.

Le territoire situé d'un côté au nord, et de l'autre au sud de l'Humber, tout ravagé qu'il était, fut divisé entre les conquérants avec le même ordre qui avait présidé aux partages des terres méridionales. On fit plusieurs lots des maisons ou plutôt des ruines d'York; car dans les deux siéges qu'avait soufferts cette ville, elle avait été tellement dévastée, que, plusieurs siècles après, les fondements des anciens faubourgs se voyaient en rase campagne, à un mille de distance[3]. Le roi Guillaume prit la plus grande partie des habitations qui restaient debout[4]; les chefs normands se partagèrent le reste, avec les églises, les boutiques des marchands, et jusqu'aux bancs du marché à la viande, dont ils perçurent le loyer[5]. Guillaume de Garenne eut vingt-huit villages dans la seule province d'York, et

---

1. Neque enim supererat qui ea humo cooperiret, omnibus extinctis vel gladio et fame, vel propter famem paternum solum relinquentibus. (Roger de Hoved. *Annal.*, pars I, apud *Rer. anglic. Script.*, p. 451, ed. Savile.)

2. ... Alii in servitutem perpetuam se vendiderunt, dummodo qualitercumque miserabilem vitam sustentarent. (Ibid.)

3. Constans fama est, aliquot villas esse uno ab Eboraco milliario, ubi ante tempora Gullielmi Nothi termini erant suburbanarum ædium. (Lelandi *Collectanea*, vol. IV, p. 36.)

4. Extracta ex Domesday-book, apud *Rer. anglic. Script.*, t. I, p. 774, ed. Gale.

5. Comes de Maritonio habet ibi XIV mansiones et II bancos in macello et ecclesiam Sanctæ Crucis. (Domesday-book, vol. I, fol. 298, recto.)

Guillaume de Percy plus de quatre-vingts manoirs[1]. La plupart de ces domaines, dans le rôle dressé quinze ans plus tard, portent pour qualification ces simples mots : *terre en friche*[2]. Tel fonds qui, au temps du roi Edward, avait produit 60 livres de rente, en produisait moins de cinq entre les mains de son possesseur étranger ; et sur tel domaine où deux Anglais d'un rang élevé avaient vécu à l'aise, on ne trouva plus, après la conquête, que deux pauvres laboureurs esclaves, rendant à peine à leur seigneur normand la dixième partie du revenu des anciens cultivateurs libres[3].

De grands espaces de pays au nord d'York furent le partage du Bas-Breton Allan, que les Normands appelaient Alain, et que ses compatriotes, dans leur langage celtique, surnommaient Fergan, c'est-à-dire le Roux[4]. Cet Alain construisit un château fort et des ouvrages de défense auprès de son principal manoir, appelé Ghilling, sur une colline escarpée qu'entourait presque de toutes parts la rivière rapide de Swale. Cette forteresse, dit un vieux récit, était destinée à le protéger, lui et les siens, contre les attaques des Anglais déshérités[5]. Comme la plupart des autres capitaines de l'armée conquérante, il baptisa d'un nom français le château qui devint sa demeure, et l'appela Riche-Mont, à cause de sa situation élevée, qui dominait le pays d'alentour[6].

Toute l'île formée par l'Océan et les rivières, à la pointe la plus orientale de l'Yorkshire, fut le partage de Dreux de Beveren, chef d'auxiliaires flamands. Cet homme épousa une parente du roi Guillaume et la tua dans un accès de colère ; mais, avant que le bruit de

---

1. *Ancient tenures of land*, p. 6.
2. Omnia nunc wasta. (Domesday-book, vol. I, fol. 309, recto.) — Modo omnino sunt wasta. (Ibid.) — Ex maxima parte wasta. (Ibid.)
3. Duo taini tenuere... ibi sunt II villani cum I carruca; valuit XL sol. modo IIII sol. (Ibid., fol. 315, recto.)
4. ... Dictum Rufum vel Fergaunt. (*Geneal. comit. Richmundiæ*, apud *Script. rer. gallic. et francic.*, t. XII, p. 568.)
5. Pro tuitione suorum contra infestationem Anglorum tunc ubique exhæredatorum. (Ibid.)
6. Et nominavit dictum castrum *Riche-Mont* suo idiomate gallico, quod sonat latine divitem montem. (Ibid.) — *Monast. anglic.*, Dugdale, t. I, p. 877.

cette mort se fût répandu, il alla trouver le roi, et le supplia de lui donner de l'argent en échange de ses terres, parce qu'il avait envie de retourner en Flandre. Guillaume fit compter au Flamand la somme qu'il demandait, et ne sut qu'après son départ pourquoi il était parti [1]. Alors l'île de Holderness devint la propriété d'Eudes de Champagne, qui avait pour épouse une des sœurs maternelles du conquérant. Peu de temps après, la femme d'Eudes lui ayant donné un fils, il représenta au roi que son île était peu fertile, qu'elle ne produisait que de l'avoine, et il le pria de lui octroyer une terre capable de porter du blé, pour qu'on pût en nourrir l'enfant [2]. Le roi Guillaume, disent les anciens actes, lui fit don du bourg entier de Bytham, dans la province de Lincoln.

Non loin de cette même île de Holderness, sur les bords de l'Humber, Gamel, fils de Quétel, venu de Meaux en France avec une troupe d'hommes nés dans la même ville, prit une certaine étendue de terre où il établit sa demeure et celle de tous ses compagnons [3]. Ces hommes, voulant attacher à leur nouvelle habitation un souvenir de leur ville natale, lui donnèrent le nom de Meaux, et ce nom fut pendant plusieurs siècles celui d'une abbaye fondée au même lieu [4]. Gamel, chef des aventuriers de Meaux et possesseur du principal manoir de leur petite colonie, s'entendit avec les chefs normands qui occupaient les terres voisines pour que les limites de leurs possessions respectives fussent invariablement déterminées. Il eut plusieurs conférences ou plusieurs *parlements*, comme on disait alors, avec Basin, Sivard, Francon et Richard d'Estouteville. Tous, de commun accord, mesurèrent leurs portions de terre et y établirent des bornes, « afin, dit le vieux récit, que leur postérité ne trouvât

---

1. Dugdale's *Baronage of England*, t. I, p. 60. — *Monast. anglic.*, Dugdale, t. I, p. 796.

2. ... Petiit a rege ut daret ei terram ferentem frumentum, unde alere posset nepotem suum. (Ibid.)

3. ... Qui, in conquestu Normannorum, de quadam civitate Galliæ, Meldis latine, sed *Meaux* gallice vocitata, exeuntes. (Ibid., p. 792.)

4. Post dictum conquestum, ipsum locum inhabitantes, nomen de *Meaux* ei imposuerunt, in memoriam suæ pristinæ civitatis. (*Monast. anglic.*, Dugdale, t. I, p. 792.)

« rien à débattre et que la paix qui existait entre eux se transmît à 1070 « leurs héritiers [1]. »

Le grand domaine de Pontefract, lieu où les troupes normandes avaient passé à gué la rivière d'Aire, fut le partage de Guilbert de Lacy, lequel, suivant l'exemple de presque tous les autres capitaines normands, y construisit un château fort [2]. Il paraît que ce Guilbert franchit le premier, avec ses bandes, les montagnes à l'ouest d'York, et qu'il envahit la contrée voisine de Lancaster, qui formait alors une portion de la province de Chester. Toujours est-il certain qu'il s'appropria, dans cette contrée, une terre immense, dont le chef-lieu était Blackburn, et qui s'étendait, vers le sud et vers l'est, jusqu'aux frontières de l'Yorkshire. Pour former ce grand domaine, il expulsa, suivant une vieille tradition, tous les propriétaires anglais de Blackburn, de Rochdale, de Tollington et du voisinage. Avant la conquête, disait la tradition, tous ces propriétaires étaient libres, égaux en droits et indépendants les uns des autres; mais après l'invasion des Normands, il n'y eut plus, dans tout le pays, qu'un seul seigneur et des fermiers à bail [3].

Le roi Guillaume, avec ses corps d'élite, ne s'était avancé que jusqu'à Hexam; ce furent ses capitaines qui, pénétrant plus loin, conquirent le reste du pays de Northumbrie vers le nord et vers l'ouest. La contrée montagneuse du Cumberland fut érigée en comté normand; un certain Renouf Meschin en prit possession, et la terre de bruyères et de marais qu'on appelait Westmoreland fut aussi réduite sous le pouvoir d'un gouverneur étranger. Ce comte fit, d'après l'ordre du roi Guillaume, le partage des domaines et des riches héritières du pays. Il donna les trois filles de Simon, fils de Thorn, propriétaire des deux manoirs d'Elreton et de Todewick, l'une à Onfroy, qui était chevalier et son vassal, l'autre à un écuyer nommé Raoul

---

1. Ex communi consilio... terminos inter se distinguentes, certas mensuras possessionum suarum posuerunt, ad auferenda certamina posterorum. (*Monast. anglic.*, Dugdale, t. I, p. 794.)

2. Ibid., p. 859.

3. Vulgaris... opinio tenet et asserit quod quot fuerant vel mansa seu maneria hominum, tot fuerunt domini... quorum nullus de alio tenebat... post conquestum autem in unum dominium omnia sunt redacta. (Ibid.)

Tortes-mains, et la troisième à Guillaume de Saint-Paul, aussi écuyer[1]. Dans la Northumbrie proprement dite, Ives de Vescy reçut du roi le bourg d'Alnwich, avec la petite-fille et tout l'héritage d'un Saxon mort à la bataille de Hastings[2]. Robert de Brus eut par conquête, disent les vieux actes, un grand nombre de manoirs et le péage du port de Hartlepool, dans la province de Durham[3]. Enfin, pour citer un dernier trait de ces prises de possession territoriale, Robert d'Omfreville obtint la forêt de Riddesdale, qui appartenait à Mildred, fils d'Akman; il reçut, comme signe d'investiture, l'épée que le roi Guillaume portait à son entrée dans le Northumberland, et jura sur cette épée de s'en servir pour purger le territoire de loups et d'ennemis de la conquête[4].

Quand les Northumbriens, après avoir expulsé Tosti, frère de Harold, dans une insurrection nationale, eurent choisi pour chef Morkar, frère d'Edwin, Morkar avait mis, de leur aveu, à la tête du pays situé au delà de la Tyne, le jeune Osulf, fils d'Edulf[5]. Osulf garda son commandement jusqu'au jour où les Normands eurent passé la Tyne; alors il fut contraint de fuir comme les autres dans les forêts et les montagnes. On mit à sa place un noble saxon appelé Kopsi, que les habitants de la Northumbrie avaient chassé avec Tosti dont il était parent, qui avait à se venger d'eux, et que, pour cette raison peut-être, le roi Guillaume leur imposa comme chef. C'était un des hommes d'Angleterre les plus soumis à la conquête, et il avait, entre tous, le singulier renom de plaire aux Normands[6]. Kopsi, in-

---

1. Quæ Maria fuit data et desponsata per conquæstorem cuidam Humfrido de Ballingburne, ac militi comitis de Westmorlandia... Item de secunda sorore, scilicet Matilda, quæ fuit data et desponsata per dictum conquæstorem cuidam Radulfo Tortemayns, armigero. (*Monast. anglic.,* Dugdale, t. I, p. 838.)

2. Ibid., t. II, p. 592.

3. ... Habuit per conquestum. (Ibid , p. 148.) — Apud Hartlepool portum maris, et de qualibet navi VIII den. (*Ancient tenures of land*, p. 146.)

4. Ibid., p. 15.

5. Morkarus vero quoniam alias gravibus negotiis impeditus fuerat, comitatum ultra Tynam tradidit Osulfo adolescenti filio præfati comitis Eadulfi. (Simeon. Dunelm. *Hist.,* apud *Hist. angl. Script.,* col. 204, ed. Selden.)

6. Rex Willielmus comitatum Osulphi commisit Copsio, qui erat partis Tostii comitis, viro consiliario et prudenti. (Ibid.) — Coxo comes quem placuisse Normannis diximus. (Guill. Pictav., apud *Hist. normann. Script.,* p. 212.)

stallé dans son poste sous la protection d'une force étrangère, se croyait 1070
en sûreté malgré la répugnance et la haine de ses compatriotes;
mais, au bout d'un mois, il fut assailli à l'improviste par une troupe
de déshérités, conduite par ce même Osulf dont il avait reçu la
dépouille. Il était assis à un banquet, dans un bourg de son gouvernement, lorsque les Saxons tombèrent sur lui et sur ceux qui l'entouraient, le tuèrent, et se dispersèrent aussitôt[1].

Ces traits d'audace et de vengeance, dont les historiens ne citent
qu'un petit nombre, durent certainement se reproduire en beaucoup
de lieux; mais, quelque nombreux qu'ils fussent, ils ne pouvaient
sauver l'Angleterre. Une force immense, régulièrement conduite et
régulièrement distribuée, se jouait des efforts vertueux, mais impuis-
sants, des amis de l'indépendance. Les plus braves et les plus grands,
ceux dont le nom ralliait beaucoup d'hommes, perdirent courage et
se séparèrent, les uns pour retourner dans l'exil, les autres pour
capituler de nouveau. Le roi Edgar, avec Merlesweyn et Siward
Beorn, gagna un des ports de la côte orientale et s'y embarqua pour
l'Écosse; Waltheof, Gospatrik, Morkar et Edwin firent leur paix
avec le conquérant[2]. Ce fut sur les bords de la Tees qu'eut lieu cette
réconciliation fatale à la cause saxonne. Le roi Guillaume établit,
durant quinze jours, son camp sur les rives de ce fleuve, et là il reçut
les serments de Gospatrik et de Waltheof. Le premier, qui était absent
et qui se soumit par message, obtint le gouvernement de la Northumbrie, vacant par la mort de Kopsi, avec le titre de comte[3]. Waltheof
mit sa main nue dans la main du roi, et devint comte des deux provinces de Huntingdon et de Northampton qu'il avait gouvernées
sous le règne d'Edward et perdues par sa révolte contre Guillaume[4].

---

1. Pulsus a Copsio de comitatu Osulfus, in fame et egestate silvis latitans et montibus, tandem collectis quos eadem necessitas compulerat sociis, Copsium in Nyweburne convivantem concludit. (Simeon. Dunelm., apud *Hist. anglic. Script.*, col. 204, ed. Selden.)

2. Clito autem postea proficiscebatur Scotiam. (*Chron. saxon.*, ed. Gibson, p. 174.) — Simeon. Dunelm. *Hist.*, col. 200, ed. Selden.)

3. *Monast. anglic.*, Dugdale, t. I, p. 41.

4. Super Tesiam sedens quindecim dies transegit. Ibi reconciliati sunt Guallevus præ- sens et Gaius absens, sacramento per legatos exhibito. (Orderic. Vital. *Hist. ecclesiast.*, lib. IV, apud *Script. rer. normann.*, p. 515.) — *Chron. saxon.*, Fragm. sub anno MLXXI, apud *Gloss.*, ed. Lye, t. II, ad finem.

1070 Il épousa Judith, l'une des nièces du conquérant; mais, comme le montrera la suite de cette histoire, le lit de la femme étrangère fut plus dur pour le chef saxon que la terre nue où il avait craint de dormir en gardant sa foi à son pays [1].

Après la conquête des terres du nord, celle des provinces du nord-ouest, voisines du territoire gallois, paraît s'être bientôt accomplie. Edrik, surnommé le Sauvage, n'arrêta plus les bandes normandes qui débordaient de tous côtés, et cessa de troubler par ses incursions leurs établissements, jusque-là précaires, aux environs du retranchement d'Offa. Enfin, Raoul de Mortemer fit prisonnier le chef de partisans, et, sur l'avis de son conseil de guerre, le dépouilla de tous ses biens, pour avoir refusé, dit un ancien récit, d'obéir à la conquête [2]. L'armée normande qui réduisit la population des marches galloises ne s'arrêta pas à la tranchée d'Offa; mais, passant cette frontière, à l'ouest de Shrewsbury, elle pénétra sur le territoire des Cambriens. Ce fut le commencement de l'invasion du pays de Galles que, depuis lors, poursuivirent sans relâche les conquérants de l'Angleterre [3]. La première forteresse normande élevée sur les terres galloises fut bâtie à seize milles de Shrewsbury, par un chef nommé Baudoin. Les habitants du lieu l'appelaient, en langue cambrienne, *Tre-Faldwin*, ou le château de Baudoin; mais le nom que les Normands lui conservèrent fut celui de Mont-Gomery, par égard pour Roger de Montgomery, comte de la province de Shrop et de tout le pays conquis sur les Gallois [4].

La ville de Shrewsbury, fortifiée d'une citadelle bâtie sur l'emplacement de cinquante et une maisons, fut rangée dans le domaine du roi Guillaume [5]. Il y fit percevoir les impôts pour le compte de

1. Eique dedit ducendam in uxorem neptem suam Juettam (Judith), filiam comitis Lamberti de Lens. (Vita et passio Waldevi comitis, *Chron. anglo-norm.*, t. II, p. 112.)

2. Et quia idem Edricus noluit conquestui parere... (*Monast. anglic.*, Dugdale, t. II, p. 221.)

3. Postquam Normanni, bello commisso, Anglos sibi subjugarunt, hanc terram adjacentem suo imperio (Walloniam) castellis innumeris annuere, propriis incolis viriliter edomitis. (*Gesta Stephani regis*, apud *Script. rer. normann.*, p. 930.)

4. Pennant's *Tour in Wales*, t. II, p. 348.

5. ... Quamvis castellum comitis occupaverit LI mansuras. (Extracta ex Domesday-book, apud *Rer. anglic. Script.*, t. I, p. 773, ed. Gale.)

son échiquier¹ (c'est ainsi que les Normands appelaient ce que les Romains avaient nommé le fisc). Les agents du conquérant n'exigèrent pas de plus grandes taxes que la ville n'en avait payé dans le temps de l'indépendance anglaise; mais une réclamation authentique des habitants montre de quelle valeur était pour eux cette modération apparente. « Les habitants anglais de Shrewsbury (ce sont les « paroles du rôle) disent qu'il leur est bien lourd de payer intégrale« ment l'impôt qu'ils payaient dans les jours du roi Edward, et d'être « taxés pour autant de maisons qu'il en existait alors ; car cinquante « et une maisons ont été rasées pour le château du comte; cinquante « autres sont dévastées au point d'être inhabitables ; quarante« trois Français occupent des maisons qui payaient dans le temps « d'Edward, et, de plus, le comte a donné à l'abbaye qu'il a fondée « trente-neuf bourgeois qui autrefois contribuaient avec les autres². »

Ces monastères, fondés par les Normands dans les villes ou les campagnes de l'Angleterre, se peuplaient de moines venus d'outremer à la suite des troupes étrangères. Chaque nouveau ban de soldats était escorté d'un nouveau ban de clercs, qui venaient au pays des Anglais pour *gaaingner*, comme on disait alors. Dans l'année 1068, l'abbé de Saint-Riquier en Ponthieu, s'embarquant au port de Wissant pour aller en Angleterre, rencontra plus d'une centaine de religieux de tous les ordres, avec une foule de militaires et de marchands, qui tous attendaient, comme lui, le moment de passer le détroit³. Des bénédictins de Séez en Normandie, pauvres et manquant de tout, vinrent s'établir dans une vaste habitation que leur donna Roger de Montgomery, et y reçurent, pour leur table, la dîme de toute la venaison prise dans la province de Shrop⁴. Des moines

---

1. Ce nom vient d'une table à cases et à compartiments sur laquelle on comptait les sommes d'argent pour faciliter le calcul.

2. Dicunt anglignæ burgenses de Sciropesberie multum grave sibi esse... et XLIII francigenæ burgenses teneant mansuras geldantes T. R. E. et abbatiæ quam facit ibi comes dederit ipse XXXIX burgenses, olim similiter cum aliis geldantes. (Extracta ex Domesdaybook, apud *Rer. anglic. Script.*, t. I, p. 773, ed. Gale.)

3. Ubi fuerunt cum illo tam abbates quam monachi plus quam centum præterea militarium virorum et negociatorum plurima multitudo, qui omnes in Angliam mare consenso transvehi cupiebant. (*Chron. S. Richarii*, apud *Script. rer. gallic. et francic.*, t. XI, p. 133.)

4. Pennant's *Tour in Wales*, t. II, p. 402.

de Saint-Florent, à Saumur, émigrèrent pour venir occuper deux églises échues, par conquête, à l'Angevin Guillaume de Brause[1]. Dans la province de Stafford, près de Stone, sur la Trent, se trouvait un oratoire dont les dépendances fournissaient le vivre et le logement à deux nonnes et à un prêtre saxon. Tous les trois furent tués par un certain Enisant, soldat de l'armée conquérante, et « cet Eni-
« sant, dit la vieille tradition mise en vers, tua le prêtre et les deux
« nonnes, afin que sa sœur, qu'il amenait avec lui, eût leur église[2]. »

Depuis que la conquête prospérait, ce n'était pas seulement de jeunes soldats et de vieux chefs de guerre, mais des familles entières, hommes, femmes et enfants, qui émigraient de presque tous les coins de la Gaule pour chercher fortune en Angleterre; ce pays était devenu, pour les gens d'outre-mer, comme ces terres nouvellement découvertes que l'on va coloniser, et qui appartiennent à tout venant. « Noël et Célestrie sa femme, dit un ancien acte, vinrent à l'armée
« de Guillaume le Bâtard, et reçurent en don de ce même bâtard le
« manoir d'Elinghall, avec toutes ses dépendances[3]. » Suivant un vieux dicton en rimes, le premier seigneur de Cognisby, nommé Guillaume, était arrivé de basse Bretagne avec son épouse Tifaine, sa servante Maufa et son chien Hardigras[4]. Il se faisait des fraternités d'armes, des sociétés de gain et de perte, à la vie et à la mort,

---

1 ...Ecclesiam Sancti Nicholai de Soreham... et ecclesiam de Wassinghetona. (*Monast. anglic.*, Dugdale, t. II, p. 973.)

2. The which were slayne by one Enisan
    That came over with William Conquer (or) than ;
    This *Enysan* slue the Nuns and priest alsoe
    Because his sister should have this church thoe.

    (*Monast. anglic.*, Dugdale, t. II, p. 126.)

3. Quidam Noël nomine et Celestria uxor ejus venerunt in exercitu dicti Willielmi Lastard in Angliam. (*Ibid.*, t. III, p. 54.)

4. William de *Coynisby*
    Came out of *Britany*
    With his wife *Tiffany*,
    And his maide *Maufas*,
    And his dogge *Hardigras*.

    (Hearne, præfat. ad Johan. de Fordun *Scoti-chronicon*, p. 170.)

entre les hommes qui s'aventuraient ensemble aux chances de l'invasion [1].

Robert d'Ouilly et Jean d'Ivry vinrent à la conquête comme frères ligués et fédérés par la foi et le serment; ils portaient des vêtements pareils et des armes pareilles; ils partagèrent également les terres anglaises qu'ils conquirent [2]. Eudes et Picot, Robert Marmion et Gauthier de Somerville firent de même [3]. Jean de Courcy et Amaury de Saint-Florent jurèrent leur fraternité d'armes dans l'église de Notre-Dame à Rouen; ils firent vœu de servir ensemble, de vivre et de mourir ensemble, de partager ensemble leur solde et tout ce qu'ils gagneraient par leur bonne fortune et leur épée. D'autres, au moment du départ, se défirent de tous les biens qu'ils possédaient dans leur pays natal, comme étant peu de chose au prix de ce qu'ils espéraient conquérir. C'est ainsi que Geoffroy de Chaumont, fils de Gédoin, vicomte de Blois, fit don à sa nièce Denise des terres et des rentes qu'il avait à Blois, à Chaumont et à Tours. « Il partit pour la « conquête, dit l'histoire contemporaine, et revint ensuite à Chau- « mont avec de grandes sommes d'or et d'argent, et des titres qui « lui assuraient la possession de vastes domaines [4]. »

Il ne restait à envahir que la contrée voisine de Chester, et cette ville était la seule des grandes cités d'Angleterre qui n'eût point entendu retentir les pas des chevaux de l'étranger. Après avoir passé l'hiver dans le nord, le roi Guillaume entreprit, en personne, cette dernière expédition [5]; mais, au moment de partir d'York, de grands

---

1. Huic Roberto... valde fuit familiaris et in bello quasi frater juratus, ei promittens secum esse fortunarum suarum participem. (*Monast. anglic.*, Dugdale, t II, p. 136.)

2. Robertus de Oleio et Rogerus de Iverio fratres jurati et per fidem et sacramentum confœderati venerunt ad conquestum Angliæ. (Ducange, *Gloss. ad Script. mediæ et infimæ latinitatis*, verbo *Fratres conjurati.*)

3. And the tothyr swarne brodyr of sir Robert Marmyon was callyd monsieur Galtere of Somerville. (*Monast. anglic.*, Dugdale, t. I, p. 198.)

4. ... Qui ducem adire deliberans... totum... nepti suæ Dyonisiæ quiete et in dominio possidendum reliquit... Auri et argenti copias multas, terræque possessiones amplissimas. (*Gesta ambasiensium dominorum*, apud *Script. rer. gallic. et francic.*, t. XI, p. 258.)

5. Movet expeditionem contra Cestrenses et Guallos, qui præter alias offensas nuperrime Scrobesburiam obsederunt. (Orderic. Vital. *Hist. ecclesiast.*, lib. IV, apud *Sript. rer. normann.*, p. 515.)

1070 murmures s'élevèrent dans son armée. La réduction du Northumberland avait fatigué les vainqueurs, et ils prévoyaient, dans l'invasion des bords de la mer de l'ouest et de la rivière de Dee, de plus grandes fatigues encore. Des récits décourageants sur la difficulté des lieux en plein hiver et l'opiniâtreté invincible des habitants de ces territoires circulaient parmi les soldats [1]. Le mal du pays se fit sentir aux Angevins et aux Bretons auxiliaires, comme, dans l'année précédente, il avait attaqué les Normands. Eux, à leur tour, se plaignirent tout haut de la dureté du service et demandèrent en grand nombre leur congé pour repasser la mer [2].

Guillaume ne pouvant réussir à vaincre l'obstination de ceux qui refusaient de le suivre, fit semblant de la mépriser. Il promit à qui lui serait fidèle du repos après la victoire, et de grands biens pour salaire de ses peines [3]; ensuite il traversa, par des chemins presque impraticables pour les chevaux, la chaîne de montagnes qui s'étend, du nord au sud, dans toute la longueur de l'Angleterre, entra en vainqueur dans la ville de Chester, et, selon sa coutume, y bâtit une forteresse. Il fit de même à Stafford; à Salisbury, dans son retour vers le sud, il distribua largement des récompenses à ses gens de guerre [4]. Puis il se rendit à Winchester dans sa citadelle royale, la plus forte de toutes, et qui était son palais de printemps, comme celle de Glocester était son palais d'hiver, et son palais d'été la Tour de Londres ou le couvent de Westminster, près de Londres [5].

Le corps de troupes que commandait un Flamand nommé Gherbod resta pour la garde ou la défense de la nouvelle province conquise; Gherbod fut le premier capitaine qui porta le titre de comte de Ches-

---

1. ... Locorum asperitatem, hiemis intemperiem, et hostium terribilem ferocitatem. (Orderic. Vital. *Hist. ecclesiast.*, lib. IV, apud *Script. rer. normann.*, p. 515.)

2. Andegavi, Britones et Cenomanni servitiis, ut dicebant, intolerabilibus oppido gravabantur, unde pertinaciter a rege missionem petentes conquerebantur. (*Ibid.*)

3. ... Victoribus requiem promittit. (*Ibid.*)

4. Tunc Cestræ munitionem condidit, et in reversione sua apud Estafort alteram locavit... Parveniens inde Salesburiam, præmia militibus ibi pro tanta tolerantia largissime distribuit. (*Ibid.*)

5. Ter gessit suam coronam singulis annis... ad Pascha eam gessit in Wincester, ad Pentecostem in Westmyuster et ad Natales in Gleaweceaster. (*Chron. saxon.*, ed. Gibson, p. 190.)

ter. Pour soutenir ce titre et maintenir son poste, il fut exposé à de grands périls, tant de la part des Anglais que de celle des Gallois, qui le harcelèrent longtemps [1]. Il s'ennuya de ces fatigues et repartit pour son pays. Alors le roi Guillaume donna le comté de Chester à Hugues d'Avranches, fils de Richard Gosse, qu'on surnommait Hugues le Loup, et qui portait une tête de loup peinte sur son écu. Hugues le Loup et ses lieutenants passèrent la rivière de Dee, qui formait, à l'extrémité de la tranchée d'Offa, la limite septentrionale des terres galloises. Ils conquirent le pays de Flint, qui devint une partie du comté normand de Chester, et bâtirent un fort à Ruddlan [2]. L'un de ces lieutenants, Robert d'Avranches, changea son nom en celui de Robert de Ruddlan, et, par une fantaisie contraire, Robert de Malpas ou de Maupas, gouverneur d'un autre château fort bâti sur une colline élevée, donna son propre nom à ce lieu, qui le porte encore aujourd'hui. « Tous, dit un ancien historien, firent une « guerre terrible sur la frontière et versèrent à flots le sang des « Gallois [3]. » Ils leur livrèrent un combat meurtrier près des marais de Ruddlan, lieu déjà noté comme funeste dans la mémoire du peuple cambrien, à cause d'une grande bataille perdue contre les Saxons vers la fin du huitième siècle. Un singulier monument de ces deux désastres nationaux subsistait encore, il y a peu d'années, dans le pays de Galles ; c'était un air triste, sans paroles, mais qu'on avait coutume d'appliquer à beaucoup de sujets mélancoliques : on l'appelait l'air des marais de Ruddlan [4].

De vieux récits disent que, quand Hugues le Loup se fut installé, avec le titre de comte, dans la province de Chester, il fit venir de Normandie l'un de ses anciens amis, appelé Neel ou Lenoir, et que Lenoir amena avec lui cinq frères : Houdard, Édouard, Volmer, Hor-

---

1. ... Cestram et comitatum ejus Gherbodo Flandrensi jamdudum rex dederat : qui magna ibi et difficilia tam ab Anglis quam a Guallis adversantibus pertulerat. (Orderic. Vital. *Hist. ecclesiast.*, lib. IV, apud *Script. rer. normann.*, p. p. 522.)

2. *Journey to Snowdon*, p. 11 ; Pennant's *Tour in Wales*, vol. II, à la fin.

3. Interea rex cestrensem consulatum Hugoni de Abrincis, filio Ricardi, cognomento Goz, concessit : qui cum Rodberto de Rodelento et Rodberto de Malopassu aliisque proceribus feris multum Guallorum sanguinem effudit. (Orderic. Vital. *Hist. ecclesiast.*, lib. IV, apud *Script. rer. normann.*, p. 522.)

4. *Morfa Rhuddlan*. Voyez *Cambro-briton*, vol. I, p. 53 et 95.

suin et Volfan[1]. Hugues leur distribua des terres dans son comté ; il donna à Lenoir le bourg de Halton, près de la rivière de Mersey, et l'institua son connétable et son maréchal héréditaire, c'est-à-dire que toutes les fois que le comte de Chester irait en guerre, Lenoir et ses héritiers, en allant, devaient marcher à la tête de l'armée, et se trouver les derniers au retour. Ils eurent pour lot, dans le partage du butin fait sur les Gallois, toutes les bêtes à quatre membres ayant le poil de diverses couleurs[2]. En temps de paix, ils eurent droit de justice, pour tous les délits, dans le district de Halton, et firent leur profit des amendes; leurs serviteurs jouissaient du privilége d'acheter avant qui que ce fût dans la ville de Chester, à moins que les serviteurs du comte ne se fussent présentés les premiers[3]. Outre ces prérogatives, Lenoir le connétable obtint, pour lui et pour ses héritiers, l'intendance des chemins et des rues, aux foires de Chester, le péage des marchés sur toute la terre de Halton, tous les animaux trouvés errants dans ce district[4], et enfin le droit d'étalage ou la liberté de vendre en toute franchise, sans taxe et sans péage, toute espèce de marchandises, excepté le sel et les chevaux[5].

Houdard, le premier des cinq frères, devint à peu près pour Lenoir ce que celui-ci était pour le comte Hugues ; il fut sénéchal héréditaire de la connétablie de Halton. Lenoir, son seigneur, lui donna, pour son service et son hommage, les terres de Weston et d'Ashton[6]. Il eut, comme profits de guerre, tous les taureaux conquis sur les Gallois, et le meilleur bœuf pour récompense de l'homme d'armes qui portait sa bannière[7]. Édouard, le second frère, reçut du conné-

1. ... Et cum isto comite Hugone venit quidam nobilis nomine Nigellus, et cum isto Nigello venerunt quinque fratres. (*Monast. anglic.*, Dugdale, t. II, p. 187.)

2. ... De præda perquisita in Wallia omnia animalia diversorum colorum inter quatuor membra. (Ibid.)

3. ... Emant ministri sui ante omnes alios in civitate Cestriæ, nisi prænominati comitis ministri prævenerint. (Ibid.)

4. ... Omnia animalia advenientia fugitiva, gallice *Weyfe*. (Ibid.) — Voyez le Glossaire de Ducange, au mot *Wayf*.

5. ... Præter sal et equos. (Ibid.)

6. ... Pro homagio et servitio suo. (Ibid.)

7. ... Omnes tauros venientes de Wallia in parte sua, et latori vexilli sui majorem bovem. (*Monast. anglic.*, Dugdale, t. II, p. 187.) — *Adventagia guerræ*. — Voyez Ducange, *Gloss. ad Script. mediæ et infimæ latinitatis*, verbo *Adventagium*.

table deux journées de terre à Weston ¹ ; deux autres frères, Wolmer et Horsuin, reçurent ensemble un domaine dans le village de Runcone ; et le cinquième, appelé Wolfan, qui était prêtre, obtint l'église de Runcone ².

1070 à 1071

Ces détails bizarres sont en eux-mêmes peu mémorables ; mais ils peuvent aider le lecteur à se figurer les scènes variées de la conquête, et à revêtir de leur couleur originale les faits de plus grande importance. Tous les arrangements d'intérêt, tous les partages de possessions et d'offices qui eurent lieu dans la province de Chester, entre le gouverneur normand, le premier lieutenant de ce gouverneur et les cinq compagnons du lieutenant, donnent une idée vraie et naïve des transactions du même genre qui se faisaient, en même temps, dans toutes les provinces de l'Angleterre. Quand désormais le lecteur rencontrera les titres de comte, de connétable, de sénéchal ; quand il trouvera cités, dans le cours de cette histoire, les droits de juridiction, de marché, de péage, les profits de guerre ou de justice, qu'il se rappelle Hugues d'Avranches, Lenoir son ami, et les cinq frères qui vinrent avec Lenoir. Alors quelque réalité lui apparaîtra sous ces formules du temps passé, qui, envisagées abstractivement, n'ont pour nous, à la distance où nous sommes, qu'un sens vague et incertain.

Il faut pénétrer jusqu'aux hommes, à travers l'espace des temps ; il faut se les représenter vivant et agissant sur le sol où la poussière de leurs os ne se retrouverait pas aujourd'hui ; et c'est à dessein que beaucoup de faits locaux, que beaucoup de noms ignorés ont été placés dans ce récit. Que l'imagination du lecteur s'y attache : qu'elle repeuple la vieille Angleterre de ses envahisseurs et de ses vaincus du onzième siècle ; qu'elle se figure leurs situations, leurs intérêts, leurs langages divers, la joie et l'insolence des uns, la misère et la terreur des autres, tout le mouvement qui accompagne la guerre à mort de deux grandes masses d'hommes. Il y a sept cents ans que ces hommes ne sont plus ; mais qu'importe à l'imagination guidée par l'étude ? Pour elle, il n'y a point de passé, et l'avenir même est du présent.

1. ... Duas bovatas terræ in Weston. (*Monast. anglic.*, Dugdale, t. II, p. 187.)
2. Quintus vero frater fuit sacerdos, et ipsi dedit ecclesiam de Runcone Nigellus. (Ibid.)

LIVRE V

Depuis la formation du camp du Refuge dans l'île d'Ely jusqu'au supplice du dernier chef saxon.

1070—1076

Tout le pays des Anglo-Saxons était conquis, de la Tweed au cap de Cornouaille, de la mer de Gaule à la Saverne, et la population vaincue était traversée dans tous les sens par l'armée de ses conquérants. Il n'y avait plus de provinces libres, plus de masses d'hommes organisées militairement. On trouvait seulement quelques débris épars des armées et des garnisons détruites, des soldats qui n'avaient plus de chefs, et des chefs que personne ne suivait. La guerre se continuait contre eux par la persécution individuelle : les plus considérables étaient jugés et condamnés solennellement; le reste était livré à la discrétion des soldats étrangers, qui en faisaient des serfs pour leurs domaines [1], ou bien les massacraient avec des circonstances qu'un ancien historien refuse de détailler comme incroyables et dangereuses à raconter [2]. Ceux auxquels il restait quelques moyens de s'expatrier gagnaient les ports du pays de Galles ou de l'Écosse, pour s'y embarquer, et aller, selon l'expression des vieilles annales, promener leur douleur et leur misère à travers les royaumes étran-

---

1. Nobiles morti destinavit, mediocres autem suis militibus in servitutem. (*Chron. saxon.*, Fragm., ex autog. biblioth. S. Germani, apud *Script. rer. gallic. et francic.*, t. XI, p. 216.)

2. Cum id dictu sciamus difficile, et ob nimiam crudelitatem fortassis incredibile. (*Historia eliensis*, apud *Rer. anglic. Script.*, t. III, p. 516, ed. Gale.)

gers [1]. Le Danemark, la Norvége et les pays de langue teutonique étaient en général le but de ces émigrations ; mais on vit aussi des fugitifs anglais aller vers le midi, et solliciter un asile chez des peuples entièrement différents d'origine et de langage.

1070 à 1071

Le bruit de la haute faveur dont jouissait à Constantinople la garde scandinave des empereurs détermina un certain nombre de jeunes gens à chercher fortune de ce côté. Ils se réunirent sous la conduite de Siward, ancien chef de la province de Glocester, côtoyèrent l'Espagne et débarquèrent en Sicile, d'où ils adressèrent à la cour impériale un message et des propositions [2]. Ils furent, selon leur demande, incorporés dans la troupe d'élite qui, sous le nom tudesque de *Varings*, veillait près de la chambre des empereurs, gardait les clefs de la ville où ils séjournaient, et quelquefois celles du trésor public. Les *Varings*, ou *Varangs*, selon la prononciation grecque [3], étaient, en général, Danois, Suédois ou Germains ; ils laissaient croître leurs cheveux, à la manière des gens du Nord, et avaient pour arme principale de grandes haches d'acier à deux tranchants, qu'ils portaient à la main ou posaient sur l'épaule droite. Cette milice, d'un aspect vraiment redoutable, était renommée, depuis des siècles, par sa discipline sévère et sa fidélité à toute épreuve. L'exemple des premiers Saxons qui s'y enrôlèrent fut suivi par d'autres, et, dans la suite, le corps des *Varings* se recruta surtout d'hommes venus d'Angleterre, ou, comme disaient les Grecs dans leur langage encore classique, de Barbares de l'île de Bretagne [4]. L'idiome anglo-saxon, ou un dialecte mélangé de saxon et de danois, devint, à l'exclusion du grec, le langage officiel de ces gardes du palais impérial ; c'était dans cette langue qu'ils recevaient les ordres de leurs chefs, et qu'eux-mêmes adressaient à l'empereur, dans les grands jours de fête, leurs félicitations et leurs vœux [5].

---

1. ... Per alinea regna vagi, dolentes. (Johan. de Fordun *Scoti-chronicon*, lib. V, cap. xi. p. 404, ed. Hearne.)
2. Torfæi *Hist. rer. norveg.*, t. III, p. 386.
3. Pour la signification de ce mot, voyez liv. III, p. 216.
4. Stritteri *Memoriæ populorum ex script. hist. byzant. digestæ*, t. IV, p. 431.
5. Ibid. — Orderic. Vital. *Hist. ecclesiast.*, lib. IV, apud *Script. rer. normann*, p. 508.

Quant aux Saxons qui ne purent ou ne voulurent pas émigrer, beaucoup d'entre eux se réfugièrent dans les forêts avec leurs familles, et, s'ils étaient riches et puissants, avec leurs serviteurs et leurs vassaux [1]. Les grandes routes où passaient les convois normands furent infestées par leurs bandes armées ; ils enlevaient par ruse aux conquérants ce que les conquérants avaient enlevé par force, et se faisaient ainsi payer la rançon de leurs héritages, ou vengeaient, par l'assassinat, le massacre de leurs compatriotes [2]. Ces réfugiés sont appelés brigands par les historiens amis de la conquête [3], et ces historiens les traitent, dans leurs récits, comme des hommes librement et méchamment armés contre un ordre de société légitime. « Il se « commettait chaque jour, disent-ils, une foule de vols et d'homi- « cides, causés par la scélératesse naturelle aux indigènes et par les « immenses richesses de ce royaume [4] ; » mais les indigènes croyaient avoir le droit de reprendre ces richesses qu'on leur avait ôtées ; et s'ils devenaient brigands, ce n'était, selon eux, que pour rentrer dans leurs propres biens. L'ordre contre lequel ils s'insurgeaient, la loi qu'ils violaient, n'avaient à leurs yeux aucune sanction : aussi le mot anglais *Outlaw* [5] (mis hors la loi, bandit ou brigand) perdit dès lors, dans la bouche du peuple subjugué, son ancien sens défavorable. Au contraire, les vieux récits, les légendes et les romances populaires des Anglais, ont répandu une sorte de teinte poétique sur le personnage du banni, sur la vie errante et libre qu'il mène sous les feuilles des bois [6]. Dans ces romances, l'homme mis hors la loi est

---

1. ... Cum familia sua ad sylvas fugientibus. (Matth. Paris. *Vitæ abbatum S. Albani*, t. I, p. 29.)

2. ... Pro amissis patrum suorum prædiis et occisis parentibus et compatriotis. (Orderic. Vital. *Hist. ecclesiast.*, lib. IV, apud *Script. rer. normann.*, p. 512.)

3. Latrones, latrunculi, sicarii.

4. ... Propter immensas regni hujus divitias et propter innatam indigenis crapulam. (Lelandi *Collectanea*, p. 42.)

5. *Ut-lage*, selon l'orthographe saxonne ; en latin, *Utlagus*.

6.   ... Mery and free
        Under the leves grene.
      (*Robin Hood*, a collection of all the ancient poems, songs and ballads. London, 1823, in-12, p. 1, 68, 70 et passim.)

toujours le plus gai et le plus brave des hommes [1] ; il est roi dans la forêt, et ne craint point le roi du pays [2].

Ce fut surtout la contrée du nord, celle qui avait le plus énergiquement résisté aux envahisseurs, qui devint le pays du vagabondage en armes, dernière protestation des vaincus. Les vastes forêts de la province d'York étaient le séjour d'une bande nombreuse, qui avait pour chef un homme appelé Sweyn, fils de Sigg [3]. Dans les contrées du centre et près de Londres, jusque sous les murs des châteaux normands, on vit se former aussi plusieurs troupes de ces hommes qui, reniant jusqu'au bout l'esclavage, disent les historiens du temps, prenaient le désert pour demeure [4]. Leurs rencontres avec les conquérants étaient toujours sanglantes, et quand ils apparaissaient dans quelque lieu habité, c'était un prétexte pour l'étranger d'y redoubler ses vexations : il punissait les hommes sans armes du trouble que lui causaient les gens armés ; et ces derniers, à leur tour, faisaient quelquefois des visites redoutables à ceux qu'on leur signalait comme amis des Normands. Ainsi une terreur perpétuelle régnait sur le pays. Au danger de périr par l'épée de l'homme d'outre-mer, qui se croyait un demi-dieu parmi des brutes, qui ne comprenait ni la prière, ni les raisons, ni les excuses proférées dans l'idiome des vaincus, se joignait encore celui d'être regardé comme traître ou comme suspect par les Saxons indépendants, frénétiques de désespoir comme les Normands l'étaient d'orgueil [5]. Aussi nul habitant n'osait s'aventurer dans le voisinage de sa propre maison ; la maison de chaque Anglais considérable qui avait juré la paix et donné des otages au conquérant était close et fortifiée comme une ville en état

---

1.   A more mery man then I am one
                   Lyves not in cristianté.
                          (Rithson's *Robin Hood*, a collection of ancient ballads, vol. II, p. 221. London, 1832.)

2. Ibid., passim.

3. Quidam princeps latronum. (*Hist. monasterii salebiensis*, apud Labbe, *Nova biblioth. ms.*, t. I, p. 603.)

4. Jugum renuentibus servitutis. (Matth. Paris. *Vitæ abbatum S. Albani*, t. I, p. 29.)

5. ... Vecordes e superbia efficiebantur. (Orderic. Vital. *Hist. ecclesiast.*, lib. IV, apud *Script. rer. normann.*, p. 523.)

de siége [1]. Elle était remplie d'armes de toute espèce, d'arcs, de flèches, de haches, de massues, de poignards et de fourches de fer ; les portes étaient munies de verrous et de barricades. Quand venait l'heure du repos, au moment de tout fermer, l'ancien de la famille se levait, et prononçait à haute voix les prières qui se faisaient alors sur mer aux approches de l'orage ; il disait : « Que le Seigneur nous bénisse et nous aide ; » tous les assistants répondaient *Amen* [2]. Cette coutume subsista en Angleterre plus de deux siècles après la conquête [3].

Dans la partie septentrionale de la province de Cambridge il y a une vaste étendue de terres basses et marécageuses, coupées en divers sens par des rivières. Toutes les eaux du centre de l'Angleterre, qui ne coulent pas dans le bassin de la Tamise ou dans celui de la Trent, vont se jeter dans ces marais, qui, au temps de l'arrière-saison, débordent, couvrent le pays, et se chargent de vapeurs et de brouillards. Une partie de cette contrée humide et fangeuse s'appelait et s'appelle encore l'île d'Ely : une autre s'appelait l'île de Thorneye ; une troisième, l'île de Croyland. Ce sol, presque mouvant, impraticable pour la cavalerie et pour les soldats pesamment armés, avait plus d'une fois servi de refuge aux Saxons, dans le temps de la conquête danoise [4] ; sur la fin de l'année 1069, il devint un point de réunion pour quelques bandes de partisans, formées de divers côtés contre les Normands [5]. D'anciens chefs déshérités s'y rendirent successivement avec leur clientèle, les uns par terre, les autres sur des vaisseaux, par l'embouchure des rivières. Ils y élevèrent des retranchements de terre et de bois, et y établirent une grande station armée qui prit le nom de *camp du Refuge* [6]. Les étrangers hésitèrent

---

1. Domus cujuslibet pacifici quasi municipium obsidendum. (Matth. Paris. *Vitæ abbatum S. Albani*, t. I, p. 46.)
2. ... Preces quasi imminente in mari tempestate. (Ibid.)
3. ... Quæ consuetudo usque ad nostra tempora perduravit. (Ibid.)
4. Voyez liv. II, p. 163.
5. ... Ad Helyensem insulam et insulam Thorneiæ fugientes. (Thomæ Rudborne *Hist. major Winton.*; *Anglia sacra*, t. I, p. 256.) — *Hist. Ingulf. Croyland.*, apud *Rer. anglic. Script.*, t. I, p. 61, ed. Gale.
6. Castra Refugii. (Thomæ Rudborne *Hist.*, loc. sup. cit.) — Matth. Westmonast. *Flor. histor.*, p. 227.

d'abord à les attaquer au milieu des joncs et des saules, et leur laissèrent ainsi le temps d'envoyer des messages dans le pays et hors du pays, et d'avertir, en beaucoup de lieux, les amis de la vieille Angleterre. Devenus forts, ils entreprirent la guerre de parti sur terre et sur mer, ou, pour parler comme les conquérants, la piraterie et le brigandage.

Chaque jour, au camp de ces brigands, de ces pirates pour la bonne cause, se rendait quelque Saxon de haut rang, laïque ou prêtre, apportant avec lui les derniers débris de sa fortune ou la contribution de son église. Eghelrik, évêque de Lindisfarn, et Sithrik, abbé d'un monastère du Devonshire, y vinrent, ainsi que beaucoup d'autres. Les Normands les accusaient d'outrager la religion et de déshonorer la sainte Église en se livrant à un genre de vie criminel et infâme [1]; mais ces reproches intéressés ne les arrêtaient pas. L'exemple des prélats insurgés encouragea beaucoup d'hommes, et l'ascendant qu'ils exerçaient sur les esprits, pour le bien comme pour le mal, devint favorable à la cause patriotique. Les gens d'église, jusque-là trop peu ardents pour elle, s'y rallièrent avec plus de zèle. Plusieurs d'entre eux, il est vrai, s'étaient généreusement dévoués; mais la masse avait appliqué aux conquérants le précepte apostolique de la soumission aux puissances [2]. La conquête les avait en général moins maltraités que le reste de la nation : toutes leurs terres n'avaient pas été prises; l'asile de leurs habitations n'avait pas été partout violé. Dans les vastes salles des monastères, où les espions normands ne pénétraient point encore, les Saxons laïques pouvaient se rassembler en grand nombre, et, sous prétexte de vaquer à des exercices de dévotion, converser et conspirer librement. Ils apportaient avec eux l'argent qu'ils avaient soustrait aux perquisitions des vainqueurs, et le laissaient en dépôt dans le trésor du saint lieu, pour le soutien de la cause nationale, ou pour la subsistance de leurs fils si eux-mêmes périssaient dans les combats. Quelquefois l'abbé

---

1. Piraticam agressus, religionem polluit, Ecclesiam infamavit. (Willelm. Malmesb., *de Gest. pontific. angl.*, lib. II, apud *Rer. anglic. Script.*, p. 256, ed. Savile.)

2. ... Præcepto apostoli dicentis: *Deum timete, regem honorificate.* (Orderic. Vital. *Hist. ecclesiast.*, lib. IV, apud *Script. rer. normann.*, p. 509.)

du couvent faisait briser les lames d'or et détacher les pierres précieuses dont les rois saxons avaient orné jadis les autels et les reliquaires, disposant ainsi de leurs dons pour le salut du pays qu'eux-mêmes avaient aimé durant leur vie. Des messagers braves et fidèles transportaient le produit de ces contributions communes, à travers les postes normands, jusqu'au camp des réfugiés[1]; mais ces manœuvres patriotiques ne restèrent pas longtemps secrètes.

Le roi Guillaume, d'après le conseil de Guillaume, fils d'Osbern, son sénéchal, ordonna bientôt des perquisitions dans tous les couvents de l'Angleterre, et fit prendre tout l'argent que les riches Anglais y avaient placé en dépôt, ainsi que la plupart des vases, des reliquaires et des ornements précieux[2]. On enleva aussi des églises où elles avaient été déposées les chartes qui contenaient les fausses promesses de clémence et de justice faites naguère par le roi étranger, quand il était encore incertain de sa victoire[3]. Cette grande spoliation eut lieu dans le carême qui, suivant l'ancien style du calendrier, termina l'année 1070; et aux octaves de Pâques arrivèrent en Angleterre, d'après les demandes adressées antérieurement par Guillaume, trois légats du siége apostolique. C'étaient Ermenfroy, évêque de Sion, et les cardinaux Jean et Pierre. Le conquérant fondait de grands desseins sur la présence de ces mandataires de son allié le pape Alexandre, et il les retint auprès de lui toute une année, les honorant, dit un vieil historien, à l'égal des anges de Dieu[4]. Au milieu de la famine qui faisait périr les Anglais par milliers, des fêtes brillantes furent célébrées dans le palais fortifié de Winchester.

---

1. Ad cujus mandatum Egfridus... cum thesauris illius ecclesiæ... in eliensem insulam advenit. (Thomæ Eliensis *Hist. eliensis; Anglia sacra*, t. I, p. 609.)

2. Pecuniam quam ditiores Angli, propter illius austeritatem et depopulationem in eis deposuerant, auferri... jussit. (*Hist. eliensis*, apud *Rer. anglic. Script.*, t. III, p. 516, ed. Gale.) — Permisit devastari omnia monasteria. (*Chron. saxon.*, Fragm. sub anno MLXXI, apud *Gloss.*, ed. Lye, t. II, ad finem.) — Calicibus et feretris non pepercit. (Thomæ Rudborne *Hist. major Winton.; Anglia sacra*, t. I, p. 257.)

3. Cum chartis in quarum libertatibus nobiles Angliæ confidebant, et quas rex, in arcto positus, observaturum se juraverat. (Matth. Westmonast. *Flor. histor.*, p. 226.)

4. Audiens et honorans eos tanquam angelos Dei. (Orderic. Vital. *Hist. ecclesiast.*, lib. IV, apud *Script. rer. normann.*, p. 516.)

Là, les cardinaux romains, plaçant de nouveau la couronne sur la tête du roi normand, effacèrent la vaine malédiction que l'archevêque d'York, Eldred, avait prononcée contre lui[1].

1071

Après les fêtes, il y eut à Winchester une assemblée de tous les étrangers, laïques ou prêtres, qui s'étaient fait une grande fortune en prenant le bien des Anglais[2]. Les évêques saxons furent sommés d'y comparaître, au nom de l'autorité de l'Église romaine, par des circulaires dont le style hautain pouvait leur présager d'avance l'issue que ce grand concile, comme on l'appelait, devait avoir pour eux. « Bien que l'Église de Rome, disaient les envoyés, ait le droit « de surveiller la conduite de tous les chrétiens, il lui appartient plus « spécialement de s'enquérir de vos mœurs et de votre manière de « vivre, à vous qu'elle a instruits dans la foi du Christ, et de réparer « la décadence de cette foi que vous tenez d'elle. C'est pour exercer « sur vos personnes cette salutaire inspection que nous, ministres du « bienheureux apôtre Pierre, et représentants autorisés de notre « seigneur le pape Alexandre, nous avons résolu de tenir avec vous « un concile, pour rechercher les mauvaises choses qui pullulent « dans la vigne du Seigneur et en planter de profitables au bien des « corps et des âmes[3]. »

Le sens réel de ces paroles mystiques était que le nouveau roi, d'accord avec le pape, avait résolu de destituer en masse tout le haut clergé de race anglaise ; les légats venaient donner une sorte de couleur religieuse à cette opération politique. Telle était leur mission, et le premier prélat qu'ils frappèrent fut l'archevêque de Canterbury, Stigand, celui qui avait couronné en face de l'invasion un roi de race anglo-saxonne et qui donnait comme patriote des craintes au roi étranger. Mais ces griefs restèrent secrets, et l'arrêt de dé-

---

1. Cardinales romanæ Ecclesiæ coronam ei solemniter imposuerunt. (Orderic. Vital. *Hist. ecclesiast.*, lib. IV, apud *Script. rer. normann.*, p. 516.) — In regem anglicum confirmaverunt. (Vita Lanfranci, apud *Script. rer. gallic. et francic.*, t. XIV, p. 52.) — Voyez livre IV, p 298 et 299.

2. Plusieurs prélats de Normandie y assistaient. (Voyez Wilkins, *Concilia Magnæ Britanniæ*, t. I, p. 322 et seq.)

3. Quæ in vinea Domini Sabaoth male pullulant resecemus, et animarum et corporum utilitati profutura plantemus. (Ibid., p. 323.)

gradation ecclésiastique fut motivé sur d'autres causes, sur des prétextes plus honnêtes, comme s'exprime un vieil historien[1]. L'ordination de Stigand fut déclarée nulle, d'abord parce qu'il avait pris l'archevêché de Canterbury du vivant de l'archevêque Robert, exilé par le peuple anglais; ensuite parce qu'il avait célébré la messe avec le pallium de ce même Robert; et enfin parce qu'il avait reçu son propre pallium de Benoît X, déclaré antipape et excommunié par l'Église [2].

Quand l'ami du roi Harold et de son pays eut été, selon le langage ecclésiastique, frappé, comme un arbre stérile, par la hache de correction[3], ses terres furent partagées entre le roi Guillaume, l'évêque de Bayeux, frère du roi, et Adelise, femme de Hugues de Grantmesnil, qui, sans doute gagnée par cette gracieuse largesse, vint habiter l'Angleterre et y ramena son mari[4]. Ceux des évêques anglais sur le compte desquels on ne trouva rien à objecter canoniquement n'en furent pas moins frappés de même. Alexandre, évêque de Lincoln; Eghelmar, évêque de l'Estanglie; Eghelrik, évêque de Sussex, d'autres prélats et les abbés des principaux monastères, furent déposés presque à la fois. Au moment où l'on prononçait à quelqu'un d'entre eux sa sentence, on le contraignait de jurer, sur l'Évangile, qu'il se regardait comme déchu de sa dignité à tout jamais, et que, quel que fût le successeur qu'on lui donnerait, il ne ferait rien pour le discréditer en protestant contre lui[5]. Ensuite chaque évêque dégradé était conduit soit dans une forteresse, soit dans un monastère qui devait lui servir de prison. Ceux qui avaient été autrefois moines, on les recloîtrait de force dans leurs anciens couvents, et l'on publiait

---

1. Honestam de ipso voluit habere ultionem. (*Chron.* Walteri Hemingford., apud *Rer. anglic. Script.*, t. II, p. 458, ed. Gale.)

2. ... Quem sancta romana Ecclesia excommunicavit. (Florent. Wigorn. *Chron.*, p. 636.) — Voyez plus haut, livre. III.

3. ... Infructuosam arborem securis canonicæ animadversionis succidit. (*Chron.* Walteri Hemingford., apud *Rer. anglic. Script.*, t. II, p. 458, ed. Gale.)

4. Domesday-book, vol. I, fol. 142, verso; vol. II, p. 142 et 288. — Voyez livre IV, p. 301.

5. Episcopatum reddidit, se amplius non habiturum, nec successori calumniam aut damnum illaturum, jurejurando... firmavit. (Lanfranci *Opera*, p. 301.)

officiellement que, dégoûtés du monde et du bruit, il leur avait plu d'aller revoir les anciens compagnons de leur jeunesse [1].

Plusieurs membres du haut clergé saxon trouvèrent moyen de se dérober à leur sort; l'archevêque Stigand et l'évêque de Lincoln s'enfuirent tous les deux en Écosse; Eghelsig, abbé de Saint-Augustin, s'embarqua pour le Danemark, et y resta, quoiqu'il fût réclamé comme *fugitif du roi* par un rescrit du conquérant [2]. Eghelvin, évêque de Durham, sur le point de partir aussi pour l'exil, maudit solennellement les oppresseurs de son pays, et les déclara séparés de la communion des chrétiens, suivant les formules graves et sombres par lesquelles cette séparation se prononçait [3]. Mais le bruit de ses paroles frappa en vain les oreilles du roi normand : Guillaume avait des prêtres pour démentir les prêtres saxons, comme il avait des épées pour briser les épées saxonnes.

Lanfranc, ce religieux d'origine lombarde qu'on a vu plus haut jouer le rôle de négociateur auprès de la cour de Rome [4], vivait encore en Normandie, fort renommé pour son savoir comme légiste, et toujours également chéri du pape et du nouveau roi [5]. Ce fut lui que les légats d'Alexandre II proposèrent pour remplacer Stigand dans l'archevêché de Canterbury, et Guillaume approuva pleinement ce choix, espérant beaucoup de l'habileté de Lanfranc pour consolider la conquête. La reine Mathilde et les seigneurs de Normandie pressèrent vivement son départ; il fut accueilli avec joie par les Normands d'Angleterre, qui le célébraient hypocritement comme un instituteur envoyé de Dieu pour réformer les mauvaises mœurs des

---

1. Dehinc ad monasterium, in quo ab infantia nutritus monachus fuerat, repedavit. (Lanfranci *Opera*, p. 301.) — Alderedus... abbas Abbendoniæ... in captione ponitur. (*Hist. cœnob. abbendoniensis; Anglia sacra.*, t. I, p. 168.) — Usque ad finem vitæ custodiæ mancipatos. (*Hist. eliensis*, apud *Rer. anglic. Script.*, t. III, p. 516, ed. Gale.) — In ergastulo carceris ferro adstrictus. (Ibid., p. 512.)

2. Legatio Helsini in Daniam, apud *Script. rer. danic.*, t. III, p. 285, in notis.

3. Zelum Dei habens, exulavit spontaneus ab Anglia, volens oppressores vinculo excommunicationis innodare. (Matth. Westmonast. *Flor. histor.*, p. 226.)

4. Voyez livre III, p. 202.

5. Vita Lanfranci, apud *Script. rer. gallic. et francic.*, t. XIV, p. 31 et 32. — Lanfranci *Opera*, p. 299.

Anglais[1]. Lanfranc fut nommé archevêque par élection du roi et de ses barons, contre l'ancienne coutume de l'Église anglo-saxonne, où les prélats étaient choisis par le corps du clergé, et les abbés par les moines[2]. Cet usage était un de ceux que la conquête ne pouvait laisser subsister, et tout le pouvoir religieux, aussi bien que le pouvoir civil, devait passer des indigènes aux conquérants.

Lorsque l'archevêque Lanfranc fit sa première entrée dans la métropole qu'on lui donnait à régir, il ne put s'empêcher d'être saisi d'un profond sentiment de tristesse, en voyant l'état où les Normands l'avaient réduite. L'église du Christ, à Canterbury, était dévastée par le pillage et l'incendie, et le grand autel, dépouillé d'ornements, se trouvait presque enterré sous les décombres[3]. Aux fêtes de la Pentecôte, il y eut un second concile tenu à Windsor, et Thomas, l'un des chapelains du roi, fut nommé archevêque d'York, à la place du Saxon Eldred, qui était mort de chagrin. Thomas, de même que Lanfranc, trouva son église métropolitaine détruite par le feu, avec ses ornements, ses chartes, ses titres et ses priviléges; il trouva le territoire de son diocèse tout ravagé, et les Normands qui l'habitaient si attristés par le spectacle de leurs propres dévastations, qu'ils hésitaient même à s'établir sur les terres qu'ils avaient prises[4]. Thomas se mit en possession de tous les domaines de l'église d'York; mais nul homme, Normand ou Saxon, ne voulut les recevoir en fief ou les prendre à ferme, soit par dégoût, soit par terreur[5].

---

1. Divinitus Anglis institutor datus. (Orderic. Vital. *Hist. ecclesiast.*, lib. IV, apud *Script. rer. normann.*, p. 520.)

2. Regis et omnium optimatum ejus benevola electione. (Ibid., p. 519.) — Successio priorum dunelmensis ecclesiæ. (*Anglia sacra*, t. I, p. 785.)

3. Cum Cantuarium primo venisset, et ecclesiam Salvatoris, quam regere susceperat, incendio atque ruinis pene nihilifactam invenisset, mente consternatus est. (Eadmeri *Hist. nor.*, p. 7, ed. Selden.)

4. Quando... archiepiscopatum suscepit, civitas Eboraca et tota regio circa... a Normannis ferro et flamma penitus fuit destructa, incensa quoque beati Petri metropolis ecclesia... cuncta circumcirca hostili vastatione invenit depopulata. (Thomæ Stubbs *Act. pontific. eborac.*, apud *Hist. anglic. Script.*, t. II, col. 1708, ed. Selden.)

5. Ipsis autem Normannis in tantum animus defecerat, ut... terras et honores qui eis offerebantur, recipere non auderent. (Ibid.)

Le pape envoya à Lanfranc son propre pallium, en signe d'investiture, et le combla de messages flatteurs : « Je vous désire, lui disait-il, et ne me console de votre absence qu'en pensant aux heureux fruits que l'Angleterre va recueillir par vos soins[1]. » C'est ainsi que, vues de loin, les hideuses opérations de la conquête prenaient des couleurs agréables. La mission de Lanfranc en Angleterre, sa mission réelle et avouée, c'était de faire servir la religion à l'asservissement des Anglais, d'achever, comme dit un vieux narrateur, la ruine du peuple vaincu par de mutuels embrassements de la royauté et du sacerdoce[2]. Pour atteindre plus sûrement ce but, le nouvel archevêque de Canterbury suggéra au conquérant un nouveau plan de constitution ecclésiastique, plan aussi favorable à l'ambition du prélat qu'à la stabilité de la conquête. « Il faut, disait Lanfranc au « roi Guillaume, qu'il n'y ait en Angleterre qu'un seul chef religieux, « pour que la royauté que vous avez conquise se maintienne dans son « intégrité. Il faut que l'église d'York, l'église du pays des rébel-« lions, quoique régie par un Normand, devienne sujette de celle de « Kent ; il faut surtout que l'archevêque d'York ne jouisse point de « la prérogative de sacrer les rois d'Angleterre, de crainte qu'un « jour, soit de force, soit de bon gré, il ne prête son ministère à « quelque Saxon ou Danois élu par les Anglais en révolte[3]. »

L'église de Kent ou de Canterbury avait été, comme on l'a vu plus haut, la première église fondée par les missionnaires venus de Rome, au milieu des Saxons encore païens[4]. Sur cette primauté dans le temps, s'était établie l'idée vague d'une sorte de prééminence hiérarchique, mais sans qu'il en résultât pour l'église de Kent, ni pour ceux qui la gouvernaient, aucune suprématie effective. Le siége métropolitain d'York était resté l'égal de l'autre, et tous deux exerçaient con-

---

1. Lanfranci *Opera*; notæ et observat., p. 337.

2. Dum regnum et sacerdotium in nostrum detrimentum mutuos commutarent amplexus. (Gervas. Cantuar. *Imag. de discordiis inter monac. dorobor. et archiep. baldewinum*, apud *Hist. anglic. Script.*, t. II, col. 1333, ed. Selden.)

3. Unus ab eboracensi archiepiscopo, et ab illius provinciæ indigenis rex crearetur. (Thomæ Stubbs *Act. pontific. eborac.*, apud *Hist. anglic. Script.*, t. II, col. 1706, ed. Selden.)

4. Voyez livre I, p. 50 et 51.

jointement la haute surveillance sur tous les évêchés de l'Angleterre[1]. C'est cet ordre de choses que l'archevêque Lanfranc entreprit de réduire à l'unité absolue, chose nouvelle, disent les historiens du siècle, chose inouïe avant le règne des Normands [2]. Il évoqua d'anciens priviléges et des actes ambigus de différents papes, qui s'étaient plu à témoigner leur affection pour l'église de Canterbury, fille aînée de la papauté en Bretagne. Il établit comme axiome que la loi devait découler d'où avait découlé la foi, et que de même que le pays de Kent était le sujet de Rome, parce qu'il en avait reçu le christianisme, par une raison semblable, le pays d'York devait être hiérarchiquement soumis à celui de Kent [3].

Thomas, l'archevêque normand d'York, dont une pareille politique tendait à ruiner l'indépendance personnelle, fut assez peu dévoué à la cause de la conquête pour entreprendre de s'opposer à cette nouvelle institution [4]. Il pria son collègue Lanfranc de citer quelques titres authentiques à l'appui de ses prétentions. C'était une demande embarrassante : mais le Lombard l'éluda, en assurant que les actes en bonne forme et les titres ne lui manqueraient point, si, par malheur, tout n'avait péri, quatre ans auparavant, dans l'incendie de son église [5]. Cette réponse évasive termina le différend, grâce à certains avertissements officiels que reçut l'adversaire indiscret du confident du roi Guillaume : car on lui signifia que si, en vue de la paix et de l'unité du royaume, il ne se résignait pas à recevoir la loi de son collègue, et à reconnaître que le siége d'York n'avait jamais été l'égal

---

1. Duo metropolitani, non solum potestate, dignitate et officio, sed sufraganeorum numero pares. (Thomæ Stubbs *Act. pontific. eborac.*, apud *Hist. anglic. Script.*, t. II, col. 1705. ed. Selden.)

2. Ut Britannia uni quasi primati subderetur... nova res huic nostro sæculo et, a tempore quo in Anglia Normanni regnare cœperunt, Anglis inaudita. (Eadmeri *Hist. nov.*, p. 3, ed. Selden.)

3. Sicut Cantia subjicitur Romæ, quod ex ea fidem accepit, ita Eboracum subjiciatur Cantiæ. (Lanfranci *Opera*, p. 378.)

4. « Eboracensis ecclesiæ antistes adversum me palam murmuravit, clam detraxit... calumniam suscitavit. » (Lanfranci *Epist.*, apud Wilkins, *Concilia Magnæ Britanniæ*, t. I, p. 326.)

5. In ea combustione atque abolitione quam nostra ecclesia ante quadriennium perpessa est. (Lanfranci *Opera*, p. 302.)

de l'autre siége métropolitain, lui et tous ses parents seraient bannis de l'Angleterre [1]. Thomas n'insista plus, et fit son devoir de fidèle enfant de la conquête ; il renonça, entre les mains de Lanfranc, à tout le pouvoir que ses prédécesseurs avaient exercé au sud de l'Humber, et, faisant profession solennelle d'obéissance et de fidélité, ne garda plus que le nom d'archevêque : car Lanfranc, sous le titre de primat, en réunit seul tous les droits [2]. Selon le langage des vainqueurs, il devint, par la grâce de Dieu, le père de toutes les églises, et, selon le langage des vaincus, toutes tombèrent sous son joug et furent ses tributaires [3]. Il en chassa qui il voulut ; il y mit des Normands, des Français, des Lorrains, des hommes de tous pays et de toutes races, pourvu qu'ils ne fussent pas Anglais [4] ; et il est à remarquer que, dans la dépossession générale des anciens prélats de l'Angleterre, on épargna les hommes de naissance étrangère naturalisés dans le pays. Tels étaient Hermann, Guis, et Walter ou Gautier, tous trois Lorrains, qui conservèrent les évêchés de Wells, de Sherborn et de Hereford.

La plupart des évêchés et des abbayes furent employés, comme l'avaient été naguère les biens des riches, la liberté des pauvres et la beauté des femmes, à payer les dettes de la conquête. Un certain Remi, ci-devant moine à Fécamp, reçut l'évêché de Lincoln, pour un navire et vingt hommes d'armes qu'il avait amenés en 1066 au rendez-vous des troupes normandes [5]. Cet homme et les autres prélats

---

1. Propter unitatem et pacem regni... suique et suorum omnium, tam de Anglia quam de Normannia, comminatus est expulsionem. (Thomæ Stubbs Act. pontific. eborac., apud Hist. anglic. Script., t. II, col. 1706, ed. Selden.)

2. Thomæ Rudborne Hist. major Winton.; Anglia sacra, t. I, p. 253. — Ab universis Angliæ episcopis, prius ab aliis sacratis professiones petiit et accepit. (Henrici Knyghton, de Event. angl., lib. I, apud Hist. anglic. Script., t. II, col. 2345, ed. Selden.)

3. Dispositione divina. (Lanfranci Opera, p. 306.) — Omnes Angliæ subjugavit ecclesias... et nostram tributariam effecit. (Gervas. Cantuar. Imag. de discordiis, etc., apud Hist. anglic. Script., t. II, col. 1333, ed. Selden.)

4. Tantum tunc anglicos abominati sunt, ut... multo minus habiles alienigenæ de quacumque alia natione, quæ sub cœlo est, extitissent, gratenter assumerentur. (Hist. Ingulf. Croyland., apud Rer. anglic. Script., t. I, p. 70, ed. Gale.)

5. Voyez livre III, p. 225. — Willelm. Malmesb., de Gest. pontific. angl., lib. IV, apud Rer. anglic. Script., p. 290, ed. Savile. — Illum (pontificatum) a Willelmo, post rege facto, emerat. (Eadmeri Hist. nov., p. 7, ed. Selden.)

venus d'outre-mer, comme un arrière-ban de milice, expulsèrent partout les moines qui, selon une coutume particulière à l'Angleterre, vivaient sur les domaines des églises épiscopales ; et le roi Guillaume les en remercia, pensant, dit un contemporain, que des moines de race anglaise ne pouvaient lui souhaiter que du mal [1]. Une foule d'aventuriers qui n'avaient de clercs que le nom, vint fondre sur les prélatures, les archidiaconats, les doyennés de l'Angleterre [2]. Ils y portèrent l'esprit de violence et de rapine, les airs hautains et méprisants du dominateur étranger ; beaucoup d'entre eux se rendirent célèbres par leur faste et leurs désordres, plusieurs par des actions infâmes [3]. Robert de Limoges, évêque de Litchfield, pilla le monastère de Coventry ; il prit les chevaux et les meubles des religieux qui l'habitaient, ouvrit, par effraction, leurs cassettes, et finit par faire abattre leurs maisons, pour construire avec les matériaux un palais épiscopal, dont l'ameublement fut payé par la fonte des ornements d'or et d'argent qui décoraient l'église [4]. Ce même Robert fit un décret pour interdire aux clercs saxons l'usage des aliments nourrissants et des livres instructifs, de crainte, dit l'historien, que la bonne nourriture et la science ne leur donnassent trop de force et de hardiesse contre leur évêque [5].

Les évêques normands dédaignèrent, presque tous, d'habiter les anciens chefs-lieux des diocèses, qui étaient, pour la plupart, de petites villes, et se transportèrent dans des lieux qui offraient plus

---

1. Eadmeri *Hist. nov.*, p. 10, ed. Selden. — Monachorum anglicanorum sibi semper mala imprecantium. (*Hist. Ingulf. Croyland.*, apud *Rer. anglic. Script.*, t. I, p. 86, ed. Gale.)

2. Pro famulatu suo dabantur a laïcis episcopatus et abbatiæ, ecclesiarum præposituræ, archidiaconatus et decaniæ. (Orderic. Vital. *Hist. ecclesiast.*, lib. IV, apud *Script. rer. normann.*, p. 523.)

3. Lautitiarum appetentissimus... uno et ipso immani commisso infamis. (Willelm. Malmesb., *de Gest. pontific. angl.*, lib. V, apud *Rer. anglic. Script.*, t. III, p. 377, ed. Gale.)

4. Arcas eorum fregisti, et equos et omnes proprietates quas habebant rapuisti, insuper domos eorum destruxisti. (*Lanfranci Opera*, p. 315.) — De una trabe divitis ecclesiæ corrosit 500 marcas argenti. (Additam. ah hist. veterem Lichfeldensem; *Anglia sacra*, t. I, p. 445.)

5. Monachos loci illius agresti victu cibavit, et non nisi triviali litteratura permisit informari, ne deliciæ aut litteræ redderent monachos contra episcopum elatos. (Henrici Knyghton, *de Event. angl.*, lib. II, apud *Hist. anglic. Script.*, t. II, col. 2352, ed. Selden.)

de commodités pour le luxe et les jouissances de la vie : c'est ainsi que Coventry, Lincoln, Chester, Salisbury, Thedford, devinrent des villes épiscopales [1]. En général, les hommes d'église amenés par l'invasion furent pour l'Angleterre une nouvelle plaie, et leur tyrannie, qui atteignait les consciences, eut quelque chose de plus odieux que la force brutale des hommes d'épée [2]. Quelquefois les abbés normands maniaient aussi l'épée, mais contre des moines sans armes, et plus d'un couvent anglais fut le théâtre d'exécutions militaires. Dans celui que gouvernait un certain Turauld ou Torauld, venu de Fécamp, l'abbé avait pour coutume de crier : *A moi, mes hommes d'armes!* toutes les fois que ses religieux lui résistaient en quelque point de discipline ecclésiastique. Ses exploits belliqueux devinrent même si célèbres, que le conquérant se crut obligé de l'en punir, et que, par un genre de châtiment bizarre, il l'envoya régir le couvent de Peterborough, dans la province de Northampton, poste dangereux à cause du voisinage du camp de refuge des Saxons, mais fort convenable, disait Guillaume, pour un abbé si bon soldat [3]. Délivrés de ce chef redoutable, les moines n'en furent pas plus heureux; car ils reçurent à sa place un certain Guérin de Lire, qui, selon les paroles d'un ancien récit, prit dans leurs bourses jusqu'au dernier écu, pour se faire un renom auprès de ceux qui naguère l'avaient vu pauvre [4]. Ce Guérin fit déterrer de l'église les cadavres des abbés de race anglaise, ses prédécesseurs, et jeter leurs ossements hors des portes [5].

Pendant que de pareils actes avaient lieu en Angleterre, la renommée allait publiant au dehors, par la plume des clercs salariés, ou qui souhaitaient de l'être, que Guillaume le puissant, le victorieux,

---

1. Lanfranci *Opera*, p. 338. — *Chron. saxon.*, ed. Gibson, *in notis.*

2. Stipendiarii, non monachi, sed tyranni .. intrudebantur. (Orderic. Vital. *Hist. ecclesiast.*, lib. IV, apud *Script. rer. normann.*, p. 523.)

3. Quia magis se agit militem quam abbatem. (Willelm. Malmesb., *de Gest. pontific. angl.*, lib. V, apud *Rer. anglic. Script.*, t. III, p. 372, ed. Gale.)

4. Idoneus monachorum marsupia evacuare, undecunque nummos rapere... ut... apud eos, qui eum olim pauperem vidissent, compararet jactantiam. (Ibid.)

5. Omnia (ossa) conglobata, vel ut acervum ruderum... ecclesiæ foribus alienavit. (Willelm. Malmesb., *de Vita Adhelmi episcopi scireburnensis; Anglia sacra*, t. II, p. 142.)

1071 à 1072

le pieux, civilisait ce pays, jusque-là barbare, et y ranimait le christianisme, auparavant fort négligé¹. La vérité, toutefois, ne fut pas entièrement étouffée : les plaintes des opprimés parvinrent même jusqu'à Rome; et, dans cette cour romaine que les historiens du temps accusent d'être si vénale², il se trouva quelques hommes consciencieux qui dénoncèrent la révolution opérée en Angleterre comme odieuse et contraire aux lois ecclésiastiques. La dégradation en masse des évêques et des principaux abbés saxons et l'intrusion des Normands furent vivement blâmées³. Mais la mort d'Alexandre II, et l'avènement, sous le nom de Grégoire VII, de cet archidiacre Hildebrand qui, ainsi qu'on l'a vu plus haut, avait déployé tant de zèle en faveur de l'invasion, réduisirent presque au silence les accusateurs de la nouvelle Église fondée par la conquête normande⁴. Sa légitimité canonique cessa d'être mise en question, et deux individus seulement, Thomas, archevêque d'York, et Remi, évêque de Lincoln, furent cités à la cour pontificale, l'un parce qu'il était fils de prêtre, l'autre parce qu'il avait acheté à deniers comptants la dignité épiscopale⁵.

Lanfranc partit avec eux, muni de présents pour le pape et les principaux citoyens de Rome. Tous les trois distribuèrent largement l'or des Anglais dans la ville des apôtres, et s'y firent par là un grand renom⁶. Cette conduite leur aplanit toutes les difficultés; l'affaire des deux prélats normands fut arrangée sous main, et, au lieu d'en-

---

1. ... Cujus (insulæ) rex effectus (Willelmus) barbaros illius mitigavit mores, cultumque christianæ religionis, qui in ea modicus erat, ampliavit. (*Historiæ francicæ Fragm.*, apud *Script. rer. Gallic. et francic.*, t. XI, p. 162.)

2. Cum fama... Romanos nota cupiditatis asperserit. (Radulphi de Diceto, *Imag. histor.*, apud *Script. rer. gallic. et francic.*, t. XIII, p. 202.)

3. Prisci abbates, quos canonicæ leges non damnabant, secularis comminatione potestatis terrebantur, et sine synodali discussione de sedibus suis injuste fugabantur. (Orderic. Vital. *Hist. ecclesiast.*, lib. IV, apud *Script. rer. normann.*, p. 523.) — Eadmeri *Hist. nov.*, p. 6 et 7, ed. Selden.

4. Voyez livre III, p. 219 et 220.

5. Primus namque presbiteri filius erat. (Henrici Knyghton, *de Event. angl.*, lib. I, apud *Hist. anglic. Script.*, t. II, col. 2348, ed. Selden.)

6. De divitiis anglicis larga munera cupidis Romanis ubertim dederunt, sic mirabiles Latiis visi sunt. (Orderic. Vital. *Hist. ecclesiast.*, lib. IV, apud *Script. rer. normann.*, p. 548.)

quête sur leur compte, il n'y eut qu'une scène d'apparat, où tous les deux remirent au pape, en signe d'obéissance, leur anneau et leur bâton pastoral. Lanfranc plaida leur cause, en prouvant qu'ils étaient utiles et même nécessaires au nouveau roi, pour les nouveaux arrangements du royaume [1]; et le pape lui répondit : « Décide l'affaire « comme tu l'entendras, toi qui es le père de ce pays; je remets à ta « disposition les deux verges pastorales [2]. » Lanfranc les prit et les rendit à Remi et à Thomas ; puis, ayant lui-même reçu de Grégoire VII la confirmation de son titre de primat de toute l'Angleterre, il repartit avec ses compagnons.

Ainsi les églises des Anglais continuèrent d'être livrées, sans obstacle, et avec l'aveu de l'Église romaine, à des clercs venus de tous pays. Le prélat de race étrangère prononçait devant un auditoire saxon ses homélies en langue française, et quand elles étaient écoutées patiemment, ou par surprise, ou par terreur, l'homme d'outre-mer s'enorgueillissait de la puissance de ses discours, qui, disait-il, s'insinuaient, par miracle, dans l'oreille des barbares [3]. Une sorte de pudeur et d'envie d'offrir au monde chrétien autre chose que ce ridicule spectacle firent rechercher par le roi Guillaume quelqu'un des hommes que l'opinion du temps préconisait au loin, à cause de l'austérité de leur vie religieuse. Tel était Guimond, moine du couvent de la Croix-Saint-Leufroi, en Normandie ; le roi lui envoya l'invitation de passer la mer, et il obéit sans délai aux ordres de son seigneur temporel. Quand il fut arrivé en Angleterre, le conquérant lui dit qu'il avait dessein de l'y retenir, et de l'élever à une haute dignité ecclésiastique : voici ce que répondit le moine, si l'on en croit un historien postérieur de peu d'années [4] :

« Beaucoup de motifs m'engagent à fuir les dignités et le pouvoir « ecclésiastiques; je ne les énoncerai point tous. Je dirai seulement

---

1. Novo regi... in novis regni dispositionibus, pernecessarios. (Eadmeri *Hist. nov.*, p. 7, ed. Selden.)

2. « Tu pater es patriæ illius. » (Ibid.)

3. Qui, licet latine vel gallice loquentem, illum minime intelligerent, tamen, intendentes ad illum, virtute verbi Dei... ad lacrymas multoties compuncti. (Petri Blesensis Ingulfi continuat., apud *Rer. anglic. Script.*, t. I, p. 115, ed. Gale.)

4. Orderic. Vital. *Hist. ecclesiast.*, lib. IV, apud *Script. rer. normann.*, p. 524.

« que je ne conçois pas de quelle manière il me serait possible d'être
« dignement le chef religieux d'hommes dont je ne connais ni les
« mœurs ni la langue, et dont les pères, les frères, les amis, sont
« morts sous votre épée, ou sont déshérités, bannis, emprisonnés,
« durement asservis par vous [1]. Parcourez les saintes Écritures, voyez
« si quelque loi y tolère que le pasteur du troupeau de Dieu lui soit
« imposé violemment par le choix d'un ennemi. Ce que vous avez
« ravi par la guerre, au prix du sang de tant d'hommes, pourriez-
« vous sans péché le partager avec moi, avec ceux qui, comme moi,
« ont juré mépris au monde, et, pour l'amour du Christ, se sont
« dépouillés de leurs propres biens? C'est la loi de tous les religieux
« que de s'abstenir de rapines, et de n'accepter aucune part de butin,
« même comme offrande à l'autel; car, ainsi que le disent les Écri-
« tures, celui qui offre en sacrifice le bien des pauvres fait comme
« s'il immolait le fils en présence de son père [2]. Quand je me rappelle
« ces préceptes divins, je me sens troublé de frayeur; votre
« Angleterre me semble une vaste proie; et je crains de la toucher,
« elle et ses trésors, à l'égal d'un brasier ardent [3]... »

Le moine de Saint-Leufroi repassa la mer et retourna au fond de son cloître ; mais le bruit se répandit bientôt qu'il avait exalté la pauvreté des religieux au-dessus de la richesse des prélats, et nommé rapine, à la face du roi et de ses barons, l'acquisition de l'Angleterre; qu'enfin il avait traité de ravisseurs et d'intrus tous les évêques et les abbés installés dans ce pays contre la volonté des Anglais [4]. Ses paroles déplurent à beaucoup de gens qui, ne se souciant pas de l'imiter, le calomnièrent et firent tant par leurs intrigues, qu'ils le contraignirent à quitter le pays. Guimond se rendit à Rome, et de

---

1. « ... Quorum patres charosque parentes et amicos occiditis gladio, vel exhæredatos opprimitis exilio, vel carcere indebito, vel intolerabili servitio. » (Orderic. Vital. *Hist ecclesiast.*, lib. IV, apud *Script. rer. normann.*, p. 524.)

2. « Omnium religiosorum lex est a rapinis abstinere. » (Ibid.)

3. « Totam Angliam quasi amplissimam prædam dijudico, ipsamque, cum gazis suis, velut ignem ardentem, contingere formido. » (Ibid., p. 525.)

4. ... Quod obtentum Angliæ, in præsentia regis et optimatum ejus, rapinam appellaverit, et quod omnes episcopos vel abbates qui, nolentibus Anglis, in ecclesiis Angliæ prælati sunt, rapacitatis redarguerit. (Ibid., p. 526.)

là en Apulie, dans l'une des villes conquises et possédées par les Normands[1].

1071 à 1072

La haine que le clergé de la conquête portait aux indigènes de l'Angleterre s'étendit jusque sur les saints de race anglaise, et dans plus d'un lieu leurs tombeaux furent ouverts et leurs ossements dispersés[2]. Tout ce qui avait été anciennement un objet de vénération dans le pays fut regardé, par les nouveaux venus, comme vil et méprisable[3]. Mais l'aversion violente qu'inspiraient aux Normands les saints anglais tenait à des raisons politiques, autres que leur dédain commun pour tout ce qu'honoraient les vaincus. Souvent la vénération religieuse n'avait été pour les Anglo-Saxons qu'un reflet du patriotisme, et parmi les saints qu'on invoquait alors en Angleterre, plusieurs l'étaient devenus en mourant de la main de l'ennemi, au temps des invasions danoises, comme Elfeg, archevêque de Canterbury, et Edmund, roi de l'Est-Anglie[4]. De pareils saints devaient porter ombrage aux nouveaux envahisseurs, car leur culte alimentait l'esprit de révolte, et consacrait de vieux souvenirs de courage et d'indépendance. Aussi les prélats étrangers, et à leur tête l'archevêque Lanfranc, ne tardèrent-ils pas à proclamer que les saints saxons n'étaient pas de vrais saints, les martyrs saxons de vrais martyrs[5]. Guérin de Lire attaqua saint Adhelm; Lanfranc entreprit de dégrader saint Elfeg, en rabaissant les mérites de sa mort si belle et si patriotique : « Ce qui fait le martyr, disait le primat, c'est la « cause et non le supplice; je ne vois là qu'un homme tué par des « païens faute d'une rançon qu'il ne pouvait payer et qu'il ne voulut « pas mettre à la charge d'autrui[6]. »

---

1. Verba igitur ejus... multis displicuerunt. (Orderic. Vital. *Hist. ecclesiast.*, lib. IV, apud *Script. rer. normann.*, p. 526.)

2. Typho quodam et nausea sanctorum corporum. (Willelm. Malmesb., *de Gest. pontific. angl.*, lib. V, apud *Rer. anglic. Script.*, t. III, p. 372, ed. Gale.)

3. Pene cuncta quæ ab Anglis antiquitus quasi sacrosancta celebrabantur, nunc vix postremæ auctoritatis... habentur. (Eadmeri *Hist. nov.*, p. 126, ed. Selden.)

4. Voyez livre II, p. 104 et 123.

5. Angli... inter quos vivimus, quosdam sibi instituerunt sanctos, quorum incerta sunt merita. (Johan. Sarisburiensis, *de Vita Anselmi archiep. cantuar.*; *Anglia sacra*, t. II, p. 162.)

6. Cum itaque martyrem non faciat poena sed causa... eum ob hoc a paganis... inter-

Des violences faites à la conviction populaire, soit raisonnable, soit superstitieuse, excitent souvent le courage des opprimés plus que la perte même de la liberté et du bien-être. Les insultes prodiguées aux objets d'une ancienne dévotion, les souffrances des évêques, une sorte de haine fanatique contre les innovations religieuses de la conquête, agitèrent fortement les esprits, et devinrent le mobile d'une grande conspiration qui s'étendit sur toute l'Angleterre [1]. Beaucoup de prêtres s'y engagèrent, et trois prélats en furent les chefs : c'étaient Frithrik, abbé de Saint-Alban ; Wulfstan, évêque de Worcester, le seul homme de race anglaise qui eût encore un évêché, et Walter, évêque de Hereford, Flamand de naissance, le seul parmi les étrangers, évêque avant la conquête, qui se soit montré fidèle à la cause de sa patrie adoptive [2]. Le nom du jeune roi Edgar fut prononcé de nouveau ; il circula des chants populaires où on l'appelait *le beau, le brave, l'enfant chéri de l'Angleterre* [3]. Les deux frères Edwin et Morkar quittèrent pour la seconde fois la cour du Normand. La ville de Londres, jusque-là paisible et résignée à la domination étrangère, commença à se montrer turbulente, et, comme disent les vieux historiens dans un langage malheureusement trop vague, à résister en face au roi Guillaume [4].

Pour conjurer ce nouveau péril, Guillaume prit le parti qui lui avait déjà réussi plus d'une fois, celui de promettre et de mentir. Frithrik et les autres chefs des insurgés, invités par ses messages à se rendre à Berkhamsted, pour traiter de la paix, vinrent à ce lieu de mauvais augure, où pour la première fois des mains saxonnes

---

emptum deprehendo, quod, ad redemptionem corporis sui, pecuniam, quæ exigebatur, noluit extorquere. (Johan. Sarisburiensis, *de Vita Anselmi archiep. cantuar.; Anglia sacra,* t. II, p. 162.)

1. Plures convocando, exercitum numerosum ac fortissimum conflaverunt. (Matth. Paris. *Vitæ abbatum S. Albani,* t. I, p. 48.)

2. Ibid., p. 47.

3. Speciosissimum et fortissimum... unde in Angliam tale exiit eulogium :

« Ædgar, Ethelinge,
« Engelondes dereling. »
(Ibid., p. 48.)

4. Cives Londoniæ in faciem restiterunt. (Ibid., p. 47.)

avaient touché, en signe de sujétion, la main armée du conquérant. Ils y trouvèrent le roi et le primat Lanfranc, son conseiller le plus intime. Tous deux affectèrent à leur égard un air de douceur et de bonne foi[1] ; et il y eut, sur les intérêts réciproques, une longue discussion qui se termina par un accord. Toutes les reliques de l'église de Saint-Alban avaient été portées au lieu des conférences ; un missel fut ouvert sur ces reliques, à la page de l'Évangile, et le roi Guillaume, se plaçant dans la situation où lui-même autrefois avait placé Harold, jura, par les saints ossements et par les sacrés Évangiles, d'observer inviolablement les bonnes et anciennes lois que les saints et pieux rois d'Angleterre, et surtout le roi Edward, avaient établies ci-devant[2]. L'abbé Frithrik et les autres Anglais, satisfaits de cette concession, répondirent au serment de Guillaume par le serment de fidélité qu'on prêtait aux anciens rois, et se séparèrent ensuite, rompant la grande association qu'ils avaient formée pour la délivrance du pays[3]. L'évêque Wulfstan fut député vers l'ouest, dans la province de Chester, pour y calmer les esprits, et faire une visite pastorale dont aucun prélat normand n'osait encore se charger[4].

Ces bonnes et antiques lois, ces lois d'Edward, dont la promesse avait le pouvoir d'apaiser les insurrections, n'étaient point un code particulier, un système de dispositions écrites, et l'on entendait simplement par ces mots l'administration douce et populaire qui avait existé en Angleterre au temps des rois nationaux. Durant la domination danoise, le peuple anglais, dans ses prières adressées au vainqueur, demandait, sous le nom de lois d'Ethelred, l'anéantissement du régime odieux de la conquête[5] ; demander les lois d'Edward, sous la domination normande, c'était former le même souhait, mais un

---

1. ... Et serena facie vocavit eos ad pacem. (Matth. Paris. *Vitæ abbatum S. Albani*, t. I, p. 48.)

2. Juravit super omnes reliquias ecclesiæ Sancti Albani, tactisque sacrosanctis Evangeliis... bonas et approbatas antiquas regni leges... inviolabiliter observare. (Ibid.)

3. ... Ad propria læti recesserunt. (Ibid.)

4. Episcopatus ei cestrensis a Lanfranco... visitatio commissa est... ea enim provincia... erat adhuc... Normannis inaccessa et impacata. (Willelm. Malmesb., *de Vita S. Vulfstani*, lib. I, cap 1 ; *Anglia sacra*, t. II, p. 256.)

5. Voyez livre II, p. 170 et 171.

souhait inutile, et que, en dépit de ses promesses, le nouveau conquérant ne pouvait remplir. Quand bien même il eût maintenu, de bonne foi, toutes les pratiques légales de l'ancien temps, quand même il les eût fait observer à la lettre par ses juges étrangers, elles n'auraient point porté leurs anciens fruits. Il y avait erreur de langage dans les demandes de la nation anglaise; car ce n'était pas le défaut d'observance de ses vieilles lois criminelles ou civiles qui rendait sa situation si désastreuse, mais la ruine de son indépendance et de son existence comme nation [1]. Ni Guillaume ni ses successeurs ne montrèrent jamais une grande haine pour la législation saxonne, soit civile, soit criminelle; ils la laissèrent observer en beaucoup de points, et les Saxons ne s'en trouvèrent pas mieux. Ils laissèrent le taux des amendes pour le vol et le meurtre commis contre des Anglais, varier comme avant la conquête, suivant la division des grandes provinces [2]; ils laissèrent le Saxon accusé de meurtre et de brigandage se justifier, selon l'antique usage, par le fer rouge et l'eau bouillante, tandis que le Français, accusé par un Saxon, se défendait par le duel ou simplement par le serment, selon la loi de Normandie [3]. Cette différence de procédure, toute au détriment de la population vaincue, ne disparut qu'après un siècle et demi, quand les décrets de l'Église romaine eurent interdit partout les jugements du feu et de l'eau [4].

D'ailleurs, parmi les anciennes lois saxonnes, il s'en rencontrait quelques-unes qui devaient être spécialement favorables à la conquête, comme celle qui rendait les habitants de chaque district responsables de tout délit commis dans le district, et dont l'auteur

---

1. Ils requirent... estre tenus et gouvernez comme le roy Edouart les avoit gouvernez. (*Chronique de Normandie; Recueil des hist. de la France*, t. XIII, p. 239.)

2. Si home occit altre... xx l. en Merchenelae et xxv l. en Westsaxenlae. (*Leges Willhelmi regis; Hist. Ingulf. Croyland.*; apud *Rer. anglic. Script.*, t. I, p. 89, ed. Gale.)

3. Anglicus se purget ad judicium... defendat se Francigena per bellum, et si Anglicus non audeat eum probare per bellum, defendat se Francigena pleno juramento. (*Leges Willhelmi regis; Chron. Johan. Bromton*, apud *Hist. anglic. Script.*, t. I, col. 982, ed. Selden.)

4. Seldeni notæ ad Eadmeri *Hist. nov.*, p. 204.

serait inconnu¹ ; loi commode entre les mains de l'étranger pour mettre la terreur dans le pays. Quant à ces sortes de lois, il était de l'intérêt du conquérant de les maintenir; et, quant aux autres, relatives à des intérêts particuliers, leur confirmation lui était à peu près indifférente. Aussi exécuta-t-il en ce sens la promesse qu'il avait faite aux conjurés saxons, sans s'inquiéter si eux-mêmes comprenaient autrement cette promesse. Il fit venir auprès de lui, à Londres, douze hommes de chaque province, qui déclarèrent, sous le serment, les anciennes coutumes du pays² ; ce qu'ils dirent fut rédigé en une espèce de code dans l'idiome français du temps, seul langage légal reconnu par le gouvernement de la conquête. Ensuite, les hérauts normands allèrent criant à son de cor, dans les villes et dans les bourgades, « les lois que le roi Guillaume octroyait à tout le peuple « d'Angleterre, les mêmes que le roi Edward, son cousin, avait « tenues avant lui³. »

Les lois d'Edward furent publiées, mais le temps d'Edward ne revint pas pour l'Angleterre, et les chefs du mouvement patriotique éprouvèrent les premiers le peu de valeur de cette concession. Du moment que leur ligue fut dissoute, ils se virent persécutés à outrance par le pouvoir qu'ils avaient contraint de capituler avec eux⁴. L'évêque Walter s'enfuit dans le pays de Galles; les soldats normands eurent ordre de le poursuivre jusque dans ce pays, sur lequel ne s'étendait point la domination du roi Guillaume; mais il leur échappa, à la faveur des forêts et des montagnes⁵. Le roi Edgar,

---

1. Borhs, frith-bohrs, borhs-holders.—Voyez Canciani *Leg. antiq. barbar.*, t. IV, p. 273, 338 et 310.)

2. Electi sunt de singulis totius Angliæ comitatibus XII viri sapientiores, quibus jurejurando injunctum erat coram rege Willhelmo ut, quoad possent... legum suarum consuetudinumque sancita patefacerent, nil prætermittentes, nil addentes. (Thomæ Rudborne *Hist. major Winton.; Anglia sacra*, t. I, p. 259.)

3. Ces sount les leis et les custumes que li reis Will. grentat a tut le puple de Engleterre... iceles mesmes que li reis Edward sun cosin tint devant lui. (Leges Willhelmi regis; *Hist. Ingulf. Croyland.*, apud *Rer. anglic. Script.*, t. I, p. 88, ed. Gale.)

4. Tyrannus inexorabilis, quos non poterat confœderatos et congregatos superare, singulos dispersos ac semotos... studuit... infestare... et subpeditare. (Matth. Paris. *Vitæ abbatum S. Albani*, t. I, p. 48.)

5. ... In abditis Walliæ vix tutus latitavit. (Ibid., p. 49.)

s'apercevant qu'on lui dressait des piéges, prit de nouveau la fuite vers l'Écosse. Quant à l'évêque Wulfstan, homme faible d'esprit et de caractère, il donna toutes les sûretés qu'on exigeait de lui, et de cette manière il trouva grâce auprès du conquérant; il offrit à l'abbé de Saint-Alban d'obtenir au même prix son pardon, mais Frithrik fut plus fier[1]. Il assembla tous ses moines dans la salle du chapitre, et, prenant congé d'eux avec émotion : « Mes frères, mes amis, leur « dit-il, voici le moment où, selon les paroles de l'Écriture sainte, il « nous faut fuir de ville en ville devant la face de nos persécuteurs[2]. » Emportant avec lui quelques provisions et des livres, il gagna secrètement l'île d'Ely et le camp du Refuge, où il mourut peu de temps après[3].

Le roi Guillaume, irrité de cette fuite d'un homme qu'il croyait dangereux, tourna toute sa fureur contre le monastère de Saint-Alban. Il en saisit les domaines, en fit arracher les forêts, et résolut de le détruire de fond en comble[4]. Mais le primat Lanfranc lui en fit des reproches, et, à force d'instances, obtint de lui la conservation du couvent et la permission d'y mettre un abbé de son choix. Lanfranc avait amené en Angleterre un jeune homme appelé Paul, qui passait pour être son fils; c'est à lui qu'il conféra l'abbaye vacante[5]. Le premier acte administratif du nouvel abbé fut de démolir les tombeaux de tous ses prédécesseurs, qu'il qualifiait de brutes et d'idiots parce qu'ils étaient de race anglaise[6]. Paul fit venir de Normandie ses parents, et leur distribua les offices et une partie des biens de son église[7] : « Ils étaient tous, dit l'ancien historien, sans la moindre

---

1. Et, cum posset ipsum Wulfstanus... regi vel archiepiscopo pacificare, ipse abbas nolens ei credere. (Matth. Paris. *Vitæ abbatum S. Albani*, t. I, p. 49.)

2. « Fratres ac filii... fugiendum est a facie persequentium, a civitate in civitatem. » (Ibid.)

3. Ibid.

4. ... Extirpatis silvis et depauperatis hominibus... et nisi correptionibus Lanfranci refrenaretur, irrestaurabiliter totum cœnobium destruxisset. (Ibid.)

5. ... Et, ut quidam autumant, filius. (Ibid.) — Seldeni notæ ad Eadmeri *Hist. nov.*, p. 196.

6. ... Quos rudes et idiotas consuevit appellare... contemnendo eos quia Anglicos. (Matth. Paris. *Vitæ abbatum S. Albani*, t. I, p. 52.)

7. ... Parentibus suis normannis, de substantia ecclesiæ... (Ibid., p. 53.)

« culture littéraire, et de mœurs ignobles à tel point qu'on ne saurait
« l'écrire¹. »

Il faut que le lecteur se reporte maintenant vers l'île d'Ely, vers cette terre marécageuse et plantée de roseaux, comme s'expriment les chroniques du temps, qui était le dernier asile de l'indépendance anglo-saxonne ². L'archevêque Stigand et l'évêque Eghelwin quittèrent l'Écosse pour s'y rendre ³. Edwin et Morkar, après avoir quelque temps erré par les forêts et les campagnes, y arrivèrent aussi avec d'autres chefs⁴. Le roi, qui venait de réussir, par sa seule ruse, à dissoudre la conjuration des prêtres patriotes, essaya de même la tromperie, avant d'employer la force contre les Saxons du camp d'Ely. Morkar fut, pour la troisième fois, dupe de ses fausses paroles : il se laissa persuader d'abandonner le camp du Refuge et de retourner à la cour⁵; mais à peine eut-il mis le pied hors des retranchements élevés par ses compagnons, qu'il fut saisi et mis aux fers dans une forteresse dont le gardien était Roger, fondateur et propriétaire du château de Beaumont en Normandie⁶. Edwin quitta aussitôt l'île d'Ely, non pour se soumettre comme son frère, mais pour travailler à le délivrer. Durant six mois il chercha du secours et rassembla des amis en Angleterre, en Écosse et dans le pays de Galles⁷; mais, au moment où il se trouvait assez fort pour exécuter son entreprise, deux traîtres le vendirent aux Normands, qui l'attaquèrent à l'improviste. Il se défendit longtemps avec vingt cavaliers contre des forces supérieures. Ce combat eut lieu près des côtes de la mer du Nord, vers laquelle le chef saxon faisait retraite, espérant trouver

---

1. ... Litteraturæ ignaris, et origine ac moribus ignobilibus quæ non possunt scribi. (Matth. Paris. *Vitæ abbatum S. Albani*, t. I, p. 53.)

2. Paludum terra. (*Chron. saxon.*, ed. Gibson, p. 176.)

3. Thomæ Eliensis *Hist. eliensis; Anglia sacra*, t. I, p. 609.

4. ... Vagati sunt per silvas et campos. (*Chron. saxon.*, ed. Gibson, p. 181.)

5. ... Falsis allegationibus simpliciter acquievit. (Orderic. Vital. *Hist. ecclesiast.*, lib. IV, apud *Script. rer. normann.*, p. 521.)

6. ... Cautelæ Rogerii, oppidani Belmontis, mancipavit. (Ibid.) — Beaumont-le-Roger, département de l'Eure.

7. Sex igitur mensibus a Scotis et Guallis vel Anglis auxilia sibi quæsivit. (Orderic. Vital., ibid.)

1072 quelque moyen de s'y embarquer; mais il fut arrêté par un ruisseau que la marée montante avait grossi. Accablé par le nombre, il succomba et sa tête fut portée au conquérant[1], qui, selon le récit de quelques historiens, pleura sur le sort d'un homme qu'il aimait et qu'il aurait voulu attacher à sa fortune.

Tel fut le destin d'Edwin et de Morkar, fils d'alfgar, beaux-frères du roi Harold, tous deux victimes de la cause qu'ils avaient plusieurs fois abandonnée. Leur sœur, nommée Lucie, éprouva le sort de toutes les femmes anglaises demeurées sans protecteur. Elle fut livrée en mariage à Ives Taille-Bois, chef d'auxiliaires angevins, qui reçut, avec elle, tous les anciens domaines de la famille d'Alfgar[2]. La plus grande partie de ces terres était située aux environs de Spalding, vers les confins des provinces de Cambridge et de Lincoln, dans la contrée marécageuse qu'on appelait Holland, c'est-à-dire le pays bas, près du camp des réfugiés d'Ely. Ives Taille-Bois s'établit dans ce lieu; il devint, pour les fermiers de l'ancien domaine, ce que, dans la langue saxonne, on appelait le *hlaford*, et, par contraction, le *lord* de la terre[3]. Ce nom signifiait originairement distributeur du pain, et c'est ainsi que dans la vieille Angleterre on désignait le chef d'une grande maison, celui dont la table nourrissait beaucoup d'hommes. Mais à cette signification inoffensive se substituèrent d'autres idées, des idées de domination et de servitude, lorsque les hommes de la conquête reçurent des indigènes le nom de *lords*. Le lord étranger fut un maître; les habitants du domaine tremblèrent en sa présence, et n'approchèrent qu'avec terreur de son manoir ou de sa *halle*, comme parlaient les Saxons, demeure autrefois hospitalière, dont la porte était toujours ouverte et le foyer toujours allumé, maintenant fortifiée, murée, crénelée, garnie d'armes et de soldats, à la fois citadelle pour le maître et prison pour le voisinage.

---

1. Ad hoc facinus exæstuatio marina Normannos adjuvit... proditores... pro favore illius, ei caput domini sui deferebant. (Orderic. Vital. *Hist. ecclesiast.*, lib. IV, apud *Script. rer. normann.*, p. 521.)

2. ... Quorum sororem, nomine Luciam, cum omnibus terris eorum, Ivoni Taylboys, tum andegavensi comiti, maritavit. (*Monast. anglic.*, Dugdale, t. I, p. 306.)

3. ... Dominus Spaldyngæ et totius Holandiæ. (*Hist. Ingulf. Croyland.*, apud *Rer. anglic. Script.*, t. I, p. 71, ed. Gale.)

« Aussi, dit un contemporain, tous les gens du pays bas avaient 1072
« grand soin de paraître humbles devant Ives Taille-Bois, et de ne
« lui adresser la parole qu'un genou en terre [1]; mais, quoiqu'ils s'em-
« pressassent de lui rendre tous les honneurs possibles, et de payer
« tout ce qu'ils lui devaient, et au delà, en redevances et en services,
« de son côté il n'avait pour eux ni affabilité ni bienveillance. Au
« contraire, il les vexait, les tourmentait, les torturait, les emprison-
« nait, les accablait de corvées, et, par ses cruautés journalières,
« contraignait la plupart d'entre eux de vendre le peu qu'ils possé-
« daient encore, et de s'en aller en d'autres pays [2]. Par un instinct
« diabolique, il se plaisait à malfaire pour le mal seul : souvent il
« lançait ses chiens à la poursuite du bétail des pauvres gens, disper-
« sait les animaux domestiques à travers les marécages, les noyait
« dans les lacs, ou les mutilait de diverses manières, et les rendait
« incapables de servir en leur brisant les membres ou le dos [3]. »

Une partie des moines anglais de l'abbaye de Croyland habitaient près de Spalding, dans une succursale que le monastère possédait à la porte même du manoir de ce redoutable Angevin. Il leur fit éprouver encore plus violemment qu'au reste du voisinage les effets de sa manie destructive contre tout ce qui était Saxon, ou appartenait à des Saxons [4]. Il estropiait leurs chevaux et leurs bœufs, tuait leurs moutons et leurs oiseaux de basse-cour, accablait leurs fermiers d'exactions, et faisait assaillir leurs serviteurs sur les routes à coups de bâton ou d'épée [5]. Les moines essayèrent auprès de lui les supplications et les offres; ils donnèrent des présents à ses valets; « ils

---

1. ... Omnes Hoylandenses eum... genu flexo deprecabantur. (*Hist. Ingulf. Croyland.*, apud *Rer. anglic. Script.*, t. I, p. 71, ed. Gale.)
2. Sed torquens et tribulans, angens et angarians, incarcerans et excrucians, ac quotidie novis servitiis onerans, plurimos omnia sua vendere, ac alias patrias petere, crudeliter compellebat. (Ibid.)
3. Diabolico instinctu... animalia in mariscis cum canibus suis insectans... et crebro spinis ac tibiis jumentorum fractis. (Ibid.)
4. In ejus januis... tota die... conversantes, tanta tyrannide debacchatur. (Ibid.)
5. Ut jumentis eorum, tam bobus quam equis, multoties mutilatis, ovibus ac avibus quotidie imparcatis... famuli prioris... gladiis et fustibus in compitis sæpius cæderentur... (Ibid.)

1072 « tentèrent tout et souffrirent tout, dit l'histoire contemporaine [1] ;
« puis, voyant que leurs efforts étaient superflus et que la malice du
« tyran et des siens ne faisait que s'accroître, ils prirent avec eux
« les vases sacrés, leurs lits et leurs livres, et, laissant leur habitation
« en la main de Dieu tout-puissant, secouant la poussière de leurs
« pieds contre les fils du feu éternel, ils retournèrent à Croyland [2]. »

Ives Taille-Bois, joyeux de leur retraite, fit partir promptement un message pour Angers, sa ville natale, demandant qu'on lui envoyât des moines, auxquels il offrait, disait-il, une maison honnête et suffisante pour un prieur et cinq religieux, toute bâtie, toute meublée, bien pourvue de terres et de fermages [3]. Les moines français passèrent le détroit et s'emparèrent de la succursale de Croyland. L'abbé du lieu, qui, par hasard, était encore un Anglais, eut la hardiesse d'adresser quelques plaintes au conseil du roi contre le chef angevin ; mais Ives Taille-Bois fut absous et félicité même de tout ce qu'il avait commis en vexations, en pillages et en meurtres [4]. « Ces étrangers
« se soutenaient mutuellement, dit l'ancien narrateur ; ils formaient
« une ligue étroite, serrés les uns contre les autres, comme sur le
« corps du dragon l'écaille est jointe à l'écaille [5]. »

Il y avait dans ce temps, en Flandre, un Saxon nommé Hereward, anciennement établi dans ce pays, et à qui des émigrés anglais, fuyant leur patrie après y avoir tout perdu, annoncèrent que son père était mort, que son héritage paternel était la propriété d'un Normand, et que sa vieille mère avait subi et subissait encore une foule d'afflictions et d'insultes [6]. A cette nouvelle, Hereward se mit en route pour l'Angleterre, et arriva, sans être soupçonné, au lieu habité autrefois

---

1. Post innumera suis ministris donaria, post peracta omnia... (*Hist. Ingulf. Croyland.*, apud *Rer. anglic. Script.*, t. I, p. 71, ed. Gale.)

2. Relicta cella in manu Domini, excutientes pulverem pedum suorum in filios ignis æterni. (Ibid.)

3. ... Paratam et ædificatam, etiam terris et tenementis satis ditatam. (Ibid., p. 72.)

4. Prædas et pressuras, cædes et cæteras injurias universas Ivonis Talbois... justificant et acceptant. (Ibid.)

5. ... Velut in corpore Behemoth squama squamæ conjuncta fuisset. (Ibid.)

6. Paternam hæreditatem... munere regio, cuidam Normanno donari, matremque viduam multis injuriis et maximis molestiis affligi... (Ibid., p. 70.)

par sa famille ; il se fit reconnaître de ceux de ses parents et de ses 1072 amis qui avaient survécu à l'invasion, les détermina à se réunir en troupe armée, et, à leur tête, attaqua le Normand qui avait insulté sa mère et occupait son héritage [1]. Hereward l'en chassa et prit sa place ; mais contraint, pour sa propre sûreté, de ne point s'en tenir à ce seul exploit, il continua la guerre de partisan aux environs de sa demeure, et soutint, contre les gouverneurs des forteresses et des villes voisines, de nombreux combats, où il se signala par sa bravoure, son adresse et sa force extraordinaires [2]. Le bruit de ses actions d'éclat se répandit par toute l'Angleterre, et les regards des vaincus se tournèrent vers cet homme avec un sentiment d'espérance ; on fit sur ses aventures et à sa louange des vers populaires qui maintenant ont péri, et qui furent chantés dans les rues aux oreilles des conquérants, grâce à leur ignorance de l'idiome du peuple anglais [3].

L'héritage reconquis sur les Normands par le Saxon Hereward était situé à Brunn, aujourd'hui Bourn, au sud de la province de Lincoln, près de l'abbaye de Croyland, non loin de celle de Peterborough et des îles d'Ely et de Thorneye : les insurgés de ces cantons ne tardèrent pas à pratiquer des intelligences avec les bandes que commandait le brave chef de partisans. Frappés de sa renommée et de son habileté, ils l'invitèrent à se rendre auprès d'eux, pour être leur capitaine, et Hereward, cédant à leur prière, passa au camp du Refuge avec tous ses compagnons [4]. Avant de prendre le commandement d'hommes dont plusieurs étaient membres de la haute milice saxonne, espèce de confrérie ou de corporation autorisée par les anciennes lois du pays, il voulut s'y faire agréger lui-même, et devenir, suivant l'expression des auteurs contemporains, un homme de guerre légitime [5].

---

1. Collectaque cognatorum non contemnenda manu... de sua hæreditate procul fugat et eliminat. (*Hist. Ingulf. Croyland.*, apud *Rer. anglic. Script*, t. 1, p. 70, ed. Gale.)

2. Ingentia prælia et mille pericula, tam contra regem Angliæ, quam comites et barones, contra præfectos et præsides... (Ibid., p. 68.)

3. ... Prout adhuc in triviis canuntur. (Ibid.)

4. Celeri nuncio... ad eos accersitus, dux belli et magister militum efficitur. (Ibid., p. 71.)

5. NecJum militari more balteo legitime se accinctum... legitimæ militiæ legitimum militem... (Ibid., p. 70.)

1072 L'institution d'une classe supérieure parmi ceux qui se vouaient aux armes, et de cérémonies sans lesquelles nul ne pouvait être admis dans cet ordre militaire, avait été apportée et propagée dans tout l'occident de l'Europe par les peuples germaniques qui démembrèrent l'empire romain. Cette coutume existait en Gaule, et, dans la langue romane de ce pays, un membre de la haute milice se nommait *cavalier* ou *chevalier*, parce que les guerriers à cheval étaient alors, dans toute la Gaule, et en général sur le continent, la principale force des armées. Il n'en était point de même en Angleterre; la perfection de la science équestre n'entrait pour rien dans l'idée qu'on s'y formait de l'homme de guerre accompli; les deux seuls éléments de cette idée étaient la jeunesse et la force, et, en langue saxonne, on appelait *knit*, c'est-à-dire *jeune homme*, celui que les Français, les Normands, les Gaulois méridionaux et même les Allemands, appelaient *homme de cheval*[1].

Malgré cette différence, les cérémonies par lesquelles un guerrier était agrégé à la haute milice nationale, en Angleterre et sur tout le continent, étaient exactement les mêmes : l'aspirant devait se confesser un soir, veiller dans l'église toute la nuit, et le matin, à l'heure de la messe, placer son épée sur l'autel, la recevoir des mains de l'officiant, et communier après l'avoir reçue[2]. Tout combattant qui s'était soumis à ces diverses formalités était dès lors réputé un homme de guerre en titre, et capable de commander dans tous les grades[3]. C'était de cette manière qu'un homme d'armes était fait chevalier en France et dans toute la Gaule, à l'exception de la Normandie, où, par un reste des usages danois, l'investiture de la chevalerie avait lieu sous des formes plus militaires et moins religieuses. Les Normands avaient même coutume de dire que celui qui s'était fait ceindre l'épée par un clerc n'était point un vrai chevalier, mais un bourgeois sans prouesse[4]. Ce propos dédaigneux fut proféré contre le Saxon Here-

---

1. Alias *Knight*, aut *Cild*; alias *Child*. Les Allemands avaient pareillement employé le mot *Hild* ou *Held*, avant celui de *Reiter* ou *Ritter*.
2. Anglorum erat consuetudo quod qui militiæ legitime consecrandus esset vespere præcedente... (*Hist. Ingulf. Croyland.*, apud *Rer. anglic. Script.*, t. I, p. 70, ed. Gale.)
3. ... Denuo miles legitimus permaneret. (Ibid.)
4. Hanc consecrandi militis consuetudinem Normanni abominantes, non militem legiti-

ward, quand les chevaliers avec lesquels il s'était souvent mesuré apprirent qu'il venait d'aller au monastère de Peterborough prendre le baudrier militaire de la main d'un abbé saxon. Toutefois, il y eut alors, de la part des Normands, autre chose que leur aversion habituelle pour les rites qui faisaient dépendre la chevalerie du sacerdoce ; ils ne voulaient pas qu'un Anglais rebelle obtînt, de quelque manière que ce fût, le droit de s'intituler *chevalier* comme eux. Leur orgueil de conquérants semble avoir été, dans cette occasion, plus vivement blessé que leur point d'honneur comme guerriers ne l'était par la cérémonie religieuse ; car eux-mêmes, dans la suite, se soumirent à cette cérémonie, et accordèrent aux évêques le droit de conférer la chevalerie [1].

Le monastère de Peterborough était alors gouverné par ce même Brand qui, après son élection par les moines du lieu, était allé demander à Edgar la confirmation de son titre d'abbé [2]. Cet homme, d'un esprit fier et incapable de plier, ne songeait en aucune manière à rentrer en grâce auprès du roi Guillaume. En se prêtant à faire pour un chef de rebelles la cérémonie de la bénédiction des armes, il donna un second exemple de courage patriotique et de mépris pour le pouvoir étranger. Sa perte était inévitable ; mais la mort l'enleva de ce monde avant que les soldats normands vinssent le saisir au nom du roi, et c'est alors que fut envoyé comme son successeur, à l'abbaye de Peterborough, le Normand Turauld, ce moine batailleur déjà nommé ci-dessus [3]. Turauld, menant avec lui cent soixante hommes bien armés, s'arrêta dans la ville de Stamford, à quelques lieues de Peterborough, et envoya des coureurs pour observer la position des réfugiés anglais, et s'assurer des obstacles qu'il trouverait à prendre possession de l'abbaye [4]. De leur côté, les réfugiés,

---

mum talem tenebant, sed socordem equitem et quiritem degenerem deputabant. (*Hist. Ingulf. Croyland.*, apud *Rer. anglic. Script.*, t. I, p. 70.)

1. Voyez Sharon Turner, *Hist. des Anglo-Normands*, t. I, p. 140.
2. Voyez livre IV, p. 267.
3. Voyez livre V, p. 344, 345.
4. Venit Turoldus abbas et centum et sexaginta homines cum illo, omnes bene armati... (*frencisce men mid him*). (*Chron. saxon.*, ed. Gibson, p. 177.)

avertis de l'approche du Normand, firent une descente au monastère, et, trouvant les moines peu résolus à se défendre contre l'abbé et ses hommes d'armes, ils enlevèrent tous les objets précieux qu'ils trouvèrent, des croix, des vases, des étoffes, et les transportèrent, par eau, dans leur quartier, afin d'avoir, disaient-ils, des gages de la fidélité du couvent [1]. Le couvent ne fut pas fidèle, et reçut les étrangers sans résistance.

Turauld s'y installa comme abbé, et prit soixante-deux hydes de terre sur les domaines de l'église pour le salaire ou le fief de ses soldats [2]. L'Angevin Ives Taille-Bois, vicomte de Spalding, proposa bientôt à l'abbé, son voisin, une expédition de guerre contre Hereward et le camp des Saxons. Turauld parut accepter la proposition avec joie; mais comme sa bravoure était moins grande contre les gens armés que contre les moines, il laissa le vicomte angevin s'avancer seul à la découverte, au milieu des forêts de saules qui servaient de retranchements aux Saxons, et demeura fort en arrière avec quelques Normands de haut parage [3]. Pendant qu'Ives entrait d'un côté dans le bois, Hereward en sortit par l'autre, assaillit à l'improviste l'abbé et ses Normands, les fit tous prisonniers, et les retint dans ses marais jusqu'à ce qu'ils eussent payé une rançon de trente mille marcs d'argent [4].

Cependant la flotte danoise, qui, après avoir passé dans le golfe de l'Humber l'hiver de 1069, repartit au printemps sans livrer aucun combat, et causa ainsi la seconde prise de la ville d'York, était arrivée en Danemark. Ses chefs furent mal accueillis, à leur retour, par le roi Sven, dont ils avaient violé les ordres en se laissant gagner par Guillaume. Le roi irrité bannit son frère Osbiorn, et, prenant lui-

---

1. ... For thes mynstress holsdcipe. (*Chron. saxon.*, ed. Gibson, p. 177.)

2. Turoldus abbas... terras bene congregatas male distraxit, et dedit eas parentibus et militibus suis. (Ex lib. Hugonis monachi petriburgensis; Lelandi *Collectanea*, t. I, p. 14.) — On appelait *hyde* ou *hide*, en Angleterre, ce qu'en France on appelait *charruée*. Voyez Ducange, *Glossar.*, au mot *Hida*.

3. Sed venerabilis abbas, ac majores proceres angustias sylvarum ingredi formidantes... (Petri Blesensis Ingulfi continuat., apud *Rer. anglic. Script.*, t. I, p. 125, ed. Gale.)

4. ... In locis abditis custodivit. (Ibid.)

même le commandement de la flotte, fit voile pour la Grande-Bretagne [1]; il entra dans l'Humber, et, au premier bruit de son approche, les habitants de la contrée voisine se soulevèrent encore, vinrent au-devant des Danois, et firent alliance avec eux [2]. Mais, dans ce pays si dévasté, si abattu par les exécutions militaires, il n'y avait plus assez de moyens pour entreprendre efficacement une grande résistance. Le roi danois repassa la mer, et ses capitaines et ses guerriers, continuant leur route vers le sud, descendirent dans le golfe de Boston, et, par l'embouchure de l'Ouse et de la Glen, arrivèrent dans l'île d'Ely. Les réfugiés les y accueillirent comme des libérateurs et des amis [3].

Aussitôt que le roi Guillaume fut informé de l'apparition de la flotte danoise, il envoya en toute hâte des messages et des présents au roi Sven en Danemark; et ce roi, qui, si peu de temps auparavant, avait puni son frère d'avoir trahi les Saxons, gagné lui-même on ne sait pourquoi, car il y a beaucoup de choses obscures dans l'histoire de ce temps, les trahit à son tour [4]. Les Danois, stationnés sur leurs vaisseaux, près d'Ely, reçurent l'ordre de faire retraite : ils ne se contentèrent pas de s'éloigner simplement, mais ils enlevèrent et emportèrent avec eux une partie du trésor des insurgés, et, entre autres choses, les croix, les vases sacrés et les autres ornements de l'abbaye de Peterborough. Alors, de même qu'en l'année 1069, le roi normand rassembla toutes ses forces contre les Saxons délaissés. Le camp du refuge fut investi par terre et par eau, et les assaillants construisirent de toutes parts des digues et des ponts sur les marais. Hereward et les autres chefs, parmi lesquels on distinguait Siward Beorn, compagnon de la fuite du roi Edgar, résistèrent quelque temps avec bravoure. Guillaume commença, du côté de l'occident, à travers les eaux couvertes de saules et de joncs, une chaussée qui

---

1. Florent. Wigorn. *Chron.*, p. C 6.

2. ... Et ejus regionis incolæ ei o viam venerunt, et fœdus inibant cum eo. (*Chron. saxon.*, ed. Gibson, p. 176.)

3. Deinde venerunt in Elig... atque Angli de omni paludum terra iis sese adjunxerunt. (Ibid.)

4. Tunc duo reges, Willhelmus et Swanus, in gratiam rediere. (Ibid., p. 177.)

1072 devait être longue de trois mille pas[1]; mais ses travailleurs étaient continuellement inquiétés et troublés dans leur ouvrage.

Hereward faisait des attaques si brusques, il employait des stratagèmes si imprévus, que les Normands, frappés d'une crainte superstitieuse, attribuèrent ses succès à l'assistance du démon. Croyant le combattre avec ses propres armes, ils eurent recours à la magie; Ives Taille-Bois, désigné par le roi pour surveiller les travaux, fit venir une sorcière qui devait, selon lui, déconcerter par ses enchantements toutes les ruses de guerre des Saxons[2]. La magicienne fut placée sur une tour de bois à la tête des ouvrages commencés; mais au moment où les soldats et les pionniers s'avançaient avec confiance, Hereward déboucha par le côté, et, mettant le feu à la forêt d'osiers dont le marécage était couvert, il fit périr dans les flammes la sorcière et la plus grande partie des hommes d'armes et des travailleurs normands[3].

Ce succès des insurgés ne fut pas le seul : malgré la supériorité de l'ennemi, ils l'arrêtèrent à force d'adresse et d'activité. Durant plusieurs mois, la contrée d'Ely tout entière resta bloquée comme une ville de guerre, ne recevant aucune provision du dehors. Il y avait dans l'île un couvent de moines qui, ne pouvant supporter la famine et les misères du siège, envoyèrent au camp du roi, et offrirent de lui livrer un passage, s'il promettait de les laisser en possession de leurs biens. L'offre des moines fut acceptée, et deux seigneurs normands, Gilbert de Clare et Guillaume de Garenne, engagèrent leur foi pour l'exécution de ce traité[4]. Grâce à la trahi-

---

1. Ubi adductis instrumentis et structuris lignorum et lapidum et ex omni genere struis, aggregationem in palude, viam licet nimis sibi perinutilem et angustam, straverunt. (*De Gestis Herwardi Saxonis; Chron. anglo-norm.*, t. II, p. 57.)

2. Quamdam sacrilegam exercitui præponere, et ejus carminibus et funestis incantationibus adversarios non posse resistere. (Petri Blesensis Ingulfi continuat., apud *Rer. anglic. Script.*, t. I, p. 124 et 125, ed. Gale.)

3. Occurrebat a latere sagacissimus baro Herewardus, de Brunna arundinetum proximum inflammans, et tam magam quam milites omnes foco et flamma extinguens. (Ibid., p. 125.) — Et stridor flammarum crepitantibus virgis virgultorum cum arboribus salicum terribiliter insonuit. (*De Gestis Herwardi Saxonis; Chron. anglo-norm.*, t. II, p. 76.)

4. ... Quibus gratanter a rege susceptis, repente porro regem cum suis insulam clam venire fecerunt. (Ibid., 78.)

son des religieux d'Ely, les troupes royales pénétrèrent inopinément 1072 dans l'île, tuèrent mille Anglais, et, cernant de près le camp du Refuge, forcèrent le reste à mettre bas les armes [1]. Tous se rendirent, à l'exception de Hereward, qui, audacieux jusqu'au bout, fit sa retraite par des lieux impraticables, où les Normands n'osèrent le poursuivre [2].

Il gagna, de marais en marais, les terres basses de la province de Lincoln, où des pêcheurs saxons, qui portaient chaque jour du poisson au poste normand voisin, le reçurent dans leurs bateaux, lui et ses compagnons, et les cachèrent sous des tas de paille. Les bateaux abordèrent auprès du poste, comme à l'ordinaire : le chef et ses soldats, connaissant de vue les pêcheurs, ne conçurent ni alarmes ni soupçons; ils apprêtèrent leurs repas, et se mirent tranquillement à manger sous leurs tentes. Alors Hereward et ses amis s'élancèrent, la hache à la main, sur les étrangers, qui ne s'y attendaient point, et en tuèrent un grand nombre. Les autres s'enfuirent, abandonnant le poste qu'ils gardaient et laissant leurs chevaux tout sellés, dont les Anglais s'emparèrent [3].

Ce hardi coup de main ne fut pas le dernier exploit du grand capitaine de partisans. On le vit se promener encore en plusieurs lieux avec sa bande recrutée de nouveau, et dresser des embûches aux Normands, sans jamais leur faire de quartier, ne voulant pas, dit un auteur du temps, que ses compatriotes eussent péri sans vengeance [4]. Il avait avec lui cent hommes bien armés et d'une fidélité à toute épreuve, parmi lesquels on distinguait, comme les plus dévoués et les plus braves, Winter, son frère d'armes; Gheri, son parent; Alfrik, Godwin, Leofwin, Torkill, Siward, et un autre Siward surnommé le Roux [5]. Quand l'un d'entre eux, dit un vieux poëte, rencontrait trois Normands, jamais il ne refusait le combat; et, pour le

---

1. John Stow's *Annals*, p. 114. London, 1631.
2. Præter Herewardum solum singulosque ejus sequaces, quos ipse viriliter eduxit. (*Chron. saxon.*, ed. Gibson, p. 181.)
3. *Chronique* de Geoffroy Gaymar; *Chron. anglo-norm.*, t. I, p. 19.
4. ... Insidias exquisitas. (Matth. Paris., t. I, p. 7.) — Inultos abire ad inferos non permisit. (*Hist. Ingulf. Croyland.*, apud *Rer. anglic. Script.*, t. I, p. 71, ed. Gale.)
5. *De Gestis Herwardi Saxonis; Chron. anglo-norm.*, t. II, p. 52.

1072 chef, souvent il lui arriva de tenir tête à sept ennemis[1]. Il paraît que la gloire de Hereward, si chère à tous les cœurs saxons, lui gagna l'amour d'une dame nommée Alswithe, qui avait conservé de grands biens, probablement parce que sa famille s'était de bonne heure déclarée pour le nouveau roi. Elle offrit sa main au chef de rebelles, par admiration pour son courage; mais, craignant en même temps les dangers et les aventures, elle usa de son empire sur lui pour le décider à vivre en repos, et à faire sa paix avec le conquérant[2].

Hereward, qui l'aimait, se rendit à ses instances, et, comme on disait alors, accepta la paix du roi. Mais cette paix ne pouvait être qu'une trêve; malgré la parole de Guillaume, et peut-être d'après ses ordres, les Normands cherchèrent bientôt à se défaire du redoutable chef saxon. Sa maison fut plusieurs fois assaillie à l'improviste; et un jour qu'il reposait en plein air après son dîner, une troupe d'hommes armés, parmi lesquels se trouvaient plusieurs Bretons, le surprit et l'entoura. Il était sans cotte de mailles et n'avait pour armes qu'une épée et une courte pique dont les Saxons marchaient toujours munis. Éveillé en sursaut par le bruit, il se leva, et, sans s'effrayer du nombre : « Traîtres félons, dit-il, le roi m'a donné « sa paix; et si vous en voulez à mes biens ou à ma vie, par Dieu, « je vous les vendrai cher[3]. »

En disant ces mots, Hereward poussa sa lance avec tant de vigueur contre un chevalier qui se trouvait en face de lui, qu'il lui perça la poitrine à travers son haubert. Malgré plusieurs blessures,

---

1. En plusurs lius ceo avint
Encontre vii très bien se tint.
(*Chron.* de Geoffroy Gaymar; *Chron. anglo-norm.*, t. I, p. 22.)

2. Ceo fut Alsued qe ço manda
A Ereward, que mult ama...
Au roi se devoit accorder.
(Ibid., p. 22 et 23.)

3. Mult fièrement dist as François :
Triwes m'avoit doné li rois...
Fel traîtres, vendrai moi cher.
(Ibid., p. 24.)

il continua de frapper de sa demi-pique tant qu'elle dura; puis il se servit de l'épée; et cette arme s'étant brisée sur le heaume d'un de ses ennemis, il combattit encore avec le tronçon qui lui restait dans la main. Quinze Normands, dit la tradition, étaient déjà tombés autour de lui, lorsqu'il reçut à la fois quatre coups de lance [1]. Il eut encore la force de se tenir à genoux, et, dans cette position, saisissant un bouclier qui était par terre, il en frappa si rudement au visage Raoul de Dol, chevalier breton, que du coup il le renversa mort; mais en même temps lui-même défaillit et expira. Le chef de la troupe, nommé Asselin, lui coupa la tête, jurant, par la vertu de Dieu, que de sa vie il n'avait vu un si vaillant homme. Ce fut dans la suite un dicton populaire parmi les Saxons, et même parmi les Normands, que s'il y en avait eu quatre comme lui en Angleterre, jamais les Français n'y seraient entrés, et que, s'il ne fût pas mort de cette manière, un jour ou l'autre il les eût chassés tous [2].

Ainsi fut détruit, en l'année 1072, le camp d'Ely, qui avait donné un moment l'espoir de la liberté à cinq provinces. Longtemps après la dispersion des braves qui s'y étaient réfugiés, on trouvait encore, sur ce coin de terre marécageuse, les traces de leurs retranchements, et les restes d'un fort de bois, que les habitants du lieu nommaient le château de Hereward [3]. Beaucoup de ceux qui avaient mis bas les

---

[1]
    Mes IIII vindrent à son dos
    Qui l'ont feru par mi le cors,
    Od IIII lances l'ont feru.
        (*Chron.* de Geoffroy Gaymar; *Chron. anglo-norm.*, t. I, p. 26.)

[2]
    Et s'il eust eu od lui trois,
    Mar i entrassent li François;
    Et s'il ne fust issi occis,
    Tous les chaçast for del païs.
        (*Ibid.*, p. 27.)

— La mort violente de Hereward, sur laquelle se taisent les chroniques latines, est attestée par un ancien rôle de la généalogie des seigneurs de Brunne : « Qui Hugo, dum semel « cum præfato Herewardo apud Huntyngdone hospitatus fuisset, orta inter eos gravi con- « tentione, maligno spiritu instigante, ipsum Herewardum miserabiliter peremit. » (*Chron. anglo-norm.*, t. II, préface, p. XIV.)

[3] ... Quod usque in hodiernum diem castellum Herewardi a comprovincialibus nuncupatur. (Matth. Paris., t. I, p. 7.)

armes eurent les mains coupées et les yeux crevés, et, par une sorte de dérision atroce, le vainqueur les renvoya libres en cet état [1]; d'autres furent emprisonnés dans des châteaux forts sur tous les points de l'Angleterre. L'archevêque Stigand fut condamné à la réclusion perpétuelle; l'évêque de Durham, Eghelwin, accusé par les Normands d'avoir dérobé les trésors de son église, parce qu'il les avait employés à soutenir la cause patriotique, fut enfermé à Abingdon, où, peu de mois après, il mourut de faim [2]. Un autre évêque, Eghelrik, fut mis en prison dans l'abbaye de Westminster, pour avoir, disait la sentence rendue par les juges étrangers, attenté à la paix publique et exercé la piraterie [3]. Mais le jugement des Anglais et l'opinion populaire sur son compte étaient bien différents; on le loua tant qu'il vécut, et, après sa mort, on l'honora comme saint. Les pères enseignèrent à leurs enfants à implorer son intercession; et, un siècle après, il venait encore des visiteurs et des pèlerins à son tombeau [4].

La trahison des moines d'Ely reçut bientôt sa récompense : quarante hommes d'armes occupèrent leur couvent comme un poste militaire, et y vécurent à francs quartiers. Chaque matin il fallait que le cellérier leur distribuât des vivres et une solde dans la grande salle du chapitre [5]. Les moines se plaignirent amèrement de la violation du traité qu'ils avaient conclu avec le roi, et on leur répondit que l'île d'Ely avait besoin d'être gardée [6]. Ils offrirent alors la somme de sept cents marcs pour être délivrés de la charge d'entretenir les soldats étrangers, et cette somme, qu'ils se procurèrent en dépouillant

---

1. ... Manibus truncatis vel oculis erutis, abire permisit. (Florent. Wigorn. *Chron.*, p. 637.)

2. Direpti ecclesiæ suæ thesauri accusatus... in carcerem detrusus est, ubi et nimio dolore et inedia seu spontanea, seu... coacta, obiit. (*Hist. episc. dunelm.*; *Anglia sacra*, t. I, p. 703.)

3. ... Quod turbasset pacem regiam, piraticam adorsus. (Willelm. Malmesb., *de Gest. pontific. angl.*, lib. III, apud *Rer. anglic. Script.*, p. 277, ed. Savile.)

4. ... Sanctitatis opinionem apud homines concepit... hodieque tumulus ejus nec votis nec frequentia petitorum caret. (*Ibid.*)

5. Militum numerum infra aulam ecclesiæ victum quotidie de manu cellerarii capientem atque stipendia... (Thomæ Eliensis *Hist. eliensis*; *Anglia sacra*, t. I, p. 612.)

6. ... Ob custodiam. (*Ibid.*)

leur église, fut portée au Normand Picot, vicomte royal à Cambridge. Le vicomte fit peser l'argent, et trouvant que par hasard il y manquait le poids d'un gros, il accusa judiciairement les moines du crime de fraude envers le roi, et les fit condamner par sa cour à payer trois cents marcs de plus, en réparation de cette offense[1]. Après le payement des mille marcs, vinrent des commissaires royaux, qui enlevèrent du couvent d'Ely tous les objets de quelque valeur, et firent un recensement des terres de l'abbaye, afin de les partager en fiefs. Les moines se répandirent en plaintes qui ne furent écoutées de personne; ils invoquèrent la pitié pour leur église, autrefois la plus belle, disaient-ils, entre les filles de Jérusalem, maintenant souffrante et opprimée[3]. Mais pas une larme ne coula, pas une main ne s'arma pour leur cause.

Après l'entière défaite et la dispersion des réfugiés de l'île d'Ely, l'armée normande de terre et de mer se dirigea vers les provinces du nord pour y faire en quelque sorte une battue, et empêcher qu'il ne s'y formât de nouveaux rassemblements. Passant pour la première fois la Tweed, elle entra sur le territoire d'Écosse, afin d'y saisir tous les émigrés anglais, et d'effrayer le roi Malcolm, qui, à leur sollicitation, avait fait dans la même année une incursion hostile en Northumberland[4]. Les émigrés échappèrent à cette poursuite, et le roi d'Écosse ne les livra point aux Normands; mais, intimidé par la présence de troupes plus régulières et mieux armées que les siennes, il vint à la rencontre du roi Guillaume dans un appareil tout pacifique, lui toucha la main en signe d'amitié, lui promit d'avoir ses ennemis pour ennemis, et s'avoua, de plein gré, son vassal et son *homme lige*, comme on s'exprimait alors[5].

---

1. John Stow's *Annals*, p. 114.

2. Quidquid optimum in ornamentis et in rebus aliis... quæcunque bona ac prædia ecclesiæ suis militibus divisit. (Thomæ Eliensis *Hist. eliensis.*; *Anglia sacra*, t I, p. 610.)

3. Quondam famosissima, inter filias Jerusalem speciosa... calamitatis nunc oppressa amaritudine. (*Hist. eliensis,* apud *Rer. anglic. Script.*, t. III, p. 501, ed. Gale.)

4. Credens aliquos ibidem de hostibus suis indomitis et profugis, penes regem vel suos delituisse. (Matth. Westmonast. *Flor. histor.*, p. 227.) — Matth. Paris., t. 1, p. 7.

5. Rex ad manus veniens deditionem fecit... accepto regis Scotorum, cum obsidibus, homagio. (Matth. Paris., t. I, p. 6 et 7.)

Guillaume se retira satisfait d'avoir enlevé à la cause saxonne le dernier appui qui lui restât; et, à son retour d'Écosse, il fut reçu à Durham par l'évêque Vaulcher, Lorrain de nation, que les Normands avaient mis à la place d'Eghelwin, dégradé par eux et condamné, comme on l'a vu, à un emprisonnement perpétuel. Il paraît que le triste sort du prélat saxon avait excité dans le pays une haine violente contre l'élu des étrangers. Quoique la ville de Durham, située sur des hauteurs, fût très-forte par sa position, Vaulcher ne s'y croyait point en sûreté contre l'aversion des Northumbriens. A sa demande, disent les chroniques, le roi fit bâtir, sur la plus haute colline, une citadelle où il pût séjourner avec ses gens à l'abri de toute espèce d'attaque[1].

Cet évêque, après sa consécration à Winchester, avait été accompagné jusqu'à York par une escorte nombreuse de chevaliers normands; et, dans cette ville, le Saxon Gospatrik, devenu, au prix d'une grande somme d'argent, comte du pays au delà de la Tyne, était venu recevoir le pontife lorrain pour le conduire à Durham[2]. Ce bon office rendu à la cause de la conquête ne put faire oublier au conquérant que Gospatrik était Anglais, et qu'il avait été patriote : aucune complaisance n'était capable d'effacer cette tache originelle. Dans l'année même, le roi Guillaume enleva au Saxon la dignité qu'il avait achetée, mais sans lui rien restituer; et la raison qu'il allégua fut que Gospatrik avait combattu au siége d'York, et pris part à l'insurrection où avait péri Robert Comine[3]. Saisi du même chagrin et du même remords qu'autrefois l'archevêque Eldred[4], Gospatrik abandonna pour jamais l'Angleterre, et s'établit en Écosse, où sa famille se perpétua longtemps, honorée et opulente[5]. Le gouvernement, ou, pour parler comme les Normands, le comté de Northum-

---

1. ... Ubi se episcopus, cum suis, tute ab incursantibus habere potuisset. (Roger de Hoved. *Annal.*, pars I, apud *Rer. anglic. Script.*, p. 454, ed. Savile.)

2. ... Suscepit pontificem perducendum. (Ibid.)

3. ... Multa emptum pecunia... comitatum. (*Monast. anglic.*, Dugdale, t. I, p. 41.) — ... Quia in parte hostium fuisset, cum Normanni apud Eboracum necarentur... (Roger de Hoved. *Annal.*, pars I, apud *Rer. anglic. Script.*, p. 454, ed. Savile.)

4. Voyez livre IV, p. 298.

5. Roger de Hoved., ibid., p. 424. — Voyez Dugdale's *Baronage*.

berland fut donné alors à Waltheof, fils de Siward, qui, de même 1072 que son prédécesseur, s'était trouvé dans les rangs saxons au siége d'York, mais dont l'heure fatale n'était pas encore venue.

Après cette suite d'expéditions heureuses, le roi Guillaume, trouvant en Angleterre un moment d'abattement profond, ou d'heureuse paix, comme disaient les vainqueurs, hasarda un nouveau voyage en Gaule, où il était rappelé par des troubles et une opposition élevée contre son pouvoir. Le comté du Maine, enclavé, pour ainsi dire, entre deux États beaucoup plus puissants, la Normandie et l'Anjou, semblait destiné à tomber alternativement sous la suzeraineté de l'un ou de l'autre. Mais, malgré ce désavantage de position et l'infériorité de leurs forces, les Manceaux luttaient souvent avec vigueur pour le rétablissement de leur indépendance nationale, et l'on disait d'eux, au onzième siècle, qu'ils étaient d'un naturel dur, hautain et peu disposé à l'obéissance[1]. Quelques années avant sa descente en Angleterre, Guillaume fut reconnu pour suzerain du Maine par Herbert, comte de ce pays, grand ennemi de la puissance angevine, et à qui ses incursions nocturnes dans les bourgs de l'Anjou avaient fait donner le surnom bizarre et énergique d'*Éveille-Chiens*. Comme vassaux du duc de Normandie, les Manceaux lui fournirent de bonne grâce leur contingent de chevaliers et d'archers; mais quand ils le virent occupé des soins et des embarras de la conquête, ils songèrent à s'affranchir de la domination normande. Nobles, gens de guerre, bourgeois, toutes les classes de la population concourrurent à cette œuvre patriotique; les châteaux gardés par des soldats normands furent attaqués et pris l'un après l'autre; Turgis de Tracy et Guillaume de La Ferté, qui commandaient la citadelle du Mans, rendirent cette place, et sortirent du pays avec tous ceux de leurs compatriotes qui avaient échappé aux représailles et aux vengeances populaires[2].

Le mouvement imprimé aux esprits par cette insurrection ne s'ar-

---

1. Cenomani a canina rabie dicta. Urbs est antiqua, et plebs ejus finitimis procax et sanguinolenta, dominisque suis semper contumax et rebellionis avida. (Orderic. Vital. *Hist. ecclesiast.*, lib. IV, apud *Script. rer. normann.*, p. 531.)

2. Ejiciunt, quosdam... perimunt... et, cum libertate... de Normannis ultionem... assumunt. (Ibid., p. 532.)

1072 rèta point lorsque le Maine eut été rendu à ses seigneurs nationaux; et l'on vit alors éclater dans la principale ville une révolution d'un nouveau genre. Après avoir combattu pour l'indépendance du pays, les bourgeois du Mans, rentrés dans leurs foyers, commencèrent à trouver gènant et vexatoire le gouvernement de leur comte, et s'irritèrent d'une foule de choses qu'ils avaient tolérées jusque-là. A la première taille un peu lourde qui leur fut imposée, ils se soulevèrent, et, se liant ensemble par le serment de se soutenir l'un l'autre, ils formèrent ce que, dans le langage du temps, on appelait une *commune*[1]. L'évèque du Mans, les nobles de la ville, et Geofroi de Mayenne, tuteur du comte régnant, furent obligés, par force ou par crainte, de jurer la commune, et de confirmer par ce serment les nouvelles lois établies contre leur pouvoir; mais quelques nobles des environs s'y refusèrent, et les bourgeois, pour les réduire se mirent en devoir d'attaquer leurs châteaux et leurs hôtels.

Ils marchaient à ces expéditions par paroisse, la croix et la bannière en tête de chaque compagnie; mais, malgré cet appareil religieux, ils faisaient la guerre à outrance, avec passion, avec cruauté même, comme il arrive toujours dans les troubles politiques. On leur reprochait de guerroyer sans scrupule durant le carême et la semaine sainte; on leur reprochait aussi de faire trop sévèrement et trop sommairement justice de leurs ennemis, pendant les uns et mutilant les autres, sans aucun égard pour le rang des personnes[2]. Objet de la haine de presque tous les seigneurs du pays, la commune du Mans, à une époque où ces sortes d'institutions étaient rares, défendit opiniâtrément sa liberté. Un complot, qui livra au comte Geofroi de Mayenne la forteresse de la ville, contraignit les bourgeois à combattre dans les rues, et à mettre eux-mêmes le feu à leurs maisons, pour pousser les travaux du siége. Ils le firent avec ce dévoue-

---

1. Facta igitur conspiratione quam communionem vocabant, sese omnes pariter sacramentis astringunt. (*Gest. pontific. cenomann.*, apud *Script. rer. gallic. et francic.*, t. XII, p. 540.)

2. Cujus conspirationis audacia innumera scelera commiserunt, passim plurimos sine aliquo judicio condemnantes... multitudinis agmina concitantes, congregatoque exercitu... cum crucibus et vexillis... (*Gest. pontific. cenomann.*, apud *Script. rer. gallic. et francic.*, t. XII, p. 540.)

ment courageux qu'on vit éclater, un demi-siècle après, dans les grandes communes du royaume de France [1].

C'est durant cette lutte entre la puissance féodale et la liberté bourgeoise que le roi d'Angleterre fit ses préparatifs pour envahir le Maine, et imposer sa seigneurie aux deux partis rivaux. Habile à profiter de l'occasion, il ordonna d'enrôler partout les hommes de race anglaise qui voudraient le servir pour une solde; il comptait sur la misère où la plupart se trouvaient réduits pour les attirer par l'appât du butin que cette guerre semblait promettre. Des gens qui n'avaient plus ni feu ni lieu, les restes des bandes de partisans détruites sur plusieurs points de l'Angleterre, et même des chefs qui s'étaient signalés au camp du Refuge, se réunirent sous la bannière normande, sans cesser de haïr les Normands. Ils étaient joyeux d'aller combattre contre des hommes qui, bien que ennemis du roi Guillaume, leur semblaient être de la même race que lui par la conformité du langage. Sans s'inquiéter si c'était de gré ou de force que les Manceaux avaient, sept ans auparavant, pris part à la conquête, ils marchèrent contre eux, à la suite du conquérant, comme à un acte de vengeance nationale. Dès leur entrée dans le pays, ils se livrèrent avec une sorte de frénésie à tous les genres de dévastation et de rapine, arrachant les vignes, coupant les arbres, brûlant les villages; en un mot, faisant au Maine tout le mal qu'ils auraient voulu faire à la Normandie [2].

La terreur causée par leurs excès contribua, plus que la bravoure des chevaliers normands et la présence même du roi Guillaume, à la soumission du pays. Les places fortes et les châteaux se rendirent, pour la plupart, avant le premier assaut, et les principaux bourgeois du Mans apportèrent les clefs de leur ville au roi dans son camp sur les bords de la Sarthe. Ils lui prêtèrent serment comme à leur seigneur légitime, et Guillaume, en retour, leur promit la conservation de leurs anciennes franchises, mais sans maintenir, à ce qu'il paraît,

---

1. *Gest. pontific. cenomann.*, apud *Script rer. gallic. et francic.*, t. XII, p. 540-552. — Voyez les *Lettres sur l'histoire de France*, lettre XIII et suivantes.

2. Urbes, vicos et vineas cum frugibus depopulantes omnem provinciam debiliorem simul et pauperiorem multo post tempore reliquerunt. (Matth. Paris., t. I, p. 8.)

1073 l'établissement de la commune. Ensuite l'armée repassa en Angleterre, où les soldats saxons abordèrent chargés de butin; mais ces richesses mal acquises devinrent fatales à plusieurs d'entre eux, parce qu'elles excitaient l'envie et la cupidité des Normands [1].

Pendant que ces choses se passaient, le roi Edgar alla, d'Écosse en Flandre, négocier auprès du comte de ce pays, rival politique, quoique parent de Guillaume, quelques secours pour la cause saxonne, plus que jamais désespérée. Ayant peu réussi, malgré ses efforts, il repassa en Écosse, où il fut surpris de recevoir un message amical de la part du roi de France, Philippe, premier du nom [2]. Philippe, alarmé des succès du roi normand dans le Maine, avait résolu, en aidant les Saxons, de lui susciter des obstacles qui le rendissent moins actif de l'autre côté de la mer; il invitait Edgar à venir près de lui, pour assister à son conseil; il lui promettait une forteresse sur les bords du détroit, à portée de l'Angleterre, pour y descendre, et de la Normandie, pour y faire du ravage [3]. Edgar accepta cette proposition, et disposa tout pour son voyage en France. Le roi Malcolm, son beau-frère, devenu homme lige et vassal de Guillaume, ne pouvait, sans fausser sa foi, fournir au Saxon des soldats pour cette entreprise; il se contenta de lui donner des secours secrets en argent, et distribua, selon l'usage du siècle, des armes et des habits à ses compagnons de fortune [4].

Edgar mit à la voile; mais à peine en pleine mer, ses vaisseaux furent dispersés et ramenés par une tempête violente [5]. Quelques-uns vinrent échouer sur les côtes septentrionales de l'Angleterre, et les hommes qui les montaient devinrent prisonniers des Normands; les autres périrent en mer [6]. Le roi et les principaux d'entre ceux qui

---

1. Orderic. Vital. *Hist. ecclesiast.*, lib. IV, apud *Script. rer. normann.*, p. 533. — *Gest. pontific. cenomann.*, apud *Script. rer. gallic. et francic.*, t. XII, p. 539-541.

2. Misit rex de Francia (*of France rice*) litteras ad eum. (*Chron. saxon.*, Fragm. sub anno MLXXV, apud *Gloss.*, ed. Lye, t. II, ad finem.)

3. ... Voluit dare ei castellum apud Mustrelam (*Montreuil*), ut ille posset inde quotidie ejus inimicis incommoda inferre. (Ibid.)

4. ... Dederunt ei magna dona et multas opes et omnibus ejus hominibus. (Ibid.)

5. ... Et furens ventus eos in terram conjecit. (Ibid.)

6. Nonnulli capti a francicis hominibus. (Ibid.)

l'accompagnaient échappèrent à ces deux périls, et rentrèrent en
Écosse, après avoir tout perdu, les uns à pied, les autres pauvrement montés, dit une chronique contemporaine¹. Après ce malheur,
Malcolm donna à son beau-frère le conseil de ne plus s'obstiner
contre le sort, et de demander, pour la troisième fois, la paix au
conquérant². Edgar, se laissant persuader, envoya au delà du détroit
un message au roi Guillaume, et celui-ci l'invita à passer auprès de
lui en Normandie. Pour s'y rendre, il traversa l'Angleterre entière,
escorté par les chefs et les comtes normands des provinces, et
accueilli dans leurs châteaux³. A la cour de Rouen, où il séjourna
onze années, il vécut dans l'hôtel du roi, s'habilla de ses livrées, et
s'occupa de chiens et de chevaux plus que d'intérêts politiques⁴;
mais, après ces onze ans, il éprouva un sentiment de regret, et
revint en Angleterre habiter au milieu de ses compatriotes⁵ : dans
la suite, il retourna encore en Normandie, et passa toute sa vie
dans les mêmes irrésolutions, ne sachant prendre aucun parti
durable, jouet des événements et d'un caractère sans énergie et
sans fierté⁶.

La triste destinée du peuple anglais paraissait déjà fixée sans
retour. Dans le silence de toute opposition, une sorte de calme, celui
du découragement, régna par tout le pays. Les marchands d'outremer purent étaler sans crainte, dans les villes et les bourgs, des
étoffes et des armes fabriquées sur le continent, qu'ils venaient
échanger contre le butin de la conquête⁷. On eût pu voyager, dit
l'histoire contemporaine, portant avec soi son poids en or, sans que

---

1. ... Alii funeste pedibus iter facientes, alii misere (*earmlice*) equitantes. (*Chron. saxon.*, Fragm. sub anno MLXXV, apud *Gloss.*, ed. Lye, t. II, ad finem.)

2. Tum consilium dedit rex Malcolmus ei... (Ibid.)

3. ... Et suppeditavit ei cibum et pabulum apud omne castellum. Ibid.)

4. Et ille erat in ejus familia. (Ibid.) — (Willelm. Malmesb., *de Gest. reg. angl.*, lib. III, apud *Rer. anglic. Script.*, p. 103, ed. Savile.)

5. ... Recessit a rege. (*Annales waverleienses*, sub anno MLXXXVI, apud *Rer. anglic. Script.*, t. II, p. 133, ed. Gale.)

6. Willelm. Malmesb., *de Gest. reg. angl.*, lib. III, apud *Rer. anglic. Script.*, p. 103, ed. Savile.

7. ... Fora urbana gallicis mercibus et mangonibus referta conspiceret. (Orderic. Vital. *Hist. ecclesiast.*, lib. IV, apud *Script. rer. normann.*, p. 520.)

personne vous adressât autre chose que de bonnes paroles[1]. Le soldat normand, plus tranquille dans la possession de son lot de terre ou d'argent, moins troublé par les alarmes de nuit, moins souvent obligé de dormir dans son haubert, devint moins violent et moins haineux. Les vaincus eux-mêmes eurent quelques moments de repos[2], les femmes anglaises craignirent moins pour leur pudeur : un grand nombre d'entre elles, qui s'étaient réfugiées dans les monastères, et avaient pris le voile comme une sauvegarde contre la brutalité des conquérants[3], commencèrent à désirer la fin de cette retraite forcée, et voulurent rentrer dans la vie de famille.

Mais il n'était pas aussi aisé aux femmes saxonnes de quitter le cloître que d'y entrer. Les prélats normands tenaient la clef des monastères, comme les barons normands tenaient la clef des villes; et il fallut que ces maîtres souverains des corps et des âmes des Anglais délibérassent en assemblée solennelle sur la question de laisser libres des femmes devenues religieuses à contre-cœur et par nécessité. L'archevêque Lanfranc présidait ce concile, où assistèrent tous les évêques nommés par le roi Guillaume, avec plusieurs abbés de Normandie et d'autres personnages de haut rang. L'avis du primat fut que les Anglaises qui, afin de sauver leur chasteté, avaient pris le couvent pour asile, ne devaient point être punies d'avoir obéi aux saints préceptes, et qu'il fallait ouvrir les portes des cloîtres à toutes celles qui le demanderaient[4]. Cette opinion prévalut dans le concile normand, moins peut-être parce qu'elle était la plus humaine, que parce qu'elle venait d'un confident et d'un ami intime du roi Guillaume ; les réfugiées à qui il restait encore une famille ou des protecteurs recouvrèrent ainsi leur liberté.

Vers le même temps, Guillaume, fils d'Osbern, l'un des plus hauts barons normands, périt de mort violente en Flandre, où, pour

---

1. ... Etiamsi aureis thesauris onerati viderentur. (Matt. Westmonast. *Flor. histor.*, p. 229.)
2. Securitas aliquanta... habitatore terræ refovebat... Civiliter Angli cum Normannis cohabitabant...(Orderic. Vital. *Hist. ecclesiast.*, lib. IV, apud *Sript. rer. normann.*, p. 520.)
3. Normannorum libidinem... suo pudori metuentes, monasteria virginum petivere, acceptoque velo, sese inter ipsas, a tanta infamia protexere. (Eadmeri *Hist. nov.*, p. 57, ed. Selden.)
4. Ibid.

l'amour d'une femme, il s'était engagé dans des intrigues politiques[1]. L'aîné de ses fils, appelé du même nom que lui, hérita de ses terres en Normandie, et Roger, le plus jeune, eut les domaines conquis en Angleterre, avec le comté de Hereford. Il se chargea du soin de pourvoir et de doter sa jeune sœur, appelée Emma, et négocia bientôt pour elle un mariage avec Raulf de Gaël, seigneur breton, devenu comte de Norfolk[2]. On ne sait pour quelle raison cette alliance déplut au roi, qui envoya de Normandie une défense expresse de la conclure. Mais les parties n'en tinrent compte, et, au jour fixé pour la cérémonie, la nouvelle épouse fut conduite à Norwich, principale ville du comté de Norfolk, où se firent, dit la chronique saxonne, des noces qui furent fatales à tous ceux qui y assistèrent[3]. Il y vint des évêques et des barons normands, des Saxons amis des Normands, et même des Gallois, invités par le comte de Hereford : Waltheof, fils de Siward, mari d'une nièce du roi, et comte de Huntingdon, de Northampton et du Northumberland, figurait à l'une des premières places[4].

Après un repas somptueux, où le vin fut versé en abondance, les langues des assistants se délièrent : Roger de Hereford blâma hautement le refus du roi Guillaume d'approuver l'union formée entre sa sœur et le comte de Norfolk ; il s'en plaignit comme d'un affront fait à la mémoire de son père, l'homme à qui le bâtard, disait-il, devait incontestablement sa conquête et sa royauté[5]. Les Saxons, qui avaient reçu de Guillaume des injures bien autrement cruelles, applaudirent avec véhémence aux invectives du comte normand ; et les esprits s'échauffant par degrés, l'on en vint, de toutes parts, à un concert d'exécrations contre le conquérant de l'Angleterre[6].

1. ... Totus in amorem mulieris. (Willelm. Malmesb., *de Gest. reg. angl.*, lib. III, apud *Rer. anglic. Script.*, p. 105, ed. Savile.)
2. *Chron. saxon.*, ed. Gibson, p. 182.
3. ... Ubi eæ nuptiæ erant omnibus qui aderant fatales. (Ibid.)
4. Ibid. — Plures episcopi et abbates, cum baronibus et bellatoribus multis. (Matth. Paris, t. I, p. 9.)
5. Willelm. Malmesb., *de Gest. reg. angl.*, lib. III, apud *Rer. anglic. Script.*, p. 104, ed. Savile.
6. ... Cœperunt unanimiter in regis proditionem voce clamosa conspirare. (Matth. Paris., t. I, p. 9.)

« C'est un bâtard, un homme de basse lignée, disaient les Nor-
« mands; il a beau se faire appeler roi, on voit clairement qu'il n'est
« pas fait pour l'être, et que Dieu ne l'a point pour agréable[1]. — Il
« a empoisonné, disaient les Bas-Bretons, Conan, ce brave comte de
« Bretagne, dont tout notre pays garde encore le deuil[2]. — Il a
« envahi le noble royaume d'Angleterre, s'écriaient à leur tour les
« Saxons : il en a massacré injustement les héritiers légitimes, ou les
« a contraints de s'expatrier[3]. — Et ceux qui sont venus à sa suite
« ou à son aide, répliquaient les gens d'outre-mer, ceux qui l'ont
« élevé plus haut que pas un de ses devanciers, il ne les a point
« honorés comme il le devait; il est ingrat envers les braves qui ont
« versé leur sang à son service[4]. Que nous a-t-il donné à nous, vain-
« queurs et couverts de blessures? des fonds de terres stériles et
« dévastés; et encore, dès qu'il voit nos fiefs s'améliorer, il nous les
« enlève ou les diminue[5]. — C'est vrai, c'est la vérité! s'écriaient
« tumultueusemnt tous les convives; il est en haine à tous, et sa
« mort réjouirait beaucoup d'hommes[6]. »

Après ces propos, jetés d'une manière confuse, l'un des deux
comtes normands se leva, et s'adressant à Waltheof : « Homme de
« cœur, lui dit-il, voici le moment; voici, pour toi, l'heure de la
« vengeance et de la fortune[7]. Unis-toi seulement à nous, et nous
« rétablirons, en toutes choses, le royaume d'Angleterre comme il
« était au temps du roi Edward. L'un de nous trois sera roi, les deux
« autres commanderont sous lui, et toutes les seigneuries du pays

---

1. ... Degener (utpote nothus) est qui rex nuncupatur. (Orderic. Vital. *Hist. ecclesiast.* lib. IV, apud *Script. rer. normann.*, p. 534.)

2. « Conanum... strenuissimum consulem veneno infecit. » (Ibid.) — Voyez livre III, p. 228.

3. « Nobile regnum Angliæ temere invasit, genuinos hæredes injuste trucidavit, vel in exilium crudeliter repulit. » (Orderic. Vital., ibid.)

4. « Suos quoque adjutores, per quos super omne genus suum sublimatus est... » (Ibid.)

5. « Vulneratis victoribus steriles fundos et... desolatos... postmodum restauratos, avaritia cogente, abstulit seu minoravit. » (Ibid.)

6. « Omnibus igitur est odio, et, si periret, multis esset gaudio. » (Ibid.)

7. « Ecce peroptatum tempus, o strenue vir. » (Ibid.)

« relèveront de nous¹. Guillaume est occupé outre-mer par des « affaires interminables ; nous tenons pour assuré qu'il ne repassera « plus le détroit². Allons, brave homme de guerre, embrasse ce « parti ; c'est le meilleur pour toi, pour ta famille, pour ta nation, « abattue et foulée³. » A ces paroles, de nouvelles acclamations s'élevèrent ; les comtes Roger et Raulf, plusieurs évêques et abbés, avec un grand nombre de barons normands et de guerriers saxons, se conjurèrent par serment contre le roi Guillaume⁴. Waltheof, après une résistance qui prouvait son peu de goût pour cette bizarre association, se laissa persuader et entra dans le complot. Roger de Hereford se rendit promptement dans sa province, afin d'y rassembler ses amis, et il engagea dans sa cause beaucoup de Gallois des frontières, qui se lièrent à lui, soit pour une solde, soit en haine du conquérant qui menaçait leur indépendance⁵. Dès que le comte Roger eut ainsi réuni toutes ses forces, il se mit en marche vers l'est, où l'attendaient les autres conjurés.

Mais lorsqu'il voulut passer la Saverne au pont de Worcester, il rencontra des préparatifs de défense assez redoutables pour l'arrêter ; et, avant qu'il eût pu trouver un autre passage, le Normand Ours, vicomte de Worcester, et l'évêque Wulfstan, toujours fidèle au roi Guillaume, dirigèrent des troupes sur différents points de la rive orientale du fleuve. Eghelwig, cet abbé courtisan qui s'était fait le serviteur des étrangers contre ses compatriotes, détermina, par ses intrigues, la population de la contrée de Glocester à écouter l'appel des chefs royaux plutôt que les proclamations et les promesses du conspirateur normand⁶. En effet, les Saxons se réunirent sous la

---

1. « Unus ex nobis sit rex, et duo sint duces. » (Orderic. Vital. *Hist. ecclesiast.*, lib. IV, apud *Script. rer. normann.*, p. 534.)
2. « Pro certo scimus quod in Angliam... rediturus non est. « (Ibid.)
3. « Tibi, generique tuo... omnique genti tuæ quæ prostrata est. (Ibid.)
4. ... Ingenti plausu dicenti acclamant. (Willelm. Malmesb., *de Gest. reg. angl.*, lib. III, apud *Rer. anglic. Script.*, p. 104, ed. Savile.)
5. ... Allexerunt ii Britonas in suas partes... et congregaverunt suos contra regem. (*Chron. saxon.*, ed. Gibson, p. 182.)
6. Restitit Wulstanus wigorniensis episcopus, cum magna militari manù, et Egelwius eveshamensis abbas, cum suis. (*Script. rer. danic.*, t. III, p. 207.)—Voyez livre IV, p. 286.

bannière du comte Gaultier de Lacy contre Roger de Hereford et ses Gallois, dont la cause ne leur parut pas assez évidemment liée à leur cause nationale. Entre deux partis presque également étrangers pour eux, ils suivirent celui qui offrait le moins de périls, et servirent le roi Guillaume qu'ils haïssaient à la mort. Dans son absence, c'était le primat Lanfranc qui, sous le titre de lieutenant royal, administrait toutes les affaires [1]; il fit partir en grande hâte de Londres et de Winchester des troupes qui marchèrent vers la province où Roger était tenu en échec, et, en même temps, il lança contre lui une sentence d'excommunication conçue dans les termes suivants :

« Puisque tu t'es départi des règles de conduite de ton père, que
« tu as renoncé à la foi qu'il garda toute sa vie à son seigneur, et qui
« lui fit acquérir tant de richesses, en vertu de mon autorité cano-
« nique je te maudis, t'excommunie, et t'exclus du seuil de l'église et
« de la compagnie des fidèles [2]. »

Lanfranc écrivit aussi au roi, en Normandie, pour lui annoncer cette révolte et l'espérance qu'il avait d'y mettre fin promptement. « Ce serait avec plaisir, lui disait-il, et comme un envoyé de Dieu « même, que nous vous verrions au milieu de nous. Ne vous hâtez « cependant pas de traverser la mer; car ce serait nous faire honte « que de venir nous aider à détruire une poignée de traîtres et de « brigands [3]. » La première de ces épithètes paraît avoir été destinée aux Normands qui suivaient le comte Roger, et la seconde aux Saxons qui se trouvaient en assez grand nombre dans l'armée de Raulf de Gaël, campée auprès de Cambridge, ou bien qui, encouragés par la présence de cette armée, commençaient à s'agiter dans les villes maritimes de l'est, et à renouer avec les Danois leurs anciennes négociations [4].

---

1. Lanfrancus erat princeps et custos Angliæ. (Vita Lanfranci; Lanfranci *Opera*, p. 15.)
2. « Te et omnes adjutores tuos, maledixi et excommunicavi, atque a liminibus sanctæ ecclesiæ et consortio fidelium separavi. » (Lanfranci *Opera*, p. 321.)
3. « Libenter vos videremus, sicut angelum Dei... Magnum nobis dedecus faceretis si, pro talibus perjuris et latronibus vincendis, ad nos veniretis. » (Ibid., p. 317.)
4. ... Conjurata rebellio per regiones Angliæ subito erupit. (Orderic. Vital. *Hist. ecclesiast.*, lib. IV, apud *Script. rer. normann.*, p. 535.) — Communiter ad regem Danorum nuncios dirigentes. (Matth. Paris., t. I, p. 9.)

Le roi de Danemark promit, encore une fois, d'envoyer contre le roi Guillaume des troupes de débarquement; mais avant l'arrivée de ce secours, l'armée du comte de Norfolk fut attaquée, avec des forces supérieures, par Eudes, évêque de Bayeux; Geoffroy, évêque de Coutances, et le comte Guillaume de Garenne. La bataille se donna dans un lieu que les anciens historiens nomment Fagadon[1]. Les conjurés normands et saxons y furent complétement défaits, et l'on raconte que les vainqueurs coupèrent le pied droit à tous leurs prisonniers, de quelque nation et de quelque rang qu'ils fussent[2]. Raulf de Gaël s'échappa et courut se renfermer dans sa citadelle de Norwich; puis il s'embarqua pour aller chercher du secours auprès de ses amis en Basse-Bretagne, et laissa le château à la garde de sa nouvelle épouse et de ses vassaux[3]. La fille de Guillaume, fils d'Osbern, opposa une longue résistance aux attaques des officiers royaux, et ne capitula que quand elle y fut contrainte par la famine[4]. Les hommes d'armes qui défendaient la forteresse de Norwich se rendirent, sous condition d'avoir la vie sauve s'ils quittaient l'Angleterre dans le délai de quarante jours[5]. « Gloire à Dieu au plus haut des « cieux, écrivit alors le primat Lanfranc au roi Guillaume, votre « royaume est enfin purgé de l'ordure de ces Bretons[6]. » En effet, beaucoup d'hommes de cette nation, qui étaient venus comme auxiliaires ou comme aventuriers à la conquête, enveloppés dans la disgrâce de Raulf de Gaël, perdirent les terres qu'ils avaient enlevées aux Anglais[7]. Pendant que les amis de Raulf étaient ainsi vaincus et dispersés, ceux de Roger de Hereford furent défaits dans l'ouest, et leur chef emmené prisonnier.

1074

----

1. ... In campo qui Fagaduna dicitur. (Orderic. Vital. *Hist. ecclesiast.*, lib. IV, apud *Script. rer. normann.*, p. 535.)

2. Cujuscumque conditionis sint, dextrum pedem, ut notificentur, amputant. (Ibid.)

3. Matth. Paris., t. I, p. 9.

4. ... Deficientibus sibi alimentis. (Ibid.)

5. ... Concessa eis vita cum membris. (Lanfranci *Opera*, p. 318.)

6. « Gloria in excelsis Deo, cujus misericordia regnum vestrum purgatum est spurcitia Britonum. » (Ibid.)

7. Britones qui in eo erant, et terras in anglica terra habebant, concessa eis vita cum membris, juraverunt quod intra quadraginta dies de regno vestro exirent. (Ibid.)

1074   Avant de passer en Angleterre pour jouir de ce nouveau triomphe, le roi Guillaume fit une incursion hostile sur le territoire des Bretons ses voisins. Il voulait y poursuivre le comte Raulf de Gaël, et tenter, sous ce prétexte, la conquête d'une portion du pays, objet constant de l'ambition et de la politique de ses aïeux [1]. Mais, après avoir vainement assiégé la ville de Dol, il se retira devant l'armée du duc de Bretagne, qui marchait contre lui soutenu par le roi de France [2]. Traversant alors le détroit, il vint à Londres, aux fêtes de Noël, présider le grand conseil des barons normands et juger les auteurs et les complices de la dernière conspiration [3]. Raulf de Gaël, absent et contumace, fut dépossédé de tous ses biens; Roger de Hereford comparut, et fut condamné à perdre aussi ses terres et à passer toute sa vie dans une forteresse [4]. Au fond de sa prison, son caractère fier et indomptable lui fit souvent braver par des injures le roi qu'il n'avait pu détrôner. Un jour, aux fêtes de Pâques, Guillaume, suivant l'usage de la cour de Normandie, lui envoya, comme s'il eût été libre, un habit complet d'étoffes précieuses, cotte et manteau de soie, justaucorps garni de fourrures étrangères [5]. Roger examina en détail ces riches vêtements avec un air de satisfaction; puis il fit allumer un grand feu et les y jeta [6]. Le roi, qui ne s'attendait point à voir ses dons reçus de la sorte, en fut vivement courroucé, et jura, par la splendeur de Dieu (c'était son serment favori), que l'homme qui lui avait fait un tel outrage de sa vie ne sortirait de prison [7].

Après avoir raconté cette déplorable destinée du fils de l'homme le plus puissant après le roi, et qui avait le plus excité Guillaume à entreprendre sa conquête [8], l'historien né en Angleterre, et, quoique

---

1. ... Cupiens fines suos dilatare sibique Britones, ut sibi obsecundarent... subjugare. (Orderic. Vital. *Hist. ecclesiast.*, lib. IV, apud *Script. rer. normann.*, p. 535.)
2. Ibid.
3. ... Curiam apud Westmonasterium tenuit. (Alured. Beverlac. *Annal. de gest. reg. britann.*, p. 134, ed. Hearne.)
4. Ibid.
5. ... Structum pretiosarum vestium. (Orderic. Vital. *Hist. ecclesiast.*, lib. IV, apud *Script. rer. normann.*, p. 535.)
6. ... Pyram ingentem ante se jussit præparari. (Ibid.)
7. ... Per splendorem Dei, de carcere meo, in omni vita, non exibit. (Ibid., p. 536.)
8. Voyez livre III, p. 223.

étranger d'origine, touché des misères de son pays natal, s'écrie 1074 dans une sorte d'enthousiasme patriotique : « Où est-il à présent ce « Guillaume, fils d'Osbern, vice-roi, comte de Hereford, sénéchal de « Normandie et d'Angleterre¹? Lui qui fut le premier et le plus « grand oppresseur des Anglais, qui, par ambition et par avarice, « encouragea la fatale entreprise où périrent tant de milliers « d'hommes, il est tombé à son tour, et a reçu le prix qu'il mé- « ritait². Il avait tué beaucoup d'hommes par l'épée, et il est mort « par l'épée; et, après sa mort, l'esprit de discorde a fait révolter « son fils et son gendre contre leur seigneur et leur parent. La « race de Guillaume, fils d'Osbern, a été déracinée de l'Angleterre, « tellement qu'aujourd'hui elle n'y a pas un coin où mettre le « pied³. »

La vengeance royale s'étendit sur tous ceux qui avaient assisté au banquet des noces de Norwich; et la ville même où ce fatal banquet avait eu lieu fut frappée sans distinction et en masse⁴. Des vexations multipliées en ruinèrent les habitants saxons, et forcèrent un grand nombre d'entre eux à émigrer dans la province de Suffolk, aux environs de Beecles et de Halesworth. Là, trois Normands, Roger Bigot, Richard de Saint-Clair et Guillaume de Noyers, s'emparèrent de leurs personnes et en firent des serfs tributaires, bien qu'ils fussent devenus trop misérables pour être une propriété avantageuse⁵. D'autres Saxons et les Gallois faits prisonniers les armes à la main, sur les bords de la Saverne, eurent les yeux crevés et les membres mutilés, ou furent pendus à des gibets, par sentence des

---

1. « Ubi est Guillelmus, Osberni filius? » (Orderic. Vital. *Hist. ecclesiast.*, lib. IV, apud *Script. rer. normann*, p. 156.)

2. ... Recepit quod promeruit. (Ibid.)

3. Guillelmi progenies eradicata sic est de Anglia, ut nec passum pedis jam nanciscatur in illa. (Ibid., p. 535.)

4. ... Quotquot nuptiis interfuerunt apud Northwic. (*Chron. saxon.*, ed. Gibson, p. 183.)

5. De burgensibus qui manserunt in burgo de Norwic, abierunt et manent in Beecles... XXII, et VI in Humilgar... et dimiserunt burgum... In terra Rog. Bigot I, et sub W. de Noies I, et Ricardus de Sent-Cler I. Isti fugientes et alii remanentes omnino sunt vastati, partim propter forisfacturas Rodulfi comitis, partim propter arsuram, partim propter geltum regis, partim propter Walerannum. (*Domesday-book*, vol. II, p. 117.)

1074 comtes, des prélats, des barons et des chevaliers normands, réunis à la cour du roi[1].

Sur ces entrefaites, une nombreuse flotte, partie du Danemark, et conduite par l'un des fils du roi Sven, redevenu l'ami des Anglais, s'approcha de la côte orientale; mais quand les Danois apprirent ce qui se passait, ils n'osèrent engager le combat contre les Normands, et relâchèrent en Flandre[2]. Ce fut Waltheof qu'on accusa de les avoir appelés par des messages : il nia cette imputation; mais la femme normande qu'il avait reçue en mariage du roi Guillaume se fit sa dénonciatrice, et porta témoignage contre lui[3]. Les voix de l'assemblée ou de la cour (comme on disait alors) se divisèrent sur l'arrêt à porter contre le chef saxon. Les uns votaient la mort, comme pour un Anglais révolté; les autres la prison perpétuelle, comme pour un officier du roi[4]. Ces débats se prolongèrent presque une année, pendant laquelle Waltheof fut enfermé dans le fort royal de Winchester. A la fin, ses ennemis prévalurent, et dans l'une des cours qui se tenaient trois fois l'an, l'arrêt de mort fut prononcé[5]. Les contemporains anglais accusent Judith, la nièce du roi, mariée à Waltheof contre son gré, d'avoir souhaité et pressé la sentence qui devait la rendre veuve et libre[6]. En outre, beaucoup de Normands ambitionnaient les trois comtés que possédait le chef saxon[7]; et Ives Taille-Bois, dont les terres touchaient aux siennes, et qui désirait s'arrondir, fut un des plus acharnés à sa perte[8]. Enfin le roi, à qui Waltheof ne pouvait plus être utile, fut joyeux de trouver un prétexte pour se

---

1. Quosdam luminibus jussit privari, quosdam in exilium cogi, nonnullos vero fecit patibulo suspendi. (Matth. Paris., t. I, p. 9.) — Quorum aliqui excæcati, aliqui et terra pulsi. (*Chron. saxon.*, ed. Gibson, p. 183.)

2. Venerunt ab oriente e Denmearcia cc naves... verum non ausi prælio congredi. (Ibid.) — Matth. Paris., t. I, p. 9.

3. ...Ipsum... missis nunciis... danicam classem invitasse. (Johan. de Fordun *Scotichronicon*, lib. VI, p. 510, ed. Hearne.) — Per delationem Judith uxoris suæ accusatus est. (Orderic. Vital. *Hist. ecclesiast.*, lib. IV, apud *Script. rer. normann.*, p. 536.)

4. ... Secundum leges Normannorum. (Ibid., p. 535.)

5. Prævalens concio æmulorum ejus in curia regali coadunata est. (Ibid., p. 536.)

6. ... Impiissima uxore sua novas nuptias affectante. (*Hist. Ingulf. Croyland.*, apud *Rer. anglic. Script.*, t, I, p. 72, ed. Gale.)

7. ... Inhiantibus etiam nonnullis Normannis ad ejus comitatus. (Ibid.)

8. ... Pro terris suis et tenementis..., suum sanguinem sitiente. (Ibid.)

défaire de lui ; déjà, depuis longtemps, il avait conçu ce projet, si l'on en croit les anciens narrateurs [1].

De grand matin, pendant que le peuple de Winchester dormait encore, les Normands conduisirent le chef saxon hors des murs de la ville [2]. Waltheof marcha au supplice revêtu de ses habits de comte, et les distribua à des clercs et à des pauvres qui l'avaient suivi, et que les Normands laissèrent approcher à cause de leur petit nombre et de leur aspect tout pacifique [3]. Arrivés sur une colline, à peu de distance des murs, les soldats s'arrêtèrent, et le Saxon, se prosternant la face contre terre, pria à voix basse durant quelques minutes ; mais les Normands, craignant que le moindre retard ne fît répandre dans la ville la nouvelle de l'exécution, et qu'il n'y eût un soulèvement pour sauver Waltheof, lui dirent avec impatience : « Lève-toi, « afin que nous accomplissions nos ordres [4]. » Il leur demanda pour dernière grâce d'attendre encore qu'il eût récité pour lui et pour eux l'Oraison dominicale [5]. Ils le permirent, et Waltheof se relevant de terre, mais restant agenouillé, se mit à dire à haute voix : « Notre « père, qui es dans les cieux... ; » mais aux premiers mots du verset : « Et ne nous induis pas en tentation..., » le bourreau, qui aperçut peut-être quelque rayon du jour naissant, ne voulut plus tarder davantage, et, tirant subitement sa large épée, il abattit d'un seul coup la tête du condamné [6]. Son cadavre fut jeté dans une fosse creusée à la jonction de deux chemins, et recouvert de terre à la hâte [7].

N'ayant pu sauver Waltheof, les Saxons portèrent le deuil de sa mort, et l'honorèrent du nom de martyr, qu'ils venaient de décerner, au même titre, à l'évêque Eghelwin, mort de faim dans l'un des

---

1. Quæsivit et occasionem invenit... eum tollendi de medio. (Johan. de Fordun *Scotichronicon*, lib. VI, p. 509, ed. Hearne.)

2. ... Dum adhuc populus dormiret. (Orderic. Vital. *Hist. ecclesiast.*, lib. IV, apud *Script. rer. normann.*, p. 536.)

3. Ibid.

4. Cumque carnifices trepidarent ne cives exciti... Surge, inquiunt prostrato comiti. (Ibid.)

5. ... « Pro me et pro vobis. » (Ibid.)

6. Carnifex autem ulterius præstolari noluit, sed mox, exempto gladio... (Ibid.)

7. ... In bivio. (Matth. Paris., t. I, p. 9.)

donjons normands[1]. « On a voulu, dit un contemporain, effacer sa « mémoire de ce monde ; mais on n'y a pas réussi, car nous croyons « fermement qu'il est au ciel avec les bienheureux[2]. » Le bruit courut parmi les serfs et les bourgeois de l'Angleterre qu'après quinze jours, le corps du dernier chef de race anglaise, enlevé par les moines de Croyland, avait paru intact et arrosé de sang frais[3]. D'autres miracles, propagés de même par la superstition patriotique, s'opérèrent, dit-on, près du tombeau de Waltheof, dressé, avec la permission du roi, dans le chapitre de l'abbaye dont il avait été le bienfaiteur[4]. La nouvelle de ces prodiges effraya l'épouse normande du chef décapité. Pour apaiser l'âme de celui qu'elle avait trahi, et dont elle avait causé la mort, elle se rendit à Croyland, au tombeau de Waltheof, et offrit un drap de soie qu'elle posa sur la pierre du sépulcre. Les chroniques du temps racontent qu'un bras invisible repoussa son offrande, qu'on vit la pièce d'étoffe soulevée et jetée au loin, comme par un violent coup de vent[5].

L'abbé de Croyland, Wulfketel, Anglais de race, se hâta de publier ces faits miraculeux, et les prêcha en langue saxonne aux visiteurs de son couvent. Mais l'autorité normande ne le laissa pas longtemps faire en paix ses prédications[6], et il fut accusé d'idolâtrie devant un concile tenu à Londres[7]. Les évêques et les comtes assem-

---

1. Orderic. Vital. *Hist. ecclesiast*, lib. IV, apud *Script. rer. normann.*, p. 537. — *Cædes Walthiofi iarli*, cap. CI; Snorre's *Heimskringla*, t. III, p. 169.

2. ... Cujus memoriam voluerunt in terra delere, sed creditur vere illum, cum sanctis, in cœlo gaudere. (Florent. Wigorn. *Chron.*, p. 639.)

3. Orderic. Vital., *Hist. ecclesiast.*, lib. IV, apud *Sript. rer. normann.*, p. 537.

4. Permissu regis... abbas... in capitulo monachorum reverenter sepelivit. (Ibid.) — Quorum auditis rumoribus Angli lætati sunt. (*Vita et passio Waldevi comitis*; *Chron. anglo-norm.*, t. II, p. 119.)

5. Uxor sua... audiens Christi magnalia, ad tumulum viri sui accessit, et... pallium... sericum... quod, quasi manibus alicujus rejectum fuisset, longius a tumulo resiluit. (*Hist. Ingulf. Croyland.*, apud *Rer. anglic. Script.*, t. I, p. 72, ed. Gale.) — Venit Croilandiam ad tumulum ejus pannum sericum deferens; quem cum super sepulchrum illius obtulisset... velut venti vehementis impulsu longius est projectus. (*Vita et passio Waldevi comitis*; *Chron. anglo-norm.*, t. II, p. 118.)

6. Unde Normanni, nimium indignati. (*Hist. Ingulf. Croyland.*, apud *Rer. anglic. Sript.*, t. I, p. 73, ed. Gale.)

7. Ad proximum concilium, Londoniis... summonitum... de idolatria... accusant. (Ibid.)

blés le dégradèrent de sa dignité ecclésiastique, et l'envoyèrent, comme simple reclus, au couvent de Glastonbury, gouverné par un Normand appelé Toustain, renommé, entre tous les abbés de la conquête, pour son naturel dur et féroce[1]. Ce châtiment ne découragea point la superstition populaire : fondée sur des regrets nationaux, elle ne s'éteignit qu'avec ces regrets, quand les fils des Saxons eurent oublié la vieille cause pour laquelle avaient souffert leurs aïeux. Mais ce temps ne vint pas aussi vite que l'eussent désiré les conquérants, et quarante années après la mort de Waltheof, lorsque le gouvernement du monastère de Croyland avait déjà passé, par une succession d'abbés étrangers, sous l'autorité d'un certain Geoffroy, venu de la ville d'Orléans, les miracles recommencèrent à s'opérer sur le tombeau du dernier chef saxon[2]. Les Anglais de race venaient en foule visiter sa sépulture; et les moines d'origine normande qui se trouvaient dans l'abbaye tournaient cet empressement en ridicule, et injuriaient les pèlerins, ainsi que l'objet de leur culte, disant que c'était un méchant traître justement puni de mort[3].

La veuve de Waltheof hérita de tous ses biens, et même on enleva pour elle au monastère de Croyland des terres que son mari avait données en possession pleine et entière[4]. Judith espérait partager ce vaste héritage avec un époux de son choix; mais elle se trompa, et la même puissance qui avait disposé de sa main pour faire déserter un Saxon voulut l'employer cette fois à payer les services d'un Français. Sans consulter sa nièce plus qu'il n'avait fait précédemment, le roi Guillaume la donna, avec les biens de Waltheof, à un certain Simon, venu de la ville de Senlis, brave chevalier, mais boi-

---

1. ... Glastoniæ, sub cruentissimo tum abbate Thorstano, procul a notis et a sua patria... (*Hist. Ingulf. Croyland.*, apud *Rer. anglic. Script.*, t. I, p. 73, ed. Gale.)

2. Ad tumbam Guallevi comitis miracula demonstrari cœperunt... (Orderic. Vital. *Hist. ecclesiast.*, lib. IV, apud *Script. rer. normann.*, p. 543.)

3. Anglicæ plebes ad tumulum sancti compatriotæ... frequenter accurrunt... quidam de Normannis monachus... advenientes derisit... dicens quod nequam proditor fuerit, et pro reatu suo capitis obtruncatione mulctari meruerit. (Ibid.)

4. ... Terra Judithæ comitissæ. (Domesday-book, vol. I, fol. 152, verso; 202, recto; 228, recto.) — Totam hanc terram tenuit Wallef comes. (Ibid., fol. 228, recto.) — *His. Ingulf. Croyland.*, apud *Rer. anglic. Script.*, p. 72, ed. Gale.)

1075
à
1076

teux et mal fait¹..Judith témoigna pour cet homme un dédain qui courrouça le conquérant²; peu disposé à faire plier sa politique devant l'intérêt d'une femme, il adjugea à Simon de Senlis le comté de Northampton et tout l'héritage de Waltheof, dont la veuve perdit ainsi le fruit de sa trahison. Restée seule avec deux enfants, elle mena une vie obscure et triste dans plusieurs cantons retirés de l'Angleterre. Les Normands la méprisaient, parce qu'elle était devenue pauvre ; les Saxons l'abhorraient comme infâme, et les vieux historiens de race anglaise montrent une sorte de joie en racontant ses années d'abandon et de chagrin³.

L'exécution de Waltheof mit le comble à l'abattement du peuple vaincu. Il paraît que ce peuple n'avait point encore perdu toute espérance tant qu'il voyait l'un des siens investi d'un grand pouvoir, même sous l'autorité de l'étranger. Après le fils de Siward, il n'y eut plus en Angleterre, parmi les hommes investis d'honneurs et de fonctions politiques, un seul qui fût né dans le pays, qui ne regardât pas les indigènes comme des ennemis ou des brutes. Toute l'autorité religieuse avait aussi passé aux mains d'hommes de nation étrangère, et des anciens prélats saxons il ne restait plus que Wulfstan, évêque de Worcester⁴. C'était un homme simple et faible d'esprit, incapable de rien oser, et qui, ainsi qu'on l'a vu plus haut, après un moment d'entraînement patriotique, s'était réconcilié de tout son cœur avec les conquérants. Depuis, il leur avait rendu d'importants services ; il avait fait des visites pastorales et proclamé les amnisties du roi dans les provinces encore mal pacifiées⁵ : il avait marché en personne contre Roger de Hereford, au passage de la Saverne; mais il était de race anglaise : son jour vint comme était venu celui des autres.

---

1. ... In altera sua tibia claudicavit. (*Hist. Ingulf. Croyland.*, apud *Rer. anglic. Script.*, p. 72, ed. Gale.)

2. Illa nuptias ejus respuit. (Ibid.)

3. Justo Dei judicio multum despecta, odio omnibus habita, per diversa loca et latibula diu fovit. (Ibid., p. 73.)

4. ... Quasi unus ex Anglicis superstes. (*Chron. Johan. Bromton*, apud *Hist. anglic. Script.*, t. I, col. 975, ed. Selden.)

5. Voyez livre V, p. 353 et 354.

Dans l'année 1076, Wulfstan fut cité devant un concile d'évêques 1076 et de seigneurs normands, réunis dans l'église de Westminster, et présidés par le roi Guillaume et par l'archevêque Lanfranc. L'assemblée déclara unanimement que le prélat saxon était incapable d'exercer en Angleterre les fonctions épiscopales, attendu qu'il ne savait pas parler français[1]. En vertu de cet arrêt bizarre, le roi et l'archevêque ordonnèrent au condamné de rendre le bâton et l'anneau[2], insignes de sa dignité. L'étonnement et l'indignation d'être si mal récompensé inspirèrent à Wulfstan une énergie toute nouvelle pour lui; il se leva, et, tenant à la main son bâton pastoral, marcha droit au tombeau du roi Edward, enterré dans l'église; là, s'arrêtant et s'adressant au mort en langue anglaise : « Edward, dit-il, c'est toi « qui m'as donné ce bâton; c'est à toi que je le rends et le confie[3]. » Puis, se tournant vers les Normands : « J'ai reçu cela de qui valait « mieux que vous; je le lui remets, ôtez-le-lui si vous pouvez[4]. » En prononçant ces derniers mots, le Saxon frappa vivement la pierre de la tombe avec la pointe du bâton pastoral. Son air et ce geste inattendu produisirent sur l'assemblée une grande impression de surprise, mêlée d'un effroi superstitieux : le roi et le primat ne réitérèrent point leur demande, et laissèrent le dernier évêque anglais garder son bâton et son office [5].

L'imagination populaire fit de cette aventure un prodige, et l'on répandit la nouvelle que le bâton pastoral de Wulfstan, quand il en frappa la pierre, s'y était enfoncé profondément, comme dans une

---

1. ... Quia nescivit gallicum. (*Annales burtonienses*, apud *Rer. anglic. Sript.*, t. I, p. 264, ed. Gale.) — Qui linguam gallicanam non noverat. (Matth. Paris., t. I, p. 20.) — Propter... gallicæ linguæ carentiam. (Henrici Knyghton, *de Event. angl.*, lib. II, apud *Hist. anglic. Script.*, t. II, col. 2368, ed. Selden.)

2. Jubetur baculum et annulum resignare, archiepiscopo Lanfranco præcipiente et rege hoc præscribente. (*Chron. Johan. Bromton*, apud *Hist. anglic. Sript.*, t. I, col. 976, ed. Selden.)

3. Et dixit in lingua sua : « Edwarde, dedisti mihi baculum... et ideo illum tibi committo. » (*Annal. burton.*, apud *Rer. anglic. Script.*, t. I, p. 264, ed. Gale.) — *Chron. Johan. Bromton*, apud *Hist. anglic. Script.*, t. I, col. 976, ed. Selden.

4. « Melior te hunc mihi dedit, cui et retrado. Avelle, si poteris. » (Henrici Knyghton, *de Event. angl.*, lib. II, apud *Hist. anglic. Script.*, t. II, col. 2368, ed. Selden.)

5. ... Restitutus est. (Matth. Paris., *Vitæ abbatum S. Albani*, t. I, p. 49.)

terre molle, et que personne n'avait pu l'en arracher, excepté le Saxon lui-même lorsque les étrangers eurent révoqué leur sentence [1]. Après la mort de Wulfstan, et après qu'un chanoine de Bayeux, appelé Samson, lui eut succédé dans l'épiscopat de Worcester, les Anglais de race le décorèrent, comme Waltheof et comme Eghelwin, des noms de saint et de bienheureux [2]. Ce fut le lot de presque tous les hommes éminents par la dignité ou par le caractère qui subirent la mort ou la persécution pour la cause de la nationalité anglo-saxonne.

Tout cela est un peu étrange pour nous; car les nations opprimées ont perdu l'usage de faire des saints de leurs défenseurs et de leurs amis; elles ont la force de conserver le souvenir de ceux qu'elles ont aimés, sans décorer leurs noms d'une auréole superstitieuse. Mais quelque différence qu'il y ait entre nos mœurs patriotiques et celles des hommes qui nous ont précédés sur la terre, que cette différence ne nous inspire envers eux ni sévérité, ni dédain. La grande pensée de l'indépendance humaine leur fut révélée comme à nous; ils l'environnèrent de leurs symboles favoris; ils rassemblèrent autour d'elle ce que leur esprit imaginait de plus noble, et la firent religieuse, comme nous la faisons poétique. C'est la même conviction et le même enthousiasme exprimés d'une autre manière, le même penchant à immortaliser ceux qui ont dévoué leur vie au salut et au bien-être de tous.

---

1. Baculum in solida petra ita defixit, ut a nullo posset avelli, donec ille, ad regis rogatum, baculum resumeret. (Henrici Knyghton, *de Event. angl.*, lib. II, apud *Hist. anglic. Script.*, t. II, col. 2368, ed. Selden.)

2. Sanctus Vulfstanus. (*Annal. burton.*, apud *Rer. anglic. Script.*, t. I, p. 247, ed. Gale.)

LIVRE VI

Depuis la querelle du roi Guillaume avec son fils aîné, Robert, jusqu'au dernier passage de Guillaume sur le continent.

1077-1087

Une des phases nécessaires de toute conquête, grande ou petite, c'est que les conquérants se querellent entre eux pour la possession et le partage du bien des vaincus. Les Normands n'échappèrent pas à cette fatalité. Quand il n'y eut plus de rebelles à soumettre, l'Angleterre devint pour ses maîtres une cause de guerres intestines ; et même ce fut dans la nouvelle famille royale, entre le père et son fils aîné, que la dispute éclata d'abord. Ce fils, appelé Robert, et que les Normands surnommaient, dans leur langue, *Gambrron* ou *Courte-Heuse*, à cause du peu de longueur de ses jambes[1], avait été, avant la bataille de Hastings, désigné par le duc Guillaume héritier de ses terres et de son titre. Cette désignation s'était faite, selon l'usage, avec le consentement formel des barons de Normandie, qui tous avaient prêté serment au jeune Robert, comme à leur seigneur futur[2]. Lorsque Guillaume fut devenu roi, le jeune homme, dont l'ambition s'était éveillée à la vue des succès de son père, le requit d'abdiquer au moins, en sa faveur, le gouvernement de la Normandie ; mais le roi refusa, voulant garder ensemble son ancien duché et son nouveau royaume[3]. Il s'ensuivit une querelle violente, où les

1077 à 1079

---

1. Vulgo *Gambarom* cognominatus est, et Brevis-Ocrea. (Orderic. Vital. *Hist. ecclesiast.*, lib. IV, *apud. Script. rer. normann.*, p. 545.)
2. Optimates... gratanter... acquieverunt. (Ibid.)
3. ... Postulata denegavit. (Ibid.)

deux plus jeunes frères, Guillaume le Roux et Henri, prirent parti contre leur aîné, sous couleur d'affection filiale, mais réellement pour le supplanter, s'ils le pouvaient, dans la succession que leur père lui avait assurée [1].

Un jour que le roi était à Laigle avec ses fils, Guillaume et Henri vinrent au logement de Robert, dans la maison d'un certain Roger Chaussiègue, et, montant à l'étage supérieur, ils se mirent d'abord à jouer aux dés, à la façon des gens de guerre du temps; puis ils firent grand bruit et versèrent de l'eau sur Robert et sur ses amis qui étaient au-dessous [2]. Irrité de cet affront, Robert courut, l'épée à la main, sur ses deux frères : il y eut un grand tumulte que le roi calma, non sans peine [3]; et, dès la nuit suivante, le jeune homme, suivi de tous ses compagnons, sortit de la ville et gagna Rouen, dont il essaya de surprendre la citadelle. Il n'y réussit point; plusieurs de ses amis furent arrêtés; lui-même échappa avec quelques autres, et, passant la frontière de Normandie, il se réfugia dans le Perche, où Hugues, neveu d'Aubert de Ribaud, l'accueillit dans ses châteaux de Sorel et de Reymalard [4].

Il y eut ensuite entre le père et le fils une réconciliation qui ne fut pas de longue durée ; car les jeunes gens qui entouraient ce dernier recommencèrent bientôt à stimuler son ambition par leurs conseils et leurs plaisanteries [5]. « Noble fils de roi, lui disaient-ils, il faut que « les gens de ton père gardent bien son trésor, puisque tu n'as pas « un denier pour donner à ceux qui te suivent. Comment souffres-tu « de demeurer si pauvre, lorsque ton père est si riche ? Demande-lui « donc une partie de son Angleterre, ou tout au moins le duché de « Normandie qu'il t'a promis devant tous ses barons [6]. » Robert,

---

1. Guillelmus Rufus et Henricus patri favebant. (Orderic. Vital. *Hist. ecclesiast.*, lib. IV, apud *Script. rer. normann.*, p. 545.)

2. In domo Rogerii et Calcegii... venerunt ibique super solarium (sicut militibus moris est) tesseris ludere cœperunt. Deinde ingentem strepitum fecere, et aquam... (Ibid.)

3. ... De hospitio suo rex accurrit. (Ibid., p. 546.)

4. Tum Hugo. . nepos Alberti Ribaldi... exules suscepit eisque novum castellum Raimalast atque Sorellum... patefecit. (Ibid.)

5. Seditiosi tirones... Rodberto juveni regis filio... dixerunt. (Ibid., p. 569.)

6. « Nobilissime fili regis... patris tui satellites regale sic servant ærarium, ut vix unum tuis clientibus inde possis dare denarium... cur hoc pateris? » (Ibid.)

excité par ces propos et d'autres semblables, alla renouveler son ancienne requête; mais le roi refusa encore une fois, et l'exhorta, d'un ton paternel, à rentrer dans le devoir, et surtout à faire choix de meilleurs conseillers, de personnes d'un âge mûr, graves et sages, telles que l'archevêque Lanfranc[1]. « Seigneur roi, répliqua brusque-
« ment Robert, je suis venu ici pour réclamer mon droit, et non
« pour écouter des sermons; j'en ai entendu assez, et d'assez en-
« nuyeux, lorsque j'apprenais la grammaire. Réponds-moi donc po-
« sitivement, afin que je voie ce que j'aurai à faire; car je suis
« fermement résolu à ne plus vivre du pain d'autrui, et à n'être aux
« gages de personne[2]. »

Le roi répondit, en colère, qu'il ne se dessaisirait point de la Normandie, où il était né, et ne partagerait avec qui que ce fût l'Angleterre, le prix de ses fatigues[3]. « Eh bien! dit Robert, je m'en irai,
« j'irai servir les étrangers, et peut-être obtiendrai-je chez eux ce
« qu'on me refuse dans mon pays[4]. » Il partit en effet et parcourut la Flandre, la Lorraine, l'Allemagne, puis la France et l'Aquitaine, visitant, dit l'ancien historien, des ducs, des comtes et de riches seigneurs châtelains, leur contant ses griefs, et leur demandant des secours[5]; mais tout ce qu'il recevait pour le soutien de sa cause, il le donnait à des jongleurs, à des parasites ou à des femmes débauchées, et se trouvait bientôt obligé de mendier de nouveau, ou d'emprunter à grosse usure[6]. Mathilde, sa mère, lui envoyait quelquefois de l'argent à l'insu du roi. Guillaume l'apprit, et le lui défendit; elle recommença, et le roi irrité lui reprocha, en termes amers, « de distribuer
« à ses ennemis le trésor qu'il lui donnait en garde[7]; » puis il fit

1. Orderic. Vital. *Hist. ecclesiast.*, lib. IV, apud *Script. rer. normann.*, p. 570.
2. « Huc, domine mi rex, non accessi pro sermonibus audiendis... hoc... fixum est apud me... quod... nemini militabo. » (Ibid.)
3. « Natale solum Normanniæ... Angliæ quoque regnum, quod ingenti nactus sum labore. » (Ibid.)
4. « ... Extraneis tentabo servire. » (Ibid.)
5. Nobiles... expetit cognatos duces comitesque et potentes oppidanos. Illis querelas suas deprompsit. (Ibid.)
6. Histrionibus et parasitis ac meretricibus insipienter distribuebat... egestate gravi compressus mendicabat, et æs alienum ab externis fœneratoribus exul egenus quæritabat. (Ibid.)
7. « Inimicos meos... sustentat opibus meis. » (Ibid., p. 571.)

1079 arrêter le porteur des présents de Mathilde, avec ordre de lui crever les yeux[1]. C'était un Bas-Breton d'origine, appelé Samson; il prit la fuite et devint moine, dit la vieille chronique, pour le salut de son âme et de son corps[2].

Après beaucoup de voyages, le jeune Robert se rendit, sous les auspices de Philippe, roi de France, au château de Gerberoy, situé dans le Beauvaisis, sur les confins de la Normandie. Il y fut bien accueilli par Élie, vicomte du château, et par son collègue; car, dit l'ancien narrateur, c'était la coutume de Gerberoy qu'il y eût deux seigneurs égaux en pouvoir, et qu'on y reçût les fugitifs de tous pays[3]. Là, le fils du conquérant réunit des chevaliers à gages[4]; il lui en vint de France et de Normandie; plusieurs hommes d'armes de la maison du roi Guillaume, plusieurs de ceux qui le flattaient chaque jour et vivaient à sa table, quittèrent leurs offices pour se rendre à Gerberoy[5]; et lui-même alors, passant la mer, vint en personne assiéger le château où son fils s'était renfermé.

Dans une sortie que fit Robert, il engagea le combat, seul à seul, avec un cavalier couvert de son armure, le blessa au bras et le renversa de son cheval; la voix du blessé lui fit reconnaître son père, et aussitôt il mit pied à terre, l'aida à se relever et à se mettre en selle, et le laissa repartir librement[6]. Les chefs et les évêques normands s'employèrent à réconcilier de nouveau le père avec le fils. Mais Guillaume résista d'abord à leurs instances : « Pourquoi, leur « disait-il, me sollicitez-vous en faveur d'un traître qui a séduit con- « tre moi mes gens de guerre, ceux que j'avais nourris de mon pain, « et à qui j'avais donné leurs armes[7]? » Il céda pourtant à la fin;

---

1. Reginæ veredarium... comprehendi, et mox oculis privari. (Orderic. Vital. *Hist. ecclesiast.*, lib. IV, apud *Script. rer. normann.*, p. 571.)

2. ... Pro salvatione corporis et animæ. (Ibid.)

3. Helias quoque vicedominus, cum compari suo... moris enim est illius castri ut ibidem duo pares domini sint, et omnes... fugitivi suscipiantur... (Ibid., p. 572.)

4. ... Gregarios equites. (Ibid.)

5. Multi de his qui... regi... adulabantur. (Ibid.)

6. *Chron. saxon.*, ed. Gibson, p. 184.

7. « Miror quod tantopere pro perfido supplicatis homine... Tirones meos, quos alui et militaribus armis decoravi, abduxit. » (Orderic. Vital. *Hist. ecclesiast.*, lib. IV, apud *Script. rer. normann.*, p. 573.)

mais le bon accord entre le père et le fils ne fut pas de longue durée; 1079
Robert s'éloigna pour la troisième fois, alla en pays étranger, et ne
revint plus du vivant de son père[1]. Le roi le maudit à son départ;
et les historiens du siècle attribuent à cette malédiction les infortunes qui remplirent toute la vie du fils aîné de Guillaume le Bâtard,
infortunes dont la conquête de l'Angleterre fut, comme on voit, la
première cause[2].

De ces dissensions, qui troublaient le repos du chef des conquérants, le peuple vaincu ne retirait aucun profit; et si, dans l'absence
de Guillaume, la main royale, comme on disait alors, ne pesait plus
sur ce peuple, d'autres mains, celles des comtes, vicomtes, juges,
prélats et abbés, de race étrangère, lui faisaient sentir leur poids.
Parmi les plus impitoyables de ces ministres de la conquête figurait
le Lorrain Vaulcher, évêque de Durham, qui, depuis l'exécution de
Waltheof, cumulait avec son office ecclésiastique le gouvernement
de tout le pays situé entre la Tweed et la Tyne[3]. Les amis du comte-
évêque vantaient beaucoup son administration, et le louaient d'être
aussi habile à réprimer par le tranchant de l'épée les rébellions des
Anglais, qu'à réformer leurs mœurs par la puissance de ses discours[4].
Ce qu'il y avait de réel, c'est que Vaulcher tourmentait sa province
par des exactions insupportables, qu'il permettait à ses officiers de
lever, après lui, des tributs pour leur propre compte, et qu'il laissait
ses gens d'armes piller et tuer impunément[5]. Parmi ceux qu'ils firent
périr sans aucun jugement se trouvait un certain Liulf, homme chéri
de toute la contrée, qui s'était retiré à Durham après avoir été

---

1. A patre recessit, nec postea rediit... (Orderic. Vital. *Hist. ecclesiast.*, lib. IV, apud *Script. rer. normann.*, p. 573.)

2. Quapropter rex maledixit Roberto filio suo, quam maledictionem, antequam obiret, expertus est evidenter. (Matth. Paris., t. I, p. 10.)

3. Interfecto... Valtheofo, comite Northumbriæ... Walcherus episcopus comitatum a rege obtinuit. (*Hist. episcop. dunelm.; Anglia sacra*, t. I, p. 703.)

4. Frænaret... rebellionem gentis gladio, et reformaret mores eloquio. (Villelm. Malmesb., *de Gest. pontific. angl.*, lib. III, apud *Rer. anglic. Script.*, p. 277, ed. Savile.)

5. Extorsit pecuniam infinitam. (Matth. Paris., t. I, p. 10.) — Ministris suis durissimam plebis oppressionem permittens... uterque provinciales cædibus, rapinis et injuriis afflixit. (*Hist. episcop. dunelm.; Anglia sacra*, t. I, p. 703.)

1079 dépouillé, par les Normands[1], de tous les biens qu'il possédait au sud de l'Angleterre. Ce meurtre, exécuté avec des circonstances atroces, mit le comble à la haine populaire contre l'évêque lorrain et ses agents. L'ancien esprit du Northumberland se réveilla, et les habitants de cette terre fatale aux étrangers se réunirent, comme au temps de Robert Comine[2].

1080 Ils tinrent de nuit des conférences, et délibérèrent unanimement de venir avec des armes cachées à l'assemblée de justice que tenait de temps en temps l'évêque, à la *cour du comté*, comme on disait en langue normande[3]. Cette cour se tenait sur les bords de la Tyne, près du château neuf, bâti par les conquérants sur la grande route d'Écosse, dans un lieu appelé en saxon Gotes-Heavd, ou Tête-de-Chèvre[4]. Les Northumbriens s'y rendirent en grand nombre, comme pour adresser à leur seigneur d'humbles et pacifiques requêtes. Ils demandèrent réparation des torts qui leur avaient été faits[5]: « Je « ne ferai droit, répondit l'évêque, à aucune de ces plaintes, à moins « qu'auparavant vous ne me comptiez quatre cents livres d'argent « en bonne monnaie[6]. » Celui des Saxons qui, sachant le français, parlait au nom de tous les autres, demanda permission de s'entendre avec eux[7], et tous s'éloignèrent un moment, comme pour consulter ensemble sur le payement de la somme demandée; mais tout à coup l'orateur, qui était le chef du complot, s'écria en langue anglaise : « Courtes paroles, bonnes paroles : tuez l'évêque[8]. » A ce signal, ils tirèrent leurs armes, se jetèrent sur le Lorrain, le tuèrent, et avec

---

1. Vir... toti... provinciæ charissimus, qui possessionibus suis a Normannis spoliatus, Dunelmum secesserat. (*Hist. episcop. dunelm.*, *Anglia sacra*, t. I, p. 704.)

2. Odia et furorem... (Ibid., p. 703.) — Northanimbri, populus semper rebellioni deditus. (Willelm. Malmesb., *de Gest. reg. angl.*, lib. III, apud *Rer. anglic. Script.*, p. 110, ed. Savile.)

3. Decreverunt unanimiter... ut occulte armati venirent ad placita comitatus... (Matth. Paris., t. I, p. 10.) — In quodam conventu (*Gemote*). (*Chron. saxon.*, ed. Gibson, p. 184.)

4. ... Ad Caput-Capræ. (Florent. Wigorn. *Chron.*, p. 639.)

5. De diversis injuriis sibi justitiam fieri. (Matth. Paris, t. I, p. 10.)]

6. ... Nisi antea sibi libras quadringentas monetæ optimæ numerassent. (Ibid.)

7. Unus eorum, pro omnibus loquens... (Ibid.)

8. .. Præcipitanter, patria lingua, dixit : *Short red, goot red, slea ye the byshoppe.* (Ibid.)

lui une centaine d'hommes de race normande ou flamande [1]. Deux serviteurs, Anglais de nation, furent seuls épargnés par les conjurés [2]. Le soulèvement populaire s'étendit jusqu'à Durham ; la forteresse qu'y avaient bâtie les Normands fut attaquée ; mais la garnison, nombreuse et bien pourvue de munitions, résista aux Northumbriens, qui se dispersèrent, découragés, après un siége de quatre jours [3].

1080

A ce nouveau signe de vie donné par la population du nord, Eudes, évêque de Bayeux, frère du roi et l'un de ses lieutenants en son absence, marcha promptement vers Durham avec une nombreuse armée. Sans prendre le temps ni la peine de faire une enquête sur le soulèvement, il se saisit au hasard d'hommes qui étaient restés dans leurs maisons, et les fit décapiter ou mutiler [4]. D'autres ne rachetèrent leur vie qu'en abandonnant tout ce qu'ils possédaient [5]. L'évêque Eudes pilla l'église de Durham, et enleva ce qui restait des ornements sacrés qu'Eghelwin avait sauvés en les transportant dans l'île de Lindisfarn [6]. Il renouvela dans tout le Northumberland les ravages que son frère y avait faits en l'année 1070 ; et c'est cette seconde dévastation qui, ajoutée à la première, imprima aux contrées du nord de l'Angleterre l'aspect de désolation et de tristesse qu'elles présentaient encore plus d'un siècle après [7]. « Ainsi, dit un historien postérieur « de soixante-dix années, furent tranchés les nerfs de cette province, « jadis si florissante. Ces villes autrefois renommées, ces hautes tours « qui menaçaient le ciel, ces campagnes riantes de pâturages et arro-

---

1. Et centum homines cum eo Franci et Flamingi. (*Chron. saxon.*, ed Gibson, p. 184.)
2. Duobus tantum anglicis ministris, propter consanguinitatem, pepercerunt. (Florent. Wigorn. *Chron.*, p. 640.)
3. Quarto die obsidionis, abscedentes per diversa disperguntur. (Simeon. Dunelm. *Hist. dunelm. eccles.*, lib. III, apud *Hist. anglic. Script.*, t. I, col. 48, ed. Selden.)
4. Miseros indigenas, qui, sua confisi innocentia, domi resederant, plerosque ut noxios aut decollari aut membrorum detruncatione præceperunt debilitari. (Ibid.)
5. Nonnullis ut salutem et vitam pretio redimerent, crimen falso imponebatur. (Ibid.)
6. Quædam ex ornamentis ecclesiæ... abstulit. (Ibid.) — Voyez livre IV, p. 312 et 313.
7. Ut provinciæ illius reliquias, quæ aliquantum respiraverant, funditus exterminaret. (Willelm. Malmesb., *de Gest. pontific. angl.*, lib. III, apud *Rer. anglic. Script.*, p. 277, ed. Savile.)

« sées d'eaux vives, l'étranger qui les voit gémit de pitié; l'ancien
« habitant ne les reconnaît plus [1]. »

Dans ce pays tout ruiné qu'il était, la population, demi-saxonne, demi-danoise, garda longtemps son ancien esprit d'indépendance et de fierté un peu sauvage. Les rois normands successeurs du bâtard habitaient en pleine sûreté les provinces méridionales; mais ce n'était guère sans appréhension qu'ils voyageaient au delà de l'Humber, et un historien de la fin du douzième siècle assure qu'ils ne visitaient jamais cette partie de leur royaume sans conduire avec eux une armée de soldats aguerris [2]. C'est dans le nord que se conserva le plus longtemps le penchant à la rébellion contre l'ordre social établi par la conquête ; c'est là que se recrutèrent encore pendant plus de deux siècles ces bandes d'*outlaws*, successeurs politiques des réfugiés du camp d'Ely et des compagnons de Hereward. L'histoire ne les a point compris ; elle les passe sous silence, ou bien, suivant le langage des actes légaux du temps, elle les flétrit d'un nom qui écarte d'eux tout intérêt, du nom de séditieux, de voleurs et de bandits. Mais que ces titres, odieux en apparence, ne nous en imposent point ; dans tout pays subjugué par l'étranger, ils furent ceux des braves qui, en petit nombre, se réfugièrent sur les montagnes et dans les forêts, laissant l'habitation des villes à qui supportait l'esclavage [3]. Si le peuple anglo-saxon n'eut pas le courage de suivre cet exemple, il aima du moins ceux qui le lui donnaient et il les accompagna de ses vœux. Pendant que des ordonnances, rédigées en langue française, prescrivaient à tout habitant des villes et des bourgs d'Angleterre de traquer

---

1. Si quis modo videt peregrinus, ingemit; si quis... vetus incola, non agnoscit. (Willelm. Malmesb., *de Gest. reg. angl.*, lib. III, apud *Rer. anglic. Script.*, p. 103, ed. Savile.)

2. Rex... si quando partes illas regni adit, nonnisi magno auxiliatorum comitatu vadit. (Willelm. Malmesb., *de Gest. pontific. angl.*, lib. III, prolog., apud *Rer. anglic. Script.*, p. 458, ed. Savile.)

3. ... Τούρκοις μὴ προσκυνοῦμεν.
Πᾶμεν νὰ λιμεριάζωμεν ὅπου φωλεάζουν λύκοι.
Σταῖς χώραις σκλάβοι κατοικοῦν...

(*Chants populaires de la Grèce moderne*, publiés par M. Fauriel, t. 1, *Sterghios*, chant n° 24.)

l'homme mis hors la loi, *l'homme des forêts*, comme un loup [1], de le
poursuivre, de canton en canton, par la *huée* et par le *cri* [2], il circulait des chansons anglaises en l'honneur de cet ennemi du pouvoir
étranger, qui avait, disait-on, pour trésor la bourse des comtes, et
pour troupeaux les daims du roi. Les poëtes populaires célébraient
ses victoires, ses combats, ses stratagèmes contre les agents de l'autorité. On chantait comment il avait lassé à la course les gens et les
chevaux du vicomte, comment il avait pris l'évêque, l'avait rançonné
à mille marcs, et forcé d'exécuter un pas de danse dans ses habits
pontificaux [3].

L'évêque normand Eudes de Bayeux, après son expédition dans le
Northumberland, devint fameux parmi les siens, comme l'un des plus
grands *dompteurs* d'Anglais [4]; il était chef des juges, ou grand justicier de toute l'Angleterre, comte de Kent et de Hereford, depuis
l'emprisonnement de Roger, fils de Guillaume fils d'Osbern. Le renom dont il jouissait l'enorgueillit, et le pouvoir qu'il exerçait en
Angleterre et en Normandie excita en lui l'ambition de la plus grande
puissance qu'il y eût alors, de la puissance papale. Des devins italiens
avaient prédit qu'un pape nommé Eudes succéderait à Grégoire VII [5];
l'évêque de Bayeux, s'appuyant sur cette prédiction, commença des
intrigues à Rome, y acheta un palais, envoya de riches présents à
ceux que les gens de l'autre côté des Alpes appelaient encore *sénateurs*, et chargea de lettres et de dépêches les pèlerins de Normandie
et d'Angleterre [6]; il engagea des barons et des chevaliers normands,
entre autres Hugues le Loup, comte de Chester, à le suivre en Italie,
pour lui faire une brillante escorte [7]. Le roi Guillaume, encore en

---

1. Les Normands employaient quelquefois le mot saxon francisé *utlages*, et quelquefois celui de *forestiers*.
2. En anglais moderne, *by hue and cry*.
3. *Ballads of Robin Hoods*, Adam Bell, Clym o'the Chlough, etc., passim.
4. ... Anglos maxime perdomuit. (Willelm. Gemet. *Hist. Normann.*, apud *Script. rer. normann.*, p. 282.)
5. ... Quidam sortilegi Romanorum. (Orderic. Vital. *Hist. ecclesiast.*, lib. VII, apud *Script. rer. normann.*, p. 646.)
6. Palatium sibi emit, senatores Quiritum magnis muneribus datis, sibi amicitia copulavit. (Ibid.)
7. (Ibid.)

Normandie, fut averti de ces préparatifs, et ils lui déplurent, on ne sait pour quelle raison. Ne se souciant pas que son frère devînt pape, il s'embarqua et le surprit en mer, à la hauteur de l'île de Wight [1]. Le roi assembla aussitôt les chefs normands dans cette île, et accusa devant eux l'évêque d'avoir abusé de son pouvoir de juge et de comte ; d'avoir maltraité les Saxons outre mesure, au grand danger de la cause commune [2] ; d'avoir spolié les églises, et enfin d'avoir tenté de séduire et d'emmener hors de l'Angleterre les guerriers sur la foi desquels reposait le salut des conquérants [3]. « Considérez ces griefs, « dit le roi à l'assemblée, et apprenez-moi comment je dois agir « envers un tel frère [4]. » Personne n'osa répondre. « Qu'on l'arrête « donc, reprit Guillaume, et qu'on l'enferme sous bonne garde [5]. » Aucun des assistants n'osa mettre la main sur l'évêque. Alors le roi s'avança et le saisit par ses vêtements. « Je suis clerc, s'écria Eudes, « je suis ministre du Seigneur : le pape seul a droit de me juger [6]. » Mais Guillaume, sans lâcher prise, répondit : « Ce n'est point un « clerc que je juge ; c'est mon comte et mon vassal que j'arrête [7]. » Le frère du vainqueur des Anglais fut conduit en Normandie et emprisonné dans une forteresse, peut-être dans celle où languissait encore Wulfnoth, le frère du roi Harold, dont le sort était maintenant pareil au sien, après quinze ans d'une fortune si différente [8].

Les reproches du roi à l'évêque sur sa conduite dans le nord de l'Angleterre, s'ils ne sont pas une invention de l'ancien historien, semblent déceler quelques craintes d'un nouveau soulèvement de ceux qui avaient tué Robert Comine, repris la ville d'York, massacré l'évêque Vaulcher, et qui couraient avec joie à la rencontre de tout

---

1. Ex insperato in insula Vecta obviavit. (Orderic. Vital. *Hist. ecclesiast.*, lib. VII, apud Script. rer. normann., p. 647.)
2. Angliam vehementer oppressit. (Ibid.)
3. « Ecclesias exspoliavit... militesque meos qui... Angliam tutari debuerant, seduxit et trans Alpes... » (Ibid.)
4. « Considerate... » (Ibid.)
5. « Comprehendite... et... solerter custodite. » (Ibid., p. 646.)
6. « Clericus sum et minister Domini. » (Ibid.)
7. « Ego non clericum nec antistitem damno, sed comitem meum, quem meo, vice mea, præposui regno. » (Ibid.)
8. Voyez livre III, p. 208.

ennemi des Normands qui venait descendre sur leurs côtes. Cette crainte n'était pas entièrement vaine ; car plus d'une révolte éclata dans le voisinage de Durham, sous l'épiscopat de Guillaume, successeur du Lorrain [1]. Dans le reste de l'Angleterre, les vaincus montraient moins d'énergie, et plus de résignation à leurs souffrances. Peu de faits positifs sur la nature de ces souffrances sont parvenus jusqu'à nous, et encore se rapportent-ils, pour la plupart, aux misères des gens d'église, la seule classe des opprimés de la vieille Angleterre qui ait trouvé des historiens. Toutefois, ce qu'on osait contre cette classe privilégiée peut faire conjecturer, par induction, ce qu'avaient à subir les autres classes d'hommes que le scrupule religieux ne protégeait point ; et un trait du régime intérieur d'un monastère anglais, sous le pouvoir d'un abbé normand, dans la seizième année de la conquête, aidera peut-être à deviner le régime des villes et des provinces, sous l'autorité des comtes, des vicomtes et des baillis du roi étranger [2].

Le couvent de Glastonbury, dans la province de Sommerset, après la déposition d'Eghelnoth, son abbé de race saxonne, avait été donné à Toustain, moine de Caen [3]. Toustain, suivant la coutume des autres Normands devenus abbés en Angleterre, avait commencé par diminuer la portion de nourriture de ses religieux, pour les rendre plus maniables ; mais la famine ne fit que les irriter davantage contre le pouvoir de celui qu'ils qualifiaient hautement d'intrus [4]. L'abbé, par esprit national, ou par fantaisie de despotisme, voulait que ces moines saxons apprissent à chanter les offices d'après la méthode d'un musicien fameux dans la ville de Fécamp, et les Saxons, autant par haine de la musique normande que par habitude, tenaient au chant grégo-

---

1. Moritur Willelmus episcopus dunelmensis, et fit commotio hominum. (*Annales* de Margan, apud *Rer. anglic. Script.*, t. II, p. 3, ed. Gale.)

2. Monasterium Gladstoniæ... semper post adventum Normannorum pessimis est infractum laboribus... Abbates enim, rerum gloria elati, non religiosos sed tyrannos agunt, foris tumidi... intus crudeles et incommodi. (Adamus de Domeram, ed. Hearne, p. 113.)

3. Voyez livre V p. 387.

4. Monachos in victualibus miserabiliter tractare, hinc lites verborum, animorum discordiæ quia, ut ait Lucanus, nescit plebes jejuna timere. (Willelm. Malmesb., *de Gest. pontific. angl.*, lib. II, apud *Rer. anglic. Script.*, p. 254, ed. Savile.)

rien[1]. Ils reçurent plusieurs fois l'injonction d'y renoncer, ainsi qu'à d'autres anciens usages; mais ils résistèrent jusqu'au point de déclarer un jour, en plein chapitre, leur ferme résolution de ne pas changer[2]. Le Normand se leva furieux, sortit, et revint aussitôt à la tête d'une compagnie de gens armés de toutes pièces[3].

A cette vue, les moines s'enfuirent vers l'église, et se réfugièrent dans le chœur, dont ils eurent le temps de fermer la porte[4]. Les soldats qui les poursuivaient, se trouvant arrêtés, essayèrent de la forcer. Pendant ce temps, quelques-uns d'entre eux escaladèrent les piliers, et, se plaçant sur les solives qui couronnaient la clôture du chœur, commencèrent l'attaque de loin et à coups de flèches[5]. Les moines, réfugiés près du maître-autel, se glissaient dessous ou se tapissaient derrière les châsses et les reliquaires, qui, leur servant de rempart, reçurent les flèches lancées contre eux; le grand crucifix de l'autel en fut hérissé de toutes parts[6]. Bientôt la porte du chœur céda aux efforts de ceux qui l'ébranlaient, et les Saxons, forcés dans leur retraite, furent chargés de près à coups d'épée et de lance; ils se défendirent le mieux qu'ils purent avec les bancs de bois et les candélabres de métal; ils blessèrent même quelques soldats[7]; mais les armes étaient trop inégales : dix-huit d'entre eux furent tués ou blessés mortellement, et leur sang, dit la chronique contemporaine, ruissela sur les degrés de l'autel[8]. Un autre historien annonce qu'il pourrait mentionner beaucoup d'aventures semblables à celle-ci, mais qu'il aime mieux les passer sous silence comme également pénibles à raconter et à entendre[9].

---

1. Ut cujusdam Willelmi Fiscanensis cantum discerent et cantarent. (Willelm. Malmesb., *de Antiquit. glaston. eccles.*, apud *Rer. anglic. Script.*, t. III, p. 331, ed. Gale.)

2. Ibid., p. 332.

3. ... Milites ac satellites suos phaleratos. (Ibid.)

4. *Chron. saxon.*, ed. Gibson, p. 184. — Willelm. Malmesb., loc. sup. cit.

5. Quidam etiam solaria inter columnas erecta scandebant. (Ibid.)

6. Crucifixum sagittis inhorrere fecerant. (Willelm. Malmesb., *de Gest. reg. angl.*, lib. III, apud *Rer. anglic. Script.*, p. 110, ed Savile.)

7. Ubicumque poterant se defendentes cum scamnis et candelabris quosdam de militibus vulneraverunt. (Henrici Knigthon *de Event. angl.*, lib. II, apud *Hist. anglic. Script.*, t. II, col. 2352, ed. Selden.)

8. De altari in gradus et de gradibus in aream. (*Chron. saxon.*, ed. Gibson, p. 185.)

9. Multa his similia referre possem... verum quia haec sunt minus laeta, his omissis... (Orderic. Vital. *Hist. ecclesiast.*, lib. IV, apud *Script. rer. normann.*, p. 524.)

Dans l'année 1083 mourut Mathilde, épouse du roi Guillaume. Un ancien récit dit que les conseils de cette femme adoucirent plus d'une fois l'âme du conquérant ; qu'elle le disposa souvent à la clémence envers les Anglais, mais qu'après sa mort, Guillaume s'abandonna sans réserve à son humeur tyrannique [1]. Les faits manquent pour constater cet accroissement d'oppression et de misère pour le peuple vaincu, et l'imagination ne peut guère y suppléer, car il est difficile d'ajouter un seul degré de plus au malheur des années précédentes. La seule différence qu'on puisse remarquer entre l'époque de la conquête qui suivit la mort de Mathilde et celles que le lecteur a déjà parcourues, c'est que le roi Guillaume, n'ayant plus rien à gagner en pouvoir sur les indigènes, commença dès lors à se créer une domination personnelle sur ses compagnons de victoire. La nécessité eut probablement à cette entreprise autant de part que l'ambition ; et, comme il ne restait plus rien à enlever aux Anglais, le roi se vit obligé de lever sur les Normands eux-mêmes des contributions pour le maintien de la propriété commune. Dans cette année 1083, il exigea six sous d'argent pour chaque hyde ou charruée de terre, dans tout le royaume, sans distinction de possesseur [2]. Le guerrier normand, usé par vingt ans de combats, se vit contraint de payer, sur les revenus du domaine qu'il avait conquis dans ses jours de force et de jeunesse, la solde d'une nouvelle armée.

De cette époque date l'origine d'un esprit de défiance mutuelle et d'hostilité sourde entre le roi et ses vieux amis. Ils s'accusaient réciproquement d'avarice et d'égoïsme. Guillaume reprochait aux chefs normands de tenir plus à leur bien-être personnel qu'à la sûreté commune, de songer plutôt à bâtir des fermes, à élever des troupeaux, à former des haras, qu'à se tenir prêts contre l'ennemi indigène ou étranger [3]. A leur tour, les chefs reprochaient au roi d'être avide de

---

1. Istius... consilio rex pacifice cum Anglis tractabat, post mortem vero ipsius... on.-nem induit tyrannidem. (Thomæ Rudborne *Hist. major Winton.* ; *Anglia sacra*, t. I, p. 257.)

2. De unoquoque aratro, id est hyda terræ, totius regni, sex solidos cepit argenti. (Matth. Paris., t. I, p. 11.)

3. Richardus de Rulos... multum agriculturæ deditus, ac in jumentorum et pecorum multitudine plurimum delectatus. (*Hist. Ingulf. Croyland.*, apud *Rer. anglic. Script.*, t. 1, p. 77, ed. Gale.)

gain au delà de toute mesure, et de vouloir s'approprier, sous de faux prétextes d'utilité générale, les richesses acquises par le travail de tous. Afin d'asseoir sur une base fixe ses demandes de contributions ou de services d'argent, pour parler le langage du siècle, Guillaume fit faire une grande enquête territoriale, et dresser un registre universel de toutes les mutations de propriété opérées en Angleterre par la conquête; il voulut savoir en quelles mains, dans toute l'étendue du pays, avaient passé les domaines des Saxons, et combien d'entre eux gardaient encore leurs héritages par suite de traités particuliers conclus avec lui-même ou avec ses barons[1]; combien, dans chaque domaine rural, il y avait d'arpents de terre; quel nombre d'arpents pouvait suffire à l'entretien d'un homme d'armes, et quel était le nombre de ces derniers dans chaque province ou comté de l'Angleterre; à quelle somme montait en gros le produit des cités, des villes, des bourgades, des hameaux; quelle était exactement la propriété de chaque comte, baron, chevalier, sergent d'armes; combien chacun avait de terre, de gens ayant fiefs sur ses terres, de Saxons, de bétail, de charrues[2].

Ce travail, dans lequel des historiens modernes ont cru voir la marque du génie administratif, fut le simple résultat de la position spéciale du roi normand comme chef d'une armée conquérante, et de la nécessité d'établir un ordre quelconque dans le chaos de la conquête. Cela est si vrai, que, dans d'autres conquêtes dont les détails nous ont été transmis, par exemple dans celle de la Grèce par les croisés latins, au treizième siècle, on trouve la même espèce d'enquête faite sur un plan tout semblable par les chefs de l'invasion[3].

En vertu des ordres du roi Guillaume, Henri de Ferrières, Gaultier Giffard, Adam, frère d'Eudes le sénéchal, et Remi, évêque de Lin-

---

1. Quomodo incoleretur et a quibus hominibus. (*Chron. saxon.*, ed. Gibson, p. 186.)

2. Quot jugata et virgatæ terræ, quidque uni militi sufficere posset. Fecitque inquirere de urbibus et villis et viculis ad quid in solidum ascenderent; inquisivit etiam quot animalia possent sufficere ad unius hidæ culturam... et quot milites essent in unoquoque comitatu. (Florent. Wigorn. *Chron.*, p. 229.) — Thomæ Rudborne *Hist. major Winton.*; *Anglia sacra*, t. I, p. 257.

3. Poëme sur la conquête de la Morée, ms. de la Bibliothèque royale, traduit et publié par M. Buchon.

coln, ainsi que d'autres personnages pris parmi les gens de justice et les gardiens du trésor royal, se mirent à voyager par tous les comtés de l'Angleterre, établissant dans chaque lieu un peu considérable leur conseil d'enquête¹. Ils faisaient comparaître devant eux le vicomte normand de chaque province ou de chaque *shire* saxonne, personnage auquel les Saxons conservaient dans leur langue l'ancien titre de *shire-reve*, ou *sheriff*. Ils convoquaient ou faisaient convoquer par le vicomte tous les barons normands de la province, qui venaient indiquer les bornes précises de leurs possessions et de leurs juridictions territoriales; puis quelques-uns des hommes de l'enquête, ou des commissaires délégués par eux, se transportaient sur chaque grand domaine et dans chaque district ou *centurie*, comme s'exprimaient les Saxons. Là ils faisaient déclarer, sous serment, par les hommes d'armes français de chaque seigneur, et par les habitants anglais de la centurie, combien il y avait, sur le domaine, de possesseurs libres et de fermiers²; quelle portion chacun occupait en propriété pleine ou précaire; les noms des détenteurs actuels, les noms de ceux qui avaient possédé avant la conquête, et les diverses mutations de propriété survenues depuis : de façon, disent les récits du temps, qu'on exigeait trois déclarations sur chaque terre : ce qu'elle avait été au temps du roi Edward, ce qu'elle avait été quand le roi Guillaume l'avait donnée, et ce qu'elle était au moment présent³. Au-dessous de chaque recensement particulier on inscrivait cette formule : « Voilà ce qu'ont juré tous les Français et tous les Anglais « du canton⁴. »

Dans chaque bourgade on s'enquérait de ce que les habitants avaient payé d'impôt aux anciens rois, et de ce que le bourg produisait aux officiers du conquérant; on recherchait combien de mai-

---

1. Mittebat... suos homines. (*Chron. saxon.*, ed. Gibson, p. 186.)

2. Per sacramentum vice-comitis sciræ et omnium baronum et eorum Francigenarum et totius centuriatus. (Ex anonym. mss., apud Selden, præfat. ad Eadmeri *Hist. nov.*, p. xv.)

3. Hoc totum tripliciter, scilicet tempore regis Edwardi, et quando rex Willielmus dedit, et quomodo sit modo... (Ibid.)

4. Omnes Franci et Angli de hundredo juraverunt. (Ibid., p. xvi.)

sons la guerre de la conquête ou les constructions de forteresses avaient fait disparaître; combien de maisons les vainqueurs avaient prises; combien de familles saxonnes, réduites à l'extrême indigence, étaient hors d'état de rien payer [1]. Dans les cités, on prenait le serment des grandes autorités normandes, qui convoquaient les bourgeois saxons au sein de leur ancienne chambre du conseil, devenue la propriété du roi ou de quelque baron étranger ; enfin, dans les lieux de moindre importance on prenait le serment du préposé ou *prévôt* royal, du prêtre et de six Saxons ou de six villains de chaque ville, comme s'exprimaient les Normands [2]. Cette recherche dura six années, pendant lesquelles les commissaires du roi Guillaume parcoururent toute l'Angleterre, à l'exception des pays montagneux au nord et à l'ouest de la province d'York, c'est-à-dire des cinq comtés modernes de Durham, Northumberland, Cumberland, Westmoreland et Lancaster [3]. Peut-être cette étendue de pays, cruellement dévastée à deux reprises différentes, n'offrait-elle point assez de terres en valeur, ni des propriétés assez fixement divisées, pour que le cadastre en fût ou utile ou possible à dresser ; peut-être aussi les commissaires normands craignirent-ils, s'ils transportaient leurs assises dans les bourgades de la Northumbrie, d'entendre retentir à leurs oreilles les mots saxons qui avaient été le signal du massacre de l'évêque Vaulcher et de ses cent hommes.

Quoi qu'il en soit, le rôle de cadastre, ou, pour parler l'ancien langage, le *terrier* de la conquête normande ne fit point mention des domaines conquis au delà de la province d'York. La rédaction de ce rôle pour chaque province qu'il mentionnait fut *modelée* sur un plan uniforme. Le nom du roi était placé en tête, avec la liste de ses terres et de ses revenus dans la province; puis venaient à la suite les noms des chefs et des moindres propriétaires, par ordre de grade militaire

---

1. Domesday-book, passim.
2. Per sacramentum... presbyteri, præpositi, sex villani uniuscujusque villæ. (Ex anoym. mss., apud Selden, præfat. ad Eadmeri *Hist. nov.*, p. xv.)
3. Anno millesimo octogesimo sexto ab incarnatione Domini, vigesimo quinto regni Willelmi, facta est ista descriptio. (Domesday-book, vol. II, p. 450.)

et de richesse territoriale [1]. Les Saxons épargnés par grâce spéciale dans la grande spoliation ne figuraient qu'aux derniers rangs; car le petit nombre d'hommes de cette race qui restèrent propriétaires franchement et librement, ou *tenants en chefs du roi*, comme s'exprimaient les conquérants, ne le furent que pour de minces domaines. Ils furent inscrits à la fin de chaque chapitre sous le titre de *thegns du roi* [2], ou avec diverses qualifications d'offices domestiques dans la maison royale [3]. Le reste des noms à physionomie anglo-saxonne, épars çà et là dans le rôle, appartient à des fermiers de quelques fractions plus ou moins grandes du domaine des comtes, barons, chevaliers, sergents d'armes ou arbalétriers normands [4].

1080 à 1086

Telle est la forme du livre authentique, et conservé jusqu'à nos jours, dans lequel ont été puisés la plupart des faits d'expropriations présentés çà et là dans ce récit. Ce livre précieux, où la conquête fut enregistrée tout entière pour que le souvenir ne pût s'en effacer, fut appelé par les Normands *le grand rôle, le rôle royal*, ou *le rôle de Winchester*, parce qu'il était conservé dans le trésor de la cathédrale de Winchester [5]. Les Saxons l'appelèrent d'un nom plus solennel, le livre du dernier jugement, *Domesday-book*, parce qu'il contenait leur sentence d'expropriation irrévocable [6]. Mais si ce livre fut un arrêt de dépossession pour la nation anglaise, il le fut aussi pour quelques-uns des usurpateurs étrangers. Leur chef s'en servit habilement pour opérer à son profit de nombreuses mutations de propriété, et légitimer ses prétentions personnelles sur beaucoup de terres envahies et occupées par d'autres. Il se prétendait propriétaire, par héritage, de tout ce qu'avaient possédé Edward, l'avant-

---

1. Prænotato in ipso capite regis nomine, et deinde seriatim aliorum procerum nominibus appositis, secundum status sui dignitatem. (*Liber niger de Scaccario*, apud *Gloss.* Spelmani, verbo *Domesday.*)

2. Thani regis. (Domesday-book, passim.)

3. Venatores, accipitrarii, ostiarii, pistores.

4. Nicolaus balistarius. (Domesday-book.)

5. Rotulus regis, rotulus Vintoniæ et liber Vintoniæ. (*Gloss.* Spelmani, verbo *Domesday.*) — Magnus liber... habitus in thesauro ecclesiæ cathedralis wintoniæ. (Thomæ Rudborne *Hist. major Winton.*; *Anglia sacra*, t. I, p. 257.)

6. Vocatus Domysday... quia nulli parcit, sicut nec magnus dies judicii. (Ibid.)

1050
à
1086

dernier roi des Anglo-Saxons, Harold, le dernier roi, et la famille entière de Harold ; il revendiquait au même titre toutes les propriétés publiques et le haut domaine de toutes les villes, à moins qu'il ne les eût expressément aliénées, soit en entier, soit en partie, par diplôme authentique, *par lettre et saisine*, comme disaient les juristes normands [1].

Au moment de la victoire, personne n'avait songé aux formalités de *lettre* et de *saisine*, et chacun de ceux à qui Guillaume avait dit avant le combat : « Ce que je prendrai, vous le prendrez [2], » s'était fait sa portion lui-même ; mais, après la conquête, les soldats de l'invasion sentirent peser sur leurs propres têtes une partie de la puissance qu'ils avaient élevée sur celle des Anglais. C'est ainsi que le droit de Guillaume de Garenne sur la terre de deux Anglais libres, dans la province de Norfolk, lui fut contesté, parce que cette terre avait dépendu autrefois d'un manoir royal d'Edward [3] ; il en fut de même d'un domaine d'Eustache, dans la province de Huntingdon, et de quinze acres de terre que tenait Miles dans celle de Berks [4] ; une terre qu'Engelry occupait dans la province d'Essex fut, selon l'expression du grand rôle, saisie en la main du roi, parce qu'Engelry n'envoya personne pour rendre compte de ses titres [5]. Le roi saisit pareillement toutes les terres sur lesquelles il avait prétention, et dont le détenteur, quoique Normand, ne put ou ne voulut pas *rendre compte* [6].

Une autre prétention de sa part, c'était que chaque domaine qui avait payé au roi Edward quelque rente ou quelque service, lui payât, bien qu'il fût tenu par un Normand, la même rente ou le même

---

1. Breve sigillum, liberatio, saisitio. (Domesday-book, passim.)
2. Voyez liv. III, p. 243.
3. Quod pertinebant T. R. E. (*tempore regis Edwardi*) ad faganaham mansæ regis. (Domesday-book, vol. II, p. 172.)
4. Grafham dicunt socam regis fuisse et esse, nec brevem, nec saisitorem vidisse qui liberasset eam Eustachio. (Domesday-book, vol. I, fol. 208, recto.) — Rex E. habuit xv acras... Milo Crispin. tenet eas nesciunt quomodo. (Ibid., fol. 56, recto.)
5. Et quia neque legatus neque alius homo venit ex parte sua qui derationasset hanc terram, ideo est in manu regis. (Ibid., vol. II, p. 25.)
6. Rationare, derationare, reddere rationem. (Ibid., passim.)

service. Cette prétention, fondée sur une succession aux droits d'un roi anglais, que ne pouvaient admettre ceux qui avaient déshérité la race anglaise, fut d'abord mal accueillie par les conquérants. La franchise d'impôts ou de service d'argent, hors quelques contributions volontaires, leur paraissait la prérogative inviolable de leur victoire, et ils regardaient la condition de contribuables *par coutume* comme l'état spécial de la nation subjuguée [1]. Plusieurs résistèrent aux réclamations du roi, dédaignant de se voir imposer des servitudes personnelles pour la terre qu'ils avaient conquise. Mais il y en eut qui se soumirent; et leur complaisance, soit volontaire, soit achetée par le roi Guillaume, énerva l'opposition des autres. Raoul de Courbespines refusa longtemps de payer aucune redevance pour les maisons qu'il avait prises dans la ville de Canterbury, et Hugues de Montfort pour les terres qu'il occupait dans la province d'Essex [2]. Ces deux chefs pouvaient être fiers impunément; mais la fierté des hommes moins puissants et moins considérables fut quelquefois durement punie. Un certain Osbern, dit le Pêcheur, n'ayant point voulu acquitter la rente que sa portion de terre payait anciennement au roi Edward, comme dépendant de son domaine, fut exproprié par les agents royaux, et sa terre offerte à qui voudrait payer pour lui : Raoul Taille-Bois paya, dit le grand rôle, et prit possession du domaine comme *forfait* par Osbern le Pêcheur [3].

Le roi tâchait aussi de lever sur ses propres compatriotes, dans les villes et les terres de son domaine, l'impôt anciennement établi par la loi saxonne. Quant aux Anglais de ces villes et de ces domaines, outre cet impôt rigoureusement exigé au nom de la cou-

---

1. Consuetudo, custuma, custumarii, *coustumes*. Ce mot subsiste dans la langue anglaise moderne.

2. Radulfus de Curbespine habet IV mansuras de quibus est saca et soca regis, sed usque nunc non habuit. (Domesday-book, vol. I, fol. 2, recto.) — Huic manerio adjacebant IV liberi homines de IV hidis, T. R. E. reddentes consuetudinem. Modo tenet Robertus filius Corbutionis... et Hugo de Monteforti... et non reddiderunt consuetudinem ex quo eas habuerunt. (Ibid., vol. II, p. 2 et seq.)

3. Osbernus piscator... sed... ille gablum de hac terra dare noluit, et Radulfus Taillgebosc gablum dedit et pro forisfacto ipsam terram sumpsit. (Ibid., vol. I, fol. 316, verso.)

1080 à 1086

tume du lieu, et souvent doublé ou triplé, ils étaient encore soumis à une redevance éventuelle, arbitraire, inégale, levée capricieusement et durement, que les Normands appelaient *taille* ou *taillage* [1]. Le grand rôle donne l'état des bourgeois taillables du roi par cités, par villes et par bourgs : « Voici les bourgeois du roi à Colchester [2] : c'est « Keolman, qui tient une maison et cinq acres de terre ; Leofwin, qui « tient deux maisons et vingt-cinq acres ; Ulfrik, Edwin, Wulfstan, « Manwn, etc. » Les chefs et les soldats normands levaient aussi la taille sur les Saxons qui leur étaient échus, soit dans les bourgs, soit hors des villes [3]. C'est ce qu'on appelait, dans le langage des conquérants, avoir un bourgeois ou un Saxon libre ; et, dans ce sens, les hommes libres se comptaient par tête, se vendaient, se donnaient, s'engageaient, se prêtaient, ou même se divisaient par moitié entre Normands [4]. Le grand rôle dit qu'un certain vicomte *avait* dans le bourg d'Ipswich deux bourgeois saxons, l'un en prêt et l'autre en nantissement [5] ; et que le roi Guillaume avait, par acte authentique, prêté le Saxon Edwig à Raoul Taille-Bois pour le garder tant qu'il vivrait [6].

Beaucoup de querelles intestines dans la nation des vainqueurs pour la dépouille des vaincus, beaucoup d'*invasions* de Normands sur Normands, comme s'exprime le rôle d'enquête [7], furent aussi enregistrées dans tous les coins de l'Angleterre. Par exemple, Guillaume de Garenne, dans le comté de Bedford, avait dessaisi Gaultier Espec d'un demi-hyde ou d'un demi-arpent de terre, et lui avait

---

1. En latin, *tallagium*.
2. Isti sunt burgenses regis... (Domesday-book, vol. II, p. 104.)
3. Omnes isti sunt liberi homines Rogerii Bigot, et Normannus tenet eos de eo. (Ibid., p. 341.)
4. Istos liberos homines calumniatur Rogerus de Ramis. (Ibid., p. 337.) — Invasit Hugo de Corbun. sub Rogerio Bigot medietatem unius liberi hominis. (Ibid., p. 278.)
5. Habet Normannus II burgenses, unum in vadimonio contra eundem et alterum pro debito. (Ibid., vol. II, p. 438.)
6. Hanc terram tenuit Avigi, et potuit dare cui voluit T. R. E. ; hanc ei postea W. rex concessit, et per suum brevem Radulfo Tallebosc commodavit, ut eum servaret quamdiu viveret. (Ibid., vol. I, fol. 211, verso.)
7. Invasiones. (Ibid., passim.)

enlevé deux chevaux[1]. Ailleurs, c'était Hugues de Corbon qui avait usurpé sur Roger Bigot *la moitié d'un Anglais libre*, c'est-à-dire cinq acres de terre. Dans le comté de Hants, Guillaume de La Chesnaye réclamait contre Picot une certaine portion de terre, sous prétexte qu'elle appartenait au Saxon dont il avait pris les biens[2]. Ce dernier fait et beaucoup d'autres du même genre prouvent que les Normands considéraient comme leur propriété légitime tout ce que l'ancien propriétaire aurait pu légalement revendiquer, et que l'envahisseur étranger, se regardant comme un successeur naturel, faisait les mêmes recherches, exerçait les mêmes poursuites civiles qu'eût exercées l'héritier du Saxon[3]. Il appelait en témoignage les habitants anglais du district, pour constater l'étendue des droits que lui avait communiqués sa substitution à la place de l'homme tué ou expulsé par lui[4]. Souvent la mémoire des habitants, troublée par la souffrance et par le fracas de la conquête, répondait mal à ces sortes de demandes; souvent aussi le Normand qui voulait contester le droit de son compatriote refusait de s'en tenir à la déposition de cette *vile populace* des vaincus[5]. Dans ce cas, le seul moyen de terminer la dispute était le duel judiciaire entre les parties, ou le jugement devant la cour du roi[6].

Le *terrier* normand parle, en beaucoup d'endroits, d'envahissements injustes, de saisies, de prétentions injustes[7]. C'est sans doute une chose bizarre que de voir le mot de justice écrit dans le registre d'expropriation de tout un peuple; et l'on ne comprendrait point ce livre si l'on ne songeait à chaque phrase qu'*héritage* y signifie spo-

---

1. Fuit Willelmus Spec saisitus per regem et ejus liberatorem, sed W. de Warenna sine breve regis eum dessaisivit et II equos ejus hominibus abstulit et necdum reddidit. (Domesday-book, vol. I, fol. 211, verso.)

2. Istam terram calumniatur Willelmus de Chernet, per hæreditatem sui antecessoris. (Ibid., fol. 44, verso.)

3. Hanc clamant... per antecessorem... cujus terras omnes W. rex sibi donavit. (Ibid., fol. 215, recto.)

4. De hoc suum testimonium adduxit de... antiquis hominibus totius comitatus. (Ibid., fol. 44 verso.)

5. Testimonium de villanis et vili plebe. (Ibid.)

6. Judicium per regem in curia regis; judicio, seu bello, seu duello. (Ibid., passim.)

7. Invasit, injuste saisivit, injuste dissaisivit, injuste occupavit. (Ibid., passim.)

liation d'un Anglais; que tout Anglais dépouillé par un Normand prend dès lors le nom de *prédécesseur* du Normand ; qu'être *juste*, pour un Normand, c'est s'interdire de toucher au bien de l'Anglais tué ou chassé par un autre, et que le contraire s'appelle *injustice*, comme le prouve le passage suivant : « Dans le comté de Bedford, « Raoul Taille-Bois a injustement dessaisi Neel de cinq hydes de « terre, faisant notoirement partie de l'héritage de son *prédéces-* « *seur*, et dont la concubine de ce même Neel occupe encore une « portion [1]. »

Quelques Saxons dépossédés osèrent se présenter devant les commissaires de l'enquête pour faire leurs réclamations; il y en eut même plusieurs d'enregistrées avec des termes de supplication humble que nul des Normands n'employait. Ces hommes se déclaraient pauvres et misérables; ils en appelaient à la clémence et à la miséricorde du roi [2]. Ceux qui, après beaucoup de bassesses, parvinrent à conserver quelque mince partie de leurs héritages paternels, furent obligés de payer cette grâce par des services dégradants et bizarres, ou la reçurent au titre non moins humiliant d'aumône. Des fils sont inscrits dans le rôle comme tenant par *aumône* le bien de leurs pères [3]. Des femmes libres gardent leur champ par *aumône* [4]. Une autre femme reste en jouissance de la terre de son mari, à condition de nourrir les chiens du roi [5]. Enfin une mère et son fils reçoivent en *don* leur ancien héritage, à condition de dire chaque jour des prières pour l'âme de Richard, fils du roi [6].

---

1. Clamat Nigellus ipse I virgatam quam tenuit antecessor ejus T. R. E. Ipse (Nigellus) inde saisitus fuit..., sed Radulfus Tallebosc eum dessaisivit... Tenet quædam concubina Nigelli II hid. (Domesday-book, vol. I, fol. 214, recto.)

2. Quam pauper cum matre reclamat... Ipsi reclamant misericordiam regis. (Ibid., fol. 203, recto.)

3. Hanc terram tenuit pater hujus hominis et vendere potuit T. R. E.; hanc rex W. in elemosina eidem concessit. (Ibid., fol. 218, recto.)

4. Ibi habet... Œdeva libera femina I hidam de rege in elemosina quam eadem tenuit T. R. E. (Ibid., fol. 63, verso.)

5. Godricus tenuit... dicit se vidisse brevem regis quod eam dederit feminæ Godrici in dono, eo quod nutriebat canes suos. (Ibid., fol. 57, verso.)

6. Hoc manerium tenuit... Aldene teignus T. R. E. et vendere potuit, sed W. rex dedit hoc manerium huic Aldene et matri ejus, pro anima Ricardi filii sui. (Ibid., fol. 141, verso.)

Ce Richard, fils de Guillaume le Conquérant, mourut en l'année 1081, froissé par son cheval contre un arbre dans le lieu que les Normands appelaient la Forêt-Neuve [1]. C'était un espace de trente milles, nouvellement planté d'arbres, entre Salisbury et la mer. Cette étendue de terre, avant d'être mise en bois, contenait plus de soixante paroisses que le conquérant détruisit, et dont il chassa les habitants [2]. On ne sait si la raison de cet acte singulier ne fut pas purement politique, et si Guillaume n'eut pas pour objet spécial d'assurer à ses recrues de Normandie un lieu de débarquement sûr, où nul ennemi saxon ne pût se rencontrer; ou bien si, comme le disent la plupart des anciennes histoires, il ne voulut que satisfaire sa passion et celle de ses fils pour la chasse. C'est à cette passion effrénée qu'on attribue aussi les règlements bizarres et cruels qu'il fit sur le port d'armes dans les forêts d'Angleterre; mais il y a lieu de penser que ces règlements eurent un motif plus sérieux, et furent dirigés contre les Anglais, qui, sous prétexte de chasse, pouvaient se donner des rendez-vous en armes. « Il ordonna, dit une chronique contemporaine, « que quiconque tuerait un cerf ou une biche eût les yeux crevés; la « défense faite pour les cerfs s'étendit aux sangliers; et il fit même « des statuts pour que les lièvres fussent à l'abri de tout péril. Ce « roi aimait les bêtes sauvages comme s'il eût été leur père [3]. » Ces lois, exécutées avec rigueur contre les Saxons, accrurent singulièrement leur misère; car beaucoup d'entre eux n'avaient plus que la chasse pour unique moyen de subsistance. « Les pauvres mur- « murèrent, ajoute la chronique citée plus haut, mais il ne tenait « compte de leur haine, et force leur était d'obéir sous peine de la « vie [4]. »

---

1. *Nove forest.* — Voyez *Gloss.* Spelmani, verbo *Foresta.*

2. Plus quam LX parochias ultro devastavit, ruricolas ad alia loca transmigrare compulit, et silvestres feras pro hominibus... ibidem constituit. (Orderic. Vital. *Hist. ecclesiast.*, lib. X, apud *Script. rer. normann.*, p. 781.)

3. Amabat... rex ferus feras ac si esset pater ferarum. (Thomæ Rudborne *Hist. major Winton.*; *Anglia sacra*, t. I, p. 258.) — Ita vero multum amavit feras majores ac si fuisset earum pater. (*Swa swithe he lufode tha headeor swylce he wære heora fæder.*) Item statuit de leporibus ut periculo immunes essent. (*Chron. saxon.*, ed. Gibson, p. 191.)

4. Hoc... pauperes ægre ferebant; verum is ita rigidus (fuit), ut nihili haberet omnium eorum odium eos... oportuit... obsequi, si vellent vivere. (Ibid.)

Guillaume comprit dans son domaine royal toutes les grandes forêts de l'Angleterre, lieux redoutables pour les conquérants, asiles de leurs derniers adversaires. Ces lois, que les historiens saxons ridiculisent en les montrant destinées à garantir la vie des lièvres, étaient une puissante sauvegarde de la vie des Normands ; et, afin que l'exécution en fût mieux assurée, la chasse dans les forêts royales devint un privilége dont la concession appartenait au roi seul, qui pouvait à son gré l'octroyer ou l'interdire. Plusieurs hauts personnages de race normande, plus sensibles à leur propre gêne qu'à l'intérêt de la conquête, s'irritèrent de cette loi exclusive [1]. Mais, tant que l'esprit de nationalité se conserva parmi les vaincus, ce désir des Normands ne prévalut pas contre la volonté de leurs rois. Soutenus par l'instinct de la nécessité politique, les fils de Guillaume conservèrent aussi exclusivement que lui le privilége de chasse ; et ce ne fut qu'à l'époque où ce privilége cessa d'être nécessaire, que leurs successeurs se virent forcés de l'abdiquer, quelque regret qu'ils en eussent [2].

Alors, c'est-à-dire au treizième siècle, les parcs des propriétaires normands ne furent plus compris dans l'étendue des forêts royales, et le seigneur de chaque domaine obtint la libre jouissance de ses bois ; ses chiens ne furent plus soumis à la mutilation des jambes [3], et les *forestiers, verdiers* ou *regardeurs* royaux ne rôdèrent plus sans cesse autour de sa maison pour le surprendre dans quelque délit de chasse et lui faire payer une grosse amende. Au contraire, la garantie de la loi royale pour la conservation du gibier de grande et de petite espèce s'étendit au profit des descendants des riches Normands ; et eux-mêmes eurent des gardes-chasse pour tuer impunément le pauvre Anglais surpris en embuscade contre les daims et les lièvres [4]. Plus tard, le pauvre lui-même, le descendant des Saxons, ayant cessé d'être redoutable aux riches issus de l'autre race, ne fut puni, quand

---

1. Hoc viri summi conquesti sunt. (*Chron. saxon.*, ed. Gibson, p. 191.)
2. Blacktone's *Comment. on the laws of England*, vol. II, p. 415 et suiv.
3. ... Ne amplius expediantur. (Charta Henrici III.)
4. Si fugit et occidatur malefactor, non obtinebit jus nec appellum. (Additamenta ad Matth. Paris., t. I, p. 156.)

il osa chasser, que d'une seule année d'emprisonnement, à la charge de trouver ensuite douze cautions solvables pour répondre qu'à l'avenir il ne commettrait plus aucun délit « ni en parcs, ni en forêts, « ni en garennes, ni en viviers, ni en quoi que ce fût, contre la paix « du seigneur roi [1]. »

Pour dernière particularité qu'offre le grand registre de la conquête normande, on y trouve la preuve que le roi Guillaume établit, en loi générale, que tout titre de propriété antérieur à son invasion, et que tout acte de transmission de biens fait par un homme de race anglaise postérieurement à l'invasion, étaient nuls et non avenus, à moins que lui-même ne les eût formellement ratifiés. Dans la première terreur causée par la conquête, quelques Anglais avaient aliéné une portion de leurs terres aux églises, soit en don réel pour le salut de leur âme et de leur corps, soit en don simulé, afin d'assurer cette portion à leurs fils, si les domaines des saints de l'Angleterre étaient respectés par les Normands. Cette précaution fut inutile, et quand les églises ne purent administrer la preuve écrite que le roi avait confirmé le don, ou, en d'autres termes, que lui-même l'avait fait, la terre fut saisie à son profit [2]. C'est ce qui arriva pour le domaine d'Ailrik, qui, avant de partir pour la guerre contre les Normands, avait donné son manoir au couvent de Saint-Pierre, dans la province d'Essex, et pour celui d'un certain Edrik, affermé, avant la conquête, au monastère d'Abingdon [3].

Plus d'une fois dans la suite cette loi fut remise en vigueur, et tout titre quelconque de propriété anéanti pour les fils des Anglo-Saxons. C'est un fait attesté par le Normand Richard Lenoir, évêque

---

1. Et post... inveniet duodecim plegios qui ipsum manucapient quod deinceps non malefaciet in parcis, vivariis vel forestis, nec in aliquo contra pacem domini regis. (Additamenta ad Matth. Paris., t. I, p. 156.)

2. Nortunam tenuit Godid quædam fœmina T. R. E... hanc terram dedit... sancto Paulo, postquam rex venit in Angliam, sed non ostendit brevem neque concessum regis. (Domesday-book, vol. II, p. 13.)

3. Ailricus abiit in navale prælium contra Willelmum regem... Tunc dedit S. Petro istud manerium. (Ibid., p. 14.) — De hoc manerio... Edricus, qui eum tenebat, deliberavit illum filio suo qui erat in Abendone monachus, ut ad firmam illud teneret. (Ibid., vol. I, fol. 59, recto.)

d'Ely vers le milieu du douzième siècle. Il raconte que les Anglais, journellement dépossédés par leurs seigneurs, adressèrent de grandes plaintes au roi, disant que les mauvais traitements qu'ils avaient à subir de la part de l'autre race, et la haine qu'elle leur portait, ne leur laissaient plus d'autre ressource que d'abandonner le pays[1]. Après de longues délibérations, les rois et leur conseil décidèrent qu'à l'avenir tout ce qu'un homme de race anglaise obtiendrait des seigneurs, comme salaire de services personnels, ou par suite de conventions légales, lui serait assuré irrévocablement, mais sous la condition qu'il renoncerait à tout droit fondé sur une possession antérieure[2]. « Cette décision, ajoute l'évêque d'Ely, fut sage et utile ; et « elle obligea les fils des vaincus à rechercher les bonnes grâces de « leurs seigneurs par la soumission, l'obéissance et le dévouement[3]. « De sorte qu'aujourd'hui nul Anglais possédant soit un fonds de « terre, soit toute autre propriété, n'est propriétaire à titre d'hé- « ritage ou de succession paternelle, mais seulement en vertu d'une « donation à lui faite en récompense de ses loyaux services[4]. »

C'est en l'an 1086 que fut achevée la rédaction du *Grand Rôle* des Normands, du *livre de jugement* des Saxons; et, cette même année, eut lieu une grande convocation de tous les chefs des conquérants, laïques ou prêtres. Dans ce conseil furent débattues les réclamations diverses enregistrées dans le rôle d'enquête, et ce débat ne s'acheva point sans querelles entre le roi et ses barons; ils eurent ensemble de graves entretiens, comme s'exprime la chronique contemporaine, sur l'importante distinction de ce qui devait être définitivement regardé comme légitime dans les prises de possession de la conquête[5].

---

1. Cum dominis suis odiosi passim pellerentur, nec esset qui ablata restitueret... exosi et rebus spoliati, ad alienigenas transire cogerentur. (*Dialog. de Scaccario*, in notis ad Matth. Paris., t. I, ad initium.)

2. Quod a dominis suis, exigentibus meritis, interveniente pactione legitima, poterant obtinere... Cæterum autem nomine successionis, a temporibus subactæ gentis, nihil sibi vindicarent. (Ibid.)

3. Devotis obsequiis dominorum suorum gratiam emereari. (Ibid.)

4. Sic igitur quisquis de gente subacta fundos, vel aliquid hujusmodi possidet, non quod ratione successionis deberi sibi videbatur adeptus est, sed quod solummodo... (Ibid.)

5. Graves sermones habuit cum suis proceribus de hac terra. (*Chron. saxon.*, éd. Gibson, p. 186.)

La plupart des envahissements individuels furent ratifiés, mais quelques-uns ne le furent pas, et il y eut parmi les vainqueurs une minorité mécontente. Plusieurs barons et chevaliers renoncèrent à leur hommage, quittèrent Guillaume et l'Angleterre, et, passant la Tweed, allèrent offrir au roi d'Écosse, Malcolm, le service de leurs chevaux et de leurs armes [1]. Malcolm les accueillit favorablement, comme il avait accueilli avant eux les émigrés saxons, et leur distribua des portions de terre pour lesquelles ils devinrent ses hommes liges, ses soldats envers et contre tous. Ainsi l'Écosse reçut une population toute différente de celles qui s'y étaient mêlées jusque-là. Les Normands, réunis par un exil commun et une hospitalité commune aux Anglais qui naguère avaient fui devant eux, devinrent, sous une bannière nouvelle, leurs compagnons et leurs frères d'armes. L'égalité régna au delà du cours de la Tweed entre deux races d'hommes qui, en deçà du même fleuve, étaient de condition si différente; il se fit rapidement des uns aux autres un échange mutuel de mœurs et même de langage, et le souvenir de la diversité d'origine ne divisa point leurs fils, parce qu'il ne s'y mêlait aucun souvenir d'injure ni d'oppression étrangère.

Pendant que les conquérants s'occupaient ainsi à régler leurs affaires intérieures, ils furent subitement troublés par une alarme venant du dehors. Le bruit se répandit que mille vaisseaux danois, soixante vaisseaux norvégiens et cent vaisseaux de Flandre, fournis par Robert le Frison, nouveau duc de ce pays, et ennemi des Normands, se rassemblaient dans le golfe de Lymfiord, pour descendre en Angleterre et délivrer le peuple anglo-saxon [2]. Les rois de Danemark, qui, tant de fois depuis vingt années, avaient successivement flatté et trahi les espérances de ce peuple, ne pouvaient, à ce qu'il paraît, se résoudre à l'abandonner entièrement. L'insurrection qui, en 1080, causa la mort de l'évêque de Durham semble avoir été en-

---

1. Ellis's *Metrical Romances*, vol. I, introduction, p. 125.
2. Rumore expeditionis eorum Britanniam usque velificante... ut gentem nobilissimam pristinæ libertati restituerent. (*Hist. S. Canuti regis*, apud *Script. rer. danic.*, t. III, p. 348 et 349.) — Orderic. Vital. *Hist. ecclesiast.*, lib VII, apud *Script. rer. normann.*, p. 649. — Florent. Wigorn. *Chron.*, p. 641.

1085 couragée par l'attente d'un débarquement des hommes du Nord; car on trouve les mots suivants dans les dépêches officielles adressées alors à cet évêque : « Les Danois viennent : faites garnir avec soin « vos châteaux de munitions et d'armes [1]. » Les Danois ne vinrent pas, et peut-être les précautions extraordinairement recommandées à cause d'eux à l'évêque Vaulcher furent-elles la cause du peu de succès du soulèvement où il périt.

Mais cette fausse alarme n'était rien auprès de celle qui se répandit en Angleterre dans l'année 1085. La plus grande partie des forces normandes fut promptement dirigée vers l'est; on plaça des postes sur les côtes; on mit des croisières en mer; on entoura de nouveaux ouvrages les forteresses récemment bâties, et l'on releva les murs des anciennes villes démantelées par les conquérants [2]. Le roi Guillaume fit publier en grande hâte par toute la Gaule le ban qu'il avait proclamé, vingt années auparavant, sur le point de passer le détroit. Il promit solde et récompense à tout cavalier ou piéton qui voudrait s'enrôler à son service. Il en arriva de toutes parts un nombre immense. Tous les pays qui avaient fourni des troupes d'invasion pour exécuter la conquête fournirent des garnisons pour la défendre [3]. Les nouveaux soldats furent cantonnés dans les villes et les villages, et les comtes, vicomtes, évêques et abbés normands eurent ordre de les héberger et de les nourrir proportionnellement à l'étendue de leurs juridictions ou de leurs domaines [4]. Pour subvenir aux frais de ce grand armement, on imagina de faire revivre l'ancien impôt appelé *danegheld*, qui, avant d'être levé par les conquérants scandinaves, l'avait été pour la défense du pays contre leurs invasions [5]. Il fut rétabli à raison de douze deniers d'argent pour cent acres de

---

1. « Dani... revera veniunt : castrum itaque vestrum hominibus et armis et alimentis vigilanti cura munire facite. » (Lanfranci *Opera*, p. 314.)

2. *Hist. S. Canuti regis*, apud *Script. rer. danic.*, t. III, p. 348 et seq.

3. Cum tanto exercitu equitum ac peditum e Francorum regno atque e Britannia... quantus nunquam antea hanc terram petebat. (*Chron. saxon.*, ed. Gibson, p. 186.)

4. Pro sua... terræ portione. (Ibid.) — Florent. Wigorn. *Chron.*, p. 641.

5. Danegeldi redditio propter piratas primitus statuta est... ad eorum insolentiam reprimendam. (Wilkins, *Concilia Magnæ Britanniæ*, t. I, p. 312.) — Voyez livre II, p. 120.

terre. Les Normands sur lesquels pesa cet impôt s'en firent rembourser le montant par leurs fermiers ou leurs serfs anglo-saxons, qui payèrent ainsi, pour repousser les Danois venant à leur secours, ce que leurs ancêtres avaient jadis payé pour les repousser comme ennemis.

Des détachements de soldats parcoururent en tous sens les contrées du nord-est de l'Angleterre, afin de les dévaster et de les rendre inhabitables, soit pour les Danois, s'ils venaient à y débarquer, soit pour les Anglais mêmes, qu'on soupçonnait de désirer ce débarquement[1]. Il ne resta sur le rivage de la mer, à portée des vaisseaux, ni un homme, ni une bête, ni un arbre à fruit. La population saxonne fut de nécessité refoulée vers l'intérieur, et, pour surcroît de précaution contre la bonne intelligence de cette population avec les Danois, un ban royal, publié à son de trompe dans tous les lieux voisins de la mer, prescrivit aux hommes de race anglaise de prendre des vêtements normands, des armes normandes, et de se raser la barbe à l'instar des Normands[2]. Cet ordre bizarre avait pour objet d'ôter aux Danois le moyen de distinguer les amis qu'ils venaient secourir des ennemis qu'ils venaient combattre[3].

La crainte qui inspirait ces précautions n'était point sans fondement; il y avait réellement à l'ancre sur la côte du Danemark une flotte nombreuse destinée pour l'Angleterre. Olaf Kyr, roi de Norvége, fils et successeur de ce Harold qui, ayant voulu conquérir le pays des Anglais, n'y avait obtenu que sept pieds de terre, venait maintenant au secours du peuple qui avait vaincu et tué son père, sans peut-être se rendre bien compte du changement de destinée de ce peuple, et croyant aller venger Harold[4]. Quant au roi de Danemark, Knut, fils de Sven, promoteur de la guerre et chef suprême

---

1. Experti sunt incolæ multos dolores... et rex permisit devastari omnes terras maritimas. (*Chron. saxon.*, ed. Gibson, p. 186.)

2. Anglis autem quibus non minimi desiderii danici exercitus adventum didicerat, barbas radere, arma et exuvias ad instar *Romanorum* coaptare... per omnia Francigenis, quos et Romanos dici prætulimus, assimilare præcipit. (*Hist. S. Canuti regis*, apud *Script. rer. danic.*, t. III, p. 350.)

3. Ad deludendum adventantium visus. (Ibid.)

4. *Saga of Olafe Kyrra*, cap. VIII; Snorre's *Heimskringla*, t. III, p. 185.

de l'armement, il comprenait la révolution opérée en Angleterre par la conquête normande, et c'était sciemment qu'il allait secourir les vaincus contre les vainqueurs. « Il avait cédé, disent les historiens « danois, aux supplications des exilés anglais, à des messages reçus « d'Angleterre, et à la pitié que lui inspiraient les misères d'une race « d'hommes alliée de la sienne, dont tous les chefs, les riches, les « personnages considérables avaient été tués ou bannis, et qui, tout « entière, se voyait réduite en servitude sous la race étrangère des « *Français*, qu'on appelait aussi *Romains*[1]. »

Ces deux noms étaient en effet les seuls sous lesquels la nation normande fût connue dans le nord de l'Europe, depuis que les derniers restes de la langue danoise avaient péri à Rouen et à Bayeux[2]. Quoique les seigneurs de Normandie pussent encore facilement prouver leur descendance scandinave, en oubliant l'idiome qui était le signe visible de cette descendance, ils avaient perdu leur titre au pacte de famille qui, malgré des hostilités fréquentes, produites par les passions du moment, unissait l'une à l'autre les populations teutoniques. Mais les Anglo-Saxons avaient encore droit au bénéfice de cette fraternité d'origine; c'est ce que reconnut le roi de Danemark, selon le témoignage des chroniqueurs de sa nation, et si son entreprise n'était pas pure de toute vue d'ambition personnelle, du moins était-elle ennoblie par le sentiment d'un devoir d'humanité et de parenté. Sa flotte fut retenue dans le port plus longtemps qu'il ne l'avait prévu, et, durant ce retard, des émissaires du roi normand, adroits et rusés comme leur maître, corrompirent avec l'or de l'Angleterre plusieurs des conseillers et des capitaines du Danois[3]. Le retard, d'abord involontaire, fut prolongé par ces intrigues. Les hommes vendus secrè-

---

1. Si quidem inclitis eorum ducibus .. et nobilibus diversarumque dignitatum personis, partim ferro peremptis... hæreditate privatis, nativo solo exterminatis, reliquis veluti publica servitute oppressis... quorum angustiis piissimus heros incitatus, in commodum eorum succurrendum decrevit, et ut gentem nobilissimam pristinæ libertati restitueret, et *Romanorum* seu *Francigenarum* insolentiam... puniret... classem... (*Hist. S. Canuti regis*, apud *Script. rer. danic.*, t. III, p. 347.)

2. Voyez livre II, p. 148.

3. *Hist. S. Canuti regis*, apud *Script. rer. danic.*, t. III, p. 351, *in notis*. — Torfœi *Hist. rer. norveg.*, lib. VI, t. II, p. 393 et seq.

tement à Guillaume, et surtout les évêques danois, dont la plupart se laissèrent gagner, réussirent plusieurs fois à empêcher le roi Knut de mettre à la voile, en lui suscitant des embarras et des obstacles imprévus. Pendant ce temps, les soldats, fatigués d'un campement inutile, se plaignaient et murmuraient sous la tente [1]. Ils demandaient qu'on ne se jouât pas d'eux, qu'on les fît partir, ou qu'on les renvoyât dans leurs foyers, à leur labourage et à leur commerce. Ils tinrent des conciliabules, et firent signifier au roi, par les députés qu'ils nommèrent, leur résolution de se débander si l'ordre du départ n'était donné sans plus de délai [2]. Le roi Knut voulut user de rigueur pour rétablir la discipline. Il emprisonna les chefs de cette révolte, et soumit l'armée entière au payement d'une amende par tête. L'exaspération, loin d'être calmée par ces mesures, s'accrut tellement, qu'au mois de juillet 1086 il y eut une émeute générale où le roi fut tué par les soldats [3] : ce fut le signal d'une guerre civile qui enveloppa tout le Danemark ; et de ce moment le peuple danois, occupé de ses propres querelles, oublia les Anglo-Saxons, leur servitude et leurs maux.

Ce fut la dernière fois que la sympathie des Teutons du Nord s'exerça en faveur de la race teutonique qui habitait l'Angleterre. Par degrés les Anglais, désespérant de leur propre cause, cessèrent de se recommander au souvenir et à la bienveillance des peuples septentrionaux. Les exilés de la conquête moururent dans les pays étrangers et y laissèrent des enfants qui, oubliant la patrie de leurs ancêtres, n'en connurent plus d'autre que la terre où ils étaient nés [4]. Enfin, dans la suite, les ambassadeurs et les voyageurs danois qui se rendaient en Angleterre, n'entendant retentir à leurs oreilles, dans les maisons des grands et des riches, que la langue romane de Normandie, et faisant peu d'attention au langage que parlaient les

---

1. Vulgus... impatiens moræ et littoreæ detentionis, præstolationes domesticis inutiles negotiis querebantur. (*Hist. S. Canuti regis*, apud *Script. rer. danic.*, t. III, p. 351.)
2. Regi nuncios... consilio crebrius inito... (Ibid.)
3. *Hist. S. Canuti regis*, apud *Script. rer. danic.*, t. III, p. 352 et seq.
4. Ipsorum etiam Anglorum qui in Daniam tædio Normannorum dominationis profugi... Pontani *Rer. danic. Hist.*, lib. V, p. 197.)

marchands anglais dans leurs échoppes ou les bouviers dans leurs étables, s'imaginèrent que toute la population du pays était normande, ou que la langue avait changé depuis l'invasion des Normands [1]. En voyant les trouvères français parcourir les châteaux et les villes, et faire les délices de la haute classe en Angleterre, qui eût pu croire, en effet, que, soixante ans auparavant, les scaldes du Nord y avaient joui de la même faveur [2]? Aussi, dès le douzième siècle, l'Angleterre fut-elle regardée par les nations scandinaves comme un pays de langage absolument étranger. Cette opinion devint si forte, que dans le droit d'aubaine du Danemark et de la Norvége les Anglais furent classés au rang des peuples les plus maltraités. Dans le code qui porte le nom du roi Magnus, à l'article des successions, on rencontre les formules suivantes : « Si des hommes de race « anglaise ou d'autres encore plus étrangers à nous... si des Anglais ou « d'autres hommes parlant un idiome sans aucune ressemblance avec « le nôtre [3]... » Ce défaut de ressemblance ne pouvait s'entendre de la simple diversité des dialectes; car, aujourd'hui même, le patois des provinces septentrionales de l'Angleterre est, à la rigueur, intelligible pour un Danois ou un Norvégien [4].

Vers la fin de l'année 1086, il y eut à Salisbury, d'autres disent à Winchester, un rendez-vous général de tous les conquérants ou fils de conquérants. Chaque personnage en dignité, laïque ou prêtre, vint à la tête de ses hommes d'armes et des feudataires de ses domaines. Ils se trouvèrent soixante mille, tous possesseurs au moins d'une portion de terre suffisante pour l'entretien d'un cheval ou

---

1. Lingua vero in Anglia mutata est, ubi Wilhelmus Nothus Angliam subegit; ex eo enim tempore in Anglia invaluit lingua francico-normannica (walska). (*Sagan af Gunnlaugi*, cap. VII, p. 87. Hafniæ, 1775.)

2. Gunnlaugus (islandensis...) ad regem (Ethelredum) accessit... « Carmen heroicum de te composui cui vellem audiendo vacares. » Rex ita fore annuit, unde Gunnlaugus... recitavit... Eadem tum Angliæ quæ (Daniæ et) Norwegiæ fuit lingua. (Ibid.)

3. « Si jam Angli aut alii qui communi nobiscum sermone vel lingua non utuntur... Si homines Angli, vel alii magis adhuc nobis ignoti. » (Codex juris Islandorum dictus *Gragas*, tit. de hæredit., cap. VI et XVIII; *Dissert. de ling. danic.*, apud *Sagan af Gunnlaugi*, p. 247.)

4. La principale et presque la seule différence vient des mots français qui s'y sont introduits en grand nombre.

d'une armure complète[1]. Ils renouvelèrent successivement au roi Guillaume leur serment de foi et d'hommage, en lui touchant les mains et en prononçant cette formule: « De cette heure en avant, je « suis votre homme lige, de ma vie et de mes membres; honneur et « foi vous porterai en tout temps, pour la terre que je tiens de vous; « qu'ainsi Dieu me soit en aide[2]. » Ensuite la colonie armée se sépara, et ce fut probablement alors que les hérauts du roi publièrent en son nom les ordonnances suivantes[3] :

« Nous voulons fermement et ordonnons que les comtes, barons, « chevaliers, sergents, et tous les hommes libres de ce royaume, « soient et se tiennent convenablement pourvus de chevaux et « d'armes pour être prêts à nous faire en tout temps le service légi- « time qu'ils nous doivent pour leurs domaines et tenures[4].

« Nous voulons que tous les hommes libres de ce royaume soient « ligués et conjurés comme des frères d'armes pour le défendre, « maintenir et garder selon leur pouvoir[5].

« Nous voulons que toutes les cités, bourgs, châteaux et cantons « de ce royaume soient gardés toutes les nuits, et qu'on y veille à « tour de rôle contre les ennemis et les malfaiteurs[6].

« Nous voulons que tous les hommes amenés par nous d'outre- « mer, ou qui sont venus après nous, soient, par tout le royaume, « sous notre paix et protection spéciale; que si l'un d'eux vient à « être tué, son seigneur, dans l'espace de cinq jours, devra s'être « saisi du meurtrier; sinon il nous payera une amende conjoin-

---

1. Omnes terrarii... (*Annales waverleienses*, apud *Rer. anglic. Script.*, t. II, p. 133, ed. Gale.) — Ealle... land sittende-men. (*Chron. saxon.*, ed. Gibson, p. 187.) — Et LX millia militum invenit. (Orderic. Vital. *Hist. ecclesiast.*, lib. VII, apud *Script. rer. normann.*, p. 649.)

2. *Chron. saxon.*, ed. Gibson, p. 187. — Matth. Westmonast. *Flor. histor.*, p. 229.

3. Quos omnes, dum necesset esset, paratos esse præcepit. (Orderic. Vital. *Hist. ecclesiast.*, lib. VII, apud *Script. rer. normann.*, p. 649.)

4. « Statuimus... et firmiter præcipimus, ut omnes comites et barones, et milites et servientes, et... liberi homines totius regni nostri... habeant et teneant se semper bene in armis et in equis ut decet et oportet. » (Seldeni notæ ad Eadmeri *Hist. nov.*, p. 191.)

5. « Præcipimus ut omnes liberi homines totius regni prædicti sint fratres conjurati. » (Ibid.)

6. « Singulis noctibus vigilentur et custodiantur in gyrum. » (Ibid.)

« tement avec les Anglais du district où le meurtre aura été
« commis[1].

« Nous voulons que les hommes libres de ce royaume tiennent
« leurs terres et leurs possessions bien et en paix, franches de toute
« exaction et de tout taillage, de façon qu'il ne leur soit rien pris ni
« demandé pour le service libre qu'ils nous doivent et sont tenus de
« nous faire à perpétuité[2].

« Nous voulons que tous observent et maintiennent la loi du roi
« Edward, avec celles que nous avons établies, pour l'avantage des
« Anglais et le bien commun de tout le royaume[3]. »

Ce vain nom de loi du roi Edward était tout ce qui restait désormais à la nation anglo-saxonne de son antique existence ; car la condition de chaque individu avait changé par la conquête. Depuis le plus grand jusqu'au plus petit, chaque vaincu avait été rabaissé au-dessous de son état antérieur : le chef avait perdu son pouvoir, le riche ses biens, l'homme libre son indépendance ; et celui que la dure coutume du temps avait fait naître esclave dans la maison d'autrui, devenu serf d'un étranger, n'obtenait plus les ménagements que l'habitude de vivre ensemble et la communauté de langage lui attiraient de la part de son ancien maître[4]. Les villes et les bourgades anglaises étaient affermées par les comtes et les vicomtes normands à des traitants qui les exploitaient en propriétés privées, sans aucun mélange de procédés administratifs. Le roi faisait la même spéculation sur les grandes cités et les immenses terres qui composaient son domaine[5]. « Il louait, disent les chroniques, au plus haut
« prix possible ses villes et ses manoirs ; puis venait un traitant qui

---

1. « Ut omnes homines quos nobiscum adduximus aut qui post nos venerint, sint sub protectione et in pace nostra per universum regnum, et si quis de illis occisus fuerit... » (Seldini notæ ad Eadmeri *Hist. nov.*, p. 190.)

2. « Ut omnes liberi homines... habeant et teneant terras suas et possessiones suas bene et in pace, libere ab omni exactione injusta et ab omni tallagio. » (Ibid.)

3. « Ut omnes habeant et teneant legem Edwardi regis, in omnibus rebus, adauctis his quas constituimus ad utilitatem Anglorum. » (Ibid., p. 192.)

4. Et jus libertatis est abreptum, et jus mancipii coangustatum. (Sermo Lupi ad Anglos, apud Hickesii *Thesaur. ling. septentrional.*, t. II, p. 100.)

5.   He sette hys tounes and hys londes to ferme wel vaste.
(Robert of Gloucester's *Chron.*, p. 378, ed. Hearne.)

« proposait davantage, et il lui accordait la ferme; puis venait un 1086
« troisième qui haussait le prix, et c'était à ce dernier que définiti-
« vement il adjugeait[1]. Il adjugeait au plus offrant, ne s'inquiétant
« point des crimes énormes que commettaient ses prévôts en levant
« la taille sur les pauvres gens. Lui et ses barons étaient avares à
« l'excès, et capables de tout faire s'ils voyaient un écu à gagner[2]. »

Guillaume avait, pour sa part de conquête, près de quinze cents manoirs; il était roi d'Angleterre, chef suprême et inamovible des conquérants de ce pays, et pourtant il n'était pas heureux. Dans les cours somptueuses qu'il tenait trois fois l'année, la couronne en tête, soit à Londres, soit à Winchester, soit à Glocester, lorsque les compagnons de sa victoire et les prélats qu'il avait institués venaient se ranger autour de lui, son visage était triste et sévère; il semblait inquiet et soucieux, et la possibilité d'un changement de fortune assiégeait son esprit[3]. Il doutait de la fidélité de ses Normands et de la soumission du peuple anglais. Il se tourmentait de son avenir et de la destinée de ses enfants, et interrogeait sur ses pressentiments les hommes renommés comme sages dans ce siècle où la divination était une partie de la sagesse. Un poëte anglo-normand du douzième siècle le représente assis au milieu de ses évêques d'Angleterre et de Normandie, et sollicitant de leur part, avec de puériles instances, quelques éclaircissements sur le sort de sa postérité[4].

Après avoir soumis à un ordre régulier, sinon légitime, les résul- 1087
tats mobiles et turbulents de la conquête, Guillaume quitta une troisième fois l'Angleterre, et traversa le détroit, disent les vieux

---

1. Pretio quam potuit maximo... tunc accedens aliüs quispiam... qui plus obtulit... tertius iis plus obtulit, atque rex terras istis tradidit qui omnium plurimum offerebant. (*Chron. saxon.*, ed. Gibson, p. 188.)

2. Et non curabat cum quanto peccato præpositi censum a pauperibus hominibus adquisissent... Rex... et pene omnes capitales homines valde et nimium cupiditate auri et argenti repleti erant. (*Annales waverleienses*, apud *Rer. anglic. Script.*, t. II, p. 134, ed. Gale.) — Faceret, diceret... pene omnia... ubi spes nummi effulsisset. (Willelm. Malmesb., *de Gest. reg. angl.*, lib. III, apud *Rer. anglic. Script.*, p. 112, ed. Savile.)

3. Ter gessit suam coronam singulis annis. (*Chron. saxon.*, ed. Gibson, p. 190.) — Feritate qua multis videbatur sævus et formidabilis. (Eadmeri *Hist. nov.*, p. 13, ed. Selden.)

4. Continuation du Brut de Wace par un anonyme; *Chroniques anglo-normandes*, t. I, p. 80 à 94. — Voyez Pièces justificatives, livre VI, n° 1.

historiens, chargé d'innombrables malédictions [1]. Il le traversa pour ne le repasser jamais : car la mort, comme on le verra bientôt, le retint sur l'autre rive. Parmi les lois et les ordonnances qu'il laissait à son départ, deux surtout méritent d'être mentionnées comme se rapportant spécialement à la conservation de l'ordre établi par la conquête [2]. La première de ces deux lois, qui n'est que le complément d'une proclamation déjà citée plus haut (si la proclamation elle-même n'en est pas une version double), avait pour objet de réprimer les assassinats commis contre les membres de la nation victorieuse ; elle était conçue en ces termes : « Quand un *Français* sera tué ou
« trouvé mort dans quelque canton, les habitants du canton devront
« saisir et amener le meurtrier dans le délai de huit jours ; sinon ils
« payeront à frais communs quarante-sept marcs d'argent [3]. »

Un écrivain anglo-normand du douzième siècle fait de la manière suivante l'exposé des motifs de cette loi : « Dans les premiers temps
« du nouvel ordre de choses, ceux des Anglais qu'on laissa vivre
« dressaient une foule d'embûches aux Normands [4], massacrant tous
« ceux qu'ils rencontraient seuls dans les lieux déserts ou écartés.
« Pour réprimer ces assassinats, le roi Guillaume et ses barons em-
« ployèrent contre les subjugués les supplices et les tortures [5]. Mais
« les châtiments produisant peu d'effet, on décréta que tout district,
« ou, comme on dit en anglais, tout *hundred* dans lequel un Normand
« serait trouvé mort, sans que personne y fût soupçonné d'avoir
« commis l'assassinat, payerait néanmoins au trésor royal une forte
« somme d'argent. La crainte salutaire de cette punition, infligée à

---

1. In Normanniam innumeris maledictionibus laqueatus transfretavit. (Thomæ Rudborne *Hist. major Winton.; Anglia sacra*, t. I, p 258.)

2. Quædam de eis quæ nova per Angliam servari constituit. (Eadmeri *Hist. nov.*, p. 6, ed. Selden.)

3. Ki Franceis occist, e les hommes del hundred nel prengent et menent à la justice dedenz les viii jurs, pour mustrer kil ait fait; si renderunt le murdre xlvii mars. (Leges Wilielmi Conquest., *Hist. Ingulf. Croyland.*, apud *Rer. anglic. Script.*, t. I, p. 90, ed. Gale.)

4. Qui relicti fuerunt de Anglicis subactis, in suspectam et exosam sibi Normannorum gentem... (*Dialog. de Scaccario*, in notis ad Matth. Paris., t. I, ad initium.)

5. Reges et eorum ministri per aliquot annos desævirent exquisitis tormentorum generibus in Anglicos. (Ibid.)

« tous les habitants en masse, devait procurer sûreté aux passants, « en excitant les hommes du lieu à dénoncer et à livrer le coupable, « dont la faute seule causait une perte énorme à tout le voisinage[1]. »

Pour échapper à cette perte, les habitants du canton dans lequel un Français, c'est-à-dire un Normand de naissance ou un auxiliaire de l'armée normande, était trouvé mort, avaient soin de détruire promptement tous les signes extérieurs capables de prouver que le cadavre était celui d'un Français; car alors le canton n'était point responsable, et les juges normands ne poursuivaient point d'office. Mais ces juges prévirent la ruse, et la déjouèrent par un genre de procédure assez bizarre. Tout homme trouvé assassiné fut considéré comme Français, à moins que le canton ne prouvât judiciairement qu'il était Saxon de naissance, et il fallait que cette preuve se fît devant le juge royal par serment de deux hommes et de deux femmes les plus proches parents du mort[2]. Sans ces quatre témoins, la qualité d'Anglais, l'*anglaiserie*, comme disaient les Normands, n'était pas suffisamment constatée, et le canton devait payer l'amende[3]. Près de trois siècles après l'invasion, si l'on en croit les antiquaires, cette enquête se faisait encore en Angleterre sur le cadavre de tout homme assassiné, et, dans le langage légal du temps, on l'appelait *démonstration d'anglaiserie*[4].

L'autre loi du Conquérant eut pour objet d'accroître d'une manière exorbitante l'autorité des évêques d'Angleterre. Ces évêques étaient tous Normands : leur puissance devait s'exercer tout entière au

---

1. Ut scilicet pœna generaliter inflicta prætereuntium indemnitatem procuraret, et festinaret quisque... offerre judicio per quem tam enormis jactura totam lædebat viciniam. (*Dialog. de Scaccario*, in notis ad Matth. Paris., t. I, ad initium.)

2. ... Quia interfectus pro alienigena reputabitur, nisi de eo fuerit *anglescheria* præsentata... et licitum est cuilibet patriæ sua uti consuetudine, dum tamen præsentatur, ut per duos masculos ex parte patris, et per duas fœminas ex parte matris de propinquioribus parentibus interfecti... (*Fleta, seu Commentarius juris anglicani*, lib. I, cap. xxx, p. 46. Londini, 1685.)

3. Nisi legaliter constaret de *englescheria* interfecti. (*Gloss.* Spelmani, verbo *Englescheria*.) — Les Normands prononçaient quelquefois Anglech, Englech, pour Anglez, Englez; Anglécherie, pour Anglezerie.

4. Présentement d'*anglécherie*. Voyez Blackstone. — Cette loi ne fut abrogée que par un statut d'Edward III, en l'année 1341.

profit de la conquête; et de même que les guerriers qui avaient fait cette conquête la maintenaient par l'épée et par la lance, c'était aux gens d'église à la maintenir par l'adresse politique et l'influence religieuse. A ces motifs d'utilité générale, il s'en joignait un autre plus personnel à l'égard du roi Guillaume : c'est que les nouveaux évêques d'Angleterre, bien que installés par le conseil commun de tous les barons et chevaliers normands, avaient été choisis parmi les chapelains, les créatures ou les amis particuliers du roi [1]. Jamais aucune intrigue, du vivant de Guillaume, ne troubla cet arrangement; jamais il ne rencontra un seul évêque qui eût d'autre volonté que la sienne. La situation des choses changea, il est vrai, sous les rois ses successeurs ; mais le Conquérant ne pouvait prévoir l'avenir, et l'expérience de tout son règne le justifiait quand il fit l'ordonnance suivante:

« Guillaume, roi d'Angleterre, par la grâce de Dieu, aux comtes,
« vicomtes, et à tous les hommes français et anglais de toute l'An-
« gleterre, salut. Sachez, vous et tous mes autres fidèles, que, du
« commun conseil des archevêques, évêques, abbés et seigneurs de
« tout mon royaume, j'ai jugé convenable de réformer les lois épis-
« copales qui, mal à propos et contre les canons, ont été, jusqu'au
« temps de ma conquête, en vigueur dans ce pays [2]. J'ordonne que
« désormais nul évêque ou archidiacre ne se rende plus aux assem-
« blées de justice pour y tenir les plaids des causes épiscopales, et
« ne soumette plus au jugement des hommes séculiers les procès
« qui se rapportent au gouvernement des âmes : je veux que qui-
« conque sera interpellé, pour quelque motif que ce soit, par la
« justice épiscopale, aille à la maison de l'évêque ou au lieu que l'é-
« vêque lui-même aura choisi et désigné [3] ; que là il plaide sa cause
« et fasse droit à Dieu et à l'évêque, non pas selon la loi du pays,

---

1. Voyez *Anglia sacra*, et Wilkins, *Concilia Magnæ Britanniæ*, passim.
2. Sciatis vos omnes et cæteri mei fideles... quod episcopales leges, quæ non bene, nec secundum sanctorum canonum præcepta, usque ad mea tempora in regno Anglorum fuerunt... emendandas judicavi. (Seldeni notæ ad Eadmeri *Hist. nov.*, p. 167.) — *Monast. anglic.*, Dugdale, t. III, p. 308.
3. Nec causam quæ ad regimen animarum pertinet, ad judicium sæcularium hominum adducant. Sed quicumque secundum episcopales leges, de quacumque causa... interpellatus fuerit, ad locum quem ad hoc episcopus elegerit et nominaverit, veniat. (Ibid.)

« mais selon les canons et les décrets épiscopaux[1]; que si quelqu'un, 1087
« par excès d'orgueil, refuse de se rendre au tribunal de l'évêque,
« il sera appelé par une, deux et trois fois ; et si, après trois appels
« consécutifs, il ne comparaît pas, il sera excommunié, et, au be-
« soin, la force et la justice du roi et du vicomte seront employées
« contre lui[2]. »

C'est en vertu de cette loi que s'effectua en Angleterre la séparation des tribunaux civils et des tribunaux ecclésiastiques, et ainsi s'établit pour ces derniers une indépendance absolue de tout pouvoir politique, indépendance qu'ils n'avaient jamais eue dans le temps de la nationalité anglo-saxonne. Alors les évêques étaient obligés de se rendre à l'assemblée de justice, tenue deux fois par an dans chaque province et trois fois par an dans chaque district ; ils joignaient leurs accusations aux accusations portées par les magistrats ordinaires, et jugeaient conjointement avec eux et avec les hommes libres du district les procès où la coutume du siècle leur permettait d'intervenir, ceux des veuves, des orphelins, des gens d'église, et les causes de divorce et de mariage. Pour ces causes, comme pour toutes les autres, il n'y avait qu'une loi, qu'une justice et qu'un tribunal. Seulement, quand on venait à les débattre, l'évêque s'asseyait à côté du sheriff et de l'ealdorman[3] ou ancien de la province; puis, suivant l'usage ordinaire, des témoins assermentés répondaient sur les faits, et les juges décidaient du droit[4]. Le changement de ces usages nationaux ne date que de la conquête normande. C'est le Conquérant qui, brisant les anciennes pratiques d'égalité civile, donna pouvoir aux membres du haut clergé d'Angleterre de tenir un tribunal dans leur propre

---

1. Et non secundum *hundret*, sed secundum canones et episcopales leges, rectum Deo et episcopo faciat. (Seldeni notæ ad Eadmeri *Hist. nov.*, p. 168.) — *Monast. anglic.*, Dugdale, t. III, p. 308.

2. Si vero aliquis per superbiam elatus... excommunicetur, et si opus fuerit ad hoc vindicandum, fortitudo et justitia regis vel vice-comitis adhibeatur. (Charta regis Wilielmi primi, apud Wilkins, *Concilia Magnæ Britanniæ*, t. I, p. 369.)

3. Voyez livre II, p. 118.

4. Hæbbe man thriwa on gear burhgemote and twa scyregemote; and thær scyregemote bisceop and se ealdorman, and thær œgter tæcon ge godes rihte ge woruldes rihte. (*Leges Edgari regis*, cap. v; Seldeni notæ ad Eadmeri *Hist. nov.*, p. 166.)

maison, et de disposer de la force publique pour y traîner les justiciables [1]; il soumit ainsi la puissance royale à l'obligation de faire exécuter les arrêts rendus par la puissance ecclésiastique en vertu d'une législation qui n'était pas celle du pays. Guillaume imposa cette gêne à ses successeurs, sciemment et volontairement, par politique et non par dévotion ou par crainte de ses évêques, qui lui étaient tous dévoués [2].

La crainte du pape Grégoire VII n'influa pas davantage sur cette détermination. Car, malgré les services que lui avait rendus autrefois la cour de Rome, le roi normand savait repousser durement ses requêtes quand elles ne lui convenaient pas. Le ton d'une de ses lettres à Grégoire montre avec quelle liberté d'esprit il envisageait les prétentions pontificales et ses propres engagements envers l'Église romaine. Le pape avait à se plaindre de quelque retard dans le payement du denier de saint Pierre, stipulé par le traité d'alliance conclu à Rome en l'année 1066; il écrivit pour rappeler à Guillaume cette stipulation, et l'argent fut aussitôt envoyé. Mais ce n'était pas tout; en levant contre les Anglais la bannière du saint-siége, le Conquérant semblait s'être reconnu vassal de l'Église, et Grégoire, s'autorisant de ce fait, n'hésita pas à le sommer de faire hommage de sa conquête, et de prêter le serment de foi et de vasselage entre les mains d'un cardinal. Guillaume répondit en ces termes : « Ton légat m'a « requis, de ta part, d'envoyer de l'argent à l'Église romaine et de « jurer fidélité à toi et à tes successeurs : j'ai admis la première de « ces demandes; pour la seconde, je ne l'admets ni ne veux l'ad- « mettre. Je ne veux point te jurer fidélité, parce que je ne l'ai point « promis, et qu'aucun de mes prédécesseurs n'a juré fidélité aux « tiens [3]. »

---

1. Quicumque secundum episcopales leges, de quacumque causa vel culpa interpellatus fuerit, ad locum quem ad hoc episcopus elegerit et nominaverit, veniat. (Charta Wilielmi regis; Seldeni notæ ad Eadmeri *Hist. nov.*, p. 167.)

2. Curialis nimis et aulicus... pro famulatu suo... stipendiarii... (Matth. Paris. *Vitæ abbatum S. Albani*, t. I, p. 47.) — Orderic. Vital. *Hist. ecclesiast.*, passim, apud *Script. rer. normann.*

3. Unum admisi, alterum non admisi. Fidelitatem facere nolui nec volo, quia nec ego promisi... (Seldeni notæ ad Eadmeri *Hist. nov.*, p. 164.)

En terminant le récit des événements que le lecteur vient de parcourir, les chroniqueurs de race anglaise se livrent à des regrets vifs et touchants sur les misères de leur nation. « Il n'y a point à en « douter, s'écrient les uns, Dieu ne veut plus que nous soyons un « peuple, que nous ayons l'honneur et la sécurité [1]. » D'autres se plaignent de ce que le nom d'Anglais est devenu une injure [2], et ce n'est pas seulement de la plume des contemporains que s'échappent de semblables plaintes : le souvenir d'une grande infortune et d'une grande honte nationale se reproduit de siècle en siècle dans les écrits des enfants des Saxons, quoique plus faiblement à mesure que le temps avance [3]. Au quinzième siècle, on rattachait encore à la conquête la distinction des rangs en Angleterre ; et un historien de couvent, peu suspect de théories révolutionnaires, écrivait ces paroles remarquables : « S'il y a chez nous tant de distance entre les condi- « tions diverses, on ne doit point s'en étonner, c'est qu'il y a diver- « sité de races ; et s'il y a parmi nous si peu de confiance et d'affection « mutuelle, c'est que nous ne sommes point du même sang [4]. » Enfin, un auteur qui vivait au commencement du dix-septième siècle rappelle la conquête normande par ces mots : *Souvenir de douleur;* il trouve des expressions tendres en parlant des familles déshéritées alors et tombées depuis dans la classe des pauvres, des ouvriers et des paysans [5] ; c'est le dernier coup d'œil de regret jeté dans le passé

---

1. Salutem et honorem genti Anglorum... abstulerit, et jam populum non esse jusserit. (*Chron.* Johan. Bromton, apud *Hist. anglic. Script.*, t. I, col. 984, ed. Selden.) — Matth. Westmonast. *Flor. histor.*, p. 229.)

2. Ita ut Anglum vocari foret opprobrio. (Matth. Paris., t. I, p. 12.)

3.   Amplas Anglorum terras et prædia multa
        Distribuens, quas et adhuc præsens videt et dolet ætas.
        (Hearne, notæ ad Guillelm. Neubrig., p. 722.)

4. Non miretur quis si varietas nationum tribuat varietatem conditionum, et inde crescat nimia diffidentia naturalis amoris, et dispersio sanguinis tribuat dispersam credulitatem mutuæ confidentiæ et dilectionis. (Henrici Knyghton, *de Event. angl.*, apud *Hist. anglic., Script.*, t. II, col. 2343, ed. Selden.)

5. The memorie of sorrow... By which great violence, suddain et lamentable desolation, it may wel have come to passe that many beeing anciently of the races and descents of meny woorthy families, yea even of Princes, have since become poor artificers and pesants. (*A restitution of decayed intelligence in antiquities*, by Richard Verstegan, p. 175. 1603, in-4°.)

sur l'événement qui avait amené en Angleterre des rois, des nobles et des chefs de race étrangère.

Si, résumant en lui-même tous les faits exposés plus haut, le lecteur veut se faire une idée juste de ce qu'était l'Angleterre conquise par Guillaume de Normandie, il faut qu'il se représente non point un simple changement de régime ni le triomphe d'un compétiteur, mais l'intrusion de tout un peuple au sein d'un autre peuple, dissous par le premier, et dont les fractions éparses ne furent admises dans le nouvel ordre social que comme propriétés personnelles, comme *vêtement de la terre*, pour parler le langage des anciens actes[1]. On ne doit point poser d'un côté Guillaume roi et despote, et de l'autre des sujets grands ou petits, riches ou pauvres, tous habitants de l'Angleterre et par conséquent tous Anglais ; il faut s'imaginer deux nations, les Anglais d'origine et les Anglais par invasion, divisés sur le même pays, ou plutôt se figurer deux pays dans une condition bien différente : la terre des Normands, riche et franche de taillages ; celle des Saxons, pauvre, serve et grevée de cens ; la première, garnie de vastes hôtels, de châteaux murés et crénelés ; la seconde, parsemée de cabanes de chaume ou de masures dégradées ; celle-là peuplée d'heureux et d'oisifs, de gens de guerre et de cour, de nobles et de chevaliers ; celle-ci peuplée d'hommes de peine et de travail, de fermiers et d'artisans : sur l'une, le luxe et l'insolence ; sur l'autre, la misère et l'envie, non pas l'envie du pauvre à la vue des richesses d'autrui, mais l'envie du dépouillé en présence de ses spoliateurs.

Enfin, pour achever le tableau, ces deux terres sont, en quelque sorte, entrelacées l'une dans l'autre ; elles se touchent par tous les points, et cependant elles sont plus distinctes que si la mer roulait entre elles. Chacune a son idiome à part, idiome étranger pour l'autre ; le français est la langue de la cour, des châteaux, des riches abbayes, de tous les lieux où règnent le luxe et la puissance, tandis que l'ancienne langue du pays reste aux foyers des pauvres et des serfs. Du-

---

1. Vestura, fructus quilibet agro hærentes. (Ducange, *Gloss. ad script. mediæ et infimæ latinitatis*, verbo *Vestura*.) — *Gloss.* Spelmani, verbo *Accola*.

rant longtemps ces deux idiomes se propagèrent sans mélange, et furent, l'un, signe de noblesse, et l'autre, signe de roture. C'est ce qu'expriment avec une sorte d'amertume quelques vers d'un vieux poëte qui se plaint de ce que l'Angleterre, de son temps, offre l'étrange spectacle d'un pays qui renie sa propre langue [1].

1. Thus come lo! Engelond into Normannes honde.
And the Normanes ne couthe speke tho bote her owe speche
And speke french as dude atom, and her chyldren dude also teche;
So that heymen of this lond that of her blod come
Holdeth alle thulke speche that hii oflem nome,
. . . .
Ac lowe men holdeth to englyss and to her Kunde speche gut.
(Robert of Gloucester's *Chronicle*, ed. Hearne, p. 364.)

LIVRE VII

Depuis la mort de Guillaume le Conquérant jusqu'à la dernière conspiration générale des Anglais contre les Normands.

1087—1137

1087   Durant son séjour en Normandie, dans les premiers mois de l'année 1087, le roi Guillaume s'occupa de terminer avec Philippe Ier, roi de France, une ancienne contestation. A la faveur des troubles qui suivirent la mort du duc Robert, le comté de Vexin, situé entre l'Epte et l'Oise, avait été démembré de la Normandie et réuni à la France. Guillaume se flattait de recouvrer sans guerre cette portion de son héritage; et, en attendant l'issue des négociations, il prenait du repos à Rouen; il gardait même le lit, d'après le conseil de ses médecins, qui tâchaient de réduire par une diète rigoureuse son excessif embonpoint. Croyant avoir peu de chose à craindre d'un homme absorbé dans de pareils soins, Philippe ne faisait aux réclamations du Normand que des réponses évasives; et, de son côté, celui-ci semblait prendre le retard en patience[1]. Mais un jour le roi de France s'avisa de dire en plaisantant avec ses amis : « Sur ma foi, « le roi d'Angleterre est long à faire ses couches; il y aura grande « fête aux relevailles. » Ce propos, rapporté à Guillaume, le piqua au point de lui faire tout oublier pour la vengeance. Il jura par ses plus grands serments, par la splendeur et la naissance de Dieu, d'aller

---

1. *Calumniam de Vulcassino comitatu.* (Orderic. Vital. *Hist. ecclesiast.*, lib. VII, apud *Script. rer. normann.*, p. 655.) — *Seditiosorum frivolis sophismatibus usus est.* (Ibid.)

faire ses relevailles à Notre-Dame de Paris, avec dix mille lances en guise de cierges [1].

En effet, reprenant tout à coup son activité, il assembla ses troupes, et, au mois de juillet, il entra en France par le territoire dont il revendiquait la possession. Les blés étaient encore dans les champs, et les arbres se chargeaient de fruits. Il ordonna que tout fût dévasté sur son passage, fit fouler les moissons par la cavalerie, arracher les vignes et couper les arbres fruitiers [2]. La première ville qu'il rencontra fut Mantes-sur-Seine ; on y mit le feu par son ordre, et lui-même, dans une espèce de rage destructive, se porta au milieu de l'incendie pour jouir de ce spectacle et encourager ses soldats.

Comme il galopait à travers les décombres, son cheval mit les deux pieds sur des charbons recouverts de cendre, s'abattit, et le blessa au ventre. L'agitation qu'il s'était donnée en courant et en criant, la chaleur du feu et de la saison rendirent sa blessure dangereuse [3] ; on le transporta malade à Rouen, et de là dans un monastère hors des murs de la ville, dont il ne pouvait supporter le bruit [4]. Il languit durant six semaines, entouré de médecins et de prêtres, et son mal s'aggravant de plus en plus, il envoya de l'argent à Mantes pour rebâtir les églises qu'il avait incendiées ; il en envoya aussi aux couvents et aux pauvres de l'Angleterre, pour obtenir, dit un vieux poëte anglais, le pardon des vols qu'il avait commis [5]. Il ordonna qu'on mît en liberté les Saxons et les Normands qu'il retenait dans ses prisons. Parmi les premiers étaient Morkar, Siward Beorn, et Wulfnoth, frère du roi Harold, l'un de ces deux otages pour la déli-

---

1. *Chronique de Normandie; Recueil des hist. de la France.* t. XIII, p. 240. — Quod quandocumque a puerperio suo levaret... mille candelas in regno Franciæ illuminaret. (*Chron. Johan. Bromton, apud Hist. anglic. Script.*, t. I, col. 980, ed. Selden.)

2. ... Conculcationem segetum et extirpationem vinearum. (Orderic. Vital. *Hist. ecclesiast.*, lib. VII, apud *Script. rer. normann.*, p. 655.)

3. Tunc ibi ex nimio æstu ac labore pinguissimus rex Guillelmus infirmatus est. (Ibid., p. 656.)

4. Quia strepitus Rhotomagi... intolerabilis erat ægrotanti. (Ibid.)

5. To Lete thulke robberye, that hym thogte he adde ydo.
(Robert of Gloucester's *Chronicle*, p. 369, ed. Hearne.)

1087 vrance desquels Harold fit son fatal voyage [1]. Les Normands étaient Roger, ci-devant comte de Hereford, et Eudes, évêque de Bayeux, frère maternel du roi Guillaume.

Guillaume, surnommé le Roux, et Henri, les deux plus jeunes fils du roi, ne quittaient point le chevet de son lit, attendant avec impatience qu'il dictât ses dernières volontés. Robert, l'aîné des trois, était absent depuis sa dernière querelle avec son père. C'était à lui que Guillaume, du consentement des chefs de Normandie, avait légué autrefois son titre de duc ; et, malgré la malédiction qu'il avait prononcée depuis contre Robert, il ne chercha point à le déshériter de ce titre que le vœu des Normands lui avait destiné [2]. « Quant au « royaume d'Angleterre, dit-il, je ne le lègue en héritage à personne, « parce que je ne l'ai point reçu en héritage, mais acquis par la force « et au prix du sang [3] ; je le remets entre les mains de Dieu, me bor- « nant à souhaiter que mon fils Guillaume, qui m'a été soumis en « toutes choses, l'obtienne, s'il plaît à Dieu, et y prospère [4]. — Et « moi, mon père, que me donnes-tu donc ? lui dit vivement Henri, le « plus jeune des fils [5]. — Je te donne, répondit le roi, 5,000 livres d'ar- « gent de mon trésor. — Mais que ferai-je de cet argent, si je n'ai ni « terre ni demeure [6] ? — Sois tranquille, mon fils, et aie confiance en « Dieu ; souffre que tes aînés te précèdent ; ton temps viendra après « le leur [7]. » Henri se retira aussitôt pour aller recevoir les 5,000 livres ; il les fit peser avec soin, et se procura un coffre-fort bien ferré et muni de bonnes serrures [8]. Guillaume le Roux partit en même temps pour se rendre en Angleterre, et s'y faire couronner roi.

Le 10 septembre, au lever du soleil, le roi Guillaume fut éveillé par

---

1. *Chron. saxon.*, ed. Gibson, p. 192.
2. Voyez livre VI, p. 391 et 393.
3. Diro conflictu et multa effusione humani cruoris. (Orderic. Vital. *Hist. ecclesiast.*, lib. VII, apud *Script. rer. normann.*, p. 659.)
4. Ibid.
5. « Et mihi, pater, quod tribuis? » (Ibid.)
6. « ... Si locum habitationis non habuero. » (Ibid.)
7. Ibid.
8. Diligenter ne quid sibi deesset ponderare... munitumque gazophylacium sibi procurare. (Ibid.)

un bruit de cloches, et demanda ce que c'était; on lui répondit que
l'office de prime sonnait à l'église de Sainte-Marie. Il leva les mains
en disant : « Je me recommande à madame Marie, la sainte mère de
« Dieu ; » et presque aussitôt il expira [1]. Ses médecins et les autres
assistants, qui avaient passé la nuit auprès de lui, le voyant mort,
montèrent en hâte à cheval et coururent veiller sur leurs biens [2]. Les
gens de service et les vassaux de moindre étage, après la fuite de
leurs supérieurs, enlevèrent les armes, la vaisselle, les vêtements, le
linge, tout le mobilier, et s'enfuirent de même, laissant le cadavre
presque nu sur le plancher [3]. Le corps du roi demeura ainsi abandonné pendant plusieurs heures [4]; car dans toute la ville de
Rouen les hommes étaient devenus comme ivres, non pas de douleur, mais de crainte de l'avenir; ils étaient, dit un vieil historien, aussi troublés que s'ils eussent vu une armée ennemie devant
les portes de leur ville [5]. Chacun sortait et courait au hasard, demandant conseil à sa femme, à ses amis, au premier venu ; on transportait, on cachait tous ses meubles, ou l'on cherchait à les vendre
à perte [6].

Enfin des gens de religion, clercs et moines, ayant repris leurs sens
et recueilli leurs forces, arrangèrent une procession [7]. Revêtus des
habits de leur ordre, avec la croix, les cierges et les encensoirs, ils
vinrent auprès du cadavre et prièrent pour l'âme du défunt [8]. L'archevêque de Rouen, nommé Guillaume, ordonna que le corps du roi
fût transporté à Caen, et enseveli dans la basilique de Saint-Étienne,
premier martyr, qu'il avait bâtie de son vivant. Mais ses fils, ses
frères, tous ses parents s'étaient éloignés, aucun de ses officiers n'était

---

1. « Dominæ meæ sanctæ Dei genitrici Mariæ me commendo. » (Orderic. Vital. *Hist. ecclesiast.*, lib. VII, apud *Script. rer. normann.*, p. 661.)
2. Illico, ascensis equis... ad sua tutanda properaverunt. (Ibid.)
3. Et, relicto regis cadavere pene nudo in area domus, aufugerunt. (Ibid.)
4. A prima usque ad tertiam. (Ibid.)
5. Pene omnes velut ebrii desipuerunt, ac si multitudinem hostium imminere urbi vidissent. (Ibid.)
6. Quid ageret a conjuge, vel obvio sodali, vel amico, consilium quæsivit. (Ibid.)
7. Collectis viribus et intimis sensibus. (Ibid.)
8. Honeste induti, cum crucibus et thuribulis. (Ibid.)

1087 présent; pas un seul ne s'offrit pour avoir soin de ses obsèques [1], et ce fut un simple gentilhomme de la campagne, nommé Herluin, qui, par bon naturel et pour l'amour de Dieu, disent les historiens du temps, prit sur lui la peine et la dépense [2]. Il fit venir à ses frais des ensevelisseurs et un chariot, transporta le cadavre jusqu'au bord de la Seine, et de là sur une barque, par la rivière et par mer, jusqu'à la ville de Caen [3]. Gilbert, abbé de Saint-Étienne, avec tous ses religieux, vint à la rencontre du corps; beaucoup de clercs et de laïques se joignirent à eux; mais un incendie qui éclata subitement fit bientôt rompre le cortége, et courir au feu clercs et laïques [4]. Les moines de Saint-Étienne restèrent seuls, et conduisirent le roi à l'église de leur couvent.

L'inhumation |du grand chef, *du fameux baron*, comme disent les historiens de l'époque [5], ne s'acheva point sans de nouveaux incidents. Tous les évêques et abbés de la Normandie s'étaient rassemblés pour la cérémonie; ils avaient fait préparer la fosse dans l'église, entre le chœur et l'autel; la messe était achevée; on allait descendre le corps, lorsqu'un homme, sortant du milieu de la foule, dit à haute voix: « Clercs, évêques, ce terrain est à moi; c'était l'emplacement de la « maison de mon père; l'homme pour lequel vous priez me l'a pris de « force pour y bâtir son église [6]. Je n'ai point vendu ma terre, je ne « l'ai point engagée, je ne l'ai point forfaite, je ne l'ai point donnée; « elle est de mon droit, je la réclame [7]. Au nom de Dieu, je défends « que le corps du ravisseur y soit placé, et qu'on le couvre de ma « glèbe [8]. » L'homme qui parlait ainsi se nommait Asselin, fils d'Arthur,

---

1. Verum fratres ejus et cognati jam ab eo recesserant, et omnes ministri ejus... nec unus... inventus est. (Orderic. Vital. *Hist. ecclesiast.*, lib. VII, apud *Script. rer. normann.*, p. 661.)

2. Herluinis pagensis eques, naturali bonitate compunctus... pro amore Dei. (Ibid.)

3. Pollinctores... ac vehiculum, mercede de propriis sumptibus... (Ibid.)

4. Omnes ad ignem comprimendum clerici cum laicis cucurrerunt. (Ibid.)

5. :.. Famosi baronis. (Ibid., p. 662.)

6. « Hæc terra ubi consistitis, area domus patris mei fuit. » (Ibid.)

7. *Roman de Rou*, t. II, p. 302. — *Chronique de Normandie; Recueil des hist. de la France*, t. XIII, p. 242.)

8. « Ex parte Dei, prohibeo ne corpus raptoris operiatur cespite meo. » (Orderic. Vital. *Hist. ecclesiast.*, lib. VII, apud *Script. rer. normann.*, p. 662.)

et tous les assistants confirmèrent la vérité de ce qu'il avait dit. Les évêques le firent approcher, et, d'accord avec lui, payèrent soixante sous pour le lieu seul de la sépulture, s'engageant à le dédommager équitablement pour le reste du terrain[1]. Le corps du roi était sans cercueil, revêtu de ses habits royaux; lorsqu'on voulut le placer dans la fosse, qui avait été bâtie en maçonnerie, elle se trouva trop étroite; il fallut forcer le cadavre et il creva[2]. On brûla de l'encens et des parfums en abondance; mais ce fut inutilement; le peuple se dispersa avec dégoût, et les prêtres eux-mêmes, précipitant la cérémonie, désertèrent bientôt l'église[3].

Guillaume le Roux, en chemin pour l'Angleterre, avait appris la mort de son père au port de Wissant, près de Calais. Il se hâta d'arriver à Winchester, lieu de dépôt du trésor royal, et gagnant par des promesses Guillaume de Pont-de-l'Arche, gardien du trésor, il en reçut les clefs[4]. Il le fit inventorier et peser avec soin, et y trouva 60,000 livres d'argent fin avec beaucoup d'or et de pierres précieuses[5]. Ensuite il fit assembler tous ceux des hauts barons normands qui se trouvaient en Angleterre, leur annonça la mort du Conquérant, fut choisi roi par eux, et sacré par l'archevêque Lanfranc dans la cathédrale de Winchester, pendant que les seigneurs restés en Normandie tenaient conseil sur la succession[6]. Beaucoup d'entre eux souhaitaient que les deux pays n'eussent qu'un seul et même gouvernement; ils voulaient donner la royauté au duc Robert, qui était revenu d'exil; mais l'activité de Guillaume les prévint.

Son premier acte d'autorité royale fut d'emprisonner de nouveau les Saxons Wulfnoth, Morkar et Siward Beorn, que son père avait

---

1. Pro reliqua vero tellure... æquipollens mutuum. (Orderic. Vital. *Hist. ecclesiast.*, lib. VII, apud *Script rer. normann.*, p. 662.)
2. Pinguissimus venter crepuit. (Ibid.)
3. Sacerdotes itaque festinabant exequias perficere. (Ibid.)
4. *Monast. anglic.*, Dugdale, t. II, p. 890.
5. Statim ponderans thesaurum patris sui... reperit... (*Hist. Ingulf. Croyland.*, apud *Rer. anglic. Script.*, t. I, p. 106, ed. Gale.)
6. Regem obiisse propalat... dum cæteri proceres de regni successione tractant in Normannia. (*Monast. anglic.*, Dugdale, t. II, p. 890.)

rendus à la liberté[1]; puis il tira du trésor une grande quantité d'or et d'argent qu'il fit remettre à Othon l'orfévre, avec ordre d'en fabriquer des ornements pour la tombe de celui qu'il avait abandonné à son lit de mort[2]. Le nom de l'orfévre Othon mérite d'être placé dans cette histoire, parce que le registre territorial de la conquête le cite comme un des grands propriétaires nouvellement créés[3]. Peut-être avait-il été le banquier de l'invasion, et avait-il avancé une partie des frais sur hypothèque de terres anglaises; on peut le croire, car les orfévres, au moyen âge, étaient en même temps banquiers; peut-être avait-il fait simplement des spéculations commerciales sur les domaines acquis par la lance et l'épée, et donné aux gens d'armes errants, espèce d'hommes commune dans ce siècle, de l'or en échange de leurs terres.

Une sorte de concours littéraire s'ouvrit alors entre les versificateurs latins d'Angleterre et de Normandie pour l'épitaphe qui devait être gravée sur le tombeau du roi défunt, et ce fut Thomas, l'archevêque d'York, qui en remporta l'honneur[4]. Plusieurs pièces de vers et de prose à la louange du Conquérant nous ont été conservées, et, parmi les éloges que lui donnèrent les clercs et les littérateurs du siècle, il y en a d'assez bizarres : « Nation anglaise, s'écrie l'un « d'entre eux, pourquoi as-tu troublé le repos de ce prince ami de la « vertu[5]? » — « O Angleterre, dit un autre, tu l'aurais chéri, tu l'aurais « estimé au plus haut degré, sans ta folie et ta malice[6]. » — « Son règne

---

1. Alured. Beverlac. *Annal. de gest. reg. britann.*, lib. IX, p. 136, ed. Hearne. — Florent. Wigorn. *Chron.*, p. 642.

2. Auri et argenti gemmarumque copiam Othoni auri fabro erogavit. (Orderic. Vital. *Hist. ecclesiast.*, lib. VIII, apud *Script. rer. normann.*, p. 663.

3. Domesday-book, vol. II, p. 97 et 98.

4. Solius Thomæ... versus ex auro inserti sunt. (Orderic. Vital. *Hist. ecclesiast.*, lib. VIII, apud *Script. rer. normann.*, p. 663.)

5. Gens Anglorum, turbastis principem,
 Qui virtutis amabat tramitem.
 (*Script. rer. normann.*, p. 318.)

6. Diligeres... eum, anglica terra, si abesset imprudentia atque iniquitas tua. (Guill. Pictav., apud *Script. rer. normann.*, p. 207.)

« fut pacifique, dit un troisième, et son âme bienfaisante[1]. » Il ne nous reste rien des épitaphes que lui fit de vive voix le peuple vaincu, à moins qu'on ne regarde comme un exemple des exclamations populaires qu'excita sa mort ces vers d'un poëte anglais du treizième siècle : « Les jours du roi Guillaume furent des jours de souffrance, « et beaucoup d'hommes trouvèrent sa vie trop longue[2]. »

Cependant, les barons anglo-normands qui n'avaient point concouru à l'élection de Guillaume le Roux repassèrent la mer, courroucés contre lui de ce qu'il était devenu roi sans leur aveu ; ils résolurent de le déposer, et de mettre à sa place son frère aîné Robert, duc de Normandie[3]. A la tête de ce parti figuraient Eudes de Bayeux, frère du Conquérant, nouvellement sorti de prison, et beaucoup de riches Normands ou Français de l'Angleterre, comme s'exprime la chronique saxonne[4]. Le roi Roux (car c'est ainsi que les histoires du temps le nomment[5]), voyant que ses compatriotes conspiraient contre lui, appela à son aide les hommes de race anglaise, les engageant à le soutenir par l'espoir d'un peu de soulagement[6]. Il convoqua auprès de lui plusieurs de ceux que le souvenir de leur puissance passée faisait encore regarder par la nation anglo-saxonne comme ses chefs naturels ; il leur promit les meilleures lois qu'ils voulussent choisir,

---

1.   Cujus regnum pacificum
     Fuit atque fructiferum.
          (*Chron.* Raynaldi Andegavensis, apud *Script. rer. gallic. et francic.*, t. XII, p. 479.)

2.   There was by king Willame's day worre and sorwe y nou,
     . . . .
     So that muchedel Engelond thogte hys lyf to long.
          (Robert of Gloucester's *Chronicle*, t. II, p. 374 et 376, ed. Hearne.)

3. *Chron. saxon.*, ed. Gibson, p. 192 et 193.

4. Tha riceste frencisce men. — Ealle frencisce men. (Ibid.)

5.   Li ris Ros. . . . . .
          (*Roman de Rou*, t. II, p. 305.)
     — The rede king. . . . . . .
          (Robert of Gloucester's *Chronicle*, p. 383, ed. Hearne.)

6. Tunc accersivit Anglos... (*Chron. saxon.*, ed. Gibson, p. 194.)

1088 les meilleures qui eussent jamais été observées dans le pays [1]; il leur rendit le droit de porter des armes, et la jouissance des forêts; il arrêta la levée des tailles et de tous les tributs odieux; mais tout cela ne dura guère, disent les annales contemporaines[2].

Pour ces concessions de quelques jours, et peut-être aussi par un désir secret d'en venir aux mains avec des Normands[3], les chefs saxons consentirent à défendre la cause du roi, et firent publier en leur nom et au sien l'ancienne proclamation de guerre, celle qui faisait lever autrefois tout Anglais en état de porter les armes : « Que « celui qui n'est pas un homme de rien, soit dans les villes, soit hors « des villes, quitte sa maison et vienne[4]. » Trente mille Saxons se rendirent au lieu assigné, reçurent des armes et s'enrôlèrent sous la bannière du roi[5]. Ils étaient presque tous fantassins; Guillaume les conduisit en grande hâte avec sa cavalerie, composée de Normands, vers la ville maritime de Rochester, où s'étaient fortifiés l'évêque Eudes et les autres chefs des opposants, attendant l'arrivée du duc Robert pour marcher sur Canterbury et sur Londres[6].

Il paraît que les Saxons de l'armée royale montrèrent une grande ardeur au siége de Rochester. Les assiégés, pressés vivement, demandèrent bientôt à capituler, sous la condition de reconnaître Guillaume pour roi et de garder sous lui leurs terres et leurs honneurs[7]. Guillaume refusa d'abord; mais les Normands de son armée ne portant pas le même zèle que les Saxons dans cette guerre qui était pour eux une guerre civile, et ne se souciant point de réduire aux dernières extrémités leurs concitoyens et leurs parents, trouvèrent le

---

1. Meliores leges quas sibi vellent eligere. (*Chron.* Johan. Bromton, apud *Hist. anglic. Script.*, t. I, col. 984, ed. Selden.) — Meliores leges, quam unquam in hac terra fuerunt. (*Annal. waverleienses*, apud *Rer. anglic. Script.*, t. II, p. 136, ed. Gale.)

2. Sed hoc parum duravit. (Ibid.)

3. Animos eorum contra Normannos mulcebat. (*Chron.* Johan. Bromton, apud *Hist. anglic. Script.*, t. I, col. 984, ed. Selden.)

4. Voyez livre II, p. 107. — Ut quicumque esset un-nithing... sive in burgo, sive extra burgum... (*Annal. waverleienses*, apud *Rer. anglic. Script.*, t. II, p. 136, ed. Gale.)

5. Orderic. Vital. *Hist. ecclesiast.*, lib. VIII, apud *Script. rer. normann.*, p. 667.

6. Florent. Wigorn. *Chron.*, p. 643.

7. Orderic. Vital. *Hist. ecclesiast.*, lib. VIII, apud *Script. rer. normann.*, p. 667.

roi trop acharné contre les défenseurs de Rochester¹. Ils essayèrent 1088
de l'apaiser : « Nous qui t'avons assisté dans le danger, lui disaient-
« ils, nous te prions d'épargner nos compatriotes, nos parents, qui
« sont aussi les tiens, et qui ont aidé ton père à conquérir l'Angle-
« terre². » Le roi se laissa fléchir, et accorda enfin aux assiégés la
libre sortie de la ville avec leurs armes et leurs chevaux. L'évêque
Eudes essaya d'obtenir, en outre, que la musique militaire du roi ne
jouât pas en signe de victoire à la sortie de la garnison³; mais Guillaume refusa avec colère, et dit tout haut qu'il ne ferait pas cette
concession pour mille marcs d'or⁴. Les Normands du parti de Robert
quittèrent la ville qu'ils n'avaient pu défendre, les enseignes basses,
au son des trompettes du roi. Dans ce moment, de grandes clameurs
partirent du milieu des Anglais de l'armée royale⁵ : « Qu'on apporte
« des cordes, criaient-ils, nous voulons pendre ce traître d'évêque
« avec tous ses complices. O roi! pourquoi le laisses-tu ainsi se reti-
« rer sain et sauf? Il n'est pas digne de vivre, le fourbe, le meurtrier
« de tant de milliers d'hommes⁶. »

C'est au bruit de ces imprécations que sortit d'Angleterre, pour 1088
n'y jamais rentrer, le prélat qui avait béni l'armée normande à la à
bataille de Hastings. La guerre entre les Normands dura quelque 1039
temps encore; mais cette querelle de famille s'apaisa peu à peu, et
finit par un traité entre les deux partis et les deux frères. Les
domaines que les amis de Robert avaient perdus en Angleterre, pour
avoir embrassé sa cause, leur furent restitués, et Robert lui-même
fit l'abandon de ses prétentions à la royauté pour des propriétés ter-
ritoriales⁷. Il fut convenu entre les deux partis que le roi, s'il sur-

---

1. Videntes autem ii qui obsidebant... ad necem parentum et amicorum qui obsessi erant tam valide regis animum furere. (Orderic. Vital. *Hist. ecclesiast.*, lib. VIII, apud *Script. rer. normann.*, p. 667.)

2. « Nos... qui tecum maximis in periculis sicut cum patre tuo perstitimus, nunc tibi... pro compatriotis nostris obnixe supplicamus. » (Ibid., p. 668.)

3. Ne tubicines in eorum egressu tubis canerent. (Ibid.)

4. ...Etiam propter mille auri marcos. (Ibid.)

5. Multitudo Anglorum quæ regi adhærebat... vociferabatur. (Ibid., p. 669.)

6. « Torques, torques afferte et traditorem episcopum... patibulis suspendite... Cur sospitem pateris abire?... Non debet vivere perjurus homicida. » (Ibid.)

7. Florent. Wigorn. *Chron.*, p. 644.

vivait au duc, aurait le duché de Normandie, et que, dans le cas contraire, le duc aurait le royaume d'Angleterre : douze hommes du côté du roi et douze du côté du duc confirmèrent ce traité par serment[1]. Ainsi se terminèrent et la guerre civile des Normands et l'alliance que cette guerre avait occasionnée entre les Anglais et le roi. Les concessions que ce dernier avait faites furent toutes révoquées, ses promesses démenties, et les Saxons redescendirent à leur rang de sujets et d'opprimés[2].

Près de la ville de Canterbury était un ancien couvent, fondé en l'honneur du missionnaire Augustin, qui convertit les Saxons et les Angles. Là se conservaient, à un plus haut degré que dans les maisons religieuses de moindre importance, l'esprit national et le souvenir de l'ancienne liberté. Les Normands s'en aperçurent, et de bonne heure ils tentèrent de détruire cet esprit par des humiliations réitérées. Le primat Lanfranc commença par abolir l'antique privilége des moines de Saint-Augustin, qui consistait à n'être justiciables que de leur propre abbé pour la discipline ecclésiastique[3]. Quoique cet abbé fût alors un Normand, et, comme tel, peu suspect d'indulgence envers les hommes de l'autre race, Lanfranc lui enleva la surveillance de ses moines pour se l'attribuer à lui-même[4]; il défendit, en outre, de sonner les cloches du monastère avant que l'office eût été sonné à l'église épiscopale, sans respect, dit l'historien, pour cette maxime des saintes Écritures : Où est l'esprit de Dieu, là est la liberté[5]. Les moines saxons murmurèrent d'être soumis à cette gêne; et, pour montrer leur mécontentement, ils célébrèrent les offices tard, avec négligence, et en commettant à plaisir des irrégularités volontaires, comme de renverser les croix et de faire la procession nu-pieds contre le cours du soleil[6]. « On nous fait violence, disaient-

---

1. Florent. Wigorn. *Chron.*, p. 644.
2. Nihil postmodum tenuit quod promisit. (*Chron.* Johan. Bromton, apud *Hist. anglic. Script*, t. I, col. 994, ed. Selden.)
3. *Chron.* Willelmi Thorn., apud *Hist. anglic. Script.*, t. II, col. 1791, ed. Selden.)
4. Cum abbas præ timore... non negaret... ad synodum et capitulum suum omnes presbyteros parochianosque eorum venire compulit. (Ibid.)
5. Ne signa sua... pulsarent, nisi prius... (Ibid., col. 1792.)
6. Inde ergo iræ, rixæ, murmurationes, exordinationes sæpissime... fiebant... servicium

« ils, au mépris des canons de l'Église; eh bien! nous violerons les
« canons dans le service de l'église[1]. » Ils prièrent le Normand, leur
abbé, de transmettre de leur part une réclamation au pape; mais
l'abbé, pour toute réponse, les punit comme rebelles, et ferma le
cloître pour qu'aucun d'eux ne pût sortir[2].

Cet homme, qui sacrifiait de si bonne grâce, par haine des Saxons, son indépendance personnelle, mourut en l'année 1088; et alors l'archevêque Lanfranc se transporta au monastère, menant avec lui un moine de Normandie, appelé Guy, très-aimé du roi[3]. Il somma les religieux de Saint-Augustin, au nom de l'autorité royale, de recevoir et d'installer sur-le-champ ce nouvel abbé; mais tous répondirent qu'ils n'en feraient rien[4]. Lanfranc, irrité de cette résistance, ordonna que ceux qui refusaient d'obéir sortissent à l'instant du couvent. Ils sortirent presque tous, et le Normand fut installé en leur absence, avec les cérémonies d'usage[5]. Ensuite le prieur du monastère, appelé Elfwin, et plusieurs autres moines, tous Saxons de naissance, furent saisis et emprisonnés[6]. Ceux qui étaient sortis au commandement de l'archevêque se tenaient assis à terre sous les murs du château de Canterbury. On vint leur dire qu'il leur était accordé un délai de quelques heures pour rentrer au couvent, mais que, passé ce terme, ils seraient regardés et traités comme vagabonds[7]. Ils restèrent quelque temps indécis; mais l'heure du repas arriva, ils souffraient de la faim : plusieurs se repentirent alors, et envoyèrent à l'archevêque Lanfranc pour lui promettre obéissance. On leur fit jurer, sur les reliques de saint Augustin, de tenir fidèlement cette promesse; ceux qui refusèrent de prêter serment furent emprison-

---

Dei frequenter tarde et indecenter et irregulariter... exercebant. (*Chron.* Willelmi Thorn., apud *Hist. anglic. Script.*, t. II, col. 1792, ed. Selden.)

1. *Annales ecclesiast.* Winton.; *Anglia sacra*, t. I, p. 298.
2. Quos ille despiciens... monachos distringere ac ne... de claustro ullo modo exirent... arctare cœpit. (*Chron.* Willelmi Thorn., apud *Hist. anglic. Script.*, t. II, col. 1792, ed. Selden.)
3. Regi Willelmo... amantissimum. (Ibid., col. 1793.)
4. Qui unanimiter animati responderunt... (*Chron. saxon.*, ed. Gibson, p. 179.)
5. Ibid.
6. Elfrinum et alios quos voluit, cepit. (Ibid.)
7. Ibid.

nés jusqu'à ce que l'ennui de la captivité les eût rendus plus dociles. L'un d'eux, appelé Alfred, qui réussit à fuir, et que l'on trouva errant par les chemins, fut mis aux fers dans la maison épiscopale[2]. L'esprit de résistance s'apaisa durant quelques mois, et ensuite devint plus violent; il y eut un complot tramé contre la vie du nouvel abbé de race étrangère[3]. L'un des conjurés, appelé Colomban, fut pris, conduit devant l'archevêque et interrogé sur son dessein de tuer le Normand : « J'ai eu ce dessein, répondit le moine avec assurance, et « je l'aurais exécuté[4]. » Lanfranc ordonna qu'on l'attachât nu devant les portes du monastère, et qu'on le battît publiquement à coups de fouet[5].

Dans l'année 1089, mourut le primat Lanfranc, et aussitôt les moines, délivrés de la terreur qu'il leur avait inspirée, entreprirent une troisième révolte, mais d'un caractère plus grave que les deux autres. Ils appelèrent à leur aide les habitants saxons de Canterbury, qui, embrassant cette cause comme une cause nationale, vinrent armés à la maison de l'abbé de Saint-Augustin et en firent l'attaque[6]. Les gens de l'abbé résistèrent, et il y eut de part et d'autre beaucoup d'hommes tués et blessés. Guy s'échappa à grand'peine des mains de ses adversaires, et courut s'enfermer dans l'église métropolitaine[7]. Au bruit de cette aventure, les Normands Gaucelme, évêque de Winchester, et Gondolphe, évêque de Rochester, vinrent en grande hâte à Canterbury, où de nombreux détachements de troupes furent envoyés par ordre du roi[8]. Le couvent de Saint-Augustin fut occupé militairement; on instruisit le procès des moines, qui se virent condamnés en masse à recevoir la discipline; deux religieux étrangers,

---

1. *Chron. saxon.*, ed. Gibson, p. 180.
2. Æluredum unum ex illis vagantem fugiendo cepit, et Cantuariæ... cum quibusdam sociis illius... ferro compeditos multis diebus rigorem ordinis in claustro dicere fecit. (Ibid.)
3. ...Perniciem abbatis clam machinati sunt. (Ibid.)
4. Si... potuissem, pro certo eum interfecissem. (Ibid.)
5. Ibid.
6. Cives Cantuariæ contra eum concitaverunt. (Ibid.)
7. Evasit et... quærendo auxilium... fugit. (Ibid.)
8. Ibid.

appelés Guy et Le Normand, la leur infligèrent à la discrétion des évêques[1]; ensuite on les dispersa sur plusieurs points de l'Angleterre, et à leur place furent appelés d'outre-mer vingt-quatre moines et un prieur. Tous ceux des habitants de Canterbury que saisit la police normande furent condamnés à la perte des yeux[2].

Ces luttes, fruit de la haine et du désespoir des vaincus, se reproduisaient à la fois dans plusieurs églises d'Angleterre, et en général dans tous les lieux où des Saxons, réunis en corps, et non réduits au dernier degré d'esclavage, se trouvaient en présence de chefs ou de gouverneurs de race étrangère. Ces chefs, soit clercs, soit laïques, ne différaient que par l'habit; sous la cotte de mailles ou sous la chape, c'était toujours le vainqueur insolent, dur, avare, traitant les vaincus comme des êtres d'une espèce inférieure à la sienne. Jean de La Villette, évêque de Wells, et ci-devant médecin à Tours, abattit les maisons des chanoines de son église pour se construire un palais avec leurs débris[3]; Renouf Flambard, évêque de Lincoln, autrefois valet de pied chez les ducs de Normandie, commettait dans son diocèse de tels brigandages, que les habitants souhaitaient de mourir, dit un ancien historien, plutôt que de vivre sous sa puissance[4]. Les évêques normands marchaient à l'autel, comme les comtes à leurs revues de gens d'armes, entre deux haies de lances; ils passaient le jour à jouer aux dés, à galoper et à boire[5]. L'un d'entre eux, dans un accès de gaieté, fit préparer à des moines saxons, dans la grande salle de leur couvent, un repas où il les força de manger des mets défendus par leur ordre, et servis par des

---

1. ... Ad episcoporum imperium. (*Chron. saxon.*, ed. Gibson, p. 180.)
2. Cives vero. . capti... oculos amiserunt. (Ibid.)
3. Johannes (de Villula), Turonensis arte medicus... qui, destructis claustro et aliis ædificiis... canonicorum... (*Hist. de episc. bathon. et wellens.; Anglia sacra*, t. I, p. 559.)
4. ... Ut mallent mori. (*Annal. ecclesiast.* Winton.; *Anglia sacra*, t. I, p. 295.)
5. Nec etiam pompam Normannorum omittebat quin stipatus militibus incederet quotidie ad missam. (Henrici Knyghton, *de Event. angl.*, lib. II, apud *Hist. anglic. Script.*, t. II, col. 2367, ed. Selden.) — Omnes fere tunc temporis in Anglia monachi, secularibus haud absimiles... venari, aucupari, tesseras quatere, potibus indulgere consueverunt, ut majus illos consules, quam monachos, pro famulorum frequentia putares. (Ibid., col. 2362.)

femmes échevelées et à demi nues¹. Ceux des Anglais qui, à cette vue, voulurent se retirer, ou simplement détourner les yeux, furent maltraités et appelés hypocrites par le prélat normand et ses amis².

Contre de pareils adversaires, les débris du clergé anglo-saxon ne purent soutenir un long combat. Chaque jour l'âge et la persécution enlevaient quelqu'un des anciens religieux ou prêtres; la résistance, d'abord énergique, s'éteignait par degrés³. C'était d'ailleurs, pour tout couvent d'Angleterre, un titre à la haine et aux vexations des grands, que d'être encore peuplé en majorité d'hommes de race anglaise. C'est ce qu'éprouva, sous le règne de Guillaume le Roux, le monastère de Croyland, déjà si maltraité à l'époque de la conquête. Après un incendie qui avait consumé une partie de la maison, le comte normand de la province où elle était située, présumant que les chartes de l'abbaye avaient péri dans les flammes, somma les moines de comparaître dans sa cour de justice à Spalding, pour y représenter leurs titres⁴. Au jour fixé, ils envoyèrent un des leurs, nommé Trig, qui vint apportant d'anciennes chartes en langue saxonne, confirmées par le Conquérant, dont le sceau y était suspendu. Le moine déploya ses parchemins devant le comte et ses officiers, qui se mirent à rire et à l'injurier, disant que ces écritures barbares et inintelligibles n'étaient d'aucune autorité⁵. Cependant la vue du sceau royal produisit quelque effet; le vicomte normand, qui n'osa ni le briser, ni enlever publiquement des chartes qui en étaient munies, laissa partir le moine; mais il envoya derrière lui ses valets armés de bâtons pour le surprendre dans la route et lui dé-

---

1. Cibos vetitos publice apposuit, mulieres vultu et veste procaces, sparsis post tergum crinibus, ministrare constituit. (Henrici Knyghton, *de Event. angl.*, lib. II, apud *Hist. anglic. Script.*, t. II, col. 2372, ed. Selden.)

2. Si oculos averteret, hypocrita... diceretur. (Ibid.)

3. (Normanni) jam multiplicati invaluerunt. (Anglii) jam senescentes et imminuti. (Matth. Paris. *Vitæ abbatum S. Albani*, t. I, p. 54.)

4. Æstimans chartas nostras, ut fama fuit, omnes incendio deperisse. (*Hist. Ingulf. Croyland.*, apud *Rer. anglic. Script.*, t. I, p. 107, ed. Gale.)

5. Dicens barbaram scripturam risu et derisu fore dignam, et nullius momenti seu roboris esse tenendam. (Ibid.)

rober ce qu'il portait. Trig n'échappa à leurs poursuites qu'en prenant un chemin détourné [1].

La paix qui régnait entre les conquérants de l'Angleterre fut encore une fois troublée, en l'année 1094, par la révolte de quelques chefs contre le roi. Une des causes de cette discorde était le droit exclusif sur les forêts de l'Angleterre, établi par Guillaume le Bâtard et maintenu rigoureusement par son fils [2]. A la tête des mécontents se trouvait Robert, fils de Roger de Molbray, comte de Northumberland, qui possédait deux cent quatre-vingts manoirs en Angleterre [3]. Robert manqua de se rendre à la cour du roi, dans l'un des jours fixés pour les conférences politiques des barons et chevaliers anglo-normands. Son absence donna des soupçons, et le roi fit publier que tout grand possesseur de terres qui ne se rendrait point à sa cour, aux fêtes prochaines de la Pentecôte, serait mis hors de la paix publique [4]. Robert de Molbray n'y vint pas, de crainte d'être saisi et emprisonné, et alors Guillaume fit marcher l'armée royale vers la province de Northumberland. Il assiégea et prit plusieurs châteaux; il bloqua celui de Bamborough, où le comte Robert s'était retiré, mais il ne put s'en rendre maître. Après des efforts inutiles, le roi fit construire vis-à-vis de Bamborough un fort de bois qu'il appela dans son langage normand *Malveisin*, ou mauvais voisin, y laissa une garnison, et reprit sa route vers le sud [5]. Les gardiens de la nouvelle forteresse surprirent Robert dans une sortie, le blessèrent et le firent prisonnier. Il fut condamné à une prison perpétuelle, et ses complices furent bannis d'Angleterre.

Les biens de ces bannis, dans les villes et hors des villes, restèrent quelque temps sans maîtres et sans culture. Il paraît que les favoris du roi les laissèrent en friche, après en avoir enlevé tout ce qui avait quelque valeur, se souciant peu d'une possession que son origine et

---

1. *Hist. Ingulf. Croyland.*, apud *Rer. anglic. script.*, t. I, p. 107, ed. Gale.
2. Willelm. Malmesb., *de Gest. reg. angl.*, lib. IV, apud *Rer. anglic. Script.*, p. 124, ed. Savile.
3. Orderic. Vital. *Hist. ecclesiast.*, lib. VIII, apud *Script. rer. normann.*, p. 703.
4. Jussit omnes qui a rege terras tenebant, modo pace dignos haberi se vellent, adesse suæ curiæ. (*Chron. saxon.*, ed. Gibson, p. 203.)
5. ... Illudque sua lingua *Malveisin* vocavit. (Ibid.)

l'incertitude des événements politiques rendaient trop précaire. De leur côté, les officiers royaux, pour que l'échiquier ne perdît rien de ses revenus, continuèrent de lever, sur la ville ou le canton dont les biens vacants dépendaient, la totalité de l'impôt territorial, et cette surcharge tomba spécialement sur les hommes de race anglaise[1]. Le peuple de Colchester, suivant un ancien récit, rendit de grandes actions de grâces à Eudes, fils d'Hubert, vicomte ou gouverneur de la ville, qui avait pris sous son nom les terres des Normands déshérités, et consenti à satisfaire, pour ces terres, aux demandes du fisc[2]. Si l'on en croit le même récit, le Normand Eudes se faisait aimer des habitants de Colchester par son administration équitable et modérée[3]. C'est le seul chef imposé aux Anglais par la puissance étrangère, dont l'histoire porte un semblable témoignage.

Cette exception à la loi de la conquête ne s'étendait guère au delà d'une seule ville; partout ailleurs les choses suivaient leur cours, et les officiers royaux étaient pires que des voleurs, ce sont les paroles mêmes des chroniques; ils pillaient sans miséricorde les greniers des laboureurs et les magasins des marchands[4]. A Oxford commandait Robert d'Ouilly, qui n'épargnait ni pauvres ni riches; dans le nord Odineau d'Omfreville saisissait les biens des Anglais de son voisinage, afin de les contraindre à venir tailler et voiturer des pierres pour la construction de son château[5]. Près de Londres, le roi levait aussi par force des troupes d'hommes pour construire une nouvelle enceinte à la tour du Conquérant, un pont sur la Tamise, et à l'ouest de la cité un palais ou une cour d'audiences pour les assemblées de ses barons[6].

---

1. Terras damnatorum... et pro culpis eliminatorum dum nemo coleret... exigebantur tamen plenaliter fiscalia, et hac de causa populus valde gravabatur. (*Monast. anglic.*, Dugdale, t. II, p. 890.)

2. Has ergo terras Eudo sibi vindicavit, ut pro his fisco satisfaceret, et populum eatenus alleviaret. (Ibid.)

3. Sublevare gravatos, comprimere elatos, et in suis primordiis omnibus complacere. (Ibid.)

4. Latronibus pejores, agricolarum acervos ac negociatorum congeries immisericorditer diripiebant. (Orderic. Vital. *Hist. ecclesiast.*, lib. X, apud *Script. rer. normann.*, p. 773.)

5. ... Ut eos compelleret venire ad ædificationem castelli. (Lelandi *Collectanea*, t. IV, p. 116.)

6. *Chron. saxon.*, ed. Gibson, p. 206.

« Les provinces auxquelles ces travaux échurent, dit une chronique
« saxonne, furent cruellement tourmentées ; chaque année qui s'écou-
« lait était pesante et pleine de douleurs, à cause des vexations sans
« nombre et des tributs multipliés [1]. »

Des historiens moins laconiques nous ont transmis quelques détails sur ces *douleurs* et ces *tourments* que souffrait la nation subjuguée. Partout où le roi passait dans ses courses à travers l'Angleterre, ses gens et les soldats de sa suite avaient coutume de ravager le pays[2]. Lorsqu'ils ne pouvaient consommer en totalité les denrées de diverse nature qu'ils trouvaient dans les maisons des Anglais, ils les faisaient porter au marché voisin par le propriétaire lui-même, et l'obligeaient de les vendre à leur profit. D'autres fois ils les brûlaient par passe-temps, ou, si c'était quelque boisson, ils en lavaient les pieds de leurs chevaux[3]. « Les mauvais traitements qu'ils se permettaient
« contre les pères de famille, leurs outrages envers les femmes et les
« filles, ajoute le narrateur contemporain, feraient honte à raconter ;
« aussi, au premier bruit de l'approche du roi, chacun s'enfuyait de
« sa demeure, et se retirait, avec tout ce qu'il pouvait sauver, au fond
« des forêts ou dans les lieux déserts[4]. »

Cinquante Saxons qui, par des hasards heureux, et peut-être par un peu de lâcheté politique, étaient parvenus à conserver quelques débris de leur ancienne fortune[5], furent accusés, soit faussement, soit avec raison, d'avoir chassé dans les forêts royales, et d'avoir tué, pris et mangé des cerfs : tels étaient les termes de l'accusation criminelle intentée contre eux[6]. Ils nièrent, et les juges normands leur infligèrent l'épreuve du fer rouge, que les anciennes lois anglaises n'ordonnaient que du consentement et à la demande de l'accusé.

---

1. Fuerunt vehementer afflictati. (*Chron. saxon.*, ed. Gibson, p. 206.)

2. Ut quæque pessundarent, diriperent, et... totam terram per quam rex ibat devastarent. (Eadmeri *Hist. nov.*, p. 94, ed. Selden.)

3. Ea aut ad forum per eosdem ipsos quorum erant, pro suo lucro ferre ac vendere, aut... cremare, aut si potus esset, lotis exinde equorum suorum pedibus... (Ibid.)

4. Præcognito regis adventu, sua habitacula fugiebant... in sylvis vel aliis locis in quibus se tutari posse sperabant. (Ibid.)

5. Quibus... ex antiqua Anglorum ingenuitate, divitiarum quædam vestigia arridere videbantur. (Ibid., p. 48.)

6. ... Quod cervos regis ceperint, mactaverint, manducaverint. (Ibid.)

« Au jour fixé, dit un témoin oculaire, tous subirent cette sentence « sans miséricorde. C'était chose pitoyable à voir ; mais Dieu, en « préservant leurs mains de toute brûlure, montra clairement leur « innocence et la malice de leurs persécuteurs[1]. » Quand on vint rapporter au roi Guillaume qu'après trois jours les mains des accusés avaient paru intactes : « Qu'est-ce que cela fait ? répondit-il ; Dieu « n'est pas bon juge de ces choses ; c'est moi que de telles affaires « regardent, et qui dois juger celle-ci[2]. » L'historien garde le silence sur ce nouveau jugement et sur le sort des malheureux Anglais, qu'aucune fraude pieuse ne devait plus sauver.

Les Saxons, poursuivis par Guillaume le Roux pour les transgressions aux lois de chasse, encore plus vivement que par son père, n'avaient d'autre vengeance que de l'appeler, par dérision, *gardien de bois et berger de bêtes fauves*, et de répandre des contes sinistres sur ces forêts, où nul homme de race anglaise ne pouvait entrer armé sans péril de mort. On disait que le diable, sous des formes horribles, y apparaissait aux Normands, et leur parlait du sort épouvantable qu'il réservait au roi et à ses conseillers[3]. Cette superstition populaire fut accréditée par le singulier hasard qui rendit fatale à la race du Conquérant la chasse dans les forêts de l'Angleterre, et surtout dans la forêt Neuve. En l'année 1081, Richard, fils aîné de Guillaume le Bâtard, s'y était blessé mortellement ; dans le mois de mai de l'année 1100, Richard, fils du duc Robert et neveu du roi Guillaume le Roux, y fut tué d'un coup de flèche tiré par imprudence[4] ; et, chose bizarre, ce roi y périt aussi de la même mort, dans le mois de juillet de la même année.

Le matin de son dernier jour, il fit un grand repas[5] avec ses amis

---

1. Præfixi pœnæ judicii pariter subacti sunt, remota pietate et misericordia. Erat ergo miseriam videre. (Eadmeri *Hist. nov*, p. 48, ed. Selden.)

2. « Quid est hoc ? Deus est justus judex. » (Ibid.)

3. Multis etiam Normannis diabolus in horribili specie se frequenter in silvis ostendens, palam cum eis de rege et... aliis locutus est. (Simeon. Dunelm. *Hist. dunelm.*, apud *Hist. anglic. Script.*, t. I, col. 225, ed. Selden.)—Roger de Hoved. *Annal.*, pars I, apud *Rer. anglic. Script.*, p. 460, ed. Savile.

4. Orderic. Vital. *Hist. ecclesiast.*, lib. X, apud *Script. rer. normann.*, p. 780.

5. Rex mane cum suis parasitis comedit. (Ibid., p. 782.)

dans le château de Winchester, et se prépara ensuite a la chasse 1100
projetée. Pendant qu'il nouait sa chaussure, en badinant avec ses
convives, un ouvrier lui présenta six flèches neuves; il les examina,
en loua le travail, en prit quatre pour lui, et donna les deux autres
à Gaultier Tirel, en disant : « Il faut de bonnes armes à qui tire
« de bons coups [1]. » Gaultier Tirel était un Français qui avait de
riches possessions dans le pays de Poix et dans le Ponthieu ; c'était
l'ami le plus familier du roi et son compagnon assidu [2]. Au
moment du départ, entra un moine du couvent de Saint-Pierre, à
Glocester, qui remit à Guillaume des dépêches de son abbé. Cet
abbé, Normand de naissance, et appelé Serlon, mandait avec
inquiétude qu'un de ses religieux (probablement de race anglaise)
avait eu dans son sommeil une vision de mauvais augure ; qu'il
avait vu Jésus-Christ assis sur un trône, et à ses pieds une femme
qui le suppliait, en disant : « Sauveur du monde, regarde en pitié
« ton peuple, gémissant sous le joug de Guillaume [3] ! » En entendant ce message, le roi rit aux éclats : « Est-ce qu'ils me pren-
« nent pour un Anglais, dit-il, avec leurs songes? Me croient-ils
« un de ces fous qui abandonnent leur chemin ou leurs affaires
« parce qu'une vieille rêve ou éternue? Allons, Gaultier de Poix, à
« cheval [4] ! »

Henri, frère du roi, Guillaume de Breteuil, et plusieurs autres seigneurs, l'accompagnèrent à la forêt : les chasseurs se dispersèrent ;
mais Gaultier Tirel resta auprès de lui, et leurs chiens chassèrent
ensemble [5]. Tous deux se tenaient à leur poste, vis-à-vis l'un de l'autre, la flèche sur l'arbalète et le doigt sur la détente [6], lorsqu'un

---

1. « Justum est... ut illi acutissimæ dentur sagittæ, qui lethiferos inde noverit ictus infigere. » (Orderic. Vital. *Hist. ecclesiast.*, lib. X, apud *Script. rer. normann.*, p. 782.)
2. ... Regi familiaris conviva. (Ibid.)
3. « Domine Jesu Christe, Salvator generis humani... respice populum tuum... » (Ibid., p. 781.)
4. Num prosequi me ritum autumat Anglorum, qui pro sternutatione et somnio vetularum dimittunt iter suum seu negotium ? (Ibid., p. 782.)
5. Ibid.
6. Cum arcu et sagitta in manu exspecteoli. (Henrici Knyghton, *de Event. angl.*, lib. II, apud *Hist. anglic. Script.*, t. II, col. 2375, ed. Selden.)

1100 grand cerf, traqué par les batteurs, s'avança entre le roi et son ami. Guillaume tira ; mais, la corde de son arbalète se brisant, la flèche ne partit pas, et le cerf, étonné du bruit, s'arrêta, regardant de tous côtés[1]. Le roi fit signe à son compagnon de tirer; mais celui-ci n'en fit rien, soit qu'il ne vît pas le cerf, soit qu'il ne comprît pas les signes. Alors Guillaume impatienté cria tout haut : « Tire, « Gaultier, tire donc, de par le diable[2] ! » Et au même instant une flèche, soit celle de Gaultier, soit une autre, vint le frapper dans la poitrine; il tomba sans prononcer un mot, et expira. Gaultier Tirel courut à lui; mais, le trouvant sans haleine, il remonta à cheval, galopa vers la côte, passa en Normandie, et de là sur les terres de France.

Au premier bruit de la mort du roi, tous ceux qui assistaient à la chasse quittèrent en hâte la forêt pour courir à leurs affaires. Son frère Henri se dirigea vers Winchester et vers le trésor royal[3]; et le cadavre de Guillaume le Roux resta par terre, abandonné comme autrefois celui du Conquérant. Des charbonniers, qui le trouvèrent traversé de la flèche, le mirent sur leur voiture, enveloppé de vieux linges à travers lesquels le sang dégoutta sur toute la route[4]. C'est ainsi que les restes du second roi normand s'acheminèrent vers le château de Winchester, où Henri était déjà arrivé et demandait impérieusement les clefs du trésor royal. Pendant que les gardiens hésitaient, Guillaume de Breteuil, venant de la forêt Neuve, accourut, hors d'haleine, pour s'opposer à cette demande : « Toi et moi, dit-il « à Henri, nous devons nous souvenir loyalement de la foi que nous « avons promise au duc Robert, ton frère : il a reçu notre serment

---

1. Sed, fracta corda... cervus de sonitu quasi attonitus restitit, circum circa respiciens. (Henrici Knyghton, *de Event. angl.*, lib. II, apud *Hist. anglic. Script.*, t. II, col. 2375, ed. Selden.)

2. « Trahe, trahe arcum, ex parte diaboli ! » (Ibid.)

3. Henricus concito cursu ad arcem Guentoniæ, ubi regalis thesaurus continebatur, festinavit. (Orderic. Vital. *Hist. ecclesiast.*, lib. X, apud *Script. rer. normann.*, p. 82.)

4. Supra bigam cujusdam carbonatoris. (Matth. Paris., t. I, p. 54.) — Cruore undatim per totam viam stillante. (Willelm. Malmesb., *de Gest. reg. angl.*, lib. IV, apud *Rer. anglic. Script.*, p. 126, ed. Savile.)

« d'hommage; absent comme présent, il y a droit[1]. » Une querelle 1100 violente s'engagea; Henri mit l'épée à la main; et bientôt, avec l'aide de la foule qui s'assemblait, il s'empara du trésor et des ornements royaux.

Il était vrai, en effet, qu'aux termes du traité de paix conclu entre Guillaume et le duc Robert, et juré par tous les barons anglo-normands, la royauté était dévolue au duc; mais il se trouvait alors loin de l'Angleterre et de la Normandie. Les exhortations du pape Urbain II à tous les chrétiens, pour les engager à reconquérir la terre sainte, avaient agi vivement sur son esprit aventureux. Il était parti, des premiers, dans cette grande levée en masse, faite, aux cris de Dieu le veut! en l'année 1096; et, trois ans après, il avait atteint le but de son pèlerinage par la prise de Jérusalem. Lorsque arriva la mort de son frère Guillaume, Robert était en route pour la Normandie; mais ne se doutant point de ce que le retard devait lui faire perdre, il s'arrêta longtemps, par amour pour une femme, à la cour d'un des seigneurs normands établis en Italie. Pris ainsi au dépourvu et manquant de chef, ses partisans ne purent tenir contre ceux de Henri. Ce dernier, maître du trésor, vint à Londres, où les principaux d'entre les Normands se réunirent; et, trois jours après la mort de son frère, il fut élu roi par eux et couronné solennellement[2]. Les prélats le favorisèrent, parce qu'il les aimait beaucoup, eux et la littérature du temps, ce qui lui faisait donner, en langue normande, le surnom de *Clerc* ou de *Beau-Clerc*[3]. On dit même que les Saxons le préféraient à son compétiteur, parce qu'il était né et avait été élevé en Angleterre[4]. Il promit à son couronnement d'observer les bonnes lois du roi Edward; mais il déclara qu'il voulait conserver, comme son père, la jouissance exclusive des forêts[5].

---

1. « Legaliter, inquit, reminisci fidei debemus quam Rodberto duci germano tuo promisimus. » (Orderic. Vital. *Hist. ecclesiast.*, lib. X, apud *Script. rer. normann.*, p. 782.)

2. Optimates qui prope fuerunt, ejus fratrem Heanrigum in regem elegerunt. (*Chron. saxon.*, ed. Gibson, p. 208.)

3. Dictus clericus. (*Chron.* Johan. Bromton, apud *Hist. anglic. Script.*, t. I, col. 997, ed. Selden.)

4. Guillelm. Neubrig., *de Reb. anglic.*, p. 297, ed. Hearne.

5. *Chron.* Johan. Bromton, apud *Hist. anglic. Script.*, t. I, col. 997, ed. Selden.

1100 à 1101   Le roi Henri, premier du nom, n'avait dans le caractère ni les mêmes défauts, ni les mêmes qualités que son frère aîné Robert. Autant celui-ci était léger, fantasque, et en même temps généreux et loyal, autant l'autre avait d'aptitude aux affaires et de penchant à la dissimulation. Malgré la facilité de son avénement au trône, il jugea prudent de ne point s'endormir sur la foi de ceux qui l'avaient élu. La fidélité des Anglo-Normands lui était suspecte; il résolut de se créer en Angleterre une force indépendante de la leur, et d'exciter à son profit le patriotisme des Saxons. Il tendit la main à ces pauvres vaincus, qu'on flattait au jour du péril, et que le lendemain on écrasait; il convoqua les principaux d'entre eux, et leur tint le discours suivant:

« Mes amis et féaux, natifs de ce pays, où je suis né, vous savez
« que mon frère en veut à mon royaume. C'est un homme orgueil-
« leux, et qui ne peut vivre en repos; il vous méprise manifeste-
« ment, vous traite de lâches et de gloutons, et ne désire que vous
« fouler aux pieds[1]. Mais moi, comme un roi doux et pacifique, je
« me propose de vous maintenir dans vos anciennes libertés, et de
« vous gouverner d'après vos propres conseils, avec modération et
« sagesse[2]. J'en ferai, si vous le demandez, un écrit signé de ma
« main, et je le confirmerai par serment. Tenez donc ferme pour
« moi; car si la bravoure des Anglais me seconde, je ne crains plus
« les folles menaces des Normands[3]. »

L'écrit promis par le roi aux Anglais, ou, pour parler le langage du siècle, sa charte royale, fut en effet dressé. On en fit autant de copies qu'il y avait de comtés normands en Angleterre, et, pour qu'elle parût plus solennelle, on y appliqua un sceau neuf, fabriqué pour cet usage[4]. Les exemplaires furent déposés dans la principale

---

1. « Amici et fideles mei indigenæ ac naturales... vosque scienter quasi contemptibiles, et quos desides vocat et glutones, conculcare desiderat. » (Matth. Paris., t. I, p. 62.)

2. « Ego vero rex humilis et pacificus... et vestris inclinando consiliis, consultius et mitius... gubernare... » (Ibid.)

3. « Et super his (si provideretis) scripta subarata roborare et juramentis .. confirmare... Si enim fortitudine Anglorum roborer, inanes Normannorum minas nequaquam censeo formidandas. » (Ibid.)

4. Et expeditener fabricato sigillo consignatæ sunt. (Thomæ Rudborne Hist. major Winton.; Anglia sacra, t. I, p. 274.)

église de chaque province : mais ils n'y restèrent pas longtemps : tous furent enlevés quand le roi se rétracta, et, selon l'expression d'un ancien historien, faussa impudemment sa parole[1]. Il n'en resta que trois copies qui par hasard échappèrent : une à Canterbury, une à York, et l'autre à Saint-Alban.

La même politique qui fit faire à Henri Ier cette démarche auprès des Anglais lui en inspira une autre plus décisive : c'était de prendre pour épouse une femme de race anglo-saxonne. Il y avait alors en Angleterre une fille orpheline de Malcolm, roi d'Écosse, et de Marguerite, sœur du roi Edgar. Elle se nommait Edithe, et elle avait été élevée à l'abbaye de Rumsey, dans la province de Hants, sous la tutelle d'une autre sœur d'Edgar, appelée Christine, qui, après s'être réfugiée en Écosse avec son frère, avait pris le voile de religieuse en l'année 1086[2]. Comme fille de roi, plusieurs des hauts barons normands avaient recherché en mariage la nièce d'Edgar : elle fut demandée au roi Guillaume le Roux par Alain le Breton, seigneur du château de Richemont, dans la province d'York ; mais Alain mourut avant que le roi lui eût octroyé la jeune fille[3]. Guillaume de Garenne, comte de Surrey, la désira ensuite ; mais le mariage n'eut pas lieu, on ne sait par quel empêchement[4]. Ce fut elle que les plus habiles conseillers du roi Henri lui proposèrent comme épouse, afin de gagner, par ce moyen, l'appui de toute la race anglo-saxonne contre Robert et ses partisans.

De leur côté, beaucoup d'Anglais concevaient l'espoir frivole de voir revenir les anciens temps saxons lorsque la petite-fille des rois saxons porterait la couronne. Ceux qui avaient quelques relations avec la famille d'Edithe se rendirent auprès d'elle, et la prièrent avec instance de ne point se refuser à ce mariage[5]. Elle montra beaucoup de répugnance, on ne sait précisément par quel motif ; mais les sol-

1. (Promissa) impudenter violavit. (Matth. Paris., t. I, p. 62.)
2. Willelm. Malmesb., *de Gest. reg. angl.*, lib. V, apud *Rer. anglic. Script.*, p. 164, ed. Savile. — *Annales waverleienses*, ad. ann. MLXXXVI, apud *Rer. anglic. Script.*, t. II, p. 133, ed. Gale.
3. Alanus enim Rufus, Britannorum comes, Mathildem... in conjugem, sibi a rege Rufo requisivit. (Orderic. Vital. *Hist. ecclesiast.*, lib. VIII, apud *Script. rer. normann.*, p. 702.)
4. Ibid.
5. ... Parentum et amicorum consiliis. (Matth. Paris., t. I, p. 58.)

1101
à
1102

liciteurs ne se rebutèrent point, et l'obsédèrent tellement, dit un ancien auteur, qu'elle céda par lassitude et à contre-cœur[1]. « Noble et « gracieuse femme, lui disaient-ils, si tu voulais, tu retirerais du « néant l'antique honneur de l'Angleterre ; tu serais un signe d'al- « liance, un gage de réconciliation ; mais si tu t'obstines dans ton « refus, la haine sera éternelle entre les deux races, et le sang ne « cessera point de couler[2]. »

Dès que la nièce d'Edgar eut accordé son consentement, on la fit changer de nom, et, au lieu d'Edithe, on l'appela Mathilde, ce qui sonnait mieux à l'oreille des Normands[3]. Cette précaution d'ailleurs n'était pas la seule nécessaire ; car il s'éleva un grand parti contre le mariage ; il se composait principalement des amis secrets du duc Robert, auxquels se joignirent beaucoup de gens qui, par orgueil national, trouvaient indigne qu'une femme saxonne devînt la reine des conquérants de l'Angleterre. Leur malveillance suscita des obstacles imprévus ; ils prétendirent que Mathilde, élevée depuis son enfance dans un monastère, avait été vouée à Dieu par ses parents : le bruit courut qu'on l'avait vue publiquement porter le voile ; et ce bruit fit suspendre la célébration du mariage, à la grande joie de ceux qui y étaient contraires[4].

Il y avait alors à la place de Lanfranc, dans l'archevêché de Canterbury, un moine du Bec, nommé Anselme, homme de science et de vertu, dont les écrivains du temps rendent cet honorable témoignage que les Anglais indigènes l'aimaient comme s'il eût été l'un d'entre eux[5]. Anselme était venu par hasard en Angleterre, sous le règne du premier Guillaume, dans le temps où Lanfranc, voulant détruire la réputation des saints de race anglaise, attaquait avec

---

1. Ipsa vero invita nupsit ei... et tandem tædio affecta adquievit. (Matth. Paris., t. I, p. 58.)
2. Instantes enim importune dicebant : « O mulierum generosissima ac gratissima... quod si non feceris, causa eris perennis inimicitiæ gentium diversarum, et sanguinis humani effusionis irrestaurabilis. » (Ibid.)
3. Mathildem, quæ prius dicta est Edith... (Orderic. Vital. Hist. ecclesiast., lib. VIII, apud Script. rer. normann., p. 702.)
4. Eadmeri Hist. nov., p. 56, ed. Selden.
5. Pro mansuetudine sua ab indigenis terræ, quasi unus eorum, diligebatur. (Ibid., p. 112.)

acharnement la sainteté de l'archevêque Elfeg, assassiné jadis par les Danois[1]. Tout préoccupé de son projet, le primat entretint le moine normand de l'histoire du Saxon Elfeg, et de ce qu'il appelait son prétendu martyre. « Pour moi, lui répondit Anselme, je crois « cet homme martyr et vraiment martyr; car il aima mieux mourir « que de faire tort à son pays. Il est mort pour la justice, comme « Jean pour la vérité, et tous deux pareillement pour le Christ, qui « est la vérité et la justice[2]. »

Devenu à son tour primat, sous Guillaume le Roux, Anselme persista dans l'esprit d'équité qui lui avait inspiré cette réponse, et dans sa bienveillance pour les Anglais. Il fut l'un des plus zélés partisans du mariage que souhaitaient ceux-ci ; mais quand il vint à apprendre les bruits qui se répandaient sur le compte de la nièce d'Edgar, il déclara que rien ne saurait le déterminer à enlever à Dieu celle qui était son épouse, pour l'unir à un époux charnel[3]. Désirant pourtant s'assurer de la vérité, il interrogea Mathilde, et elle nia qu'elle eût jamais été vouée à Dieu, elle nia même qu'elle eût jamais porté le voile de son plein gré, et offrit d'en donner la preuve devant tous les prélats d'Angleterre : « Je dois confesser, dit-elle, que quelque-« fois j'ai paru voilée ; mais en voici la raison : dans ma première « jeunesse, quand j'étais sous la tutelle de Christine, ma tante, pour « me garantir, à ce qu'elle disait, contre le libertinage des Normands, « qui en voulaient à l'honneur de toutes les femmes, elle avait cou-« tume de placer sur ma tête un morceau d'étoffe noire, et quand je « refusais de m'en couvrir, elle me traitait fort durement. En sa « présence, je portais ce morceau d'étoffe ; mais dès qu'elle s'était « éloignée, je le jetais à terre, et marchais dessus avec une colère « d'enfant[4]. »

---

1. Voyez livre V, p. 349.

2. « Martyr, inquit, videtur egregius qui mori maluit... Sic ergo Johannes pro veritate, sic et Elphegus pro justitia. » (Johan. Sarisbur. *de Vita Anselmi*; *Anglia sacra*, t. II, p. 162.)

3. Eadmeri *Hist. nov.*, p. 56, ed. Selden.

4. « Cum adolescentula essem et sub amitæ meæ Christianæ... virga paverem, illa servandi corporis mei causa, contra furentem et cujusque pudori... insidiantem Normannorum libidinem, nigrum panniculum capiti meo superponere... solebat. » (Ibid., p. 56 et 57.)

1102   Anselme ne voulut point prononcer seul sur cette grande difficulté, et convoqua une assemblée d'évêques, d'abbés, de religieux et de seigneurs laïques, dans la ville de Rochester. Des témoins cités devant ce concile confirmèrent la vérité des paroles de la jeune fille. Deux archidiacres normands, Guillaume et Humbault, furent envoyés au monastère où Mathilde avait été élevée, et déposèrent que la voix publique, ainsi que le témoignage des sœurs, était d'accord avec sa déclaration [1]. Au moment où l'assemblée allait délibérer, l'archevêque Anselme se retira pour n'être point suspect d'exercer la moindre influence; et, quand il revint, celui qui portait la parole au nom de tous énonça en ces termes la décision commune : « Nous « pensons que la jeune fille est libre, et peut disposer de son corps, « nous autorisant du jugement rendu, dans une semblable cause, par « le vénérable Lanfranc, au temps où les femmes saxonnes, réfu- « giées dans les monastères par crainte des soldats du grand Guil- « laume, réclamèrent leur liberté [2]. »

L'archevêque Anselme répondit qu'il adhérait pleinement à cette décision, et peu de jours après il célébra le mariage du roi normand et de la nièce du dernier roi de race anglaise; mais avant de prononcer la bénédiction nuptiale, voulant dissiper tous les soupçons et désarmer la malveillance, il monta sur une estrade devant la porte de l'église, et exposa au peuple assemblé tout le débat et la décision des évêques. Ces faits sont racontés par un témoin oculaire, par Edmer, Saxon de naissance et moine de Canterbury.

1102 à 1103   Toutes ces précautions ne purent vaincre ce que l'historien Edmer appelle la malice de cœur de certains hommes[3], c'est-à-dire la répugnance de beaucoup de Normands contre la mésalliance de leur roi. Ils s'égayèrent sur le compte des nouveaux époux, les appelant Godrik et Godive, et employant ces noms de la langue saxonne comme des sobriquets de dérision [4]. « Henri le savait et l'entendait, dit un

---

1. Eadmeri *Hist. nov.*, p. 56 et 57, ed. Selden.
2. Voyez livre V, p. 376 et 377.
3. Eadmeri *Hist. nov.*, p. 57 et seq., ed. Selden.
4. Omnes palam contumeliis dominum inurere, *Godricum* eum et comparem *Godivam* ap-

« ancien chroniqueur, mais il affectait d'en rire aux éclats, cachant
« adroitement son dépit¹. » Lorsque le duc Robert eut débarqué en
Normandie, l'irritation des mécontents prit un caractère plus grave ;
beaucoup de seigneurs anglo-normands passèrent la mer pour aller
soutenir les droits du frère dépossédé, ou lui envoyèrent des messages. Ils l'invitaient à presser son débarquement en Angleterre, et
l'assuraient de leur fidélité, selon le pacte conclu autrefois avec Guillaume le Roux². En effet, à l'arrivée de Robert, son armée se grossit
rapidement d'un grand nombre de barons et de chevaliers ; mais les
évêques, les simples hommes d'armes et les Anglais de naissance demeurèrent dans le parti du roi³. Les derniers surtout, suivant leur
vieil instinct de haine nationale, désiraient ardemment que les deux
factions en vinssent aux mains. Il n'y eut point de combat au débarquement, parce que Robert aborda sur la côte de Hants, pendant que
son frère l'attendait sur celle de Sussex. Il fallait quelques jours aux
deux armées pour arriver à la rencontre l'une de l'autre ; les moins
fougueux parmi les Normands des deux partis, profitant de l'intervalle, s'entremirent et apaisèrent cette querelle de parents et de
compatriotes⁴. Il fut décidé que Robert renoncerait encore une fois
à ses prétentions sur le royaume d'Angleterre, pour une pension annuelle de deux mille livres d'argent, et que les confiscations faites
par le roi sur les amis du duc, et par le duc sur les amis du roi,
seraient gratuitement restituées⁵.

Ce traité priva les Anglais de l'occasion de satisfaire impunément
leur aversion nationale contre leurs vainqueurs, et de tuer des Nor-

---

pellantes. (Willelm. Malmesb., *de Gest. reg. angl.*, lib. V, apud *Rer. anglic. Script.*, p. 156, ed. Savile.) — Vocantes eum *Godrych Godefadyr*. (Henrici Knyghton, *de Event. angl.*, lib. II, apud *Hist. anglic. Script.*, t. II, col. 2375, ed. Selden.)—Godrik signifie *bon et fort* ; Godive, par adoucissement pour god-ghive, signifie *bonne grâce* ou *bonne et gracieuse*. Godrick Godfader, le compère Godrick, était quelque personnage des contes ou des farces du temps.

1. Audiebat hæc ille, et formidabiles cachinnos, iram differens, ejiciebat. (Willelm. Malmesb., *de Gest. reg. angl.*, lib. V, apud *Rer. anglic. Script.*, p. 157, ed. Savile.)
2. Regnum illi promittentes. (Florent. Wigorn. *Chron.*, p. 650.)
3. Episcopi, milites gregarii, et Angli. (Ibid.)
4. Verum sapientiores utriusque partis, habito inter se salubriter consilio... (Ibid.)
5. Ibid.

mands à l'abri d'une bannière normande. Mais, peu de temps après, cette occasion s'offrit de nouveau et fut avidement saisie. Robert de Belesme, l'un des comtes les plus puissants en Normandie et en Angleterre, fut cité à l'assemblée générale tenue dans le palais du roi, pour répondre sur quarante-cinq chefs d'accusation [1]. Robert comparut, et demanda, suivant l'usage, la faculté d'aller librement prendre conseil avec ses amis sur ses moyens de défense [2]; mais, une fois hors de l'assemblée, il monta vite à cheval et gagna l'un de ses châteaux forts. Le roi et les seigneurs, qui attendirent vainement sa réponse, le déclarèrent ennemi public, à moins qu'il ne revînt se présenter à la prochaine cour [3]. Mais Robert de Belesme, se préparant à la guerre, garnit de munitions et d'armes ses châteaux d'Arundel et de Tickehill, ainsi que la citadelle de Shrewsbury qu'il avait en garde. Il fortifia de même Bridgenorth, sur la frontière du pays de Galles [4]; et c'est vers ce dernier point que l'armée royale se mit en marche pour l'atteindre.

Il y avait trois semaines que le roi Henri assiégeait Bridgenorth, quand les comtes et les barons normands entreprirent de faire cesser la guerre, et de réconcilier Robert de Belesme avec ce roi. « Car ils « pensaient, dit un vieil historien, que la victoire du roi sur le comte « Robert lui donnerait le moyen de les contraindre tous à plier sous « sa volonté [5]. » Ils vinrent en grand nombre trouver Henri, et lui demandèrent une conférence, ou, comme on s'exprimait alors en langue française, un *parlment* pour traiter de la paix. L'assemblée se tint dans une plaine auprès du camp royal [6]. Il y avait sur le coteau voisin un corps de trois mille Anglais, qui, sachant ce dont il était question dans la conférence des chefs normands, s'agitaient

---

1. ...XLV reatus in factis seu dictis. (Orderic. Vital. *Hist. ecclesiast.*, lib. XI, apud *Script. rer. normann.*, p. 806.)

2. ...Licentiam, ut moris est, eundi ad consilium cum suis. (Ibid.)

3. ...Nisi ad judicium rectitudinem facturus remearet. (Ibid.)

4. Ibid.

5. « Si rex magnificum comitem... subegerit... omnes nos ut imbelles ancillas admodo conculcabit. » (Ibid.)

6. In medio campo colloquium de pace... fecerunt. (Ibid., p. 807.)

beaucoup, et criaient[1] : « O roi Henri, ne les crois pas, ils veulent te
« tendre un piége ; nous sommes là, nous t'assisterons et livrerons
« l'assaut pour toi ; ne fais point de paix avec le traître, que tu ne le
« tiennes vif ou mort[2]. » Pour cette fois, les Normands ne réussirent
point dans leur tentative de conciliation ; le siége de Bridgenorth
fut poussé vivement, et la forteresse prise ; celle de Shrewsbury le
fut ensuite, et Robert de Belesme, réduit à capituler, fut déshérité
et banni[3].

La vanité des Anglais de race enrôlés sous la bannière royale pouvait être flattée de leurs succès militaires contre les Normands insurgés, mais la nation entière n'en retirait aucun soulagement ; et, si elle se vengeait de quelques-uns de ses ennemis, c'était au profit d'un autre ennemi. Quoique le roi eût épousé une femme saxonne, et malgré le sobriquet saxon que lui donnaient les chefs normands, il était Normand dans le cœur. Son ministre favori, le comte de Meulan, se faisait remarquer, entre tous les autres dignitaires étrangers, par sa haine contre les indigènes[4]. Il est vrai que la voix populaire surnommait Mathilde la *bonne reine* ; elle conseillait, disait-on, au roi, d'aimer le peuple ; mais les faits ne révèlent aucune trace de ces conseils ni de son influence[5]. Voici comment la chronique saxonne du monastère de Peterborough prélude au récit des événements qui suivirent le mariage si désiré de Henri et de la nièce d'Edgar : « Ce
« n'est pas chose facile que de raconter toutes les misères dont le
« pays fut affligé, cette année, par les tributs injustes et sans cesse
« renouvelés. Partout où voyagea le roi, les gens de sa suite vexèrent
« le pauvre peuple, et commirent en plusieurs lieux des meurtres et

---

1. ... Ad regem vociferando clamabant. (Orderic. Vital. *Hist. ecclesiast.*, lib. XI, apud *Script. rer. normann.*, p. 807.)

2. « Domine rex... noli proditoribus istis credere... » (Ibid.)

3. Ibid.

4. Præfatus comes nec Anglos diligere... (Eadmeri *Hist. nov.*, p. 94, ed. Selden.)

5.   Mold the gode queene gaf in conseile,
       To luf his folc...

           (Robert of Brunne's *Chron.*, p. 98, ed. Hearne.)

— Robert of Gloucester's *Chron.*, p. 193, ed. Hearne.

« des incendies¹... » Chaque année qui succède à l'autre dans la série chronologique est marquée par la répétition des mêmes plaintes, énoncées à peu près dans les mêmes termes, et cette monotonie donne une couleur plus sombre au récit... « L'année 1105 fut gran-
« dement malheureuse, à cause de la perte des récoltes, et des tri-
« buts dont la levée ne cessa point². L'année 1110 fut pleine de
« misères, à cause de la mauvaise saison, et des impôts que le roi
« exigea pour la dot de sa fille³... » Cette fille, nommée Mathilde, comme sa mère, et qui avait alors cinq ans, fut mariée à Henri, cinquième du nom, empereur d'Allemagne. « Tout cela, dit la chronique
« saxonne, coûta cher à la nation anglaise⁴. »

Ce qui lui coûta cher encore, ce fut une invasion que le roi Henri entreprit contre son frère, le duc de Normandie. Personnellement, Henri n'avait aucun motif pour rompre le premier la paix qui existait entre Robert et lui, depuis que ce dernier avait renoncé à toute prétention sur le royaume d'Angleterre. Il y avait peu de temps que le duc était venu visiter son frère comme un ami de cœur; et même, en retour de l'hospitalité qu'il reçut alors, il avait fait don à sa belle-sœur Mathilde des deux mille livres de pension que le roi devait lui payer, aux termes de leur traité de paix⁵. Cet acte de courtoisie n'était pas le seul bon office que Henri eût éprouvé de la part de son frère aîné, l'homme le plus généreux et le moins politique de cette famille. Anciennement, lorsque Henri était encore sans terres et mécontent de sa condition, il avait essayé de s'emparer du mont Saint-Michel en Normandie⁶; Robert et Guillaume le Roux l'y assiégèrent, et, le serrant de près, le réduisirent à manquer d'eau. L'assiégé fit

---

1. Haud facile explicari possunt hujus terræ miseriæ... quacumque... rex ivit... familia ejus populum infelicem oppressit, subinde... incendia et homicidia exercebant. (*Chron. saxon.*, ed. Gibson, p. 212.)

2. Hic annus fuit valde calamitosus. (Ibid., p. 213.)

3. Per tributa quæ rex erogavit, in filiæ dotem. (Ibid., p. 216.)

4. Totum hoc care constitit Anglorum terræ. (Ibid., p. 220.)

5. ...Reginæ indulsit. (Orderic. Vital. *Hist. ecclesiast.*, lib. XI, apud *Script. rer. normann.*, p. 805.)

6. ...Infrendens quod nil sibi de terris impertiebatur. (Thomæ Rudborne *Hist. major Winton.; Anglia sacra*, t. I, p. 263.)

prier ses frères de ne pas lui dénier la libre jouissance de ce qui 1106 appartient à tous les hommes, et Robert, sensible à cette plainte, ordonna à ses soldats de laisser ceux de Henri se pourvoir d'eau. Mais alors Guillaume le Roux s'emporta contre Robert : « Vous faites « preuve d'habileté en fait de guerre, lui dit-il, vous qui fournissez « à boire à l'ennemi; il ne manque plus que de lui donner aussi « des vivres¹. — Quoi! répliqua vivement le duc, devais-je laisser « un frère périr de soif? et quel autre frère aurions-nous, si nous le « perdions² ? »

Le souvenir de ce service et de cette affection fraternelle s'évanouit du cœur de Henri aussitôt qu'il fut roi. Il chercha de toute façon à nuire à Robert, et à profiter même contre lui de son caractère insouciant et facile jusqu'à l'imprudence. Cette disposition d'esprit rendait le duc de Normandie malhabile à gouverner ses affaires. Beaucoup d'abus et de désordres s'introduisaient dans son duché; il y avait une foule de mécontents, et la légèreté naturelle à Robert l'empêchait de les apercevoir, ou sa douceur de les punir. Le roi Henri se prévalut avec art de ces circonstances pour s'entremettre dans les querelles des Normands avec leur duc, d'abord sous le personnage de conciliateur; puis, quand les discordes recommencèrent, il leva le masque et se déclara protecteur de la Normandie contre le mauvais gouvernement de son frère³. Il somma Robert de lui céder la province en échange d'une somme d'argent. « Tu as « le titre de seigneur, lui mandait-il dans son message; mais tu ne « l'es plus réellement; car ceux qui doivent t'obéir se moquent de « toi⁴. » Le duc, indigné de cette proposition, refusa d'y accéder; et alors Henri Ier se mit à poursuivre à main armée la ruine de son frère⁵.

Près de partir pour la Normandie, il ordonna en Angleterre une

---

1. « Bene scis actitare guerram, quis hostibus præbes aquæ copiam. » (Willelm. Malmesb., *de Gest. reg. angl.*, lib. IV, apud *Rer. anglic. Script.*, p. 121, ed. Savile.)
2. « ...Et quem alium habebimus, si cum amiserimus? » (*Ibid.*, p. 122.)
3. Orderic. Vital. *Hist. ecclesiast.*, lib. XI, apud *Script. rer. normann.*, p. 820.
4. « Dux quidem nomine tenus vocaris, sed a clientibus tuis palam subsannaris. » (*Ibid.*)
5. *Ibid.*

grande levée d'argent, pour les frais de cette expédition; et ses collecteurs de taxes usèrent de la plus cruelle violence envers les bourgeois et les paysans saxons [1]. Ils chassaient de leurs pauvres masures ceux qui n'avaient rien à donner; ils en enlevaient les portes et les fenêtres, et prenaient jusqu'aux derniers meubles [2]. Contre ceux qui paraissaient posséder quelque chose on intentait des accusations imaginaires; ils n'osaient se présenter en justice, et l'on confisquait leurs biens [3]. « Beaucoup de personnes, dit un contemporain, ne « trouveraient rien de nouveau dans ces griefs, sachant qu'ils exis- « tèrent durant tout le règne de Guillaume, frère du roi actuel, pour « ne pas parler de ce qui se passa du temps de leur père. Mais, de « nos jours, il y avait un motif pour que ces vexations, déjà an- « ciennes, fussent encore plus dures et plus insupportables : c'est « qu'elles s'adressaient à un peuple dépouillé de tout, entièrement « ruiné, et contre lequel on s'irritait de ce qu'il n'avait plus rien à « perdre [4]. » Un autre écrivain de l'époque raconte que des troupes de laboureurs venaient au palais du roi ou sur son passage, et jetaient devant lui leurs socs de charrue, en signe de détresse, et comme pour déclarer qu'ils renonçaient à cultiver leur terre natale [5].

Le roi partit pour la Normandie, vainquit le duc Robert, et le fit prisonnier, avec ses amis les plus fidèles, dans une bataille livrée près du château de Tinchebray, à trois lieues de Mortain. Un incident remarquable de cette victoire, c'est que le roi saxon Edgar se trouva parmi les prisonniers [6]. Après avoir renoncé à ses anciennes espérances pour son pays et pour lui-même, il était allé s'établir en Normandie, auprès du duc Robert, avec lequel il se lia d'affection,

---

1. Nullus in collectoribus pietatis aut misericordiæ respectus fuit, sed crudelis exactio super omnes desævit. (Eadmeri *Hist. nov.*, p. 83, ed. Selden.)

2. Aut a suis domunculis pelli, aut avulsis asportatisque ostiis domorum... (Ibid.)

3. Aliis atque aliis miserabilibus modis affligi et cruciari... Nova et excogitata forisfacta objiciebantur... (Ibid.)

4. Ibid.

5. Querula multitudo colonorum... prætereunti (regi) frequenter occursabat, oblatis vomeribus, in signum deficientis agriculturæ. (*Dialog. de Scaccario;* Seldeni notæ ad Eadmeri *Hist. nov.*, p. 216.)

6. *Chron. saxon.*, ed. Gibson, p. 214.

et qu'il accompagna même à la terre sainte¹. Il fut ramené en Angleterre, et le roi, qui avait épousé sa nièce, lui accorda une pension modique, de laquelle il vécut, jusqu'à ses derniers jours, au fond d'une campagne, dans l'isolement et l'obscurité². Le duc Robert éprouva, de la part de son frère, un traitement plus rigoureux : il fut envoyé sous bonne garde au château de Cardiff, bâti sur la côte méridionale du pays de Galles, vis-à-vis de celle de Glocester, dans un lieu récemment conquis sur les Gallois. Robert, séparé de l'Angleterre par le cours de la Saverne, jouit d'abord d'une sorte de liberté ; il pouvait se promener dans la campagne et les forêts voisines ; mais un jour il tenta de s'évader, et saisit un cheval; on le poursuivit, on le ramena en prison, et depuis lors il n'en sortit plus. Quelques historiens, mais du siècle suivant, assurent qu'il eut les yeux crevés par l'ordre de son frère³.

Au moment de sa défaite, Robert avait un fils encore en bas âge, nommé Guillaume, dont le roi Henri tâcha de s'emparer, mais qui fut sauvé et conduit en France par le zèle d'un ami de son père⁴. Louis, roi des Français, adopta le jeune Guillaume et le fit élever dans son hôtel ; il lui donna chevaux et harnais, suivant la coutume du siècle, et feignant de s'intéresser à ses malheurs, se servit de lui pour causer de l'inquiétude au duc-roi son voisin, dont la puissance lui faisait ombrage. Au nom du fils de Robert, le roi de France forma une ligue dans laquelle entrèrent les Flamands et les Angevins. Le roi Henri fut attaqué sur tous les points de sa frontière de Normandie ; il perdit des villes et des châteaux, et, en même temps, les amis du duc Robert conspirèrent contre sa vie⁵. Durant plusieurs années, il ne dormit jamais sans avoir au chevet de son lit une épée et un

---

1. Ducem... quasi collactaneum fratrem diligebat. (Orderic. Vital. *Hist. ecclesiast.*, lib. X, apud *Script. rer. normann.*, p. 778.)

2. Pedetentim pro ignavia... contemptui haberi cœpit... nunc remotus et tacitus, canos suos in agro consumit. (Willelm. Malmesb. *de Gest. reg. angl.*, lib. III, apud *Rer. anglic. Script.*, p. 103, ed. Savile.)

3. Matth. Paris., t. I, p. 63.

4. Orderic. Vital. *Hist. ecclesiast.*, lib. XI, apud *Script. rer. normann.*, p. 838.

5. Ibid., p. 838 et seq. — Voyez aussi Sugerii *Vita Ludovici Grossi*, apud *Script. rer. gallic. et francic.*, t. XII, p. 44.

bouclier[1]. Mais, quelque formidable que fût la confédération de ses ennemis extérieurs et intérieurs, elle ne prévalut point contre la puissance qu'il tirait de la Normandie unie à l'Angleterre.

Le jeune fils de Robert continua de vivre aux gages du roi de France, comme son vassal, et à suivre ce roi dans ses guerres. Ils allèrent ensemble en Flandre, après une sédition où avait péri le duc des Flamands, Karle ou Charles, fils de Knut, roi des Danois, tué aussi dans une sédition[2]. Le roi de France entra en Flandre avec l'aveu des gens les plus considérables du pays, pour punir les meurtriers du dernier duc; mais, sans cet aveu, en vertu de son droit de suzeraineté féodale (droit fort sujet à litige), il mit à la place du duc mort le jeune Guillaume, qu'il avait à cœur de rendre puissant pour l'opposer au roi Henri[3]. Il y eut peu de résistance contre ce duc impopulaire, tant que le roi de France et ses soldats demeurèrent en Flandre; mais, après leur départ, une révolte universelle éclata contre le nouveau seigneur imposé par les étrangers[4]. La guerre commença avec des chances diverses entre les barons de Flandre et le fils de Robert. Les insurgés mirent à leur tête le comte d'Alsace, Thiedrik, de la même race qu'eux, et parent de leurs anciens ducs[5]. Ce candidat populaire attaqua l'élu du roi de France, qui, blessé au siége d'une ville, mourut peu de temps après. Thiedrik d'Alsace lui succéda, et le roi Louis se vit obligé, malgré ses prétentions hautaines, de reconnaître comme légitime duc des Flamands celui qu'ils avaient eux-mêmes choisi[6].

Au moment d'aller sur le continent soutenir la longue guerre que son neveu et le roi de France lui suscitèrent, Henri avait fait en Angleterre, du conseil de ses évêques et de ses barons, une grande

---

1. Ante se dormientem scutum et gladium omni nocte constitui imperaret. (Sugerii *Vita Ludovici Grossi*, apud Script. rer. gallic. et francic., t. XII, p. 44.)

2. Johan. Iperii *Chron.*, apud ibid., t. XIII, p. 466. — Voyez plus haut, livre VI, p. 420 et 421.

3. Johan. Iperii *Chron.*, apud ibid.

4. Fuit terræ et populo gravis, quare plures de Flandria, tædio... (Ibid.)

5. Theodericum de Holsate. (Ibid.)

6. Quem verum Flandriæ hæredem... rex declarans, eum ad Flandriæ hommagium recepit et approbavit. (Ibid.)

promotion d'abbés et de prélats. Selon la chronique saxonne, il n'y eut jamais autant d'abbayes données en une seule fois que dans la quarante-unième année du règne des *Français* en Angleterre ¹. Dans ce siècle, où les communications journalières avec les gens d'église tenaient une si grande place dans la vie, un pareil événement, quoique à nos yeux peu mémorable, n'était point indifférent à la destinée de la population anglaise, hors des cloîtres comme dans les cloîtres. « Parmi tous ces nouveaux pasteurs, dit le contemporain
« Edmer, la plupart furent plutôt loups que pasteurs ². Que telle n'ait
« pas été l'intention du roi, il faut le croire ; et pourtant cela serait
« plus croyable, s'il en eût pris au moins quelques-uns parmi les
« indigènes du pays ³. Mais si vous étiez Anglais, aucun degré de
« vertu ou de mérite ne pouvait vous mener au moindre emploi ;
« tandis que l'étranger de naissance était jugé digne de tout. Nous
« vivons dans de mauvais jours ⁴. »

Parmi les nouveaux abbés qu'institua le roi Henri, en l'année 1107, on remarqua particulièrement un certain Henri de Poitou, qui passa en Angleterre parce que c'était un pays où les clercs faisaient fortune plus promptement qu'ailleurs, et vivaient avec moins de gêne. Ce Poitevin obtint du roi l'abbaye de Peterborough, et « il s'y comporta,
« dit la chronique contemporaine, comme le frelon dans la ruche, en-
« levant tout ce qu'il trouvait à prendre dans le couvent et hors du
« couvent, et faisant tout passer dans son pays ⁵. » Il était moine de Cluny, et avait promis au supérieur de cet ordre, par serment sur la vraie croix, de lui procurer la propriété entière de l'abbaye de Peterborough, avec tous ses biens en terres et en meubles ⁶. Au moment

---

1. Primo et XL° anno quo Franci (*the Francan*) hanc terram gubernarant. (*Chron. saxon.*, ed. Gibson, p. 214.)
2. ... Lupi magis quam pastores effecti sunt. (Eadmeri *Hist. nov.*, p. 110, ed. Selden.)
3. Quod tamen credibilius videretur, si .. aliquos saltem ex indigenis terræ, non usquequaque Anglos perosus... (*Ibid.*)
4. Unum eos, natio scilicet, dirimebat. Si Anglus erat, nulla virtus... eum poterat adjuvare; si alienigena... honore præcipuo illico dignus judicabatur... Dies enim mali sunt. (*Ibid.*)
5. ... Tanquam fucus in alveario. (*Chron. saxon.*, ed. Gibson, p 232.)
6. Ibid , p. 235.

où le chroniqueur saxon écrivait ce récit, l'abbé avait fait au roi sa demande, et l'on n'attendait plus que la décision royale. « Que « Dieu ait pitié, s'écrie le Saxon, des moines de Peterborough et de « cette malheureuse maison! C'est bien aujourd'hui qu'ils ont besoin « de l'assistance du Christ et de tout le peuple chrétien[1]... »

Ces souffrances, auxquelles il faut compatir, puisqu'elles furent éprouvées par des hommes, et que le gouvernement de l'étranger les rendait communes aux clercs et aux laïques, en fatiguant chaque jour l'esprit des Anglais, paraissent avoir augmenté en eux les dispositions superstitieuses de leur nation et de leur siècle. Il semble qu'ils aient trouvé quelque consolation à s'imaginer que Dieu révélait par des signes effrayants sa colère contre leurs oppresseurs. La chronique saxonne affirme que, dans le temps où l'abbé Henri le Poitevin fit son entrée à Peterborough, il apparut, la nuit, dans les forêts situées entre le couvent et la ville de Stamford, des chasseurs noirs, grands et difformes, menant des chiens noirs aux yeux hagards, montés sur des coursiers noirs, et poursuivant des biches noires : « Des gens dignes de foi les ont vus, dit le narrateur, et durant qua« rante nuits consécutives on entendit le son de leurs cors[2]. » A Lincoln, sur le tombeau de l'évêque normand Robert Bluet, homme fameux par ses débauches, des fantômes se montrèrent aussi durant plusieurs nuits[3]. On racontait des visions horribles qui, selon le bruit public, apparaissaient au roi Henri dans son sommeil, et le troublaient tellement, que, trois fois de suite, dans la même nuit, il s'était élancé hors du lit et avait saisi son épée[4]. C'est vers le même temps que se renouvelèrent les prétendus miracles du tombeau de Waltheof[5]; ceux du roi Edward, dont la sainteté n'était point contestée par les Normands à cause de sa parenté avec Guillaume le

---

1. *Chron. saxon.*, ed Gibson, p. 236.
2. Ibid., p. 232.
3. Robertus Bluet, vir libidinosus... loci custodes nocturnis umbris exagitatos... (Henrici Knyghton, *de Event. angl.*, apud *Hist. anglic. Script.*, t. II, col. 2364, ed. Selden.)
4. ...Exsiliit rex de stratu suo, gladium arripiens. (Ibid., col. 2383.)
5. Eisdem diebus... miranda valde magnalia sua ad tumbam sancti Waldevi martyris. (Petri Blesensis Ingulfi continuat., apud *Rer. anglic. Script.*, t. I, p. 116, ed. Gale.)

Conquérant, occupaient aussi l'imagination des Anglais[1]. Mais ces vains récits du foyer, ces regrets superstitieux des hommes et des jours d'autrefois, ne donnaient au peuple ni soulagement pour le présent, ni espérance pour l'avenir.

Le fils du roi Henri et de Mathilde ne tenait rien de sa mère dans ses dispositions envers les Anglais. On l'entendait dire publiquement que si jamais il venait à régner sur ces misérables Saxons, il leur ferait tirer la charrue comme à des bœufs[2]. A l'âge où ce fils, nommé Guillaume, reçut en cérémonie ses premières armes, tous les barons normands l'agréèrent pour successeur du roi, et lui jurèrent d'avance fidélité. Quelque temps après il fut marié à la fille de Foulques, comte d'Anjou. Cette union détacha les Angevins de la confédération formée par le roi de France, qui lui-même renonça bientôt à la guerre, à condition que Guillaume, fils de Henri, se reconnaîtrait son vassal pour la Normandie, et lui en ferait hommage[3]. La paix se trouvant ainsi complétement rétablie, dans l'année 1120, au commencement de l'hiver, le roi Henri, son fils légitime Guillaume, plusieurs de ses enfants naturels et les seigneurs normands d'Angleterre se disposèrent à repasser le détroit[4].

La flotte fut rassemblée au mois de décembre dans le port de Barfleur. Au moment du départ, un certain Thomas, fils d'Étienne, vint trouver le roi, et lui offrant un marc d'or, lui parla ainsi : « Étienne, « fils d'Érard, mon père, a servi toute sa vie le tien sur mer, et c'est « lui qui conduisait le vaisseau sur lequel ton père monta pour aller à la « conquête ; seigneur roi, je te supplie de me bailler en fief le même « office : j'ai un navire appelé *la Blanche Nef*, et disposé comme il

---

1. Cujus cognatione ac consanguinitate... rex noster Willielmus fundat conscientiam suam regnum Angliæ invadendi. (*Hist. Ingulf. Croyland.*, apud *Rer. anglic. Script.*, t. I, p. 84.)

2. Palam comminatus fuerat Anglis quod si aliquando acciperet dominium super eos, quasi boves ad aratrum trahere faceret. (Henrici Knyghton, *de Event. angl.*, lib. II, apud *Hist. anglic. Script.*, t. II, col. 2382, ed. Selden.) — Chron. Johan. Bromton, ibid., t. I, col. 1013. — Thom. Walsingham., *Ypodygma Neustriæ*, apud Camden, *Anglica, Hibernica*, etc., p. 444.

3. Sicut Rollo, primus Normanniæ dux, jure perpetuo promiscrat. (Anonymus, apud *Script. rer. gallic. et francic.*, t. XIV, p. 16.)

4. Orderic. Vital. *Hist. ecclesiast.*, lib. XII, apud *Script. rer. normann.*, p. 867.

« convient[1]. » Le roi répondit qu'il avait choisi le navire sur lequel il voulait passer, mais que, pour faire droit à la requête du fils d'Étienne, il confierait à sa conduite ses deux fils, sa fille et tout leur cortége. Le vaisseau qui devait porter le roi mit le premier à la voile par un vent du sud, au moment où le jour baissait, et le lendemain matin il aborda heureusement en Angleterre[2]; un peu plus tard, sur le soir, partit l'autre navire; les matelots qui le conduisaient avaient demandé du vin au départ, et les jeunes passagers leur en avaient fait distribuer avec profusion[3]. Le vaisseau était manœuvré par cinquante rameurs habiles : Thomas, fils d'Étienne, tenait le gouvernail, et ils naviguaient rapidement, par un beau clair de lune, longeant la côte voisine de Barfleur[4]. Les matelots, animés par le vin, faisaient force de rames pour atteindre le vaisseau du roi. Trop occupés de ce désir, ils s'engagèrent imprudemment parmi des rochers à fleur d'eau dans un lieu alors appelé le *Ras de Catte*, aujourd'hui Ras de Catteville[5]. *La Blanche Nef* donna contre un écueil, de toute la vitesse de sa course, et s'entr'ouvrit par le flanc gauche : l'équipage poussa un cri de détresse qui fut entendu sur les vaisseaux du roi déjà en pleine mer; mais personne n'en soupçonna la cause[6]. L'eau entrait en abondance, le navire fut bientôt englouti avec tous les passagers, au nombre de trois cents personnes, parmi lesquelles il y avait dix-huit femmes[7]. Deux hommes seulement se retinrent à la grande vergue, qui resta flottante sur l'eau : c'était un boucher de Rouen, nommé Bérauld, et

---

1. ... Eique marcum auri offerens ait : « ... hoc feudum, domine rex, a te requiro, et vas quod *Candida Navis* appellatur. » (Orderic. Vital. *Hist. ecclesiast.*, lib. XII, apud *Script. rer. normann.*, p. 867 et 868.)

2. Ibid.

3. ... Ad bibendum postulaverunt. (Ibid., p. 868.)

4. Periti enim remiges quinquaginta ibi erant. (Ibid.)

5. In quodam maris loco periculoso, qui ab incolis *Catta Ras* dicitur, (al. *catte raz*). (Willelm. Gemet. *Hist. normann.*, apud ibid., p. 297.)

6. Omnes in tanto discrimine simul exclamaverunt. (Orderic. Vital. *Hist. ecclesiast.*, lib. XII, apud *Script. rer. normann.*, p. 867.)

7. Ibid. — Willelm. Malmesb., *de Gest. reg. angl.*, lib. V, apud *Rer. anglic. Script.*, p. 165, ed. Savile.

un jeune homme de naissance plus relevée, appelé Godefroi, fils de Gilbert de l'Aigle [1].

Thomas, le patron de *la Blanche Nef*, après avoir plongé une fois, revint à la surface de l'eau ; apercevant les têtes des deux hommes qui tenaient la vergue : « Et le fils du roi, leur dit-il, qu'est-il arrivé « de lui [2]? — Il n'a point reparu, ni lui, ni son frère, ni sa sœur, ni « personne de leur compagnie. — Malheur à moi! s'écria le fils « d'Étienne ; » et il replongea volontairement [3]. Cette nuit de décembre fut extrêmement froide, et le plus délicat des deux hommes qui survivaient, perdant ses forces, lâcha le bois qui le soutenait, et descendit au fond de la mer en recommandant à Dieu son compagnon [4]. Bérauld, le plus pauvre de tous les naufragés, dans son justaucorps de peau de mouton, se soutint à la surface de l'eau : il fut le seul qui vit revenir le jour ; des pêcheurs le recueillirent dans leur barque ; il survécut, et c'est de lui qu'on apprit les détails de l'événement [5].

La plupart des chroniqueurs anglais, en rapportant cette catastrophe douloureuse pour leurs maîtres, paraissent compatir extrêmement peu aux malheurs des familles normandes. Ils nomment ce malheur une vengeance divine, un jugement de Dieu, et se plaisent à trouver quelque chose de surnaturel dans ce naufrage arrivé par un temps serein sur une mer tranquille [6]. Ils rappellent le mot du jeune Guillaume et ses desseins sur la nation saxonne : « L'orgueil-« leux, s'écrie un contemporain, il pensait à son règne futur; mais « Dieu a dit : Il n'en sera pas ainsi, impie, il n'en sera pas ainsi ; et « il est arrivé que son front, au lieu d'être ceint de la couronne

---

1. Duo soli virgæ qua velum pendebat manus injecerunt. (Orderic. Vital. *Hist. ecclesiast.*, lib. XII, apud *Script. rer. normann.*, p. 867.)

2. « Filius regis quid devenit? » (Ibid., p. 868.)

3. « Miserum, inquit, est admodo meum vivere. » (Ibid.)

4. Vires amisit, sociumque suum Deo commendans, relapsus in pontum obiit. (Ibid.)

5. Beroldus autem, qui pauperior erat omnibus, renone amictus ex arietinis pellibus, de tanto solus consortio diem vidit. (Ibid.)

6. Manifestum Dei apparuit judicium... mare tranquillo perierunt. (Gervas. Cantuar. *Chron.*, apud *Hist. anglic. Script.*, t. II, col. 1339, ed. Selden.) — Enormiter in mari tranquillissimo. (Matth. Westmonast. *Flor. histor.*, p. 240.)

« d'or, s'est brisé contre les rochers¹. » Enfin ils accusent ce jeune homme et ceux qui périrent avec lui, de vices infâmes et, à ce qu'ils prétendent, inconnus en Angleterre avant l'arrivée des Normands². Leurs invectives et leurs accusations passent souvent toute mesure; et souvent aussi ils se montrent flatteurs et obséquieux à l'excès, comme des gens qui haïssent et qui tremblent. « Tu as vu, écrit l'un « d'eux dans une lettre qui devait rester secrète, tu as vu Robert de « Belesme, cet homme qui faisait du meurtre sa plus douce récréation; « tu as vu Henri, comte de Warwick, et son fils Roger, l'âme « ignoble; tu as vu le roi Henri, meurtrier de tant d'hommes, viola-« teur de ses serments, geôlier de son frère³... Peut-être vas-tu me « demander pourquoi, dans mon histoire, j'ai tant loué ce même « Henri. J'ai dit qu'il était remarquable entre les rois par sa prudence, « sa bravoure et ses richesses ; mais ces rois, auxquels nous prêtons « tous serment, devant qui les étoiles du ciel semblent s'abaisser, et « que les femmes, les enfants et les hommes frivoles vont con-« templer au passage, rarement dans leur royaume il se trouve un « seul homme aussi coupable qu'eux, et c'est ce qui fait dire : *La* « *royauté* est un crime⁴. »

Selon les vieux historiens, on ne vit plus sourire le roi Henri depuis le naufrage de ses enfants. Mathilde, sa femme, était morte, et reposait à Winchester, sous une tombe dont l'épitaphe contenait quelques mots anglais, ce qui de longtemps ne devait reparaître sur la sépulture des riches et des grands d'Angleterre⁵. Henri prit une seconde épouse, hors de la race anglo-saxonne, maintenant retombée

---

1. « Ille de regno futuro... cogitabat; Deus autem dicebat: Non sic, impie, non sic. Contigit igitur ei quod pro corona auri, rupibus marinis capite scinderetur. » (Henrici Huntind. *Epist. de contemptu mundi; Anglia sacra*, t. II, p. 696.)

2. Superbia tumidi, luxuriæ et libidinis omnis tabe maculati. (Gervas. Cantuar. *Chron.*, apud *Hist. anglic. Script.*, t. II, col. 1339, ed. Selden.) — Scelus Sodomæ noviter in hac terra divulgatum. (Eadmeri *Hist. nov.*, p. 24, ed. Selden.) — Nefandum illud et enorme Normannorum crimen. (*Anglia sacra*, t. II, p. 40.)

3. Henrici Huntind. *Epist. de contemptu mundi; Anglia sacra*, t. II, p. 698.

4. Nemo in regno eorum par eis... sceleribus; unde dicitur : Regia res scelus est. (*Ibid.*, p. 699.)

5. Hic jacet Matildis regina... ab Anglis v ocata *Mold the good queen*. (Thomæ Rudborne *Hist. major Winton.; Anglia sacra*, t. I, p. 277.)

dans le mépris parce que le fils du Conquérant n'avait plus besoin d'elle. Ce nouveau mariage du roi fut stérile, et toute sa tendresse se réunit dès lors sur un fils naturel nommé Robert, le seul qui lui restât [1]. Vers le temps où ce fils parvint à l'âge nubile, il arriva qu'un certain Robert, fils d'Aymon, riche Normand, possesseur de grands domaines dans la province de Glocester, mourut, laissant pour héritière de ses biens une fille unique appelée Aimable, et familièrement *Mable ou Mabile*. Le roi Henri négocia avec les parents de cette jeune fille un mariage entre elle et Robert, son bâtard : les parents consentirent ; mais Aimable refusa. Elle refusa longtemps, sans expliquer les motifs de sa répugnance, jusqu'à ce qu'enfin, poussée à bout, elle déclara qu'elle ne serait jamais la femme d'un homme qui ne portait pas deux noms.

Les deux noms, ou le double nom, composé d'un nom propre et d'un surnom, soit purement généalogique, soit indiquant la possession d'une terre ou l'exercice d'un emploi, était un des signes par lesquels la race normande en Angleterre se distinguait de l'autre race [2]. En ne portant que son nom propre, dans les siècles qui suivirent la conquête, on risquait de passer pour Saxon ; et la vanité prévoyante de l'héritière de Robert, fils d'Aymon, s'alarma d'avance de l'idée que son époux futur pourrait être confondu avec la masse des indigènes. Elle avoua nettement ce scrupule dans une conversation qu'elle eut avec le roi, et que rapporte de la manière suivante une chronique en vers [3].

« Sire, dit la jeune Normande, je sais que vos yeux se sont arrêtés
« sur moi, beaucoup moins pour moi-même que pour mon héritage ;
« mais ayant un si bel héritage, ne serait-ce pas grande honte que de
« prendre un mari qui n'eût pas double nom [4] ? De son vivant, mon
« père s'appelait sir Robert, fils d'Aymon ; je ne veux être qu'à un

---

1. Willelm. Gemet. *Hist. normann.*, apud *Script. rer. normann.*, p. 606.
2. Hickesii *Dissertatio epistolaris*; *Thesaurus linguarum septentrionalium*, t. II, p. 27.
3. Robert of Gloucester's *Chron.*, p. 431 et 432, ed. Hearne.
4. . . . . yt were me gret ssame
   Vor to abbe an loverd, bote he adde an tuo name.
      (Robert of Gloucester's *Chron.*, p. 434, ed. Hearne.)

« homme dont le nom montre aussi d'où il vient. — Bien parlé, « demoiselle, répondit le roi Henri; sir Robert, fils d'Aymon, était « le nom de ton père; sir Robert, *fils de roi*, sera le nom de ton « mari [1]. — Voilà, j'en conviens, un beau nom pour lui faire hon- « neur toute sa vie ; mais comment appellera-t-on ses fils et les fils « de ses fils? » Le roi comprit cette demande, et reprenant aussitôt la parole : « Demoiselle, dit-il, ton mari aura un nom sans reproche, « pour lui-même et pour ses héritiers; il se nommera Robert de Glo- « cester, car je veux qu'il soit comte de Glocester, lui et tous ceux « qui viendront de lui [2]. »

A côté de cette historiette sur la vie et les mœurs des conquérants de l'Angleterre, peuvent se placer quelques traits moins gais de la destinée des indigènes. En l'année 1124, Raoul Basset, grand justi- cier, et plusieurs autres barons anglo-normands tinrent une grande assemblée dans la province de Leicester; ils y firent comparaître un grand nombre de Saxons, accusés d'avoir fait le brigandage, c'est-à- dire la guerre de parti, qui avait succédé à la défense régulière contre le pouvoir étranger. Quarante-quatre qu'on accusait de vol à main armée furent condamnés à la peine de mort, et six autres à la perte des yeux par le juge Basset et ses assesseurs [3]. « Des personnes « dignes de foi, dit la chronique contemporaine, attestent que la plu- « part moururent injustement; mais Dieu qui voit tout, sait que son « malheureux peuple est opprimé contre toute justice; d'abord on le « dépouille de ses biens, et ensuite on lui ôte la vie [4]. Cette année fut « dure à passer; quiconque possédait quelque peu de chose en fut « privé par les taillages et par les arrêts des puissants; quiconque « n'avait rien périt de faim [5]. »

---

1.   Damysele" quath the kyng...
    Syre Roberd le" fyz Haym...
    Syre Roberd fiz le" Roy.
            (Robert of Gloucester's *Chron.*, p. 432, ed. Hearne.)

2. Ibid.

3. *Chron. saxon.*, ed. Gibson, p. 228.

4. « Multi fide digni homines... sed noster Dominus Deus... videt oppressum esse misellum populum, contra jus omne. Primo spoliantur possessionibus, deinde trucidantur. » (Ibid.)

5. « *Mid strange geoldes, and mid strange motes...* qui nil habebat periit fame. » (Ibid.)

Un fait arrivé quelque temps auparavant peut éclaircir en partie ce que la chronique entend par ces arrêts qui dépouillaient de tout les malheureux Saxons. Dans la seizième année du règne de Henri Ier, un homme appelé Brihtstan, habitant de la province de Huntingdon, voulut se donner, avec ce qu'il possédait, au monastère de Saint-Ethelride. Robert Malartais, prévôt normand du canton, s'imagina que l'Anglais ne songeait à se faire moine que pour échapper au châtiment de quelque délit secret contre l'autorité étrangère, et il l'accusa, apparemment à tout hasard, d'avoir trouvé un trésor et de se l'être approprié [1]. C'était un attentat aux droits du roi; car les rois normands se prétendaient possesseurs-nés de toute somme d'argent trouvée sous terre [2]. Malartais défendit, de par le roi, aux moines de Saint-Ethelride de recevoir Brihtstan dans leur maison ; puis il fit saisir le Saxon et sa femme, et les envoya devant le justicier Raoul Basset, à Huntingdon [3]. L'accusé nia le délit qu'on lui imputait; mais les Normands le traitèrent de menteur, le raillèrent sur sa petite taille et sa corpulence excessive, et, après beaucoup d'insultes, rendirent une sentence qui l'adjugeait au roi, lui et tout ce qu'il possédait [4]. Aussitôt après le jugement, ils exigèrent de l'Anglais une déclaration de ses biens meubles et immeubles, ainsi que du nom de ses débiteurs. Brihtstan la fit : mais les juges, peu satisfaits du compte, lui répétèrent plusieurs fois qu'il mentait impudemment. Le Saxon répondit dans sa langue : « Mes seigneurs, Dieu sait que je dis vrai ; » il répétait patiemment ces mots, dit l'historien, sans ajouter autre chose [5]. On contraignit sa femme à livrer quinze sous et deux anneaux qu'elle portait sur elle, et à jurer qu'elle ne retenait rien. Ensuite le condamné fut conduit, pieds et poings liés, à Lon-

---

1. Thesaurum occultum invenit. (Orderic. Vital., *Hist. ecclesiast.*, lib. VI, apud *Script. rer. normann.*, p. 629.)

2. Thesauri de terra regis sunt. (Leges Henrici I, cap. x, § 1.)

3. « Interdico ne illum in vestro collegio audeatis suscipere. » (Orderic. Vital., loc. sup. cit.)

4. Præjudicaverunt ipsum cum omni possessione ditioni regis tradendum. (Ibid.)

2. *Wat, min lauert, godel mihtin hic sege sod*, respondebat... Hoc verbo sæpius repetito, nihil aliud dicebat. (Ibid.)

dres, jeté dans une prison obscure, et chargé de chaînes de fer, dont le poids surpassait ses forces [1].

Le jugement du Saxon Brithstan fut rendu, selon le témoignage de l'ancien historien, dans l'assemblée de justice, ou, comme parlaient les Normands, dans la *cour du comté* de Huntingdon [2]. A ces cours, où se jugeaient toutes les causes, à l'exception de celles des hauts barons, réservées pour le palais du roi, présidait le vicomte de la province, que les Anglais appelaient sheriff, ou un juge de tournée, un *justicier errant*, comme on s'exprimait en langue normande [3]. A la cour du comté siégeaient, comme juges, les possesseurs des terres libres, ceux que les Normands appelaient *francs tenants*, et que les indigènes appelaient *franklings*, joignant à l'adjectif français une terminaison saxonne [4]. La cour du comté, comme celle du roi, avait des sessions périodiques, et ceux qui manquaient de s'y rendre payaient une certaine amende pour avoir, comme disent les actes du temps, laissé la justice sans jugement [5]. Nul n'avait le droit d'y venir siéger, s'il ne portait l'épée et le baudrier, signes de la liberté normande, et si, de plus, il ne parlait français [6]. On s'y rendait ceint de l'épée, et cet appareil obligé servait à en écarter les Saxons, ou, suivant le langage des anciens actes, les vilains, les habitants des hameaux, et toutes gens d'ignoble et basse espèce [7]. La langue française était, pour ainsi dire, le *criterium* auquel on distinguait les personnes ayant capacité pour être juges; et même il y avait des cas de procédure où le témoignage d'un homme ignorant l'idiome des vainqueurs, et trahissant par là sa descendance anglaise, n'était point regardé comme valable. C'est ce que prouve un fait postérieur de

---

1. Lundoniam ductus, ibi in carcerem obscurum retruditur, ibique vinculis ferreis... (Orderic. Vital. *Hist. ecclesiast.*, lib. VI, apud *Script. rer. normann.*, p. 630.)

2. ... Congregatis provincialibus... apud Huntedoniam. (Ibid., p. 629.)

3. Justitiarii itinerantes. — Voyez *Glossarium* Spelmani, verbo *Justitia*.

4. Franci tenentes... — La terminaison *ling* dans les langues germaniques indique ressemblance ou filiation. Lorsque les Anglais se sont déshabitués d'aspirer fortement leur langue, le mot *frankling* est devenu *franklin*. — Voyez Chaucer's *Canterbury tales*.

5. Quod justitiam sine judicio dimiserent. (Leges Henrici I, cap. XXIX, § 1.)

6. Duodecim milites accinctis gladiis. (*Gloss.* ad Matth. Paris., verbo *Assisa*.)

7. Villani vero vel Cotseti, vel Ferdingi, vel qui sunt istius modi viles vel inopes personæ non sunt inter legum judices numerandi. (Leges Henrici I, cap. XXIX, § 1.)

plus de soixante années au temps où nous sommes parvenus. En 1191, dans une contestation où l'abbé de Croyland était intéressé, quatre personnes témoignèrent contre lui; c'était Godefroy de Thurleby, Gaulthier Leroux de Hamneby, Guillaume, fils d'Alfred, et Gilbert de Bennington. « On inscrivit, dit l'ancien histo-
« rien, le faux témoignage qu'ils portèrent, et l'on ne voulut
« point inscrire la vérité que l'abbé disait; mais tous les assistants
« croyaient encore que le jugement lui serait favorable, parce que
« les quatre témoins n'avaient point de fief de chevalier, n'étaient
« point ceints de l'épée, et que même l'un d'entre eux ne parlait pas
« français [1]. »

Des deux seuls enfants légitimes du roi Henri, il lui restait encore Mathilde, épouse de Henri V, empereur d'Allemagne. Elle devint veuve en l'année 1126, et retourna auprès de son père; malgré son veuvage, les Normands continuaient de la surnommer par honneur l'*emperesse*, c'est-à-dire l'impératrice [2]. Aux fêtes de Noël, Henri tint sa cour, en grande pompe, dans les salles du château de Windsor, et tous les seigneurs normands des deux pays, rassemblés à son invitation, promirent fidélité à Mathilde, tant pour le duché de Normandie que pour le royaume d'Angleterre, jurant de lui obéir comme à son père, après la mort de son père [3]. Le premier qui prêta ce serment fut Étienne, fils du comte de Blois et d'Adèle, fille de Guillaume le Conquérant, l'un des amis les plus intimes et presque le favori du roi [4]. Dans la même année Foulques, comte d'Anjou, suivant le nouvel enthousiasme du siècle, se fit ce qu'on appelait soldat du Christ, marqua d'une croix sa cotte d'armes, et partit pour Jérusalem. Dans l'incertitude de son retour, il remit le comté à son fils Geoffroy, surnommé *Plante-Genest,* à cause de l'habitude qu'il avait

---

1. « Eo quod non erant de militari ordine, nec accincti gladio... et tertius eorum gallice loqui non noverat. » (Petri Blesensis Ingulfi continuat., apud *Rer. anglic. Script.*, t. I, p. 458, ed. Gale.)

2. Quoad vixit, sibi nomen retinens imperatricis. (*De orig. comit. andegav.*, apud *Script. rer. gallic. et francic.*, t. XII, p. 537.

3. Matth. Paris., t. I, p. 70.

4. ... Et primus omnium comes Blesensis. (Ibid.)

de mettre, en guise de plume, une branche de genêt fleuri à son chaperon[1].

Le roi Henri se prit de grande amitié pour son jeune voisin, le comte Geoffroy d'Anjou, à cause de sa bonne mine, de l'élégance de ses manières et de sa réputation de courage; il voulut même devenir son parrain en chevalerie, et faire à ses frais, à Rouen, la cérémonie de la réception de Geoffroy dans cette haute classe militaire[2]. Après le bain, où, suivant l'usage, on plongea le nouveau chevalier, Henri lui donna, comme à son fils d'armes, un cheval d'Espagne, une cotte et des chausses de mailles à l'épreuve de la lance et du trait, des éperons d'or, un écu orné de figures de lion en or, un heaume enrichi de pierreries, une lance de frêne avec un fer de Poitiers, et une épée dont la lame était d'une trempe si parfaite qu'elle passait pour un ouvrage de Waland, l'artiste fabuleux des vieilles traditions du Nord[3]. L'amitié du roi d'Angleterre ne se borna pas à ces témoignages, et il résolut de marier en secondes noces au comte d'Anjou sa fille Mathilde, l'*empéresse*. Cette union fut conclue, mais sans l'aveu préalable des seigneurs de Normandie et d'Angleterre, circonstance qui eut des suites fâcheuses pour la fortune des deux époux[4]. Leurs noces se firent aux octaves de la Pentecôte, dans l'année 1127, et les fêtes se prolongèrent durant trois semaines[5]. Le premier jour, des hérauts en grand costume parcoururent les places et les rues de Rouen, criant, à chaque carrefour, cette bizarre proclamation : « De par le roi Henri, que nul homme ici présent, habi-
« tant ou étranger, riche ou pauvre, noble ou vilain, ne soit si hardi

---

1. Dictum etiam, idque usitatius, Plantagenest, eo quod genistæ ramum pileolo insertum gestaret. (*Script. rer. gallic. et francic.*, t. XII, p. 581, in nota c, ad calc. pag.) — *Chronique de Normandie*, ibid., t. XIII, p. 247.

2. Johannis monac. major. monast.; *Hist. Gaufredi ducis Normann.*, apud *Script. rer. gallic. et francic.*, t. XII, p. 520 et 521.

3. Lorica... maculis duplicibus intexta... hasta fraxinea ferrum pictavense prætendens... ensis de thesauro regio... in quo fabricando fabrorum superlativus Galannus multa opera et studio desudavit. (Ibid.) — C'est le *Volundur* de l'Edda scandinave et le *Wyland-Smith* des contes populaires de l'Angleterre et de l'Écosse.

4. Willelm. Malmesb. *Historiæ novellæ*, lib. I, apud *Rer. anglic. Script.*, p. 175, ed. Savile.

5. *Chron. Johan. Bromton*, apud *Hist. anglic. Script.*, t. I, col. 1016, ed. Selden.

« que de se dérober aux réjouissances royales; car quiconque ne
« prendra point sa part des divertissements et des jeux sera coupable
« d'offense envers son seigneur le roi[1]. »

Du mariage de Mathilde, fille de Henri Ier, avec Geoffroy Plante-Genest, naquit, en l'année 1133, un fils qui fut appelé Henri, comme son aïeul, et que les Normands surnommèrent *Filz emperesse*, c'est-à-dire fils de l'impératrice, pour le distinguer de l'aïeul, qu'ils surnommaient *Filz-Guillaume-Conquéreur*. A la naissance de son petit-fils, le roi normand convoqua encore une fois ses barons d'Angleterre et de Normandie, et les requit de reconnaître, pour ses successeurs, les enfants de sa fille, après lui et après elle[2]; ils y consentirent en apparence et le jurèrent. Le roi mourut deux ans après, en Normandie, croyant laisser sans contestation la couronne à sa fille et à son petit-fils; mais il en arriva tout autrement. Au premier bruit de sa mort, Étienne de Blois, son neveu, fit voile en grande hâte pour l'Angleterre, où il fut élu roi par les prélats, les comtes et les barons qui avaient juré de donner la royauté à Mathilde[3]. L'évêque de Salisbury déclara que ce serment était nul, parce que le roi avait marié sa fille sans le consentement des seigneurs; d'autres dirent qu'il serait honteux pour tant de nobles chevaliers d'être sous les ordres d'une femme[4]. L'élection d'Étienne fut solennisée par la bénédiction du primat de Canterbury, et, ce qui était important dans ce siècle, approuvée par une lettre du pape Innocent II.

« Nous avons appris, disait le pontife au nouveau roi, que tu as été
« élu par le vœu commun et le consentement unanime, tant des sei-
« gneurs que du peuple, et que tu as été sacré par les prélats du
« royaume[5]. Considérant que les suffrages d'un si grand nombre
« d'hommes n'ont pu se réunir sur ta personne sans une coopération

---

1. Clamatum est voce præconis, ne quis... ab hac regali lætitia se subtraheret... (Johan. monac. major. monast., *Hist. Gaufredi ducis Normann.*, apud *Script. rer. gallic. et francic.*, t. XII, p. 521.)

2. Matth. Paris., t. I, p. 72.

3. Ibid., p. 74.

4. ... Fore nimis turpe si tot nobiles feminæ subderentur. (Ibid.)

5. « Communi voto et unanimi assensu tam procerum quam etiam populi te in regem eligere. » (Epist. Innocent. II papæ, apud *Script. rer. gallic. et francic.*, t. XV, p. 391.)

« spéciale de la grâce divine, et que, d'ailleurs, tu es parent du der-
« nier roi au plus proche degré, nous tenons pour agréable tout ce
« qui a été fait à ton égard, et t'adoptons spécialement, d'affection
« paternelle, pour fils du bienheureux apôtre Pierre et de la sainte
« Église romaine[1]. »

Étienne de Blois était très-populaire auprès des Anglo-Normands, à cause de sa bravoure éprouvée et de son humeur affable et libérale. Il promit, en recevant la couronne, de rendre à chacun de ses barons la jouissance libre des forêts que s'était appropriées le roi Henri, à l'exemple des deux Guillaume[2]. Les premiers temps du nouveau règne furent paisibles et heureux, du moins pour la race normande. Le roi était prodigue et magnifique, il donna beaucoup à ceux qui l'entouraient[3] ; il puisa largement dans le trésor que le Conquérant avait amassé, et que ses deux successeurs avaient encore accru. Il aliéna ou distribua en fiefs les terres que Guillaume avait réservées pour sa part de conquête, et qu'on appelait le domaine royal ; il créa des comtes et des gouverneurs indépendants dans des lieux administrés jusque-là, pour le profit du roi seul, par les préposés royaux. Geoffroy d'Anjou, mari de Mathilde, s'engagea à rester en paix avec lui, moyennant une pension de cinq mille marcs ; et Robert de Glocester, fils naturel du dernier roi, qui d'abord avait manifesté l'intention de faire valoir les droits de sa sœur, prêta entre les mains d'Étienne le serment de foi et d'hommage[4].

Mais ce calme ne dura guère, et, vers l'année 1137, plusieurs jeunes barons et chevaliers, qui avaient inutilement demandé au nouveau roi une part de ses domaines et de ses châteaux, commencèrent à s'en emparer à main armée. Hugues Bigot saisit le fort de Norwich ; un certain Robert prit celui de Badington : le roi se les fit rendre ; mais l'esprit d'opposition s'accrut sans relâche du moment

---

1. « Te in specialem B. Petri et sanctæ romanæ Ecclesiæ filium. » (Epist. Innocent. II papæ, apud *Script. rer. gallic. et francic.*, t. XV, p. 392.)

2. Vovit quod nullius vel clerici vel laïci sylvas in manu sua retineret. (Matth. Paris., t. I, p. 74.)

3. Cum esset ipse in dando diffusus. (Willelm. Malmesb. *Hist. nov.*, lib. I, apud *Rer. anglic. Script.*, p. 176, ed. Savile.)

4. Ibid., p. 179.

qu'il eut éclaté ¹. Le fils bâtard du roi Henri rompit subitement la 1137
paix qu'il avait jurée à Étienne ; il lui envoya de Normandie un message pour le défier et lui dire qu'il renonçait à son hommage. « Ce
« qui excita Robert à prendre ce parti, dit un auteur contemporain,
« ce furent les réponses de plusieurs hommes de religion qu'il con-
« sulta, et surtout un décret du pape, qui lui enjoignait d'obéir au
« serment qu'il avait prêté à Mathilde sa sœur, en présence de leur
« père ². » Ainsi se trouvait annulé le bref du même pape en faveur
du roi Étienne ; et la guerre seule pouvait décider entre les deux
compétiteurs. Les mécontents, encouragés par la défection du fils du
dernier roi, furent en éveil par toute l'Angleterre, et se préparèrent
au combat. « Ils m'ont fait roi, disait Étienne, et à présent ils m'a-
« bandonnent ; mais, par la naissance de Dieu, jamais on ne m'appel-
« lera roi déposé ³. » Pour avoir une armée dont il fût sûr, il assembla
des auxiliaires de toutes les parties de la Gaule : « comme il promet-
« tait une forte paye, les soldats venaient à l'envi se faire inscrire
« sur ses rôles, gens de cheval et gens d'armure légère, surtout Fla-
« mands et Bretons ⁴. »

La population conquérante de l'Angleterre était encore une fois
divisée en deux factions ennemies. L'état des choses devenait le
même que sous les deux règnes précédents, quand les fils des vaincus s'étaient mêlés aux querelles de leurs maîtres, et avaient fait
pencher la balance de l'un des deux côtés, dans le vain espoir d'obtenir une condition un peu meilleure. Quand de semblables conjonctures se présentèrent sous le règne d'Étienne, les Anglais de race se
tinrent à l'écart, désabusés par l'expérience du passé. Dans la querelle d'Étienne et des partisans de Mathilde, ils ne furent ni pour le
roi établi, qui prétendait que sa cause était celle de l'ordre et de la
paix publique, ni pour la fille du Normand et de la Saxonne : ils ten-

---

1. Cœpit ergo deinceps Normannorum proditio pullulare. (Matth. Paris., t. I, p. 75.)
2. Hommagio... abdicato... adde quod etiam apostolici decreti præ se tenorem ferebat, præcipientis ut sacramento, quod præsente patre fecerat, obediens esset. (Willelm. Malmesb. *Hist. nov.*, lib. I, apud *Rer. anglic. Script.*, p. 180, ed. Savile.)
3. Per nascentiam Dei, nunquam rex dejectus appellabor. (Ibid.)
4. Currebatur ad eum ab omnium generum militibus et a levis armaturæ hominibus, maximoque ex Flandria et Britannia. (Ibid., p. 169.)

tèrent d'être pour eux-mêmes ; et l'on vit se former en Angleterre, ce que l'on n'y avait point vu depuis la dispersion du camp d'Ely, une conspiration nationale, en vue de l'affranchissement du pays. « A un jour fixé, dit un auteur contemporain, on devait partout « massacrer les Normands [1]. »

L'historien ne détaille pas comment ce complot avait été préparé, quels en furent les chefs, quelles classes d'hommes y entrèrent, ni dans quels lieux et à quels signes il devait éclater. Seulement il rapporte que les conjurés de 1137 avaient renouvelé l'ancienne alliance des patriotes saxons avec les habitants du pays de Galles et de l'Écosse [2], et que même ils avaient dessein de mettre à la tête de leur royaume affranchi un Écossais, peut-être David, le roi actuel, fils de Marguerite, sœur d'Edgar [3]. L'entreprise échoua, parce que des révélations ou de simples indices parvinrent au Normand Richard Lenoir, évêque d'Ely, sous le secret de la confession [4]. Dans ce siècle, les esprits les plus fermes ne s'exposaient guère à un danger de mort évident sans avoir mis ordre à leur conscience ; et quand l'affluence des pénitents était plus grande que de coutume, c'était un signe presque certain de mouvement politique. En épiant sur ce point la conduite des Saxons, le haut clergé, de race normande, remplissait l'objet principal de son intrusion en Angleterre ; car, au moyen de questions insidieuses faites dans les épanchements de la dévotion, il était aisé de découvrir la moindre pensée de révolte ; et rarement celui que le prêtre interrogeait ainsi savait se garder d'un homme à qui il croyait le pouvoir de lier et de délier sur la terre comme dans le ciel. L'évêque d'Ely fit part de sa découverte aux autres évêques et aux agents supérieurs de l'autorité [5] : mais malgré la promptitude

---

1. Conspirationem fecerant et clandestinis machinationibus sese... invicem animaverant, ut, constituto die, Normannos omnes occiderent. (Orderic. Vital. *Hist. ecclesiast.*, lib. XIII, apud *Script. rer. normann.*, p. 912.)

2. Fœdus cum Scottis et Guallis... (Ibid.)

3. Et regni principatum Scottis traderent. (Ibid.)

4. Tanta perversitas... Ricardo Nigello, eliensi episcopo, primitus nota, per conjuratos nequitiæ socios, facta est. (Ibid.)

5. Et per eum reliquis præsulibus regni et optimatibus atque tribunis regiisque satellitibus pervulgata est. (Ibid.)

de leurs mesures, beaucoup de conjurés, et les plus considérables, dit le narrateur contemporain, eurent le temps de prendre la fuite[1]. Ils se retirèrent chez les Gallois, afin d'exciter ce peuple à la guerre contre les Normands[2]. Ceux qui furent saisis périrent, en grand nombre, par le gibet ou d'autres genres de supplices[3].

Cet événement eut lieu soixante-six ans après la dernière défaite des insurgés d'Ely, et soixante-douze après la bataille de Hastings. Soit que les chroniqueurs ne nous aient pas tout dit, soit qu'après ce temps le fil qui rattachait encore les Saxons aux Saxons, et en faisait un peuple, n'ait pu se renouer, on ne trouve plus dans les époques suivantes aucun projet de délivrance conçu, de commun accord, entre toutes les classes de la population anglo-saxonne. Le vieux cri anglais, *Point de Normands!* ne retentit plus dans l'histoire, et les insurrections postérieures ont pour mot de ralliement des formules de guerre civile : ainsi, au quatorzième siècle, les paysans d'Angleterre, soulevés, criaient : *Point de gentilshommes*[4] ! et au dix-septième, les habitants des villes et des campagnes disaient : *Plus de lords orgueilleux, ni d'évêques au cœur corrompu*[5] ! Il sera cependant possible de saisir encore dans les faits qui vont suivre des traces vivantes de l'ancienne hostilité des deux races.

C'est une chose aujourd'hui fort incertaine que la durée du temps pendant lequel les mots de noble et de riche furent, dans la conscience populaire des Anglais, synonymes de ceux d'usurpateur et d'étranger ; car la valeur exacte du langage des vieux historiens est trop souvent un problème pour l'historien moderne. Comme ils écrivaient pour des gens qui savaient, sur leur propre état social, bien

---

1. Porro nonnulli malitiæ conscii... fugerunt, et relictis omnibus divitiis et honoribus suis, exulaverunt. (Orderic. Vital., *Hist. ecclesiast.*, lib. XIII, apud *Script. rer. normann.*, p. 912.)

2. Potentiores si quidem... ad resistendum temere animati sunt. (Ibid.)

3. Patibulis aliisque generibus mortis interierunt. (Ibid.)

4. When Adam delved and Eve span,
Where was then the gentleman?

(Anciens vers cités par Sharon Turner, *History of England*, t. II, p 213, note 68.)

5. Proud lords and rotten hearted bishops ! Voyez les historiens de la révolution de 1640.

des secrets que la postérité n'a pas reçus, ils pouvaient s'exprimer en termes vagues, user même de réticences : on les comprenait à demi-mot. Mais nous, comment nous est-il possible de comprendre la manière de s'énoncer des chroniqueurs, si nous ne connaissons pas déjà la physionomie de leur temps? et où pourrons-nous étudier le temps, sinon dans les chroniques elles-mêmes ? Voilà un cercle vicieux dans lequel tournent nécessairement tous les modernes qui entreprennent de décrire avec fidélité les vieilles scènes du monde et le sort heureux ou malheureux des générations qui ne sont plus. Leur travail, plein de difficultés, ne saurait être complétement fructueux ; qu'on leur sache gré du peu de vrai qu'ils font revivre à si grande peine.

FIN DU TOME PREMIER

PIÈCES JUSTIFICATIVES

LIVRE PREMIER

N° 1

ARYMES PRYDEIN VAWR

LA CONFÉDÉRATION DE LA GRANDE-BRETAGNE

CHANT PATRIOTIQUE DU BARDE CAMBRIEN GOLIDDAN

(septième siècle)

Dysgogan awen ! dygobryssyn !
Marannedd a meuedd, a hêdd genhyn,
A phennaeth ehelaeth, a fraeth unbyn ;
A, gwedy dyhedd, anhedd ymhob mehyn.
Gwyr gwychyr yn trydar casnar dengyn :
Escaud yn gnovud ryhyd dyvin :
Gwaethyl gwyr hyt Gaer Wair gwascarawdd allmyn.
Gwnahawnt gorvoledd gwedy gwehyn,
A chymod Cymry, a gwyr Dulyn,
Gwyddyl Iwerddon, Mon, a Phrydyn,
Cernyw a Chludwys, eu cynnwys genhyn,
Atporion vydd Brython pan dyorphyn.
Pell dysgoganer amser dybyddyn
Teyrnedd, a bonedd eu gorescyn :
Gwyr gogledd, ynghyntedd yn eu cylchyn,
Ymhervedd eu rhagwedd y ddisgynnyn
Dysgogan Merddin. Cyvervydd hyn.

Yn Anber Peryddon, meirion mechdeyrn
(A chyn ni bai unrhaith) llaith a Gwynyn.
O un ewyllys bryd, ydd ymvrthvynnyn.
Meirion eu trethau, dychynnullyn
Yngnedoedd Cymry nadd oedd a delyn :
Y sydd wr dyledawg a levair hyn —
« Ni ddyfai a da'ai yngheithiwed. »

Mab Mair, mawr ei air! Pryd na thardded
Rhag pennaeth Saeson, ac eu hofed!
Pell bwynt cychmyn i Wrtheyrn Gwynedd!
Ev gyrhaut Allmyn i alltudedd.
Nis arhaeddwy neb, nis dioes daear;
Ni wyddynt py dreiglynt ymhob aber.

Pan brynasant Danet, drwy fled calledd.
Gan Hors a Hengys oedd yn eu rhyssedd,
Eu cynnydd bu y wrthym yn anvonhedd :
Gwedi rhin dilein, ceit ym ynver.
Dychymmydd meddawd mawr wirawd o vedd!
Dychymmyn angau angen llawer!
Dychymmydd anaelau, dagrau gwragedd,
Dychyfroy edgyllaeth peunaeth lledfer!
Dychymmydd tristyd byd a ryher,
Pan vydd cechmyn Danet an teyrnedd!

Gwrthotted trindawd dyrnawd a bwyller —
Y ddilein gwlad Vrython, a Saeson yn annedd!
Poet cynt eu rheges yn alltudedd,
Na myned Cymry yn ddivrodd!

Mab mair mawr ei air! p·yd nas terddyn
Cymry rhag göeir breyr ag unbyn!
Cyneircheid, cyneilweid, unrhaith cwynyn!
Un gôr, un gyngor, un eisor ynt.
Nid oedd er mawred nas lleverynt;
Namyn er hepcor göeir nas cymmodynt.
I Dduw a Dewi ydd ymorchmynnynt :
Taled gwrthotted fled i Allmyn!
Gwnawnt hwy aneireu eisiau trevddyn ;
Cymry a Saeson cyvervyddyn;
I amlan ymdreulaw ag ymwrthryn.
O ddirvawr vyddinawr pan ymbrovyn,
Ag amallt lavnawr a gawr a gryn,
Ag am Gwy gair cyvergeir, y am Peurllyn,
A lluman a ddaw a garw ddisgyn;
A, mal balaon, Saeson syrthyn.

Cymry cynyrcheid cyfun Ddullyn.
Blaen wrth vôn, granwynion, cyvyng oeddyn
Meirion, yngwerth eu gau, yn eu creinhyn;
Eu byddyn yngwaedlin, yn eu cylchyn;
Eraill, ar eu traed, trwy goed Cilhyn,
Trwy Vwrch y Ddinas foras foyn.
Rhyvel heb ddychwel i dir Prydyn,
Attor, trwy law gyngor, mal morlithryn.
Meirion Caer Geri ddivri cwynant

Rhai i ddyfryn a bryn nis dirdwadant;
I Aber Peryddon ni mad ddoethant :
Anaelau drethau dychynullant :
Naw ugain canhwr a ddisgynnant;
Mawr watwar, namyn pedwar, nid atcorant.
Dyhedd i eu gwragedd a ddywedant;
Eu crysseu yn llawn creu a aroclhant.

Cymry cyneirchaie, enaid dichwant —
Gwyr Dehau eu trethau a amygant.
Llym lliveid llavnawr, llwyr y lladdant :
Ny bydd i veddyg mwyn o'r a wnaânt.
Byddinoedd Cadwaladyr cadyr i deuant.
Ryddyrchavwynt Cymry. Cad a wnaânt —
Llaith, anolaith ryddysgyrchasant.
Yn gorphen eu trethau angau a wawdant.
Eraill ar osgail ryphlanhasant :
Oes, oeseu, eu tretheu nid esgorant.

Ynghoed, ym maes, ym mryn,
Canhwyll, yn nhywyll, a gerdd genhyn —
Cynan yn rhagwan ymhob disgyn.
Saeson rhag Brython gwae a gènyn.
Cadwaladir yn baladir gan ei unbyn,
Trwy synwyr, yn llwyr yn eu dychlyn,
Pan syrthwynt eu clas dros eu herchwyn
Ynghstudd, a chreu rhudd ar rud allmyn.
Yn ghorphen pob angrheith, anrheith dengyn.
Seis ar hynt, hyd Gaer Wynt, cynt pwycynt techyn.

Gwyn 'eu byd hwy Cymry, pan adroddynt
Rymgwarawd y Drindawd o'r travallawd gyn
Na chryned Dyved na Glywyssyg.
Nis gwnhao molawd meirion mechdeyrn;
Na chynhorion Saeson cefyn ebryn,
« Nis gwnaw, meddut, meddawt genhyn,
Heb daled o dynged. » Maint a gefyn
O ymddiveid veibion, ac eraill ryn.
Trwy eiriawl Dewi a seint Prydyn,
Hyd frwd Argelo fohawr allan.

Dysgogan awen. Dyddaw y dydd
Pan ddyfo i wys, i un gyssul,
Un gôr, un gynghor; a Lloeyr llosgyd,
Yr gobaith Arreiraw ar yn phrydaw llüydd;
A cherdd arallvro, a fo beunydd.
Mi wyr cwdd ym dda cwdda cwdd vydd.
Dy chyrchwynt gyvarth mal arth o vynydd
I dalu gwynieith, gwaed eu hennydd,

Atoi peleidral dyval dillydd,
Nid arbetwy car corph eu gilydd :
Atoi pen gaflaw heb emennydd :
Atoi gwragedd gweddw, a meirch gweilydd ;
Atoi'r brein uthr rhag uthur cedwyr,
A lliaws law amhar, cyn gwascar llüydd

Cennadau angau dychyvervydd,
Pan favwynt galanedd wrth eu henydd.
Ev dialawr ar werth ei dreth beunydd,
A'r mynych geuhadau a'r gau lüydd.

Dygorvu Cymry trwy gyvergyr,
Yn gywair, gydair, gydson, gydfydd :
Dygorvi Cymri i beri cad,
A llwyth lliaws gwlad a gynhullant,
A lluman glan Dewi a ddyrchavant,
J dywysaw Gwyddyl drwy Lieingant :
A gynheu Dulyn genhyn a savant,
Pan ddyfont i'r gâd nid ymwadant.

(*Cambrian register for the year* 1790, vol. II, p. 534 et suiv. — *Myvyr an archaiology of Wales*, t. I, p. 156.)

TRADUCTION DU MORCEAU PRÉCÉDENT [1]

L'inspiration des bardes nous prophétisait des biens sans nombre, la paix, un vaste empire, des chefs actifs; mais après le calme l'orage a éclaté sur toutes les tribus de la nation, les chefs se sont querellés, pleins d'une colère barbare, les Scots sont venus nous attaquer, les Germains ont repoussé les assaillants jusqu'à Caer-Wair, et, après les avoir vaincus, ils ont célébré leur triomphe et leur bienvenue avec les Kymris, les hommes de Dublin, les Gaels d'Irlande, Mona, la Bretagne, la Cornouaille et les habitants de l'Alclwyde. Les Bretons recouvreront enfin leur puissance; on a prédit depuis longtemps qu'un jour viendra où ils régneront, et que leurs efforts seront couronnés de succès quand les hommes qui habitent au nord sur leurs frontières descendront au cœur du pays. Telle est la prophétie de Merddin; elle s'accomplira !

A Aber-Peryddon, les officiers du chef des chevaux [2] soufflèrent la discorde avant d'avoir aucun motif de plainte légitime. D'un commun accord ils exigèrent violemment le tribut, et se mirent en devoir de le recueillir. Les Kymris étaient forts, aucun pacte ne les forçait de le payer. Il se trouva un homme noble qui dit : « Celui « qui donne la solde ne doit pas être traité en esclave. »

1. Je dois cette traduction à l'obligeance de M. Théodore de La Villemarqué.
2. Ce sobriquet injurieux donné par les Bretons aux Anglo-Saxons eut pour origine les noms propres des deux chefs de la première émigration saxonne, *Henghist* et *Horse*. Comme on l'a vu plus haut, *horse* ou *hross*, en langue teutonique, signifie un cheval, et *henghist* ou *Lengst*, un étalon.

Par le fils de Marie, dont la parole est sacrée, maudit soit le jour où nous ne nous sommes point armés pour repousser la domination des Saxons, où nous les avons aimés! Maudits soient les lâches qui entouraient Guorteyrn Gwynedd! Ils auraient pu chasser les Germains de notre pays, et pas un d'eux n'aurait pris, pas un n'aurait ravagé nos terres; mais ils ne surent pas deviner quels hommes abordaient dans nos havres.

Depuis le jour où les Germains ont pris Tanet par ruse, dans une de leurs incursions, sous les ordres de Hors et de Henghist, ils n'ont cessé de faire des progrès contre nous. Après avoir tramé le perfide complot, leur messager s'en retourna. Songez à l'ivresse du grand banquet de l'hydromel; songez à la mort violente de tant d'hommes; songez aux terreurs, aux larmes des faibles femmes agitées par la douleur au milieu de la nuit. Songez au sort qui nous attend, si les lâches de Tanet deviennent jamais nos maîtres!

Puisse la Trinité ne pas désoler le pays breton et ne le pas donner pour demeure aux Saxons! Qu'elle leur assigne une patrie en d'autres climats et ne condamne point les Kymris à l'exil!

Par le fils de Marie, dont la parole est sacrée, maudit soit le jour où les Kymris ne résistèrent pas aux lâches volontés des chefs et des nobles! qu'ils soient convoqués, qu'ils se rassemblent tous, qu'ils se lèvent unanimement! Ils n'ont qu'un cœur, qu'un dessein, qu'une cause. S'ils demeuraient silencieux, ce n'était pas à cause des grands, mais parce qu'ils n'approuvaient pas de funestes résolutions. Qu'ils se confient maintenant à Dieu et à saint David, qui donnèrent aux Germains la récompense de leur trahison; que la discorde se mette parmi nos ennemis, faute d'un chef qui les guide! que les Kymris et les Saxons se rencontrent sur le champ de bataille, et que les armes décident entre eux! Quand l'ennemi en viendra aux mains avec notre grand chef; quand le bocage retentira des cris des guerriers; quand la bataille sera engagée pour les bords de la Wie et la terre des Lacs, alors s'élèvera l'étendard, un assaut furieux le suivra, et les Saxons tomberont comme les feuilles des arbres.

Les Kymris furent renforcés par leurs alliés de Dublin; l'avant-garde des officiers (Germains) était confondue avec leur arrière-garde; leur visage était pâle, et ils tremblaient; leurs troupes nageaient autour d'eux dans un lac de sang. Ce qui en resta prit la fuite à travers le bois de Killin et Burch-y-Dinas à pied et en désordre. La guerre ne désolera plus le pays de Bretagne; nos bras bien dirigés y ont mis fin; elle a passé comme le flot des mers. Les officiers venant de Caer-Gerie se plaignent astucieusement de ceux qui refusent d'abandonner leurs collines et leurs vallées. Ce n'est pas pour leur bien qu'ils sont débarqués à Aber-Peryddon. Le tribut qu'ils ont exigé leur a porté malheur. Ils ont pris terre au nombre de dix-huit mille. Leur désastre a été terrible. — Quatre seulement sont retournés chez eux; ils ont fait à leurs femmes un récit de paix, mais leurs habits exhalaient l'odeur du sang.

Que les Kymris s'assemblent et ne craignent pas d'exposer leur vie. Les hommes du sud ne payeront pas le tribut. Qu'on aiguise les épées, elles en tueront mieux;

les blessures qu'elles feront ne rapporteront guère au chirurgien. Les troupes belliqueuses de Cadwallader s'avancent : que les Kymris s'enflamment, ils vont combattre ; le carnage et la désolation les accompagnent ! Pour se délivrer du tribut, ils se rient de la mort; ils perceront encore les étrangers de leurs flèches, mais jamais, jamais ils ne leur payeront tribut.

Aux bois, aux champs, sur la montagne, une lumière marche à nos côtés dans les ténèbres, Conan nous guide en chacune de nos entreprises. Les Saxons devant les Bretons crieront : « Malheur ! » Cadwallader, notre javelot, et ses chefs, par leur sage conduite, extermineront, noieront dans leur sang les Saxons, s'ils ont l'imprudence de s'avancer hors des limites de leurs cantonnements ; ils mettront un terme à leurs dévastations, à leurs violences, et les Saxons en fuite prendront aussi vite qu'il leur sera possible le chemin de Caer-Guint.

Heureux le jour où les Kymris raconteront comment la Trinité les délivra de leurs maux! Que ni Dyved ni Glywyssig ne s'alarment! Les députés du prince des chevaux n'obtiendront point d'éloges ni les chefs saxons de fourrages; ils ne s'établiront parmi nous qu'en payant de leur vie. Puisse se multiplier parmi eux le nombre des enfants qui n'ont plus de père, et diminuer le nombre de ceux qui en ont encore! Puissions-nous, par l'intercession de David et des autres saints de la Bretagne, les faire fuir loin d'ici jusqu'à la rivière d'Argelo !

L'inspiration prophétique l'annonce : Un temps viendra où les guerriers s'assembleront avec un seul dessein, un seul cœur : où la terre de Logres sera dévastée par la flamme. Que la confédération se fie sur notre bel ordre de bataille : les étrangers seront mis en fuite avant la fin du jour, je le sais certainement; le succès nous attend, quoi qu'il arrive. Que les guerriers se précipitent comme l'ours des montagnes pour venger la mort de leurs ancêtres ; qu'ils serrent en faisceaux leurs lances aiguës; que l'ami ne songe pas à protéger le corps de son ami ; qu'il y ait beaucoup de crânes vides de cervelle, beaucoup de femmes veuves, beaucoup de coursiers sans cavaliers, beaucoup de corbeaux avides devant les guerriers terribles, et beaucoup de bras coupés, dispersés devant l'armée.

Lorsque leurs officiers et la mort se trouveront face à face, et que les cadavres s'entasseront autour de leurs chefs, nous serons vengés de leurs exactions, de leurs incursions fréquentes et de leurs trahisons.

Les Kymris ont été victorieux dans le combat. Ils n'ont qu'une seule cause, qu'une seule parole, qu'une seule langue, qu'une seule foi. Les Kymris seront encore vainqueurs ; ils veulent combattre; ils rassembleront leurs forces; ils déploieront la bannière de saint David qui guidera les Gaels d'Irlande à travers les mers. Avec nous se lèveront les chefs de Dublin, qui ne lâcheront pas pied dans le combat.

N° 2

DÉCRET DES EMPEREURS THÉODOSE ET VALENTINIEN
RELATIF A LA SOUMISSION DES ÉVÊQUES DES GAULES AU PAPE DE ROME

(AN DE J. C. 445)

Impp. Theodosius et Valentinianus AA. Aetio v. inl. comiti et magistro
utriusque militiæ et praticio.

Certum est, et nobis et imperio nostro unicum esse præsidium in supernæ divinitatis favore, ad quem promerendum præcipue christiana fides, et veneranda nobis religio suffragatur. Cum igitur sedis apostolicæ primatum sancti Petri meritum, qui princeps est episcopalis coronæ, et romanæ dignitas Civitatis, sacræ etiam synodi firmaverit auctoritas, ne quid præter auctoritatem sedis istius inlicitum præsumptio adtentare nitatur. Tunc enim demum ecclesiarum pax ubique servabitur, si rectorem suum agnoscat universitas. Hæc cum hactenus inviolabiliter fuerint custodita, Hilarius Arelatensis, sicut venerabilis viri Leonis romani papæ fideli relatione comperimus, contumaci ausu inlicita quædam præsumenda tentavit ; et ideo transalpinas ecclesias abominabilis tumultus invasit; quod recens maxime testatur exemplum. Hilarius enim, qui episcopus Arelatensis vocatur, ecclesiæ romanæ Urbis inconsulto pontifice, indebitas sibi ordinationes episcoporum sola temeritate usurpans invasit. Nam alios incompetenter removit, indecenter alios, invitis et repugnantibus civibus, ordinavit. Qui quidem, quoniam non facile ab his qui non elegerant recipiebantur, manum sibi contrahebat armatam, et claustra murorum, in hostilem morem, vel obsidione cingebat, vel aggressione reserabat, et ad sedem quietis pacem prædicaturus per bella ducebat. His talibus et contra imperii majestatem, et contra reverentiam apostolicæ sedis admissis, per ordinem religiosi viri Urbis papæ cognitione discussis, certa in eum ex his, quæ male ordinaverat, lata sententia est. Et erat quidem ipsa sententia per Gallias etiam sine imperiali sanctione valitura. Quid enim tanti pontificis auctoritati in ecclesias non liceret ? Sed nostram quoque præceptionem hæc ratio provocavit, ne ulterius vel Hilario, quem adhuc episcopum nuncupari sola mansueti præsulis permittit humanitas, nec cuiquam alteri ecclesiasticis rebus arma miscere, aut præceptis romani antistitis liceat obviare. Ausibus etiam talibus fides et reverentia nostri violatur imperii. Nec hoc solum, quod est maximi criminis, submovemus : verum, ne levis saltem inter ecclesias turba nascatur, vel in aliquo minui religionis disciplina videatur, hoc perenni sanctione decernimus, ne quid tam episcopis gallicanis, quam aliarum provinciarum, contra consuetudinem veterem liceat, sine viri venerabilis papæ Urbis æternæ auctoritate, tentare ; sed illis omnibusque pro lege sit, quidquid sanxit vel sanxerit apostolicæ sedis auctoritas. Ita ut quisquis episcoporum ad judicium romani antistitis evocatus venire neglexerit, per moderatorem ejusdem provinciæ adesse cogatur, per omnia servatis, quæ divi parentes nostri romanæ Ecclesiæ detulerunt, Aëti

P. K. A. Unde inlustris et præclara magnificentia tua, præsentis edictalis legis auctoritate, faciet quæ sunt superius statuta servari, decem librarum auri mulcta protinus exigenda ab unoquoque judice, qui passus fuerit præcepta nostra violari. Et *manu divina* Divinitas te servet per multos annos, parens carissime. Datum VIII. Idus junias Romæ, Valentiniano Augusto VI. Consule.

(*Script. rer. gallic. et francic.*, t. I, p. 768.)

N° 3

CONFÉRENCE DES ÉVÊQUES CATHOLIQUES ET ARIENS POUR LA CONVERSION DU ROI DES BURGONDES

Collatio episcoporum, præsertim Aviti Viennensis, coram Gundebaldo Burgundionum rege, adversus arianos.

Providente Domino Ecclesiæ suæ, et inspirante pro salute totius gentis cor domni Remigii, qui ubique altaria destruebat idolorum, et veram fidem potenter cum multitudine signorum amplificabat, factum est ut episcopi plures non contradicente rege congregarentur, si fieri posset, ut ariani, qui religionem christianam scindebant, ad unitatem possent reverti. Quod ut melius fieret videreturque id non consilio accidisse sed occasione, domnus Stephanus scripsit ad episcopos multos, et invitavit illos ad festivitatem Sancti Justi quæ instabat, in qua ob frequentiam miraculorum fiebat concursus plurimus populorum. Venerunt itaque de Vienna Avitus, de Arelate Æonius, de Valentia... de Massilia... jus, et plures alii, omnes catholicæ professionis et laudabilis vitæ in Domino. Qui omnes ad salutationem regis cum domno Stephano ad Sarbiniacum, ubi tunc erat, profecti sunt. Erant quidam inibi de potentioribus arianis cum eo, qui si potuissent, prohibuissent nostrorum accessum ad regem, sed, Domino cooperante, nihil profecerunt.

Post salutationem factam, domnus Avitus, cui, licet non esset senior nec dignitate nec ætate, tamen plurimum deferebatur, dixit ad regem : « Si Excellentia ves« tra vellet procurare pacem Ecclesiæ, parati sumus fidem nostram tam clare de« monstrare esse secundum Evangelium et apostolos quod nulli dubium erit, quam « retinetis non esse secundum Deum et Ecclesiam. Habetis hic de vestris qui sunt « instructi in omnibus scientiis, jubeatis ut nobiscum alloquantur, et videant si « possint respondere rationibus nostris, ut parati sumus respondere rationibus « eorum. » Ad quæ rex respondit : « Si vestra fides est vera, quare episcopi vestri « non impediunt regem Francorum, qui mihi bellum indixit, et se cum inimicis « meis sociavit, ut me destruerent? Nam non est fides ubi est appetentia alieni, « sitis sanguinis populorum; ostendat fidem per opera sua. »

Tunc humiliter respondit domnus Avitus, faciem habens angelicam ut et sermonem : « Ignoramus, o rex, quo consilio, et qua de causa rex Francorum facit quod

« dicitis; sed Scriptura nos docet quod propter derelictionem legis Dei sæpe sub-
« vertuntur regna, et suscitantur inimici omni ex parte illis qui se inimicos adver-
« sus Deum constituunt. Sed redite cum populo vestro ad legem Dei, et ipse dabit
« pacem in finibus vestris. Nam si habetis pacem cum illo, habebitis et cum ceteris,
« et non prævalebunt inimici vestri. » Cui rex : « Nonne legem Dei profiteor?
« Sed quia nolo tres Deos, dicitis quia non profiteor legem Dei; in Scriptura sancta
« non legi plures esse Deos, sed unum. » Ad quæ domnus Avitus... et cum videret
regem pacifice audientem, protelavit sermonem, et dixit : « O si vellet sagacitas
« vestra cognoscere quam bene fundata sit nostra fides, quantum boni vobis et po-
« pulo vestro inde proveniret! Nam et cœlestis gloria vobis non deesset, et pax et
« abundantia in turribus vestris. Sed vestri cum sint inimici Christi, super regnum
« vestrum et super populum iram desuper accendunt, quod, ut speramus, non
« esset, si velletis audire monita nostra, et jubere ut vestri sacerdotes de his no-
« biscum colloquantur coram sublimitate vestra et populo vestro; ut sciatis quia
« Dominus Jesus est æterni Patris æternus Filius, et utrique coæternus Spiritus
« Sanctus, unus Deus benedictus in sæcula, simulque ante tempora, et absque
« ullo initio. »

Cum hæc dixisset, procidit ad pedes regis, et amplectens eos, flebat amare; pro-
cubuerunt et omnes episcopi cum eo. Unde rex valde commotus est, et inclinans
se usque ad eos, erexit domnum Avitum cum ceteris, quibus amicabiliter dicit se
responsum daturum illis super petitionibus illorum. Quod est crastina die factum.
Nam rex per Sagonam rediens ad urbem, misit ad domnos Stephanum et Avitum,
ut venirent apud illum. Qui cum venissent, rex dixit ad illos : « Habetis quod pos-
« tulatis, nam sacerdotes mei parati sunt vobis ostendere, quod nullus potest esse
« coæternus et consubstantialis Deo. Sed nolo ut id fiat coram omni populo, ne
« turbæ excitentur, sed tantum coram senatoribus meis, et aliis quos eligam, sicut
« vos eligetis ex vestris quos volueritis, sed non in magno numero, et id fiet die
« crastina in hoc loco. » Quo dicto episcopi salutato rege discesserunt, et reversi
sunt ut omnia intimarent aliis episcopis. Erat autem vigilia solemnitatis Sancti
Justi : et licet optavissent quod hoc fieret die solemnitatem sequenti, noluerunt
tamen propter tantum bonum amplius procrastinare. Sed unanimiter decreverunt
apud S. Justi sepulcrum pernoctare, ut illo intercedente obtinerent a Domino peti-
tiones cordis sui. Evenit autem ut ea nocte cum lector secundum morem inciperet
lectionem a Moyse, inciderit in illa verba Domini : *Sed ego indurabo cor ejus, et
multiplicabo signa et ostenta mea in terra Ægypti, et non audiet vos.* Deinde cum
post psalmos decantatos recitaret ex prophetis, occurrerunt verba Domini ad Esaïam
dicentis : *Vade et dices populo huic : Audite audientes, et nolite intelligere ; et
videte visionem, et nolite cognoscere. Excæca cor populi ejus, et aures ejus aggrava,
et oculos ejus claude, ne forte videat oculis suis, et auribus audiat, et intelligat
suo corde, et convertatur, et sanem eum.* Cumque adhuc psalmi fuissent decantati,
et legeret ex evangelio, incidit in verba quibus Salvator exprobrat Judæis incredu-
litatem : *Væ tibi Corrazaim, væ tibi Betzaida, quia si in Tyro et in Sidone virtutes
factæ fuissent quæ sunt factæ in vobis, jam dudum in cilicio et cinere pœnitentiam*

egissent. Denique cum lectio fieret ex apostolo, pronuntiata sunt verba illa : *An divitias bonitatis ejus et patientiæ et longanimitatis contemnis? Ignoras quoniam sustinentia Dei ad pœnitentiam te adducit? Secundum autem duritiam tuam et impœnitens cor thesaurizas tibi iram in tempore iræ*. Quod cum ab omnibus episcopis observatum fuisset, cognoverunt lectiones illas sic occurrisse volente Domino, ut scirent induratum esse cor regis, Deumque illum in sua impœnitentia relinquere ad ostendendum divitias justitiæ suæ; unde valde tristes effecti, noctem in lacrymis transegerunt. Non destiterunt tamen veritatem nostræ religionis contra arianos asserere.

Igitur tempore quo rex jusserat conveniunt omnes episcopi, et simul ad regiam vadunt cum multis sacerdotibus et diaconibus, et quibusdam de catholicis, inter quos erant Placidus et Lucanus, qui erant de præcipuis militiæ regis. Venerunt etiam ariani cum suis. Cum ergo sedissent coram rege, domnus Avitus pro catholicis, Bonifacius pro arianis, sermonem habuerunt. Sed postquam domnus Avitus proposuit fidem nostram cum testimoniis sacræ Scripturæ, ut erat alter Tullius, et Dominus inspirabat gratiam omnibus quæ dicebat, tanta consternatio cecidit super arianos, et qui satis amicabiliter audientiam præbuerat Bonifacius, nihil omnino respondere posset ad rationes domni Aviti, sed tantum quæstiones difficiles proponeret, quibus videbatur velle regem fugitare. Sed cum ab Avito urgeretur ut responderet ad antedicta, promittens se etiam responsurum ad ea quæ proposuerat, non potuit respondere ad unam de rationibus quæ fuerant a domno Avito propositæ neque ullam pro defensione suæ partis allegare; sed tantum os suum in conviciis aperiebat, et dicebat catholicos esse præstigiatores, et colere multitudinem deorum. Quod solum cum diceret, videretque rex confusionem suæ sectæ, surrexit de sua sede, dicens quod in crastinum responderet Bonifacius. Discesserunt ergo omnes episcopi : et quia adhuc dies non erat inclinata, iverunt simul cum ceteris catholicis ad basilicam domni Justi, confitentes Dominum quoniam bonus, et laudantes eum, qui dederat illis talem victoriam de inimicis suis.

Sequenti vero die iterum ad regiam profecti cum his qui in præcedenti aderant. Cumque ingrederentur, invenerunt Aredium, qui eis persuadere volebat ut regrederentur : dicebat enim quod tales rixæ exasperabant animos multitudinis, et quod non poterat aliquid boni ex eis provenire. Sed domnus Stephanus, qui sciebat illum favere arianis, ut gratiam regis consequeretur, licet fidem nostram profiteretur, respondit ei quod non timendum erat ne rixæ procederent ex inquisitione veritatis, et amore salutis fratrum suorum; imo nihil esse utilius ad jungendos animos in sancta amicitia, quam cognoscere apud quos esset veritas, quia ubicumque est amabilis est, et professores ejus reddit amabiles. Addidit insuper omnes huc venisse secundum jussionem regis : contra quod responsum non est ausus Aredius amplius resilire. Ingressi sunt ergo, et cum rex eos vidisset, surrexit in occursum eorum, mediusque inter domnum Stephanum et domnum Avitum, adhuc multa locutus est contra Francorum regem, quem dicebat sollicitare fratrem suum contra se. Sed cum responderent præfati episcopi quod non esset melior via ineundi pacem, quam concordare in fide, et operam suam, si gratam haberet, pollicerentur pro tam sancto fœdere conciliando, nihil amplius locutus est : sed unusquisque locum, quem præcedenti die tenuerat, occupavit.

Cum itaque sedissent, domnus Avitus tam lucide probavit quod catholici non plures deos adorabant, ut sapientiam ejus tam catholici quam adversarii cum stupore mirarentur. Id autem fecit, ut responderet conviciis quæ Bonifacius in nostram fidem jecerat. Postquam ergo conticuit, ut locum daret responsionibus Bonifacii, nihil aliud potuit ille dicere, quam quod præcedenti die fecerat : et conviciis addens convicia, tanto impetu clamabat, ut præ raucitate non posset amplius loqui, et quasi suffocaretur. Quod cum rex vidisset, et satis diu exspectasset, tandem surrexit vultu indignationem prætendens contra Bonifacium. Tunc domnus Avitus dixit ad regem : « Si sublimitas vestra vellet jubere, ut hi responderent proposi-
« tionibus nostris, ut posset judicare quænam fides esset retinenda. » Sed nihil respondit, neque ceteri ariani qui erant cum illo : adeo stupefacti erant de doctrina et sapientia domni Aviti. Qui cum videret eorum silentium, subjunxit : « Si vestri
« non possunt respondere rationibus nostris, quid obstat cur non omnes simul con-
« veniamus in eadem fide? » Tunc murmurantibus illis, de sua fide securus in Domino, addidit : « Si rationes nostræ non possunt illos convincere, non dubito
« quin Deus fidem nostram miraculo confirmet. Jubeat sublimitas vestra ut tam
« illi quam nos eamus ad sepulcrum hominis Dei Justi, et interrogemus illum de
« nostra fide, similiter et Bonifacius de sua : et Dominus pronuntiabit per os servi
« sui in quibus complaceat. » Rex attonitus annuere videbatur : sed inclamare cœperunt ariani, et dicere se pro fide sua manifestanda facere nolle, ut fecerat Saül, et ideo maledictus fuerat; aut recurrere ad incantationes et illicita, sufficere sibi et habere Scripturam, quæ sit fortior omnibus præstigiis; et hæc semper repetentes et boantes potius quam vociferantes. Rex qui jam surrexerat, accipiens per manus domnum Stephanum et domnum Avitum, duxit eos usque ad cubiculum suum; et cum intraret, amplexus est eos, dicens ut orarent pro eo. Cognoverunt quidem illi perplexitatem et angustias cordis ejus; sed quia Pater eum non traxerat, non potuit venire ad Filium, ut veritas impleretur : Non est volentis, neque festinantis, sed miserentis Dei.

(*Script. rer. gallic. et francic.*, t. IV, p. 99-101.)

N° 4

DISCOURS D'UN DES CHEFS DU NORTHUMBERLAND

TEXTE ANGLO-SAXON

Thyslic me is gesewen Cyning this andwarde lif manna on eorthan to withmetenysse thære tide the us uncuth is. swa gelic swa thu æt swæsendum sitte mid thinum ealdormannum and thegnum on winter tide. And sy fyr onæled and thin heall gewyrmed. and hit rine and sniwe and styrme ute. Cume thonne an spearwa and hrædlice the hus thurh fleo thurh othre duru in. thurh othre ut gewite ∴ hwet he on tha tid the he inne bith. ne bith ryned mid thy storme thæs wintres. ac that bith an eagan brihtm and the læste fæc. ac he sona of wintra in winter eft cymeth. Swa thonne this monna lif to medmyclum fæce ætyweth. Hwæt ther foregange. oththe hwæt thœr afterfylige we ne cunnon :· Forthon gif theos niwe lare owiht cuthlicre and gerisenlicre bringe. heo thæs wirthe is that we thære fyligean :·

(Traduction saxonne de l'*Histoire ecclésiastique* de Bède par le roi Alfred, liv. II, chap. xii.)

TEXTE ORIGINAL

Talis... mihi videret (rex), vita hominum præsens in terris, ad comparationem ejus quod nobis incertum est temporis, quale cum te residente ad cœnam cum ducibus ac ministris tuis tempore brumali, accenso quidem foco (in medio), et calido affecto cœnaculo, furentibus autem foris per omnia turbinibus hyemalium pluviarum vel nivium; adveniens unus passerum domum citissime pervolaverit, qui cum per unum ostium ingrediens, mox per aliud exierit, ipso quidem tempore quo intus est, hyemis tempestate non tangitur : sed tamen minimo spatio serenitatis ad momentum excurso, mox de hyeme in hyemen regrediens tuis oculis elabitur. Ita hæc vita hominum ad modicum apparet : quid autem sequatur quidve præcesserit prorsus ignoramus. Unde si hæc nova doctrina certius aliquid attulerit, merito sequenda esse videtur.

LIVRE II

N° 1.

CHANT NATIONAL DES ANGLO-SAXONS SUR LA VICTOIRE DE BRUNANBURGH

Æthelstan cyning.
eorla drihten.
beorna beah-gyfa.
and his brothor eac
Eadmund ætheling.
ealdor langne tyr.
gerlogon æt secce
sweorda ecgum
ymbe Brunan-burh".
Bord-weall clufon".
heowon heatholinde.
hamera lafum".
afaran Eadweardes.
Swa him ge-æthele wæs
from cneo-mægum.
thæt hie æt campe oft

with lathra ge-hwæne.
land ge-ealgodon.
hord and hamas.
Hettend crungun.
Sceotta leoda".
and scip-flotan
fæge feollon".
feld dynede.
secga swate"'.
Syththan sunne up
on morgen-tid.
mære tuncgol.
glad ofer grundas.
Godes condel beorht
eces Dryhtnes.
oththe sio æthele gesceaft

sah to" setle ·.
thær læg secg mænig.
garum ageted.
guma Northerna".
ofer scyld scoten.
swilce Scyttisc eac
werig wiges-sæd ·.
West-Seaxe forth
ondlongne dæg
eorod-cystum
on-last legdun.
lathum theodum.
heowon here-flyman
hindan thearle
mecum mylen-scearpum ·.
Myrce ne wyrndon
heordes hond plegan
hæletha nanum
thara the mid Anlafe
ofer æra-geblond
on lides bosme
land gesohtun
fæge to gefeohte ·.
Fife legun
on tham camp-stede
cyningas geonge
sweordum aswefede.
Sweolce seofene eac
eorlas Anlafes.
and" unrim
heriges-flotan ·.
And Sceotta thær.
geflemed wearth.
northmanna bregu.
nyde-gebæded
to lides stefne
litle werede ·.
Cread-cnearon
flot-cyning ut gewat
on fealone flode
feorh generede ·.
Swilce thær eac se froda
mid fleamecom
on his cyththe north
Constantinus ·.
Har Hylde-rinc
hreman ne thorfte
mæcan gemanan.
Her" væs his mæga sceard

and freonda gefylled.
on folc-stede
beslagen æt secce".
And his sunu forlet
on wæl-stole
wundum forgrunden.
geonge æt guthe.
Gylpan ne thorfte
beorn blanden-feax
bil-geslehtes ·.
Eald Inwidda
ne Anlaf thys ma
mid heora here-lafum
hlehan ne thorftan.
thæt hie beadu-weorca
beteran wurdon.
on camp-stede.
cumbel-gehnades.
gar-mittinges.
gumena gemotes.
wæpen-gewrixles.
thæs the hie on wæl-felda
with-Eadweardes
aforan plegodon ·.
Gewitan him tha Northmen
nægledon cnearrum.
dreorig daretha laf.
on dinnes mere.
ofer deop wæter
Difelin secan
and heora land".
ævisc-mode.
Swilce tha gebrother
begen æt samne.
cyning and ætheling.
cyththe sohton.
West-Seaxna land.
wiges hreamie".
Læton him behyndan
hra bryttian".
salowig padan"
and" thone sweartan hrefn.
byrned nebban.
and thane hasean padan".
earn æftan hwit.
æses brucan.
grædigne guth-hafoc.
and thæt græge deor
wulf on wealde ·.

Ne wearth wæl mare
on thise iglande".
æfer gyta"
folces gefylled
beforan thissum
sweordes ecgum.
thæs the us secgath bec
ealde uthwitan.
siththan eastan hider

Engle and Seax
up becomon.
ofer brymum brad"
Brytene sohton.
wlarce wig-smithas.
Wealas ofer-comon
eorlas arhwate.
eard begeaton :.

(*Chronique saxonne*, édition d'Ingram, p. 141. Londres, 1825.)

TRADUCTION DU MORCEAU PRÉCÉDENT

Æthelstanus rex, comitum dominus, filiis torquium largitor : ejusque etiam frater Eadmundus Clito ; longa stirpis serie [splendentes] interfecerunt [Hibernos] in prælio, gladiorum acie, circa Brunanburh : muros fiderunt : occiderunt nobiles domesticæ reliquiæ defuncti Edwardi. Sic eis ingenitum fuit a cognatis ut nobile videretur, prælio frequenter commisso, contra latrones patriam defendere, thesauros, ac domicilia, et devota exteris, Scotorum gens et navium classis egregia peribant : campi resonarunt : milites acriter [pugnabant] ; ex quo sol, præclarum sidus, lætificans profunda ; candela conspicua Dei æterni Domini, mane prodiret, donec nobilis creatura sedem repetisset. Ibi occubuerunt milites multi, telis perforati : advenæ Aquilonares sub scutis lanceati : Scoti etiam defessi prælio. Proles West-Saxonum, die longe provecta, turmis electis e vestigio prostraverunt invisas gentes : peremerunt excercitum fugientem, eos a tergo celeriter insecuti, gladiis et jaculis acutis. Mercii non metuebant durum manus ludum. Salus tunc nullis qui cum Anlafo trans maris campos, in navis gremio, terram petierunt ad pugnam fatalem. Quinque occubuerunt in loco prælii reges, juvenum gladiis percussi : septem etiam duces Anlafi : absque numero de exercitu navali et Scotis [ceciderunt]. Ibi fugatus est Danorum terror : compulsus est ad fluctuum fremitum cum parva turma : ploravit mœstus in fluctu rex : egressus cum paucis in fluctum, vitam liberavit. Inde etiam Froda fuga reversus est in suam patriam : Aquilonaris [Dux] Constantinus de pugnæ congressu jactare nequiit inter suos cognatos : is fuit propinquorum fragmen : amici corruerant in statione populi, prostrati prælio : suum filium reliquit in loco stragis, vulneribus attritum, recentem ad prælia : gloriari non potuit proles flavicoma, audax in prælio, vetusta ingenio. Nec magis Anlafus eorum reliquiæ jactare potuerunt, quod ipsi administratores negotiorum meliores erant in prælii loco : ictuum immanitate, telorum transforatione. Procerum concilia planxerunt vicissim suos in stragis campo cum Eadweardi filiis lusisse. Discesserunt inde Aquilonares viri cum navibus clavatis : mœstæ reliquiæ in mari resono ultra profundam aquam Difelinum petunt, suorumque terram dedecorant. Pariter etiam uterque frater, simul rex et Clito, patriam petunt, West-Saxonum terram. Prælii deploratores post se reliquerunt, corvum Britannos in escam devorantem, nigrum corvum, ore cornutum, raucum etiam bufonem ; tum et aquilam albam escam secutum, voracem milvum, et lupum in saltu mixtum colore. Non fuit strages major in hac insula unquam [pluresve] populi occisi ante hac gladii acie (quos commemorant libri veterum historicorum) ex quo ab oriente huc Angli ac Saxones appellentes, et per mare latum Britanniam petentes, insignes bellorum fabri, Britannos superabant, Duces honore præstantes : [et] terram occupabant.

(*Chronique saxonne*, édition Gibson, p. 112.)

N° 2

NOMS DES PROVINCES ET DES PRINCIPALES VILLES D'ANGLETERRE, TELS QU'ILS SONT ORTHOGRAPHIÉS DANS LES CHRONIQUES SAXONNES

Cant (Kent); Cantwaraburh (Canterbury).
Suthseaxe (Sussex); Cissanceaster (Chichester).
Sudrige (Surrey).
Middelseaxe (Middlesex); Lundene (London).
Eastseax (Essex); Colneceaster (Colchester).
Heortfordscyre (Hertfordshire).
Buccinggahamscyre (Buckinghamshire).
Oxnafordscyre (Oxfordshire).
Bearwukscyre (Berkshire).
Hamtunscyre (Hantshire); Wintanceaster (Winchester).
Wiltunscyre (Wiltshire); Searbyrig (Salisbury).
Dornsetas (Dorset).
Sumurset (Somerset).
Defnascyre (Devonshire); Exanceaster (Exeter).
Cornweallas (Cornwall).
Gleawanceasterscyre (Glocestershire).
Wigreceasterscyre (Worcestershire).
Weringwicscyre (Warwickshire).
Nordhamtunscyre (Northamptonshire).
Huntandunescyre (Hutingdonshire).
Bedanfordscyre (Bedfordshire).
Grantanbrycgscyre (Cambridgeshire).
Suthfolc (Suffolk); Gipeswic (Ipswick).
Northfolc (Norfolk); Northwic (Norwich).
Lygraceaster (Leicester).
Steffordscyre (Strasffordshire).
Scrobscyre (Shropshire); Scrobbesbyrig (Shrewsbury).
Ceasterscyre (Chestershire).
Deorabyscyre (Derbyshire).

Snotingahamscyre (Nottinghamshire).
Lincolnescyre (Lincolnshire).
Eoforwicscyre (Yorkshire).
Wesmoringaland (Westmoreland).
Cumbraland (Cumberland).
Northanhumbraland (Northumberland).

LIVRE III

N° 1

COMPLAINTE ANGLO-SAXONNE SUR LA MORT DU ROI EDWARD [1]

TEXTE ET TRADUCTION EN ANGLAIS MODERNE

Her Eadward cing.
Engla hlaford.
sende sothfæste
sawle to Kriste.
On godes wera
gast haligne.
He on weorolda her
wunode thrage ».
on kyne-thrymme
cræftig ræda.
Feower and twentig »
freolic wealdend
wintra gerimes
weolan britnode.
And he hælo-tid »
hæletha wealdend
weold wel gethungen.
Walum and Scottum
and Bryttum eac.
byre Æthelredes.
Englum and Sexum.
oret-mægcum.
Swa ymb-clyppath
Cealda brymmas.
that eall Eadwarde
æthelum kinge
hyrdon holdlice

Here Edward king,
of Angles lord,
sent his stedfast
soul to Christ.
In the kingdom of God
a holy spirit!
He in the world here
abode awhile,
in the kingly throng,
of councile sage.
Four and twenty
winters wielding
the sceptre freely.
wealth he dispensed.
In the tide of health,
the youthful monarch,
offspring of Ethelred!
ruled well his subjects;
the Welsh and the Scots,
and the Britons also,
Angles and Saxons, —
relations of old.
So apprehend
the first in rank,
that to Edward all
the noble king
were firmly held

---

1. *The Saxon Chronic'e*, with an English translation by S. Ingram, p. 255.

hagestealde menn.
Wæs á blithe-mod
bealu-leas kyng. »
theah he lang » ær
lande-bereafod
wunode wræclastum »
wide geond eorthan
syththan Knut ofercom
cynn Æthelredes.
and Dena weoldon
deore rice
Engla-landes.
Eaht and twentig »
wintra gerimes
weolan brytnodon. »
Syththan forth becom
freolic ingeatwum
kyningc-kystum ».
god clæne and milde.
Eadward se æthela.
ethel bewerode.
land and leode.
Oththæt lunger becom
Death se bytera.
and swa deore genam
æthelne of eorthan.
Englas feredon.
sothfæste sawle
innan swegles leoth.
And se froda swatheah
befæste thæt rice
heah-thungenum menn.
Harolde sylfum.
æthelum eorle.
Se in ealne tid »
hyrde holdelice.
herran synum.
wordum and dædum.
Wihte ne agælde.
thæs the thearf wœs.
Thæs theod-kyninges ∴

high-seated men.
Blithe-minded aye
was the harmless king;
though he long ere,
of land bereft,
abode an exile
wide on the earth;
when Knute o'ercame
the kin of Ethelred,
and the Danes wielded
the dear kingdom
of Engle-land.
Eight and twenty
winters'rounds
they wealth dispensed
The came forth
free in his chambers,
in royal array,
good, pure and mild,
Edward the noble;
by his country defended —
by land and people.
Untill suddenly came
the bitter Death,
and this king so dear
snatched from the earth.
Angels carried
his soul sincere
into the light of heaven.
But the prudent king
had settled the realm
on high-born men —
on Harold himself,
the noble earl;
who in every season
faithfully heard
and obeyed his lord,
in word and deed;
nor gave to any
what might be wanted
by the nation's king.

N° 2

CHANT COMPOSÉ EN BASSE-BRETAGNE SUR LE DÉPART D'UN JEUNE BRETON AUXILIAIRE DES NORMANDS, ET SUR SON NAUFRAGE AU RETOUR [1]

DISTRO EUZ A VRO-ZAOZ

Etré parrez Pouldrégat ha parrez Plouaré,
Ez-euz tudjentil iaouank o sével eunn armé
Evit monet d'ar brezel dindan mab ann Dukés
Deuz dastumet kalz a dud euz a beb korn a Vreiz;

Evit monet d'ar brezel dreist ar mor, da Vro-zoz.
Me meuz ma mab Silvestik ez-int ous hé c'hortoz.
Me meuz ma mab Silvestik ha né meuz né met-hen,
A ia da heul ar strollad, ha gand ar varc'héien.

Eunn noz é oann em' gwélé, né oann ket kousket mad,
Me glévé merc'hed Kerlaz a gané son ma mab;
Ha mé sevel ém' c'hoanzé raktal war ma gwelé :
— Otrou doué! Silvestik, pelec'h oud-dé brémé ?

Martézé émoud ouspenn trich'ant léo dious va zi
Pé tolet barz ar mor braz d'ar pesked da zibri;
Mar kérez béa chommet gant da vamm ha da dad,
Te vize bet dimézet bréman dimézet mâd;

Té vizé bet dimézet hag eureujed timad
D'ar braoa plac'h dious ar vro, Mannaïk Pouldrégat,
Da Manna da dousik-koant, ha vizez gen-omp-ni
Ha gand da vugaligou trouz gant-hé kreiz ann ti.

Me em euz eur goulmik glas tostik dious ma dor,
Ma hi é doull ar garrek war benn ar roz o gor;
Me stago dious hi gouk me stago eul lizer
Gant séiennen va eured, ra zeui ma mab d'ar ger.

— Sav a-lé-sé, va c'houlmik, sav war da ziou-askel
Da c'hout mar té a nichfé, mar té a nichfé pell ;
Da c'hout mar té a nichfé gwall bell dreist ar mor braz,
Ha wifez mar d-é ma mab, ma maber bubé c'hoaz?

Da c'hout mar té a nichfé tré-beteg ann armé
Ha gasfez euz va mab paour timad kélou dimé?
Sétu koulmik glaz va mamm a gané kreiz ar c'hoat,
Mé hi gwell érru d'ann gwern me hi gwel oc'h rézat.

---

[1]. *Barzas Breiz*, chants populaires de la Bretagne, publiés par M. Théodore de La Villemarqué, 3e édit., t. I, p. 233.

— Eurvad d'hoc'h hu, Silvestik, eurvad d'hoc'h, ha klévet
Ama emeuz eul lizer zo gan-in d'hoc'h kaset
— Benn tri bloaz hag eunn devez me erruo da vad
Benn tri bloaz hag eunn devez gant ma mamm ha ma zad. —

Achuet oa ann daou vloaz, achuet oa ann tri :
— Kénavo did, Silvestik, né az gwelinn két mui ;
Mar gaffenn da eskern paour tolet gand ar maré
Ha mé ho dastuméfé bag ho briatéfé. —

Ne oa két he c'homz gant-hi, hé c'homz peur-lavaret
Pa skoaz eul lestr a Vreiz war ann ot, hen kollet,
Pa skoaz eul lestr a vro penn-da-benn hen frezet,
Kollet gant-hen hé raonnou hag hé gwernou bréet.

Leun a oa dud varo, den na ouffé lavar,
Na gout pe géit so amzer n'hé deuz gwelet ann douar.
Ha Silvestik oa éno, hogen na mamm na tad,
Na minon, né doa siouaz, sarret hé zaou-lagad !

TRADUCTION DU MORCEAU PRÉCÉDENT

LE RETOUR D'ANGLETERRE

Entre la paroisse de Pouldrégat et la paroisse de Plouaré [1] il y a de jeunes gentilshommes qui lèvent une armée pour aller à la guerre, sous les ordres du fils de la duchesse [2], qui a rassemblé beaucoup de gens de tous les coins de la Bretagne ;

Pour aller à la guerre, par delà la mer, au pays des Saxons. J'ai mon fils Silvestik qu'ils attendent ; j'ai mon fils Silvestik, mon unique enfant, qui part avec l'armée, à la suite des chevaliers.

Une nuit que j'étais couchée et que je ne dormais pas, j'entendis les filles de Kerlaz chanter la chanson de mon fils ; et moi de me lever aussitôt sur mon séant : Seigneur Dieu ! Silvestik, où es-tu maintenant ?

Peut-être es-tu à plus de trois cents lieues d'ici, ou jeté dans la grande mer en pâture aux poissons. Si tu eusses voulu rester près de ta mère et de ton père, tu serais fiancé maintenant, bien fiancé ;

Tu serais à présent fiancé et marié à la plus jolie fille du pays, à Mannaïk de Pouldrégat, à Manna, ta douce belle, et tu serais avec nous et au milieu de tes petits enfants faisant grand bruit dans la maison.

1. Dans la baie de Douarnenez, en Basse-Bretagne.
2. Allan ou Alain Fergan, fils d'Havoise, l'un des principaux chefs bretons qui suivirent en Angleterre Guillaume le Conquérant. Voyez ci-après, t. II, livre IV.

J'ai près de ma porte une petite colombe blanche qui couve dans le creux du rocher de la colline; j'attacherai à son cou, j'attacherai une lettre avec le ruban de mes noces, et mon fils reviendra.

— Lève-toi, ma petite colombe, lève-toi sur tes deux ailes : volerais-tu, volerais-tu loin, bien loin, par delà la grande mer, pour savoir si mon fils est encore en vie?

Volerais-tu jusqu'à l'armée, et me rapporterais-tu des nouvelles de mon pauvre enfant?

— Voici la petite colombe blanche de ma mère, qui chantait dans le bois; je la vois qui arrive aux mâts, je la vois qui rase les flots.

— Bonheur à vous, Silvestik, bonheur à vous, et écoutez j: 'ai ici une lettre pour vous.

— Dans trois ans et un jour j'arriverai heureusement, dans trois ans et un jour je serai près de mon père et de ma mère.

Deux ans s'écoulèrent, trois ans s'écoulèrent...

— Adieu, Silvestik, je ne te verrai plus! Si je trouvais tes pauvres petits os, jetés par la mer au rivage! oh! je les recueillerais, je les baiserais!

Elle n'avait pas fini de parler, qu'un vaisseau de Bretagne vint se perdre à la côte, qu'un vaisseau du pays, sans rames, les mâts rompus, et faisant eau de toutes parts, se brisa contre les rochers.

Il était plein de morts; nul ne saurait dire ou savoir depuis combien de temps il n'avait vu la terre; et Silvestik était là; mais ni père, ni mère, hélas! ni ami n'avait fermé ses yeux!

N° 3

RÉCITS POÉTIQUES DE LA BATAILLE DE HASTINGS

RÉCIT DE GEOFFROI GAIMAR [1]

V jors après sont arrivez
François ot IX mille niefs
A Hastinges desur la mier,
Iloec firent chastel fermer.
Li rois Harald, quant ceo oït,
L'évesque Tared idonc saisit
Del grant avoir et del hernois
K'il out conquis sur les Norreis,

Merleswein idonc lessa
Pur ost mander el suth ala,
V jors i mist al assembler;
Mès ne pout gères aüner
Pur la grant gent ki ert oscise
Quant des Noreis fist Dieu justise.
Tresqu'en Suthsexe Harald ala.
Tiens come pout od li mena.

---

1. Chronique de Geoffroi Gaimar; *Chroniques anglo-normandes*, t. I. p. 6-11.

PIÈCES JUSTIFICATIVES

Ses II frères gent assemblèrent,
A la bataille od lui alèrent,
Li uns fut Gérard, l'autre Leswine,
Contre la gent de ultre marine.
Quant les escheles furent rengées
Et de férir appareillées,
Mult i out genz d'ambes douz parz :
De hardement semblent léoparz.
Un des François donc se hasta,
Devant les autres chevaucha.
Talifer ert cil appellez,
Juglère hardi estait assez,
Armes avoit et bon cheval.
Si ert hardiz et noble vassal.
Devant les autres cil se mist,
Devant Englois merveilles fist,
Sa lance prist par le tuet
Si com ceo fust un bastonet,
Encontremont halt l'engetta
Et par le fer recueue l'a.
III foiz issi getta sa lance,
La quarte foiz puis s'avance,
Entre les Englois le launça,
Par mi le cors un en navera,
Puist trest s'espée, arere vint
Et getta l'espée qu'il tint,
Encontremont haut le receit.
L'un dit al autre, qi ceo veit,
Qe ceo estoit enchantement.
Cil se fiert devant la gent
Quant III foiz out gettée l'espée.
Le cheval ad la goule baée,
Vers les Englois vint eslessé.
Auquanz quident estre mangé
Pur le cheval q'issi baout.
Li jugléour enprès venout,
De l'espée fiert un Engleis,
Le poign li fet voler maneis ;
Un autre férit tant cum il pout,
Mau guerdon le jour en out ;
Car li Englois de totes parz,

Li launcent gavelocs et darz,
Si l'occistrent et son destrer :
Mar demanda le coup primer.
Après içò France requerent,
Et li Englois encontre fierent.
Assez i out levé grant cri.
D'ici q'au vespre ne failli
Ne le férir ne le launcer.
Mult i out mort meint chevalier.
Ne's sai nomer, ne ruis mentir.
Li Englois alèrent bien férir.
Li quiens Alain de Bretaigne
Bien i férit od sa compaigne.
Cil i férit come baron.
Mult bien le firent Breton.
Od le roi vint en ceste terre
Pur lui aider de sa guerre,
Son cosin ert, de son lignage,
Gentil home de grant parage ;
Le roi servit et ama,
Et il bien le guerdona,
Richement li dona el north
Bon chastel et bel et fort.
En plusurs lius en Engleterre
Li rois li donna de sa terre.
Lunges la tint et puis finit,
A Saint-Edmon l'om l'enfouit.
Ore ai dit de cel baron,
Repairer voil à ma raison.
Lui et li autre tant en firent
Que la bataille bien venquirent.
Et ceo sachez qu'au chef de tour
Englois furent li péjour,
Et tournent à fuie el pré.
Meint cors fut de l'ame voidé.
Harald remist et ses II frères.
Par eus sont morz et fiz et pères,
Et multz autres des lignages,
Dont mult estoit granz damages.
Leswine et Gérard furent occis
Li quiens Willam out le païs.

RÉCIT DE BENOIT DE SAINTE-MAURE [1]

Pas sis jorz, furent amassées
Les fières gens des granz contrées.
Dunc chevaucha [2] vers les herberges.
La nuit que li ceus fut tenièGres,
Soprendre quidout l'ost normant
En la pointe del' ajornant,
Si qu'el champ out ses genz armées
E ses batailles devisées ;
Enz la mer ont fait genz entrer
Por ceus prendre, por ceus garder
Qui de la bataille fuireient
E qui as nefs revertireient.
Treis cenz en i orent e plus.
Dès ore ne quident que li dux
Lor puisse eschaper ne seit pris
Ou en la grant bataille occis.
   A ce vout mult li dux entendre
Que l'om n'el peust sopprendre.
Le seir en l'anuitant oscur,
Que tuit en fussent plus séur,
Lor out lor cors faiz toz armer
Ci que le jor parut tot cler
Samadis ert; ce sui lisantz.
Dunc prist treis légions mult granz
En treis ordres les devisa
Et s'autre gent r'apareilla,
Archers, serjanz e ceus à pié.
Quant tuit furent apareillié,
Si fu l'enseigne despleiée,
Que l'apostoile out enveié [e]
De la sainte iglise de Rome
Assous, confès, c'en est la sume,
Chevauchèrent, lor escuz pris,
Contre lor mortex enemis.
Cume sage, proz e discrez,
Les out li dux amonestez ;
Remembre-lor lor grant honor,
Que puisqu'il l'orent à seignor
Ne furent en nul leu vencuz.
Or est li termes avenuz
Que lor valors estuet dobler,

Creistre e pareistre e afiner.
Ci n'a mestier hobeléiz,
Mais od les branz d'acer forbiz
Deffendre les cors e les vies,
Kar od tant seront acomplies
Les granz paines e les travailles,
Ici finiront les batailles.
Ci receveront les granz loiers
Qu'aveir deivent bons chevaliers
Les terres, les fieus, les honors,
Plus c'unc n'orent lor anceisors.
Par lor valor, par lor proeces,
Auront dès or les granz richesces,
Les granz tenures e les fieus ;
Mais trop est perillos li gieus.
Si la victoire n'en est lor
E se il ne sunt venquéor,
Mor sunt, en ce n'a recovrer ;
Kar fuie n'i aureit mestier,
Recet ne chastel ne boschage ;
Mais qui or sera proz e sage
S'il mostre e face apareissant,
E il sera par tot aidant
Chadel e escuz e deffense ;
Et si chascun d'eus se porpense,
Si trovera c'une Engleterre
Ne vout gaires nus hom conquerre,
Qu'Engleis la péussent deffendre ;
E si deivent à ce entendre,
Que mult poent estre séur
Dunt Heraut est vers lui parjur.
Faus, enchaaiz, vient al estor
Od tote sa grant déshonor,
Morz est, vencus et trespassez,
E il vivront mais honorez
Del grand conquest qu'iloc feront,
Qu'ensemble od lui départiront.
Or n'i a plus mais del férir
E de vassaument contenir
Que la bataille aient vencue
Ainz que la nuit seit avenue.

---

1. L'estoire e la genealogie des dux qui unt esé par ordre en Normandie, par Benoit de Sainte-Maure. (*Chroniques anglo-normandes*, t. I, p. 196.)

2. Harold.

PIÈCES JUSTIFICATIVES

Tant out Heraut ses genz menées
Par poi qu'aslor ne sunt jostées,
Tant out conreiz faiz e sevrez
Qui ne vos serreient devi ez,
Si bel armez, si richement,
Que des armes d'or e d'argent
Resplent la terre d'environ :
Tant riche enseigne e tant penon
I despleient al avenir.
Alez se sunt entre-férir
Si durement e od tel ire,
Jà n'orrez mais si fier martire.
Assemblez sunt d'anbes deuz parz.
Volent saettes, volent darz
A teu fuison senz plus tenir,
Riens n'i ose l'oil descovrir.
Li sun des cors, li hu, li cri,
Sunt entendu loing e oï.
Od ire assembla cel ovraigne,
Por tel ensangla[n]ta la plaigne.
Sempres assez en petit d'ore
Se corrent si morteument sore,
Od les haches danesches lées
E od les lances acérées
S'entre-fièrent si durement
Et si très airéement,
Que des costez e des eschines,
Des chés, des braz et des peitrines,
S'en ist li sans à fais vermeilz.
Tant i a d'eus pasmez e freiz
Que ce n'est si merveille non.
Comencée est la contençon
Od les fiers glaives esmoluz
Si pesme, dunt dis mile escuz
Sunt despeciez e estroez
Et les forz haubers effundrez,
E li boel et li panceil
Eissi que de cler sans vermeil,
Qui des cors lor chet e devale,
En i a jà deu mile pâle.
Ne fu si l'ovre non à gas
De ci que oïz fu li fiers glas
Sor les heaumes des branz d'acier ;
Mais là sorst dol e encombrer
A ceus qui trébuchent des seles
Et qui l'om espant les cerveles
Et qui l'om trenche les viaires.
Eissi dura tant li afaires
Que li coart e li preisié.

Cil a cheval e cil à pié.
D'ambes deus parz furent à un.
Dunc fu le chaple si comun
Ci qu'à hore de midi
Que nus de tant espie forbi,
Ne de tant glaive reluisant,
Ne de tant espée trenchant
Ne de tante hache esmolue
Ne de tante sajette ague
Ne quide eschaper ne eissir,
Tuit s'abandonent à morir.
A ce veient l'ovre atorner,
Kar, ke en cors que en sanc cler,
Sunt en maïz jusqu'as genoilz.
Une tante dolerose voiz,
Ne tanz morteus orribles criz
Ne furent en un jor oïz.
En ceste ovraigne amère e fière
Orent Engleis en teu manière
Avantage, cum je vos dirai :
Dunt li nostre orent grant esmai,
Qu'encombros ert li leus e haut
Ou esteient les genz Heraut.
Ce les fist tant le jor tenir
Qu'à eus faiseit mal avenir.
Se il fussent à plain trovez,
Mult fust ainceis li chans finez :
Mais mult greja les noz le jor
E qu'en igal n'esteit l'estor.
A grant meschef les requereient,
Là ù forment se défendeient,
Si que je truis escrit senz faille
Qu'a senestre de la bataille,
Où li nostre erent au contenz,
Vint un mortues esmaiemenz ;
Kar ne sai par quel aventure,
Qui trop dut estre pesme e dure
Distrent e quidèrent plusor
Que li dux fust mort en l'estor :
C'en fist à mil les dos virer
Por fuïr tot dreit à la mer.
A ce comença teu merveile
Qu'aütretel mais ne sa pareille
Ne fu oïe en itant d'ore,
Qu'Engleis corent à Normanz sore,
Fièrent, dérompent-les à faiz.
Ici sorst dolor e esmais.
N'i éust rien deu retenir,
Ne deu champ jà plus maintenir,

Si Deu nen féist marvaument;
Mais quant li dux veit e entent
Que sa gent est si dérompue
Et morte, e guenchie, e vencue,
Si d'eus hastif conrei ne prent
Dol à sis quers e dolor sent ;
Par un sol poir n'esrage vifs,
Set qu'il creient qu'il seit ocis,
E por lui qu'il quident mort
Lor est venu cest desconfort.
Son chef désarme en la bataille
E del heaume e de la ventaille ;
En si périllos leu mortal
Où fenissent tant bon vassal,
Mostrer se vout apertement
Que bien sachent certainement
Qu'il est toz seins et toz séurs,
Qu'à lui tornera li bons eurs.
A ceux qui jà erent fuiant
Lor vait, l'espée el poing, d'avant,
Si très durement les manace
Dunt guerpi unt e champ e place
Que riens n'eu saureit reconter.
Qui dunc l'oïst en haut crier :
« Qu'avez oï, genz senz valor ?
Ne veez-vos vostre seignor
Délivre e bien aidanz e sains
E de victoire tot certains ?
Tornez arière au féréiz,
Kar jà les verreiz desconfiz. »
Dunc vint poignant quens Eustace
Qui le duc effreie e menace
E dit : « Morz est, por veir, senz faille,
S'il ne se part de la bataille ;
Nul recovrer n'a mais ès suens. »
Ci pout grant honte aveir li quens,
Qu'à trop mauvaise e à trop fole
Fu puis tenue la parole ;
E li dux ses gens tant sermone
Que quers e hardement lor done ;
E quant ce est que sain le veient,
De nule rien plus ne s'effreient,
R'adrècent les chès des chevaus ;
E li bons dux, li bons vassaus
Lor mostre la veie premiers.
Iloc par fu teus chevaliers
E tel esforz i fist le jor
Od le tranchant brant de color,
Que chevaliers fendi armez

De cis qu'ès nuz des baüdrez ;
Hurte e abat, détrenche e tue,
E sa grant gent se resvertue,
Trovent Engleis desconreez
Qui jà s'erent abandonez
A enchaucier e à occire.
Donc i out d'eus fait teu martire
Si très doleros e si granz
Que milliers, si cum sui lisanz,
I chaïrent que tuit finèrent.
Idunc quant Normant recovrèrent,
En sanc erent vers les jenoiz.
Ainz que partist icil tooilz,
Fu reis Heraut morz abatuz,
Parmi les deus costez féruz
De treis granz lances acérées
Et par le chef de dous espées
Qui entrèrent jusqu'as oreilles
Que les plantes en out vermeilles.
Ne fu pas tost aperçeu :
Por ce se sunt mult puis tenu
Cil devers lui estrangement.
A cel estor, à cel content ;
Dunt ci vos di e dunt je vos cont,
Robert, fiz Roger de Baumunt,
Vos di qui fu teus chevaliers
Si proz, si hardiz e si fiers
E si aidanz que ceste istoire
Me fait de lui mult grant mémoire.
Mult redélivrent forz les places
Il e ses genz quens Eustaces
Si n'a durée acer ni fer
Vers Guillaume le filz Osber,
Qu'Engleis ateigne si garniz
De la mort ne puisse estre fiz.
Chevaliers i est forz e durs
E sage, e sofranz, e séurs ;
E li bons visquens du Toarz
N'i est ne mauvais ne coarz,
Qui est apelé Eimeris ;
Mult i reçut le jor grant pris.
Gauter Gifart, savum de veir,
Qui out le jor grant estoveir,
Qu'abatuz fu de son destrier
Eissi que cinc cenz chevalier
Des lors l'aveient jà outré,
Toz ert li secors oublié,
Quant li bons dux de Normendie,
Od l'espée d'acer forbie,

L'ala secorre e délivrer
E faire sempres remonter.
En si fait lieu n'iert mais retrait
Que tel esforz cum ceu seit fait
Par un prince qui au munt vive.
Nus ne content ne nus n'estrive
Que le pris n'en fust suens le jor
De la bataille et del estor;
Poi out de mort crieme e regart
A rescorre Gauter Gifart.
N'en i r'out gaires de plus buens
Qui fu le jor Hues li quens,
E Guillaume cil de Warenne
R'ida à conquerre le règne
Cum buens chevalers e hardiz.
Uns Taillefer, ce dit l'escriz,
I aveit mult grant pris conquis;
Mais il i fu morz e occis.
Tant esteit grant sis hardemenz
Qu'en mi les presses de lor genz
Se colout autresi séur
Cume s'il i fust clos de mur;
Et puis qu'il out plaies mortex,
Puis i fu-il si proz e teus
Que chevalier de nul parage
N'i fist le jor d'eus teu damage.
Ne's non pas toz, ne cil ne fist
Que l'estoire primes escrit,
Qui riche furent e vassal
E dur estor pesme e mortal.
Si vousisse lor faiz escrire,
Trop lunge chose fust à dire;
En treis quaers de parchemin
N'en venissé-je pas à fin :
Par ce covient l'ovre à finer,
Que tost s'ennuient d'escouter,
Eschis e pensis e destreiz,
Auquant plusor soventes feiz
Qui a neient volent entendre
Mieuz qu'as buenz faiz oïr n'aprendre.
   [S] i dès prime, quant fu jostée,
De ci qu'à haute relevée
Dura la bataille plénière,
Que nus ne s'en fu traiz arère;
Mais quant la chose fu séue
E entre Engleis apercéue
Que Heraut ert mort à devise
Et le plus de sa gent occise
E sis frère e baron plusors

N'en i atendent nul secors ;
Las sunt e vain, e feible, e pâle
Del sanc qui des cors lor dévale.
Veient sei rompre e départir
E de totes parz envaïr,
Veient lor genz ocis e morte
E vient la nuit qui's desconforte,
Veient Normanz resvigorer
E lor force creistre e dobler,
Veient n'i a deffension,
Qui ne garra par esperon
Ou par mucer ou par foïr
Certains e fis est de morir ;
Virent les dos, n'i a retor;
Le deffendre laissent li lor.
Teus fu lor perte e lor esmais
Que dérompu sunt à un fais.
Adonc i out glaive e martire
Si grant n'el vos saureit riens dire.
Cele occise, cele dolor
Tint tant cum point I out deu jor,
Ne la nuit ne failli la paine
Ci que parut le diemaine.
Ce que la terre ert encombrose
E fossée e espinose,
C'ocist Engleis plus e destruist,
Que nus à peine s'i esduist.
La trébuchoent e chaeient,
E cil a pié les occieient,
Ne quid n'el sai ne je n'el lis
Ne en nule istoire n'el truis
C'unc si granz genz fust mais jostée,
Si périe n'eissi allée
N'essi à neient revertue.
Si fu la bataille vencue
Le premier jor d'oitovre dreit :
E si quide-l'om bien e creit
Qu'à cinc milliers furent esmé
Cil des lor qui furent trové
Sol eu grant champ del féreiz
Quant qu'il fussent desconfiz,
Estre l'occise et le martire
Qui fut tute la nuit à tire.
Au retorner parmi les morz
Véissiez esjoïr les noz;
Mais li dux est pleins de pitié
De lermes a le vis moillié
Quant il esgarde les ocis.
S'il tuit li furent ennemis

Morteus vers lui e vers les suens,
Dunt mult li unt ocis de buens,
S'il tot deit aveir joie grant
D'aver si vencu un tirant
Vers lui parjur, faus, desleié,
Toteveies a-il pitié
Que li plus bel et li meillor
E deu regne tote la flor
Seient eissi peri e mort
Par sa grant coupe e par son tort,
Cerchez fu sis cors e trovez,
En plus de tresze leus nafrez,
Kar devers lui, si cum je qui,
N'out meillor chevaler de lui ;
Mais Deu ne crienst ne serement
E por ce l'em prist malement.
Lez lui furent trové ocis
Andui si frère, ce m'est vis ;
Ne se voudrent de lui partir :
Toz treis les i covint morir.
Eissi l'en prent qui sieu désert :
Qui tot coveite le tot pert.
 Cest glaive e ceste grant dolor
Que li Normant unt fait des lor
Aveient pieçà déservie
Quant par lor très grant félonie.
Occistrent Auvré e tanz
De ses bons compaignons normanz,
C'unc puis ne fu ne 's haïssent

E qu'a ce ne 's atendissent,
Qu'or en unt fait à ceste feiz
Cumparé unt lor grant desleiz.
Tant aveit lor mautez durée
Qu'or es fenie e trespassée.
Alée est tote lor vertu
Si qu'à neient sunt revertu.
Deu règne ert mais la seignorie
As eirs estraiz de Normendie :
Cunquise l'unt cum chevalier
Au fer trenchant e al acier.
 Au bie[n] matin, enprès mangier,
A fait li dux les morz cercher.
Mult i out piez e mains e buille ;
Mais les armes e la despuille
Firent coillir e amasser ;
Dunc fist toz les suens enterrer.
Li reis Heraut fu séveliz ;
E si me retrait li escriz
Que sa mère por lui aveir,
Vout au duc donner grand aveir ;
Mais n'en vout unques dener prendre
Ne por riens nule le cors rendre ;
Mais à un Guillaume Malet,
Qui n'ert tosel pas ne vaslet,
Mais chevaliers durs et vaillanz.
Icist l'en fu tant depreianz
Qu'il li donna à enfoïr
Là où li vendreit à plaisir.

RÉCIT DE ROBERT WACE [1]

Li dus e li soens plus n'i firent,
A lor herberges revertirent,
Tuit asseur e tuit certain
D'aveir la bataille à demain.
Dunc veissiez hanstes drecier,
Haubers e helmes afaitier,
Estreins e seles atorner,
Couires emplir, ars encorder,
Eissi tot apareillier
Ke à cumbatre aveit mestier.
Quant la bataille dut joster,
La nuit avant, ço oi conter,
Furent Engleiz forment haitiez,

Mult riant e mult enveisiez ;
Tote nuit mangièrent e burent,
Unkes la nuit el lit ne jurent.
Mult les veissiez demener,
Treper e saillir e chanter ;
Buhlie, crient, *e weissel*,
E laticome e drincheheil,
Drinc Hindrewart e Drintome
Drinc Helf e drinc Tome
Eissi se contindrent Engleiz,
E li Normanz e li France
Tote nuit firent oreisons,
E furent on aflicions.

1. *Roman de Rou et des ducs de Normandie*, par Robert Wace, t. II, p. 183 et suiv

De lor pechiez confez se firent,
As proveires les regehirent,
Et qui n'en out proveires prez,
A son veizin se fist confez.
Por ço ke samedi esteit,
Ke la bataille estre debveit,
Unt Normanz pramis e voé,
Si com li cler l'orent loé,
Ke à cet jor mez s'il veskeient,
Char ne saunc ne maingereient.
Giffrei, eveske de Coustances,
A plusors joint lor penitances;
Cil reçut li confessions,
E dona li beneiçons.
Cil de Baieues ensement,
Ki se contint mult noblement;
Eveske fu de Baessin,
Odes aveit nom, filz Herluin,
Frere li dus de par lor mere;
Granz esforz mena od son frère
De chevaliers e d'altre gent;
Manant fu mult d'or e d'argent.
D'oitovre al quatorzieme di
Fu la bataille que jo vos di.
Li proveires par lor chapeles,
Ki esteient par l'ost noveles,
Unt cele noit tote veillié,
Dex reclamé e Dex preié.
Junes font et aflicions
E lor privées oroisons;
Salmes dient e misereles,
Letanies e kerieles;
Dex requierent e merci crient.
Patenostres e messes dient :
Li uns : *Spiritus Domini,*
Li altres : *Salus populi,*
Plusors · *Salve, sancte parens,*
Ki aparteneit à cel tens,
Kar samedi cel jor esteit
A cel jor bien aparteneit.
Quant li messes furent chantées,
Ki bien matin furent finées,
Tuit li baron s'entr'asemlerent,
El duc vindrent, si porparlèrent
Ke treis cunreis d'armes fereient
Et en treis lieus les assaldreient.
En un tertre s'estut li dus,
De sa gent pout veir li plus;
Li baron l'unt aviroué,

Hautement a à els parlé :
« Mult vos deis, dist-il, toz amer,
E mult me pois en vos fier,
Mult vos dei e voil mercier
Ke por mei avez passé mer,
Estes venu en cele terre,
Ne vos en puiz, ço peize mei,
Tel graces rendre com jo dei,
Maiz quant jo porrai, les rendrai,
E ço aureiz ke jo aurai :
Se jo cunquier, vos cunquerrez,
Se jo prens terre, vos l'aurez.
Maiz jo di bien veraiement :
Jo ne vins mie solement
Por prendre ço ke je demant,
Maiz par vengier li felunies,
Li traïsuns, li feiz menties,
Ke li homes de cest païs
Unt fet à notre gent toz dis.
Mult unt fet mal à mes parenz;
Mult en unt fet à altres genz;
Par traïsun font kank' il font,
Jà altrement mal ne feront.
La nuit de feste saint Briçun
Firent orrible traïsun,
Des Daneiz firent grant dolor,
Toz les ocistrent en un jor.
Ne kuid mie ke pechié seit
D'ocire gent ki miex ne creit :
Ensemble od els mangié aveient,
E en dormant les ocieient;
D'Alwered avez bien oï
Come Guigne mult le traï :
Salua li, poiz cil beisa,
Ensemle od li but e menga,
Poiz le traï, prist e lia,
E à felun rei le livra,
Ki en l'isle d'Eli le mist,
Les oils li creva, puiz l'ocist.
A Gedefort fist toz mener
Cels de Normendie e diesme :
Et quant la diesme fu partie,
Oez com faite felonie,
Por ço ke trop grant li sembla.
La diesme de rechief diesma,
Teles felunies e plusors
K'il unt fete à nos ancessors
Et à nos amis ensement,
Ki se contindrent noblement,

Se Dex plaist nos les vengeron,
Et kant nos veincu les aron,
Ke nos feron legierement,
Lor or aron e lor argent,
E lor aveir donc plenté ont,
E li maneirs ki riches sont.
En tot li mond n'a altretant
De si fort gent ne si vaillant,
Come vos estes asemblez ;
Vos estes toz vassals provez. »
— E cil comencent à crier :
« Jà n'en verrez un coarder,
Nus n'en a de morir poor,
Se mestier est por vostre amor. »
— Il lor repont : « Les vos merciz,
Por Dex, ne seiez esbahiz,
Ferez les bien al comencier ;
N'entendez mie à gaaingner ;
Li gaain nos iert tot comun ;
A plenté en ara chescun ;
Vos ne porreiz mie garir
Por estre en paiz ne por fuir ;
Jà Engleiz Normanz n'ameront
Ne jà Normanz n'esparneront ;
Felons furent e felons sont,
Faus furent et faus seront.
Ne fetes mie malvaistié,
Car jà n'aront de vos pitié.
Ne li coart por bien fuir,
Ne li hardi por bien ferir,
N'en iert des Engleiz plus preisiez,
Ne n'en sera plus esparniez.
Fuir poez jusk'à la mer,
Vos ne poes avant aler ;
N'i troverez ne nef ne pont,
Et esturmans vos faldront ;
Et Engleiz là vos ateindront,
Ki à honte vos ociront.
Plus vos morreiz en fuiant
Ke ne fereiz en combatant ;
Quant vos par fuie ne garreiz,
Cumbatez vos e si veincrez.
Jo ne dot pas de la victoire,
Venuz somes por aveir gloire ;
La victoire est en notre main,
Tuit en poez estre certain. »
— A ço ke Willame diseit
Et encor plus dire voleit,
Vint Willame li filz Osber,

Son cheval tot covert de fer.
— « Sire, dist-il, trop demoron ;
Armons nos tuit, alon, alon ! »
— Issi sunt as tentes alé,
Al miex k'il poent se sunt armé.
Li dus fu mult en grant trepeil,
Tuit perneient à li cunseil
Mult enorout toz li vassals,
Mult donout armes e chevals.
Quant il s'apareilla d'armer,
Sun boen haubert fist demander,
Sor sez bras l'a uns hoem levé,
Devant li dus l'a aporté.
Maiz al lever l'a trestourné
Sainz k'il ne fist ço de sun gré :
Sun chief a li duz enz boté,
Preuf l'aveit jà tot endossé,
Cels derriers a devant torné,
Arrière l'a mult tost jeté ;
Cil en furent espoenté ;
Ki li haubert unt esgardé.
— « Maint home, dist-il, ai veu :
Se issi li fust avenu,
Jà hui maiz armes ne portast
Ne en hui maiz en champ n'entrast,
Maiz unkes en sort ne creï
Ne ne creirai ; en Dex me fi,
Kar il fet d'el tot son pleisir,
Et ço k'il velt fet avenir.
Unkes n'amai sortiseors,
Ne ne creï devineors ;
A Dam le Deu tut me comant,
Chà mon haubert n'alez dotant ;
Li haubert ki fu tresturné,
Et puiz me r'est à dreit doné
Senefie la tresturnée
De la chose ki iert muée.
Li nom ki ert de duché
Verreiz de duc en rei torné ;
Reis serai ki duc ai esté,
N'en aiez mie altre pensé. »
— Dunc se signa, li haubert prist,
Beissa sun chief, dedens le mist,
Laça sun helme et ceint s'espée,
Ke un varlet out aportée.
Sun boen cheval fist demander,
Ne poeit l'en meillor trover ;
D'Espaingne li out enveié
Un reis par mult grant amistié ;

Armes ne presse ne dotast
Se sir sires l'esperonast.
Galtier Giffart l'out amené,
Ki à Saint-Jame aveit esté ;
Tendi sa main, li regnes prist,
Pié en estrieu, desuz s'asist ;
Li cheval poinst e porsailli,
Torna et point e s'esverti,
Li visquens de Toarz guarda
Coment li dus armes porta ;
A sa gent a entor sei dit :
— « Home mez si bel armé ne vit,
Ki si gentement chevalchast,
Ne ki si bel arme portast,
N'à ki haubert si avenist,
Ne ki lance si bien brandist,
Ki en cheval si bien seist,
Ki si tornast, ne si tenist.
Soz ciel tel chevalier n'en a
Beau quiens e beau rei sera ;
Cumbate sei, e si veincra ;
Tot seit honi ki li faldra. »
— Li dus fist chevals demander,
Plusors en fist tres li mener,
Chescun out à l'arçon devant
Une espée bone pendant ;
Et cil ki li chevals menerent,
Lances acerées porterent.
Dunc furent armé li baron,
Li chevalier e li gueldon,
En treis compaignes se partirent,
E treis compaignes d'armez firent.
A chescune des treiz compaignes
Out mult seignors à chevetaignes,
K'il ne feissent coardie
Por perdre membre ne por vie.
Li dus apela un servant,
Son gonfanon fist traire avant
Ke li pape li enveia,
E cil le traist, cil le despleia ;
Li dus le prist, suz le dreça,
Raol de Conches apela :
Portez, dist-il, mon gonfanon
Ne vos voil fere se dreit non ;
Par dreit e par anceissorie
Deivent estre de Normandie
Vostre parent gonfanonier,
Mult furent tuit boen chevalier.
Grant merci, dist Raol, aiez,

Ke nostre dreit reconoissiez ;
Maiz li gonfanon, par ma fei,
Ne sera hui porté par mei.
Hui vos claim quite cest servise ;
Si vos servirai d'altre guise,
D'altre chose vos servirai :
En la bataille od vos irai,
Et as Engleiz me combatrai
Tant ke jo vis estre porrai ;
Saciez ke ma main plus valdra
Ke tels vint homes i aura.
E li Dus guarda d'altre part,
Si apela Galtier Giffart :
Cel gonfanon, dist-il, pernez ;
En la bataille le portez.
Galtier Giffart li respondi :
Sire, dist-il, per Dex merci ;
Veiez mon chief blanc et chanu,
Empeirié sui de ma vertu ;
Ma vertu m'est afebliée,
E m'aleine mult empeiriée.
L'ensuigne estuet à tel tenir,
Ki lonc travail poisse soffrir,
E jo serai en la bataille ;
N'aveiz home ki mielx i vaille,
Tant i kuid ferir od m'espée,
Ke tot en iert ensanglantée.
Dunct, dist li dus par grant fierté,
Seignor, par la resplendor Dé,
Vos me volez, ço crei, traïr,
E à cel grand busuing faillir.
Sire, dist Giffart, non feron :
Jamez ne feron traïson,
Nel' refus' mie par félonie,
Maiz jo ai grant chevalerie
De soldéiers e de mon fieu ;
Unkes mez jo n'out si bon lieu
De vos servir com jo ore ai.
Or, se Dex plaist, vas servirai ;
Se mestier ert, per vos morreie ;
Por vostre cor, li mien metreie.
En meie fei, ço dist li dus,
Jo vos amoe, or vos aim' plus ;
Se jo en puiz escarper vis,
Mielx vos en sera mez toz dis.
Dunc apela un chevalier
Ke mult aveit oï preisier ;
Tosteins filz Rou-le-Blanc out non,
Al Bec en Caux aveit meison :

Li gonfanon li a livré
E cil l'en a seu bon gré,
Parfondement l'en a cliné :
Volentiers l'a e bien porté.
Encor en tienent quitement
Lor éritage lor parent;
Quitement en deivent aveir
Lor eritages tuit ses eir.
Willame sist sor son destrier;
Venir a fet avant Rogier
Ke l'en dist de Montgomeri :
Forment, dist-il, en vos me fi :
De cele part de là ireiz,
De cele part les assaldreiz,
E Guillame, un seneschal,
Li filz Osber, un boen vassal,
Ensemle od vos chevalchera
Et ovec vos les assaldra.
Li Boilogneiz e li Pohiers,
Aureiz e toz mes soldeiers.
De l'altre part Alain Fergant
Et Aimeri li cumbatant,
Poitevinz meront e Bretons
E del Maine toz li barons;
E jo, od totes mes granz genz
Et od amiz et od parenz,
Me cumbatrai par la grant presse
U la bataille iert plus engresse.

Armé furent tuit li baron
E li chevalier e li gueldon.
La gent à pié fut bien armée,
Chescun porta arc et espée;
Sor lor testes orent chapels,
A lor piez liez lor panels;
Alquanz unt bones coiriés,
K'il unt à lor ventre liés;
Plusors orent vestu gambais,
Couires orent ceinz et archais.
Chevaliers ont haubers e branz,
Chauces de fer, helmes luizanz,
Escuz as cols, as mains lor lances ;
E tuit orent fet cognoissances,
Ke Normant altre coneust,
Et k'entreposture n'eust ;
Ke Normant altre ne ferist,
Ne Franceiz altre n'occist,
Cil à pié aloient avant
Serréement, lor ars portant;
Chevaliers emprez chevalchoent,
Ki les archiers emprez gardoent.
Cil à cheval et cil à pié,
Si com il orent comencié,
Tindrent lor eire e lor compas,
Serréement, lor petit pas,
Ke l'un l'altre ne trespassout,
Ne n'aprismout ne n'esloignout.
Tuit aloent serréement,
E tuit aloent fierement.
D'ambedui parz archiers esteient,
Ki à travers traire debveient.
Heraut out sez homes mandez,
Cels des chastels e des citez,
Des ports, des viles e des bors,
Contes, baronz et vavassors.
Li vilain des viles aplouent,
Tels armes portent com il trovent ;
Machues portent e granz pels,
Forches ferrées e tinels.
Engleiz orent un champ porpris;
Là fu Heraut od ses amis
Et od li baronz del païs,
Ke il out semons e requis.
Venuz furent delivrement
Cil de Lundres e cil de Kent,
Cil de Herfort e cil d'Essesse,
Cil de Surée e de Sussesse,
De Saint-Edmund e de Sufoc,
E de Norwis e de Norfoc,
De Cantorbiere et de Stanfort,
E cil vindrent de Bedefort,
E cil ki sunt de Hundetone;
Venu sunt cil de Northantone,
D'Eurowic e de Bokinkeham,
De Bed e de Notinkeham,
De Lindesie e de Nichole
Vindrent qui sorent la parole.
Dechà deverz soleil levant
Veissiez venir gent mult grant
De Salebiere e de Dorsete
E de Bat e de Sumersete;
Mult en i vint de verz Glocestre,
E mult en vint de Wirecestre,
de Wincestre, de Hontesire
E del conté de Brichesire.
Mult en vint d'altres cuntrées
Ke nos n'avon mie nomées;
Ne poon mie tot nomer,
Ne ne volon tot aconter.

Tuit cil ki armes porter porent
Ki la novele del duc sorent,
Alerent la terre desfendre
D'icels ki la voloent prendre.
D'ultre li Humbre n'i vint gaires,
Quer cil orent altres affaires ;
Daneiz les orent damagiez
E Tosti les out empiriez.
Heraut sout ke Normanz veindreient
E ke par main les assaldreient ;
Un champ out par matin porpris
U il a toz ses Engleiz mis ;
Par matin les fist toz armer
E la bataille conréer,
Et il out armes et ator ;
Ki conveneit à tel seignor.
Li dus, ço dist, le deit requerre,
Ki cunquerre velt Engleterre,
Et il, ço dist, le deit atendre,
Ki la terre li deit defendre.
A sa gent dist e comanda
Et à ses baronz cunseilla
Ke tuit ensemble se tenissent
Et ensemble se defendissent,
Quer se d'iloc se desparteient,
A grant paine se rescovreient.
Normanz, dist-il, sunt boen vassal,
Vaillant à pié et à cheval ;
A cheval sunt boen chevalier
E de cumbatre costumier ;
Se dedenz noz poent entrer,
Nient iert puiz del recovrer.
Lungues lances unt et espées,
Ke de lor terre unt aportées,
E vos avez lances agües
E granz gisarmes esmolues.
Cuntre vos armes ki bien taillent
Ne kuid les lor gaires ne vaillent ;
Trenchiez quant ke trenchier porreiz,
Et jà mar rien espanereiz.
Heraut out grant pople e estult,
De totes parz en i vint mult ;
Maiz multitude petit vaut
Se la virtu du ciel i faut.
Plusor e plusor unt poiz dit
Ke Heraut aveit gent petit,
Por ço ke à li meschaï ;
Mais plusors dient e jel di,
Ke cuntre un home altre enveia.

La gent al duc poi foisonna,
Maiz li dus aveit veirement
Plusors baronz e meillor gent :
Plenté out de boens chevaliers
E grant plenté de boens archiers.
Geldons Engleiz haches portoent,
E gisarmes ki bien trenchoent ;
Fet orent devant els escuz
De fenestres e d'altres fuz,
Devant els les orent levez
Come cleïes joinz e serrez ;
N'i lessierent nule jointure,
Fet en orent devant closture,
Par ù Normanz entr'elz venist,
Ke desconfire les volsist,
D'escuz e d'aiz s'avironerent,
Issi desfendre se kuiderent ;
E s'il se fussent bien tenu,
Jà ne fussent li jor veincu.
Jà Normant ne si embastist,
Ke l'alme à hunte ne perdist,
Fust par hache, fust par gisarme,
U par machue u par altre arme.
Corz haubers orent e petis,
E helmes de sor lor vestis.
Li reis Heraut dist e fist dire
E fist banir com lor sire
Ke chescun tienge a tort son vis
Tot dreit cuntre lor anemis,
Nus ne tort de là ù il est,
E ki veindra là les truis prest :
Ke ke Normant et altre face,
Chescun desfende bien sa place.
Dunc rova cels de Kent aler
Là ù Normanz durent joster,
Kar ço dient ke cil de Kent
Deivent ferir primierement ;
U ke li reis auge en estor,
Li primier colp deit estre lor.
Cil de Lundres, par dreite fei,
Deivent garder li cors li rei,
Tut entur li deivent ester,
E l'estandart deivent garder ;
Cil furent miz à l'estandart,
Ke chescun le défent e gart.
Quant Heraut out tot apresté,
E ço k'il volt out comandé,
Emmi les Engleiz est venu,
Lez l'estandart est descendu ;

Lewine e Guert furent od lui :
Frere Heraut furent andui ;
Asez out entur li baronz.
Heraut fu lez si gonfanonz ;
Li gonfanon fu mult vaillanz,
D'or e de pierres reluisanz ;
Willame pois ceste victoire
Le fist porter à l'Apostoile,
Por mostrer e metre en memoire
Sun grant cunquest e sa grant gloire.
Engleiz se sunt tenu serré,
Tuit de cumbatre atalenté ;
Un fossé unt d'une part fait,
Ki parmi la champaigne vait.
Entretant Normanz aparurent,
D'un pendant surstrent ù il furent ;
D'une valée e d'un pendant
Sort un cunrei ki vint avant.
Li reis Heraut de luing les vit,
Guert apela, si li a dit :
Frère, dist-il, ù gardes-tu?
As-tu li dus qui vient veu?
De cele gent ke jo vei là,
La nostre gent nul mal n'ara.
Il a poi gent à nos cunquerre,
Mult ai grant gent en cele terre,
Encore ai jo tuz cumbatanz,
Ke chevaliers ke paisanz
Par quatre foiz chent mil armez.
Par fei, dist Guert, grant gent avez,
Mais mult petit poise en bataille
Assemblée de vilanaille.
Grant gent avez en sorquetot.
Mult creim Normanz e mul les dot :
Tuit cil ki vienent d'outremer
Sont mult à craindre e à doter.
Bien sunt armé, à cheval vunt,
Nos maisnies defolerunt.
Mult unt lances, mult unt escuz,
Mult unt haubers, helmes aguz,
Mult unt glaives, mult unt espées,
Ars e saetes barbelées,
Les saetes sunt mult isneles,
Mult plus tost vunt ke arondeles.
Guert, dist Heraut, ne t'esmaier,
Dex nos pot bien, s'il volt aidier :
Jà par la gent ke jo là vei
Ne nos estuet estre en esfrei.
Endementrez ke il parloent

De cels Normanz k'il esgardoent
Sort un altre cunrei plus grant,
Emprez l'altre serréement ;
A une part del champ tornerent,
E si k'as altres s'asemblerent.
Heraut les vit, si les garda,
Guert apela, si li mostra :
Guert, dit-il, nos anemiz creissent,
Chevaliers viennent et espeissent,
Mult part en vient, grant poor ai :
Unkes maiz tant ne m'esmaai,
De la bataille ai grant freor,
Mi cors en est en grant poor.
— Heraut, dist-il, mal espleitas
Quant de bataille jor nomas ;
Ço peise mei ke chà venis
Et k'à Lundres ne remainsis,
U à Lundres u à Wincestre.
Maiz ore est tart, ne pot maiz estre.
— Sir frere, Heraut a dit,
Cunseil ariere velt petit ;
Desfendon nos, se nos poon.
Ne sai mez altre garison.
— Se tu, dist Guert, à Lundres fusses,
De vile en vile aler peusses,
E jà li dus ne te quérist,
Engleiz dotast e tei cremist ;
Ariere alast u paix feist,
E tes regnes te remainsist ;
Unkes creire ne me volsis,
Ne me preisa ço ke jo dis ;
De la bataille jor meis
Et à cel jor terme asseis,
Et de ton gré si le quesis.
— Guert, dist Heraut, por bien le fis ;
Jor li assis à samedi,
Por ço ke samedi naski ;
Ma mere dire me soleit
Ke à cel jor bien m'aveindreit.
— Fol est, dist Guert, ki en sort creit,
Jà nul prudhoem creire n'i deit,
Nul prudhoem ne deit creire en sort.
A son jor a chescun sa mort,
Tu dis ke samedis naskis.
A cel jor pos estre occis.
Atant est sorse une cumpaigne
Ki covri tute la champaigne ;
Là fu li gonfanon levez,
Ki de Rome fu aportez ;

Joste l'ensuigne ala li dus :
Là fu li mielx, là fu li plus,
Là furent li boen chevalier,
Li boen vassal, li boen guerrier ;
Là furent li gentil baron
Li boen archier, li boen geldon,
Ki debveient li dus garder,
Et entur li debveient aler.
Li garchon e l'altre frapaille ;
Ki mestier n'orent en bataille.
Ki le menu herneiz garderent,
De verz un teltre s'en tornerent.
Li proveire e li ordoné
En som un tertre sunt monté
Por Dex preier e por orer,
E por la bataille esgarder.
Heraut vit Willame venir,
E li chams vit d'armes covrir,
E vit Normanz en treiz partir,
Ki de treiz parz voldrent ferir :
Ne sai kels deie plus doter,
A paine pout itant parler :
Nos somes, dist-il, mal bailli,
Mult criem ke nos seions honi.
Li quens de Flandres ma traï ;
Mult fis ke fol ke jel' créi,
Kar par son brief m'aveit mandé,
E par messaige asseuré
Ke Willame ne porreit mie
Aveir si grant chevalerie.
Por ço, dist-il, me suiz targiez,
Ke me suis tant poi porchaciez :
Ço peise me ke ai si fait.
Sun frère Guert à sei a trait,
Miz se sunt juste l'estandart ;
Chescun prie ke Dex le gart.
Envirun els lor parenz furent
E li baron ke il conurent ;
Toz les unt preié de bien faire.
Nus ne s'en pot d'iloc retraire ;
Chescun out son haubert vestu,
Espée ceinte, el col l'escu ;
Granz haches tindrent en lor cols,
Dunc il kuident ferir granz cols.
A pié furent serréement,
Mult se contindrent fierement ;
Maiz s'il seussent deviner
Mult deussent plaindre e plorer
Por la dolorose advanture,

Ki lor avint mult male e dure.
Olicrosse sovent crioent
E *Godemite* reclamoent ;
Olicrosse est en engleiz
Ke *Sainte Croix* est en frenceiz,
E *Godemite* altretant
Com en frenceiz *Dex tot poissant*.
Normanz orent treiz cumpaignies
Por assaillir en treiz parties ;
En treiz cumpaignes se partirent,
E treiz cumpaignes d'armes firent.
Li primiers e li secund vint,
E poiz li tiers ki plus grant tint :
Ço fu li dus ovec sa gent,
Tuit alerent hardiement,
Dez ke li dous ost s'entrevirent,
Grant noise e grand temulte firent :
Mult oïssiez graisles soner,
E boisines e cors corner :
Mult veissiez gent porfichier,
Escuz lever, lances drecier,
Tendre lor ars, saetes prendre,
Prez d'assaillir, prez de desfendre.
Engleiz à estal se teneient
E li Normanz toz tems veneient.
Quand il virent Normanz venir
Mult veissiez Engleiz fremir,
Gens esmover, ost estormir ;
Li uns rouir, li altres palir ;
Armes seisir, escuz lever ;
Hardiz saillir, coarz trembler.
  Taillefer, ki mult bien cantout,
Sor un cheval ki tost alout,
Devant li dus alout cantant
De Karlemaine e de Rollant,
E d'Oliver e des vassals
Ki morurent en Renchevals.
  Quant il orent chevalchié tant,
K'as Engleis vindrent aprismant,
Sires, dist Taillefer, merci,
Jo vos ai lungement servi,
Tut mon servise me debvez ;
Hui si vos plaist me le rendez.
Por tut guerredun vos requier,
E si vos voil forment preier :
Otreiez mei, ke jo n'i faille,
Li primier colp de la bataille.
E li dus respond : Je l'otrei.
E Taillefer point à desrei,

Devant toz li altres se mist;
Un Engleiz feri, si l'ocist;
Desoz le pis, parmie la pance
Li fist passer ultre la lance ;
A terre estendu l'abati.
Poiz trait l'espée, altre feri,
Poiz a crié : Venez, venez :
Ke fetes vos? Ferez, ferez,
Dunc l'unt Engleiz avironé ;
Al secund colp k'il out doné,
Eis vos noise levé e cri,
D'ambedui pars pople estormi.
Normanz à assaillir entendent,
E li Engleiz bien se défendent;
Li uns fierent, li altres botent,
Tant sunt hardi ne s'entredotent,
Eis vos la bataille assemblée,
Dunc encore est grant renomée
Mult oïssiez grant corneiz
E de lances grant froisseiz,
De machues grant fereiz,
E d'espées grant chapleiz.
A la feie Engleiz ruserent,
E à la feie retornerent,
Et cil d'ultre-mer assailleient,
E bien sovent se retraeient.
Normanz escrient : *Dex aïe*;
La gent englesche : *Ut* s'escrie :
Lors veissiez entre serjanz,
Gelde d'Engleiz e de Normanz,
Granz barates e granz medlées,
Buz de lances e colps d'espées.
Quant Engleiz cheient, Normanz crient,
De parole se cuntralient,
E mult sovent s'entredefient,
Maiz ne sevent ke s'entredient ;
Hardiz fierent, cuarz s'esmaient;
Normanz dient k' Engleiz abaient,
Por la parole k'il n'entendent.
Cil empierent e cil amendent.
Hardiz fierent, cuarz gandissent
Come hoems font ki escremissent.
A l'assaillir Normanz entendent,
E li Engleiz bien se defendent,
Hauberz percent et escuz fendent.
Granz colps receivent, granz colps rendent,
Cil vunt avant, cil se retraient;
De mainte guise s'entre assaient.
En la champaigne out un fossé;

Normanz l'aveient adossé :
En belliant l'orent passé,
Ne l'aveient mie esgardé.
Engleiz unt tant Normanz hasté,
E tant empeint e tant boté ;
El fossé les unt fet ruser,
Chevals e hommes jambeter :
Mult veissiez homes tumber,
Li uns sor li altres verser,
E tresbuchier e adenter ;
Ne s'en poeient relever.
Des Engleiz i moreit asez,
Ke Normanz unt od els tirez.
En tut li jor n'out mie tant
En la bataille occiz Normant,
Com el fossé dedenz perirent,
Ço distrent ki li morz virent.
Vasletz ki as herneiz esteient,
E li herneiz garder debveient,
Voldrent guerpir tut li herneiz.
Por li damage des Franceiz,
K'el fossé virent tresbuchier,
Ki ne poeient redrecier ;
Forment furent espoenté,
Por poi k'il ne s'en sunt torné ;
Li herneiz voleient guerpir
Ne saveient kel part garir.
Quand Odes, li boen corunez,
Ki de Baieues ert sacrez,
Poinst, si lor dist : Estez, estez;
Seiez en paiz, ne vos movez,
N'aiez poor de nule rien,
Kar se Dex plaist nos veincron bien.
Issi furent asséuré,
Ne se sunt mie rémué.
Odes revint puignant ariere
U la bataille esteit plus fiere :
Forment i a li jor valu,
Un haubergeon aveit vestu,
Desor une chemise blanche,
Lé fut li cors, juste la manche;
Sor un cheval tot blanc seeit,
Tote la gent le congnoisseit.
Un baston teneit en son poing;
Là ù veeit li grant besoing,
Faseit li chevaliers torner,
Et là les faseit arrester :
Sovent les faseit assaillir,
E sovent les faseit férir.

Dez ke tierce del jor entra,
Ke la bataille comença,
De si ke none trespassa
Fust si de si, fust si de là
Ke nus ne sout lequel veincreit,
Ne ki la terre cunquerreit.
De tutes parz si se teneient,
E si sovent se cumbateient,
Ke nus ne saveit deviner
Ki debveit l'altre sormonter.
Normanz archiers ki ars teneient,
As Engleiz mult espez traeient,
Maiz de lor escuz se covreient,
Ke en char ferir n'es poeient;
Ne por viser, ne por bien traire;
Ne lor poeient nul mal faire.
Cunseil pristrent ke halt traireient;
Quant li saetes descendreient,
Desor lor testes dreit charreient,
Et as viaires les ferreient.
Cel cunseil ont li archier fait,
Sor li Engleiz unt en halt trait;
Quant li saetes reveneient,
Desor les testes lor chaeient,
Chiés e viaires lor perçoent,
Et à plusors les oilz crevoent ;
Ne n'osoent les oilz ovrir,
Ne lor viaires descovrir.
Saetes plus espessement
Voloent ke pluie par vent;
Mult espès voloent saetes
Ke Engleiz clamoent *wibetes*.
Issi avint k'une saete,
Ki deverz li ciel ert chaete
Feri Heraut desus l'oil dreit,
Ke l'un des oilz li a toleit ;
E Heraut l'a par air traite,
Getée a les mains, si l'a fraite.
Por li chief ki li a dolu
S'est apuié sur son escu.
Por ço soleient dire Engleiz,
E dient encore as Franceiz
Ke la saete fu bien traite
Ki à Heraut fu en halt traite,
E mult les mist grant orgoil,
Ki al rei Heraut creva l'oil.
Normanz aperchurent e virent
Ke Engleiz si se desfendirent,
E si sunt fort por els desfendre,

Petit poeient sor els prendre.
Privéement unt conseillié,
E entr'els unt apparaillié
Ke des Engleiz s'esluignereient,
E de fuir semblant fereient,
Tant que Engleiz les porsivront
E par les champs s'espartiront.
Si les poeient despartir,
Mielx les porreient assaillir,
E lor force sereit mult piere,
Si porreient mielx descunfiere.
Et com il l'orent dit, si firent,
E li Engleiz les parswirent ;
Poi et poi vunt Normanz fuiant,
E li Engleiz les vunt suiant.
Tant cum Normanz plus s'esluignierent
E li Engleiz plus s'approchierent.
Par l'esluignement des Frenceiz
Kuiderent è distrent Engleiz,
Ke cil de France s'enfueient,
Ne jà mez ne retornereient.
La feinte fuie les dechut,
Par la fuie grant mal lor crut ;
Kar se il se fussent tenu,
Ke il ne se fussent meu,
Mult se fussent bien desfendu,
A grant paine fussent veincu ;
Maiz come fol se despartirent,
E com fol les parswirent.
Mult veissiez par grant veisdie
Retraire cels de Normendie ;
Lentement se vunt retraiant
Por fere Engleiz venir avant.
Normanz fuient et Engleiz chacent,
Lances aloignent, haches haucent.
Quant il furent bien esbaudi,
Et par la champaigne esparti,
Engleiz les aloent gabant
E de paroles leidissant.
Cuarz, font-il, mar i venistes
Ki nos terres aveir volsistes ;
Nostre terre aveir kuidastes,
Folz fustes quant vos i entrastes ;
Normendie vost iert trop luing,
N'i vendrez mie à cel besuing ;
Nient iert mez d'arriere aler ;
S'à un saut n'i poez voler.
Filz e filles perduz avez,
Se la mer tote ne bevez.

Cil escotoent e soffreient ;
Ne saveient ke il diseient,
Ço lor ert vis k'il glatisseient,
Kar lor langage n'entendeient.
Al arester et al torner
Ke Normant voldrent recovrer,
Oïssiez baron rapeler,
E *Dex aïe* en halt crier.
Lor erre unt Normanz repris
Torné lor sunt emmi le vis ;
Donc veissiez Normanz torner,
E ès Engleiz entremesler ;
Li uns li altres encuntrer,
E cels ferir et cels boter.
Cil fiert, cil faut. cil fuit, cil chace,
E cil assome, e cil manace ;
Normanz encuntre Engleiz s'arestent,
E de ferir Normanz s'aprestent.
Mult veissiez par plusurs places
Beles fuies e beles chaces ;
Grant fu la gent, la place lée,
Estur espez, dure meslée ;
De tutes parz bien se cumbatent,
Granz sunt li colps, bien s'entrebatent
Bien le faseient li Normant,
Quant un Engleiz vint acorant ;
En sa cumpaigne out chent armez,
De plusors armes atornez :
Hache noresche out mult bele,
Plus de plain pié out l'alemele ;
Bien fu armé à sa manière,
Grant ert e fier, o bele chiere.
En la bataille el primer front,
Là ù Normanz plus espez sont,
En vint saillant plus tost ke cers ;
Maint Normant mit li jor envers
Od sa cumpaigne k'il aveit,
A un Normant s'en vint tot dreit,
Ki armé fu sor un destrier ;
Od la hache ki fu d'acier
El helme ferir le kuida,
Maiz li colp ultre escolorja ;
Par devant l'arçon glaceia
La hache ki mult bien trencha ;
Li col del cheval en travers
Colpa k'a terre vint li fers,
E li cheval chaï avant
Od tot son mestre à terre jus.
Ne sai se cil le feri plus,

Maiz li Normanz ki li colp virent,
A grant merveille s'esbahirent.
L'assalt aveient tot guerpi,
Quant Rogier de Montgomeri
Vint poignant, la lance beissie ;
Onc ne leissa por la coignie
K'il aveit sus el col levée,
Ki mult esteit lonc enhanstée,
Ke il Engleiz si ne ferist,
K'à la terre platir le fist ;
Dunc s'escria : Ferez, Franceiz ;
Nostre est li champ sor les Engleiz.
Dunc veissiez dure medlée,
Maint colp de lance e maint d'espée ;
E veissiez Engleiz desfendre,
Chevals tuer et escuz fendre.
Un soldeier i out de France
Ki fu de noble cuntenance,
Sor un cheval sist merveillos ;
Dous Engleiz vit mult orguillos,
Ki s'esteient acumpaignié
Por ço ke bien erent preisié.
Ensemble debveient aler,
Li uns debveit l'altre garder ;
En lor cols aveient levées
Dui gisarmes lunges e lées ;
As Normanz feseient granz mals,
Homes tuoent e chevals.
Li soldeier les esgarda,
Vi li gisarmes, si dota ;
Son boen cheval perdre creineit,
Kar ço ert li mielx k'il aveit ;
Volentiers altre part tornast,
Se cuardise ne semblast,
Maiz tost fu en altre pensé :
Sun cheval a esperuné ;
Poinst li cheval, ni frein lascha
E li cheval tost le porta.
Por la crieme des dous gisarmes
L'escuz leva par les enarmes :
Un des Engleiz feri tot dreit,
Od la lance ke il teneit ;
Sos li menton en la petrine ;
Li fer passa parmi l'eschine.
Endementrez ke il versa.
Se lance chaï e froissa,
Et il a le gibet seisi
Ki a sun destre bras pendi ;
L'altre Engleiz a feru amont

PIÈCES JUSTIFICATIVES 523

Ke tot li chief li casse e font.
Rogier li viel, cil de Belmont,
Assalt Engleiz el primier front,
A merveilles pris en i ont :
Ço pert as eirs ki riches sont;
Bien poet l'en saveir as plusors,
Ke il orent boens ancessors,
E furent bien de lor seignors
Ki lor donerent tels enors.
De cel Rogier en descendant
Vint li lignage de Mellant.
Guillame ke l'en dit Mallet,
Hardiement entr'els se met;
Od l'espée qui resflambie,
As Engleiz rent dure escremie.
Maiz son escu si estroerent,
E son cheval soz li toerent,
E il meisme eussent mort,
Quant vint li sire de Montfort
E dam Willame de Vez-Pont;
Od granz maisnies ke il ont
Le rescotrent hardiement.
Mult i perdirent de lor gent;
Mallet firent monter maneiz
Sor un destrier tot freiz.
Bien firent cel de Beessin,
E li baronz de Costentin,
E Neel de Saint-Salveor
Mult s'entremet d'aveir l'amor
E li boen gré de son seignor;
Assalt Engleiz o grant vigor;
Od la petrine du destrier
En fist maint li jor tresbuchier,
Et od l'espée al redrecier
Veissiez bien baron aidier.
Grant pris en out cil de Felgieres,
Ki de Bretaigne out gent mult fieres.
Henri li sire de Ferrieres,
E cil ki dunc gardout Tillieres;
Od cels baronz grant gent s'asemble,
Sor Engleiz fierent tuit ensemble;
Morz est u pris ki ne s'en emble;
Tote la terre crole e tremble.
De l'altre part out un Engleiz
Ki leidisseit mult li Franceiz;
Od une hache mult trenchant,
Les alout mult envaïssant.
Un helme aveit tot fait de fust,
Ke kolp el chief ne receust;

A ses draz l'aveit atachié,
Et envirun son col lacié,
Un chevalier de Normendie
Vit li forfeit e l'estoltie
K'il alout des Normanz faisant;
Sor un cheval sist mult vaillant;
Eve ne feu nel' retenist,
Se li sire bien le poinsist;
Li chevalier l'esperuna
E li cheval tost le porta.
Sor li helme l'Engleiz feri,
Desuz les oils li abati,
Sor li viaire li pendi,
E li Engleiz sa main tendi,
Li helme voleit suz lever,
E son viaire delivrer;
E cil li a un colp doné,
Li puing destre li a colpé,
E sa hache à terre chaï.
Et un Normand avant sailli;
Od ses dous mains l'a relevée,
Ke il aveit mult golosée;
Maiz mult li out corte durée,
K'il l'out sempres cumperée.
Al beissier ke il faseit
A la hache kè il perneit,
Un Engleiz od une coignie,
Ke il aveit lungue emmanchie,
L'a si feru parmi li dos
Ke toz li fet croissir les os;
Tote poet l'en veir l'entraille.
E li pomon e la coraille.
Li chevalier al boen cheval
S'en retorna ke il n'out mal;
Maiz un Engleiz ad encuntré,
Od li cheval l'a si hurté,
Ke mult tost l'a acraventé,
Et od li piez tot defolé.
  Li boen citean de Roem
Et la jovente de Caem,
Et de Faleise, e d'Argentoen,
E d'Anisie, e de Matoen;
Kil ki ert sire d'Aubemare,
E dam Willame de Romare,
E li sire de Litehare,
E cil de Touke e de la Mare,
E li sire de Néauhou,
E un chevalier de Pirou,
Robet li sire de Belfou,

E cil ki ert sire d'Alnou,
Li chamberlenc de Tancharvile,
E li sire d'Estoteville,
Et Wiestace d'Abevile,
Et li sire de Magnevile,
Willame ke l'en dist Crespin,
E li sire de Saint-Martin,
E dam Willame des Molins,
E cil ki ert sire des Pins;
Tuit cil furent en la bataille;
N'i a cil d'els ki mult n'i vaille.
Un vassal de Grentemesnil
Fu mult li jor en grant peril;
Kar sun cheval li tresporta,
Por poi ke il ne tresbucha
A un boissun k'il t essailli :
Par li regnes le frein rompi,
E li cheval sailli avant,
Vers les Engleiz ala corant;
E li Engleiz ki s'aperchurent,
Haches levées li corurent;
Maiz li cheval s'espoenta
Ariere vint, dunc il torna.
De Meaine li vieil Gifrei,
E de Bohon li vieil Onfrei,
De Cartrai On'rei e Maugier,
Ki esteit novel chevalier ;
De Garenes i vint Willeme,
Muit li sist bien el chief li helme;
Et li vieil Hue de Gornai,
Ensemle o li sa gent de Brai.
Ot la grant gent ke cil menerent,
Mult en ocistrent e tuerent.
Et Engerran de Laigle i vint,
L'escu el col, la lance tint,
Sor Engleiz fier de grant aïr,
Mult se peine del duc servir;
Por terre qu'il li out pramise
S'entremist mult de son servise.
E li visquens, cil de Toarz,
Ne fu mie li jor coarz.
D'Avrencin i fu Richarz,
Ensemble od li cil de Biarz,
E li sire de Solignie,
E li boteillier d'Aubignie,
Cil de Vitrie e de Lacie,
De Val-de-Saire e de Tracie,
Et cil furent en un conrei,
Sor Engleiz fierent demanei;

Ne dotoent pel ne fossé,
Maint hoem unt cel jor enversé :
Maint boen cheval i unt tué,
E d'els maint hoem i out nafré.
Hue li sire de Montfort,
Cil d'Espiné e cil de Port,
Cil de Corcie et cil de Jort,
I unt cel jor maint Englès mort.
Cil ki fu sire de Reviers,
Grant plenté out de chevaliers;
Cil i ferirent as primiers,
Engleiz folent od li destriers.
Li viel Willame de Moion
Out avec li maint cumpaignon.
De Cingueleiz Raol Teisson
E li viel Rogier Marmion
S'i contindrent come baron,
Poiz on orent grant guerredon.
Joste la cumpaigne Néel
Chevalcha Raol de Gael ;
Bret esteit e Bretonz menout,
Por terre serveit ke il out,
Maiz il la tint asez petit,
Kar il la forfist, ço fu dit.
Des Biarz i fu Avenals,
Des Mortiers-Hubert Paienals,
Robert Bertram ki esteit torz,
Mult i out homes par li morz,
Li archier du Val-de-Roil,
Ensemble od els cels de Bretoil,
A maint Engleiz creverent l'oil
Od li saetes acerées
K'il aveient od els aportées.
Cels de Sole e cels d'Oireval,
De Saint-Johan e de Brehal,
Cels de Brius e cels de Homez
Veissiez ferir mult de prez;
Li escuz sor lor chiés meteient,
Li colps des haches receveient;
Mielx voleient iloc morir,
Ke à lor dreit seignor faillir
Cil de Saint-Sever et de Caillie,
E li sire de Semillie ;
De Basquevile i fu Martels,
De joste li cil de Praels,
Cil de Goviz e de Sainteals,
Del viez Molei e de Monceals,
Cil ki ert sire de Pacie,
E li seneschals de Corcie,

Et un chevalier de Lacie,
Ensemle o els cils de Gascie,
E cil d'Oillie e de Sacie,
E li sire de Vaacie,
Del Tornéor e de Praeres,
E Willame de Columbieres,
E Gilbert li viel d'Asnieres,
De Chaaignes e de Tornieres,
Li viel Luce de Bolebec,
E dam Richart ki tient Orbec.
E li sire de Bonnesboz,
E cil de Sap e cil de Gloz,
E cil ki dunc teneit Tregoz;
Dous Engleiz fist tenir por soz ;
L'un od sa lance acraventa,
L'altre od s'espée escervela,
Points li cheval, si retorna,
Si ke Engleiz ne le tocha.
E li sire de Monfichet,
Ki de boz garder s'entremet;
L'ancestre Hue li Bigot,
Ki aveit terre à Maletot
Et as Loges et à Chanon ;
Li dus soleit en sa maison
Servir d'une seneschaucie ;
Mult out od li grant cumpaignie ;
En fieu esteit son seneschals,
E mult esteit noble vassals.
Cil de corsage esteit petiz,
Maiz mult esteit proz e hardiz,
Et por ço as Engleiz hurta
Od la grant gent ke il mena.
La oïssiez noises e criz
E de lances grant froisseiz ;
Encuntre Engleiz furent as lices,
De lor lances firent esclices.
Od gisarmes et od coignies
Lor unt lor lances pescies ;
Et cil unt lor espées traites,
Li lices unt totes fraites,
E li Engleis par grant dehait
Se sunt à l'estandart retrait.
Là esteient tuit assemblé
Li meshaignié e li nafré ;
Dunc point li sire de La Haie,
Nus n'espargne ne ne manaie,
Ne nus ne fiert k'à mort ne traie,
Ne poet garir k'il fait plaie.
Cil de Vitrie e d'Urinie,

Cil de Monbrai e de Saïe
E li sire de La Ferté
Maint Engleiz unt acraventé ;
Grant mal i firent li plusor,
E mult i perdirent des lor ;
Botevilain e Trossebot,
Cil ne dotent ne colp ne bot,
Mult si firent cel jor d'aïr
As colps recheivre et al ferir.
Willame Patric de la Lande
Li reis Heraut forment demande ;
Ço diseit, se il le veeit,
De perjure l'apellereit.
A la Lande l'aveit veu,
E Heraut out iloc geu,
E par la Lande fu passez.
Quant il fu al duc amenez,
Ki à Avrenches dunc esteit,
Et en Bretaigne aler debveit.
Là le fist li dus chevalier,
Armes e dras li fist bailler
A li et à sez cumpaingnons,
Poiz l'enveia sor li Bretons.
Patric fu lez li dus armez,
E mult esteit de li privez,
Mult i out chevaliers de Chauz,
Ki jostes firent et assauz.
Engleiz ne saveient joster,
Ne à cheval armes porter ;
Haches e gisarmes teneient,
Od tals armes se cumbateient.
Hoem qui od hache volt ferir,
Od sez dous mainz l'estuet tenir,
Ne pot entendre à sei covrir,
S'il velt ferir de grant aïr ;
Bien ferir et covrir ensemble
Ne pot l'en faire, ço me semble.
Deverz un tertre unt pris estal,
Normanz unt miz deverz li val.
Normanz à pié et à cheval,
Les assaillirent come vassal.
Dunc puinst Hue de Mortemer
Od li sire d'Auviler ;
Cil d'Onebac e de Saint-Cler
Engleiz firent mult enverser.
Robert ki fu filz Erneis,
La lance aluigne, l'escu pris,
A l'estandart en vint puignant ;
De son glaive ki fu tranchant

Fiert un Engleiz ki ert devant,
Mort l'abati de maintenant,
Poiz trait l'espée demaneiz,
Maint colp feri sor les Engleiz.
A l'estandart en alout dreit,
Por ço k'abatre le voleit;
Maiz li Engleiz l'avironerent,
Od lor gisarmes le tuerent :
La fu trové quant il fu quis,
Lez l'estandart mort et occis.
Li quens Robert de Moretoing
Ne se tint mie del duc loing,
Frere ert li dus de par sa mere,
Grant aïe fist à son frere.
Li sire poinst de Herecort,
Sor un cheval ki mult tost cort,
De kant k'il pot li dus secort.
De Crievecoer et de Driencort
E li sire de Briencort
Sueient li dus kel part k'il tort.
Cil de Combrai e cil d'Alnei,
E li sire de Fontenei,
De Robercil e del Molei
Vunt demandant Heraut li rei.
As Engleiz dient : Çà estez,
U est li reis ke vos servez,
Ki à Guillame est parjurez?
Morz est s'il pot estre trovez.
Altres barons i out asez,
Ke jo n'ai mie encor nomez;
Maiz jo ne poiz à toz entendre,
Ne de toz ne poiz raisun rendre,
Ne poiz de toz li colps retraire,
No jo ne voil lunge ovre faire;
Ne sai nomer toz li barons
Ne de toz dire li sornons
De Normendie e de Bretaigne,
Ke li dus out en sa cumpaigne.
Mult out Mansels et Angevins,
E Tuarceiz, e Poitevins,
E de Pontif, e de Boloigne.
Grant ert la gent, grant la busoigne;
De mainte terre out soldeiers,
Cels por terre, cels por deniers.
   Li dus Willame se cumbat,
En la greignur presse s'embat,
Mult en abat, n'est ki rescoe,
Bien pert ke la busoigne ert soe.
E cil ki tient son gonfanon

Tostein filz Rou li Blanc out non;
Del Bec joste Fescam fu nez,
Chevalier proz e renomez;
E quand li dus tournout, tournout;
E quant arestout, arestout;
Par li granz presses s'embateit,
Là ù il plus Engleiz veeit,
E li Normanz les ocieient,
E tueient, et abateient.
Out li dus mult grant cumpaignie
De vavassors de Normendie,
Ki por lor seignor garantir
Se lesseient as cors ferir.
Alain Fergant, quens de Bretaigne,
De Bretons mene grant cumpaigne :
C'est une gent fiere e grifaigne,
Ki volentiers prent e gaaingne.
Cil en ocist mult e mehaigne.
Ne fiert Engleis ki sus remaigne.
Bien se cumbat Alainz Ferganz,
Chevalier fut proz e vaillanz;
Li Bretonz vait od sei menant,
Des Engleiz fait damage grant.
Li sire de Saint-Galeri,
E li quens d'Ou bien i feri,
E Rogier de Montgomeri,
E de Toarz dam Ameri;
Se cuntindrent come hardi;
Ki li fierent, mal son bailli.
Li dus Willame mult s'engoisse,
Sor li Engleiz sa lance froisse;
D'aler à l'estandart se peine
Od li grant pople ke il meine,
Mult s'entremet de Heraut querre,
Ke par li est tute la guerre.
Normanz vunt lor seignor querant,
E mult le vunt avironant;
As Engleiz vunt granz colps donant,
E cil se vunt mult desfendant,
Forment s'esforcent e desfendent,
Lor anemiz à colps atendent.
Un i en out de grant vigor,
Ke l'en teneit por luiteor;
Od une hache k'il teneit,
As Normanz grant mal faiseit;
Trestuit li pople le cremeit,
Kar des Normanz mult destruieit
Li dus poinst, si l'ala ferir;
Maiz cil guenchi, cil fist faillir,

En travers sailli un grant saut,
El col leva la hache en haut;
Al retor ke li dus faiseit
Por la hache ke il cremeit
S'acorsa; cil de grant vertu
Sus a li dus el chief feru,
Li helme li a mult pleié,
Maiz ne l'a pas granment blecié.
Por poi k'il ne l' fist tresbuchier,
Maiz as estrieus s'est porfichiez,
Delivrement s'est redreciez;
E kant il se kuida vengier
Et occire li pautonier,
Li pautonier s'est trait ariere;
Crieme a del duc k'il ne l' fiere.
Entre les Engleiz vint saillant,
Maiz n'i pout mie aveir garant :
Kar Normanz ki l'orent veu
L'ont parsui e conseu,
As fers des lances l'ont cosu,
A terre l'unt mort abatu.
Là ù la presse ert plus espesse,
Là cil de Kent e cil d'Essesse
A merveille se cumbateient,
E li Normanz ruser faiseient;
En sus les faiseient retraire,
Ne lor poeient grant mal faire.
Li dus vit sa gent resortir,
E les Engleiz trop esbaudir;
Par les enarmes prinst l'escu
Porfichié s'est de grant vertu,
Une lance a prise et drecie,
Ke un vaslet li a baillie;
Joste li prist sun gonfanon.
Plus de mil armez environ,
Ki del duc grant garde perneient
Et là ù il puigneit puigneient,
Serréement si com il durent,
Vers les Engleiz ferir s'esmurent;
Od la force des boens destriers
E od li colps des chevaliers
La presse unt tote desrompue
E la turbe avant els fendue.
Li boen dus avant les conduit,
Maint enchaça e maint s'emfuit.
Mult veissiez Engleiz tumber,
Gesir à terre e jambeter,
Et as chevals cels defoler
Ki ne se poent relever;

Mult veissiez voler cerveles
Et à terre gesir boeles.
Mult en chaï à cel enchaus
Des plus riches et des plus haus.
Engleiz par places se aestreignent,
Cels ocient ke il ateignent,
El plus k'il poent s'esvertuent,
Homes abatent, chevals tuent,
Un Engleiz a li dus veu,
A li ociere a entendu;
Od une lance k'il portout
Ferir le volt, mais il ne pout,
Kar li dus l'a enceiz feru
Et à terre jus abatu.
Grant fu la noise e grant l'occise;
Maint alme i out forz de cors mise;
Li vifz desuz li morz trespassent,
D'ambes parz de ferir se lassent.
Ki deroter pot, si derote,
E ki ne pot ferir, si bote;
Li forz cuntre li forz estrivent,
Li uns morent, li altres vivent;
Li cuarz se vont retraiant,
Et li hardiz passent avant.
Mal est bailli ki entr'els chiet,
Grant poor a ainz k'il reliet,
E maint en chiet ki ne relieve,
Par la grant presse maint en crieve.
Tant unt Normant avant empeint,
K'il unt à l'estandart ateint,
Heraut à l'estandart esteit,
A son poer se desfendeit;
Maiz mult esteit de l'oil grevez,
Por ço k'il li esteit crevez.
A la dolor ke il senteit
Del colp del oil ki li doleit,
Vint un armez par la bataille;
Heraut feri sor la ventaille,
A terre le fist tresbuchier;
E quant k'il se volt redrecier,
Un chevalier le rabati,
Ki en la cuisse le feri;
En la cuisse parmi le gros,
La plaie fu de si en l'os.
  Guert vit Engleiz amenuisier,
Vit k'il n'i out nul recovrier,
Vit son lignage déchaeir;
De sei garir n'out nul espeir,
Fuir s'en volt, mais ne poeit,

Ke la presse toz tems creisseit.
A tant puinst li dus, si l'ateint,
Par grant air avant l'empeint,
Ne sai se de cel colp morut,
Mais ço fut dit ke pose jut.
L'estandart unt a terre mis,
E li reis Heraut unt occis
E li meillor de ses amis;
Li gonfanon à ort unt pris,
Tel presse out à Heraut occire,
Ke jo ne sai ki l'occist dire,
Mult unt Engleiz grant dol eu
Del rei Heraut k'il unt perdu,
E del duc ki l'aveit vencu
E l'estandart out abatu.
Mult lungement se cumbatirent
E lungement se desfendirent,
De si ke vint à la parfin
Ke li jor torna el déclin.
E dunc unt bien aperceu,
E li alkanz recogneu
Ke l'estandart esteit cheu,
E la novele vint e crut
Ke mort esteit Heraut por veir.
Ne kuident maiz secors aveir;
De la bataille se partirent;
Cil ki porent fuir, fuirent.
Ne sai dire ne jo ne l' di,
Ne jo n'i fu, ne jo ne l'vi,
Ni à mestre dire n'oï,
Ki li reis Heraut abati,
Ne de kel arme il fut nafrez,
Maiz od li morz fu morz trovez;
Mort fu trovez entre li morz,
Ne l' pout garir ses granz esforz.
Engleiz ki del champ eschaperent,
De si à Lundres ne finerent :
Ço diseient e so creimeient
Ke li Normanz prez les sueient.
Grant presse out à passer li pont
E l'ewe fu desoz parfont;
Por la presse li pont froissa,
E maint en l'ewe tresbucha.
Willame bien se cumbati,
En mainte presse s'embati,
Maint colp dona, maint colp reçut,
E par sa main maint en morut.
Douz chevals out soz li occis,
E li tiers a par busuing pris,

Si k'il à terre ne chaï,
Ne de sanc gute n'i perdi.
Coment que chescun le feist,
Ki ke morust ni ki vesquist,
Veir est ke Willame veinqui.
Des Engleiz mult del cham fui
E maint en morut par li places :
A Dex Willeme en rent graces.
Li dus Willame par fierté,
Là ù l'estandart out esté
Rova son gonfanon porter,
E là le fist en haut lever;
Ço fu li signe qu'il out veincu
E l'estandart out abatu.
Entre li morz fist son tref tendre,
E là rova son hostel prendre,
Là fist son mangier aporter
Et aparaillier son souper.
Eis vus Galtier Giffart puignant :
Sire, fet-il, k'alez faisant?
Vos n'estes mie avenament
Remez od ceste morte gent.
Maint Engleiz gist ensanglenté
Entre li morz sain u nafré,
Ki de lor sanc se sunt soillié,
Et od li morz de gré couchié,
Ki par noit kuident relever,
E par noit kuident escaper;
Mais mult se kuident ainz vengier,
E mult se kuident vendre chier.
Ne chaut chescun de sa vie,
Ne li chaut poiz ki l'ocie,
Mais ke il ait un Normant mort.
Nos lor faison, ço dient, tort.
Aillors deussiez herbergier,
E faire vos eschargaitier
A mil u à douz mil armez
De cels ù plus vos fiez.
Seit ennuit faite l'eschargaite;
Nos ne savons ki nos agaite;
Fiere jornée avon hui faite,
Maiz la fin bien me plaist e haite.
Giffart, dist li dus, Dex merci,
Bien l'avome fet tresqu'ici,
E se Dex le velt cunsentir,
E ke à li vienge à pleisir,
Bien le feron d'ore en avant;
De tot traion Dex à garant.
Issi s'en est Giffart tornez,

E Willame s'est désarmez.
A la guige del col oster,
Et à l'helme del chief sevrer
Et à l'hauber del dos verser
Vinrent baronz e chevaliers
E dameisels e esquiers ;
Li colps virent granz en l'escu
E li helme ont quassé veu.
A grant merveille unt tot tenu
E dient tuient : Tel ber ne fu
Ki si poinsist e si ferist,
Ne ki d'armes tels faiz si fist ;
Poiz Rollant ne poiz Olivier
N'out en terre tel chevalier.
Mult le preisent, mult le loent
De ço k'il unt veu s'esjoent,
Maiz dolens sunt de lor amis,
Ki sunt en la bataille occis.
Li dus fu entr'els en estant
De bele groisse e de bel grant ;
Graces rendi al rei de gloire
Par ki il out eu victoire,
Li chevaliers a merciez,
E li morz sovent regretez.
A la champaigne la nuit jut,
Entre li morz mainga e but.
Diemaine fu el demain ;
Cil ki orent ju à cel plain
E ki orent veillié as chans
E sofert orent mainz ahans,
Par matin furent el jor levez ;
Par la champaigne sant alé
Lor amis unt fait enterrer,
Cels k'il porent morz trover.
Li nobles dames de la terre
Sunt alées lor maris querre ;
Li unes vunt querant lor peres,
U lor espos, u fils, u freres ;
A lor villes les emporterent,
Et a mostiers les enterrereut.
Clers e proveires del país,
Par requeste de lor amis,
Unt cels ke ils troverent pris ;
Charniers unt fait, cil unt enz mis.
Li reis Heraut fu emportez,
Et à Varham fu enterrez,
Mais jo ne sai ki l'emporta,
Ne jo ne sai ki l'enterra.
Maint en remest el champ gisant,
Maint s'en ala par nuit fuiant.

N° 4

SUR LA TAPISSERIE DE BAYEUX

LETTRE DE M. AUGUSTIN THIERRY A M. DE LA FONTENELLE DE VAUDORÉ,
CORRESPONDANT DE L'INSTITUT.

Monsieur,

Pardonnez-moi de répondre bien tard à une demande qui, venant de vous, m'honore infiniment. Vous désirez savoir ce que je pense des *Recherches et conjectures* de M. Bolton Corney *sur la tapisserie de Bayeux* [1] ; je vais vous le dire, en aussi peu de mots et aussi nettement que je le pourrai. L'opinion soutenue par M. Bolton Corney comprend deux thèses principales : 1° que la tapisserie de Bayeux n'est pas un don de la reine Mathilde, ni même un don fait au chapitre de cette ville par une autre personne; qu'elle a été fabriquée pour l'église cathédrale de Bayeux, sur l'ordre et aux frais du chapitre ; 2° que ce vénérable monument n'est pas contemporain de la conquête de l'Angleterre par les Normands, mais

---

1. Mémoire publié en anglais (Londres, 1838) et traduit dans la *Revue anglo-française*, 2ᵉ série, 2ᵉ livraison (Poitiers, 1840).

qu'il date du temps où la Normandie se trouvait réunie à la France. De ces deux thèses, la première me semble vraie de toute évidence, la seconde est inadmissible.

La tradition qui attribuait à la reine Mathilde la pièce de tapisserie conservée à Bayeux, tradition, du reste, assez récente, et que l'abbé de La Rue a réfutée, n'est plus soutenue par personne. Quant à la seconde question, celle de savoir si cette tapisserie fut ou non un présent fait à l'église de Bayeux, M. Bolton Corney la résout négativement, et d'une façon qui me semble péremptoire. Au silence des anciens inventaires de l'église il joint des preuves tirées du monument lui-même, et démontre avec évidence que ses détails portent une empreinte très-marquée de localité, que la conquête de l'Angleterre par les Normands y a été considérée en quelque sorte au point de vue de la ville et de l'église de Bayeux. Un seul évêque y figure, et c'est celui de Bayeux, très-souvent en scène et quelquefois désigné par son seul titre : *episcopus*. De plus, parmi les personnages laïques qui figurent à côté du duc Guillaume, pas un ne porte un nom historique. Les noms qui reviennent sans cesse sont ceux de Turold, Wadard et Vital, probablement connus et chéris à Bayeux ; car les deux derniers, Wadard et Vital, sont inscrits sur le Domesday-Book, au nombre des feudataires de l'église de Bayeux, dans les comtés de Kent, d'Oxford et de Lincoln. Si l'on joint à ces raisons celles que M. Bolton Corney déduit de la forme et de l'usage particuliers du monument, il est impossible de ne pas croire avec lui que la tapisserie fut commandée par le chapitre de Bayeux et exécutée pour lui.

Je passe à la seconde proposition, savoir que la tapisserie de Bayeux fut exécutée après la réunion de la Normandie à la France. Cette hypothèse n'exige pas une longue réfutation, car l'auteur du mémoire la fonde sur une seule preuve, l'emploi du mot *Franci* pour désigner l'armée normande. « Guillaume de Poitiers, « dit-il, appelle ceux qui faisaient partie de l'armée *Normanni*, des Normands ; « la tapisserie les nomme toujours des *Franci*, des Français. Je considère cela « comme une bévue indicative du temps où le monument a été exécuté. » Il n'y a là aucune bévue, ni rien qui puisse faire présumer que la tapisserie de Bayeux n'est pas contemporaine de la conquête de l'Angleterre par les Normands. En effet, les Anglo-Saxons avaient coutume de désigner par le nom de Français (*Francan*, *Francisce men*) tous les habitants de la Gaule, sans distinction de province ou d'origine. La Chronique saxonne, dans les mille endroits où elle parle des chefs et des soldats de l'armée normande, les appelle Français. Ce nom servait en Angleterre à distinguer les conquérants de la population indigène, nonseulement dans le langage usuel, mais encore dans celui des actes légaux. On lit dans les lois de Guillaume le Conquérant, à l'article du meurtre, ces mots : *Ki Franceis occist*, et, dans la version latine de ces lois : *Si Francigena interfectus fuerit*[1]. L'emploi du mot *Franci* au lieu de *Normanni* ne prouve donc point que

---

[1]. Voyez *Leges Willelmi conquestoris*, apud *Script. rer. anglic.*, t. I, p. 90, ed. Gale.

la tapisserie de Bayeux date d'un temps postérieur à la conquête. S'il prouve quelque chose, c'est que la tapisserie a été exécutée non en Normandie, mais en Angleterre, et que c'est à des ouvriers ou ouvrières de ce dernier pays que le chapitre de Bayeux a fait sa commande.

Cette opinion, que je soumets au jugement des archéologues, est confirmée d'ailleurs par l'orthographe de certains mots et par l'emploi de certaines lettres dans les légendes du monument. On y trouve, jusque dans le nom du duc Guillaume et dans celui de la ville de Bayeux, des traces de prononciation anglo-saxonne : *Hic* Wido *adduxit Haroldum ad* Wilgelmum *Normannorum ducem ;* Willem *venit Bagias ;* c'est le *g* saxon qui figure ici avec sa consonnance *hié*. Wilgem pour Wilielm, Bagias pour Bayeux. La diphthongue *ea*, l'une des particularités de l'orthographe anglo-saxonne, se rencontre dans les légendes qui offrent le nom du roi Edward : *Hic portatur corpus* EADWARDI. Une autre légende présente cette indication de lieu, correctement saxonne : *Ut foderetur castellum ad* HESTENCA CASTRA. Enfin le nom de *Gurth* (prononcez *Gheurth*), frère du roi Harold, est orthographié avec trois lettres saxonnes : le *g*, ayant le son de *ghé* ; l'*y*, ayant le son d'*eu*, et le *d barré*, exprimant l'une des deux consonnances que les Anglais figurent aujourd'hui par *th*.

Ainsi, je crois, avec la majorité des savants qui ont écrit sur la tapisserie de Bayeux, que cette tapisserie est contemporaine du grand événement qu'elle représente ; je pense, avec M. Bolton Corney, qu'elle a été exécutée sur l'ordre et aux frais du chapitre de Bayeux ; j'ajoute, pour ma part des conjectures, qu'elle fut ouvrée en Angleterre et par des mains anglaises, d'après un plan venu de Bayeux.

Agréez, Monsieur, etc.

Le 25 juin 1843.

LIVRE IV

N° 1

BALLADE POPULAIRE, COMPOSÉE AU SEIZIÈME SIÈCLE, SUR LA RÉSISTANCE DES HOMMES DE KENT A GUILLAUME LE CONQUÉRANT [1]

When as the Duke of Normandy
  With glistering spear and shield,
Had entered into fair England,
  And foil'd his foes in field :

On Christmas-day in solemn sort
  Then was he crowned here,
By Albert archbishop of York,
  With many a noble peer,

Which being done, he changed quite
  The customs of this land,
And punish, such as daily sought
  His statutes to withstand :

And many cities he subdu'd
  Fair London with the rest;
But Kent did still withstand his force,
  And did his laws detest.

---

[1] *Evans' old Ballads historical and narrative,* vol. I, p. 34.

To Dover then he took his way,
  The castle down to fling
Which Arviragus builded there,
  The noble British king.

Which when the brave archbishop bold
  Of Canterbury knew
The abbot of saint Augustines eke,
  With all their gallant crew :

They set themselves in armour bright,
  These mischiefs to prevent
With all the yeomen brave and bold
  That were in fruitful Kent.

At Canterbury did they meet
  Upon a certain day,
With sword and spear, with bill and bow
  And stopt the conqueror's way.

Let us not yield like bond-men poor
  To French-men in their pride,
But keet our ancient liberty,
  Wath chance so e'er betide,

And rather dye in bloody field
  With manly courage prest,
Than to endure the servile yoke,
  Which we so much detest.

Thus did the Kentish commons cry
  Unto their leaders still,
And so march'd forth in warlike sort,
  And stand at Swanscomb-hill :

There in the woods they hid themselves
  Under the shadow green,
Thereby to get them vantage good,
  Of all their foes unseen

And for the Conqueror's coming there
  They privily laid wait,
And thereby suddenly appal'd
  His lofty high conceit;

For when they spyed his approach
  In place as they did stand,
Then marched they to him with speed,
  Each one a bough in hand,

So that unto the Conqueror's sight,
  Amazed as, he stood
They seem'd to be a walking grove,
  Or else a moving wood.

The shape of men he could not see,
  The boughs did hide them so :
And now his heart with fear did quake,
  To see a forest go;

Before, behind, and on each side,
  As he did cast his eye,
He spy'd the wood with sober pace
  Approach to him full nigh :

But when the Kentish men had thus
  Enclos'd the Conqueror round,
Most suddenly they drew their swords,
  And threw their boughs to ground;

Their banners they display in sight,
  Their trumpets sound a charge,
Their ratling drums strike up alarms,
  Their troops stretch out at large.

The Conqueror with all his train,
  Were hereat sore agast,
And most in peril, when they thought,
  All peril had been past.

Unto the Kentish men he sent,
  The cause to understand,
For what intent. and for what cause
  They took this war in hand.

To whom they made this short reply,
  For liberty we fight,
And to enjoy king Edward's laws
  The which we hold our right,

Then said the dreaful Conqueror,
  You shall have what you will,
Your ancient customs and your laws,
  So that you will be still,

And each thing else that you will crave
  With reason at my hand,
So you will but acknowledge me
  Chief king of fair England.

The Kentish men agreed thereon,
 And laid their arms aside,
And by this means king Edward's laws
 In Kent doth still abide;

And in no place in England else
 These customs do remain,
Which they by manly policy
 Did of Duke William gain.

N° 2

DÉTAILS SUR LA REDDITION DE LONDRES, EXTRAITS D'UN POÈME CONTEMPORAIN ATTRIBUÉ A GUY, ÉVÊQUE D'AMIENS [1]

Intus erat quidam contractus debilitate
 Renum, sicque pedum segnis ab officio;
Vulnera pro patria quoniam numerosa recepit,
 Lectica vehitur, mobilitate carens.
Omnibus ille tamen primatibus imperat urbis,   (v. 685)
 Ejus et in auxilio publica res agitur.
Huic, per legatum, clam rex potiora revelat
 Secreti, poscens quatenus his faveat.
« Solum rex vocitetur, ait, sed commoda regni,
 « Ut jubet Ansgardus [2] subdita cuncta regat. »   (690)
Ille quidem cautus caute legata recepit,
 Cordis et occulto condidit in thalamo.
Natu majores, omni levitate repulsa,
 Aggregat, et verbis talibus alloquitur :
« Egregii fratres, tum vi, tum sæpius arte
 (Est ubi nec sensus vester, et actus ubi?)
Cernitis oppressos valido certamine muros,
 Et circumseptos cladibus innumeris;
Molis et erectæ transcendit machina turres,
 Ictibus et validis mœnia scissa ruunt.   (700)
Casibus a multis, ex omni parte ruina
 Eminet, et nostra corda timore labant;
Atque manus populi, nimio percussa pavore,
 Urbis ad auxilium segniter arma movet.
Nosque foris vastat gladius, pavor angit et intus;
 Et nullum nobis præsidium superest.
Ergo, precor, vobis si spes est ulla salutis,
 Quatenus addatis viribus ingenium;
Est quum præcipuum, si vis succumbat in actum,
 Quod virtute nequit, fiat ut ingenio.   (710)

1. *Chroniques anglo-normandes,* publiées par M. Francisque Michel, t. III, p. 31.

2. L'orthographe saxonne de ce nom est Ansgar et quelquefois Asgar. L'addition de la lettre *d* provient ici d'une habitude française dont on trouve plusieurs exemples dans Guillaume de Poitiers, qui écrit Algardus pour Alfgar, et Morcardus pour Morkar. Voyez, sur le *staller* Ansgar, une note de M. Auguste Le Prevost, dans son édition d'Orderic Vital, t. II, p. 154.

Est igitur nobis super hoc prudenter agendum,
    Et pariter sanum quærere consilium.
Censeo quapropter, si vobis constat honestum,
    Hostes dum lateant omnia quæ patimur,
Actutum docilis noster legatus ut hosti
    Mittatur, verbis fallere qui satagat ;
Servitium simulet nec non et fœdera pacis
    Et dextras dextræ subdere si jubeat. »
Omnibus hoc placuit ; dicto velocius implent ;
    Mittitur ad regem vir ratione capax,   (720)
Ordine qui retulit decorans sermone faceto
    Utile fraternum, non secus ac proprium.
Sed quamvis patula teneatur compede vulpes,
    Fallitur a rege fallere quem voluit.
Namque palam laudat rex, atque latenter ineptat
    Quidquid ab Ansgardo nuntius attulerat.
Obcœcat donis stolidum verbisque fefellit,
    Præmia promittens innumerosa sibi.
Ille retro rutilo gradiens oneratus ab auro,
    A quibus est missus talia dicta refert :   (730)
« Rex vobis pacem dicit, profertque salutem,
    Vestris mandatis paret et absque dolis.
Sed, Dominum testor, cui rerum servit imago,
    Post dictum regem nescit habere parem ;
Pulchrior est sole, sapientior est Salomone,
    Promptior est Magno largior et Carolo.
Contulit Etguardus quod rex donum sibi regni
    Monstrat et affirmat, vosque probasse refert.
Hoc igitur superest, ultra si vivere vultis,
    Debite cum manibus reddere jura sibi. »   (740)
Annuit hoc vulgus, justum probat esse senatus,
    Et puerum regem cœtus uterque negat.
Vultibus in terra deflexis, regis ad aulam
    Cum puero pergunt, agmine composito.
Reddere per claves urbem, sedare furorem
    Oblato quærunt munere cum manibus.
Novit ut adventum factus rex obvius illis,
    Cum puero reliquis oscula grata dedit,
Culpas indulsit, gratanter dona recepit.
    Et sic susceptos tractat honorifice,   (750)
Per fidei speciem proprium commendat honorem,
    Et juramentis perfida corda ligat.

PIÈCES JUSTIFICATIVES

N° 3

ANCIENNES LISTES DES CONQUÉRANTS DE L'ANGLETERRE

LISTE PUBLIÉE PAR ANDRÉ DUCHESNE, D'APRÈS UNE CHARTE CONSERVÉE AU MONASTÈRE DE SAINT-MARTIN DE LA BATAILLE [1]

Aumerle.
Audeley.
Angilliam.
Argentoun.
Arundell.
Avenant.
Abel.
Awgers.
Angenoun.
Archer.
Aspervile.
Amonerdville.
Arey.
Akeny.
Albeny,
Asperemound.
Bertram.
Buttecourt.
Brœchus.
Byseg.
Bardolf.
Basset.
Bohun.
Baylife.
Bondevile.
Barbason.
Beer.
Bures.
Bonylayne.
Barbayon.
Berners.

Braybuf.
Brand.
Bonville.
Burgh.
Busshy.
Blundell.
Breton.
Belasyse.
Bowser.
Bayons.
Bulmere.
Brone.
Beke.
Bowlers.
Banestre.
Belomy.
Belknape.
Beauchamp.
Bandy.
Broyleby.
Burnel.
Belot.
Beufort.
Baudewine.
Burdon.
Berteviley.
Barte.
Bussevile.
Blunt.
Beawper.
Bret.

Barret.
Barnevalle.
Barry.
Bodyt.
Berteville.
Bertine.
Belew.
Buschell.
Beleners.
Buffard.
Boteler.
Botvile.
Brasard.
Belhelme.
Braunche.
Bolesur.
Blundel.
Burdet.
Bigot.
Beaupount.
Bools.
Belefroun.
Barchampe.
Camos.
Chanville.
Chawent.
Chancy.
Couderay.
Colvile.
Chamberlaine.
Chambernoune.

1. Apud *Script. rer. normann.*, p. 1023.

Cribet.
Corbine.
Corbet.
Coniers.
Chaundos.
Coucy.
Chaworthe.
Claremaus.
Clarell.
Camnine.
Chaunduyt.
Clarways.
Chantilowe.
Colet.
Cressy.
Courtenay.
Constable.
Chancer.
Cholmelay.
Corlevile.
Champeney.
Carew.
Chawnos.
Clarvaile.
Champaine.
Carbonell.
Charles.
Chareberge.
Chawnes.
Chawmont.
Cheyne.
Cursen.
Conell.
Chayters.
Cheynes.
Cateray.
Cherecourt.
Chaunvile.
Clereney.
Curly.
Clyfford.
Deauvile.
Dercy.

Dine.
Dispencer.
Daniel.
Denyse.
Druell.
Devaus.
Davers.
Doningsels.
Darell.
Delabere.
De la Pole.
De la Lind.
De la Hill.
De la Wate.
De la Watche.
Dakeny.
Dauntre.
Desuye.
Dabernoune.
Damry.
Daveros.
De la Vere.
De Liele.
De la Warde.
De la Planch.
Danway.
De Hewse.
Disard.
Durant.
Divry.
Estrange.
Estutaville.
Escriols.
Eugayne.
Evers.
Esturney.
Folvile.
Fitz Water.
Fitz Marmaduk.
Fibert.
Fitz Roger.
Fitz Robert.
Fanecourt.

Fitz Philip.
Fitz William.
Fitz Paine.
Fitz Alyne.
Fitz Raulfe.
Fitz Browne.
Foke.
Frevile.
Faconbrige.
Frissel.
Filioll.
Fitz Thomas.
Fitz Morice.
Fitz Hughe.
Fitz Warren.
Faunvile.
Formay.
Formiband.
Frison.
Finer.
Fitz Urcy.
Furnivall.
Fitz Herbert.
Fitz John.
Gargrave.
Graunson.
Gracy.
Glaunvile.
Gover.
Gascoyne.
Gray.
Golofer.
Grauns.
Gurly.
Gurdon.
Gamages.
Gaunt.
Hansard.
Hastings.
Haulay.
Husie.
Herne.
Hamelyn.

PIÈCES JUSTIFICATIVES

Harewell.
Hardel.
Hecket.
Hamound.
Harecord.
Jarden.
Jay.
Janvile.
Jasparvile.
Karre.
Karron.
Kyriell.
Lestrange.
Levony.
Latomere.
Loveday.
Logenton.
Level.
Lescrope.
Lemare.
Litterile.
Lucy.
Lisley or Liele.
Longspes.
Lonschampe.
Lastels.
Lindsey.
Loterel.
Longvaile.
Lewawse.
Loy.
Lave.
Le Despenser.
Marmilon.
Moribray.
Morvile.
Manley.
Malebranche.
Malemaine.
Muschampe.
Musgrave.
Mesni-le-Villers.
Mortmaine.

Muse.
Marteine.
Mountbocher.
Malevile.
Mountney.
Maleherbe.
Musgros.
Musard.
Mautravers.
Merke.
Murres.
Montagu.
Montalent.
Mandute.
Manle.
Malory.
Merny.
Muffet.
Menpincoy.
Mainard.
Morell.
Morley.
Mountmartin Yners.
Mauley.
Mainwaring.
Mantell.
Mayel.
Morton.
Nevile.
Neumarche.
Norton.
Norbet.
Norece.
Newborough.
Neele.
Normanvile.
Otenel.
Olibef.
Olifaunt.
Oysell.
Olifort.
Oryoll.
Pigot.

Pecy.
Perecount.
Pershale.
Power.
Paynel.
Peche.
Peverell.
Perot.
Picard.
Pudsey.
Pimeray.
Pounsey.
Punchardon.
Pynchard.
Placy.
Patine.
Pampilion.
Poterell.
Pekeney.
Pervinke.
Penicord.
Quincy.
Quintine.
Rose.
Ridle.
Rynel.
Rous.
Russel.
Rond.
Richmond.
Rochefortd.
Reymond.
Seuche.
Seint-Quintine.
Seint-Omer.
Seint-Amand.
Seint-Léger.
Sovervile.
Sanford.
Somery.
Seint-George.
Seint-Lés.
Savine.

Seint-Clo.	Turbevile.	Vernois.
Seint-Albine.	Turvile.	Verny.
Seinte-Barbe.	Torel.	Vilan.
Sandevile.	Tavers.	Umframvile.
Seint-More.	Torel.	Unket.
Seint-Scudemor.	Tirell.	Urnall.
Tows.	Totels.	Wake.
Toget.	Taverner.	Waledger.
Talybois.	Valence.	Warde.
Tuchet.	Vancord.	Wardebus.
Truslot.	Vavasour.	Waren.
Trusbut.	Vender.	Wate.
Traynel.	Verder.	Wateline.
Taket.	Verdon.	Watevile.
Talbot.	Aubrie de Vere.	Woly.
Tanny.	Vernoune.	Wywell.
Tibtote.	Verland.	
Trussell.	Verlay.	

LISTE EXTRAITE DE LA CHRONIQUE DE BROMTON [1]

Vous qe desyrez assaver
Les noms de grauntz delà la mer,
Qe vindrent od le conquerour
William Bastard de graunt vigoure,
Lours surnons issi vous devys
Com je les trova en escris.
Car des propres nons force n'y a
Purce q'ill i ssont chaungés sà et là,
Come de Edmonde en Edwarde,
De Baldwyn en Barnard,
De Godwyne en Godard,
De Elys en Edwyn,
E issint des touz autrez nons
Come ils sont levez du fons;
Purce lour surnons que sont usez,
Et ne sont pas sovent chaungez,
Vous ay escript; ore escotez,
Si vous oier les voylleth.

Manndevyle et Daundevyle, Bolvyle et Baskarvyle,
Ounfravyle et Downfrevyle, Evyle et Clevyle,

1. Apud *Rer. anglic. Script*, t. I, col. 963, ed. Selden.

Morevyle et Colevyle,
Warbevyle et Carvyle,
Botevyle et Stotevyle,
Deverous et Cavervyle,
Mooun et Boun,
Vipoun et Vinoun,
Baylon et Bayloun,
Maris et Marmyoun,
Agulis et Aguloun,
Chaumburleyn et Chaumbursoun,
Vere et Vernoun,
Verdyers et Verdoun,
Cryel et Caroun,
Dummer et Dommoun,
Hastyng et Cammois,
Bardelfe Bote et Boys,
Warenne et Wardeboys,
Rodes et Deverois,
Auris et Argenten,
Botetour et Boteveleyn,
Malebouch et Malemeyn,
Hautevyle et Hauteyn,
Danvey et Dyveyn,
Malure et Malvesyn,
Morten et Mortimer,
Braunz et Columber,
Seynt-Denis et Seynt-Cler,
Seynt-Aubyn et Seynt-Omer,
Seynt-Fylbert Fyens et Gomer,
Turbevyle et Turbemer,
Gorges et Spenser,
Brus et Boteler,
Crevequel et Seynt-Quinteyn,
Deverouge et Seynt-Martin,
Seynt-Mor et Seynt-Leger,
Seynt-Yigor et Seynt-Per,
Avynel et Paynell,
Peyvere et Peverell,
Rivers et Rivel,
Beauchamp et Beaupel,
Lou et Lovell,
Ros et Druell,
Mountabours et Mountsorell,
Trussebot et Trussell,
Bergos et Burnell,
Bra et Boterell,
Riset et Basset,
Malevyle et Malet,
Bonevyle et Bonet,

Nervyle et Narbet,
Coynale et Corbet,
Mountayn et Mounfychet,
Geynevyle et Gyffard,
Say et Seward,
Chary et Chaward,
Pyryton et Pypard,
Harecourt et Haunsard,
Musegrave et Musard,
Mare et Mantravers,
Fernz et Ferers,
Bernevyle et Berners,
Cheyne et Chalers,
Daundon et Daungers,
Vessi Gray et Graungers,
Bertram et Bygod,
Traillyz et Tragod,
Penbri et Pypotte,
Freyn et Folyot,
Dapisoun et Talbote,
Sanzaver et Saunford,
Vadu et Vatorte,
Montagu et Mounford,
Forneus et Fornyvaus,
Valens Yle et Vaus,
Clarel et Claraus,
Aubevyle et Seynt-Amauns,
Agantez et Dragans,
Malerbe et Maudut,
Brewes et Chaudut,
Fizowres et Fiz de lou,
Cantemor et Cantelou,
Braybuffe et Huldbynse,
Bolebeke et Molyns,
Moleton et Besyle,
Richford et Desevyle,
Watervyle et Dayvyle,
Nebors et Nevyle,
Hynoys Burs Burgenon,
Ylebon et Hyldebrond Holyon,
Loges et Seint-Lou,
Maubank et Seint-Malou,
Wake et Wakevyle,
Coudree et Knevyle,
Scales et Clermount,
Beauvys et Beaumount,
Mouns et Mountchampe,
Nowers et Nowchaumpe,
Percy Crus et Lacy,

Quincy et Tracy,
Stokes et Somery,
Seynt-Johan et Seynt-Jay,
Greyle et Seynt-Walry,
Pynkeney et Panely,
Mohant et Moutchensy,
Loveyn et Lucy,
Artoys et Arcy,
Grevyle et Courcy,

Arras et Cressy,
Merle et Moubray,
Gornay et Courtnay,
Haunstlayng et Tornay,
Husee et Husay,
Pounchardon et Pomeray,
Longevyle et Longespay,
Peyns et Pountlarge,
Straunge et Sauvage.

LISTE PUBLIÉE PAR LELAND [1]

Un rôle de ceux queux veignont in Angleterre ovesque roy William le Conquereur.

Faet asavoir que en l'an du grace nostre seigneur Jesu Christe mil sisaunt ses, per jour de samadi en la feste S. Calixte, vint William Bastarde duc de Normandie, cosin à noble roy seint Edwarde le fiz de Emme de Angleter, et tua le roy Haraude, et lui tali le terre par l'eide des Normannez et aultres gents de divers terres. Entre quils vint ovesque lui monseir William de Moion le Veil, le plus noble de tout l'oste. Cist William de Moion avoit de sa retenaunde en l'ost tous les grauntz sieignors après nomez, si come il est escript en le liver des conquerors, s'est à savoir : Raol Taisson de Cinqueleis. Roger Marmion le Veil. Monsieur Nel de Sein Saviour. Raol de Gail qui fust Briton. Avenel de Giars. Hubert Paignel. Robert Berthram. Raol le archer de Val et le seir de Bricoil. Li sires de Sole et le sires de Sureval. Li sires de S. Jehan, et li sires de Breal. Li sires de Breus et due sens des homez. Li sires de S. Seu et li sires de Cuallie. Li sires de Cennllie, et li sire de Basqueville. Li sires de Praels, et li sires de Souiz. Li sires de Samtels et li sires de vientz Moley. Li sires de Mouceals et li sires de Pacie. Li séneschals de Corcye et li sires de Lacye. Li sires de Gacre et li sires Soillie. Li sire de Sacre. Li sires de Vaacre. Li sires de Torneor et li sires de Praerers. William de Columbiers et Gilbert Dasmeres le Veil. Li sires de Chaaiones. Li sires de Coismieres le Veil. Hugh de Bullebek. Richard Orberk. Li sires de Bouesboz, et li sires de Sap. Li sires de Gloz et li sires de Tregoz. Li sires de Monfichet et Hugh Bigot. Li sires de Vitrie et li sires Durmie. Li sires de Moubray et li sires de Saie, li sires de la Fert et li sire Butenilam. Li sire Troselet, et William Patrick de la Lande. Monseir Hugh de Mortimer et li sires Damyler. Li sires de Dunebek et li sires de S. Clere et Robert Fitz Herveis, le quel fust occis en la bataille. Tous ycels seigners desus nomé estoient à la retenaunce Monseir de Moion, si cum desus est diste.

1. *Collectanea de rebus britannicis*, ed. Hearne, vol. I, p. 202.

AUTRE LISTE PUBLIÉE PAR LELAND [1]

Et fait asavoir que toutes cestes gentez dount lor sor nouns y sont escritz vindrent ove William le Conquerour a de primes.

Aumarill et Deyncourt.
Bertrem et Buttencourt.
Biard et Biford.
Bardolf et Basset.
Deyville et Darcy.
Pygot et Percy.
Gurnay et Greilly.
Tregos et Treylly.
Camoys et Cameville.
Hautein et Hauville.
Warenne et Wauncy.
Chauent et Chauncy.
Loveyne et Lascy.
Graunson et Tracy.
Mohaud et Mooun.
Bigot et Boown.
Marny et Maundeville.
Vipount et Umfreville.
Morley et Moundeville.
Baillof et Boundeville.
Estraunge et Estoteville.
Moubray et Morvile.
Veer et Vinoun.
Audel et Aungeloun.
Vuasteneys et Waville.
Soucheville Coudrey et Colleville.
Fererers et Foleville.
Briaunsoun et Baskeville.
Neners et Nereville.
Chaumberlayn et Chaumberoun.
Fiz Walter et Werdoun.
Argenteyn et Avenele.
Ros et Ridel.
Hasting et Haulley.
Meneville et Mauley.
Burnel et Buttevillain.
Malebuche et Malemayn.
Morteyne et Mortimer.
Comyn et Columber.

S. Cloyis et S. Clere.
Otinel et S. Thomer.
Gorgeise et Gower.
Bruys et Dispenser.
Lymesey et Latymer.
Boys et Boteler.
Fenes et Felebert.
Fitz Roger et Fiz Robert.
Muse et Martine.
Quyncy et S. Quintine.
Lungvilers et S. Ligiere.
Griketot et Grevequer.
Power et Panel, alias Paignel.
Tuchet et Trusselle.
Peche et Peverelle.
Daubenay et Deverelle.
Sainct Amande et Adryelle.
Rivers et Ryvel.
Leveday et Lovel.
Denyas et Druel.
Mountburgh et Mounsorel.
Maleville et Malet.
Newmarch et Newbet.
Corby et Corbet.
Mounfey et Mountfichet.
Gaunt et Garre.
Maleberge et Marre.
Geneville et Gifard.
Someray et Howarde.
Perot et Pykarde.
Chaundoys et Chaward.
Delahay et Haunsard.
Mussegros et Musard.
Maingun et Mountravers.
Fovecourt et Feniers.
Vescy et Verders.
Brabasoun et Bevers.
Challouns et Chaleys.
Merkingfel et Mourreis.

---

[1]. *Collectanea de rebus britannicis*, ed Hearne, vol. I, p. 206.

Fitz Philip et Fliot.
Takel et Talbot.
Lenias et Levecote.
Tourbeville et Tipitot.
Saunzauer et Saunford.
Mountagu et Mountfort.
Forneux et Fournivaus.
Valence et Vaus.
Clerevalx et Clarel.
Dodingle et Darel.
Mautalent et Maudict.
Chapes et Chaudut.
Cauntelow et Coubray.
Sainct Tese et Sauvay.
Braund et Baybof.
Fitz Alayne et Gilebof.
Maunys et Meulos.
Souley et Soules.
Bruys et Burgh.
Neville et Newburgh.
Fitz William et Watervile.
De Lalaund et de l'Isle.
Sorel et Somery.
S. John et S. Jory.
Wavile et Warley.
De la Pole et Pinkeney.
Mortivaus et Mounthensy.
Crescy et Courteny.
S. Leo et Luscy.
Bavent et Bussy.
Lascels et Lovein.
Thays et Tony.
Hurel et Husee.
Longvil et Longespe.
De Wake et De la War.
De la Marche et de la Marc.
Constable et Tally.
Poynce et Paveley.
Tuk et Tany.
Mallop et Marny.
Paifrer et Plukenet.
Bretonn et Blundet.
Maihermer et Muschet.
Baius et Bluet.
Beke et Biroune.
Saunz pour et Fitz Simoun.
Gaugy et Gobaude.
Rugetius et Fitz Rohaut.
Peverel et Fitz Payne.

Fitz Robert et Fitz Aleyne.
Dakeny et Dautre.
Menyle et Maufe.
Maucovenaunt et Mounpinson.
Pikard et Pinkadoun.
Gray et Graunsoun.
Diseney et Dabernoun.
Maoun et Mainard.
Banestre et Bekard.
Bealum et Beauchaump.
Loverak et Longchaump.
Baudyn et Bray.
Saluayn et Say.
Ry et Rokel.
Fitz Rafe et Rosel.
Fitz Brian et Bracy.
Playce et Placy.
Damary et Deveroys.
Vavasor et Warroys.
Perpounte et Fitz Peris.
Sesee et Solers.
Nairmere et Fitz Nele.
Waloys et Levele.
Chaumpeneys et Chaunceus.
Malebys et Mounceus.
Thorny et Thornille.
Wace et Wyvile.
Verboys et Waceley.
Pugoys et Paiteny.
Galofer et Gubioun.
Burdet et Boroun.
Daverenge et Duylly.
Sovereng et Suylly.
Myriet et Morlet.
Tyriet et Turley.
Fryvile et Fresell.
De la River et Rivel.
Destraunges et Delatoun.
Perrers et Pavillioun.
Vallonis et Vernoun.
Grymward et Geroun.
Hercy et Heroun.
Vendour et Veroun.
Glauncourt et Chamount.
Bawdewyn et Beaumount
Graundyn et Gerdoun.
Blundet et Burdoun.
Fitz-Rauf et Filiol.
Fitz-Thomas et Tibol.

Onatule et Cheyni.
Mauliverer et Mouncy.
Querru et Coingers.
Mauclerk et Maners.
Warde et Werlay.
Musteys et Merlay.
Barray et Bretevi'.
Tolimer et Treville.
Blounte et Boseville.
Liffard et Osevile.
Benny et Boyvile.
Coursoun et Courtevile.
Fitz-Morice et S. More.
Broth et Barbedor.
Fitz-Hugh et Fitz-Henry.
Fitz-Arviz et Esturmy.
Walangay et Fitzwarin.
Fitz-Raynald et Roscelin.
Baret et Bourte.
Heryce et Harecourt.
Venables et Venour.
Hayward et Henour.
Dulee et De la Laund.
De la Valet et Veylaund.
De la Plaunche et Puterel.
Loring et Loterel.
Fitz-Marmaduk et Mountrivel.
Kymarays et Kyriel.
Lisours et Lonvale.
Byngard et Bernevale.
La Muile et Lownay.
Damot et Damay.
Bonet et Barry.
Avenel et S. Amary.
Jardyn et Jay.
Tourys et Tay.
Aimeris et Aveneris.

Vilain et Valeris.
Fitz Eustace et Eustacy.
Mauches et Mascy.
Brian et Bidin.
Movet et S. Martine.
Surdevale et Sengryn.
Buscel et Bevery.
Duraunt et Doreny.
Disart et Doynell.
Male Kake et Mauncel.
Berneville et Bretevile.
Hameline et Harevile.
De la Huse et Howel.
Tingez et Gruyele.
Tinel et Travile.
Chartres et Chenil.
Belew et Bertine.
Mangysir et Mauveysin.
Angers et Aungewyne.
Tolet et Tisoun.
Fermband et Frisoun.
S. Barbe et Sageville.
Vernoun et Watervile.
Wemerlay et Wamervile.
Broy et Bromevile.
Bleyn et Breicourt.
Tarteray et Chercourt.
Oysel et Olifard.
Maulovel et Maureward.
Kanceis et Kevelers.
Liof et Lymers.
Rysers et Reynevil.
Busard et Belevile.
Rivers et Ripers.
Percehay et Pereris.
Fichent et Trivet.

NOTE EXTRAITE DE L'OUVRAGE DE L'ABBÉ DE LA RUE, INTITULÉ :

Recherches sur la Tapisserie de Bayeux. Caen, 1824.

Wace est loin d'avoir transcrit les noms de tous les seigneurs qui aidèrent le duc Guillaume dans son expédition [1]. Aussi, d'après nos recherches, nous sommes certain qu'il existe encore dans notre province beaucoup de familles qui ont eu des

---

1. Voyez les pièces ustificatives du livre III, n° 3, le récit de la bataille de Hastings, extrait du *Roman de Rou.*

branches établies dans la Grande-Bretagne, lors et depuis la conquête, et qui ont conservé les mêmes noms et souvent les mêmes armes. Mais comme ces noms ne sont pas tous inscrits dans le catalogue de Wace, nous transcrivons ici avec plaisir ceux que nos recherches nous ont fait connaître :

Achard,
D'Angerville,
D'Annerville,
D'Argouges,
D'Auray,
De Bailleul,
De Briqueville,
De Canouville,
De Carbonel,
De Clinchamp,
De Courcy,
De Couvert,
De Cussy,
De Fribois,
De Harcourt,
D'Héricy,
De Houdetot,

Mallet de Granville,
De Mathon,
Du Merle,
De Montfiquet,
D'Orglande,
De Percy,
De Pierre Pont,
De Saint-Germain,
De Sainte-Marie d'Aigneaux,
De Touchet,
De Tournebu,
De Tilli,
De Vassi,
De Vernois,
De Verdun,
Le Viconte.

N° 4

RÉCIT DE L'EMPRISONNEMENT DU SAXON BRIHTRIK [1]

.... Malde de Flandres fu née,
Meis de Escoce fu appelée
Pur sa mère ke fu espusé
Al roi de Escoce ki l'out rové,
Laquele jadis, quant fu pucele,
Ama un conte d'Engleterre.
Bric'trich Mau le oi nomer,
Après le rois ki fu riche ber.
A lui la pucele enveia messager
Pur sa amur à lui procurer ;
Meis Bric'trich Maude refusa :
Dunt ele mult se coruça
Hastivement mer passa
E à Willam Bastard se maria.

Quant Willam fu coruné
E Malde sa femme a reine levé,
Icele Malde se purpensa
Coment vengier se purra
De Brictriche Mau k'ele ama,
Ki à femme prendre la refusa.
Tant enchanta son seignor,
Le rei Willam le Conquéror,
Ke de Bric'trich Mau l'ad granté
De faire de lui sa volenté.
La reine partot le fist guerreier,
K'ele li vòlt déshériter,
Pris fu à Haneleye, à son maner,
Le jor que saint Wlstan li ber

---

1. Extrait de la continuation du *Brut d'Angleterre* de Wace, par un anonyme; *Chroniques anglo-normandes*, t. I, p. 73.

Sa chapele avait dédié ;
A Wyncestre fu amené ;
Ilokes morut en prison
Brictrich Mau par tréison.
Quant il fu mort senz heir de sei,
Son héritage seisit le rei

E cum escheit tint en sa main,
Dekes il feoffa Robert fiz Haim
Ki oveke lui do Normandie
Vint od mult grant chevalerie.
La terre ke Brictrich li leissa,
Franchement à Robert dona.

N° 5

ÉNUMÉRATION DES TERRES DE BRIHTRIK, POSSÉDÉES PAR LA REINE MATHILDE [1]

INFRA SCRIPTAS TERRAS TENUIT BRICTRIC ET POST REGNA MATHILDIS

Rex tenet Levia. T. R. E. geldebat pro I hida et una virgata terræ. Terra est et uno ferling xII carucatæ. In dominio IIII carucatæ et vII servi et xx villani et vII bordarii cum x carucatis. Ibi xxx acræ prati et x acræ silvæ. Pasturæ vIII quarentenæ longitudinis et IIII quarentenæ latitudinis. Reddit IX libras ad numerum.

Halgewelle geldebat T. R. E. pro una virgata terræ. Terra est v carucatæ. In dominio sunt II carucatæ et VI servi et x villani et I bordarius cum v carucatis. Ibi XL acræ prati et II acræ silvæ. Pastura I leuca longitudinis et II quarentenæ latitudinis. Reddit LXX solidos ad numerum.

Clovelie T. R. E. geldebat pro III hidis. Terra est xII carucatæ. In dominio sunt v carucatæ et x servi et xvI villani et xI bordarii cum vII carucatis. Ibi xxx acræ prati et LX acræ silvæ. Pastura I leuca longitudinis et dimidia leuca latitudinis. Reddit xII libras ad numerum. Olim reddebat vI libras.

Bedeford T. R. E. geldebat pro III hidis. Terra est xxvI carucatæ. In dominio sunt IIII carucatæ et xIII servi et xxx villani et vIII bordarii cum xx carucatis. Ibi x acræ prati xx acræ pasturæ et CL acræ silvæ. Reddit xvI libras. Huic manerio adjacebat una piscaria. T. R. E. reddit xxv solidos.

Liteham T. R. E. geldebat pro una hida. Terra est vIII carucatæ. In dominio sunt : una est carucata et vII servi et xII villani et III bordarii cum IIII carucatis. Ibi x acræ prati et xx acræ pasturæ et LX acræ silvæ. Reddit III libras.

Langetrev T. R. E. geldebat pro II hidis dimidia virgata minus. Terra est xx carucatæ. In dominio sunt II carucatæ et vIII servi et xxIIII villani et II bordarii cum xvI carucatis. Ibi xv acræ prati. Silva I leuca longitudinis et tantumdem latitudinis. Reddit vII libras et v solidos.

Edeslege T. R. E. geldebat pro III hidis. Terra est xxII carucatæ. In dominio

---

1. Domesday-book, vol I, fol. 101, recto.

sunt IIII carucatæ et xv servi et xxIIII villani cum xvI carucatis. Ibi xv acræ prati; silva II leucæ longitudinis et una leuca latitudinis. Reddit xIIII libras. De hac terra tenet Walterus de'rege unam virgatam terræ. Terra est III carucatæ. Aluuare tenuit de Brictric T. R. E. nec poterat ab eo separari. Huic manerio pertinent II virgatæ terræ et dimidia.

IN TAVETONE HUNDERT.

WINCHELEIE T. R. E. geldebat pro v hidis et dimidia. Terra est xL carucatæ. Valet xx solidos. In dominio sunt vIII carucatæ et xvI servi et Lx villani cum xL carucatis et x porcariis. Ibi quatuor xx acræ prati et quingentæ acræ silvæ. Pastura I leuca longitudinis et alia latitudinis et parcus bestiarum. Reddit xxx libras ad numerum. De ipsa terra tenet Norman unam virgatam terræ et dimidiam. Valet xII solidos et vI denarios.

AISSE T. R. E. geldebat pro II hidis dimidia virgata minus. Terra est xv carucatæ. In dominio sunt II carucatæ et x servi et xIII villani et vI bordarii cum x carucatis. Et II porcarii reddunt x porcos. Ibi xx acræ prati et cc acræ silvæ. Pastura dimidia leuca longitudinis et tantumdem latitudinis. Reddit vII libras ad numerum.

SLAPEFORD T. R. E. geldebat pro II hidis et dimidia. Terra est xI carucatæ. In dominio sunt III carucatæ, et vI servi et vII porcarii et xvIII villani et xII bordarii cum vIII carucatis. Ibi xx acræ prati et x acræ pasturæ et cxxx acræ silvæ. Valet xII libras et xII solidos. Huic manerio adjacet ERVESCOME et ibi est dimidia virgata terræ.

BICHENTONE T. R. E. geldebat pro I hida et II virgatis terræ et dimidia. Terra est xvI carucatæ. In dominio sunt II carucatæ et III servi et xIII villani et II bordarii cum vII carucatis. Ibi vIII acræ prati et c acræ pasturæ et c acræ silvæ. Reddit xII libras. Huic manerio addita est BICHENELIE quæ pertinebat in Tavestoch T. R. E. Reddit in Bichentone IIII libras.

MORCHET T. R. E. geldebat pro dimidia hida. Terra est vIII carucatæ. In dominio sunt II carucatæ et II servi et vIII villani cum III carucatis. Ibi II acræ prati et vI acræ silvæ. Reddit IIII libras ad numerum.

HOLECUMBE T. R. E. geldebat pro I hida. Terra est vII carucatæ. In dominio sunt II carucatæ et IIII servi et x villani et vIII bordarii cum v carucatis. Ibi cx acræ silvæ. Reddit vIII libras et xv solidos.

HALSBRETONE T. R. E. geldebat pro v hidis. Terra est xxvIII carucatæ. In dominio sunt IIII carucatæ et vIII servi et xLIII villani et x bordarii cum xxII carucatis. Ibi II molini reddunt x solidos et xxxvI acræ prati. Pastura v quarentenæ longitudinis et III quarentenæ latitudinis. Silva xvI quarentenæ longitudinis et xIII quarentenæ latitudinis. Reddit xxvII libras. De hac terra hujus manerii tenet Goscelmus unam virgatam terræ et ibi habet I carucatam cum I servo et I bordario. Reddit x solidos in Alsbretone.

AISBERTONE T. R. E. geldebat pro III hidis. Terra est x carucatæ. In dominio sunt II carucatæ et IIII servi et VII villani et VIII bordarii cum III carucatis. Ibi II piscariæ et una salina et III acræ prati et XL acræ pasturæ. Silva I leuca longitudinis et dimidia leuca latitudinis. Reddit IIII libras. Juhel tenebat de regina.

Rex tenet ULWARDESDONE. Boia tenuit T. R. E. et geldebat pro una virgata terræ et dimidia. Terra est II carucatæ quæ ibi sunt cum III villanis et II servis. Ibi III acræ prati et II quarentenæ pasturæ. Silva II quarentenæ longitudinis et una quarentena latitudinis. Reddit x solidos. Adolfus tenet de rege.

N° 6

EXTRAIT DU DOMESDAY-BOOK RELATIF A L'ÉTAT DES VILLES IMMÉDIATEMENT APRÈS LA CONQUÊTE [1]

DOVERE (DOUVRES)

Dovere tempore regis Edwardi reddebat XVIII libras, de quibus denariis habebat rex E. duas partes et comes Godwinus tertiam : contra hoc habebant canonici de Sancto Martino medietatem aliam. Burgenses dederunt xx naves regi una vice in anno ad xv dies; et in unaquaque navi erant homines xx et unus. Hoc faciebant pro eo quod eis perdonaverat sacam et socam. Quando Missatici regis veniebant ibi, dabant pro caballo transducendo III denarios in hieme et II in æstate. Burgenses vero inveniebant stiremannum et unum alium adjutorem : et si plus opus esset, de pecunia ejus conducebatur.

A festivitate S. Michaelis usque ad festum Sancti Andreæ, treuva (i. e. pax) regis erat in villa. Si quis eam infregisset, inde præpositus regis accipiebat communem emendationem.

Quicumque manens in villa assiduus reddebat regi consuetudinem, quietus erat de thelonio per totam Angliam. Omnes hæ consuetudines erant ibi quando Wilhelmus rex in Angliam venit. In ipso primo adventu in Angliam, fuit ipsa villa combusta; et ideo pretium ejus non potuit computari quantùm valebat, quando episcopus Baiocensis eam recepit. Modo appretiatur XL lib. et tamen præpositus inde reddit LIV lib., Regi quidem XXIII lib. de denariis qui sunt xx in Ora, comiti vero xxx lib. ad numerum.

In Dovere sunt XXIX mansuræ, de quibus rex perdidit consuetudinem. De his habet Robertus de Romenel duas. Radulfus de Curbespine III. Wilhelmus filius Tedaldi I. Wilhelmus filius Ogeri I. Wilhelmus filius Tedoldi et Robertus Niger VI. Wilhelmus Gaufredi III; in quibus erat Gihalla burgensium. Hugo de Montforts I domum. Durandus I. Ranulphus de Columbel I. Wadardus VI. Filius Modberti unam. Et hi omnes de his domibus revocant episcopum Baiocensem ad protectorem et liberatorem (vel datorem).

---

1. *Hist. angl. Script.*, t. III, p. 759 et seq., ed. Gale.

De illa mansura quam tenet Ranulfus de Columbels, quæ fuit cujusdam exulis (vel utlagi), concordant quod dimidia terra est regis, et Ranulphus ipse habet utrunque. Hunfridus (Loripes) tenet I mansuram, de qua erat ferisfactura dimidia regis. Rogerus de Ostreham fecit quamdam domum super aquam regis, et tenuit huc usque consuetudinem regis. Nec domus fuit ibi T. R. E.

CANTUARIA (CANTERBURY)

In civitate Cantuaria habuit rex Edwardus L et I burgenses, reddentes gablum, et alios CC et XII super quos habebat sacam et socam, et III molendina de XL sol. Modo burgenses gablum reddentes sunt XIX. De XXXII aliis, qui fuerunt, sunt vastati XI in fossato civitatis; et archiepiscopus habet ex eis VII, et abb. S. Augustini alios XIV pro excambio castelli; et adhuc sunt CC et XII burgenses, super quos habet rex sacam et socam et molend. III reddunt C et VIII sol. et theloneum redd. LXVIII sol. Ibi VIII acræ prati, quæ solebant esse legatorum regis, modo reddunt de censu XV sol. et mille acræ silvæ infructuosæ de qua exeunt XXIV solidi. Intra totum T. R. E. valuit LI lib. et tantumdem quando vicecomes (Hamo) recepit; et modo L lib. appreciatur. Tamen qui tenet nunc reddit XXX lib. arsas et pensatas et XXIV lib. ad numerum. Super hæc omnia habet vicecomes C et X sol.

Burgenses habuerunt XLV mansuras extra civitatem, de quibus ipsi habebant gablum et consuetudinem; rex autem habebat sacam et socam. Ipsi quoque burgenses habebant de rege XXXIII acras terræ in gildam suam. Has domus et hanc terram tenet Ranulfus de Columbels; habet etiam quatuor XXI acras terræ super hæc, quas tenebant burgenses in alodia de rege. Tenet quoque V acras terræ, quæ juste pertinent uni ecclesiæ. De his omnibus revocat isdem Ranulfus ad protectorem epis. Baiocensem.

Radulfus de Curbespine habet IV mansuras in civitate, quas tenuit quædam concubina Heraldi, de quibus est saca et soca regis, sed usque nunc non habuit.

Isdem Radulfus tenet alias XI mansuras de Episcopo (Baiocens.), in ipsa civitate quæ fuerunt Sbern Biga, et reddunt XI sol. et II denarios et I obolum. Per totam civitatem Cantuariæ habet rex sacam et socam, excepta terra ecclesiæ S. Trinitatis et S. Augustini, et Eddewe reginæ, et Alnold cild, et Eiber Biga, et Siret de Cilleham.

ROVECESTER (ROCHESTER)

Civitas Rovecester, T. R. E. valeb. C sol. Quando episcopus recepit, similiter. Modo val. XX lib., tamen ille qui tenet reddit XL lib.

CASTRUM HARUNDEL (ARUNDEL)

Robertus filius Tetbaldi habet (in castro Harundel) II hagas de XII sol. et de hominibus extraneis habet suum theloneum. Morinus habet consuetudinem de II burgensibus de XII denar. Ernaldus unam burgensem de XII denariis. S. Martinus ɪ burgensem de xɪɪ denariis. Radulfus unam hagam de xɪɪ denariis. Will. v hagas de v sol. Nigellus v hagas quæ faciunt servitium.

BURGUM DE LEWES (lewes)

Burgum de Lewes T. R. E. reddebat vɪ libras et ɪv sol. et ɪɪɪ obolos de gablo et de theloneo. Ibi rex E. habebat cxxvɪɪ burgenses in dominio. Eorum consuetudo erat, si rex ad mare custodiendum sine se mittere suos voluisset, de omnibus hominibus, cujuscunque terra fuisset, colligebant xx sol. et hos habebant qui in navibus arma custodiebant. Qui in burgo vendit, dat præposito nummum; et qui emit, alium. De bove obolum. De homine ɪv denarios, quocunque loco emat infra rapum.

Sanguinem fundens emendat per vɪɪ sol. et ɪv denarios. Adulterium vel raptum faciens vɪɪɪ sol. et ɪv denarios emendat homo, et femina tantundem. Rex habet hominem adulterum, archiepiscopus feminam. De fugitivo si recuperatus fuerit vɪɪɪ sol. et ɪv denarios. Cum moneta revocatur, dat xx sol. unusquisque monetarius. De his omnibus erant ɪɪ partes regis et tertia comitis. Modo per omnia reddunt burgens. sicut tunc, et xxxvɪɪɪ sol. de super plus. De rapo de Pevenesel. xxxɪx mansuræ hospitatæ et xx inhospitatæ, ex quibus rex habet xxvɪ sol. et vɪ denarios et de his habet Will. de Warene medietatem. T. R. E. valebant xxvɪ lib. Rex medietatem et comes aliam habet. Modo val. xxxɪv lib. et de nova moneta c sol. et xvɪɪɪ.

De his omnibus habet Will. medietatem et rex alteram.

GILDEFORD (guildfort)

In Gildeford habet rex Willelmus Lxxv hagas, in quibus manent cLxxv homines. T. R. E. reddebant xxɪɪɪ lib. et ɪɪɪ denarios. Modo appreciantur xxx lib. et tamen reddunt xxɪɪ lib. De supra dictis hagis habet Ranulfus clericus ɪɪɪ hagas, ubi manent vɪ homines; et inde habet isdem Ranulfus sacam et socam, nisi commune geldum in villa venerit, unde nullus evadat. Si homo ejus in villa delinquit, et divadiatus evadat, nil inde habet præpositus regis. Si vero calumniatus ibi fuerit et divadiatus, tunc habet rex emendam. Sic tenuit eas Stigandus (arch.).

Ranulfus (vicecomes) tenet ɪ hagam, quam huc usque tenuit de episcopo baiocensi : homines vero testificantur quia non adjacet alicui manerio, sed qui tenebat eam T. R. E. concessit eam Tovi præposito villæ pro emendatione unius suæ forisfacturæ.

Altera domus est quam tenet præpositus episcopi baiocensis de Manerio Bronlei. De hoc dicunt homines de comitatu, quod non habet ibi aliam rectitudinem, nisi quod quandam viduam, cujus erat domus, accepit præpositus villæ, et ideo misit episcopus domum illam in suo manerio et huc usque perdidit rex consuetudines, episcopus autem habet.

Dicunt etiam homines qui juraverunt de alia domo quæ jacet in Brunlei, propter hoc tantum quod præpositus Ple ipsa villa fuit amicus hominis illius qui hanc domum habebat, et eo mortuo convertit eam ad M. de Bronlei.

Walterannus quoque desaisivit quendam hominem de una domo, unde rex E. habebat consuetudinem. Modo tenet eam Otbertus cum consuetudine, sicut dicit, per regem W. Robertus de Wateville tenet I domum quæ reddebat omnem consuetudinem T. R. E. Modo nihil reddit.

WALINGFORD (WALINGFORD)

In burgo de Walingford habuit rex Edwardus VIII virgatas terræ : et in his erant CCLXXVI hagæ, reddentes XI lib. de gablo, et qui ibi manebant faciebant servitium regis cum equis vel per aquam usque ad Blidberiam, Reddinges, Sudtone, Besentone, et hoc facientibus dabat præpositus mercedem (vel conredium) non de censu regis, sed de suo.

Modo sunt in ipso burgo consuetudines omnes ut ante fuerunt. Sed de hagis sunt in XIII minus pro castello, sunt VIII destructæ, et monetarius habet unam quietam, quamdiu facit monetam. Saulf de Oxenford habet unam; filius Alsi de Ferendone unam, quam rex ei dedit, ut dicit Hunfridus; Wisdelew habet unam, de qua reclamat regem ad Warant. Nigellus unam de Henrico per hæreditatem Soarding, sed burgenses testificantur se nunquam habuisse. De istis XIII non habet rex consuetudinem et adhuc Will. de Ware habet unam hagam, de qua rex non habet consuetudines, etc.

DORECESTRE (DORCHESTER)

In Dorecestre, tempore regis Edwardi, erant CLXXII domus. Hæ pro omni servitio regis se defendebant et geldebant pro X hid. scilicet ad opus huscarlium unam markam argenti, exceptis consuetudinibus quæ pertinent ad firmam noctis. Ibi erant II monetarii, quisque eorum reddebat regi unam markam argenti et XX sol. quando moneta vertebatur.

Modo sunt ibi quatuor XX et VIII domus. et C penitus destructæ a tempore Hugonis vicecomitis usque nunc.

BRIDEPORT (BRIDPORT)

In Brideport, tempore regis Edw. erant CXX domus et ad omnes servitium regis defendebant se et geldebant pro V hidis; scilicet ad opus huscarlium regis dimid. markam argenti, exceptis consuetudinibus quæ pertinent ad firmam unius noctis: ibi erat unus monetarius, reddebat regi I mark. argenti et XX sol. quando moneta vertebatur.

Modo sunt ibi C domus et XX sunt ita destructæ, quod qui in eis manent geld. solvere non valent.

WARHAM (WARHAM)

In Warham tempore regis Edwar. erant CXLIII domus in domin. regis. Hæc villa ad omne servitium regis se defendebat et geldebat pro X hid. scilicet I markam argenti huscarlis regis, exceptis consuetudinibus quæ pertinent ad firmam unius noctis; ibi erant II monetarii, quisque reddebat I markam argenti regi, et xx sol. quando moneta vertebatur.

Modo sunt ibi LXX domus et LXIII sunt penitus destructæ a tempore Hugonis vicecomitis, etc.

SCEPTESBERIE (SHAFTESBURY)

In burgo Sceptesberie T. R. E. erant C et IV domus in dominio regis. Hæc villa ad omne servitium regis se defendebat, et geldebat pro XX hid. scilicet II mark. argenti huscarlis regis; ibi erant III monetarii, quisque reddebat I mark. argenti et XX sol. quando moneta vertebatur, etc.

EXONIA (EXETER)

In civitate Exonia habet rex CCC domus XV minus, reddentes consuetudinem : hæc reddit XVIII lib. per annum. De his habet B. vicecomes VI lib. ad pensum et arsuram, et Coluinus XII lib. ad numerum, in ministeriis Eddid reginæ.

In hac civitate sunt vastatæ XLVIII domus, postquam rex venit in Angliam.

Hæc civitas, T. R. E. non geldebat nisi quando Londonia, et Eboracum, et Wibtonia geldebant, et hoc erat dimid. markam argenti, ad opus militare. Quando expeditio ibat per terram aut per mare, serviebat hæc civitas quantum V hidæ terræ. Barnestapla vero et Lidesord et Totenais serviebat quantum ipsa civitas.

Burgenses Exoniæ urbis habent extra civitatem terram XII carucarum, quæ nullam consuetudinem reddunt nisi ad ipsam civitatem.

BURGUM HERTFORD (HERTFORD)

Burgum Hertforde pro X hidis se defendebat T. R. E. et modo non facit. Ibi erant CXLVI burgenses in soca regis Edwardi, nullam consuetudinem reddiderunt nisi geldum regis quando colligebatur.

OXENEFORD (OXFORD)

Tempore regis Edwardi reddebat Oxeneford pro theloneo et gablo et omnibus aliis consuetudinibus per annum, regi quidem XX lib. et VI sextaria mellis, comiti vero Algaro X lib. adjuncto molino quem infra civitatem habebat. Quando rex ibat in expeditionem, burgenses XX ibant cum eo pro omnibus aliis, vel XX lib. dabant regi, ut omnes essent liberi.

Modo reddit Oxeneford LX lib. ad numerum de XX in Ora.

In ipsa villa, tam intra murum quam extra, sunt CCXLIII domus reddentes geld. et exceptis his sunt ibi quingentæ domus, XXII minus, ita vastatæ et destructæ quod geldum non possent reddere.

Rex habet XX mansiones murales quæ fuerunt Algari (comitis) T. R. E. reddentes tunc et modo XIV sol. II denar. minus, etc.

Propterea vocantur murales mansiones quia si opus fuerit, et rex præcepit, murum reficient viz. unam ex his habuit antecessor Walterii dono regis E. ex VIII virg. quæ consuetudinariæ erant T. R. E., etc.

Hi omnes præscripti tenent has prædictas mansiones liberas propter reparationem muri.

Omnes mansiones quæ vocantur murales T. R. E. liberæ erant ab omni consuetudine, excepta expeditione et muri reparatione.

Alwimus I (tenet) domum liberam pro muro reficiendo; de hac habet XXXII den. per annum. Et si murus, dum opus est, per eum qui debet non restauratur, aut XL sol. regi emendabit, aut domum suam perdet.

Omnes burgenses Oxeneford habent communiter extra murum pasturam reddentem VI sol. et VIII denarios.

GLOWECESTRE (GLOCESTER)

Tempore regis Edwardi reddebat civitas de Glowecestre XXXVI lib. numeratas et XII sectaria mellis ad mensuram burgi, et XXXVI dicras ferri et C virgas ferreas ductiles ad clavos navium regis, et quasdam alias minutas consuetudines in aula et in camera regis.

Modo reddit ipsa civitas regi LX lib. de XX in Ora; et de moneta habet rex XX lib., etc., cum alia consuetudine, quæ dat gablum sed aliam consuetudinem retinet.

Omnes istæ mansiones reddebant regalem consuetudinem T. R. E. Modo rex W. nihil inde habet, etc., sed etiam domus erant ubi sedet castellum, etc.

WIRECESTRE (WORCESTER)

In civitate Wirecestre, habebat rex Edw. hanc consuetudinem. Quando moneta vertebatur, quisque monetarius dabat XX sol. ad Lundoniam pro cuneis monetæ accipiendis. Quando comitatus geldebat, pro XV hid. se civitas adquietabat. De eadem civitate habebat ipse rex X lib. et comes Edvinus VIII lib. Nullam aliam consuetudinem ibi rex capiebat, præter censum domorum, sicut unicuique pertinebat. Modo habet rex W. in dominio et partem regis et partem comitis. Inde reddit viccecomes XXIII lib. et V sol. ad pensum, de civitate et de dominicis maneriis regis reddebat CXXIII lib. et IV sol. ad pensum. De comitatu vero reddebat XVII lib. ad pensum. Et adhuc reddit X lib. denariorum de XX in Ora, aut accipitrem (norresc) et adhuc C sol. reginæ ad numerum, et XX sol. de XX in Ora pro summario. Hæ XVII libræ ad pensum et XVI lib. ad numerum sunt de placetis comitatus et hundretis, et si inde non accipit, de suo proprio reddit.

HEREFORD (HEREFORD)

In Hereford civitate tempore regis Edwardi erant C et III homines commanentes intus et extra murum, habebant has subterscriptas consuetudines.

Si quis eorum voluisset recedere de civitate, poterat concessu præpositi domum suam vendere alteri homini, servitium debitum inde facere volenti, et habebat præpositus tertium denarium, hujus venditionis. Quod si quis paupertate sua non potuisset servitium facere, relinquebat sine pretio domum suam præposito, qui providebat ne domus vacua remaneret et ne rex careret servitio.

Intra murum civitatis unaquaque integra masura reddebat vii denarios et obolum, et iv denarios ad locandos caballos, et iii diebus in Augusto secabat ad Maurdine, et una die ad fenum congregandum erat, ubi vicecomes volebat. Qui equum habebat ter in anno pergebat cum vicecomite ad placita et ad hundret ad Urmelavia. Quando rex venatui instabat, de unaquaque domo per consuetudinem ibat unus homo ad stabilitionem in silva. Alii homines non habentes integras masuras, inveniebant inewardos ad aulam, quando rex erat in civitate.

Burgensis cum caballo serviens, cum moriebatur, habebat rex equum et arma ejus. De eo qui equum non habebat, si moreretur, habebat rex aut x sol. aut terram ejus cum domibus.

Si quis morte præventus non divisisset quæ sua erant, rex habebat omnem ejus pecuniam. Has consuetudines habebant in civitate habitantes et alii similiter extra murum manentes, nisi tantum quod integra masura foris murum non dabat nisi iii denar. et obolum. Aliæ consuetudines erant communes.

Cujuscunque uxor brazabat intus et extra civitatem, dabat x denarios per consuetudinem.

Sex fabri erant in civitate : quisque eorum de sua forgia reddebat unum denarium, et quisque eorum faciebat cxx ferra de ferro regis, et unicuique eorum dabantur iii denarii inde per consuetudinem, et isti fabri ab omni alio servitio erant quieti.

Septem monetarii erant ibi. Unus ex his erat monetarius episcopi. Quando moneta renovabatur, dabat quisque eorum xviii sol. pro cuneis recipiendis ; et ex eo die quo redibant usque ad unum mensem, dabat quisque eorum regi xx sol. et similiter habebat epis. de suo monetario xx sol.

Quando veniebat rex in civitatem quantum volebat denar. faciebant ei monetarii, de argento scilicet regis, et hi vii habebant sacam et socam suam.

Moriente aliquo regis monetario, habebat rex xx sol. de relevamento. Quod si moreretur non diviso censu suo, rex habebat omnem censum.

Si vicecomes iret in Wales cum exercitu, ibant hi homines cum eo. Quod si quis ire jussus non iret, emendabat regi xl sol.

In ipsa civitate habebat Heraldus (comes) xxvii burgenses, easdem consuetudines habentes quas et alii burgenses.

De hac civitate reddebat præpositus xii lib. regi (E) et vi lib. comiti (Heraldo) et habebat in suo censu supradictas omnes consuetudines.

Rex vero habebat in suo dominio tres forisfacturas, hoc est pacem suam infractam, et heinfaram, et forestellum.

Quicunque horum unum fecisset, emendabat c sol. regi cujuscumque homo fuisset.

Modo habet rex civitatem Hereford in dominio, et anglici burgenses ibi manentes habent suas priores consuetudines : francigenæ vero burgenses habent quietas per xii denarios omnes forisfacturas, præter tres supradictas.

Hæc civitas reddit regi lx lib. ad numerum, de candidis denariis, intra civitatem et xviii maneria quæ in Hereford reddunt firmas suas, computantur cccxxxv lib. et xviii sol. exceptis placitis de hund. de comitatu.

GRENTEBRIGE (Cambridge)

Burgum de Grentebrige pro uno hundret se defend. T. R. E. In hoc burgo fuerunt et sunt decem custodiæ. In prima custodia liv masuræ, ex his ii sunt vastæ. In hac prima custodia habet Alanus comes v burgenses nihil reddentes, etc. Hæc eadem una custodia pro duabus computabatur T. R. E. ; sed pro castro sunt destructæ xxviii domus.

In secunda custodia fuerunt xlviii masuræ T. R. E., etc.
In tertia custodia T. R. E. fuerunt xli masuræ, etc.
In quarta custodia T. R. E. fuerent xlv masuræ.

De consuetudinibus hujus villæ vii lib. per annum, et de Landgable vii lib. et ii Oræ et duo denar.

Burgenses T. R. E. accommodabant vicecomiti carrucas suas ter in anno. Modo novem vicibus exiguntur.

Nec averas nec currus T. R. E. inveniebant, quæ modo faciunt per consuetudinem impositam. Reclamant autem super Picotum vicecomitem, communem pasturam sibi per eum (et ab eo) ablatam.

De Harieta Lagemannorum habuit isdem Picot. viii lib. et unum palfridum, et unius militis arma.

HUNTEDUN (Huntingdon)

Huntedun burg. defendebat se ad geld. regis pro quarta parte de hyrstingestan hund. pro l hid.; sed modo non geldat ita in illo hund. postquam rex W. geldum monetæ posuit in burgo. De toto hoc burgo exibant T. R. E. de Landgable x lib. inde comes tertiam partem habebat, rex duas. De hoc censu remanent nunc supra xx mansuræ, ubi castrum est xvi sol. et viii denar. inter comitem et regem. Præter hæc habebat rex xx lib. et comes x lib. de firma burgi, aut plus aut minus, sicut poterat collocare partem suam, etc.

Hanc terram colunt burgenses, et locant per ministros regis et comitis. Infra prædictum censum sunt iii piscatores iii sol. reddentes.

In hoc burgo fuerint iii monetarii reddentes xl sol. inter regem et comitem; sed modo non sunt. T. R. E. reddebant xxx lib., modo similiter.

BEDEFORD (Bedford)

Bedeford T. R. E. pro dimidio hund. se defendebat, et modo facit, in expeditione et in navibus. Terra de hac villa nunquam fuit hidata, nec modo est, præter unam hidam, quæ jacuit in ecclesia S. Pauli in elemosina, etc.

LEDECESTRE (leicester)

Civitas de Ledecestre tempore regis Edwardi reddebat per annum regi xxx lib. ad numerum de xx in Ora et xv sextaria mellis.

Quando rex ibat in exercitu per terram, de ipso burgo xii burgenses ibant cum eo. Si vero per mare in hostem ibat, mittebant ei iv equos de eodem burgo usque Londoniam, ad comportandum arma, vel alia quæ opus esset.

Modo habet rex W. pro omnibus redditibus civitatis ejusdem et comitatus xlii lib. et x sol. ad pondus; pro uno accipitre x lib. ad numerum; pro summario xx sol. De monetariis xx lib. per annum de xx in Ora. De his xx lib. habet Hugo de Grentemaisnil tertium denarium.

WARWIC (warwick)

In burgo de Warwic, habet rex in dominio suo cxiii domus, et barones regis habent cxii de quibus omnibus rex habet geldum suum, etc. Episcopus de Wirecestre habet lx masuras, et sic de cæteris; præter has supradictas masuras sunt in ipso burgo xix burgenses qui habent xix masuras cum saca et soca et omnibus consuetudinibus, et ita habebant T. R. E.

SCIROPESBERIE (shrewsbury)

Hæc civitas T. R. E. geldebat pro c hidis. De his habebat S. Almundus ii hid. et sic de ceteris.

Dicunt angligenæ burgenses de Sciropesberie multum grave sibi esse, quod ipsi reddunt totum geldum, sicuti reddebant T. R. E. quamvis castellum comitis occupaverit li masuras et aliæ l masuræ sint vastatæ, et xliii francigenæ burgenses teneant masuras geldentes T. R. E. et abbatiæ quam facit ibi comes dederit ipse xxxix burgenses, olim similiter cum aliis geldentes.

Intra totum sunt cc masuræ, vii minus, quæ non geldunt.

EBORACUM (york)

In Eboraco civitate tempore regis Edwardi præter scyram archiepiscopi fuerunt vi scyræ; una ex his est vastata in castellis.

In quinque scyris fuerunt mille et quadringentæ et xviii mansiones hospitatæ. De una harum scyrarum habet archiepiscopus adhuc tertiam partem. In his nemo alius habebat consuetudinem nisi ut burgensis, præter Merlesvainan una domo quæ est infra castellum, et præter canonicos ubicunque mansissent, et præter iv judices, quibus rex dabat hoc donum per suum brevem, et quamdiu vivebant.

Archiepiscopus autem de sua scyra habebat plenam consuetudinem.

De supra dictis omnibus mansionibus sunt modo hospitatæ in manu regis reddentes consuetudinem quadringentæ, ix minus, inter magnas et parvas, et cccc mansiones non hospitatæ, quæ reddunt melior i denarium, et aliæ minus; et quingentæ et xl mansiones ita vacuæ, quod nil omnino reddunt, et cxlv mansiones tenent Francigenæ.

LINCOLIA (LINCOLN)

In civitate Lincolia erant, tempore regis Edwardi, novies centum et lxx mansiones hospitatæ. Hic numerus anglice computatur i centum pro cxx.

In ipsa civitate erant xii Lagemanni, id est habentes sacam et socam, Hardecnut, Suartin, F. Grimboldi, Ulf filius Suertebrand, qui habuit Thol et Them, Walraven, Alwold, Brictric, Guret, Ulbert, Godric, F. Eddeve, Siward (presbyter), Leuwine (presbyter), Aldeve (presbyter).

Modo sunt ibi totidem habentes similiter sacam et socam. Suardinc (i) loco Hardecnut patris sui, Suartinc (ii), Sortebrand (iii) loco Ulf patris sui, Agemund (iv) loco Walraven patris sui, Aluwold (v), Golduinus (vi) filius Brictric, Normanus (vii), Crassus loco Guret, Ulbert (viii), frater Ulf adhuc vivit, Pethrus (ix) de Valonges loco Goldric filii Eddeve, Ulnoldus (x) presbyter loco Siward, presb. Burnolt (xi) loco patris sui Leuwine, qui modo est monachus, Ledewinus (xii) filius Ravene loco Aldene presbyteri.

Tochi filius Outi habuit in civitate xxx mansiones præter suam hallam, et ii ecclesias et dimidiam; et suam hallam habuit quietam ab omni consuetudine et super alias xxx mansiones habuit locationem, et præter hoc de unaquaque unum denarium, id est Landgable. Super has xxx mansiones habebat rex theloneum et forisfacturam, ut burgenses juraverunt. Sed his jurantibus contradicit Ulviet presbyter, et offert se portaturum judicium quod non ita est sicuti dicunt, etc.

Radulfus Pagenel habet i mansionem, etc., et sic de ceteris.

Aluredus nepos Turoldi habet iii. Toftes de terra sibi, quantum rex sibi dedit, in quibus habet omnes consuetudines, præter geldum de Monedagio.

Consuetudines regis et comitis in Sudlincolia reddunt xxiii lib.

In Nortreding consuetudines regis et comitis reddunt xxiv lib.

In Westreding consuetudines regis et comitis reddunt xii lib.

In Sudtreding consuetudines regis et comitis reddunt xv lib.

Pax manu regis vel sigillo ejus data, si fuerit infracta, emendatur per xviii hundret. Unum quoque hund. solvit viii lib. duodecim. hund. emendant regi et vi comiti.

Si quis pro aliquo reatu exulatus fuerit a rege et a comite et ab hominibus vicecomitatus, nullus nisi rex sibi dare pacem poterit.

NORWIC (NORWICH)

Hoc de Norwic. In Norwic erant tempore regis Edwardi mcccxx burgenses. Quorum unus ita dominicus regis, ut non posset recedere nec homagium facere sine licentia ipsius cui erat nomen Edstan, etc.

Tota hæc villa reddebat T. R. E. xx lib. regi et comiti x lib. et præter hoc xxi sol. et iv denar. præbendarios, et vi sextarios mellis, et i ursum et vi canes ad ursum; et mode lxx lib. pensum regis et c sol. ad numerum de gersuma reginæ, et i asturconem et xx lib. blancas comiti et xx sol. gersuma ad numerum G., etc.

Franci de Norwic in novo burgo xxxvi burgenses et vi Anglici et ex annua consuetudine reddebat unusquisque v denar. præter forisfacturas. De hoc toto habebat rex ii partes et comes tertiam. Modo xli burgenses franci in dominio regis et comitis et Rogerius Bigot habet l et sic de aliis.

Tota hæc terra burgensium erat in dominio comitis Rad. et concessit eam regi in commune ad faciendum burgum inter se et regem, ut testatur vicecomes. Et omnes terræ istæ, tam militum quam burgensium, reddunt regi suam consuetudinem.

CESTRE (CHESTER)

Civitas de Cestre, tempore regis Edwardi, geldebat pro l hidis. Tres et dimidium, quæ sunt extra civitatem (hoc est, una hida et dimidium ultra pontem, et duæ hidæ in Neutone, et Redclive et in burgo episcopi); hæ geldebant cum civitate.

Tempore regis Edwardi erant in ipsa civitate cccc et xxxi domus geldentes; et præter has habebat episcopus lvi domus geldentes. Tunc reddebat hæc civitas x marcas argenti et dimidiam: duæ partes erant regis et tertia comitis...

Tempore regis Edwardi erant in civitate hac septem monetarii, qui dabant septem libras regi et comiti extra firmam, quando moneta vertebatur.

Tunc erant xii judices civitatis; et hi erant de hominibus regis et episcopi et comitis; horum si quis de hundret remanebat die quo sedebant, sine excusatione manifesta, x solidis emendabat inter regem et comitem.

Ad murum civitatis et pontem reædificandum de unaquaque hida comitatus unum hominem venire præpositus edicebat; cujus homo non veniebat, dominus ejus xl solidos emendabat regi et comiti; hæc forisfactura extra firmam erat.

Hæc civitas tunc reddebat de firma xlv libras, et tres timbres pellium martrinium; tertia pars erat comitis et duæ regis.

Quando Hugo comes recepit, non valebat nisi xxx libras. Valde enim erat vastata: ducentæ et quinque domus minus ibi erant quam tempore regis Edwardi fuerunt: modo totidem sunt ibi quot invenit.

Hanc civitatem Mundret tenuit de comite pro lxx libris et una marka auri.

Ipse habuit ad firmam, pro l libris et una marka auri, omnia placita comitis in comitatu et hundretis præter Inglefeld.

Terra in qua est templum Sancti Petri, quam Robertus de Rodelend clamabat ad Teiland (sicut diratiocinavit comitatus), nunquam pertinuit ad manerium extra civitatem, sed ad burgum pertinet, et semper fuit in consuetudine regis et comitis, sicut aliorum burgensium.

LIVRE V

RÉCIT DES EXPLOITS ET DE LA MORT DE HEREWARD [1]

Un an après l'évesque Elwine
Et Siward Bern en la marine
Meurent d'Escoce od noef esnecces,
Tresq'en Humbre siglent ès breccès.
Li quiens Morgar encontre vint,
Ès niefs entra, od eus se tint;
A Welle encontrèrent les Englois,
Fuiz sont à Willam li rois.
Tant ont parlé de compaignie,
Chescuns vout faire à autre aïe.
Un gentil home lur sire estoit.
Des utlaghes mult i avoit.
Par la terre sont alez
Et vont degastant le régné.
Li rois Willam, quant il ceo sout,
Mult fu irez, si l'en pesout;
S'ost somonst, manda guerroiers,
François, Anglois et chevaliers;
Devers la mier mist marinaus,
Bucecarles, valez as peaus
E autres genz, dont tant i out.
Nul des assis aler n'i pout;
E derichef par les boscages
Furent gardez tuz les passages,
E li marchis tut environ
Fut bien gardé par contençon.
   Après ceo comanda li rois
Fe re ponz outre les marois
Et dist que tuz les destruieroit;
Jà nuls n'en eschaperoit.
Quant il ceo seurent en Ely,
Si se sont mis en sa merci;
.. alèrent merci crier
Fors Ereward, qi mult fu bier.
Il eschapa od poi de gent,
Geri od lui, un son parent.
Od eus eurent v compaignons.
Uns homs qui amenoit peissons

As gardeins long le marcis,
Fist qe prodom et qe curteis;
En un batel les recuillit,
De ros, de glais tuz les coverit,
Vers les gardeins prist à nager.
Si come un soir deit anuiter,
Vint près des loges od sa nief.
François estoient en un tref,
Wid le viesconte en ert seignour,
Bien conuissoit le peschéour,
Et bien seurent q'il venoit,
De lui nule garde n'avoit;
Le peschéour virent nager,
Nuit ert et sistrent au manger.
Fors de la nief ist Ereward,
De hardement sembloit leopard,
Si compaignon après issirent,
Desouz un bois le tref choisirent.
A eus ala le peschéour,
Ereward ert seins son seignour.
Q'en dirroie? Li chevaler
Furent surpris à lur manger.
Cil entrent, haches en lur mains;
De bien férir ne sont vilains,
Normanz occistrent et desconfirent.
Cil qui poeient s'enfuirent.
Grant fut l'effrei par les osteaus,
De la fuite sont communaus,
Chevaus lessent enseelez.
Les outlaghes i sont montez
Tut à leisir et seinement,
Onques n'eurent desturbement;
A eise erent de fere mal.
Chescuns choisit très bon cheval.
Li bois sont près, enz sont entré,
Il n'alèrent pas esgarré,
Bien séurent tut cel païs,
Mult i avoit de lur amis.

---

1. *Chronique de Geoffroy Gaymar; Chroniques anglo-normandes*, t. I, p. 16-27.

A une ville où sont turnez
Trovèrent x de lur privez.
Od Ereward cil se sont pris,
Einz furent vi, ore sont plus de dis.
Dis e huit sont li compaignon ;
Einz qu'il passèrent Huntedon,
Eurent cent homes bien armez,
De Ereward liges privez.
Si home erent et si fideil.
Einz qu'au demain levast soleil,
vii cenz sont à lui venuz,
En Bruneswald l'ont aconseuz.
 Ore fut grant la compaignie,
Une cité ont assaillie,
Burgh assaillirent cil forfet :
Bien tost en fut le meur tut fret ;
Entrent dedenz, assez ont pris
Or et argent et veir et gris.
Autre hernois i ont assez,
La chose as moignes ont tensez.
D'ilœc s'en vont à Estamford,
De ceo que pernent ne font tort ;
Car li burgois eurent bracé
Que Ereward en fut déchacé,
Meslé l'eurent envers le roi
A mult grant tort et à deslei.
S'il se vengoit, ne fut nul tort,
De ceux de Burgh et de Stanford,
Qu'en dirroie ? Par plusurs anz
Tint Ereward contre Normanz,
Il et Winter son compaignon
E dan Geri un gentil hom,
Alveriz, Grugan, Saiswold, Azecier,
Icil et li altre guerreier
Guerreièrent issi Franceis ;
Si un d'els encontrout treis
Ne s'en alasent sanz asalt.
Ço pert uncore en Bruneswald,
Là ù Gier se combati,
Ki mult fu fort e fier e hardi.
Lui setme asailli Hereward,
Sul par son cors, n'i out reguard,
Les quatre oscist, les treis fuirent ;
Naffrez, sanglant, c'il s'en partirent.
En plusurs lius ceo avint.
Encontre vii très bien se tint :
De vii homes avoit vertu ;
Onques plus hardi ne fut veu.
 Par plusurs anz tant guerroia

Si qe une dame le manda,
Que de li out oï parler ;
Par meinte foiz l'ad fet mander
Q'à lui vensist, si li plesoit ;
L'onor son pière li dorroit ;
Et, s'il la pernoit à muiller,
Bien porroit François guerreier.
Ceo fut Alfued qe ço manda
A Ereward, que mult ama ;
Par plusurs foiz tant le manda
Qe Ereward s'apresta.
Vers lui ala od mult de gent,
Triwes aveit tut veirement,
Au roi se devoit acorder ;
Dedenz cel mois passer la mer
Devoit pur guerroier Mansaus,
Qui ont au roi tolet chasteaus.
Il i avoit ainceis esté,
Walter del Bois avoit maé,
Et dan Geffrei, cil de Meine,
Tint en prison une simeine.
Ereward, qui doit aler en pees,
D'or et d'argent avoit meint fès.
 Quant li Normant ceo entendirent,
Fruissent la pès, si l'assaillirent ;
A son manger l'ont assailli.
Si Ereward en fust garni,
Le plus hardi semblast couard
Malement le gaita Aaelward,
Son chapelein : le deust gaiter,
Si s'endormit sus un rocher.
Qu'en dirroie ? Surpris i fu ;
Mès gentement s'est contenu,
Si se contint come leon,
Il et Winter son compaignon.
Quant nul haubert n'i pout aveir
Ne ses armes pur soi armer,
Ne sur destrer ne pout saillir,
Un escu prist q'il vist gisir
Et une lance et une espée.
L'espée ceinst, si l'ad nuée,
Devant trestuz ses cumpaignuns
S'est acemez come uns léons,
Mult fièrement dist as François :
« Triwes m'avoit doné li rois ;
Mès vus venez iréement,
Le mien pernez, tuez ma gent,
Suspris m'avez à mon manger ;
Fel traitres, vendrai moi cher. »

III gavelocs un sergant tint,
Sis homs estoit, devant li vint,
L'un en bailla à son seignour.
Un chevalier aloit entour,
Par tout le champ aloit quérant
Et Ereward mult demandant.
De ses homes aveit oscis
E morz getez dès-ci k'à dis.
Si come il l'alout demandant,
Li bier li est venu devant,
Le gaveloc i fet aler,
Par mi l'escu le fet voler.
L'auberc rumpit, pas ne se tint,
Le queor trencha, issi avint;
E cil chaït, ne pout el estre,
A son morir n'out point de prestre.
Donc l'assaillirent li Normant,
Traient à lui et vont lançant,
De totes parz l'avironèrent,
En plusurs lius son cors nafrèrent,
Et il fiert eus come sengler
Tant com la lance pout durer;
Et quant la lance li faillit,
Del brant d'ascer grant coup férit.
Tiel le quida mult vil trover,
De son cors l'estuet achater;
Et quant le troevent si amer,
Asquanz n'i osent arester;
Car il férit vigorousement
Si's requist menu e sovent,

Od s'espée IIII en occist,
Dès qu'il fiert le bois retentist;
Mès donc brusa le brant d'ascer
Desus l'elme d'un chevalier,
E il l'escu en ses mains prist,
Si en fiert qe II Franceis occist;
Mès IIII vindrent à son dos
Qui l'ont féru par mi le cors,
Od IIII lances l'ont féru;
N'est merveille s'il est chéu,
A genuillons s'agenuilla,
Par tiel aïr l'escu getta
Que uns de ceus qi l'ont féru
Fiert en volant si del escu
Qu'en II moitiez li freint le col.
Cil out à non Raol de Dol,
De Tuttesbire estoit venuz.
Ore sont amdui mort abatuz
E Ereward e li Breton,
Raol de Dol avoit à non;
Mès Alselin le paroccist
Cil de Ereward le chef prist,
Si jura Dieu et sa vertu,
Et li autre qui l'ont véu
Par meinte foiz l'ont fort juré,
Que oncques si hardi ne fut trové,
Et s'il eust éu od lui trois,
Mar i entrassent li François;
Et s'il ne fust issi occis,
Touz les chaçast fors del païs.

LIVRE VI

RÉCIT POÉTIQUE DE L'ENQUÊTE FAITE PAR LE ROI GUILLAUME
SUR L'AVENIR PROBABLE DE SES FILS [1]

Li rois Willam li Conquéror,
Ki tant aveit conquis honor,
Ki rois estoit coroné,
De tens avenir ayeit pensé
Et après ses jorz qu'el sècle serreit
E de ses treiz fiz quei avendreit.

Mult fu pensifs pur enquere
A quele fin il devereient treire.
Les granz clers de phylosophie
E les mestres de grant clergie
Et les sages homes de son poer
Par deçà e delà la mer

---

[1]. Extrait de la continuation du *Brut d'Angleterre* de Wace, par un anonyme; *Chroniques anglo-normandes*, t. I, p. 80.

A un parlement fist assembler
Par eus entendre saver
De ses enfanz la destiné,
Ke tant avoit désiré.
Quant toz estoient assemblé,
Li rois les ad aresoné :
« Seignors, dist-il, ki estes ici,
De vostre venue mult vus merci.
De voz sens e vostre saver
Ore endreit en ai mester;
K'une pensé me est al quer,
Ke ne me soffre repos aver,
De mes treis fiz, ke beals sunt,
A quele fin il vendrunt.
Pur ceo vus pri e requer
K'entre vus voillez traiter
Des enfanz coment irra
E à quele fin chascun vendra ;
E de ceo ke vus aurez trové
Ne me célez la vérité. »
Li rois atant ad pris congié,
E li senez en unt parlé ;
Mult parlèrent estreitement
E desputèrent clergeaument
Les qualitez e les contenanz
E les mours de les enfanz,
Lur colors e lu afferes ;
Mès en tant n'esplaitèrent guères
Kar diverses furent lur resons
E diverses opinions ;
Ne poaient par nule reson
Tuz assentir à un,
Tant cum il desputèrent
E de rien espleitèrent,
Este-vus un meistre de mein age,
Bien lettré e bien sage,
Entre els est sus levé,
Si ad mult dulcement parlé :
« Seignors, k alez-vus dotant
E tuz les jorz desputant?
Faites les enfanz mander
E severalment od nus parler. »
Quant cil l'out comandé,
Les enfanz sunt tost mandé.
Robert Curte-ose, ki fu l'ainzné,
Devant els fu primes présenté.
Quant li mestres Robert ad veu :
« Beals fiz, ceo dist, bien saiez venu.
Ne saiez de rien esponté,

Avant nus conoistre une vérité.
Si Dex, ki est tuit puissant,
De vus eust fait oisel volant,
De tuz icels ki pount voler
Laquelle voldriez resembler? »
Robert ki fu bien norri
E de parler assez hardi :
« Sire, ceo dist, à mun wler,
Melz voldrai estre esperver ;
E la reson vus dirrai
Pur quei esperver estre voldrai ;
L'esperver est gentil oisel
E le plus acesmé ke vole de hel,
En besoigne bien volant,
A praie prendre bien fesant,
De tote gent est prisé,
De princes chéri et honoré.
Issi di-jeo endroit de moi :
Curteis e quentis estre voldroi,
Chevaler pruz e vaillant
E en besoigne bien fesant.
De tote gent honoré
E sor tuz cremu et amé. »
Robert atant prist congié,
Hors de la chambre s'en est alé.
  L'autre frère est puis entré,
Gwillam le Rus fut nomé,
Curteisement les ad salué ;
Encontre lui sunt tuz levé.
Li sages mestres avant nomé
Willam ad aresoné :
« Beals fiz, ceo dit, ne me célez,
Mès véritez me diez.
Si Dex, ki ad pleinère pousté
E de totes choses fait sa volenté,
De vus un oisel eust créé,
Lequel serriez à vostre gré ? »
Willam se est purpensé
Et puis respondi cume sené :
« Sire, ceo dist, jeo vus dirrai.
Si à mon voil eslire purrai,
Volenters une egle serrai ;
Et la reson oiez purquai ;
L'egle est fort e puissant
E mult cremu en volant,
Des autres oisels est il roi
E corteis est de sa praie,
Issi di-jeo endroit de moi :
Rois e sires estre voldroi,

Sur tote gent aver poier
E assez prendre e assez doner. »
Willam atant congié prist,
A cele fiez plus ne dist.
  Li tierce frère Henri nomé
K'en clergie esteit fundé,
En la chambre est puis venu ;
A grant honor l'unt recéu.
Li grant mestres adunc parla :
« Bealz fiz, ceo dist, entendez çà.
Pur rien ke seit ne leissez
Ke vérité ne nus diez.
Si Dex, ki tuit le munde fist,
Cel e terre, come est escrit,
E kanke est ad en poesté,
De vus un oisel eust formé,
Lequel à vostre gré fuissez
De tuz icelz ke veu avez ? »
Henri, ki fu jofnes e puisné,
Mult sagement ad parlé :
« Sire, ceo dist, en vérité
De mun quor dirrai la pensé.
Si Dex me éust destiné
Ke oisel feusse par son gré,
E jo meimes eslire purrai
Estre icel ke jéo voldrai,
De tuz icels ke volent de hele
Mielz voldreie estre estornele.
Si vus dirrai ma reson
Devant vus toz en commun :
Bien savez ke l'estornele
Est deboniers e simple oisele,
En grant soudre volt voler
Et le païs environer,
Simplement son vivre querre
Sans damage à nului faire,
Ne ad jà cure de ravine
Ne de grever nule vaysine ;
Et si en kage sait norri,
Jà home grevé serra par lui ;
Mais par parler e par chant
A tozjorz est solazant.
Issi vus di-jeo de par moi ;
Deboners e simples estre voldroi,
Par païs errer od grant meisné,
Del mien trover les grant plenté ;
Ne voldrai jà home grever
Ne par ravine querre aver,
Si voldrai en ma meson

As miens estre compaignon
Vivre en peis e en compaignie
E en solaz tote ma vie. »
Quant Henri céo avoit dit,
Sus leva e congié prist.
Quant les enfanz unt congié pris,
Ki dit avoient lur avis,
Les mestres se assemblèrent
E des treis frères entre-parlèrent.
Cil ki les avoit mandé
E les avoit aresoné,
Entre els ad primes parlé
Et sa reson mult bien mustré :
« Seigneurs, ceo dist, mult avom parlé
E de les enfanz desputé.
Devant nus unt tuit treis esté
E lur volentez unt mustré.
Treis oiseals les oi nomer
Lesquels ils voldreient resembler,
Desquels aucement nus averom,
Si al roi respondre volum.
  « De Robert devom primes parler,
Ki volait estre esperver.
L'esperver est pruz e honuré
Mult bien volant e bien prisé ;
Mès trop ad fort encombrer,
Ke à son voil ne poet voler :
Par les piez est ferme lié
E tute sa vie enprisoné.
De Robert di-jeo altretant,
Kar pruz serra e mult vaillant ;
Grant los e grant renon avera
E honoré de toz serra ;
Meis quant avera tuit erré,
Par force ert pris e amené
E al drein, céo est la som,
Robert morra en prison.
  « De Willam le Rus parlom avant,
Ki volait estre egle volant.
La egle est forte e puissant ;
Meis mult est orde et malfesant,
Pur pruesce ne ert jà prisé
Ne chéri ne honuré,
A male fin est destiné,
De laceons pris u seté,
De Willam volum autant dire,
Ke rois serra e grant sire.
Riches home e mult puissant,
Meis mult cruel e malfesant,

Pur ses utrages mult doté,
De plusors haï et poi prisé ;
Orde home ert, de ma[le] vie,
Malement morra, pur veir vus die.
 « Parlum de Henri le puisné frère,
Ki volait l'estornele resembler.
L'estornel est simples e deboners
E en grant soudre volt voler,
En peis volt vivre sans mesprendre
E en solaz sa fin atendre.
De Henri ceo dire bien purrum
Ke del estornel trové avom,
Ke sages serra e de bon afere
E à son voil ne movera guerre,
Larges terres e rentes avera
E grant meisné par pais menera,
Sovent graunt anoy sentira,
Meis al drain en peis morra.
 « De les enfanz vous ai dit
Ceo ke Deus en quor me mist,
Vus ki ma reson savez,
Si ai mespris, si m'amendez. »
Quant li mestres out parlé,
Les autres tuz unt crié :
« Mult parlez resonablement.
Nul n'i poet mettre amendement.
A vostre dit tuz assentom,
Sus levez, al roi irrom ;
E ceo ke ci dit avez,
De par nus toz al roi mostrez. »
Devant le roi sunt toz venu.
Od grand honur les ad receu.
Cil ki bien saveit parler
E grant reson bien mostrer,
Céo ke entr'els unt trové
Par ordre al roi od tuit conté :
Coment Robert, ki fu ainzné,
Pruz serreit e mult prisé ;
Maiz au drain, céo est la some,
Robert murrait en prison.
Issi Robert, le bon baron,
A Kardif morut en prison.
E de Willam li autre frère
Ki rois seroit de grant poer,
Horde home e desmesuré
E par meschance al drain tué.
Issi avint par son péché :
En la Novel Forest fu blessé.
E de Heuri, ki fu le puisné,

Ki par bone destiné
Rois et noble prince serreit
E a drein en peis murreit.
Quant li rois les out oï,
Pur ses douz fiz fu marri ;
Meis de Henri fu heité,
E de ceo en ad Deu loé,
E les mestres ad tuz honoré,
E riches dons lor ad doné ;
E il li unt mult mercié,
Et atant unt pris congié.
 « De Willam volum avant parler
Ki volonters voleit saver
D'Engletere la tenor
E la laise et la longnur,
Toz les feez et les tenemenz
E les servises de tote genz,
Quant de conteez i sunt trové
E quant de viles en chascon conté,
Quant de barons la terre avoit
E cumbien de terre chascon tenoit,
Quanz de feez de chevaliers
E cumbien de franc-fermers,
Le serganties e les sokages,
Les petiz sokemen e les vilenages,
Cumbien des charues en chascon vile
E kant de boueez en la charue,
Cumbien de terre chascon home avoit
E en quele manère il la tenoit
E quel servise faire devoit
E quei sa terre valer purroit.
Tuit ensemble fist enquerre
Par serement par mie la terre.
Od grant diligenz ceo fist escrivre
E de ceo en fist un grant livre.
Le livre est *Domesday* apelé
E en la trésorie le roi uncore guardé.
Le Conquéror, cum dient les escriz,
De Malde engendra quatre fiz.
Robert Curte-hose fu le ainzné,
Richarde li autre fu apelé,
Willam le Rus le tierce noma,
Ki après lui primes regna.
Henri out à nun le puisné.
Ki de clergie fu fundé.
Cinke filles Deu li dona
De Malde sa femme, ke mult ama ;
L'aisnée Cécile apela,
Ke abbesse de Cam estoit jà.

La secunde Custanz estoit,
Ke Alain le Sergant à femme avoit,
Ki quens esteit de Bretaigne,
Ke mult est bone tere e saine.
Aude la tierce vient après,
Ki Esteven, quens de Bleis,
Od grant honor espusa
E de lui dous fiz engendra :
Li un out nun Thebaud, ceo croi,
Li autre Esteven, ki puis fu rei.
Li dous drains, mien aescient,
Se laissèrent morir en lor juvent.
Quant li Bastard deveit morir,
Kanke aveit fist départir,

Soen héritage, mien aescient.
Normandie od kanke apent
A Robert son ainzné fiz dona
E dux de Normandie l'apeia :
Tuit son conquest par deçà
A Willam son fiz dona ;
A Henri dona son trésor,
Dras de seye, argent e or.
Quaunt ile out fest son testament
De teres, de or e de argent,
E XXX an sunt acompliz
Puis ke Engleterre ad conquis,
A Cam se laissa morir,
E iloec le firent ensévelir.

LIVRE VII

N° 1

BALLADE POPULAIRE, COMPOSÉE AU SEIZIÈME SIÈCLE, SUR LE NAUFRAGE DES FILS DE HENRI 1er [1]

After out royal king
  Had foil'd his foes in France,
And spent the pleasant spring
  His honour to advance :

Into fair England he return'd
  With fame and victory;
That time the subjects of this land
  Receiv'd him joyfully.

But at his home return
  His children left he still
In France, for to sejourn
  To purchase learned skill :

Duke William, with his brother dear,
  Lord Richard was his name,
Which was the earl of Chester then,
  And thirsted after fame;

The King's fair daughter eke
  The lady Mary bright,
With divers nobles peers,
  And many a hardy knight :

All these were left together there
  In pleasures and delight,
Wen that our king to England came
  After the bloody fight.

But when fair Flora had
  Drawn forth her treasure dry,
That winter cold and sad
  With hoary head drew nigh ;

Those princes all, with one consent
  Prepared all things, meet,
To pass the seas for fair England,
  Whose sight to them was sweet.

« To England let us hye
  Thus every one did say,
For Christmas draweth nigh :
  No longer let us stay,

But spend the Christmas-time
  Within our father's court
Where lady Pleasure doth attend,
  With many a princely sport. »

[1]. Evans's *Old Ballads historical and narrative*, vol. I, p. 48.

To sea those princes went,
   Fulfil'd with mirth and joy :
But this their merriment
   Did turn to dear annoy

The sailors and the shipmen all,
   Through foul excess of wine,
Were so disguis'd that on the sea
   The show'd themselves like swine;

The stern no man could guide,
   The master sleeping lay,
The sailors all beside
   Went reeling every way,

So that the ship at random rode
   Upon the foaming flood,
Whereby in peril of their lives
   The princes always stood :

Which made distilling tears
   From their fair eyes to fall;
Their hearts were fill'd with fears,
   No help they had at all :

They wish themselves upon the land
   A thousand times and more,
And at the last they came in sight
   Of England's pleasant shore.

Then every one began
   To turn their sighs to smiles;
Their colour pale and wan,
   A chearful look exiles :

The princely lords most lovingly
   Their ladies did embrace;
For now in England shall we be
   (Quoth they) in little space.

Take comfort then (they said)
   Behold the land at last :
Then be no more dismay'd,
   The worst is gone and past.

But while they did this joyful hope
   With comfort entertain,
The goodly ship upon a rock
   In sunder burst in twain.

With that a grievous shriek
   Among them there was made,
And every one did seek
   On something to be staid;

But all in vain such help they sought;
   The ship so soon did sink,
That in the sea they were contrain'd
   To take their latest drink.

There might you see the lords
   And ladies for to lie
Amistd the salt sea foam,
   With many a grievous cry;

Still labouring for life's defence
   With stretched arms abroad,
And lifting up their lilly hands,
   For help with one accord.

But as good fortune would,
   The sweet young duke did get
Into the cock-boat then
   Where safely he did sit :

But when he heard his sister cry,
   The king's fair daughter dear,
He turn'd his boat to take her in
   Whose death did draw so near :

But while he strove to take
   His sweet young sister in,
The rest such shift did make
   In sea as they did swim,

That to the boat a number got,
   So many, as at the last
The boat, and all that were therein,
   Were drown'd and over-cast;

Of lords and gentlemen
   And ladies of face fair,
Not one escaped then,
   Which was a heavy case.

Threescore and ten were drown'd in all,
   And none escaped death,
But one pour butcher which had swom
   Himself quite out of breath.

This was most heavy news
   Unto our comely king,
Who did all mirth refuse,
   This word when they did bring :

For by this means no child he had
   His kingdom to succeed,
Whereby his sister's son was king,
   As you shall plainly read.

N° 2

CONVERSATION ENTRE HENRI 1er ET MABILE, FILLE DE ROBERT, FILS D'AYMON [1]

Ther was tho in Engelond a gret louerdyng,
On of the grestost that ther was, wythout Henry kyng,
Syre Roberd le fyz Haym, that let vorst arere
The abbey of Teukesbury, and monekes brogte there.
He deyde aboute thulke tyme, and ybured was ywys
In the abbey of Teukesbury, as hys body gut ys.
Mabyle hys dogter was eyr of al hys londes,
The kyng vor yre erytage hym gan understonde,
To brynge Roberd hys sone a bast in his waryson there
Thoru spousyng of thys mayde, that avanced were.
He seyde, that heo ssolde hys sone to hyre spouse auonge. »
Thys mayde was there agen, and wyth seyde yt longe.
The kyng of sogte hyre suythe ynou, so that atten ende
Mabyle hym ansuerede, as gode mayde and hende,
« Syre, » heo seyde, « wel ychot, that goure herte up me ys,
« More vor myn erytage, than my fulue ywys.
« So vayr erytage, as ych abbe, yt were me gret ssame,
« Vor to abbe an louerd, bote he adde an tuo name.
« Syre Roberd le fyz Haym my fader name was,
« And that ne mygte nogt be hys, that of hys kunne nogt nas.
« Thervore, syre, vor Gode's love, ne let me non man owe,
« Bote he abbe an tuo name, war thorn he be yknowe.
« Damaysele, » quath the kyng, « thou seyst wel in thys cas,
« Syre Roberd le fiz Haym thy fadere's name was.
« And as vayr name he ssal abbe, gyf me hym may byse,
« Syre Roberd fiz le Roy hys name ssal be.
« Syre, » quath thys mayde tho, « that ys vayr name,
« As wo seyth, al hys lyf, and of grete fame.
« Ac watt ssolde hys sone hote thanne and other that of hym come?
« Sone mygte hii hote nogt, therof nymeth gome. »
The kyng understod, that the mayde ne seyde non out rage,
And that Gloucestre was chef of hyre erytage.
« Damasele, » he seyde tho, « thy louerd ssal abbe an name
« Vor hym, and vor hys eyrs vayr wyth out blame.
« Vor Roberd erl of Gloucestre hys name ssal be, and ys.
« Vor he ssal be erl of Gloucestre and hys eyrs ywys.
« Syre, » quath the mayde tho, « wel lyketh me thys,
« In thys fourme ycholle, that al my thyng be hys. »
Thus was erl of Gloucestre vorst ymade there
As thys Roberd of all thulke, that longe byvore were.

1. Robert of Gloucester's *Chron.*, p. 431 et 432, t. II, ed. Hearne.

TABLE

CHRONOLOGIQUE ET ANALYTIQUE

DU TOME PREMIER

—

	Pages
AVERTISSEMENT DE LA TROISIÈME ÉDITION.	1
INTRODUCTION.	3

LIVRE PREMIER

Depuis l'établissement des Bretons jusqu'au neuvième siècle.

		DATES DES FAITS
Anciennes populations de l'île de Bretagne. — L'île de Bretagne sous les Romains. — Les Pictes et les Scots.	13 à 18	55 avant l'ère vulg- à 410
État social des Bretons. — Leur forme de gouvernement. — Attaques du dehors. — Discordes intérieures.	18 à 21	410 à 449
Saxons auxiliaires des Bretons; — deviennent leurs ennemis. — Alliances des Saxons et des Pictes.	21 à 23	449 à 455
Conquêtes des Saxons dans l'île de Bretagne.	23 à 25	455 à 547
Émigration des Angles. — Conquêtes des Angles. — Colonies anglo-saxonnes. — Fugitifs bretons établis dans la Gaule. — État politique de la Gaule. — Influence et politique des évêques gaulois; leur amitié pour les Franks. — Conversion et baptême de Chlodowig, roi des Franks. — Succès des Franks; — leurs conquêtes; — leur victoire sur les Burgondes et sur les Wisigoths. — État des Bretons en Gaule; — leurs querelles avec le clergé gaulois; — leurs guerres avec les Franks. — Hérésie de l'île de Bretagne. 25 à 44		547 à 590
Caractère du pape Grégoire Ier du nom. — Son désir de convertir les Anglo-Saxons au christianisme.	44 à 46	590 à 596
Missionnaires romains envoyés dans l'île de Bretagne. — Leur arrivée.	46 à 49	596
Conversion d'un roi anglo-saxon. — Instructions papales. — Plan d'organisation ecclésiastique pour la Bretagne anglo-saxonne.	49 à 54	596 à 601

601 à 607	Augustin, archevêque des Anglo-Saxons. — Son caractère. — Conférences qu'il assigne au clergé breton de la Cambrie. — Refus des Bretons de s'accorder avec lui et de le reconnaître pour archevêque. — Massacre des moines de Bangor	54 à 66
608 à 628	Retour des Anglo-Saxons au paganisme.—Nouveaux succès des prêtres romains.	66 à 69
628 à 688	Prédications chrétiennes dans le Northumberland ou la Northumbrie. — Réunion des chefs northumbriens à ce sujet. — Conversion des Northumbriens. — Le christianisme s'étend à tous les royaumes anglo-saxons	69 à 75
608 à 1066	Église anglo-saxonne, commencement de civilisation. — L'Église bretonne et l'Église d'Irlande. — Zèle religieux des Irlandais. — Ils sont en dissidence comme les Bretons à l'égard de l'Église romaine. — Le schisme des Cambriens ; son caractère politique, sa durée. — Orthodoxie et dévotion catholique des Anglo-Saxons. — Ruine de la nationalité anglo-saxonne par une conquête que favorise la cour de Rome	75 à 89
	Limites respectives des diverses populations de l'Ile de Bretagne. — Restes de la race bretonne. — Opiniâtreté patriotique des Gallois. — Sentiments de l'historien à l'égard des peuples vaincus.	90 à 94

LIVRE II

Depuis le premier débarquement des Danois en Angleterre jusqu'à la fin de leur domination.

787 — 1048

787 à 865	Premier débarquement des pirates danois. — Leur caractère ; — leur audace ; — leurs conquêtes en Angleterre	95 à 98
865 à 871	Invasion de Ragnar-Lodbrog ; — son chant de mort. — Invasion de ses fils. — Descente des Danois vers le sud. — Destruction des monastères. — Fin du royaume d'Est-Anglie. — Invasion du royaume de West-sex	98 à 105
871 à 879	Résistance d'Alfred, roi des Saxons occidentaux, à l'invasion danoise. — Impopularité et fuite du roi Alfred ; — son retour ; — il attaque les Danois et conclut la paix avec eux.	105 à 109
879 à 885	Réunions successives du territoire anglais sous la même royauté.	109 à 112
885 à 934	Nouvelle guerre avec les Danois. — Descente de Hasting en Angleterre. —Élection du roi Edward. — Conquêtes du roi Ethelstan. — Chant national des Anglo-Saxons sur la victoire de Brunanburgh.	112 à 116
934 à 1002	Défaite d'Érik le Danois, et chant danois sur sa mort. — Suites politiques des défaites des Danois. — Nouvelles émigrations du Danemark	116 à 121
1003	Massacre général des Danois en Angleterre.	121
1004 à 1013	Grand armement du roi danois Sven contre l'Angleterre.— Fermeté patriotique de l'archevêque saxon Elfeg ; — sa mort.— Le roi Ethelred s'enfuit en Gaule.	121 à 126
496 à 870	État des habitants de la Gaule. — Fondation de l'empire des Franks. — Démembrement de cet empire. — Invasion des Danois ou Normands en Gaule. — Nouveaux États formés en Gaule. — Limites et population du royaume de France.	126 à 132

TABLE CHRONOLOGIQUE

Hérald, roi de Norvége, proscrit les pirates. — Exil de Rolf, fils de Rognvald. — Les exilés norvégiens entrent en France et s'établissent à Rouen. — Première négociation des Français avec les Normands. — Victoire des Normands. — Rolf est élu chef des Normands. — Les Français désirent la paix. — Seconde négociation. — Cession de la Neustrie et de la Bretagne. — Conférence de Saint-Clair-sur-Epte. — Conversion et baptême de Rolf, premier duc de Normandie. — Partage de la Normandie. — Langage et mœurs des habitants de Bayeux. — État social de la Normandie. . . . 132 à 144 — 870 à 997

Émeute des paysans de Normandie. — Discours des orateurs populaires. — Associations secrètes. — Mesures violentes contre l'insurrection. — Langage et relations politiques des Gallo-Normands . . . . 144 à 148 — 997 à 1013

Le roi Ethelred rappelé en Angleterre. — Combat des Anglo-Saxons contre les Anglo-Danois. — Godwin, fils du fermier Wulfnoth, sauve un chef danois. — Knut le Danois devient roi de toute l'Angleterre . . . . 148 à 154 — 1013 à 1017

Proscriptions en Angleterre. — Mariage du roi Knut ; — changement remarquable dans son caractère et sa conduite.— Il recherche l'amitié du pape et établit à perpétuité l'impôt du denier de saint Pierre. — Puissance temporelle des papes. — Pèlerinage du roi Knut à Rome ; — lettre écrite de Rome par le roi Knut. — Élévation de Godwin, fils de Wulfnoth. — Démembrement des États de Knut. . . . . 154 à 160 — 1017 à 1035

Harold et Hardeknut, rois d'Angleterre, l'un au nord, l'autre au midi. — Préparatifs de guerre entre les Anglo-Saxons et les Anglo-Danois. — Terreur et fuite d'un grand nombre d'Anglo-Saxons. — Harold règne seul en Angleterre. . . . . 160 à 165 — 1035 à 1037

Alfred, fils d'Éthelred, reparaît en Angleterre. — Sa mort violente ; — circonstances fabuleuses de cet événement. . . . . 165 à 167 — 1037 à 1039

Exemple de barbarie du roi Hardeknut. — Ses exactions. — Tyrannie des Danois. — Les Danois chassés d'Angleterre. — Élection d'Edward, fils d'Ethelred. — Son mariage avec Edith, fille de Godwin ; — caractère d'Edith. . . . . 167 à 172 — 1040 à 1042

Rétablissement de l'indépendance anglaise. — Nouvelles causes de troubles intérieurs. — Inimitié du peuple anglais contre les favoris normands du roi Edward.— Expression originale du mécontentement et de l'inquiétude populaires. . . . . . . 172 à 177 — 1042 à 1048

LIVRE III

Depuis le soulèvement du peuple anglais contre les favoris normands du roi Edward jusqu'à la bataille de Hastings.

1048—1066

Eustache, comte de Boulogne, entre à Douvres ; — sa querelle avec les habitants. — Résistance patriotique de Godwin et de ses fils. — Grand armement du roi Edward. — Proscription de Godwin et de ses fils. — Triomphe des favoris normands.   173 à 183 — 1048 à 1051

Guillaume, duc de Normandie.— Son origine, son caractère. — Sa visite en Angleterre. — Ses projets ambitieux . . . . 184 à 187 — 1027 à 1051

Débarquement de Godwin et de ses fils. — Son entrée à Londres. -- Terreur et fuite des favoris normands. — Réconciliation de Godwin avec le roi Edward. — Le Saxon Stigand est élu archevêque de Canterbury. — Quelques Normands sont tolérés par grâce en Angleterre . . . . 187 à 192 — 1052

1053 à 1064	Haine des Normands contre Godwin. — Mort de Godwin. — Mort de Siward, chef du Northumberland. — Talents militaires et popularité de Harold, fils de Godwin. . . . . 192 à 195
1064	Soulèvement des Northumbriens contre leur chef Tosti, frère de Harold.— Harold préfère la justice à l'intérêt de son frère. — Exil de Tosti. . . . . 195 à 197
1042 à 1065	Malveillance de l'Église romaine contre le peuple anglais ; — causes diverses de cette inimitié qui s'aggrave de plus en plus. — Suspension de l'archevêque Stigand par le pape Alexandre II. — Rapprochement entre l'Église romaine et le duc de Normandie. 197 à 203
1065	Harold veut aller en Normandie ; — le roi Edward l'en dissuade. — Départ de Harold. — Il est emprisonné par le comte de Ponthieu ; — sa délivrance. — Il est accueilli à Rouen par le duc Guillaume. — Demande que lui fait Guillaume. — Serment de Harold sur des reliques. — Son retour en Angleterre. — Pressentiment de malheur public. — Mort du roi Edward. . . . . 203 à 212
1066	Élection de Harold. — Dépit du duc de Normandie. — Tosti cherche des ennemis à son frère Harold. — Il persuade à Harold, roi de Norvége, de faire une descente en Angleterre . . . . 213 à 217
	Message de Guillaume à Harold, roi d'Angleterre. — Négociation de Guillaume avec l'Église romaine.—Souveraineté temporelle de cette Église.—Différend de Guillaume et de Harold porté devant le pape Alexandre II. — Le pape décide en faveur de Guillaume . . . . 217 à 222
	Convocation des États de Normandie. — Leur opposition aux projets du duc Guillaume ; — Guillaume déjoue cette opposition ; — soumissions individuelles.—Grands préparatifs militaires. — Enrôlements d'hommes de tous pays. — Le duc Guillaume cherche des alliés. — Inimitié nationale des Normands et des Bretons.—Conan, comte de Bretagne, refuse son secours ; — il est empoisonné.— Embarquement des troupes.—Retards causés par le mauvais temps. — Départ de la flotte normande. . . . . . . 222 à 232
	Harold, roi de Norvége, débarque en Angleterre. — Harold, roi d'Angleterre, marche à grandes journées contre les Norvégiens. — Rencontre des deux armées. — Déroute des Norvégiens . . . . 232 à 237
	Débarquement de l'armée normande à Pevensey, près de Hastings. — Le roi Harold marche contre les Normands.—Il se retranche à sept milles de leur camp. 237 à 240
	Message de Guillaume à Harold ; — réponse de celui-ci. — État de l'armée anglo-saxonne. — Préparatifs des deux armées pour le combat. — Ordre de bataille des Normands. — Attaque du camp des Anglo-Saxons. — Victoire des Normands. . . 240 à 247
	Le corps du roi Harold reconnu par sa maîtresse, Edith au cou de cygne. — Paroles touchantes des vieux historiens anglais. — Trait de superstition patriotique. — Fondation de l'abbaye de la Bataille . . . . 247 à 249

LIVRE IV

Depuis la bataille de Hastings jusqu'à la prise de Chester, dernière ville conquise par les Normands.

1066—1070

1066	Combat de Romney. — Prise de Douvres. — Capitulation de la province de Kent — Élection du roi Edgar. — Défection d'Edwin et de Morkar. — Blocus de la ville de Londres. — La ghilde ou confrérie municipale des bourgeois de Londres. — Discours

du *staller* Ansgar. — Message envoyé au duc Guillaume. — Soumission de Londres. — 1066
Le duc Guillaume s'arrête près de Londres. . . . . 250 à 258

Guillaume se fait proclamer roi. — Cérémonie du couronnement troublée par l'incendie et
le pillage. — Le nouveau roi reste hors de Londres. . . . . 259 à 264

Dépossession des Anglais. — Partage des dépouilles entre les Normands. — Étendue du 1066
territoire conquis. — Souffrances des vaincus. — Détails d'expropriation. — Punition du à
monastère de Hida. — Résistance courageuse de trois Saxons. . . . . 264 à 272 1067

Forteresses bâties à Londres. — État de l'armée conquérante. — Ancienne liste des conquérants de l'Angleterre. 272 à 275

Le roi Guillaume retourne en Normandie. — Réjouissances publiques pour sa réception. 1067
— Révolte de la province de Kent. — Eustache, comte de Boulogne, vient au secours
des Anglais. — Combats livrés dans les provinces de l'ouest. — Limites probables du
territoire envahi. . . . . 275 à 281

Alarmes et retour du roi Guillaume. — Il marche vers l'ouest. — Siège et prise d'Exeter. 1067
— Partages de terres dans les provinces de l'ouest. — Emprisonnement et dépossession à
de Brithtrik. — Ses terres sont données à la reine Mathilde. — Résistance et punition 1068
des moines de Winchcomb. — Fuite des chefs anglais vers le nord. . . 281 à 288

Conspiration contre les Normands. — Le roi Edgar s'enfuit en Écosse. — État de la 1068
population écossaise. — Amitié des rois d'Écosse pour les hommes de race teutonique.
288 à 292

Le roi Guillaume marche vers le nord. — Prise d'Oxford, de Warwic, de Leycester, de
Nottingham et de Lincoln, que les Normands appelaient *Nicole*. — Fuite d'un otage
anglais sur un vaisseau norvégien. . . . . 292 à 294

Prise d'York, où les Normands se fortifient. — Aventure singulière de l'archevêque Eldred.
— Sa malédiction contre le roi Guillaume. — Son désespoir et sa mort. — Lassitude des
Normands. — Plusieurs d'entre eux retournent dans leurs familles. . . 294 à 301

Insurrection dans les provinces de l'ouest. — Débarquement des fils du roi Harold sur la 1069
côte du sud-ouest. — Fin de la révolte de l'ouest. . . . . 301 à 304

État des provinces du nord. — Marche du comte normand Robert Comine contre la ville
de Durham. — Défaite et mort du comte Robert Comine. — Terreur panique des Normands attribuée au pouvoir de saint Cuthbert. — Alliance des Anglais du nord avec
les Danois. — Arrivée d'un secours danois en Angleterre. — Les Anglais, unis aux
Danois, assiègent la ville d'York et s'en emparent. . . . . 304 à 311

York repris par les Normands. — Dévastation de la Northumbrie. — Prise de Durham. 1070
— Fuite des habitants de cette ville. — Ravages et cruautés exercés par les vainqueurs.
— Ils épargnent, par crainte religieuse, les terres de Saint-Jean de Beverley. — La
conquête s'achève dans le nord. . . . . 311 à 315

Famine dans le pays conquis. — Partages de maisons et de terres. — Colonie française
dans l'Yorkshire. — Distribution de domaines et de femmes anglaises. — Kopsi, noble
Saxon, ami des Normands, est fait comte du Northumberland — Il est tué dans une
émeute suscitée par l'esprit de vengeance nationale. — Seconde fuite du roi Edgar;
capitulation des chefs anglais. — Waltheof, fils de Siward, épouse Judith, nièce du roi
Guillaume. . . . . 315 à 322

Défaite du Saxon Edrik, surnommé le Sauvage. — Invasion du pays de Galles. — Plainte
des habitants anglais de Shrewsbury. — Moines et prêtres venus à la suite des conquérants. — Émigration en famille de différents points de la Gaule. — Sociétés de gain
et de perte entre les soldats de la conquête. — Fraternités d'armes. . . 322 à 325

1070 à 1071	Marche du roi Guillaume contre la ville de Chester. — Prise de Chester. — Gherbaud, premier comte de Chester. — Combat livré près des marais de Ruddlan. — Établissement de cinq frères, venus de Normandie, dans la province de Chester. — Utilité des détails locaux pour donner de la vie à l'histoire. . . . . 325 à 329

LIVRE V

Depuis la formation du camp du Refuge dans l'île d'Ely jusqu'au supplice du dernier chef saxon.

1070—1076

1070 à 1071	Triste état des Anglo-Saxons après leur défaite. — Anglais émigrés en Grèce; — prennent du service à la cour byzantine. — Anglais réfugiés dans les forêts. — Brigandage en armes, dernière protestation des vaincus. — Terreur générale en Angleterre. — Camp du Refuge. — Contributions patriotiques des gens d'église . . . . . . 330 à 336
	Le roi Guillaume ordonne des perquisitions dans tous les couvents. — Spoliation des églises. — Arrivée de trois légats pontificaux. — Circulaire des légats. — Dégradation de Stigand, archevêque de Canterbury. — Destitution des évêques et des abbés de race anglaise. — Lanfranc, archevêque de Canterbury. — Misérable état des églises d'Angleterre. . . . . 336 à 339
1071 à 1072	Établissement de la primatie de Canterbury. — Soumission de l'archevêque d'York à celui de Canterbury. — Intrusion d'évêques de race étrangère. — Caractère des nouveaux évêques. — Les plaintes des Anglais parviennent à Rome. — Les Normands sont justifiés par le pape. — Désintéressement de Guimond, moine de Saint-Leufroy en Normandie. . . . . 339 à 349
	Les saints de race anglaise sont attaqués par les Normands. — Insurrection conduite par trois prélats anglais. — Les lois d'Edward sont confirmées par le roi Guillaume. — Peu d'importance de cette concession. — La persécution recommence. — Paul, abbé de race normande. . . . . 349 à 355
1072	Nouveaux réfugiés au camp d'Ely. — Mort d'Edwin. — Ives Taille-Bois, chef angevin. — Caractère d'Ives Taille-Bois. — Moines angevins établis à Spalding. — Hereward, chef de partisans saxons. — Chevalerie anglo-saxonne. — Turauld, abbé normand, vient au monastère de Peterboroug. — Nouvelle alliance des Anglais avec les Danois. — Retraite des Danois. — Attaque au camp d'Ely par les Normands. — Trahison des moines d'Ely. — Défaite des insurgés. — Hereward garde son indépendance. — Ses exploits. — Son mariage. — Mauvaise foi des Normands à son égard. — Sa mort. — Vengeance atroce des Normands contre les insurgés de l'île d'Ély. . . 355 à 369
1072 à 1073	Les moines d'Ely sont punis de leur trahison. — Paix entre les Normands et le roi d'Écosse. — Vaulcher, évêque de Durham. — Destitution de Gospatrik; promotion de Waltheof. — Le roi Guillaume va en Gaule. — Révolte des Manseaux contre les Normands. — Établissement de la commune du Mans. — Troubles de cette commune. — Ravage et soumission du Maine. — Alliance d'Edgar avec le roi de France. — Troisième soumission du roi Edgar. . . . . 369 à 376
1074	Femmes anglaises réfugiées dans les cloîtres. — Mariage conclu malgré l'ordre du roi. — Festin de noces à Norwich. — Conjuration de Normands et d'Anglais contre le roi. — Préparatifs de défense entre les conjurés ; leur défaite. — Proscription de Raoul de Gaël, et jugement de Roger, comte de Hereford. — Ruine de la famille de Guillaume, fils d'Osbern. — Accusation de Waltheof. . . . . 376 à 385
1075	Supplice de Waltheof. 385

Waltheof honoré comme martyr. — Pèlerinage à son tombeau. — Judith la Normande, veuve de Walthof. —Wulfstan, dernier évêque de race anglo-saxonne. — Croyances superstitieuses fondées sur l'esprit national. . . . . 385 à 390   1075 à 1076

LIVRE VI

Depuis la querelle du roi Guillaume avec son fils aîné, Robert, jusqu'au dernier passage de Guillaume sur le continent.

1077—1087

Discordes parmi les conquérants. — Querelle entre le roi Guillaume et son fils Robert. — Robert demande le duché de Normandie. — Voyages de Robert, qui se joint aux ennemis de son père. — Le roi Guillaume maudit son fils. . . . . . 391 à 395   1077 à 1079

Vaulcher, évêque et comte de Northumberland. — Complot contre Vaulcher. — Meurtre du comte-évêque. — Dévastation du Northumberland. — État misérable des provinces du nord . . . . 395 à 398   1079 à 1080

Outlaws anglo-saxons. — Poésies populaires en leur honneur. — Ambition d'Eudes, évêque de Bayeux. — Arrestation de l'évêque Eudes . . . . 398 à 400   1080 à 1082

Nouveaux détails sur les suites de la conquête normande. — Toustain, abbé de Glastonbury. — Moines saxons tués et blessés par les ordres de Toustain. . . . 400 à 402   1082

Mort de la reine Mathilde. — Division d'intérêts entre le roi et les Normands. 403 à 404   1083

Grande enquête sur l'état de la propriété territoriale. — Recensement des propriétés. — Rédaction du rôle de recensement, nommé par les Anglais *Domesday-book*. — Prétentions du roi Guillaume. — Impôts levés sur les Normands. — Capitation des Anglais. — Propriété légale pour les Normands. — Anglais qui reçoivent en don leurs propres biens. 404 à 412   1080 à 1086

Lois de Guillaume contre la chasse. — Motifs politiques de la sévérité de ces lois. — Les descendants des Normands sont affranchis des lois contre la chasse. — Expropriation des Anglais, postérieurement à la conquête. — Normands émigrés en Écosse. 413 à 417

Bruits d'une descente des Danois. — Préparatifs de défense des Normands. — Ordre bizarre donné aux Anglais. — Motifs de l'armement du roi Knut. — Intrigues des émissaires du roi Guillaume dans le camp danois. — Fin de toute alliance entre les Anglais et les Danois. 417 à 422   1085 à 1086

Assemblée générale et revue des Normands. — Ordonnances du roi Guillaume. — État de la population anglo-saxonne. — Inquiétudes et tourments d'esprit du roi Guillaume. 422 à 425   1086

Lois contre l'assassinat commis sur les Normands. — Enquête sur l'*anglaiserie*. — Établissement de la juridiction épiscopale. — Séparation des tribunaux civils et ecclésiastiques. Conduite du roi Guillaume à l'égard du pape. — Long souvenir de la conquête normande. — Aspect de l'Angleterre conquise. . . . . 425 à 433   1087

LIVRE VII

Depuis la mort de Guillaume le Conquérant jusqu'à la dernière conspiration générale des Anglais contre les Normands.

1087–1137

1087 — Querelle du roi Guillaume et de Philippe Ier, roi de France. — Le roi Guillaume brûle la ville de Mantes. — Derniers moments du roi Guillaume. — Sa mort. — Ses funérailles. — Élection de Guillaume le Roux. — L'orfèvre Othon, banquier de l'invasion. — Vers à la louange du Conquérant. . . . . 434 à 441

1088 à 1089 — Guerre civile entre les Normands. — Fin de la guerre civile. — Traité entre Guillaume le Roux, roi d'Angleterre, et Robert, son frère, duc de Normandie. — Révolte des moines anglais du couvent de Saint-Augustin. — Conspiration des moines de Saint-Augustin contre leur abbé normand. — Alliance des bourgeois de Canterbury avec les moines de Saint-Augustin. . . . . 441 à 447

1089 à 1098 — Tyrannie des évêques et des comtes normands. — Vexation nouvelle contre les moines de Croyland. — Nouvelles querelles entre les Normands. — Modération d'Eudes, fils d'Hubert. . . . . 447 à 450

1098 à 1100 — Charges rigoureuses imposées aux Anglais. — Terreur des Anglais à l'approche du roi. — Dureté des lois contre la chasse. — Dernière chasse de Guillaume le Roux. — Mort de Guillaume le Roux. . . . . 450 à 454

1100 à 1102 — Henri, premier du nom, élu roi d'Angleterre. — Il s'adresse aux Anglais. — Fausseté des promesses du roi Henri. — Il veut épouser une femme anglaise. — Opposition des Normands au mariage du roi. — Mariage du roi Henri et de Mathilde, nièce d'Edgar. 454 à 460

1102 à 1106 — Nouvelle guerre civile. — Révolte du comte Robert de Belesme. — Son bannissement. — État de la population anglaise. . . . . 460 à 464

1105 à 1107 — Nouvelles querelles du roi avec son frère Robert. — Levée d'argent en Angleterre. — Le duc Robert prisonnier de son frère. . . . . 464 à 467

1107 à 1112 — Le fils du duc Robert passe en France. — Abbés étrangers installés en Angleterre. — Souffrances et plaintes des moines anglais. — Superstitions populaires. . 467 à 471

1112 à 1120 — Embarquement des fils du roi Henri. — Naufrage et mort des fils du roi. — Indifférence des Anglais de race au malheur du roi et des familles normandes. — Invectives des historiens anglais à cette occasion. . . . . 471 à 474

1120 à 1126 — Mabile, fille de Robert, fils d'Aymon. — Anecdote normande. — Anecdote anglaise — Accusation et jugement du Saxon Brihtstan. — Tribunaux anglo-normands. — Serment prêté à Mathilde, surnommée l'*Empéresse*. . . . . 474 à 480

1126 à 1135 — Mariage de Mathilde avec le comte d'Anjou. — Fêtes à Rouen à cette occasion. — Élection d'Étienne de Blois. . . . . 480 à 482

1135 à 1137 — Popularité d'Étienne auprès des barons normands. — Sa querelle avec eux. — Conspiration des Anglais. — Fuite des conjurés. — Soulèvements postérieurs. — Difficultés de l'histoire . . . . 482 à 486

PIÈCES JUSTIFICATIVES

LIVRE PREMIER

N° 1.

Arymes Prydein Wawr, *la Confédération de la Grande-Bretagne,* chant patriotique du barde cambrien Goliddan, septième siècle. . . . . Page 487

N° 2.

Décret des empereurs Théodose et Valentinien, relatif à la soumission des évêques des Gaules au pape de Rome (an de J. C. 445). 493

N° 3.

Conférence des évêques catholiques et ariens pour la conversion du roi des Burgondes. 494

N° 4.

Discours d'un des chefs du Nothumberland. 497

LIVRE II

N° 1.

Chant national des Anglais-Saxons sur la victoire de Brunanburgh. 498

N° 2.

Noms des provinces et des principales villes de l'Angleterre, tels qu'ils sont orthographiés dans les Chroniques saxonnes. 501

LIVRE III

N° 1.

Complainte anglo-saxonne sur la mort du roi Edward. — Texte et traduction en anglais moderne. 502

N° 2.

Chant composé en Basse-Bretagne sur le départ d'un jeune Breton auxiliaire des Normands, et sur son naufrage au retour. 504

N° 3.

Récits poétiques de la bataille de Hastings. 506

N° 4.

Sur la tapisserie de Bayeux, lettre de M. Augustin Thierry à M. de La Fontenelle de Vaudoré, correspondant de l'Institut. 529

LIVRE IV

N° 1.

Ballade populaire, composée au seizième siècle sur la résistance des hommes de Kent à Guillaume le Conquérant. 531

N° 2.

Détails sur la reddition de Londres, extraits d'un poëme contemporain attribué à Guy, évêque d'Amiens. 533

N° 3.

Anciennes listes des conquérants de l'Angleterre. 535

N° 4.

Récit de l'emprisonnement du Saxon Brihtrik. 544

N° 5.

Énumération des terres de Brihtrik, possédées par la reine Mathilde. 545

N° 6.

Extrait du Domesday-book, relatif à l'état des villes immédiatement après la conquête. 547

LIVRE V

Récit des exploits et de la mort de Hereward. 558

LIVRE VI

Récit poétique de l'enquête faite par le roi Guillaume sur l'avenir probable de ses fils. 560

LIVRE VII

N° 1.

Ballade populaire, composée au seizième siècle, sur le naufrage des fils de Henri Ier. 564

N° 2.

Conversation entre Henri Ier et Mabile, fille de Robert, fils d'Aymon. 566

FIN DE LA TABLE

PARIS. — ÉDOUARD BLOT, IMPRIMEUR, RUE TURENNE, 66.

www.ingramcontent.com/pod-product-compliance
Lightning Source LLC
Chambersburg PA
CBHW060506230426
43665CB00013B/1412